ŒUVRES
COMPLÈTES
DE BOSSUET

PUBLIÉES

D'APRÈS LES IMPRIMÉS ET LES MANUSCRITS ORIGINAUX

PURGÉES DES INTERPOLATIONS ET RENDUES A LEUR INTÉGRITÉ

PAR F. LACHAT

ÉDITION

RENFERMANT TOUS LES OUVRAGES ÉDITÉS ET PLUSIEURS INÉDITS

VOLUME VIII

PARIS

LIBRAIRIE DE LOUIS VIVÈS, ÉDITEUR

RUE DELAMBRE, 5

1862

ŒUVRES COMPLÈTES
DE BOSSUET.

SERMONS.
VOLUME I.

Besançon. — Imprimerie d'Outhenin-Chalandre fils.

OEUVRES

COMPLÈTES

DE BOSSUET

PUBLIÉES

D'APRÈS LES IMPRIMÉS ET LES MANUSCRITS ORIGINAUX,

PURGÉES DES INTERPOLATIONS ET RENDUES A LEUR INTÉGRITÉ

PAR F. LACHAT.

ÉDITION

RENFERMANT TOUS LES OUVRAGES ÉDITÉS ET PLUSIEURS INÉDITS.

VOLUME VIII.

PARIS,

LIBRAIRIE DE LOUIS VIVÈS, ÉDITEUR,

RUE DELAMBRE, 5.

1862.

LES SERMONS.

REMARQUES HISTORIQUES.

Cette édition renferme, au commencement de chaque sermon, des notes succinctes qui font connoître le temps de leur apparition pour ainsi dire dans la chaire évangélique, les circonstances qui ont présidé à leur composition et quelquefois les divers changemens ou altérations qu'ils ont subis dans leur impression. Laissant à d'autres, si l'on ose encore l'entreprendre, le soin de louer l'Orateur sacré qui ne permet que le silence de l'admiration, nous donnerons seulement quelques indications historiques pour compléter nos remarques; nous dirons brièvement à quelle époque Bossuet a prononcé ses sermons, comment il les composoit et de quelle manière on les a reproduits.

§ I.

Né à Dijon le 27 septembre 1627, Bossuet fit ses premières études dans sa ville natale, au collége des Godrans, qui, parmi ses élèves, a compté de Brosses, Rameau, Saumaise, La Monnoie, Crébillon, Buffon, etc. En 1642, à l'âge de quinze ans, il vint étudier la philosophie et la théologie à Paris, au collége de Navarre, dirigé par le docte et pieux Cornet. L'année suivante, à l'hôtel de Rambouillet, il improvisa devant une nombreuse réunion de savans et de poëtes, après quelques minutes de réflexion, un sermon dont le sujet lui fut indiqué par la compagnie; et comme il se retiroit vers minuit couvert d'applaudissemens et d'éloges, Voiture, regardant sa montre, lui dit qu'il n'avoit jamais entendu prêcher ni sitôt ni si tard. Il répéta quelque temps après, avec un égal bonheur, cette épreuve à l'hôtel de Vendôme, en présence de trois prélats; un de ses auditeurs, l'évêque de Lisieux, le célèbre prédicateur Cospean l'avertit de se défier de ses talens mêmes, lui conseillant de ne monter dans les chaires de la capitale qu'après de longues et fortes études ; et quand il fut seul avec ses illustres collègues, il leur prédit que cet enfant deviendroit une des plus grandes lumières de l'Eglise. En 1648, le prince de Condé, suivi d'un nombreux état-major, se rendit au collège de Navarre pour assister à sa *tentative* ou thèse de bachelier ; la lutte fut vive, animée, tellement que le grand capitaine, déjà célèbre par les victoires de Rocroi, de Nordlinguen, de Fribourg, et non moins habile dans les joutes de l'école que sur les champs de bataille, ne s'empêcha pas sans peine d'attaquer ce tenant redoutable, âgé de vingt ans. Admis vers le même temps dans la confrérie du Rosaire existant au collége de Navarre, il prononça sur la dévotion à la sainte Vierge plusieurs sermons, dont ses maîtres voulurent consigner le souvenir dans le journal de l'établissement. Pendant le Carême de 1652, il alla faire à Saint-Lazare sa retraite de préparation au sacerdoce ; et les deux plus grands hommes du siècle, l'un par le génie, l'autre par la charité, formèrent entre eux une liaison que la mort ne put rompre : joignant un coup d'œil pénétrant à l'intuition que Dieu donne à ses saints, Vincent de Paul reconnut dans Bossuet la solidité de l'esprit, la droiture du caractère, la pureté des mœurs, la simplicité, la candeur, la modestie, l'humilité [1] ; et Bossuet écrivit au souverain Pontife vers la fin de sa vie, pendant le procès de canonisation qui devoit élever son saint ami sur les autels : « Le vénérable prêtre Vincent de Paul nous fut connu dès notre jeunesse, et c'est dans ses pieux discours et ses conseils que nous avons puisé les vrais et purs principes de la piété chrétienne et de la discipline ecclésiastique ; souvenir qui, même à cet âge, nous est un charme merveilleux [2]. » Après avoir reçu la prêtrise, suivant le conseil de l'évêque de Lisieux et aussi celui de Vincent de Paul, il se retira dans la province pour s'y fortifier par l'étude et la méditation ; il alla se fixer à Metz, où son mérite et la considération de sa famille lui avoient obtenu depuis longtemps un canonicat, et tout récemment la place d'archidiacre. C'est alors, en 1652, à l'âge de vingt-cinq ans, qu'il commença d'exercer publiquement le ministère évangélique ; et pendant un séjour de sept ans, il ne quitta son cabinet de travail que pour se rendre au chœur, ou dans la chaire, ou dans les établissemens de charité. Sans interrompre ses études continuelles, il fit plusieurs voyages à Paris dans l'intérêt du Chapitre ; et vers 1654 il fut reçu membre de la célèbre conférence qui se tenoit à Saint-Lazare tous les mardis ; Vincent de Paul n'admettoit dans ces savantes et pieuses réunions que les prêtres du plus grand mérite, si bien qu'il en vit sortir de son vivant le fondateur de Saint-Sulpice et celui des Mis-

---

[1] *Saint Vincent de Paul, sa vie, son temps*, etc., par M. l'abbé Maynard. — [2] *Lettre du 2 août 1702.*

sions Etrangères, vingt-trois évêques ou archevêques, une multitude de vicaires généraux, d'officiaux, d'archidiacres, de chanoines, de supérieurs de séminaires ou de communautés religieuses. D'un autre côté, les sermons que Bossuet prêcha dans plusieurs églises à Paris, lui valurent de nombreux appels qu'on adressoit à son zèle de mille endroits à la fois. Il revint se fixer dans la capitale en 1659, à l'âge de trente-deux ans; et c'est de ce moment que date la grande époque de ses chefs-d'œuvre oratoires, qui ravirent l'admiration de tout ce que le clergé, la littérature, la science et la Cour renfermoient de nobles intelligences. Nommé précepteur du Dauphin en 1670, il ne reprit la parole, pendant douze ans, qu'à de rares intervalles. Il monta sur le siége de Meaux en 1682, pour inaugurer en quelque sorte une nouvelle époque dans sa mission apostolique; instruisant le peuple, dirigeant les prêtres, encourageant les religieux dans le chemin de la perfection chrétienne, il distribua le pain de la sainte parole pendant vingt-un ans, jusqu'à la dernière maladie qui vint en 1704 l'enlever à la conversion des pécheurs, à l'édification des ames, à la défense de l'Eglise.

D'après cet aperçu, la mission évangélique de Bossuet se divise en trois époques : celle de Metz ou de ses premiers essais dans la prédication, celle de Paris ou de ses chefs-d'œuvre oratoires, et celle de Meaux ou de ses exhortations pastorales. La première époque date de 1652 à 1659, la deuxième de 1659 à 1669, et la troisième de 1682 à 1703.

I.

Pour bien comprendre les sermons de la première époque, il faut connoître les circonstances qui les ont pour ainsi dire provoqués.

Pendant qu'ils étoient chassés de partout dans un de ces temps réparateurs qui leur font payer de longues années de fraudes et d'usure, les Juifs avoient su par des prêts habiles se ménager un asile dans la ville de Metz. « Ce peuple sans aucune forme de peuple, où tout est renversé, où il ne reste plus pierre sur pierre, » apparut à Bossuet portant sur le front la marque de la malédiction céleste, et fit retentir jusqu'au fond de son ame les lamentations prophétiques. Dans le même temps le fils d'un marchand d'œufs se leva, qui se dit en Orient le Messie promis pour rétablir le royaume d'Israël; ce nouveau Barcochebas, dont Bossuet nous a gardé le souvenir, se montroit tour à tour à Jérusalem, à Smyrne, à Constantinople, exerçant partout une incroyable séduction. Aussitôt les Juifs de Pologne, de Hollande, de France, de Portugal, tous allèrent offrir à Sabathai-Sevi leur culte et leur or. Le nombre de ses adorateurs allant toujours grossissant, la Porte conçut des craintes sérieuses et mit le messie judaïque en demeure de choisir entre le cordon et le turban. Il se décida pour l'islamisme et prêcha le prophète de la Mecque avec autant de zèle qu'il s'étoit prêché lui-même; mais comme il continuoit en secret de se faire des prosélytes pour en obtenir des présens, il fut jeté dans un cachot et mourut bientôt après. A la vue d'une si déplorable ignorance, le disciple de Vincent de Paul se sentit vivement pressé de porter la lumière évangélique parmi les Juifs : il consulta les paraphrases chaldaïques, les traditions talmudiques, les livres des rabbins; il étudia l'histoire de la nation déicide, les prédictions des prophètes, l'admirable économie de la Providence dans le mystère de la Rédemption; et son zèle ainsi dirigé par la science et vivifié par la charité chrétienne, opéra de nombreuses conversions, qui eurent un grand retentissement. Ce qu'il importe de remarquer ici, c'est que le résultat de ses recherches, le résumé de ses travaux, Bossuet les a consignés nonseulement dans le *Discours sur l'histoire universelle,* mais dans plusieurs sermons qui sont signalés dans cette édition.

D'un autre côté, le protestantisme avoit fait de grands progrès dans la ville de Metz, à tel point qu'il comptoit la moitié de la population dans ses rangs. Un ministre renommé, Paul Ferry, attaqua le catholicisme comme l'attaquent tous les hérétiques, en le défigurant, dans un livre intitulé : *Catéchisme général de la réforme.* C'est alors que Bossuet, âgé de vingt-sept ans, prit pour la première fois cette plume qui devoit produire tant d'œuvres immortelles; il voulut « instruire ses frères errans de la pureté de notre croyance; » et traçant pour ainsi dire le premier plan de cette célèbre *Exposition* qui fit époque dans le monde, « il *exposa* la doctrine catholique en toute sa simplicité [1]. » La réfutation du nouveau système évangélique eut le plus grand succès; les protestans furent profondément ébranlés, si bien qu'ils alloient en foule demander à l'auteur de nouveaux éclaircissemens. Pour donner une impulsion décisive au mouvement qui se manifestoit de toutes parts, il organisa, de concert avec Vincent de Paul, une mission qui dura trois mois. Pendant que les ouvriers évangéliques envoyés par l'apôtre de la charité prêchoient à la cathédrale, il remplissoit le même ministère à la citadelle.

En embrassant la foi catholique, en même temps qu'ils trouvoient un abri dans la maison de leur Père céleste, les Juifs et les protestans perdoient ordinairement, avec l'affection de leurs parens terrestres, l'unique asile qu'ils avoient dans ce monde. Les personnes du sexe étoient recueillies dans l'humble demeure d'une sainte femme, appelée Alix Clerginet. Lorsque la pauvre veuve fut à bout de ressources, Bossuet s'empressa de la secourir : il sut intéresser à son œuvre les riches, les magistrats, le gouverneur de la province, Schonberg, non moins célèbre par sa piété que par ses victoires; il demanda des

[1] *Réfutation du Catéchisme de Ferry.*

sœurs de charité, qui lui furent envoyées par Vincent de Paul; il obtint du roi des lettres patentes et des dons précieux de la Cour; il fit construire un oratoire avec un vaste bâtiment, et donna lui-même un règlement à la communauté, dont il devint le directeur. Enfin cette maison, qui avait souvent manqué de pain, comme le jeune prédicateur le dit dans ses sermons, put bientôt recevoir les hommes ainsi que les femmes, et disposoit quelques années plus tard de 5,600 livres de revenus. A cette œuvre s'en joignit une autre, celle *des Bouillons*, qui faisoit distribuer chez les pauvres, par huit sœurs de charité, des habits, des remèdes et des alimens.

Voilà les faits, voilà les établissemens qui réclamèrent tant de fois la parole du zélé prédicateur. Il ne cessa, pendant sept ans, d'exhorter ses frères dans la foi, ni de rappeler « ses frères errans; » à peine avoit-il quitté la chaire de la cathédrale, de la citadelle ou de l'*Œuvre des Bouillons*, qu'il alloit remplir son saint ministère chez les *nouveaux convertis*, soit pour les affermir dans la foi, soit pour rehausser la pompe des vêtures, soit pour solliciter des secours. Tant de zèle joint à tant d'éloquence opéra de nombreuses conversions; il réduisit d'un tiers la population protestante, en ramenant dans le sein de l'Eglise plus de cinq mille sectaires [1]. — Il faut rapporter à l'époque de Metz les sermons qu'il prononça dans la confrérie du Rosaire, au collège de Navarre; le troisième pour la fête de la Conception, le troisième pour la Purification, le second pour la Compassion, etc.

Tous les sermons de l'époque de Metz portent, dans certains traits, l'empreinte du temps qui les a vus naître. Dans la première moitié du XVIIe siècle, les prédicateurs, comme les écrivains, entassoient citations sur citations, mêlant le sacré et le profane, les oracles de l'Ecriture sainte et les maximes des auteurs païens : dans la chaire, « les poëtes étoient de l'avis de saint Augustin et de tous les Pères. On parloit latin, et longtemps, devant des femmes et des marguilliers; on a parlé grec [2]. » En 1658, deux de ces prédicateurs qu'on appelle *réformateurs*, faisoient encore assaut d'érudition profane : Senault commentoit longuement, pour l'édification des fidèles, de longs passages de Lucain; et Lingendes citoit de pair, dans le même discours, Martial et saint Cyprien, Sénèque et saint Grégoire de Nysse, Platon et saint Jérôme. Tous ces orateurs recherchoient en outre les formes du vieux langage, et leurs discours renferment des locutions qu'un goût tant soit peu sévère n'auroit pas avouées même de leur temps. Bossuet n'est jamais tombé dans ces écarts de style ni dans cet excès d'érudition; toutefois ses premiers essais contiennent des expressions dont le Dictionnaire de l'Académie avoit déjà dit : « Ce tour, ce terme vieillit, » et l'on trouvera peut-être qu'il citoit souvent l'Ecriture sainte avec plus de profusion

---

[1] *Etudes sur la vie de Bossuet*, par A. Floquet. — [2] *La Bruyère*, chap. XV, *De la Chaire*.

que d'avantage. Cela n'étonnera personne. Car « ni l'art, ni la nature, ni Dieu même ne produisent pas tout à coup leurs grands ouvrages; ils ne s'avancent que pas à pas; on crayonne avant que de peindre, on dessine avant que de bâtir, et les chefs-d'œuvre sont précédés par des coups d'essais [1]. » La nature et Dieu même apprirent bientôt à Bossuet l'art de peindre et de bâtir; le zèle des ames lui fit mépriser les applaudissemens de l'opinion, l'expérience épura son goût, la réflexion mûrit son talent, et les chefs-d'œuvre vinrent annoncer la grande époque de sa mission évangélique.

II.

Appelé de toutes parts et suivant les conseils de ses directeurs, Bossuet revint, comme on l'a vu, se fixer à Paris dans le commencement de 1679, à l'âge de trente-deux ans. Pendant son séjour et dans ses précédens voyages, il habitoit au doyenné du Louvre avec plusieurs prêtres qui devinrent des évêques ou des écrivains distingués : les abbés Tallemant, Jeannon, Nepveu, Louis d'Espinay de Saint-Luc, Armand d'Hocquincourt, du Plessis de la Brunetière, etc. C'est là qu'il composa toutes ces œuvres qui lui donnent le premier rang parmi les orateurs chrétiens; c'est là qu'il venoit se recueillir et s'humilier devant Dieu après ses triomphes. Il avoit déjà prêché plusieurs fois dans la capitale; mais c'est maintenant qu'il va pour ainsi dire prendre possession de la chaire, comme Lingendes venoit de la quitter. On ne pourroit signaler ici tous les discours de cette époque; il suffira de faire connoître les dates et les principales circonstances où ils furent prononcés.

1° Carême de 1660, aux Minimes de la Place-Royale. — Deux incidens signalèrent les débuts du stationnaire. Après de grands désastres et d'immenses calamités, la paix des Pyrénées venoit de terminer la guerre qui déchira si longtemps la France et l'Espagne; la bienheureuse nouvelle fit éclater partout des transports d'allégresse; et le lendemain, premier dimanche de Carême, le prédicateur s'écria du haut de la tribune sacrée : « Voici, mes frères, une grande joie que Dieu nous donne.... Peuples, qu'on se réjouisse..... Je suis François et chrétien : je sens, je sens le bonheur public, et je décharge mon cœur devant mon Dieu sur le sujet de cette paix bienheureuse, qui n'est pas moins le repos de l'Eglise que de l'Etat [1]. » Quelque temps auparavant le prince de Condé, qui avoit embrassé le parti de la Fronde, fut reçu en grace par le roi. A peine rentré dans la capitale, après une absence de huit années, son cœur lui rappelant le jeune théologien dont il avoit honoré les épreuves scholaires par sa présence, il se rendit

[1] II° Sermon pour le Ier dimanche de Carême.

inopinément à l'église des Minimes, le dimanche des Rameaux. Prêchant sur le faux honneur du monde, le ministre de la sainte parole alloit « abattre devant la croix » la vaine idole de la gloire, à laquelle son nouvel auditeur avoit tout sacrifié, jusqu'au devoir; quelle situation! comment concilier ces extrêmes opposés? Bien loin de le déconcerter, ce contraste lui fournit un des plus beaux traits de l'éloquence humaine; reconnoissant le héros dans la foule, il lui adressa cette allocution qui fut tant admirée, si grande et si simple, dont malheureusement l'orateur ne nous a transmis qu'une courte analyse [1]. Parmi son nombreux auditoire, on remarquoit François de Noüe et François Giry, l'un célèbre savant, l'autre auteur des *Vies des Saints*.

2° Carême de 1661, aux grandes Carmélites du faubourg Saint-Jacques. — Les religieuses de ce monastère appartenoient aux plus nobles familles du royaume. Hier dans le monde, elles vivoient au milieu de la mollesse des palais et faisoient l'ornement de la Cour la plus brillante de l'univers; aujourd'hui dans le cloître, elles pratiquent toutes les rigueurs de la pénitence et se livrent à tous les abaissemens de l'humilité chrétienne. La parole de l'orateur fit tant d'impression sur ces ames d'élite, qu'elles voulurent en consacrer le souvenir dans les mémoires de la communauté : « On ne pourroit avoir, dit l'une d'elles, un plus grand concours de monde et plus d'applaudissemens... Je me souviens que les gens doctes qui y assistoient s'attroupoient ensuite dans notre cour pour en parler ensemble. » Ces gens doctes, c'étoit Santeuil, qui a reproduit dans une de ses plus belles strophes la division du discours sur la purification; c'étoient aussi les solitaires de Port-Royal, Antoine Arnauld, Robert Arnauld d'Andilly, Nicole, Thomas du Fossé, Lancelot, Lemaistre de Sacy. Souvent pendant le sermon, subjugués par la force de l'éloquence, ces hommes si renommés trahissoient leur étonnement et leur admiration; et quand la voix du prédicateur ne vibroit plus que dans leur ame, réunis par groupes aux abords de l'église, ils répétoient les passages qui les avoient le plus frappés [2]. — On remarque entre Bossuet et Pascal des rapports de pensées et même d'expressions, et les critiques prononcent ordinairement dans la question de priorité en faveur du dernier contre le premier. Cependant Bossuet avoit prononcé presque tous ses discours en 1669, et les *Pensées* de Pascal parurent en 1670. Si donc l'un a profité des travaux de l'autre, c'est Pascal et non Bossuet. Notre édition signale ces emprunts à mesure qu'ils se présentent.

3° Carême de 1662, au Louvre, devant le roi. — Bossuet prêcha dans la chapelle récemment construite au grand pavillon du Louvre, en présence de Louis XIV, de la reine Marie-Thérèse d'Autriche, de la reine mère d'Angleterre, de Monsieur frère du roi, de Mademoiselle

---

[1] Ier *Sermon pour le dimanche des Rameaux.* — [2] *Mémoires* de l'abbé Ledieu.

fille de feu le duc d'Orléans, de Gaston de France et de toute la Cour[1]. Le roi qui l'écoute avec bonheur n'a que vingt-trois ans, et la mort d'un ministre tout-puissant vient à peine de lui faire passer dans la main les rênes d'un grand royaume. Le ministre de Dieu s'efforce, avec une admirable prudence, de le prémunir contre les périls et les séductions qui vont l'entourer de toutes parts. « Ne nous persuadons pas, lui dit-il, que nous vivions sans plaisir, pour le vouloir transporter du corps à l'esprit, de la partie terrestre et mortelle à la partie divine et incorruptible. C'est là au contraire, dit Tertullien, qu'il se forme une volupté toute céleste du mépris des voluptés sensuelles..... Que ce plaisir est délicat! qu'il est généreux! qu'il est digne d'un grand courage, et qu'il est digne principalement de ceux qui sont nés pour commander[2]! » C'est aussi dans ce Carême, au milieu de la famine, que Bossuet plaida si chaleureusement la cause du pauvre peuple, et flétrit la dureté des heureux du siècle avec cette hardiesse apostolique dont on ne retrouve plus d'exemple. Ses plaintes, ses gémissemens, ses lamentations portèrent la bienfaisance dans toutes les ames; les seigneurs de la Cour ouvrirent leurs trésors, les dames vendirent leurs joyaux, le monarque fit de grandes provisions de blé, qu'on distribuoit au Louvre; ainsi l'indigence fut secourue, la pauvreté soulagée, la faim calmée; et la charité publique sauva d'une ruine imminente l'hôpital général, « cette ville hors de la ville, cet assemblage de toutes les misères, » qui servoit d'asile à dix mille nécessiteux. A la fin de la station, apprenant que le père du prédicateur étoit conseiller au parlement de Metz : « Je veux, s'écria le roi, qu'on écrive en mon nom à cet heureux père pour le féliciter d'avoir un tel fils. » Cette marque d'estime singulière, qui n'honore pas moins le sujet que le souverain, ne fut accordée que cette fois-là. Dans le même temps, Bossuet reçut le brevet royal qui le nommoit prédicateur ordinaire du roi. On lui offrit aussi le grand doyenné de Metz et la cure de Saint-Eustache; il refusa ces deux places, la première pour la faire donner à un saint prêtre qui servoit l'Eglise depuis un demi-siècle; la seconde, pour y proposer un de ses amis, qui devoit être pourvu le premier, dit-il, parce qu'il étoit le plus âgé.

4° Carême de 1663, aux Bénédictines du Val-de-Grace, devant la reine mère. Le Val-de-Grace avoit un attrait particulier pour Anne d'Autriche; sous un règne et pendant une régence qui ne lui donnèrent que des amertumes, au milieu des troubles civils qui agitèrent son cœur maternel de tant de frayeurs, c'est là qu'elle alloit chercher des

---

[1] D'après les indications recueillies par M. Floquet dans les journaux de l'époque, Bossuet prêcha les jours suivants : le 2 février, jour de la Purification; le 26 du même mois; le 1er, le 3, le 5, le 8, le 10, le 12, le 15, le 21, le 25 et le 29 mars; puis le 2, le 7 et le 9 avril, c'est-à-dire le dimanche des Rameaux, le vendredi saint et le jour de Pâques.
[2] 1er *Sermon pour le jour de la Purification.*

forces et des consolations. Sa munificence éleva non-seulement les vastes édifices du monastère, mais cette magnifique église, monument des talens de Mignard et du génie de Mansart. Voulant s'y préparer aux fêtes de Pâques dans le silence et la retraite, elle pria Bossuet d'y prêcher la sainte quarantaine, et parce qu'elle lui avoit donné toute sa confiance, et parce qu'elle recherchoit, disent les mémoires du temps, les prédicateurs qui annonçoient la parole divine dans son austère sévérité, sans craindre de blesser la susceptibilité de l'orgueil et la délicatesse des passions. Le disciple et l'ami de Vincent de Paul ne trahira point son attente. Dès le commencement de la station, après avoir établi les rapports qui existent entre l'autel et la chaire, entre le mystère eucharistique et le ministère évangélique, il montre qu'il faut traiter la parole de Jésus-Christ avec le même respect que son divin corps; puis il adresse ces paroles à la reine : « C'est principalement aux rois de la terre qu'il faut apprendre à écouter Jésus-Christ dans les saintes prédications, afin qu'ils entendent du moins en public cette vérité qu'on leur déguise en particulier par tant de sortes d'artifices, et que la parole de Dieu, qui est un ami qui ne flatte pas, les désabuse des flatteries de leurs courtisans [1]. » L'éloquence du stationnaire attiroit à chaque discours, autour de sa chaire, une foule de seigneurs et de dames de la Cour, des littérateurs et des savans, des prêtres et des docteurs.

5° Avent de 1665, au Louvre, devant le roi. — Bossuet ne prêcha pas le jour de la Toussaint : il étoit retenu à Metz, où il venoit d'être nommé grand doyen du Chapitre, après la mort du prêtre qu'il avoit fait élire à sa place deux ans auparavant. Autre empêchement le troisième dimanche de l'Avent. Le duc de Foix avoit perdu son épouse, à la fleur de l'âge comme lui. Déjà frappé mortellement par la douleur, il fut atteint de la petite vérole, épidémie redoutable en ce temps-là. Bossuet voulant porter à son ami les secours suprêmes, alla s'ensevelir, avec l'agrément du roi, dans cette maison de deuil et de mort. Le duc, dont les paupières étoient fermées par la cruelle maladie, ne pouvoit plus le voir; ravi par ses paroles au point d'oublier les ulcères qui couvroient son corps, il lui pressoit la main dans les siennes, et mourut plein d'espérance et de consolation [2]. Dans un des sermons qu'il prêcha les autres dimanches, l'orateur prédit la grande plaie de notre époque, l'indifférence dogmatique : « Je vois, dit-il, un autre malheur bien plus universel dans le monde; ce n'est point cette ardeur inconsidérée de vouloir aller trop avant, c'est une extrême négligence de tous les mystères. Qu'ils soient ou qu'ils ne soient pas, les hommes, trop dédaigneux, ne s'en soucient plus et n'y veulent pas seulement penser; ils ne savent s'ils croient ou s'ils ne croient pas, tout prêts à

[1] II° *Sermon pour le* II° *dimanche de Carême*. — [2] Le cardinal de Bausset.

vous avouer ce qu'il vous plaira, pourvu que vous les laissiez agir à leur mode et passer la vie à leur gré..... Ainsi je prévois que les libertins et les esprits forts pourront être décrédités, non par aucune horreur de leurs sentimens, mais parce qu'on tiendra tout dans l'indifférence, excepté les plaisirs et les affaires [1]. » Le ministre de Dieu continua d'annoncer les grandes vérités de la religion. Prêchant sur le jugement dernier, il demande au roi, dans une allocution justement admirée, que lui servira d'avoir porté à un si haut point la gloire de la France, s'il ne travaille encore à des œuvres qui puissent plaider sa cause « au jour effroyable où Jésus-Christ paraîtra en sa majesté; » puis il continue : « Ne voyez-vous pas ce feu dévorant qui précède la face du Juge terrible, qui abolira en un même jour et les villes, et les forteresses, et les citadelles, et les palais, et les maisons de plaisance, et les arsenaux, et les marbres, et les inscriptions, et les titres, et les histoires, et ne fera qu'un grand feu, et un peu après qu'un amas de cendres de tous les monumens des rois? Peut-on imaginer de la grandeur en ce qui ne sera un jour que de la poussière? Il faut remplir d'autres fastes et d'autres annales. Dieu, Messieurs, fait un journal de notre vie : une main divine écrit notre histoire, qui nous sera un jour représentée. Songeons donc à la faire belle ; effaçons par la pénitence ce qui nous y couvriroit de confusion et de honte [2]. » Ainsi Bossuet savoit unir la prudence à la hardiesse du ministère apostolique : « sa sagesse, dit un de ses contemporains, son zèle au-dessus des considérations de la chair et du sang, ce courage rare même dans les premiers siècles de l'Eglise..., lui acquit la haute estime de Louis XIV [3]. » — Pendant toute la station, un auditeur, qui sembloit plus attentif que les autres, se tenoit devant la chaire et trahissoit souvent une vive émotion. Apprenant que ce vieillard étoit le père de l'orateur : « Qu'il doit être heureux, dit le roi, d'entendre son fils prêcher si bien! » Le père de Bourdaloue n'eut pas le même bonheur; il venoit de Bourges à Paris pour entendre son fils, qui obtenoit de grands succès dans l'église des Jésuites ; il mourut en chemin !

6° Carême de 1666, à Saint-Germain en Laye, devant le roi. — C'est la mort d'Anne d'Autriche qui avait conduit la Cour dans cette résidence royale, c'est aussi ce triste événement qui inspira les premières paroles du stationnaire. Après avoir rappelé les vertus de la reine défunte, Bossuet fit entendre comme un prélude des oraisons funèbres; il s'écria : « O vie glorieuse et éternellement mémorable, mais ô vie trop courte et trop tôt précipitée? Qui nous a sitôt enlevé cette reine, que nous ne voyions point vieillir et que les années ne changeoient pas?

---

[1] IIe *Sermon pour le* IIe *dimanche de l'Avent.* — [2] Ier *Sermon pour le* Ier *dimanche de l'Avent.* — [3] Un jour que Bourdaloue s'étoit élevé avec beaucoup de force contre les désordres de la Cour, les seigneurs se plaignirent au roi : « Messieurs, leur répondit Louis XIV, le prédicateur a fait son devoir, faisons le nôtre » (Saurin, *Journal des Savans*, 8 septembre 1701).

Comment cette merveilleuse constitution est-elle devenue si soudainement la proie de la mort?... Oh! que nous ne sommes rien! oh! que la force et l'embonpoint ne sont que des noms trompeurs[1]! » Dans les autres discours de la station, le prédicateur parla contre l'astrologie, dont les prédictions jetoient la frayeur dans beaucoup d'esprits ; il peignit avec des couleurs saisissantes tous les désastres de la guerre, au moment même où le souverain venoit de la déclarer à l'Angleterre ; il combattit l'ambition, qui « torture nuit et jour tant d'illustres malheureux ; » enfin il demanda la réforme de la justice et le soulagement du pauvre peuple. Après avoir montré comment Dieu est juste et bon tout ensemble, il dit au roi : « Vous, Sire, qui êtes sur la terre l'image vivante de cette Majesté suprême, imitez sa justice et sa bonté, afin que l'univers admire en votre personne sacrée un roi juste et un roi sauveur, à l'exemple de Jésus-Christ ; un roi juste qui rétablisse les lois, un roi sauveur qui soulage les misères[2]. » Le roi continua d'écouter le prédicateur avec autant d'attention que de déférence ; il répétoit souvent au milieu de la Cour de longs passages de ses discours.

7° Avent de 1668, à Saint-Thomas du Louvre. — Pendant cette station, Bossuet célébra trois martyrs dans trois panégyriques : saint Etienne, qui versa le premier son sang pour Jésus-Christ ; puis les deux patrons de l'église qui entendit sa voix, saint Thomas apôtre, et saint Thomas de Cantorbéry. En montrant la constance de ces généreux athlètes de l'Evangile, le prédicateur avoit pour but secondaire d'affermir dans la foi un illustre néophyte, Turenne, qu'il venoit de ramener dans le sein de l'Eglise. La jeune reine, avec toute sa Cour, entendit le panégyrique de saint Thomas apôtre ; elle en parla avec tant de ravissement et d'admiration, que Louis XIV voulut entendre Bossuet l'année suivante.

8° Avent de 1669, à Saint-Germain en Laye, devant le roi. — Le jour de la Toussaint, après avoir réfuté les sublimes philosophes qui se ravalent au niveau des bêtes, le prédicateur s'écria : « Homme sensuel, qui ne renoncez à la vie future que parce que vous craignez les justes supplices, n'espérez plus au néant ; non, non, n'y espérez plus ; voulez-le, ne le voulez pas, votre éternité vous est assurée[3]. » Dans le discours suivant, annonçant le jugement dernier, « les grandes assises de Dieu, » il dit : « Oh! quel renversement en ce jour! oh! combien descendront des hautes places! oh! combien chercheront leurs anciens titres!... Fasse le Dieu que j'adore, que tant de grands qui m'écoutent ne perdent pas leur rang en ce jour! Que cet auguste monarque ne voie jamais tomber sa couronne[4]! » Continuant d'annon-

---

[1] IIe *Sermon pour la Purification.* — [2] IVe *Sermon pour le dimanche des Rameaux.* — [3] IIIe *Serm. pour la fête de tous les Saints.* — [4] IIIe *Serm. pour le* Ier *dimanche de l'Avent.*

cer les premières vérités de la religion, l'orateur prêcha les dimanches suivants sur la dévotion à la sainte Vierge, recommanda la pénitence au roi et finit par le mystère du Dieu incarné. Déjà gagné pendant la station, le Dauphin, âgé de huit ans, entendit avec tant de bonheur parler de l'enfant Jésus, qu'il demanda le prédicateur pour maître à son auguste père [1]. — La station de 1669 est la dernière que prêcha Bossuet. Dans le temps même qu'il descendit de la chaire, on y vit monter Bourdaloue, l'une des gloires les plus pures du xviie siècle. Siècle merveilleux, qui donna toujours à un grand homme un grand homme pour successeur!

D'après tout cela, Bossuet a prêché cinq Carêmes et trois Avens. Ses stations virent naître en quelque sorte tous ses chefs-d'œuvre oratoires; elles sont comme les dates de la grande période qu'il signala par cette éloquence mâle, véhémente et sublime ou, pour emprunter son langage, par cette parole qui tonne, écrase et renverse par terre.

Avant d'aller plus loin, signalons dans une nomenclature particulière quelques sermons qui ne sont pas venus jusqu'à nous. Ainsi le premier *Panégyrique de saint Thomas d'Aquin*, prononcé le 7 mars 1657, chez les Dominicains réformés de la rue Saint-Honoré, discours qui inaugura le début de Bossuet dans les chaires de Paris; le second *Panégyrique de saint Paul*, prononcé dans l'église de ce nom, au Marais, le 25 janvier : on en parla longtemps; plusieurs sermons de charité, prêchés pendant l'été de 1663, à Saint-Nicolas du Chardonnet; un grand nombre d'instructions, prononcées à la même époque au séminaire des *Trente-Trois*; le sermon pour l'inauguration d'un nouveau couvent de Carmélites dans la rue du Bouloi, prêché devant les deux reines, le 30 décembre 1663; le *Panégyrique de saint Gaétan*, prononcé le 7 août 1663, chez les Théatins, en présence de Marie-Thérèse et de toute sa Cour; le sermon prêché à Saint-Sulpice, dans le mois de mai 1664, au baptême d'un Maure; le sermon pour la vêture de Mme d'Albert, fille du duc de Luynes, prêché à Jouarre le 8 mai 1664; le second *Panégyrique de saint Thomas d'Aquin*, prêché dans l'église des Dominicains le 18 juillet 1665, à l'anniversaire de la canonisation du saint; le *Panégyrique de sainte Madeleine* et tout ensemble *de sainte Bertille*, prononcé à la célèbre abbaye de Chelles, le 22 juillet 1665; les conférences faites à l'archevêché de Paris, en 1665, sur des sujets pieux; les deux sermons pour l'ouverture des synodes diocésains de Paris, prononcés l'un en 1666, et l'autre en 1667; les conférences faites en 1668, chez les Carmélites du faubourg Saint-Jacques, en présence de plusieurs dames de la Cour, sur les Epîtres de saint Paul : « Ces conférences, disent les religieuses dans leurs *Mémoires*, étoient d'une beauté enchantée et de la plus grande utilité; » les conférences

[1] M. Floquet.

faites bientôt après, sur le même sujet, à l'hôtel de Longueville ; le *Panégyrique de saint Etienne*, prononcé dans le Carême de Saint-Thomas du Louvre, en 1668.

Mentionnons encore rapidement, d'après les listes de l'auteur, les sermons dont voici les sujets : de l'Importance du salut, de la Contrition, des Malheurs du péché, de la Mort des justes et des pécheurs, du Jugement particulier et universel, de l'Enfer et de l'Eternité des peines, du Paradis, de la Fausse Pénitence, de l'Abus des graces, de l'Endurcissement, de la Prière, du Respect dû aux églises, de la Sainteté des sacremens, des Procès et des Inimitiés, des Obligations du baptême, du Monde et de ses Pompes, du Christianisme, de la Connoissance de Dieu et de soi-même, de la Persévérance, du Péché véniel, des Confessions et des Communions sacriléges, du Bon et du Mauvais Usage des richesses, de la Pauvreté, du Scandale, de S'acquitter de sa condition, de la Mauvaise honte, de l'Hypocrisie, de la Médisance et de l'Envie cachée des hommes contre leur prochain, de la Modestie des femmes, sur l'Evangile de la Chananéenne, sur celui du Paralytique de trente-huit ans, sur celui de la Belle-Mère de saint Pierre, sur l'Aveugle-Né, sur le Fils de la veuve de Naïm, sur ce texte : *Probet autem seipsum homo* ; sur cet autre texte : *In peccato vestro moriemini*. Toutes ces œuvres oratoires qui ravirent l'admiration des plus grands esprits du grand siècle littéraire, semblent à jamais perdues pour nous.

Et ce ne sont pas les seules pertes que nous ayons à déplorer. On sait que Bossuet fit sa retraite pour la prêtrise à Saint-Lazare et qu'il y fut reçu membre de la Conférence des Mardis. Il remercia Dieu toute sa vie d'avoir eu ce double *bien*, et c'est avec la libéralité du zèle et du génie qu'il paya la dette de sa reconnoissance. En 1659, Vincent de Paul le pria de faire, dans sa pauvre maison, les conférences pour l'ordination de Pâques. Après le dernier discours, l'homme de Dieu pressa dans ses bras le jeune apôtre, lui adressant avec les témoignages de sa reconnoissance une nouvelle prière, celle de revenir l'année suivante faire à Saint-Lazare, pour l'ordination de Pentecôte, le bien qu'il y avoit opéré ; le saint vieillard le préféroit aux autres prédicateurs, parce qu'il reconnoissoit en lui plus d'humilité. Bossuet se surpassa lui-même en 1660. Après la mort du Bienheureux, il exerça deux fois encore, en 1663 et en 1669, dans le sanctuaire de la charité, le ministère évangélique pour les ordinations de Pentecôte. Il parloit à chaque retraite dix ou onze jours de suite, le soir et le matin. L'affluence devenoit toujours plus nombreuse ; les ordinands différoient leur préparation aux ordres pour avoir le bonheur de l'entendre : c'est un de ces jeunes lévites qui l'a raconté plus tard, Fleury, l'historien de l'Eglise. Les services qu'il rendit à la religion dans ces conférences sont incalculables, d'autant plus qu'il n'y avoit pas alors de séminaires et que les liens de la discipline ecclésiastique étoient brisés[1]. Deux ans après l'établissement des retraites, comme Bossuet venoit de les prêcher deux fois, Vincent de Paul écrivoit à un de ses prêtres de Rome, sous la date du 5 juillet 1663 : « Il faut que vous sachiez qu'il a plu à la bonté de Dieu de donner une bénédiction toute particulière et qui n'est pas imaginable, aux exercices de nos ordinands. Elle est telle que tous ceux qui y ont passé, ou la plupart, mènent une vie telle que doit être celle des bons et parfaits ecclésiastiques. Il y en a même plusieurs qui sont considérables par leur naissance ou par les autres qualités que Dieu a mises en eux, lesquels vivent aussi réglés chez eux que nous vivons chez nous, et sont autant et même plus intérieurs que plusieurs d'entre nous, n'y eût-il que moi..... » Bossuet, qui aimoit à parler aux prêtres, toujours prodigue de ses sueurs, annonça souvent à Saint-Lazare, dans l'intervalle des retraites, la parole divine. Qu'il nous suffise de mentionner les quatre conférences pour l'éloge de l'abbé de Tournus, Louis de Rochechouart-Chandenier. Ces éloges, ces conférences, ces discours, dont l'auteur avoit tracé du moins le plan sur le papier, tout cela le temps nous l'a ravi !

C'est ainsi que Bossuet fournit la grande période de son apostolat, exerçant la ferveur de son zèle non-seulement dans les stations de Carême et d'Avent, mais tout le reste de l'année, dans les retraites, dans les monastères, dans les réunions du clergé, dans les grandes solennités de la religion. Il ouvrira plus tard dans son saint ministère une nouvelle époque qui, peut-être moins brillante devant les hommes, ne fut pas moins précieuse devant Dieu.

III.

Le vœu général demandoit depuis longtemps l'élévation de Bossuet, la gloire du clergé et simple prêtre. Il fut nommé évêque de Condom le 8 septembre 1669, et précepteur du Dauphin le 5 du même mois 1670, à l'âge de quarante-trois ans. Dans le brevet qui lui conféroit cette dernière charge, le roi se félicite d'avoir trouvé en l'illustre prélat « toutes les qualités requises pour l'éducation de son fils, le mérite, la doctrine, la sagesse, une expérience consommée ; » et dans une lettre pour ainsi dire officielle, il déclare « qu'il l'avoit choisi parmi tous les évêques de son royaume. »

Bientôt après sa promotion à l'épiscopat, Bossuet prononça l'*Oraison funèbre de la reine d'Angleterre*, chef-d'œuvre qu'on a coutume de mettre au premier rang parmi ses chefs-d'œuvre. Lorsqu'il vouloit tracer ces récits qui nous font assister à tant d'événemens tragiques, ou buriner ces odes qui ont immortalisé tant de hauts faits, il s'enfermoit,

[1] *Saint Vincent de Paul, sa vie ...*, par M. l'abbé Maynard.

dit un de ses contemporains, seul avec Homère[1]; aussi Joseph de Maistre dit-il qu'en lisant les pages des oraisons funèbres, on croit lire un chant de l'*Iliade*. Une autre ressemblance entre ces œuvres immortelles, c'est qu'on cherche à les imiter, mais on n'espère pas de les atteindre.

Voulant observer les lois canoniques sur la résidence épiscopale, Bossuet regardoit comme incompatibles les deux postes qui venoient de lui être déférés; sur les instances du roi et d'après la décision de quatre docteurs, il résigna l'évêché de Condom pour garder l'office de précepteur. Toujours au devoir présent, dédaignant la gloire humaine pour remplir chaque jour la tâche de chaque jour, il se livra sans partage à ses nouvelles fonctions. Il étudia de nouveau les auteurs d'Athènes et de Rome; il fit pour son élève une grammaire latine, des remarques sur la grammaire françoise, un catéchisme, des thèmes sur l'histoire de France, une logique sommaire, un précis de morale tiré de l'Evangile et d'Aristote; enfin il composa, toujours à l'usage du Dauphin, le *Traité de la connoissance de Dieu et de soi-même*, le *Discours sur l'histoire universelle* et la *Politique sacrée tirée des paroles de l'Ecriture sainte*. Disons toutefois qu'il reparut dans la chaire à de rares intervalles; sans parler des oraisons funèbres, il prêcha le troisième sermon pour la Pentecôte en 1672, le sermon pour la Profession de Mme de la Vallière en 1675, le quatrième sermon pour le jour de Pâques en 1681, enfin le sermon sur l'Unité pour l'ouverture de l'assemblée du clergé de France, aussi en 1681.

Il reprit le cours de sa mission évangélique, lorsqu'il fut monté sur le siége de Meaux, en 1682. Le saint évêque regardoit, suivant la doctrine du concile de Trente, la distribution de la parole divine comme le principal devoir de la charge épiscopale; il s'en alloit répandant partout la semence évangélique, pour faire germer partout des fruits de justice et de salut.

Il prêchoit dans sa cathédrale à toutes les fêtes, qui étoient nombreuses avant le Concordat, et plus encore dans son diocèse que dans d'autres. Quand il administroit un sacrement, conféroit les ordres, donnoit la confirmation, toutes les fois qu'il accomplissoit une cérémonie sainte, il joignoit la forme à la matière, la parole au signe, expliquant la vertu des divins mystères, les dispositions qu'ils exigent et les obligations qu'ils imposent. Après avoir aidé par sa parole à former la milice sacrée des lévites, il les suivait partout pour les diriger, les soutenir et les encourager dans les combats de la carrière apostolique. Souvent, pendant l'année, il se rendoit aux conférences cantonales, dont il fixoit les matières et qui se tenoient tous les mois; et dans les synodes diocésains, qu'il convoquoit régulièrement selon

[1] *Remarques sur Virgile et sur Homère*, par l'abbé Faydit.

les prescriptions de l'Eglise, il parloit au moins deux fois, à l'ouverture pour exposer le sujet des délibérations, et dans la dernière séance pour exhorter ses collaborateurs à suivre les statuts qui venoient d'être arrêtés. Il regardoit, avec un ancien Père, les personnes consacrées à Dieu comme la plus sainte portion de son bercail et la plus digne des soins du pasteur. « Il visitoit à propos, dit l'abbé Ledieu dans ses *Mémoires*; il consoloit par sa parole les vierges chrétiennes. Il leur parloit familièrement et souvent, comme il avoit fait aux Carmélites de Paris, dans des conférences au parloir, sur un psaume ou quelque endroit important de l'Evangile, pour leur en faciliter la méditation et leur donner le goût et le désir de cette nourriture des saintes ames. Les filles de la Visitation de Meaux ont été souvent favorisées de ces pieuses et ferventes *élévations*, comme il les appeloit. » Sa sollicitude s'étendoit à tous les religieux de son diocèse ; il alloit partout pour les diriger dans la voie de la perfection, leur dévoiler les secrets de la vie mystique et leur ouvrir les trésors du divin amour ; et quand des devoirs impérieux le forçoient de différer ses charitables visites, il leur disoit simplement à la première entrevue les causes qui l'avoient empêché de venir plus tôt saluer ses chers enfans. Il ne montroit nulle part plus de contentement intérieur que dans une humble église de campagne. « Je l'admirois, dit encore son secrétaire, allant d'une paroisse à l'autre, l'évangile à la main, le méditant pour se pénétrer des vérités qu'il vouloit annoncer, avec une attention respectueuse et en esprit de prière, plutôt qu'avec ces grandes lumières et cette érudition profonde qui le faisoient admirer des savans. » Quand il étoit entouré des habitans de la campagne, comme il savoit prendre toutes les formes, parler la langue de chacun, il se mettoit à la portée des plus simples, non moins habile à instruire le laboureur qu'ingénieux à gagner à Jésus-Christ les grands de la terre. Il donne maintenant le lait des enfans, tout à l'heure il va distribuer le vin des forts : « Un matin, c'est encore l'abbé Ledieu qui le rapporte, après avoir tonné contre les péchés capitaux, les inimitiés et les injustices en une paroisse de campagne, car il étoit très-véhément orateur : le soir, donnant la confirmation à des religieuses, dans une sainte abbaye (le Pont-aux-Dames), il les éleva jusqu'au sein de la Divinité, et leur y découvrit le Saint-Esprit procédant du Père et du Fils par cette voie d'amour qui est la source de la sanctification des ames et de toutes les graces. Il y auroit cent exemples à citer de ce caractère. » Tout cela ne contentoit pas sa soif des ames. Pendant de nombreuses missions qu'il donna dans son diocèse, à Meaux, à Coulommiers, à la Ferté-sous-Jouarre, on le vit toujours à la tête des ouvriers évangéliques qu'il s'étoit associés, leur préparant la voie des cœurs et secondant leurs efforts par sa parole. Ajoutez à cela les conférences sans nombre qu'il eut avec les hérétiques, et les discours qu'il prononçoit en les recevant dans le sein de l'Eglise; souvent il parloit quatre fois dans ces touchantes cérémonies, avant l'abjuration, avant la confirmation, avant la messe et avant la communion. « Pendant vingt-deux années de son épiscopat, poursuit notre témoin, l'abbé Ledieu, il a donné toute son application à l'instruction des peuples, auxquels il annonçoit la parole de Dieu en toute rencontre, selon les grands talens qu'il avoit reçus; à l'instruction des prêtres, dans les conférences des curés qu'il fréquentoit exprès dans tous les cantons...; dans les synodes de son diocèse, qu'il a célébrés toutes les années; dans son séminaire, pour l'instruction des clercs; à la discipline régulière des monastères, par de fréquentes visites et par ses discours. » Ses discours n'étoient pas moins recherchés dans la province qu'ils l'avoient été dans la capitale. Les prêtres se rendoient en foule partout où devoit se faire entendre sa parole, et voici le témoignage d'un vieillard de Meaux, qui parle des simples fidèles : « Ce vieillard, dit Déforis dans la *Préface des Sermons*, se souvenoit d'avoir entendu ces sermons, où l'on accouroit de toutes les campagnes voisines et où le prélat, comme un père au milieu de ses enfans, remontroit à chacun ses obligations, pressoit, exhortoit les uns et les autres avec une tendresse, un zèle qui montroit l'affection qu'il portoit à tous et combien il désiroit leur salut. »

Si l'on avoit toutes ces exhortations, toutes ces instructions, tous ces discours, ils formeroient une collection qui égaleroit celle de n'importe quel Père par le nombre des volumes, et la surpasseroit certainement par la beauté du langage, et peut-être par la profondeur de la doctrine et par l'importance des sujets. Malheureusement, presque tous ces chefs-d'œuvre sont perdus sans retour. Dès les dernières années de la grande époque de son ministère évangélique, Bossuet abrégeoit quelquefois dans l'écriture certaines parties de ses discours; pendant son épiscopat, il se contentoit souvent de méditer son sujet et de jeter sur le papier quelques traits rapides; puis, lorsqu'il étoit en chaire, il trouvoit dans son génie et dans son cœur animé par la charité les accens les plus pathétiques et les mouvemens les plus propres à faire triompher la vérité. Lorsqu'il avoit satisfait l'ardeur de son zèle, il ne se servoit plus de ces analyses, car il ne s'est jamais répété; il ne s'en soucioit pas plus que de ses sermons, car il n'a jamais eu la pensée de les livrer à l'impression. Il ne concevoit pas, disoit-il souvent, qu'on pût écrire uniquement pour devenir auteur. Quand il voyoit l'ordre de la Providence dans une nécessité pressante, alors, mais seulement alors il prenoit la plume. Il étoit déjà évêque, qu'il n'avoit encore publié que la *Réfutation du Catéchisme de Ferry*, et plus tard il fallut les prières les plus pressantes pour le décider à donner au public l'*Oraison funèbre de la reine d'Angleterre*.

Cependant quelques-uns des sermons qu'il prononça pendant son épiscopat, nous ont été conservés, soit dans ses cartons, soit par les religieuses de Meaux : les quatre exhortations aux Ursulines de cette ville, le deuxième sermon pour le jour de Noël, le troisième pour la Circoncision, l'abrégé pour le jour de la Pentecôte, etc.

Résumons-nous. La carrière apostolique de Bossuet se divise comme en trois époques : celle de Metz, celle de Paris et celle de Meaux. On ne peut pénétrer l'esprit ni le style des sermons, si je ne me trompe, sans savoir à laquelle de ces époques ils appartiennent. Il est plus facile qu'on ne pourroit le penser au premier aperçu, de faire ce discernement. Les sermons de la première époque se distinguent par la longueur des développemens, par l'accumulation des textes, par les formes du vieux langage et une certaine emphase mêlée de rudesse et d'afféterie ; ceux de la deuxième ont pour traits distinctifs la rapidité, l'entraînement, la force, le pathétique, la noblesse, la grandeur et le sublime ; ceux de la troisième présentent plus d'ordre, plus de régularité, plus de symétrie, plus d'art, mais le lecteur jugera s'ils ont au même degré la spontanéité du trait, la véhémence du sentiment et l'énergie de l'expression. L'écriture des manuscrits facilite aussi le discernement de nos époques, car elle semble en reproduire les caractères. Dans ses premiers essais le jeune archidiacre de Metz trace rapidement sur de mauvais papier, avec une mauvaise plume et de mauvaise encre, de longues barres verticales qui forment des lettres ou à peu près ; dans ses chefs-d'œuvre le grand prédicateur de la capitale moule avec une bonne plume des caractères nettement dessinés, régulièrement espacés, tels que nos pères les traçoient d'une main ferme avant l'invasion de l'anglaise ; dans les instructions pastorales les traits n'ont plus la même hauteur, ni les caractères la même force, et l'écriture amoindrie semble sortir d'une plume qui a perdu de sa souplesse et de sa vigueur [1]. On pourroit ajouter que Bossuet traçoit quelquefois les dates lui-même, ou qu'il écrivoit sur le dos de lettres ou d'imprimés qui les portent. Les sermons renferment d'ailleurs des appellations, des titres, des allusions, des particularités qui font connoître les personnes, le temps ou le lieu. Enfin les ouvrages d'histoire ou de critique offrent d'utiles renseignemens.

Par tous ces moyens, grace à toutes ces indications, on croit avoir marqué dans cette édition les dates des sermons sans beaucoup d'er-

---

[1] Dans sa vieillesse, Bossuet réclamoit l'indulgence en faveur de « sa méchante écriture. » Il écrit sous la date du 3 août 1701 : « Mon écriture devient tous les jours plus pénible pour moi et plus difficile aux autres. »

Comme on le voit dans les livres annotés de sa main, dans les *Extraits d'Aristote* et même dans les manuscrits des Sermons, il écrivoit le grec rapidement, mais d'une manière peu lisible.

reurs ; à coup sûr on ne s'est pas trompé pour les époques, et c'est là tout ce qu'il importe réellement de savoir.

Si l'on en croyoit certains critiques, on devroit classer les sermons d'après les dates de leur apparition. L'ordre du temps réel pourroit convenir au petit nombre des écrivains qui cherchent dans les chefs-d'œuvre de l'art oratoire la forme plutôt que le fond ; mais l'ordre de l'année liturgique présente plus d'avantages à la foule des lecteurs qui les étudient pour la doctrine. Au reste, les indications qui précèdent les discours dans des notes succinctes, pourroient déjà satisfaire le vœu des littérateurs, et notre édition renferme une table disposée d'après l'ordre chronologique.

Voilà pour les époques où Bossuet a prononcé ses sermons ; il faut voir maintenant comment il les composoit.

§ II.

Bossuet avoit reçu de Dieu les facultés les plus brillantes ; mais il les a fécondées par un travail continuel, qui n'a cessé qu'avec sa vie. Suivant l'attrait de la science, de la piété et du beau, il étudia profondément la théologie, l'Ecriture et les Pères ; il puisa par de longues méditations, dans ce triple dépôt de la vérité divine, le fond de ses œuvres et les modèles de son éloquence ; enfin il composa ses sermons avec le plus grand soin.

I.

On sait quel vif éclat l'école de Paris a jeté dans l'Eglise durant une longue suite de siècles. C'est à ce foyer de lumières que Bossuet fut éclairé de la science divine ; il étudia la théologie d'après les traditions des plus grands docteurs, selon la méthode universelle qui fait de la raison l'auxiliaire et la servante de la révélation, sur un plan vaste, embrassant le dogme et son histoire, la morale et ses devoirs, le culte et ses cérémonies. Il parcourut tous les grades jusqu'au doctorat. Notre édition renferme un ouvrage inédit, le *Plan d'une théologie,* qui montre dans quelle idée large et profonde il avoit conçu cette science, mère de toutes les sciences.

En étudiant la théologie avec tant de discernement et sous des maîtres si habiles, il ne pouvoit négliger l'étude de l'Ecriture sainte, qui en est la première source. Un de ses oncles, qui lui servit de précepteur à Dijon, lui remit une Bible entre les mains. La céleste parole frappa si vivement cette intelligence délicate, ouverte à tous les attraits du beau, du sublime, du divin ; elle alla remuer si profondément toutes les puissances de son ame, qu'il emporta dans la tombe le souvenir de cette première impression, dont il parloit encore sur la fin de sa vie. Alors, suivant le conseil qu'il nous a donné plus tard, il savouroit en quelque sorte les passages simples et faciles qui enseignent les vérités de la religion et nourrissent la piété sans faire naître les contentions de l'orgueil; et les endroits difficiles, les rapports des textes, les obscurités des secrets bibliques, il les réservoit à des recherches ultérieures. Mais Bossuet nous l'a dit, « les ministres de Jésus-Christ ont deux principales fonctions : ils doivent parler à Dieu, ils doivent parler aux peuples; parler à Dieu par l'oraison, parler aux peuples fidèles par la prédication de l'Evangile [1]; » l'heure vint où la lecture du livre divin fut pour lui, non-seulement une prière, mais une étude, et de ce moment pas un jour ne se passa sans qu'il écrivît quelque note sur son exemplaire. Il se servoit ordinairement de la Bible de Vatable, qui, renfermant le texte de la Vulgate avec la traduction littérale de l'hébreu, lui faisoit « prendre le génie de la langue sainte et de ses manières de parler [2]. » Il y avoit toujours une bible et sur son bureau et dans sa voiture : « Je ne pourrois vivre sans cela, » disoit-il; et pour faire partager aux autres son propre bonheur, il répétoit souvent les paroles de saint Jérôme à Népotien : « Que ce livre divin ne sorte jamais de vos mains. » Pendant qu'il étoit précepteur du Dauphin, tout à l'étude au milieu de la Cour, il approfondissoit les saintes pages en se promenant dans l'*Allée des Philosophes*, suivi des abbés Renaudot, la Broue, Langeron, Saint-Luc, Fleury, Fénelon, et souvent aussi de Pellisson et la Bruyère; c'est ainsi qu'il commenta, non-seulement les livres qu'on a publiés avec ses doctes élucubrations, mais probablement toute l'Ecriture. Tous ses ouvrages dérivent de cette source divine; si bien qu'on peut dire de ce dernier Père de l'Eglise ce qu'il dit de saint Augustin : « Son fond est d'être nourri de l'Ecriture sainte, d'en prendre les plus hauts principes, de les manier en maître et avec la diversité qu'exigent les sujets qu'il a entrepris de traiter [3]. »

Comme l'Ecriture est un des fondemens de la théologie, ainsi la Tradition est l'interprète de l'Ecriture; les Pères sont les canaux qui nous apportent le vrai sens des oracles divins. C'est dans ces eaux vives que Bossuet alloit étancher sa soif de la doctrine et de la piété; c'est à cette école qu'il convie les aspirans à la science divine et les interprètes des pages sacrées : « Quiconque, dit-il, veut devenir un habile théologien et un solide interprète, qu'il lise et relise les Pères. S'il trouve quelquefois dans les modernes plus de minuties, il trouvera très-souvent dans un seul livre des Pères plus de principes, plus de cette première séve du christianisme que dans beaucoup de volumes des interprètes nou-

---

[1] *Oraison funèbre du P. Bourgoing.* — [2] Opuscule publié par M. Floquet, *Des études propres à former à la prédication.* — [3] *Défense de la Tradition et des saints Pères,* liv. IV, chap. XVIII.

veaux ; et la substance qu'il y puisera des anciennes traditions le récompensera très-abondamment de tout le temps qu'il aura donné à cette lecture... Ces grands hommes sont nourris de ce froment des élus, de cette pure substance de la religion, et pleins de cet esprit primitif qu'ils ont reçu de plus près et avec plus d'abondance de la source même ; souvent ce qui leur échappe et sort naturellement de leur plénitude, est plus nourrissant que ce qui a été médité depuis [1]. » Bossuet affectionnoit particulièrement saint Augustin, « ce docteur des docteurs, ce maître si maître, » l'aigle des théologiens et le modèle des prédicateurs. Tandis que les autres Pères combattent l'un une hérésie, l'autre une autre, ce « tenant de l'Eglise » les a toutes renversées par terre ; il fut « choisi de Dieu pour nous donner, non pas seulement des traités particuliers, mais un corps de théologie, fruit de sa lecture profonde et constante des livres saints [2]. » On a dit avec raison que le plus illustre disciple de l'évêque d'Hippone, Bossuet, à force de citer son maître, l'a mis en lambeaux. Trois exemplaires différens lui servoient alternativement, l'édition in-8° dans ses voyages, celle de Lyon à Paris, et celle des Bénédictins à Meaux. Sa prédilection pour saint Augustin ne lui fit pas négliger l'étude des autres Pères ; « encyclopédie vivante, » comme l'appeloient ses contemporains, de ces illustres docteurs qui brillent de la double auréole de la science et de la sainteté, il les a tous approfondis, tous vengés d'injustes attaques, tous caractérisés d'un seul mot : saint Athanase, « grand partout, » qui joint « à la force de l'expression cette noble simplicité qui fait les Démosthènes ; » le grave Tertullien, « ce dur Africain, » l'homme à la sauvage énergie du style ; l'érudit saint Jérôme, « ce lien pour ainsi dire de l'Orient et de l'Occident, » qui « réunit en lui seul les témoignages de tous les auteurs ; » le docte et l'éloquent saint Jean Chrysostome, « ce Démosthène chrétien, le plus illustre des prédicateurs qui aient jamais enseigné l'Eglise ; » le grand saint Grégoire de Nazianze, « ce philosophe de l'Orient, » que les Grecs ont surnommé « l'auguste théologien ; » saint Bernard, ce fidèle disciple de saint Augustin, ce thaumaturge à l'élocution touchante, à la tendre piété. N'oublions pas Origène, « moindre que les autres Pères en autorité, » mais non moins grand par son érudition profonde et par son éloquence douce et insinuante [3]. Déjà pendant ses études théologiques, il avoit pénétré dans les vastes spéculations de saint Thomas ; et c'est alors que ses condisciples, témoins de son application continuelle et se souvenant du surnom de *Bœuf muet*, qui fut donné à son illustre maître, l'appelèrent *Bos-suetus-aratro*. On pourroit ajouter à tout cela qu'il connoissoit à fond les monumens littéraires d'Athènes et de Rome, si bien qu'il savoit par cœur presque toute l'*Iliade* et récitoit

---

[1] *Défense de la Tradition et des saints Pères*, liv. IV, chap. XVI. — [2] *Ibid*. — [3] *Défense de la Tradition et des saints Pères*, et les Sermons, *passim*.

avec la même facilité les vers de Virgile et d'Horace ; mais pour le dire tout de suite, il ne se servoit de ces connoissances profanes qu'avec la plus grande réserve. Comme Racine et Fénelon, comme tous nos bons écrivains, il fait entrer dans ses tableaux, sous des formes qui rivalisent avec la forme antique, les plus beaux traits des auteurs païens, mais il ne les cite pas textuellement dans ses chefs-d'œuvre oratoires ; et quand leurs paroles s'étoient glissées sous sa plume dans sa jeunesse, il les efface dans la maturité de son talent.

II.

Telles sont les études qui préparèrent Bossuet à la prédication ; telles sont les sources d'où sortirent ses sermons. En effet, la théologie lui fournit les sujets, l'Ecriture les autorités, et les Pères de l'Eglise les développemens. Les attributs de Dieu, le mystère de l'incarnation, les abaissemens du Dieu enfant, les miracles de Jésus-Christ, la pureté de sa vie, les supplices de sa passion, la fondation de l'Eglise, la dévotion à la sainte Vierge, la prédication des Apôtres, la constance des martyrs, les vertus des saints, les obligations de la justice, la nécessité de l'aumône, les austérités de la pénitence, la brièveté du temps, l'approche de la mort, les rigueurs du jugement, le bonheur du ciel et les tourmens de l'enfer : tels sont les vérités de dogme et les sujets de morale qu'il prêche en présence des plus célèbres poëtes de la France, devant les écrivains les plus fameux d'un grand siècle littéraire, à la Cour la plus polie du monde. On voit que le prince des orateurs chrétiens s'est contenté de prêcher l'Evangile, d'expliquer le catéchisme ; il s'est contenté d'accomplir la prescription du concile de Trente, « en enseignant les choses qu'il est nécessaire de savoir pour le salut, et en faisant connoître les vices qu'on doit fuir et les vertus qu'il faut pratiquer pour éviter les peines de l'enfer et obtenir le bonheur éternel [1]. » Il traitoit les mystères avec un amour de prédilection ; et nulle part il n'est plus profond, plus grand, plus sublime, plus lui-même que dans l'exposition de nos dogmes les plus simples et tout ensemble les plus élevés. Il voyoit avec peine que les grands orateurs de la chaire négligeoient les premières vérités de la religion : « Rougit-on, disoit-il dans sa vieillesse, de prêcher Jésus-Christ et sa parole ? Hé ! comment veut-on qu'il soit aimé, si on ne le fait pas connoître : *Quomodo credent ei, quem non audierunt* [2] ? »

Le sujet choisi, Bossuet recueilloit les textes de l'Ecriture et les développemens des Pères, les écrivant parfois sur les premières feuilles de son manuscrit. On dit qu'il ne demandoit qu'une bible et qu'un saint Augustin pour composer un sermon, mais il se servoit aussi des autres

---

[1] Sess. V, cap. II *De reform.* — [2] *Rom.*, x, 14.

docteurs de l'Eglise : saint Grégoire de Nazianze lui fournissoit des conceptions profondes, Tertullien des descriptions de mœurs, saint Grégoire pape des avis au roi, et Origène des exhortations touchantes et persuasives. En même temps qu'il consultoit ses auteurs favoris, les notes tracées sur les marges lui rappeloient ses études et ses réflexions précédentes ; il repassoit tout cela dans son esprit et se l'approprioit par une profonde méditation devant Dieu ; puis nourri de ce suc, après avoir en quelque sorte transformé ce fond en sa propre substance, il prenoit la plume pour développer, exposer, produire de sa plénitude. Car il ne se contente pas de donner comme un calque des saints Pères; il leur prête ce que notre vanité voudroit quelquefois joindre à leur génie, le plus beau langage que bouche humaine ait jamais parlé ; il met leurs conceptions dans une vive lumière, en condensant toutes les idées sous un seul point de vue ; il donne à leurs spéculations abstraites la couleur et la vie, en les revêtant des images de la poésie ; créateur avec des matériaux d'emprunt, il taille dans des blocs souvent abrupts des entablemens, des colonnes et des statues. Il est un auteur dont il reproduit souvent les puissantes déductions dans leurs formes primitives ; plusieurs de ces grandes pages sont des traductions littérales de saint Thomas, et nous goûtons avec délices dans ses ouvrages la langue scholastique qui, dans les immortelles productions du Docteur angélique, blesse notre ignorance.

Mais que recherchoit Bossuet dans la composition? Les phrases harmonieuses, les périodes mesurées, les fleurs artificielles du langage ? On a dit précédemment qu'il composoit ses discours avec le plus grand soin ; mais on peut ajouter sans contradiction qu'il ne songeoit guère au style. Il avoit déjà produit presque tous ses chefs-d'œuvre oratoires, lorsqu'il écrivit dans un opuscule qui remonte à 1670 : « J'ai lu peu de livres françois. » Lesquels avoit-il lus ? La *Vie de Barthélemy des Martyrs*; les versions de Perrot d'Ablancourt ; les Œuvres diverses de Balzac, « qui apprend à donner plusieurs formes à une idée simple ; » les *Lettres à un provincial*, « dont quelques-unes ont beaucoup de force; » quelques pièces de messieurs de Port-Royal, qui ont « peu de variété dans le style ; » un peu Corneille et Racine, dont le premier a « la véhémence, » et le second « plus de justesse et de régularité. » Bossuet continue : « Ce que j'ai appris du style, je le tiens des livres latins et un peu des grecs, de Platon, d'Isocrate et de Démosthène, dont j'ai lu aussi quelque chose ; » puis il conseille de feuilleter, parmi les ouvrages de Cicéron, *De Oratore*, *Pro Murœna*, *Pro Marcello*, quelques *Catilinaires*; puis quelques *Philippiques*, Tite-Live, Salluste et Térence. Il croit les modèles plus utiles que les préceptes, et veut qu'on les étudie « sans se détourner des autres lectures sérieuses [1]. » Tout cela ne

[1] Opuscule publié par M. Floquet.

révèle pas dans l'auteur une grande sollicitude du style. Pendant qu'il fut précepteur du Dauphin, il étudia dans les ouvrages classiques la grammaire et la rhétorique; mais, encore une fois, presque tous ses chefs-d'œuvre d'éloquence étoient déjà composés. On a vu que les discours de la deuxième époque se distinguent par la spontanéité, la véhémence, le sublime, et que ceux de la troisième ont pour traits caractéristiques l'ordre, la régularité et la symétrie; la principale cause de cette différence ne seroit-elle pas dans l'étude dont on vient de parler?

Bossuet ne se soucioit guère plus de l'éloquence que du style; et c'est lui-même qui nous l'apprend, car les portraits qu'il a tracés de plusieurs prédicateurs lui conviennent mieux qu'à tout autre. « Plein de la doctrine céleste, nourri et rassasié du meilleur suc du christianisme, il faisoit régner dans ses sermons la vérité et la sagesse; l'éloquence suivoit comme la servante, non recherchée avec soin, mais attirée par les choses mêmes. Ainsi son discours se répandoit à la manière d'un torrent; et s'il trouvoit en son chemin les fleurs de l'élocution, il les entraînoit plutôt après lui qu'il ne les cueilloit avec choix pour se parer d'un tel ornement [1]. » — « Il n'enfloit donc pas son discours par de superbes pensées ou par le faste d'une éloquence mondaine, mais il le remplissoit d'une doctrine céleste, de vérités divines, qui donnoient aux ames une nourriture solide et alloient jusqu'à la racine de nos maladies. Tantôt il attiroit les peuples par la douceur, tantôt il les reprenoit sans les épargner..., leur prêchant les oracles divins, non point avec les lâches condescendances des scribes et des pharisiens, mais avec empire et autorité, avec une liberté et une assurance digne des vérités éternelles » qu'il annonçoit [2]. Il savoit que pour « abattre les cœurs aux pieds de Jésus-Christ, pour les forcer invinciblement au milieu de leurs défenses..., il faut renverser les remparts des mauvaises habitudes, il faut détruire les conseils profonds d'une malice invétérée, il faut abattre toutes les hauteurs qu'un orgueil indompté et opiniâtre élève contre la science de Dieu. » Eh bien, s'écrie-t-il, « que ferez-vous ici, foibles discoureurs? Détruirez-vous ces remparts en jetant des fleurs? Dissiperez-vous ces conseils cachés en chatouillant les oreilles? Croyez-vous que ces superbes hauteurs tombent au bruit de vos périodes mesurées? Et pour captiver les esprits, est-ce assez de les charmer un moment par la surprise d'un plaisir qui passe? Non, non, ne nous trompons pas: pour renverser tant de remparts et vaincre tant de résistances, et nos mouvemens affectés, et nos paroles arrangées, et nos figures artificielles sont des machines trop foibles. Il faut prendre des armes plus puissantes, plus efficaces [3]. » Ces armes, il les demandoit à son divin Maître dans la

---

[1] *Oraison funèbre du P. Bourgoing.* — [2] Ier *Sermon pour le* IIe *dimanche de l'Avent.* — [3] *Oraison funèbre du P. Bourgoing.*

chaire : « O Dieu, disoit-il, donnez efficace à votre parole. Vous voyez en quel lieu je prêche, et vous savez, ô Dieu, ce qu'il y faut dire. Donnez-moi des paroles sages; donnez-moi des paroles efficaces, puissantes; donnez-moi la prudence; donnez-moi la force; donnez-moi la circonspection; donnez-moi la simplicité. » Ensuite il prie le Seigneur de faire que « l'homme ne paroisse pas dans la chaire » qu'il occupe, « afin que Dieu y parle tout seul par la pureté de son Evangile [1]. » Ce n'est donc point « par l'art de bien dire, par l'arrangement des paroles, » qu'il abat les ames aux pieds de Jésus-Christ. « Tout se fait par une secrète vertu qui persuade contre les règles, ou plutôt qui ne persuade pas tant qu'elle captive les entendemens; vertu qui venant du ciel, sait se conserver tout entière dans la bassesse modeste et familière de l'expression et dans la simplicité d'un style qui paroit vulgaire, comme on voit un fleuve rapide qui retient coulant dans la plaine cette force violente et impétueuse qu'il a acquise aux montagnes d'où ses eaux sont précipitées [2]. » — « Je ne m'étonne donc pas s'il prêchoit si saintement le mystère de Jésus-Christ. O Dieu vivant et éternel, quel zèle! quelle onction! quelle douceur! quelle force! quelle simplicité et quelle éloquence! La parole de l'Evangile sortoit de sa bouche, vive, pénétrante, animée, toute pleine d'esprit et de feu... Lumière ardente, qui ne brilloit que pour échauffer, qui cherchoit le cœur par l'esprit, et ensuite captivoit l'esprit par le cœur [3]. »

En un mot, Bossuet « dépouilla son éloquence de tout ce qui ne pouvoit que plaire sans édifier; et Dieu permit qu'il plût sans vouloir plaire, que le fruit de ses sermons en égalât et surpassât la beauté [4]. » Il a justifié la définition de Pascal : « La vraie éloquence se moque de l'éloquence [5]. » Si l'on joint à cela toute la puissance et tous les charmes de l'action oratoire; si l'on se représente le prédicateur tel que le montrent les monumens de l'histoire, le port imposant quoique d'une taille médiocre; la figure sereine et majestueuse, inspirant en même temps le respect et la confiance; le front large et élevé, portant les traits du génie; la voix claire et forte, insinuante tour à tour et véhémente; le geste calme mais expressif, simple et naturel mais noble et impérieux [6] : on comprendra quels effets devoit produire cette éloquence inspirée par les oracles et l'esprit de Dieu.

On a vu précédemment que Bossuet se trouve, dans la succession du temps, entre Lingendes et Bourdaloue; maintenant on doit voir, si je ne me trompe, qu'il occupe encore cette place dans l'histoire de l'éloquence sacrée. Lingendes accumuloit dans ses œuvres oratoires les oracles de l'Evangile et les maximes du paganisme, faisant parler

[1] IIIe *Sermon pour le Ier dimanche de Carême.* — [2] IIe *Sermon pour le IIe dimanche de l'Avent.* — [3] *Oraison funèbre du P. Bourgoing.* — [4] Le P. de la Rue, *Panégyrique de Bossuet* — [5] *Pensées de Pascal,* publiées par Prosper Faugère, tom. I, pag. 151. — [6] L'abbé Ledieu et plusieurs auteurs contemporains.

de concert saint Basile et Platon, saint Bernard et Virgile. Formé à l'école du pieux Cornet et de Vincent de Paul, Bossuet bannit les auteurs profanes de la chaire pour y faire monter les docteurs et les saints qui ont propagé le grain semé par le divin Maître; il recueille en quelque sorte ses sermons dans le champ des traditions chrétiennes et nous présente le pain préparé par les Athanase, les Augustin et les Chrysostome. Bourdaloue, habile dialecticien mais peu contemplatif, prend ses plans, ses preuves, tout son fond dans la théologie positive de la renaissance, et remplit ses cadres à l'aide de raisonnemens et de déductions logiques; il fait intervenir les Pères, non comme maîtres pour enseigner, mais comme témoins pour déposer en faveur de sa propre parole; la tradition reste à la surface et ne pénètre pas ses discours. Les contemporains et les successeurs de Bourdaloue se sont engagés plus avant dans cette voie; moralistes plutôt que prédicateurs, ils se sont de plus en plus éloignés de l'élément traditionnel pour se rapprocher du genre académique, fort bon à la Sorbonne, moins à sa place dans le temple de Dieu. On est allé jusqu'à rompre avec le passé; on a inventé les matériaux, le fond et les sujets; chacun a voulu donner son système, chacun sa démonstration évangélique : mais le résultat? Les créations nouvelles se sont écroulées comme de vieilles masures, et les théories gisent avec les grands sermons philosophiques sous le même tas de ruines. Mais je me hâte de revenir à mon esquisse historique, pour rectifier quelques idées qui ne me semblent pas dans le vrai.

III.

On a dit souvent que Bossuet écrivoit ses discours à longs traits, rapidement, sans efforts de composition, suivant comme par entraînement l'inspiration du génie. Composition prompte, illumination soudaine? Il faut s'entendre. Lorsqu'un événement imprévu se produisoit au milieu de ses discours, ou que les circonstances l'obligeoient de monter en chaire sans préparation, il avoit comme à son ordre des improvisations brillantes; ses études théologiques lui fournissoient instantanément des plans larges et profonds; son érudition biblique, des textes et des autorités; ses connoissances des Pères, de magnifiques développemens, en même temps qu'il trouvoit dans le feu de son imagination des images éclatantes et dans l'ardeur de son ame des accens pathétiques. Malgré ces immenses ressources et cette étonnante facilité, il ne montoit jamais en chaire, à moins d'une impérieuse nécessité, sans avoir fait un *crayon*, c'est-à-dire sans avoir écrit l'exorde, posé la division et marqué dans une esquisse succincte les idées fondamentales du sujet qu'il se proposoit de traiter. Et dans les cas ordinaires, hors de toute contrainte, comment composoit-il? Il faut se rappeler ce qu'on a dit de son écriture. Pendant la première époque de son ministère, à Metz, dans ses coups d'essai, sa plume couroit négligemment, précipitamment d'un bord à l'autre du papier, du haut jusqu'au bas, ne laissant aucun espace vide, ordinairement sans marquer ni les points du discours ni les alinéas des transitions. La page une fois crayonnée de cette façon, plus de correction possible; aussi l'auteur n'en faisoit-il aucune. Dans la grande époque de son apostolat, au contraire, il écrivoit avec le plus grand soin, se réservant à la marge la moitié du manuscrit. Aujourd'hui que le calme de l'expérience lui inspire plus de défiance et qu'il doit porter la parole devant la science et la grandeur, sa plume avance avec retenue et circonspection; elle revient souvent en arrière et ne reprend sa marche que pour se hâter lentement, comme le veut Boileau. Dans la troisième époque, lorsqu'il a étudié les préceptes, cette plume, qui burine toujours des œuvres immortelles, semble plus timide encore. Voyez, pour ainsi dire, les traces de ses pas : à peine quelques lignes consécutives marquées d'une seule allure et sans retouche; ici un mot souligné d'abord, puis effacé bientôt après; là une phrase pleine devenue elliptique à l'aide d'une éloquente suppression; plus loin l'ordre d'une période interverti par une habile transposition; ailleurs encore un magnifique passage retranché sans grace ni merci; partout enfin de nombreuses variantes. Je voudrois montrer comment le grand écrivain, soit dans la composition, soit dans des lectures subséquentes, se corrigeoit lui-même, modifiant, ajoutant, plus souvent effaçant, jusqu'à ce que la marge et l'écriture du manuscrit fussent couvertes de ratures et d'additions, de changemens et de variantes. Si l'on pouvoit faire voir par la parole, comme par un *fac-simile*, certaines de ces pages, ce spécimen seroit la meilleure leçon de style; car le lecteur pénétreroit en quelque sorte dans le cabinet du plus sublime génie, pour assister à l'élaboration de sa pensée.

Un habile critique a fait il y a quelques années, dans le *Journal des Débats*, le travail que j'indique sur quelques passages de Bossuet; on lira ses judicieuses remarques avec autant de profit que d'intérêt. Le savant auteur examine le commencement du *Panégyrique de saint André*, qui fut prononcé, comme on l'a vu, dans le Carême de 1668, en présence de Turenne nouvellement converti. Avant toutes choses, il cite les premières phrases de ce discours; les voici : « Jésus va commencer ses conquêtes; il a déjà prêché son Evangile, déjà les troupes se pressent pour écouter sa parole. Personne ne s'est encore attaché à lui; et parmi tant d'écoutans, il n'a pas gagné encore un seul disciple. Aussi ne reçoit-il pas indifféremment tous ceux qui se présentent pour le suivre. Il y en a qu'il rebute, il y en a qu'il éprouve, il y en a qu'il diffère. Il a ses temps destinés, il a ses personnes choisies. Il jette ses filets ; il tend ses rets sur cette mer du siècle, mer immense, mer profonde, mer orageuse et éternellement agitée. Il veut prendre des hommes dans le monde ; mais quoique cette eau soit trouble, il n'y pêche pas à l'aveugle ; il sait ceux qui sont à lui ; et il regarde, il considère, il choisit. » Écoutons maintenant le critique : « Après ces mots : « Aussi ne reçoit-il pas indifféremment tous ceux qui se présentent pour le suivre, » Bossuet avoit mis d'abord : « Il en renvoie, il en choisit. » Il a effacé cela et mis à la place : « Il y en a qu'il rebute, il y en a qu'il éprouve, il y en a qu'il diffère. » Je croirois manquer de respect aux lecteurs si je m'arrêtois à faire ressortir la supériorité de la seconde leçon sur la première. Le dernier trait, probablement, est à l'adresse de Turenne. A la suite de la phrase : « Il a ses personnes choisies, » Bossuet avoit écrit immédiatement : « Mais puisqu'il a le choix des personnes, peut-être commencera-t-il, » etc. Tout ce qui se trouve dans l'intervalle a été ajouté en marge : heureuse addition, qui donne plus d'ampleur et de solennité au début du *Panégyrique*. Ces lignes, rattachées par un renvoi au texte, gardent la trace de la peine qu'elles ont coûtée à l'auteur. J'ai compté jusqu'à trente-deux mots raturés. Il les a raturés, non en se relisant, mais dans le travail même de la composition. Ainsi Bossuet venoit d'écrire : « Il tend ses rets sur cette *vaste* mer du siècle ; » il s'aperçoit qu'il peut, en développant son idée, terminer magnifiquement une phrase qui tournoit court et finissoit sur un mot sec ; il barre l'épithète, et « cette mer du siècle » semble apparoître à nos regards, « mer immense, mer profonde, mer orageuse et éternellement agitée. » De même après les mots : « Il sait ceux qui sont à lui, » Bossuet avoit commencé par écrire : « Et si tous sont appelés, il y en a..... » Évidemment il alloit ajouter : « Peu d'élus ; » il s'interrompt brusquement, renonce à une phrase que l'Évangile a consacrée, mais qui a pris avec le temps la banalité d'un proverbe, et écrit à la suite de ces mots effacés : « Il regarde, il considère, il choisit. » Dans le texte imprimé on lit : « Et il regarde. » Il faut supprimer *et*, quoique l'auteur ait oublié de le rayer ; utile dans la première leçon, cette conjonction est superflue dans la seconde [1]. » Voilà quelques-unes des observations faites par M. Valery-Radot. On ne cesse pas sans peine de citer un pareil écrivain, surtout quand on doit prendre la plume après lui ; mais il faut montrer que Bossuet n'a jamais cessé de se corriger lui-même avec le plus grand soin ; que si son éloquence étoit un don du ciel, elle fut aussi le fruit du travail et de persévérans efforts.

Je prends au hasard un sermon que Bossuet a composé après de nombreux chefs-d'œuvre et dans toute la maturité du talent, le quatrième pour le jour de Pâques, qui fut prononcé à Versailles, devant le roi, en 1681. Je viens tout de suite au premier point. D'abord l'au-

[1] *Journal des Débats*, reproduit par l'*Univers* du 8 mars 1856.

teur transcrit à la marge du manuscrit plusieurs passages de saint Paul ; puis il commence ainsi dans le premier jet de sa pensée : « Quelle est donc cette loi nouvelle de Jésus-Christ ressuscité, qui oblige tous les chrétiens à un perpétuel renouvellement de leurs mœurs? Saint Paul que je choisis pour mon conducteur dans cette importante matière, l'explique en abrégé par ces paroles : *Si consurrexistis cum Christo, quæ sursùm sunt quærite, ubi Christus est in dexterâ Dei sedens*; c'est que nous devons agir comme des hommes ressuscités : *Exhibete vos tanquam ex mortuis viventes.* » Si le lecteur a trouvé la phrase longue, Bossuet a porté le même jugement ; il se hâte d'effacer « qui oblige tous les chrétiens.... ; » et « saint Paul que je choisis.... ; » il écrit dans une seconde rédaction : « Quelle est donc cette loi nouvelle que saint Paul nous prêche : « Montrez-vous maintenant comme des hommes ressuscités des morts ; » et encore : « Il a porté tous nos péchés, afin que morts au péché nous vivions à la justice ; » et enfin : « *Si consurrexistis cum Christo,* » etc. On voit que si l'écrivain retranche d'une part, il ajoute de l'autre en apportant de nouveaux passages de l'Ecriture ; mais les idées s'éclaircissent, la trame de la pensée se forme ; Bossuet dit dans une troisième et dernière rédaction : « Ce fut une doctrine bien nouvelle au monde, lorsque saint Paul écrivit ces mots : « Vivez comme des morts ressuscités ; » mais il explique plus clairement ce que c'est que de vivre en ressuscités et à quelle nouveauté de vie nous oblige une si nouvelle manière de s'exprimer, lorsqu'il dit en un autre endroit : *Si consurrexistis cum Christo,* etc. Voilà donc trois rédactions différentes du même passage, et chacune de ces rédactions a coûté à l'auteur des retouches réitérées, de nombreuses corrections, que l'espace ne nous permet pas de signaler.

Bossuet avoit commencé le deuxième point de cette manière : « Jésus-Christ par les travaux de sa vie tendoit à un repos éternel. « Il est assis, dit saint Paul, à la droite de son Père : » être assis, marque d'empire et d'autorité, mais en même temps marque de repos et de consistance éternelle. » Arrivé à ce dernier mot, l'auteur s'arrête court; un obstacle lui barre le passage, ou la réflexion l'avertit qu'il fait fausse route ; il efface et met dans la rédaction définitive : « Nous avons vu que le Fils de Dieu, en ressuscitant, avoit dessein de nous attirer à cette « cité permanente, » comme l'appelle saint Paul, où il va prendre sa place et où nous devons jouir avec lui d'une paix inaltérable. » Cette phrase va droit au but, mais elle n'est pas sortie dans le premier trait telle que la voilà de la plume de l'écrivain. Bossuet avoit écrit d'abord : « Le Fils de Dieu, en ressuscitant, a dessein ; » pour rattacher le deuxième point au premier, il ajoute au commencement : « Nous avons vu que le Fils de Dieu, » etc. Au milieu, la première rédaction portoit : « A dessein de nous introduire dans le repos où il est et de nous ouvrir l'entrée de cette cité permanente. » Le lecteur ne trouvera probablement ni clarté dans l'idée, ni noblesse dans les termes, ni harmonie dans la construction ; aussi l'auteur a-t-il mis par un heureux amendement : « Avoit dessein de nous attirer à cette « cité permanente, » comme l'appelle saint Paul. » La fin révèle encore un travail de correction. Il y avoit seulement dans le premier jet de la pensée : « Où nous devons jouir avec lui d'une paix inaltérable ; » l'écrivain complète tout ensemble et l'idée et l'expression en disant : « Où il va prendre sa place et où nous devons jouir avec lui d'une paix inaltérable. »

Après quelques phrases remaniées, bouleversées, raturées, Bossuet nous montre l'Eglise au milieu des flots et des tempêtes, attaquée avec violence au dehors et déchirée par une guerre cruelle au dedans. Tout à coup il s'aperçoit qu'il la peint (l'Eglise) dans ses luttes et dans ses triomphes avant de l'avoir représentée dans sa naissance et son berceau : il efface d'un trait de plume ce qu'il vient d'écrire ; puis il raconte la fondation de la société des fidèles, il fait voir comment elle s'est élevée sur ses bases divines ; puis il revient à la guerre qu'elle a soutenue et aux victoires qu'elle a remportées contre les puissances du monde et des enfers. Mais la place que devoit occuper dans le discours ce drame émouvant, Bossuet l'a prise en grande partie dans la préparation de la scène ; sa première peinture est longue, il l'abrége ou plutôt il la refait tout entière. Il est aussi curieux qu'utile de comparer ses deux descriptions. Voici la première, c'est Jésus-Christ qui parle : « O homme, viens voir l'éclat de ma puissance. Si j'établis mon Eglise au milieu des flots et des tempêtes : si je laisse élever contre elle toutes les puissances du monde pour l'accabler dans sa naissance : si, attaquée par le dehors avec une si furieuse violence, elle se trouve encore déchirée au dedans : si l'enfer déchaîné inspire aux esprits superbes mille dangereuses hérésies : si par mille subtilités ils embrouillent des mystères déjà si impénétrables : si, pour comble de malheur, la discipline se relâche, que le dedans de l'Eglise se remplisse de confusion, que l'ivraie semble prévaloir et que la paille couvre le bon grain : si le vulgaire est trop ignorant, et les savans trop subtils et trop curieux : si la mollesse et la lâcheté règnent dans le peuple, l'orgueil et la dureté parmi les grands, l'ambition et la vanité même parmi les pasteurs : si une fausse piété vient discréditer la piété véritable : si pendant que les uns sont trop relâchés, les autres trop dédaigneux se font valoir par l'affectation d'une sévérité mal réglée : si le ciel semble se mêler avec la terre, la chair avec l'esprit, les saintes maximes avec les maximes corrompues ; et qu'au milieu de tant de désordres et malgré les passions, l'Eglise demeure immuable, sans tache : si la foi y est toujours pure, la règle des mœurs toujours droite : s'il y a toujours une vérité qui censure les coutumes dépravées ; et si cette vérité, presque abandonnée des particuliers, subsiste par elle-même et trouve une défense invincible dans l'autorité de l'Eglise, que direz-vous, chrétiens : pourrez-vous n'apercevoir pas dans la miraculeuse durée de l'Eglise et dans ce règne de la vérité, l'ouvrage immortel de Jésus-Christ ressuscité et tout ensemble un gage de l'éternité qui vous est promise aux siècles futurs? » Bossuet seul étoit assez riche de son fond pour faire le sacrifice de semblables passages. Voyons maintenant sa seconde description : « Si l'Eglise a cessé un seul moment, si elle a un seul moment ressenti la mort d'où Jésus-Christ l'a tirée, doutez des promesses de la vie future. Mais voyez au contraire que cette Eglise, née dans les opprobres et parmi les contradictions, chargée de la haine publique, persécutée avec une fureur inouïe, premièrement en Jésus-Christ, qui étoit son chef, et ensuite dans tous ses membres; environnée d'ennemis, pleine de faux frères, et un néant, comme dit saint Paul, dans ses commencemens; attaquée encore plus vivement par le dehors et plus dangereusement divisée au dedans par les hérésies dans son progrès, dans la suite presque abandonnée par le déplorable relâchement de sa discipline; avec sa doctrine rebutante, dure à pratiquer, dure à entendre, impénétrable à l'esprit, contraire aux sens, ennemie du monde dont elle combat toutes les maximes, demeure ferme et inébranlable. » Probablement le lecteur retrouvera dans le premier passage l'orateur de 1669, et le précepteur du Dauphin dans le second. Je voulois encore faire quelques observations sur le commencement du troisième point; mais il ne faut pas mettre la patience à de trop fortes épreuves, même quand on parle de Bossuet. Qu'il nous suffise de dire que tout le sermon porte, dans le manuscrit, les traces d'incessantes corrections; les mots effacés occuperoient dix fois plus d'espace que les mots conservés.

Bossuet cherchoit dans la correction de ses ouvrages, non certes les ornemens artificiels du langage, mais la clarté et la précision. Comme le roi des théologiens, le prince des prédicateurs retranche de sa force et de sa plénitude; il ramène les métaphores au sens littéral, le véhément au ton modéré, le grand et le sublime au simple et au naturel. Ce terme ne représentoit pas l'idée dans sa juste nuance, il y substitue le mot propre; cette phrase trop longue affoiblissoit la force et l'éclat de la pensée par la dispersion de ses élémens, il la condense pour faire converger tous les muscles et tous les rayons vers le même centre; cette déduction laissoit échapper la conclusion par une solution de continuité, il soude un anneau dans la chaine, et tout se tient comme un vivant faisceau. Et tous ces remaniemens, toutes ces reprises sont marqués au coin de la logique la plus sûre et du goût le plus délicat; et tout cela montre dans Bossuet un critique non moins habile que l'écrivain.

Faudra-t-il encore dire quel effet devoient produire ces discours inspirés par tant de science et tant de génie, puis corrigés avec tant de sollicitude et tant de goût? Cependant on répète chaque jour que Bossuet ne fut point goûté dans son époque; chose incroyable! Son premier historien propose aux littérateurs, comme « un problème curieux à résoudre, » l'indifférence qu'eurent pour lui ses contemporains. Pour peu qu'on ait consulté les monumens de l'histoire, on sait que le grand orateur conquit sans retour les suffrages et les applaudissemens de notre grand siècle littéraire. Non content de l'avoir honoré dans la personne de son père par une marque singulière de haute estime, Louis XIV répétoit publiquement ses discours avec les plus vifs éloges. Les reines le suivoient dans toutes les églises de la capitale, et Mme de la Fayette, organe de toute la Cour, vante « cette éloquence et cet esprit de religion qui paroît, dit-elle, dans tous ses sermons [1]. » Les évêques qui l'avoient entendu tous dans les assemblées générales du clergé, et le plus grand nombre au Louvre, à Chaillot, à Saint-Denis, admirent son éloquence inspirée par le génie et par l'esprit de Dieu. Dans une de ces assemblées générales, l'abbé de Fromentières leur rappelle « le bruit qu'a fait l'Evangile dans la bouche du doyen de l'église de Metz [2]; » et l'évêque de Montauban les prend à témoin du bien qu'opère son saint ministère [3]. De même l'évêque de Glandèves, l'évêque de Luçon, l'évêque d'Avranches, etc. Personne n'a pu lui donner de plus justes éloges que les prédicateurs; écoutons quelques-unes de leurs paroles. Mascaron : « Dans sa bouche la vérité est aussi belle que puissante [4]. » Massillon : « D'un génie vaste et heureux, d'une candeur qui caractérise toujours les grandes ames et les esprits du premier ordre, l'ornement de l'épiscopat et dont le clergé de France se fera honneur dans tous les siècles, un évêque au milieu de la Cour, l'homme de tous les talens et de toutes les sciences, le docteur de toutes les églises, la terreur de toutes les sectes, le Père du XVIIe siècle, et à qui il n'a manqué que d'être né dans les premiers temps pour avoir été la lumière des conciles, l'ame des Pères assemblés, dicté des canons et présidé à Nicée et à Ephèse [5]. » Le Père de la Rue : « Le fruit de ses sermons en égala et surpassa la beauté [6]..... La source en fut dans un cœur, dans un esprit enrichis de ce qu'il y a de plus magnifique et pour ainsi dire de plus divin dans les Prophètes et les Pères de l'Eglise... Il excella dans toutes les parties de l'orateur; il fut sublime dans l'éloge, touchant dans la morale, solide et précis dans l'instruction, juste et noble partout dans l'expression [7]. » L'abbé de Clérembault : « Un de

---

[1] *Histoire de Madame* (la reine d'Angleterre). — [2] Sermon prononcé en 1670, devant l'assemblée générale du clergé de France. — [3] *Oraison funèbre de Madame*, prononcée la même année et devant le même auditoire que le précédent. — [4] *Oraison funèbre de Madame*, 1670. — [5] *Oraison funèbre de M. le Dauphin.* — [6] *Eloge funèbre de Bossuet.* — [7] Les Sermons, Préface.

ces hommes rares et supérieurs, qui sont quelquefois montrés au monde pour lui faire seulement sentir jusqu'où peut être porté le mérite sublime, sans laisser presque l'espérance de leur pouvoir trouver des successeurs [1]. » L'Académie, « ce conseil réglé et perpétuel dont le crédit est établi sur l'approbation publique [2], » ne lui décerne pas moins d'éloges. Lorsqu'il y va prendre possession de sa place, en 1671, le directeur, Charpentier, le félicite « d'avoir remporté les applaudissemens de toute la France par ses célèbres prédications, et d'avoir paru dans la chaire avec tant d'éclat. » Les membres de l'illustre compagnie élèvent, dans d'autres circonstances, le grand prédicateur qui « s'est montré dans la chaire de l'Evangile comme un Chrysostome [3]; » ils vantent « son zèle à faire valoir contre les vices des talens reçus du ciel pour l'éloquence..., et ses succès si grands, qu'en peu de temps il avoit obscurci ses égaux [4]; » ils le montrent « tantôt majestueux et tranquille comme un grand fleuve, conduisant d'une manière douce et presque insensible à la connoissance de la vérité; tantôt rapide, impétueux comme un torrent, forçant les esprits et entraînant les cœurs [5]. » Mais voici un témoignage qui pourroit tenir lieu de tous les autres. Parlant d'avance le langage de la postérité, la Bruyère nomme Bossuet Père de l'Eglise, Bossuet « qui a fait parler longtemps une envieuse critique, et qui l'a fait taire; qui accable par le nombre et par l'éminence de ses talens, orateur, historien, théologien, philosophe, d'une rare érudition, d'une plus rare éloquence. » Si vous voulez savoir ce que les savans disoient en dehors de l'Académie, écoutez : « Dans M. de Meaux, l'éloquence n'est pas un fruit de l'étude; tout est naturel en lui, tout y est au-dessus de l'art; ou plutôt de la sublimité même de son génie et de ses lumières, naît, sans effort et sans recherche, un art supérieur à celui dont nous connoissons les foibles règles. De là ces tours nobles, ces grands traits, ces expressions vives et hardies, cette force en un mot à laquelle rien ne résiste. A cette mâle et vigoureuse éloquence, il joignoit dans ses sermons l'avantage que lui donnoit une science profonde, c'est d'être plein, solide, instructif : il vouloit que la religion fût connue, et ne gagnoit le cœur qu'après avoir éclairé l'esprit [6]. » Dans les traités d'éloquence ou de littérature, les auteurs, par exemple le Père Bouhours, le Père Rapin, l'abbé du Jarry, Faydit, Charpentier, le proposent comme le plus fameux des prédicateurs, comme le modèle le plus brillant, qui donne aux modernes la supériorité sur les anciens. Et que n'ont pas dit les poëtes? Ils admirent dans sa personne cette douceur qui inspire la confiance tout ensemble et cette majesté qui commande le respect;

---

[1] Eloge de Bossuet. — [2] Bossuet, *Discours de réception à l'Académie.* — [3] L'abbé de Polignac, *Discours de réception à l'Académie française.* — [4] L'abbé Clérembault, *Réponse au Discours précédent.* — [5] *Discours de réception à l'Académie.* — [6] *Journal des Savans,* 1704, pag. 562.

ils célèbrent dans sa parole l'ordre et la spontanéité, la logique et la poésie, la modération et la véhémence, la simplicité et le sublime; ils se disent heureux de « retrouver dans ses chefs-d'œuvre l'éloquence de Paul et le savoir d'Augustin; » ils le proclament le modèle du zèle évangélique, le maître de la doctrine et le roi des prédicateurs : ainsi Belleville, Maury, Bacoüe, Pellisson, Santeuil, La Monnoie. Est-ce tout? Non, les rédacteurs de la *Gazette de France* et ceux de la *Muse historique* le suivent dans toutes les chaires de la capitale et racontent dans leurs colonnes autant de triomphes qu'il prononce de discours. Telle fut la renommée de Bossuet : la publicité, la poésie, la littérature, la science, et l'académie, et la tribune chrétienne, et l'épiscopat, et la cour et la royauté s'empressent à l'envi d'exalter la sublimité de son éloquence apostolique. Qu'il me soit donc permis de proposer à mon tour un problème aux littérateurs : Comment le premier historien de Bossuet a-t-il pu dire que « ses contemporains parlent à peine de lui comme orateur, et jamais comme prédicateur [1]? » En attendant la solution des hommes compétens, je remarquerai seulement que le cardinal de Bausset n'a consulté dans son travail que les *Mémoires* de l'abbé Ledieu ; or ce dernier biographe du grand homme ne fut admis dans son cabinet comme secrétaire qu'en 1684, et connoissoit peu la grande époque de ses œuvres oratoires. D'ailleurs les sermons ont paru pour la première fois dans la seconde moitié du XVIIIᵉ siècle. Cette époque, où la prolixité a succédé à la concision, l'exactitude symétrique à la spontanéité, le ris moqueur à l'inspiration, pouvoit-elle apprécier sainement des œuvres inspirées par la foi et par le génie, qui font revivre les Augustin, les Chrysostome, les Thomas d'Aquin? Aussi la Harpe dit-il que « Bossuet est médiocre dans ses sermons [2]. » L'abbé Maury, dans une brochure sortie des presses d'Avignon en 1772, pense que ces chefs-d'œuvre ont besoin d'être « créés une seconde fois; cependant il veut bien croire « qu'en débrouillant ce chaos, il seroit aisé d'en composer des discours admirables. » Le cardinal de Bausset regrette, lui, qu'on n'ait pas fait « un discernement judicieux de ces mêmes ouvrages; » on ne doit pas s'étonner de leur médiocrité, car « Bossuet ne les avoit pas destinés à l'impression..., et il les prononça il y a plus de cent cinquante ans [3] ! » On comprend que le siècle de l'éloquence et du goût n'ait eu que de *l'indifférence* pour de semblables discours !

Voici encore une idée fausse : on a dit que Bossuet n'a montré dans le ministère de la parole aucune commisération pour les malheureux. Inventée par les protestans de France et propagée par le calviniste génevois Sismondi, cette accusation se trouve aussi, qu'on me pardonne

---

[1] *Histoire de Bossuet*, tom. II, pag. 9. — [2] *Cours de littérature*, tom. VII, pag. 113. — [3] *Histoire de Bossuet*, tom. II, pag. 1.

ce rapprochement de noms propres, dans Joseph de Maistre, à qui cependant la lecture des sermons faisoit répandre, comme il nous l'apprend lui-même, « des larmes d'admiration. » Qu'auroit dit Louis XIV, qui demandoit par des lettres écrites de sa main des blés aux rois ses alliés, pour soulager les misères que lui dénonçoit du haut de la chaire le disciple de Vincent de Paul? qu'auroient dit les gentilshommes qui donnoient leur or, et les dames de la Cour qui livroient le prix de leurs parures à ses pressantes sollicitations? qu'auroient dit les dix mille nécessiteux qu'il sauva de la mort d'un seul coup en sauvant l'hôpital général d'une ruine imminente? qu'auroient dit les *nouveaux convertis* qu'il nourrissoit à Metz dans son établissement de la Propagation de la Foi, si l'on avoit proféré cette parole en leur présence : « Les souffrances ne lui arrachèrent jamais un seul cri [1]? » L'avocat des pauvres a dans ses discours des plaintes pour toutes les douleurs, des sollicitations pour toutes les infortunes; il égale toujours, pour parler son langage, les gémissemens aux souffrances, les lamentations aux calamités; aucun apôtre de la charité chrétienne, aucun Père de l'Eglise n'a plaidé plus chaleureusement la cause des indigens devant les riches et du pauvre peuple devant les rois. Si l'on en veut cent preuves pour une, qu'on ouvre les sermons [2]; je ne dois pas m'écarter de mon but historique par d'inutiles citations.

Il nous reste à rechercher comment on a imprimé les œuvres du plus grand de nos prédicateurs.

§ III.

C'est un homme honoré du nom de Bossuet, l'évêque de Meaux, qui reçut en héritage les manuscrits de l'immortel écrivain. Il n'eut pas la pensée, ou plutôt il recula devant la peine d'imprimer les sermons; seulement il fit, contre le vœu de l'auteur et malgré l'ordre de Louis XIV, paroître clandestinement en Hollande, de la manière qu'on sait, la *Défense de la déclaration du clergé de France*. Il y a bien plus : « ce petit neveu d'un grand oncle, » ainsi que l'appelle Joseph de Maistre, a perdu plusieurs des sermons : « Nous sommes bien fondé à l'assurer, dit le premier éditeur de ces œuvres, puisque nous avons trouvé plusieurs originaux entre les mains de personnes qui les tenoient de ceux mêmes à qui M. de Troyes les avoit confiés. Nous ne croyons pas avoir été assez heureux pour rassembler tous ceux qui ont été ainsi dispersés [3]. »

---

[1] *De l'Eglise Gallicane*, tom. II, pag. 12. — [2] Lire : le *Sermon pour le dimanche de la Septuagésime*; le IIe *Sermon pour le jeudi de la IIe semaine de Carême*; le *Sermon pour le mardi de la IIIe semaine de Carême*; le IVe *Sermon pour le IVe dimanche de Carême*; le IIIe et le IVe *Sermon pour le dimanche des Rameaux*; le IIIe *Sermon pour le vendredi saint*, etc., etc. — [3] Préface des Sermons, édit. in-4° de 1772.

Les précieux manuscrits passèrent par acte testamentaire au neveu de l'évêque de Troyes, au président Chassot. Pendant plus d'un demi-siècle, personne n'eut l'idée de rechercher les sermons ; on croyoit qu'ils n'avoient pas été confiés à l'écriture. L'abbé Ledieu voyoit souvent le grand évêque monter en chaire après avoir jeté quelques lignes rapides ou même sans avoir rien tracé sur le papier ; il crut que l'illustre prédicateur avoit toujours suivi cette méthode, et dit dans ses *Mémoires* que Bossuet n'écrivoit pas ses sermons.

Le président Chassot remit les manuscrits aux Bénédictins des *Blancs-Manteaux*, dans le faubourg Saint-Antoine, à Paris. Ces manuscrits couverts de ratures par l'auteur, puis bouleversés par des mains plus heureuses de les étaler qu'habiles à les conserver, un des religieux donataires les a déchiffrés, mis en ordre et livrés à l'impression. Les uns lui donnent pour collaborateur dom Coniac, les autres l'abbé Lequeux. Si je ne me trompe, la collaboration du premier n'est pas certaine, et le travail du dernier ne porta pas sur les sermons. Dom Déforis doit seul être considéré comme le premier éditeur des sermons. Ils parurent en 1772. Malheureusement le xviiie siècle n'admettoit pas, sur la reproduction littéraire, les principes qu'Auguste fit respecter dans la publication de l'*Enéide;* changer un mot dans les vers de Virgile ou dans les œuvres de Bossuet, ce n'étoit pas une témérité coupable ; on corrigeoit comme des fautes de grammaire ou de style, dans la réimpression des auteurs les plus estimés, les ellipses énergiques, les réticences éloquentes, les élans du génie. Déforis a suivi l'erreur littéraire de son époque ; il a mis les sermons, non-seulement en ordre, comme on l'a dit, mais encore en œuvre ; il a voulu compléter « ces discours inachevés, » finir « ces ébauches informes, débrouiller ce chaos, » ainsi que l'en félicitoit l'abbé Maury. Quelque regrettable que soit sa méprise, il ne faut pas oublier qu'il a accompli, parmi les fatigues et les sueurs, un travail immense, effrayant ; il ne faut pas oublier qu'il a sauvé d'une perte imminente les chefs-d'œuvre de l'éloquence sacrée, rendant ainsi le plus grand service à la littérature, à la piété, à la religion ; il ne faut pas oublier, surtout, qu'il est tombé martyr de la foi sous la hache de 93.

Tous les éditeurs jusqu'à ce jour ont reproduit son travail sans modification, mot pour mot, lettre pour lettre. Un de ces éditeurs relève longuement les inexactitudes et les écarts de Déforis : il raconte comment il enterre en quelque sorte Bossuet sous un monceau de rectifications, de notes et de critiques ; et comment il change les termes, finit les phrases et complète les pensées de l'auteur ; et comment il allonge les exordes, accumule les péroraisons et fond deux discours en un seul ; et comment il ferma l'oreille à tous les avertissemens et s'en alla toujours annotant, transposant et remaniant jusqu'à ce que le blâme du clergé de France et la censure de ses supérieurs vinrent l'arrêter dans ses manipulations. A part la censure qu'on peut contester, l'accusation formule des griefs incontestables ; mais l'auteur du réquisitoire, qu'a-t-il fait lui-même ? Comme on le verra plus tard, il a dédoublé un discours et supprimé une péroraison dans un sermon qui en avoit trois ; mais l'édition de Versailles suit Déforis pas à pas, servilement, dans tout le reste ; Déforis, dans les substitutions de termes, dans les changemens d'expressions et dans l'achèvement des phrases ; Déforis, dans les notes marginales jointes au texte, dans les exordes doublés d'un autre exorde et dans les sermons flanqués d'un autre sermon ; enfin Déforis partout et toujours.

L'édition de Lebel a servi de type, pour ainsi dire de matrice à celles qu'on a données dans la suite ; de manière que toutes les éditions sont la reproduction de la première, et présentent les mêmes inexactitudes et les mêmes altérations. Il faut pourtant remarquer deux différences. Le premier éditeur avoit signalé, quoique d'une manière défectueuse, quelques variantes et séparé par deux crochets, comme il dit, les additions qu'il intercale dans le texte de l'auteur ; les éditeurs venus plus tard ont tous supprimé les variantes, et quelques-uns les deux crochets. Grace à cette double suppression qu'on a présentée comme un amendement considérable, nous sommes privés d'une foule de leçons précieuses, et la prose de Déforis marche de pair avec le texte de Bossuet.

I.

Tout le monde sait depuis longtemps combien la presse a défiguré, dans les œuvres posthumes et particulièrement dans les sermons, le texte du grand écrivain. Joseph de Maistre disoit dans le commencement de ce siècle : « Jamais auteur célèbre ne fut, à l'égard de ses œuvres posthumes, plus malheureux que Bossuet. Le premier de ses éditeurs fut son misérable neveu, et celui-ci eut pour successeur des moines fanatiques qui attirèrent sur leur édition la juste animadversion du clergé de France [1]. » Un écrivain qui a, malheureusement pour nous, trouvé une mort prématurée dans une étude trop soutenue des sermons de Bossuet, l'abbé Vaillant s'exprime ainsi : « Altérer un texte, c'est le corriger par des additions ou des suppressions téméraires, c'est reproduire sur un manuscrit ce que l'auteur a effacé et effacer ce qu'il a produit ; c'est confondre et ajuster ensemble des morceaux distincts et appartenant à des œuvres différentes. Déforis et ses successeurs se sont permis d'altérer en ces diverses manières les textes de Bossuet [2]. »

[1] *De l'Eglise Gallicane*, tom. II, pag. 9. L'auteur ajoute dans une note : « On peut lire une anecdote fort curieuse sur l'abbé Lequeux, l'un de ces éditeurs, dans le *Dictionnaire historique* de Feller, art. *Lequeux.* — [2] *Etudes sur les Sermons de Bossuet*, pag. 3.

Après avoir prouvé ces quatre chefs d'accusation, l'auteur continue : « On ne s'étonnera plus de ces infidélités, de ces altérations et suppositions, quand il sera démontré que Déforis a rangé parmi les œuvres de Bossuet un sermon qui appartient à Fénelon. Une telle méprise peut paroître étrange : comment l'éditeur s'est-il trompé au point de confondre le style de deux génies si divers [1] ? » Le savant critique que nous avons entendu sur le *Panégyrique de saint André*, fait voir comment les premiers éditeurs, et par reproduction les suivans, « ont *arrangé* les sermons; « il dit que Déforis et son collaborateur se sont proposé de les corriger, de les compléter, de les finir, mais que « leurs compositions artificielles sont trop défectueuses; » puis il ajoute : « On trahit Bossuet en nous donnant de tels discours comme s'ils étoient son ouvrage. Nous reconnoissons bien son génie à ces traits sublimes; voilà certainement des pages comme lui seul en sait écrire, mais ce n'est pas là des discours comme il les compose. Les proportions sont mal observées, le style offre des disparates.... Ce sont peut-être ces défauts qui, sautant aux yeux de la Harpe et l'aveuglant sur tout le reste, lui ont fait décider magistralement que Bossuet étoit médiocre dans les sermons.... D'autres critiques, au contraire, professent pour ces mêmes sermons une admiration sans réserve. Eblouis de tant d'éloquence et fascinés aussi par le grand nom de Bossuet, ils ne peuvent, ils n'osent y voir quelque chose à reprendre. Leur admiration seroit, je crois, moins absolue, leur jugement un peu plus libre, s'ils savoient que l'ouvrage où tout leur est sacré, n'est pas tout de la même main... On risque, en croyant invoquer le plus imposant témoignage, de citer simplement dom Déforis [2]. »

Quel que soit le poids de ces autorités, on ne manquera pas de nous dire : « Pourquoi des témoignages? apportez des faits. » Il faut donc signaler quelques-unes des altérations qui faussent le texte de Bossuet. Pour ne pas m'engager sur un trop large terrain, je vais me restreindre au premier volume, et je passerai sous silence les interpolations qui, graves en elles-mêmes, le sont comparativement moins que d'autres. Ainsi toutes les éditions disent : « C'est que, » pour, lorsque [3]. « Point, » pour, quasi pas [4]. « Là donc, dans le royaume des cieux..., il n'y aura point d'erreur, parce qu'on y verra Dieu; il n'y aura point de douleur, parce qu'on y jouira de Dieu; il n'y aura point de crainte ni d'inquiétude, parce qu'on s'y reposera à jamais en Dieu; » pour, là il n'y aura point de douleur...; là il n'y aura point de crainte [5].... « Ce peut être dans mes paroles : nullement; » pour, est-ce peut-être dans mes paroles? Nullement [6]. « Je la vois; » pour, je la vois donc la

---

[1] *Etudes sur les Sermons de Bossuet*, pag. 22. — [2] M. Valery-Radot, dans *le journal des Débats*, reproduit par l'*Univers*. — [3] *Edition de Versailles*, vol. XI ou vol. I des Sermons, pag. 6. Je choisis cette édition, parce qu'elle est plus connue que les autres. — [4] *Ibid.*, pag. 18. — [5] *Ibid.*, pag. 65. — [6] *Ibid.*, pag. 67.

vérité [1]. « Que vois-je dans ce monde de ces vies mêlées ! » pour, que je vois dans le monde de ces vies mêlées [2] ! « Que vous demande-t-on dans la pénitence? que vous vous retiriez de tous vos péchés ; » pour, que vous demande-t-on dans la pénitence, sinon que vous vous retiriez [3].... « Coupe pleine d'un breuvage fumeux comme d'un vin nouveau ; » pour, comme un vin nouveau [4]. « Taches ; » pour, ordures [5]. « Char de triomphe ; » pour, chariot de triomphe [6]. « Saint Jean Chrysostome nous représente deux villes, dont l'une ne soit composée que de riches, l'autre n'ait que des pauvres dans son enceinte ; » pour, dont l'une n'est composée..., l'autre n'a que [7]. « Quoique la liaison qui l'y tenoit attaché soit rompue ; » pour, quoique la liaison soit rompue, qui l'y tenoit attaché [8]. « Le premier devoir de l'homme est de connoître ; » pour..., c'est de connoître [9].— Toutes ces altérations sont des corrections volontaires : Déforis a voulu faire disparoître les formes du vieux langage, remplacer les termes simples par des expressions nobles, et ramener à la construction directe les inversions dont il ne voyoit pas la beauté. On pourroit remplir vingt pages de semblables interpolations.

Il est une autre sorte d'altérations dont on ne parlera pas non plus. Bossuet, qui avoit si profondément étudié l'Ecriture sainte, ne la citoit pas toujours dans les sermons d'après la Vulgate ; et souvent il changeoit dans les termes ou dans les phrases les textes des saints Pères, soit pour obtenir plus de concision, soit pour faire ressortir les pensées dans un plus grand jour. Déforis corrige sur ce point, comme sur beaucoup d'autres, l'immortel écrivain ; il dit lui-même : « A l'égard des textes dont M. Bossuet a changé les paroles, nous leur avons substitué celles que l'auteur a employées... Nous nous étions d'abord proposé de laisser toujours dans le corps les textes des auteurs de la manière dont M. Bossuet les avoit rapportés, et de renvoyer en note la véritable leçon : mais nous nous sommes aperçu que nous chargerions nos volumes d'une multitude de notes peu instructives ; c'est ce qui nous a déterminé à renoncer à notre premier dessein et à nous en tenir au parti que nous avons suivi [10]. » Qu'il suffise d'avoir signalé une fois pour toutes ce genre d'altération, on n'y reviendra pas.

Celles qu'il faut relever spécialement se réduisent aux chefs suivans : complémens inutiles, traductions apocryphes, variantes doublées, notes marginales intercalées dans les sermons, textes cités arbitrairement, reproductions de passages effacés, enfin mélanges d'exordes, de points, de péroraisons, de discours entiers. On a demandé des faits : on prendra

---

[1] *Edition de Versailles*, vol. XI ou vol. I des Sermons, pag. 68. — [2] *Ibid.*, pag. 105. — [3] *Ibid.*, pag. 113. — [4] *Ibid.*, pag. 151. — [5] *Ibid.*, pag. 272. — [6] *Ibid.*, pag. 302. Chercher à plusieurs reprises ; car la pagination est faussée dans le volume XI de Lebel ; par exemple, elle passe immédiatement de 297 à 384, puis elle revient brusquement de 433 à 296. — [7] *Ibid.*, vol. XII, pag. 3. — [8] *Ibid.*, pag. 365. — [9] *Passim.* — [10] Preface des Sermons.

donc la peine de les examiner. Il s'agit de confrontation de textes; il faudra donc en avoir deux présens à l'esprit. Qu'on ne se le dissimule pas, cela demande un peu d'attention.

II.

« Le plus éloquent des Français, » comme Voltaire veut bien appeler Bossuet dans un moment de calme, est aussi sobre d'expressions que prodigue de pensées; le grand secret de son art merveilleux, si je ne me trompe, c'est de dire beaucoup de choses en peu de mots; les ellipses, les reticences, les suspensions oratoires se succèdent rapidement dans tous ses écrits, mais surtout dans ses sermons; la concision transparente de lumière et la simplicité sublime, voilà son génie. Déforis n'aimoit pas, non plus que ses contemporains, le langage elliptique; il réprouvoit les traits qui impriment la pensée dans l'esprit plutôt qu'ils ne la peignent aux yeux; il lui falloit un terme pour chaque mode d'idée, un signe pour chaque nuance de sentiment; dans sa sollicitude pour le lecteur, il ne vouloit lui laisser le soin de rien deviner, de rien penser lui-même. D'une autre part il introduit souvent dans les sermons des notes marginales qui n'avoient pas reçu de l'auteur leur pleine expression. De là les phrases explétives et les commentaires dont il charge le texte de Bossuet.

Dans le quatrième sermon pour la fête de tous les Saints, Bossuet dit que nous devons nous dégager tantôt d'une chose, tantôt d'une autre, « tant qu'enfin nous demeurions seuls, nus et dépouillés, non-seulement de nos biens, mais de nous-mêmes; » puis il s'écrie : « C'est Jésus-Christ, c'est l'Evangile! Qui de nous est tous les jours plus à l'étroit? » Toutes les éditions portent : « C'est Jésus-Christ, c'est l'Evangile [qui nous le disent.] Qui de nous refusera [de le croire?] Tous les jours plus à l'étroit [1]. » On voit que Déforis n'a pas compris l'auteur. D'ailleurs Bossuet n'auroit pas écrit : « C'est Jésus-Christ, c'est l'Evangile qui nous le disent; » mais « c'est Jésus-Christ, c'est l'Evangile qui nous le dit, » ou plutôt « qui le dit. » Quant à la dernière phrase, le reboutement de l'éditeur, bien loin de la redresser, l'a rendue boiteuse.

Le troisième sermon pour le premier dimanche de l'Avent renferme cette phrase : « Pour joindre ces trois passages, trois caractères : dans le premier... » Déforis rejette l'ellipse; il dit, et tous ses copistes répètent : « Pour joindre ces trois passages, [réunissons] trois caractères [2]. » C'est ici un modèle de genre et qui montre la force de l'éditeur. C'est pourquoi je l'ai donné.

[1] *Edition de Versailles*, vol. XI, pag. 103. C'est cette édition qui met la ponctuation tantôt avant, tantôt après le crochet. Elle suit partout cette méthode, je voulois dire ce défaut de méthode. — [2] *Ibid.*, pag. 206.

Dans le même sermon, à la conclusion du premier point, l'auteur s'est contenté d'écrire à la marge du manuscrit : « Un mot de la bonté de Dieu. » Là-dessus, tous les éditeurs après le premier : « Rentrez donc, pécheurs, en vous-mêmes, et regardez dans vos crimes ce que vous méritez que Dieu fasse de vous par sa vengeance. [Rien n'a pu vous toucher; tous les efforts] de la bonté de Dieu ont été vains. [Elle prenoit plaisir à vous faire du bien, et vous, vous n'en avez trouvé qu'à l'outrager]. Peut-elle souffrir [une si noire ingratitude]?[1]... » Ici Déforis remarque, dans une note, qu'il met entre deux crochets ce qui n'est pas de Bossuet; et pour prouver son exactitude, il imprime quatre lignes plus haut de cette manière : « [Ils sont] incorrigibles; » ailleurs il met : « L'homme [est] pécheur; » ailleurs : « [La] femme; » ailleurs encore : « [l'] homme. » Malgré cette fidélité exemplaire, en dépit de ces scrupules délicats, c'est lui qui a fabriqué le passage qu'on lisoit tout à l'heure; il n'y a de Bossuet, comme on le sait, que les deux substantifs : « La bonté de Dieu. »

Un peu plus loin, Bossuet, parlant de Satan et de ses anges, jette à la marge du manuscrit, comme une pierre d'attente qu'il doit employer plus tard, la note que voici : « Faste insolent, au lieu de leur grandeur naturelle; des finesses malicieuses, au lieu d'une sagesse céleste; la haine, la dissension et l'envie, au lieu de la charité et de la société fraternelle. » Déforis a porté cette note dans le corps du discours, en la façonnant de cette manière · « [Qui affectent un] faste insolent, au lieu de leur grandeur naturelle; [qui emploient] des finesses malicieuses, au lieu d'une sagesse céleste; [qui ne respirent que] la haine, la dissention et l'envie, au lieu de la charité et de la société fraternelle [2]. » Rien de tout cela ne devoit figurer dans le texte principal; et qu'est-ce que *affecter sa grandeur naturelle*, et *ne respirer que... la société fraternelle?*

Bossuet dit encore dans le même sermon : « Nous ne rougirions pas de porter des fers, nous que Jésus-Christ a faits rois : *Fecisti nos... reges et sacerdotes.* » Portant ailleurs le texte latin, Déforis et ses imitateurs disent : « Nous étions nés pour être rois : » *Fecisti nos Deo nostro reges et sacerdotes;* [et nous préférons d'être assujettis au tyran le plus impitoyable] [3]. Ce passage est suivi de commentaires non moins curieux, mais il faut se borner.

Dans le Fragment d'un sermon pour le troisième dimanche de l'Avent, Bossuet, prêchant à Metz, demande des secours pour les *nouveaux convertis.* Après avoir peint leur détresse et leur position dangereuse, il s'écrie tout à coup : « Le désespoir!... Nous rendrons compte de ces ames. » Le premier éditeur et les suivans disent : « Le désespoir [de ces infortunés est la suite de tant de désordres] [4]. » On voit que

---

[1] *Edition de Versailles*, vol. XI, pag. 213. — [2] *Ibid.*, pag. 221 et 222. Je copie fidèlement : c'est l'édition de Versailles qui écrit *dissention*. — [3] *Ibid.*, pag. 226. — [4] *Ibid.*, pag. 396.

les mots intercalés détruisent la magnifique suspension du texte original. — Continuons de citer le même discours, et soyons brefs.

Texte des éditions.

Il n'y a qu'une injustice infinie qui soit capable de s'opposer à la justice infinie de Dieu, d'autant plus que celui qui [refuse de lui obéir, se porte de tout le poids de sa volonté à anéantir sa justice]. La volonté de Dieu la choque nécessairement en tout ce qu'elle est dans toute son étendue [1].

Texte du manuscrit.

Il n'y a qu'une injustice infinie qui soit capable de s'opposer à la justice infinie de Dieu, d'autant plus que celui qui attaque la volonté de Dieu la choque nécessairement en tout ce qu'elle est dans toute son étendue.

Je demande l'explication du texte expliqué par Déforis. — Le passage suivant se trouve dans un plan de sermon, et l'auteur parle de l'hérésie :

Elle a retranché la confirmation contre [la pratique expresse des apôtres], tu la justifies [en montrant si peu de zèle pour cette foi à laquelle tes pères ont tout sacrifié, que tu t'étois engagé de défendre aux dépens même de ta vie, en recevant ce sacrement]. Elle a retranché l'extrême-onction, pour ne pas mourir comme entre les mains des apôtres; tu la justifies [par l'opposition de toute ta vie aux maximes, à l'esprit, aux exemples de ces fondateurs de *ta* religion.] Elle a retranché le sacrement de pénitence contre [l'institution sainte de Jésus-Christ, l'usage constant de toute l'antiquité.] Tu la justifies, [par l'abus continuel que tu fais de ce sacrement, pour perpétuer tes désordres]. Elle a retranché le sacrement [de l'eucharistie.] Je ne veux croire, [dit-elle,] que ce que je vois, etc.; tu la justifies, le croyant et le profanant... [par tes irrévérences, le peu de préparation que tu apportes à la réception de ce sacrement auguste, le peu de fruit que tu en retires, l'indécence et l'irréligion avec laquelle tu assistes au sacrifice redoutable de nos autels.] Appuyer sur l'un et sur l'autre; sur le tort de l'hérésie et le plus grand tort des catholiques, qui méprisent [ou tournent à leur perte tant de moyens de salut.] Tout parcouru, quelle espérance pour toi [2]?.....

Elle a retranché la confirmation contre, etc., tu la justifies; l'extrême-onction pour ne pas mourir comme entre les mains des apôtres, tu la justifies; le sacrement de pénitence contre, etc., tu la justifies; le sacrement de l'Eucharistie : — Je ne veux croire que ce que je vois, etc., tu l'as justifiée, le croyant et le profanant (*a*). Quelle espérance pour toi ?...

(*a*) *Note marginale :* Appuyer sur l'un et sur l'autre, sur le tort des hérésies et le plus grand tort des catholiques qui méprisent ; tout parcouru, dire : quelle espérance pour toi ? etc.

[1] *Édition de Versailles*, vol. XI, pag. 402. — [2] *Ibid.*, vol. XII, pag. 583.

Tout le plan du discours est arrangé de cette façon. Les esquisses de Bossuet sont infiniment curieuses dans leur forme primitive ; elles nous montrent en quelque sorte, comme les cartons de Raphaël, le commencement et les progrès de l'œuvre du génie ; mais la main téméraire qui entreprend de les finir, en fait disparaître tout ensemble et le charme et l'utilité ; le peintre avoit tracé des traits éclatans, le rapin couvre toute la toile sous la couche épaisse de son badigeon ! On a dit mille fois que les sermons du grand orateur renferment partout des phrases incomplètes, des propositions tronquées, des sens mutilés. Si l'on regarde comme défaut d'expression les pensées plutôt suggérées que signifiées, les suspensions qui frappent vivement l'esprit, les réticences qui parlent plus éloquemment que tous les discours ; si l'on altère le texte original par une lecture vicieuse, par des interpolations maladroites ou par des remaniemens inintelligens, on a raison. Mais qu'on donne au langage la mission, non pas de prêter un signe à chaque nuance d'idée, mais d'émouvoir les cœurs et d'éclairer les intelligences ; ensuite qu'on prenne la parole de Bossuet dans sa pureté première, en la dégageant de tout mélange étranger, on verra que cette parole, circonspecte et vive, correcte et rapide tout à la fois, n'a besoin ni de complémens ni de correctifs.

Mais Déforis ne se contente pas d'intercaler des commentaires inutiles dans le texte du grand écrivain, il lui prête ses propres traductions.

III.

On sait que Bossuet n'a jamais cessé d'étudier l'Ecriture sainte ; toujours suivi du divin Livre, il le lisoit et le relisoit sans cesse, et ne passoit pas un jour sans tracer quelque note sur son exemplaire. Ainsi pénétré des divins oracles, il en prend partout dans ses sermons, comme il le dit lui-même de saint Augustin, « les plus hauts principes, pour les manier en maître et avec la diversité des sujets qu'il a entrepris de traiter. » Et quand il les rapporte textuellement, il en fait ressortir le sens dans une vive lumière : ou il les éclaircit dans les développemens qui les amènent, ou il les explique après la citation dans la suite du discours, ou encore il en donne la traduction dans notre langue ; mais, ô ciel ! quelles traductions ! quelle grandeur et quelle majesté ! Si l'on nous permet encore d'emprunter son langage, il jette des éclairs comme le divin Apôtre et fait entendre le tonnerre des prophètes. — Déforis a regardé comme un devoir de compléter ce sublime interprète des Ecritures ; chose incroyable, il l'aide à chaque page de ses traductions ! Donnons quelques exemples.

Bossuet dit dans le second sermon pour la fête de tous les Saints : « L'œil, qui voit tout ce qu'il y a de beau dans le monde, n'a rien vu de pareil ; l'oreille, par laquelle notre ame pénètre les choses les plus éloignées, n'a rien entendu qui approche de la grandeur de ces choses ; l'esprit, à qui Dieu n'a point donné de bornes dans ses pensées..., ne pourroit se figurer rien de semblable : *Neque oculus vidit, neque auris audivit, neque in cor hominis ascendit quæ præparavit Deus diligentibus se.* Malgré la brillante explication de l'auteur, Déforis se hâte de donner sa traduction : « L'œil n'a point vu, l'oreille n'a point en» tendu, l'esprit de l'homme n'a jamais conçu ce que Dieu a préparé » pour ceux qui l'aiment [1]. »

Dans le quatrième sermon pour la même fête, Déforis et ses successeurs disent : « Si vous voulez qu'il (Dieu) vous exauce toujours, ne lui demandez rien de médiocre, rien moins que lui-même, « rien de » petit au grand » : *A magno parva :* son trône, sa gloire, sa vérité [2]. » On voit que la traduction prend, et c'est assez dire qu'elle est de Déforis, le contre-pied du latin. *A magno parva* ne signifie pas « rien de petit au grand ; » mais ces mots veulent dire, au contraire : Allez du grand au petit, c'est-à-dire ne demandez les petites choses qu'après avoir demandé les grandes. Au reste, la traduction nuit à la clarté de la phrase.

Dans le sermon suivant, Déforis, après avoir traduit plusieurs textes, dit au commencement du premier point : « En vérité, en vérité, je vous » le dis, l'heure vient, et elle est déjà venue, où les morts entendront la » voix du Fils de Dieu ; et ceux qui l'entendront, vivront » : *Amen, amen dico vobis, quia venit hora, et nunc est, quando mortui audient vocem Filii Dei ; et qui audierint, vivent.* « L'heure vient, et elle est déjà [3]. » Ces derniers mots sont de Bossuet. Trouvant donc la place prise après le texte latin, Déforis a mis sa traduction avant ; car c'est lui qui a fabriqué cette longue phrase : « En vérité, en vérité..., » jusqu'au latin. L'auteur dit souvent dans la suite du discours : *Venit hora;* et l'éditeur de répéter toujours : « L'heure vient ; » « l'heure vient. » Même répétition fastidieuse dans le plan du sermon sur la Vigilance chrétienne [4].

Toujours les éditeurs, dans le sermon pour le cinquième dimanche après l'Epiphanie : « Le vin signifie la joie ; *Vinum lætificat :* « le vin » réjouit ; » et l'eau, les tribulations : *Salvum me fac, Deus, quoniam intraverunt aquæ :* « Sauvez-moi, mon Dieu, parce que les eaux sont entrées » jusque dans mon ame [5] ». A-t-on bien compris ? Qu'on lise le texte original ; on aura tout simplement : « Le vin signifie la joie, et l'eau les tribulations. »

Mais revenons au commencement de notre volume, et montrons par

---

[1] *Edition de Versailles*, vol. XI, pag. 42. — [2] *Ibid.*, pag. 107. Dans les premiers Sermons, l'édition de Versailles met les guillemets tantôt avant, tantôt après la ponctuation ; plus loin, elle les met ordinairement avant, ce qui est contraire aux premiers principes de l'art typographique. — [3] *Ibid.*, pag. 116. — [4] *Ibid.*, pag. 172. — [5] *Ibid.*, pag. 619.

une confrontation rapide la manière générale de Déforis. Bossuet dit, dans le premier sermon pour la fête de tous les Saints, que nous ne pouvons entrer dans le ciel que par grace; puis il continue :

Texte des éditions.	*Texte du manuscrit.*
Le Sauveur nous le dit dans notre Evangile : *Misericordiam consequentur :* « ils obtiendront miséricorde ». Quelle est cette miséricorde que le Fils de Dieu leur promet? Je soutiens que c'est la vie éternelle : *Regnum cœlorum,* « le royaume des cieux » : *Deum videbunt,* « ils verront Dieu » : *possidebunt terram,* « ils posséderont la » terre » : *terram viventium,* « la terre » des vivans » : *saturabuntur,* « ils seront » rassasiés » : *inebriabuntur,* « ils seront » enivrés » : *satiabor cùm apparuerit gloria tua,* « je serai rassasié lorsque votre » gloire se manifestera » : *consolabuntur,* « ils seront consolés » : *absterget Deus omnem lacrymam,* « Dieu essuiera toutes » leurs larmes » : ainsi, *misericordiam consequentur,* « ils obtiendront la mi- » séricorde [1] ».	Le Sauveur nous le dit dans notre Evangile : *Misericordiam consequentur.* Quelle est cette miséricorde que le Fils de Dieu leur promet? Je soutiens que c'est la vie éternelle. *Regnum cœlorum.* — *Deum videbunt...; possidebunt terram,* — *terram viventium.* — *Saturabuntur;* — *inebriabuntur;* — *satiabor cùm apparuerit gloria tua;* — *consolabuntur;* — *absterget Deus omnem lacrymam.* Ainsi *misericordiam consequentur.*

Est-ce du Déforis ou du Bossuet que nous avons dans la première colonne? — Voici un autre exemple pris dans le second sermon pour la même fête :

Texte des éditions.	*Texte de Bossuet.*
C'est la gradation de saint Paul : *Omnia vestra sunt, vos autem Christi, Christus autem Dei;* « Tout est à vous, » et vous êtes à Jésus-Christ, et Jésus- » Christ est à Dieu ». Mais il ne faut pas séparer Jésus-Christ d'avec ses élus, d'autant que c'est le même esprit de Jésus-Christ qui se répand sur eux : *tanquam unguentum in capite :* « comme » le parfum répandu sur la tête, qui des- » cend sur toute la barbe d'Aaron ». Ce sont ses membres, et la glorification n'est que la consommation du corps de Jésus-Christ : *Donec occurramus ei in virum perfectum secundùm mensuram plenitudinis Christi :* « Jusqu'à ce	C'est la gradation de saint Paul : *Omnia vestra sunt, vos autem Christi, Christus autem Dei.* Mais il ne faut pas séparer Jésus-Christ d'avec ses élus, d'autant que c'est le même Esprit de Jésus qui se répand sur eux, *tanquam unguentum in capite.* Ce sont ses membres, et la glorification n'est que la consommation du corps de Jésus-Christ, *donec occurramus ei in virum secundùm mensuram plenitudinis Christi.* Et nous sommes tous bénis en Jésus-Christ, *tanquam in uno.* Donc les prédestinés sont ceux qui ont toutes les pensées de Dieu dès l'éternité, ce sont ceux à qui aboutissent tous ses des-

[1] *Edition de Versailles,* vol. XI, pag. 4 et 5. Voir, pour la place des guillemets, la note 2 de la page précédente.

Texte des éditions.	Texte de Bossuet.
» que nous parvenions à l'état d'un » homme parfait, à la mesure de l'âge » et de la plénitude selon laquelle Jésus-» Christ doit être formé en nous ». Et nous sommes tous bénis en Jésus-Christ; *tanquam in uno* : « comme en » un seul ». Donc les prédestinés sont ceux qui ont toutes les pensées de Dieu dès l'éternité, ce sont ceux à qui aboutissent tous ses desseins. C'est pourquoi, *omnia propter electos* : « tout est » pour les élus ». C'est pourquoi encore, *diligentibus Deum omnia cooperantur in bonum* : « tout contribue au bien » de ceux qui aiment Dieu » : *omnia;* tout [1]; etc.	seins. C'est pourquoi, *omnia propter electos*. C'est pourquoi encore, *diligentibus Deum omnia cooperantur in bonum : omnia*.

Il est inutile de multiplier les citations. On dit que Bossuet traduisoit en chaire les textes de l'Ecriture. Cela peut être et n'être pas, selon les circonstances; mais, dans tous les cas, nous devons imprimer ce qu'il a écrit, non ce qu'il a dit peut-être ; mais personne n'a le droit de lui prêter des phrases et des versions ; mais à coup sûr il ne traduisoit pas comme un élève de quatrième. Ecoutez comment il rend un passage dont Déforis translatoit tout à l'heure une partie : « *Salvum me fac, Domine....* Sauvez-moi, sauvez-moi, Seigneur, de la corruption du siècle : ses eaux, ses faux plaisirs, ses fausses maximes ont pénétré le fond de mon ame ; je suis enfoncé et englouti dans le limon de l'abîme, et je ne trouve ni de pied ni de consistance. » Toutes les traductions du grand orateur portent ce cachet; on reconnoît la main du maître dès les premiers mots. Depuis Pascal qui l'entendoit avec tant de bonheur, jusqu'aux écrivains qui l'admirent de nos jours, tous les hommes de goût proclament que Bossuet n'est nulle part plus sublime que dans la traduction des paroles divines.

On a recueilli dans une longue lecture, mis laborieusement en ordre et publié sous le titre de *Traduction de l'Ecriture sainte*, par Bossuet, les textes bibliques que ses œuvres présentent dans notre langue. L'intention est louable; mais la plupart de ces passages recueillis avec tant de peine, presque toutes ces traductions sortent de la plume de Déforis.

Mais voici un autre genre d'interpolations qui déparent le texte de Bossuet : Déforis choisit mal les variantes ou les accumule les unes sur les autres.

[1] *Edition de Versailles*, vol. XI, pag. 23 et 24.

IV.

Les critiques besoigneux disent que Bossuet pèche, non comme les autres écrivains par foiblesse et par pauvreté, mais par excès de force et de richesse. C'est que ce grand génie avoit une étonnante fécondité; partout les termes se présentent en foule à son esprit, toujours les expressions se pressent serrées sous sa plume; les interlignes et quelquefois les marges de ses manuscrits portent de nombreuses variantes, qui revêtent les mêmes idées de formes variées, les mêmes conceptions d'images multiples. Dans le choix qu'il fait de ces variantes pour former le texte des discours, Déforis n'a pas toujours, telle est du moins ma conviction, la main sûre et judicieuse. Voici quelques citations :

Textes des éditions.	*Variantes des manuscrits.*
Le juste est le miracle de sa grâce et le chef-d'œuvre de sa main puissante [1].	Le juste est le chef-d'œuvre de son art et le miracle de sa grace.
Pourrai-je éveiller ces yeux spirituels et intérieurs, qui sont cachés bien avant au fond de votre ame [2]?	Pourrai-je ouvrir ces yeux spirituels et intérieurs, que vous avez tout au fond de votre ame?
Ceux qui sont dans les grandes charges, étant élevés plus haut, découvrent sans doute de plus loin les choses [3].	Les grands, qui sont élevés plus haut, découvrent de plus loin les choses.
Non-seulement ils (les élus glorifiés) sont des dieux, parce qu'ils ne sont plus sujets à la mort; mais ils sont des dieux d'une autre manière, parce qu'ils ne sont plus sujets au mensonge, et ne pourront plus tromper ni être trompés [4].	Ils sont des dieux, ils ne mourront plus; ils sont des dieux, ils ne pourront plus tromper ni être trompés.
Au milieu de cette action si vive et si empressée qui paroît principalement à la cour [5].	Parmi ces empressemens et dans cette activité qui paroît principalement à la cour.
Il falloit, et faire les choses qui sont pénibles et croire les choses incroyables [6].	Il falloit et faire les choses difficiles et croire les incroyables.
La bonté l'introduisoit près du trône [7].	La bonté l'introduisoit à la majesté.
Voyez cette majesté souveraine que les anges n'osent regarder, devant laquelle toute la nature est émue [8].	Voyez cette majesté souveraine, devant laquelle tous les anges tombent et toute la nature est émue.
Rendons grâces au Père éternel de ce que, dans le choix des moyens par lesquels il a voulu nous sauver, il n'a pas choisi ceux qui étoient les plus	Rendons graces au Père éternel de ce que, parmi les moyens par lesquels il auroit pu nous sauver, il a voulu choisir celui qui nous assure le plus sa miséri-

[1] *Edition de Versailles*, vol. XI, pag. 66. — [2] *Ibid.*, pag. 67. — [3] *Ibid.*, pag. 70. — [4] *Ibid.*, pag. 71. — [5] *Ibid.*, pag. 139. — [6] *Ibid.*, pag. 259. — [7] *Ibid.*, pag. 305. — [8] *Ibid.*, pag. 309.

XLVIII LES SERMONS.

Textes des éditions.   *Variantes des manuscrits.*

plausibles selon le monde, mais les plus propres à toucher les cœurs; ni ce qui sembloit plus digne de lui, mais ce qui étoit le plus utile pour nous [1].

Les afflictions que vous avez autrefois senties [2].

Hommes errans, hommes vagabonds, déserteurs de votre ame et fugitifs de vous-mêmes, « prévaricateurs, retour- » nez au cœur » : *Redite, prævaricatores, ad cor.* Commencez à réfléchir, et à entendre la voix qui vous rappelle au dedans [3].

« Cet innocent subit ce qu'il ne doit » pas, et il acquitte tous les pécheurs » de ce qu'ils doivent [4] ». Ailleurs : « Un » seul est frappé, et tous sont guéris ; » le juste est déshonoré, et les criminels » sont rétablis dans leur honneur ».

corde, qui appuie le mieux notre espérance, qui enflamme le plus fortement notre amour.

Les afflictions dont vous avez autrefois senti la rigueur.

Hommes errans, hommes vagabonds, déserteurs de votre ame et fugitifs de vous-mêmes, écoutez, il est temps, la voix qui vous rappelle au dedans.

Dieu frappe son Fils innocent pour l'amour des hommes coupables, et pardonne aux hommes coupables pour l'amour de son Fils innocent.

Déforis prend ordinairement les variantes les plus longues, et partant les moins heureuses. Et comme si cela ne lui suffisoit pas, pour allonger encore le texte, il les double souvent les unes à la suite des autres. Dans les quelques citations qui vont suivre, afin de tout présenter au lecteur sous le même coup d'œil, on a fait venir immédiatement après le texte, les variantes qui se trouvent au bas des pages dans l'édition.

Variantes doublées dans les éditions.   *Variantes dans les manuscrits.*

Les chrétiens se croiront-ils dispensés de penser à Dieu, parce qu'on ne leur a point marqué des heures précises? C'est qu'ils doivent veiller et prier toujours. Le chrétien doit veiller et prier sans cesse, et vivre toujours attentif à son salut éternel [5].

Les chrétiens se croiront-ils dispensés de penser à Dieu, parce qu'on ne leur a point marqué d'heures précises ? C'est qu'ils doivent veiller et prier toujours (a).

(a) *Variante :* C'est que le chrétien doit veiller et prier sans cesse et toujours vivre attentif à son salut.

Dieu fait un journal de notre vie : une main divine écrit ce que nous avons fait et ce que nous avons manqué de faire, écrit notre histoire, qui nous sera un jour représentée [6].

Dieu fait un journal de notre vie : une main divine écrit notre histoire (b), qui nous sera un jour représentée.

(b) *Var. :* Ecrit ce que nous avons fait et ce que nous avons manqué de faire.

Saint Pierre a égalé, surpassé en   Saint Pierre a surpassé en deux mots

[1] *Edition de Versailles*, vol. XI, pag. 310. — [2] *Ibid.* — [3] *Ibid.*, pag. 416. — [4] *Ibid.*, pag. 571. — [5] *Ibid.*, pag. 167. — [6] *Ibid*, pag. 169.

Variantes doublées dans les éditions.	*Variantes dans les manuscrits.*
deux mots les éloges des plus pompeux panégyriques [1].	les éloges des plus fameux panégyriques (a). (a) *Var.*: Saint Pierre a égalé en deux mots les éloges des plus pompeux panégyriques.
Comme on voit un fleuve rapide qui retient, coulant dans la plaine, cette force violente et impétueuse qu'il a acquise aux montagnes d'où il tire son origine, d'où ses eaux sont précipitées [2].	Comme on voit un fleuve rapide qui retient coulant dans la plaine, cette force violente et impétueuse qu'il a acquise aux montagnes, d'où ses eaux sont précipitées (b). (b) *Var.*: D'où il tire son origine.
Vous demandez la liberté. Hé! n'achevez pas, ne parlez pas davantage; je vous entends trop [3].	Vous demandez la liberté! Hé! n'achevez pas (c); je vous entends trop. (c) *Var.*: Ne parlez pas davantage.
Pendant son sommeil il empêche la barque de couler à fond, d'être renversée [4].	Pendant son sommeil il empêche la barque d'être submergée (d). (d) *Var.*: D'être renversée, — de couler à fond.
Jésus-Christ se montre avec un visage sévère. Mon Sauveur, que ne promettez-vous de semblables biens? que vous seriez un grand et aimable Sauveur, si vous vouliez sauver le monde de la pauvreté! L'un lui dit: Vous seriez mon Sauveur, si vous vouliez me tirer de la pauvreté [5].	Jésus-Christ se montre avec un visage sévère, il est pauvre, abandonné. L'un lui dit: Vous seriez mon Sauveur, si vous vouliez me tirer de la pauvreté (e). (e) *Var.*: L'un lui dit: Mon sauveur, que ne promettez-vous de semblables biens? que vous seriez un grand et aimable sauveur, si vous vouliez sauver le monde de la pauvreté!
Vous ne songez qu'à remplir un temps qui vous pèse, ou d'un jeu qui vous occupe, [qui vous] travaille, [qui vous] consume, les jours et les nuits; ou de ces conversations dans lesquelles [6]...	Vous ne songez qu'à remplir un temps qui vous pèse, ou d'un jeu qui vous occupe (f) les jours et les nuits, ou de ces conversations dans lesquelles..... (f) *Var.*: Travaille, — consume.
La raison doit s'avancer avec ordre, et marcher, aller considérément d'une chose à l'autre [7].	La raison doit s'avancer avec ordre et passer considérément d'une chose à l'autre (g). (g) *Var.*: La raison doit marcher avec ordre et aller considérément d'une chose à l'autre.

[1] *Edition de Versailles*, vol. XI, pag. 270. — [2] *Ibid.*, pag. 275 et 276. — [3] *Ibid.*, pag. 287. — [4] *Ibid.*, pag. 314. — [5] *Ibid.*, pag. 328. — [6] *Ibid.*, pag. 527. — [7] *Ibid.*, vol. XII, pag. 29.

Les manuscrits renferment aussi des variantes qui ont pour but d'approprier les discours à des circonstances différentes. Celles qui suivent adaptent au jour de Noël le sermon de la Circoncision. Bossuet dit d'abord : « Dans le dessein que je me propose de vous expliquer le mystère du nom de Jésus, et le salut qui nous est donné en notre Seigneur, je ne trouve rien de plus convenable que de vous proposer[1]... » A quoi il rattache ces variantes :

Pour expliquer ce mystère, je ne trouve rien de plus convenable que de vous exposer... — Pour expliquer à fond le mystère de ce salut qui nous est donné en Jésus-Christ, je ne trouve rien de plus convenable que de vous proposer... — Au jour de la naissance du Sauveur, j'entreprends de vous faire voir quelle est la cause de son arrivée, quel est le mal dont il nous sauve, et quel est le salut qu'il nous apporte.

Les variantes des sermons formeroient un volume. Déforis remarque lui-même, pour faire comprendre la difficulté de son travail, qu'elles sont fort nombreuses ; il dit dans sa *Préface* : « Bossuet avoit coutume, lorsqu'il écrivoit ses sermons, de mettre plusieurs mots, et souvent des phrases différentes les uns sur les autres, se réservant, dans la prononciation du discours, le choix de l'expression ou de la pensée qui lui paroîtroit plus propre et mieux convenir à son sujet. » Ces phrases différentes mises *les uns sur les autres*, présentent autant d'intérêt que d'avantage. Bossuet dit que les écrits de Balzac, bien que manquant d'un fond solide, sont très-propres à former le style, parce qu'ils expriment souvent la même chose de plusieurs manières : que sera-ce quand le plus sublime de nos écrivains nous trace plusieurs images de la même idée, plusieurs portraits de la même conception? Ces touches redoublées, ces coups multiples de pinceau nous montrent par quel art, à l'aide de quels efforts le peintre donnoit à ses tableaux le fini qui commande l'admiration des siècles. De toutes les éditions qu'on a données jusqu'à ce jour, aucune ne nous montre ces traits variés du génie, aucune ne nous fait assister à ce perfectionnement progressif de tant de chefs-d'œuvre. Si Déforis indique quelques variantes, il ne les rapporte presque jamais tout entières, et ses successeurs les rejettent sans réserve. Suppression regrettable, perte immense, qui nous ravit les plus belles formes de la parole humaine et la plus précieuse leçon de style !

Passons tout de suite aux notes marginales intercalées dans le texte.

V.

Bossuet corrigeoit ses œuvres, non-seulement dans le travail de la composition, mais dans des lectures subséquentes ; souvent il re-

[1] *Edition de Versailles*, vol. XI, pag. 532.

passoit ses sermons la plume à la main, faisant de nombreuses remarques qui couvrent les marges de ses manuscrits. Quelques-unes de ces remarques se rattachent au texte principal par des signes de rapport ou par les termes de la rédaction; la plupart sont comme des pierres d'attente que l'auteur se propose de mettre en œuvre, soit de vive voix dans le débit oratoire, soit de sa main dans une nouvelle composition. Déforis s'est chargé de remplir, dans mille endroits, la dernière partie de cette tâche; il met dans le texte toutes les notes marginales qu'il peut y joindre par quelque endroit.

Quoique j'aie choisi les passages les plus courts, ils demandent encore une certaine application de l'esprit. Il faut se rappeler que les notes, mises ici de suite après le texte, sont au bas des pages dans l'édition.

Textes des éditeurs.

Où la vois-je moi-même (la vérité)? Sans doute dans une lumière intérieure qui me la découvre; et c'est là aussi que vous la voyez. Je vous prie, suivez-moi, Messieurs, et soyez un peu attentifs à l'état présent où vous êtes. Car comme si je vous montre du doigt quelque tableau..., j'adresse votre vue, mais je ne vous donne pas la clarté [1].

Que m'importe, dit l'épicurien, de quoi je me réjouisse, pourvu que je sois content? Soit erreur, soit vérité, c'est toujours être trop chagrin que de refuser la joie, de quelque part qu'elle vienne. Ceux qui le pensent ainsi, ennemis du progrès de leur raison, qui leur fait voir tous les jours la vanité de leurs joies, estiment leur ame trop peu de chose, puisqu'ils croient qu'elle peut être heureuse sans posséder aucun bien solide, et qu'ils mettent son bonheur, et par conséquent sa perfection, dans un songe. (Remarquez qu'il ne faut pas distinguer le bonheur de l'ame d'avec sa perfection : grand principe!) Mais le Saint-Esprit prononce au contraire que celui-là est insensé, qui se réjouit dans les choses vaines [2].

Textes des manuscrits.

Où la vois-je moi-même (la vérité)? Sans doute dans une lumière intérieure qui me la découvre, et c'est là aussi que vous la voyez. (*a*) Car comme si je vous montre du doigt quelque tableau..., j'adresse votre vue, mais je ne vous donne pas la clarté.

(*a*) *Note marg.* : Je vous prie, suivez-moi, Messieurs, et soyez un peu attentifs à l'état où vous êtes.

Que m'importe, dit l'épicurien, de quoi je me réjouisse, pourvu que je sois content? Soit erreur, soit vérité, c'est toujours être trop chagrin que de refuser la joie, de quelque part qu'elle vienne. (*b*) Mais le Saint-Esprit prononce au contraire que celui-là est insensé, qui se réjouit dans les choses vaines...

(*b*) *Note Marg.* : Ceux qui le pensent ainsi, ennemis du progrès de leur raison...... (Comme dans le texte des éditeurs.)

Parlant de la résurrection, Bossuet dit que Dieu, « avant d'adresser aux morts, à la fin des temps, la parole qui ressuscite, adresse dans le

[1] *Edition de Versailles*, vol. XI, pag. 67 et 68. — [2] *Ibid.*, pag. 75 et 76.

cours des siècles à tous les pécheurs sa parole qui convertit ; » puis il continue :

Textes des éditeurs.	*Textes des manuscrits.*
C'est cette parole que nous vous portons. Plût à Dieu que nous pussions détacher de notre parole tout ce qui flatte l'oreille, tout ce qui délecte l'esprit, tout ce qui surprend l'imagination, pour n'y laisser que la vérité toute simple, la seule force et l'efficace toute pure du Saint-Esprit, nulle pensée que pour convertir ! O morts, c'est donc à vous que je parle, non à ces morts qui gisent dans ce tombeau....., mais à ces morts parlans et écoutans [1].	C'est cette parole que nous vous portons. (*a*) O morts, c'est donc à vous que je parle, non à ces morts qui gisent dans ce tombeau..., mais à ces morts parlans et écoutans. (*a*) *Note marg.* : Plût à Dieu que nous pussions détacher de notre parole..... (Comme dans le texte des éditeurs.)
Vous voulez cacher vos années, et non-seulement les cacher, mais résister à leur cours qui emporte tout.... Est-ce là cette gloire du corps de Jésus ? [Il est] une autre santé, une autre beauté, une autre vie. Hé ! laissez-vous dépouiller de ce fragile ornement qui ne fait que nourrir votre vanité [2]...	Vous voulez cacher vos années, non-seulement les cacher, mais résister à leur cours qui emporte tout... Est-ce là cette gloire du corps de Jésus ? (*b*) Hé ! laissez-vous dépouiller de ce fragile ornement qui ne fait que nourrir votre vanité. (*b*) *Note marg.* : Une autre santé, une autre beauté, une autre vie.
Renouvelons les vœux de notre baptême : je renonce [à Satan, à ses pompes et à ses œuvres]. [Femme mondaine, consentez à] plutôt choquer, que de plaire trop, [d'être] plutôt méprisée, que vaine et superbe ; plutôt seule et abandonnée, que trop chérie et trop poursuivie. Où est l'eau pour nous baptiser ? Ah ! plongeons-nous dans l'eau de la pénitence, dans ce baptême de larmes, dans ce baptême de sang, dans ce baptême laborieux [3].	Renouvelons les vœux de notre baptême : « Je renonce, » etc. (*c*) Où est l'eau pour nous baptiser ? Ah ! plongeons-nous dans l'eau de la pénitence, dans ce baptême de larmes, dans ce baptême de sang, dans ce baptême laborieux. (*c*) *Note margin.* : Plutôt choquer que plaire trop, plutôt méprisée que vaine et superbe, plutôt seule et abandonnée que trop chérie et trop poursuivie.
Qu'y a-t-il de plus aisé que de faire de nos passions une peine insupportable de nos péchés, en leur ôtant, comme il est très-juste, ce peu de douceur par où elles nous séduisent, et leur laissant seulement les inquiétudes	Qu'y a-t-il de plus aisé que de faire de nos passions une peine insupportable de nos péchés en leur ôtant, comme il est très-juste, ce peu de douceur par où elles nous séduisent, et leur laissant seulement les inquiétudes et l'amertume

---

[1] *Edition de Versailles*, vol. XI, pag. 124. — [2] *Ibid.*, pag. 136. — Exemples curieux, pag. 220, 221, 222, 223, 224, 225, 226. — [3] *Ibid.*, pag. 227. On a remarqué que Déforis, dans ses commentaires interlopes, donne au même verbe pour régime tantôt *à*, tantôt *de*.

Textes des éditeurs.	*Textes des manuscrits.*
cruelles et l'amertume dont elles abondent? Nos péchés contre nous, nos péchés sur nous, nos péchés au milieu de nous : trait perçant contre notre sein, poids insupportable sur notre tête, poison dévorant dans nos entrailles. Ainsi ne nous flattons pas de l'espérance de l'impunité [1]. Vous qui n'avez que Dieu pour témoin; vous, qui êtes à la croix avec Jésus-Christ, non comme le voleur qui blasphème, mais comme le pénitent qui se convertit; prenez garde seulement, n'irritez pas Dieu par vos murmures, n'aigrissez pas vos maux par l'impatience. [Rappelez-vous les paroles consolantes que Jésus-Christ adresse à ce pécheur repentant] : « Aujourd'hui vous serez en paradis avec moi » : *Hodie mecum eris in paradiso* [2].	dont elles abondent? (*a*) Ainsi ne nous flattons pas de l'espérance de l'impunité. (*a*) *Note marg* . : Nos péchés contre nous, nos péchés sur nous, nos péchés au milieu de nous : trait perçant contre notre sein, poids insupportable sur notre tête, poison dévorant dans nos entrailles. Vous qui n'avez que Dieu pour témoin, qui êtes à la croix avec Jésus-Christ, non comme le voleur qui blasphème, mais comme le pénitent qui se convertit, *hodie mecum eris in paradiso*.

Voilà des ames saintes qui sont « à la croix avec Jésus-Christ..., comme le pénitent qui se convertit; » Bossuet leur promet le paradis au nom de l'Evangile ; et l'on veut qu'il leur ait dit : « Prenez garde seulement, n'irritez pas Dieu par vos murmures! » D'où viennent donc ces paroles? Elles viennent d'une note marginale qui se rapporte à un passage précédent. Au surplus Déforis auroit pu s'épargner la peine, et d'annoncer le texte évangélique, et de le traduire ; l'auteur l'explique admirablement; écoutez : *Hodie mecum eris in paradiso* : *hodie*, aujourd'hui, quelle promptitude! *mecum*, avec moi, quelle compagnie! *in paradiso*, dans le paradis, quel repos !

Je croirois manquer de respect au lecteur si je montrois comment, dans le texte des éditeurs, les notes marginales renversent l'ordre et brisent le fil des idées. On a fait la découverte que le privilége du génie, dans Bossuet, c'est de s'élancer rapidement, sans transition, d'une idée à l'autre, comme un géant qui franchiroit les vallées pour mettre le pied sur la cime des montagnes. Il est vrai, dans les sermons imprimés, il va souvent par bonds désordonnés; mais dans les manuscrits il suit le conseil qu'il nous a donné dans une variante : « La raison doit s'avancer avec ordre et passer considérément d'une chose à l'autre. L'homme de génie a plus de mémoire, plus d'imagination et plus de feu, mais aussi plus de jugement, plus de bon sens, plus de simplicité et plus de méthode que les autres hommes. Voilà tout.

[1] *Edition de Versailles*, vol. XI, pag. 375 et 376. — [2] *Ibid.*, vol. XII, pag. 51.

Il faut montrer maintenant comment Déforis transporte, aussi de la marge dans les sermons, les passages des saints Pères.

VI.

Comme on le sait, en même temps que Bossuet trouvoit ses inspirations dans l'Ecriture sainte et ses sujets dans la théologie, il choisissoit les développemens de ses sermons dans les saints Pères. Souvent il écrivoit longuement, à la marge de son manuscrit, les paroles de ces illustres docteurs ; puis, les mettant en œuvre, il les expliquoit, les commentoit dans un magnifique langage. D'autres fois, quand les circonstances ne lui donnoient pas le temps de la composition, il laissoit à la marge les témoignages des saints Pères, ou bien il les inscrivoit dans le texte du discours, à la place qu'ils devoient occuper. Dans l'un et l'autre cas Déforis tombe sur ces passages, en fait sa chose, et les arrange de deux façons : il les traduit tantôt par phrases en s'arrêtant à chaque pause, tantôt sans division ni partage en allant jusqu'au bout d'un seul trait ; puis ses traductions par lambeaux il les met au milieu de la page avec le latin, et ses traductions en bloc il les loge pareillement au premier étage du livre et renvoie le texte original au rez-de-chaussée.

Dans le quatrième sermon pour la fête de tous les Saints, les marges du manuscrit portent deux longs passages de saint Augustin. Bossuet met en œuvre une partie du premier ; mais cela ne suffit pas à Déforis : il reprend tout le passage, le translate à sa manière, met sa version à la suite du magnifique commentaire et consigne le latin au bas de la page. Pour le second passage, le prédicateur le commenta du haut de la chaire à Jouarre, en 1662 ; il le commenta d'une manière si admirable, qu'on parloit encore un demi-siècle plus tard dans le célèbre monastère de l'*Alleluia* Bossuet ; mais, malheureusement pour nous, l'écrivain n'a pas déposé ce commentaire sur le papier. Ce qu'il n'a pas fait, Déforis va le faire la plume à la main ; il dit : « *Amen*, » cela est vrai : toute notre action sera un Amen, un Alleluia... Si quel- » qu'un entreprenoit, étant debout, de répéter toujours, *Amen, Alleluia...,* » il s'endormiroit.... Cet *Amen*, cet *Alleluia* ne seront point exprimés » par des sons qui passent... Que signifie cet *Amen* ? que veut dire cet » *Alleluia* ? *Amen*, il est vrai ; *Alleluia*, louez Dieu... Nous dirons effecti- » vement *Amen*... Autant direz-vous par cette insatiable vérité, *Amen*, » il est vrai, etc. »[1]. Rien de tout cela ne devroit figurer dans le discours, et tout cela renferme cinq pages.

Cinq pages ! ce n'est pas assez : en voici huit qui sont remplies de la

---

[1] *Edition de Versailles*, vol. XI, pag. 96 et 97. Je transcris fidèlement ; c'est l'édition de Versailles qui imprime *Amen, Alleluia*, tantôt en romain, tantôt en italique.

même façon [1]. Qu'on veuille les voir dans le volume; l'espace ne nous permet pas de les mettre sous les yeux du lecteur.

Dans les fragmens pour le troisième dimanche de l'Avent, Bossuet dit à la marge du manuscrit : « Tite vient bientôt après Jésus-Christ; » puis il ajoute, comme note : « Ce qui en est écrit dans la Vie d'Apollonius de Tyane. » Aussitôt Déforis raconte dans le texte du discours, et en latin et en français, l'histoire de Tite; mais je dois encore ici renvoyer le lecteur à l'ouvrage imprimé [2].

Voilà des passages transportés dans le texte à l'aide de traductions en bloc; voici maintenant un exemple d'intercalation faite au moyen d'une traduction par lambeaux. Le sermon pour le quatrième dimanche de l'Avent renferme, entre autres passages semblables, celui-ci.

Texte principal des éditions.

« Car, nous dit saint Ambroise, j'en
» ai trouvé plus aisément qui avoient
» conservé leur innocence, que je n'en
» ai trouvé qui l'eussent réparée par
» une pénitence convenable, après être
» tombés » : *Facilius autem inveni qui innocentiam servaverint, quàm qui congruè egerint pœnitentiam.* [Et nous décrivant les caractères de cette pénitence qu'il exige, il ajoute] : « Peut-on
» regarder comme une pénitence, cette
» vie où l'ambition des dignités se fait
» remarquer, où l'on se permet de
» boire du vin comme à l'ordinaire, où
» l'usage du mariage n'est pas retranché » ? *An quisquam illam pœnitentiam putat, ubi adquirendæ ambitio dignitatis, ubi vini effusio, ubi ipsius copulæ conjugalis usus?* « Il faut, con» tinue le saint docteur, renoncer en» tièrement au siècle pour vivre en
» vrai pénitent; donner au sommeil
» moins de temps que la nature n'en
» exige, le combattre par ses gémisse» mens, l'interrompre par ses soupirs
» l'éloigner pour vaquer à la prière » : *Renuntiandum sæculo est, somno ipsi minùs indulgendum, quàm natura postulat, interpellandus est gemitibus, interrumpendus est suspiriis, sequestrandus orationibus.* « En un mot, il faut
» vivre de manière que nous mourions

Texte marginal du manuscrit.

« Faciliùs autem inveni qui innocentiam servaverint quàm qui congruè egerint pœnitentiam. An quisquam illam pœnitentiam putat, ubi adquirendæ ambitio dignitatis, ubi vini effusio, ubi ipsius copulæ conjugalis usus? Renuntiandum sæculo est, somno ipsi minùs indulgendum quàm natura postulat, interpellandum est gemitibus, interrumpendus est suspiriis, sequestrandus orationibus. Vivendum ita ut vitali huic moriamur usui; seipsum sibi homo abneget et totus mutetur, eò quòd ipse hujus vitæ usus corruptela sit integritatis. Adam post culpam statim de paradiso Deus ejecit; non distulit, sed statim separavit à deliciis, ut ageret pœnitentiam. Statim tunicam vestivit, » etc.

---

[1] *Edition de Versailles*, vol. XI, pag. 170-179. — [2] *Ibid.*, pag. 397 et 398.

Texte principal des éditions.

» à l'usage même de la vie; que l'hom-
» me se renonce lui-même, et soit ainsi
» changé et renouvelé tout entier » :
*Vivendum ita ut vitali huic moriamur
usui, seipsum sibi homo abneget, et totus mutetur.* [Et combien cette conduite est-elle nécessaire à un pénitent],
« puisque c'est par l'usage même des
» choses de cette vie que l'innocence se
» corrompt » ? *Eò quòd ipse hujus vitæ
usus corruptela sit integritatis.* [Dieu
nous a tracé lui-même l'ordre de cette
pénitence dans le premier de tous les
pécheurs, comme le remarque] saint
Ambroise. « Adam, dit ce Père, est
» chassé du paradis aussitôt après sa
» faute; Dieu ne diffère pas; mais il le
» sépare aussitôt des délices, pour qu'il
» fasse pénitence » : *Adam post culpam
statim de paradiso Deus ejecit, non distulit : sed statim separavit à deliciis, ut
ageret pœnitentiam.* « Il le couvrit à
l'instant non d'une tunique de soie,
mais d'une tunique de peau [1] », etc.

On n'a pas oublié que le latin, relégué à la marge par l'auteur, ne doit point figurer dans le discours, et que le françois sort entièrement de la plume de Déforis. Mais à quoi bon le remarquer ? Croira-t-on que Bossuet s'en alloit de la sorte, si l'on passe l'expression, battant les buissons dans ses chefs-d'œuvre ? Croira-t-on que le prince des prédicateurs débitoit un pareil mélange de gaulois et de latin devant la Cour la plus auguste du monde, dans ces assemblées solennelles qui représentoient tout l'esprit et toute l'élégance de la France la plus spirituelle et la plus élégante que salue l'histoire ?

Outre les notes et les citations mises à la marge du manuscrit, les passages effacés donnent à Déforis un troisième moyen d'allonger le texte de son auteur : voyons comment il pratique ce nouveau genre d'altérations.

VII.

Dans la correction de ses discours, Bossuet ne se contentoit pas de remplacer les termes à peu près justes par le mot propre, les phrases qu'il trouvoit longues et foibles par des phrases plus courtes et plus énergiques; il effaçoit quelquefois des passages entiers. Ces passages

---

[1] *Edition de Versailles*, vol. XI, pag. 427 et 428. Se rappeler que la pagination est mal mise dans l'édition de Versailles, et chercher avec soin.

effacés renferment la plupart de grandes beautés ; mais l'écrivain les a pour ainsi dire marqués du signe de la réprobation ; il entendoit les écarter de son œuvre, ils ne doivent pas y figurer. Déforis réforme souvent ce jugement de Bossuet ; souvent il rétablit, en les reportant dans le texte des sermons, les textes écartés par l'auteur.

Dans un endroit du quatrième sermon pour la fête de tous les Saints, Bossuet expliquoit comment la vision de Dieu fait la félicité des habitans de la céleste patrie ; mais il s'aperçoit qu'il a déjà parlé de cet ineffable mystère, et passe un trait de plume sur ce qu'il vient d'écrire. Qu'a fait Déforis ? Il a rejeté une partie du passage effacé et conservé l'autre. On peut voir, dans toutes les éditions, la double explication de « la claire vue de Dieu [1]. » On sait déjà que le diligent éditeur a introduit dans le même sermon deux longues citations que l'auteur avoit consignées à la marge.

Dans l'exorde du second sermon pour la Quinquagésime, Bossuet nous montre l'activité pour ainsi dire fébrile qui agite les hommes dans les villes et dans les campagnes, sur terre et sur mer ; il décrit longuement « les emplois, les exercices, les occupations qui partagent en tant de soins les enfans d'Adam durant ce laborieux pèlerinage. » Au commencement du deuxième point, revenant sur ce sujet : « Nos occupations et nos exercices, nos conversations et nos divertissemens, dit-il, nous attachent aux choses externes. J'en ai déjà dit, continue-t-il, quelque chose au commencement de ce discours, et je le répète à présent. » A la fin cette répétition lui déplaît ; il l'efface depuis ces mots : « Vous allez voir par un raisonnement invincible, » jusqu'à ceux-ci : « La règle de la raison c'est Dieu même [2]. » Le retranchement, sans produire aucune lacune, dégage le discours et donne une marche plus rapide aux idées. Déforis n'a pas respecté ici, non plus que dans mille endroits, la volonté de l'auteur ; il reproduit d'un bout à l'autre le passage effacé. — Mais ces sortes de rapports nous mènent un peu loin, sans épargner au lecteur la peine de consulter les pièces originales ; cherchons des exemples qui parlent d'eux-mêmes.

Quelquefois Bossuet reprend, sous bénéfice de changement, le passage effacé pour le mettre un peu plus loin. Dans une dissertation philosophique, après avoir posé cette thèse : « L'honneur que l'on nous rend par erreur est encore une sorte de bien, » il en développe la démonstration par un long raisonnement. Avant même d'avoir fini la preuve, il s'aperçoit qu'il ne procède pas avec toute la rigueur désirable ; aussitôt il passe un trait de plume sur ce qu'il vient d'écrire, et distingue trois sortes d'erreurs dans la matière qui l'occupe ; puis il rétablit, à la place que lui assigne l'ordre des idées, le raisonnement qu'il effaçoit tout à l'heure. De là deux passages presque littéralement

---

[1] *Edition de Versailles*, vol. XI, pag. 92, 93 et 94. — [2] *Ibid.*, vol. XII, pag. 75, 76 et 78.

identiques, l'un effacé et l'autre maintenu par l'auteur; mais tous deux reproduits par Déforis et par Lefèvre, et par la société des quatre éditeurs, etc. Voyez plutôt :

Passage effacé, reproduit.

On pourroit même douter si l'honneur qu'on nous rend par erreur est un avantage pour nous, puisqu'en ce cas l'estime que l'on fait de nous ne nous attribue rien de véritable; mais néanmoins le contraire semble être assuré par ce que nous venons de dire. Car encore, par exemple, que ce que l'on nous attribue ne soit pas vrai, il est vrai toutefois qu'on nous l'attribue; et cela, sans doute, c'est un avantage. Si c'est un mal de n'être pas digne d'honneur, c'est encore un autre mal que cela soit connu : c'est donc une espèce de bien qu'on me fait de me croire plus que je ne suis; et quoique je doive plutôt désirer d'être ce que l'on croit, on ne laisse pas de m'obliger en m'attribuant plus que je ne possède [1].

Passage non effacé, aussi reproduit.

Premièrement on pourroit douter si l'honneur que l'on nous rend ainsi par erreur et pour des bonnes qualités que nous n'avons pas, est un avantage pour nous, puisqu'en ce cas l'estime que l'on fait de nous ne nous attribue rien de véritable. Néanmoins le contraire semble être assuré par les choses que nous avons dites; car encore que ce que l'on nous attribue ne soit pas vrai, il est vrai toutefois qu'on nous l'attribue, et cela sans doute c'est un avantage. Si c'est un mal pour moi que de n'être pas digne d'honneur, c'est encore un autre mal que cela soit connu. C'est donc une espèce de bien que cela soit caché par la bonne opinion que l'on en a; et quoique je doive plutôt désirer d'être ce que l'on croit, on ne laisse pas de m'obliger en me croyant plus que je ne suis [2].

Ces deux passages ne sont séparés, dans toutes les éditions, que par un petit nombre de lignes; et dans celle de Versailles ils se présentent face à face, vis-à-vis l'un de l'autre, à peu près comme on vient de les voir dans la citation. Cependant personne, pas un éditeur, pas un prote, pas un correcteur d'épreuves n'a signalé le double emploi !

Mais Déforis ne se contente pas de recueillir les rebuts mis au panier : il transcrit, si l'on passe l'expression, des passages que Bossuet n'a pas écrits. Un feuillet manque dans le quatrième sermon pour la fête de la Circoncision; mais ne vous en affligez pas : l'éditeur littéraire a comblé la lacune par un morceau de sa façon; il traduit et commente saint Ambroise, il exhorte et pérore tout à son aise; sa prose s'étale avec complaisance dans deux longues pages [3]. Il s'écrie : « Tu t'endors déjà, pécheur, miraculeusement délivré par une charité toute gratuite; » puis il lui parle, à ce pécheur, de « ces douleurs si vives et si profondes qu'il s'est vu obligé de ressentir..., du joug du nouveau maître qui l'avoit affranchi... » Le reste à l'avenant.

Un auteur qu'on ne suspectera point de partialité, M. Valery-Radot, va parler à notre place du *Panégyrique de saint André* : « Dès la

[1] *Édition de Versailles*, vol. XII, p. 386. — [2] *Ibid.*, 387, 388. — [3] *Ibid.*, v. XI, p. 549, 550.

quatrième page, dit-il, les interpolations des éditeurs commencent, et elles vont croissant en nombre et en étendue jusqu'à la fin. Ils y ont inséré, non-seulement des phrases, mais des paragraphes entiers et très-longs, et plusieurs de suite. Le manuscrit original n'offre que les deux tiers au plus du sermon qu'ils ont imprimé. Et avec tout cela ce sermon demeure imparfait : ils y ont appliqué une péroraison, et ils l'ont laissé sans exorde. »

Le premier de ces éditeurs a inventé le moyen de donner ses compositions littéraires même en dehors des sermons. On trouve souvent avant ces chefs-d'œuvre, dans les manuscrits, des analyses ou des tables qui en font embrasser d'un seul coup d'œil le plan, l'ordre et le contenu. Déforis a rejeté ces précieuses indications pour les remplacer par des sommaires vagues, confus, qui ne portent aucune idée nette à l'esprit. Voici ce qu'il dit avant le sermon pour le vendredi après les Cendres :

Opposition de l'homme à la concorde. Dette de la charité fraternelle, ses obligations, ses caractères : jusqu'où doit s'étendre l'amour des ennemis : comment on doit combattre leur haine : vengeance qui nous est permise contre eux [1].

On voit que ce sommaire peut s'adapter à n'importe quel sermon sur la charité fraternelle. Ecoutons Bossuet [1] :

Diligite inimicos vestros, etc., Matth., v, 44.

Exorde. — La charité, une dette. Quelle nature de dette ?
Premier point. — C'est à Dieu qu'on doit l'amour pour ses frères, non pas aux hommes. Par conséquent la dette est indispensable. — La colère se change en haine ; elle s'aigrit comme une liqueur. — La charité ne s'épuise jamais. Elle se fortifie dans les rebuts : *O generatio incredula et perversa..., afferte hùc illum ad me* (Matth., XVII, 16).
Second point. — Lorsque l'ennemi est à nos pieds, alors c'est le temps de lui bien faire ; exemple, David. *Noli vinci à malo, ut sit bonus contra malum, non ut sint duo mali* (S. August., serm. 2, *in Psal.* XXXIV).

Signalons encore, avant de finir, un prêt fait à Bossuet. On ne retrouve point, dans un sermon que Déforis lui attribue, cette parole mâle et vigoureuse, simple et sublime qui distingue le Démosthène chrétien : ce ne sont plus ces accens qui ébranlent l'ame, ces éclairs qui frappent d'étonnement et d'admiration ; mais ce style doux et facile, un peu prolixe, un peu mou, cette demi-teinte rêveuse, ce sentimentalisme qui révèle l'auteur du *Télémaque* et des *Maximes des Saints*. Le sermon *sur les Avantages et les Devoirs de la vie religieuse* [2] n'est pas de Bossuet, mais de Fénelon. Cependant l'éditeur de Versailles l'a donné

[1] *Edition de Versailles*, vol. XII, pag. 121. — [2] *Ibid.*, vol. XIV. pag. 419.

dans les œuvres de l'évêque de Meaux, et cela ne l'a pas empêché de le donner aussi dans les œuvres de l'évêque de Cambrai.

Il ne nous reste plus qu'à signaler les mélanges de textes différens.

VIII.

On ne sauroit trop redire comment Bossuet donnoit à ses œuvres cette perfection qui leur assure l'admiration des siècles; par quel art persévérant il les revêtoit pour ainsi dire de force, de grace et de beauté dans des corrections continuelles, ajoutant quelquefois, retranchant presque toujours, donnant mille formes diverses à sa pensée. Il faisoit plus encore. Lorsque le temps eut mûri son talent et la composition fortifié son génie, non-seulement il retouchoit d'une main plus habile et plus ferme les passages isolés de ses discours, mais il soumettoit à une nouvelle élaboration des exordes, des points, des péroraisons, des sermons entiers [1]. Cherchant partout la concision qu'il regardoit comme la plus précieuse qualité de l'orateur et de l'écrivain, résumant souvent en quelques mots de longues considérations, il rapprochoit les maximes des faits, les preuves des propositions, les conséquences des principes. Par ce travail de condensation, sa parole, semblable à l'eau comprimée dans l'airain de la pompe, jaillit avec une nouvelle force; la phrase a plus de plénitude et de richesse, le style plus de grace et de couleur, le raisonnement plus de vigueur et de trait, enfin le mouvement plus de véhémence et de rapidité.

Bossuet a écrit deux fois le second sermon pour la fête de tous les Saints [2], de manière que les manuscrits renferment deux sermons entiers, qui ont chacun leur exorde et chacun deux points. Cependant toutes les éditions ne donnent qu'un seul sermon, qui a trois points : d'où cela vient-il ? De ce que Déforis a fondu les deux discours en un seul. D'abord il a mêlé les deux exordes; puis il a fait le premier point avec le premier sermon, et le deuxième et le troisième point avec le dernier. Dans cet arrangement, le premier point renferme, à lui seul, huit pages de plus que les deux derniers réunis; et de part et d'autre même sujet, même plan, mêmes textes, mêmes idées fondamentales et souvent mêmes phrases et mêmes expressions. Voici quelques-uns des textes qui se trouvent dans le premier et dans les deux derniers points : *Qui vicerit dabo ei, ut sedeat in throno meo.* — *Ego in eis, et tu in me, ut sint consummati in unum, ut sciat mundus quia dilexisti me in ipsis.* —

---

[1] Parlant de trois chefs-d'œuvre qui avoient obtenu l'admiration de la Cour, Bossuet dit dans le manuscrit, à la fin du sermon *sur la Charité fraternelle* : « Il faut bien méditer trois sermons qui regardent la société du genre humain, dans la IIIe semaine du Carême du Louvre. Le fond m'en paroit très-solide, mais il en faut changer la forme. » — [2] C'est le premier dans notre édition ; car celui que Déforis et tous les éditeurs donnent au commencement du volume, n'est qu'une ébauche.

Volo, Pater, ut ubi sum ego, et illi sint mecum, etc. [1]. Le lecteur pourra voir dans toutes les éditions les passages semblables ; je n'en citerai qu'un seul.

Premier point.

Quel doit être cet ouvrage... après l'exécution duquel il (Dieu) se veut reposer toute l'éternité ? Il y aura assez de quoi contenter cette nature infinie. Lui qui a trouvé que la création du monde n'étoit pas une entreprise digne de lui, se contentera après avoir consommé le nombre de ses élus. Toute l'éternité il ne fera que leur dire : Voilà ce que j'ai fait ; voyez, n'ai-je pas bien réussi dans mes desseins ? pouvois-je me proposer une fin plus excellente [2] ?

Second point.

Est-ce peu de chose... d'être l'accomplissement des ouvrages de Dieu..., et qu'il se repose après toute l'éternité ? Il y aura de quoi contenter cette nature infinie. Lui qui a jugé que la production de cet univers n'étoit pas une entreprise digne de lui, se contentera après avoir consommé le nombre de ses élus. Toute l'éternité il ne fera que leur dire : Voilà ce que j'ai fait, voyez ; n'ai-je pas bien réussi dans mes desseins ? pouvois-je me proposer une fin plus excellente [3] ?

Après avoir prêché le premier sermon pour le jour de Noël, sur la nativité de Notre-Seigneur, Bossuet l'a pareillement soumis à une nouvelle rédaction, si bien que nous avons deux sermons complets. Le dernier dans l'ordre chronologique n'est que le premier perfectionné, pour ainsi dire concentré ; il suffit, pour s'en convaincre, d'en confronter quelques phrases. Après avoir dit que le Verbe de Dieu a voulu descendre par trois degrés « de la souveraine grandeur à la dernière bassesse, » l'auteur continue :

Premier sermon, imprimé.

Premièrement il s'est fait homme, et il s'est revêtu de notre nature ; secondement il s'est fait passible, et il a pris nos infirmités ; troisièmement il s'est fait pauvre, et il s'est chargé de tous les outrages de la fortune la plus méprisable. Et ne croyez pas, chrétiens, qu'il nous faille rechercher bien loin ces trois abaissemens du Dieu-homme ; je vous les rapporte dans la même suite et dans la même simplicité qu'ils sont proposés dans mon évangile [4].

Second sermon, à imprimer.

Premièrement il s'est fait homme, secondement il s'est fait passible, troisièmement il s'est fait pauvre et s'est chargé de tous les opprobres de la fortune la plus méprisable. Le texte de mon évangile renferme en trois mots ce triple abaissement du Dieu-Homme.

Le lecteur pourra poursuivre, dans notre édition, ce parallèle aussi

---

[1] *Édition de Versailles*, vol. XI, pag. 35 et 53. — [2] *Ibid.*, pag. 25. — [3] *Ibid.*, pag. 50. Voir pag. 20 et 46, — 22 et 48, — 21 et 50, — 39 et 57. — [4] *Ibid.*, pag. 297. L'édition de Versailles donne deux fois ce chiffre dans la pagination ; il faut donc chercher avec soin

curieux qu'utile à étudier ; mais je ne crains pas de dire, en attendant son jugement, que la dernière rédaction l'emporte beaucoup sur la première. Dans le texte revu, tout se tient, tout s'enchaîne, tout forme faisceau ; pas une proposition qui n'exprime une idée fondamentale, pas une expression qui ne serve à resserrer la trame du discours ; on croit lire une déduction de saint Thomas. Au contraire, dans le texte primitif, plusieurs phrases semblent entraver le développement des pensées, plusieurs séparer ce qui devroit être uni : c'est Bossuet lui-même qui a porté ce jugement. Déforis, qui mesure souvent le mérite des compositions littéraires sur la longueur, a sacrifié à l'ébauche l'œuvre achevée, perfectionnée. En effet il reproduit le premier sermon d'un bout à l'autre, sans en passer une ligne ; mais il morcèle le second en plusieurs lambeaux, qui vont occuper différentes places : trois se mettent dans le texte du premier discours ; deux se rattachent à ce texte comme notes ; un se range à la suite sous le titre de *Fragment*; puis le reste, quelque chose comme la moitié d'un sermon, gagne le panier. Le premier passage intercalé forme, dans l'édition de Versailles, l'alinéa qui commence ainsi : « Quel est ce nouveau prodige[1] ? » le deuxième remplit plus loin l'alinéa dont voici les premiers mots : « Le grand pape saint Hormisdas[2] ; » enfin le troisième fournit les quatre alinéas dont le premier débute par cette phrase : « Il n'y a rien de plus vain que les moyens que l'homme recherche pour se faire grand[3]. » Quel effet produit ce mélange de textes différens, cet amalgame d'exordes, de points, de péroraisons diverses? On n'a pas besoin de citations pour le comprendre. Le premier sermon, déjà bien long dans sa forme primitive, encore allongé par des additions maladroites, se traîne péniblement, lourdement, sous le poids des surcharges, au milieu des redondances oiseuses, inutiles, à travers des redites fatigantes, accablantes ; le second sermon, celui-là même que Bossuet a refait avec tant de soin, ce chef-d'œuvre qui se distingue entre des chefs-d'œuvre, est anéanti.

Nous trouvons dans les manuscrits cinq sermons pour la fête de la Circoncision. Cependant les éditions n'en donnent que quatre. C'est que l'affineur de Bossuet a refondu, pour n'en faire qu'un, les deux derniers. Dans son creuset, l'exorde du cinquième sermon s'est évanoui sans doute en scories; le premier point s'est transformé en une pièce détachée; le troisième point a fait alliage, dans un lingot informe, avec le même point du quatrième sermon ; enfin les deux péroraisons se sont soudées bout à bout. L'exorde qui n'a pu soutenir l'épreuve de Déforis, Bossuet l'avoit refait sur le premier avec le plus grand soin. Le point doublé, portant presque partout les *deux crochets* de Déforis, s'en va heurtant du pied à travers les cailloux. Enfin les deux pérorai-

---

[1] *Edition de Versailles*, vol. XI, pag. 300. — [2] *Ibid.*, pag. 315. — [3] *Ibid.*, pag. 320.

sons juxtaposées commencent l'une et l'autre à deux pages d'intervalle, par ces mots : « Donc, mes frères, hâtons-nous d'entrer dans ce » repos éternel » : *Festinemus ergo ingredi in illam requiem* [1] ; et chacune répète plusieurs fois, doublant le nombre par la duplication du texte : *Festinemus..., festinemus ergo..., festinemus ingredi...*

A ces deux péroraisons, Déforis en a joint une troisième, qui a pour but d'approprier le discours au temps du carnaval, puis une quatrième dans l'allocution que le prédicateur adressa au duc d'Epernon, dans la chapelle des anciens ducs, à Dijon. Le directeur de l'édition de Versailles a détaché ces deux morceaux pour les imprimer séparément après le sermon ; mais voici comment il commence la péroraison :

> Pour nous préparer à entrer dans cette joie abondante, accoutumons-nous à la recevoir quand elle descend du ciel dans nos cœurs ; corrigeons les joies de la terre. Mais, ô Dieu ! à quelle joie abandonnons-nous notre cœur?.... [Se] masquer, [se] déguiser, danser, courir, aller deçà et delà...: voilà la grande occupation de ceux qui se disent chrétiens [2].

Sans parler de la *joie abondante*, de la *joie de la terre*, de *la joie de notre cœur*, ni des autres joies qu'on accumule les unes sur les autres en transportant dans le texte une note marginale, venons tout de suite à ces admirables [se] et [se]. Les quatre *crochets* devroient mettre en relief la scrupuleuse exactitude de l'éditeur ; mais ils montrent autre chose. Comme on le voit partout, on disoit au temps de Bossuet *masquer* et *déguiser* dans le sens neutre, pour *aller en masque* et pour *se produire sous un déguisement*. Que signifie donc la correction ?

Ce n'est pas tout ; Déforis, non plus que les autres éditeurs, n'a pas su donner à l'allocution de Bossuet la place qui lui est destinée. On va le voir tout de suite.

Texte imprimé.	Texte à imprimer.
Si vous pleuriez de bonne foi vos péchés, si vous pouviez vous deprendre de ces plaisirs dégoûtans, de ces ennuyeuses délices dont vous devriez déjà être rassasiés, dont les sages espèrent toujours revenir ; (mais Dieu n'en donne pas toujours le temps ou la grâce), par la vérité de celui dont j'annonce la parole, de ce mépris des plaisirs et des joies mondaines naîtra un autre plaisir, plaisir sublime qui naît non du trouble de l'ame, [mais de la	*Festinemus ergo;* hâtons-nous, efforçons-nous. Il faut combattre, il faut faire effort. Ce sont ici les jours malheureux, les jours de l'ancien Adam, où il faut gagner par nos sueurs et par notre travail le pain de vie éternelle, où les vertus sont sans relâche aux mains avec les vices. Viendra le temps de poser les armes et de recevoir les couronnes, de se refaire du combat et de jouir de la victoire, de se dégager du travail et de goûter le repos : *Admodo*

[1] *Edition de Versailles*, vol. XI, pag. 559 et 562. — [2] *Ibid.*, pag. 564.

LES SERMONS.

Texte imprimé.

paix d'une bonne conscience]. Une goutte rassasiera votre cœur; mais cette goutte croîtra toujours, et enfin elle vous fera posséder l'océan tout entier et l'abîme infini de félicités, que je vous souhaite, au nom du Père, du Fils, et du Saint-Esprit.

Monseigneur, quoique votre altesse sérénissime aille être rejetée plus que jamais dans ce glorieux exercice, dans ces illustres fatigues, dans ce noble tumulte de la guerre; je ne crains pas de me tromper ni de parler à contre-temps, en lui proposant pour objet ce grand et éternel repos !.....

Texte à imprimer.

jam dicit spiritus ut requiescant à laboribus suis.

Monseigneur, quoique votre Altesse sérénissime aille être rejetée plus que jamais dans ce glorieux exercice..... (Comme dans la première colonne.)

On a remarqué avec quel art, par quel habile acheminement l'auteur arrive, dans le second texte, aux paroles qu'il adresse au duc d'Epernon. Dans le premier texte, au contraire, l'allocution vient inopinément, lorsque l'orateur a quitté la parole, après la fin du discours. On voit d'ailleurs que les expressions : *Ce glorieux exercice, ces illustres fatigues, ce noble tumulte de la guerre* et *cet éternel repos* ne se rapportent à rien. Il n'y a pas jusqu'à la sainte formule : « Au nom du Père, du Fils, et du Saint-Esprit, » qui ne révèle une main maladroite; Bossuet auroit dit : « Au nom du Père, et du Fils, et du Saint-Esprit. »

Mais si Déforis travaille dans les discours entiers, pourquoi n'exerceroit-il pas dans les parties de discours ? L'exorde d'un sermon déjà cité, le second pour le dimanche de la Quinquagésime, remplit neuf pages. Bossuet le trouvant trop long, l'a beaucoup abrégé dans une nouvelle rédaction. Mais qu'a fait son éditeur littéraire ? Il a intercalé dans le premier exorde plusieurs passages du second, puis il a rejeté les autres. Voici quelques-unes des redites qu'amène coup sur coup, dans deux pages, cette mixtion de textes différents :

Je découvre tous les emplois, tous les exercices, toutes les occupations différentes qui partagent en tant de soins les enfans d'Adam. — Je contemple les divers emplois dans lesquels les hommes s'occupent.— Les uns se plaisent dans les emplois violens. — Quelques-uns recherchent avec ardeur les emplois publics.— Chacun est en action et en exercice. — Que de spectacles, que de durs exercices ! L'un aime les exercices durs et violens. Ensuite : Les inclinations sont plus dissemblables que les visages. — Pourrois-je vous rapporter une telle variété de coutumes et d'inclinations ? — Vous raconterai-je les diverses inclinations des hommes ? — Quand aurois-je fini ce discours, si j'entreprenois de vous raconter toutes ces mœurs différentes et ces humeurs incompatibles ? — Je vois

¹ *Edition de Versailles*, vol. XI, pag. 567.

cette multitude infinie de peuples et de nations avec leurs mœurs différentes et leurs humeurs incompatibles. — Je ne sais où arrêter ma vue, tant j'y vois de diversité. — C'est là qu'il se présente à mes yeux une variété plus étonnante. — Je ne puis considérer sans étonnement tant d'arts et tant de métiers avec leurs ouvrages divers. — Cette diversité confond mon esprit. — En combien d'ouvrages divers ont-ils divisé les esprits [1]! etc.

A tout cela il faudroit ajouter, si l'on vouloit compléter le tableau, la guerre, le cabinet, le gouvernement, la judicature et les lettres, et le trafic et l'agriculture; puis le tumulte des armes, la chasse qui est une image de la guerre, l'étude des bonnes lettres et la navigation, le barreau et les boutiques, les occupations de la vie rustique et cette quantité innombrable de machines, etc. Quand l'on considère « ce mélange de choses, cette étrange confusion, » comme parle notre exorde, on ne sait ce qui doit étonner le plus, ou la présomption de l'homme qui n'a pas craint d'arranger ainsi les plus belles compositions de l'éloquence chrétienne, ou la crédulité du public qui a pris de semblables fouillis pour l'œuvre de l'aigle de Meaux.

Telle est la méthode de Déforis. Toutes les fois que Bossuet a soumis un de ses discours à une nouvelle rédaction, son ajusteur s'arroge le droit de faire acte de son métier. Et partout le même procédé : conserver l'ébauche intacte, parce qu'elle est plus longue; morceler l'œuvre parfaite, parce qu'elle offre moins de matière à remanier; puis mettre dans la contexture du premier sermon les découpures du dernier; puis publier sous le titre de *Fragmens* quelques passages, et jeter le reste au panier. On a dit souvent que Bossuet n'a que des discours abrégés, tronqués, mutilés. Sans doute il a quelquefois écrit deux exordes ou deux péroraisons pour le même discours, et je bénis cette surabondance de zèle et de génie; sans doute il n'a pas toujours fait de ses compositions oratoires un tableau fini, et tout le monde admire dans ses esquisses la variété de ses peintures. Mais qu'on démêle les sermons mêlés dans l'impression, et qu'on recueille dans les manuscrits les matériaux rejetés par l'inintelligence, on formera quelquefois des discours complets, parfaitement ordonnés, là où les éditions ne donnent que des fragmens. C'est ainsi qu'on a reconstruit trois sermons dans le premier volume de Lebel.

Mais il est temps de résumer toutes nos observations sur la manière dont on a imprimé les sermons de Bossuet.

IX.

Après tout ce qui précède, j'ai le droit, ce me semble, de poser cette conclusion : toutes les éditions altèrent et défigurent la parole de

---

[1] *Edition de Versailles*, vol. XII, pag. 54-56.

Bossuet par des procédés que désavoue la critique la moins sévère. Déforis, qui est à vrai dire le père de toutes, change souvent les termes et les tournures employés par l'immortel écrivain ; il ajoute à ses phrases de lourds complémens, qui ralentissent la marche du discours et détruisent de grandes beautés littéraires ; il surcharge ses magnifiques commentaires de traductions triviales, qui font ordinairement double emploi ; il choisit mal les variantes, les accumule quelquefois les unes sur les autres et ne tient pas suffisamment compte de celles qu'il ne peut rattacher au corps des périodes ; il fait entrer dans les raisonnemens les plus serrés des notes marginales qui brisent la connexité logique des idées, ou créent parfois des sens singulièrement étranges ; il rétablit les passages effacés sans remarquer les contradictions les plus choquantes ; il remet en œuvre les matériaux déjà employés par l'architecte et lui attribue des œuvres qu'il n'a pas produites ; enfin il amalgame des textes différens pour faire un exorde de deux exordes, un sermon de deux sermons. Au moyen de ces remaniemens, de ces mélanges et de ces suppositions ; par ces intercalations maladroites, ces complémens déplorables et ces traductions terre à terre, il arrange souvent les plus beaux passages de telle façon, que le premier écrivain venu s'empresseroit de les désavouer. Et qu'on ne l'oublie pas, les remarques faites jusqu'ici, les critiques soumises au lecteur portent sur un seul volume, ou plutôt sur un petit nombre de sermons de ce volume, le premier de Lebel ; et la matière n'est pas épuisée, tant s'en faut. Je le demande donc, le comte de Maistre a-t-il eu tort de dire : « Jamais auteur célèbre ne fut, à l'égard de ses œuvres posthumes, plus malheureux que Bossuet. » Aucun autre écrivain n'auroit survécu à pareille épreuve. Voulez-vous apprécier dignement Bossuet, voyez d'une part l'admiration des siècles, et de l'autre certaines pages imprimées de ses sermons. Quelle devoit être la force de son éloquence et la puissance de son génie, pour triompher des redites et des doublures et des non-sens et de la prose qu'on lui a prêtés !

Le lecteur connoît maintenant, je l'espère, le but qu'on s'est proposé dans la nouvelle édition des sermons de Bossuet. Rétablir d'après les documens originaux les expressions, les phrases et les tournures de l'auteur ; réintégrer les ellipses, les réticences, les suspensions oratoires, et autant que possible la ponctuation des manuscrits ; supprimer sans grace ni merci toutes les additions de Déforis, en déchargeant le texte du lourd bagage de ses commentaires qui entravent la marche du discours, de ses traductions qui font double emploi, de ses élucubrations qu'il devoit publier ailleurs que dans des chefs-d'œuvre ; écarter avec la même justice et la même rigueur les passages effacés qu'il remet en œuvre de son autorité privée, et les témoignages des Pères qu'il porte de la marge au milieu des pages ; détacher du corps des discours les variantes doublées et les remarques isolées pour les donner en note, démêler les exordes, les points et les sermons amalgamés pour les publier séparément; après cela combler les lacunes, rapprocher les dislocations, réunir les morceaux dispersés qui peuvent former des ouvrages complets; en dehors des sermons, remplacer les sommaires des éditeurs par les analyses du grand écrivain; puis signaler brièvement l'époque et les circonstances qui ont vu naître tant d'œuvres immortels, soit pour faciliter l'intelligence des allusions délicates et de plusieurs passages, soit pour mettre le lecteur à même de suivre le développement et les progrès d'un incomparable talent, soit aussi pour prémunir l'inexpérience contre certaines expressions peut-être exagérées, désavouées peut-être par un goût pur, que Bossuet employoit quelquefois dans sa jeunesse et que l'on imite plutôt à cet âge et toujours plus facilement que le simple, le naturel, les véritables beautés : voilà la tâche que deux choses ont fait entreprendre à de foibles forces, l'admiration d'un génie aussi pieux que sublime, et le désir de servir la cause des Lettres et de l'Eglise. Certes on n'a pas la prétention d'avoir rempli ce programme complétement, d'une manière irréprochable, à l'abri de justes critiques; mais on a la conviction, fondée sur des faits manifestes, d'avoir fait disparoître des fautes graves, écarté des interpolations malheureuses, relevé des variantes utiles et des notes profondes, je ne dis pas dans toutes les parties de tous les sermons, mais à chaque page, à chaque alinéa. Eclairé par les travaux de la critique et dirigé par les conseils de grands savans et d'illustres écrivains, on a déblayé le vestibule et relevé les colonnes du temple; d'autres, plus habiles et trouvant de nouveaux matériaux de reconstruction, couronneront l'édifice.

Il ne me reste plus qu'à décharger mon cœur par l'accomplissement d'un devoir qui m'est aussi doux que sacré. Comme je l'indiquois tout à l'heure, la bienveillance, jointe à l'amour du bien et du beau, m'a fait ce bonheur, de remplir ma tâche sous la conduite des Maîtres : Mgr l'Evêque de Quimper, M. le Marquis de Nicolay, M. L. Veuillot, M. V. Cousin, m'ont généreusement accordé tous les conseils de la science, de la critique et du goût; que ces personnages éminens daignent recevoir ici l'hommage de ma reconnoissance.

Mgr l'Evêque de Meaux, si plein de bonté paternelle et si zélé pour le souvenir et le culte de son glorieux prédécesseur, a bien voulu mettre à ma disposition des autographes précieux, qui renferment plusieurs sermons : me seroit-il permis de me joindre à l'opinion publique, pour reconnoître tant de condescendance et tant de mérite?

J'offre aussi mes remerciments aux employés de la Bibliothèque nationale, particulièrement à M. C. Claude, qui connoît si bien dans tous ses recoins ce département des manuscrits, je devois dire ce monde littéraire et scientifique, où les explorateurs découvrent chaque jour de nouveaux trésors, comme les astronomes découvrent de nouvelles planètes au firmament.

F. LACHAT.

PREMIER SERMON

POUR

LA FÊTE DE TOUS LES SAINTS.

(PREMIÈRE RÉDACTION) (a).

Omnia vestra sunt, vos autem Christi.

Tout est à vous, et vous êtes à Jésus-Christ, dit le grand Apôtre, parlant aux justes. I *Cor.*, III, 22 et 23.

Si nous employions à penser aux intérêts qui nous sont préparés dans le ciel la moitié du temps que nous perdons à songer aux vains intérêts de ce monde, nous ne vivrions pas comme nous faisons dans un mépris si extravagant des affaires de notre salut. Mais c'est une des punitions de notre péché : ce tyran ne s'est pas contenté de nous faire perdre le royaume dans l'espérance duquel

---

(a) Bossuet a écrit deux fois ce sermon.

La première rédaction a été faite vers 1653 : plusieurs marques indiquent cette date. Accumulant les textes sacrés, l'auteur parle autant latin que françois : défaut qu'il trouva régnant à son début dans la carrière apostolique, et qu'il devoit détruire lui-même; il se sert aussi d'expressions qui alloient vieillissant depuis le commencement du XVIIe siècle, et qu'il a bannies plus tard. Il dit, par exemple : « Souffrirez-vous pas bien ? pensons-nous pas que ? cependant que, prenez garde de vous le pas représenter, » pour, de vous le représenter; « quasi pas, quasi plus, quasi rien, quasi toujours; châteaux enchantés de qui les poëtes disent; considérer en gros; il (Dieu) n'y trouve rien à raccommoder (à la création), il régalera les élus dans le banquet de la gloire; il faudra que l'abondance divine se débonde; les grands hommes qui ont planté l'Eglise par leur sang. »

Bossuet écrivit de nouveau le sermon sur les bienheureux vers 1657. Dans l'œuvre retouchée, les textes bibliques occupent moins de place et les expressions surannées se produisent plus rarement. L'écriture du manuscrit révèle elle-même une époque plus récente; à peine reconnoissables dans la première rédaction, les caractères commencent à prendre dans la dernière des formes plus nettes et plus distinctes.

Les premiers éditeurs ont mêlé et juxtaposé les deux rédactions pour n'en former qu'une seule œuvre oratoire. Après avoir mélangé les deux exordes, ils ont fait un premier point avec le premier sermon, puis un deuxième et un troisième point avec le dernier. Dans cette disposition, les deux derniers points ne sont que la répétition du premier. D'ailleurs le sujet ne comporte que deux points : les élus, 1° le dernier accomplissement de l'œuvre de Dieu, 2° la dernière fin de l'œuvre de Jésus-Christ.

nous avions été élevés, il nous a tellement ravalé le courage que nous n'osons plus prétendre à sa conquête, quelque secours qu'on nous offre pour y rentrer. A peine nous en a-t-il laissé un léger souvenir; ou, s'il nous en demeure encore quelque vieille idée qui ait échappé à cette commune ruine, cette idée, Messieurs, n'a pas assez de force pour nous émouvoir, elle nous touche moins que les imaginations de nos songes. Ce qui est plus cruel, c'est qu'il ne nous donne pas seulement le loisir de penser à nous. Il nous entretient toujours par de vaines flatteries (*a*); et comme il n'a rien qui nous puisse entièrement arrêter, toute sa malice se tourne à nous jeter dans une perpétuelle inconstance, tantôt d'un côté, tantôt d'un autre, et nous faire passer cette misérable vie dans un enchaînement infini de désirs incertains (*b*) et de prétentions mal fondées. Cela fait que nous ne concevons qu'à demi ce qui regarde l'autre vie; ces vérités ne tiennent quasi pas à notre ame déjà préoccupée des erreurs des sens. En quoi nous sommes semblables à ces insensés desquels parle le Sage, qui sans considérer les grands desseins de Dieu sur les saints, s'imaginoient qu'ils fussent enveloppés dans le même destin que les impies, parce qu'ils les voyoient sujets à la même nécessité de la mort : *Videbunt finem sapientis, et non intelligent quid cogitaverit de eo Dominus*[1]. Souffrirez-vous pas bien, Messieurs, pour nous délivrer de ce blâme, que nous donnions un peu de temps à admirer la providence de Dieu sur les saints? Certes nous ne pouvons rien dire qui contribue plus à leur gloire ni à notre édification. Comme c'est l'endroit par où (*c*) il estime plus leur félicité, aussi doit-ce être ce qui nous excite davantage.

Voyons donc dans ce discours les grandes choses que Dieu s'est proposé de faire en ses saints, *quid cogitaverit de illis Dominus;* comme il les a regardés dans toutes ses entreprises : *Quæ sit magnitudo virtutis ejus in nos qui credimus*[2]*;* comme il les a inséparablement attachés à la personne de son Fils, afin d'être obligés de le traiter comme lui : *Vos autem Christi*. Après avoir établi ces vérités, il ne me sera pas beaucoup difficile de vous

---

[1] *Sap.*, IV, 17. — [2] *Ephes.*, I, 19.

(*a*) *Var.*: Prétentions. — (*b*) Vagues. — (*c*) Par lequel.

persuader des merveilles qu'il opérera dans l'exécution de ce grand dessein. Ce que je tâcherai de faire fort brièvement en concluant ce discours. Je vous prie d'implorer avec moi l'assistance du Saint-Esprit, par l'intercession de la sainte Vierge.

PREMIER POINT.

Pour nous représenter quelle sera la félicité des enfans de Dieu en l'autre vie, il faut considérer premièrement en gros combien elle doit être grande et inconcevable, afin de nous en imprimer l'estime; et après il faut voir en quoi elle consiste, pour avoir quelque connoissance de ce que nous désirons.

Pour ce qui regarde la première considération, nous la pouvons prendre de la grandeur de Dieu et de l'affection avec laquelle il a entrepris de donner la gloire à ses enfans. C'est une chose prodigieuse de voir l'exécution des desseins de Dieu. Il renverse en moins de rien les plus hautes entreprises; tous les élémens changent de nature pour lui servir; enfin il fait paroître dans toutes ses actions qu'il est le seul Dieu et le créateur du ciel et de la terre. Or il s'agit ici de l'accomplissement du plus grand dessein de Dieu et qui est la consommation de tous ses ouvrages.

Toute cause intelligente se propose une fin de son ouvrage. Or la fin de Dieu ne peut être que lui-même. Et comme il est souverainement abondant, il ne peut retirer aucun profit de l'action qu'il exerce, autre que la gloire qu'il a de faire du bien aux autres et de manifester l'excellence de sa nature; et cela parce qu'il est bien digne de sa grandeur de faire largesse de ses trésors, et que d'autres se ressentent de son abondance. Que s'il est vrai qu'il soit de la grandeur de Dieu de se répandre, sans doute son plus grand plaisir ne doit pas être de se communiquer aux natures insensibles. Elles ne sont pas capables de reconnoître ses faveurs, ni de regarder la main de qui elles tirent leur perfection. Elles reçoivent, mais elles ne savent pas remercier. C'est pourquoi quand il leur donne, ce n'est pas tant à elles qu'il veut donner qu'aux natures intelligentes, à qui il les destine. Il n'y a que celles-ci à qui il ait donné l'adresse d'en savoir user. Elles seules en connoissent le prix; il n'y a qu'elles qui en puissent bénir l'auteur. Puis donc que Dieu n'a donné qu'aux natures intelligentes la puissance de s'en servir, sans doute ce n'est que pour elles qu'il les a faites. Aussi l'homme est établi de Dieu comme leur arbitre; et si le péché n'eût point ruiné cette disposition admirable du Créateur dès son commencement, nous verrions encore durer cette belle république. Dieu donc a fait pour les créatures raisonnables les natures inférieures. Et quant aux créatures intelligentes, il les a destinées à la souveraine béatitude, qui regarde la possession du souverain bien; il les a faites immédiatement pour soi-même. Voilà donc l'ordre de la Providence divine, de faire les choses insensibles et privées de connoissance pour les intelligentes et raisonnables, et les raisonnables pour la possession de sa propre essence. Donc ce qui regarde la souveraine béatitude, est le dernier accomplissement des ouvrages de Dieu. C'est pourquoi dans le dernier jugement Dieu dit à ses élus : « Venez, les bien-aimés de mon Père, au royaume qui vous est préparé dès la constitution du monde[1]. » Il dit bien aux malheureux : « Allez au feu qui vous est préparé[2], » mais il ne dit pas qu'il fût préparé dès le commencement du monde. Cela ne veut dire autre chose, sinon que la création de ce monde n'étoit qu'un préparatif de l'ouvrage de Dieu, et que la gloire de ses élus en seroit le dernier accomplissement. Comme s'il disoit : Venez, les bien-aimés de mon Père; c'est vous qu'il regardoit quand il faisoit le monde, et il ne faisoit alors que vous préparer un royaume.

Que si nous venons à considérer la qualité de la Providence, nous le jugerons encore plus infailliblement. La parfaite prudence ne se doit proposer qu'une même fin, d'autant que son objet est de mettre l'ordre partout; et l'ordre ne se trouve que dans la disposition des moyens et dans leur liaison avec la fin. Ainsi elle doit tout ramasser pour paroître universelle, tout digérer par ordre pour paroître sage, tout lier pour paroître uniforme; et c'est pourquoi il y doit avoir une dépendance de tous les moyens, afin que le corps du dessein soit plus ferme et que toutes les parties s'entretiennent. L'imparfait se doit rapporter au parfait, la nature à la grace, la grace à la gloire. C'est pourquoi si les cieux se meuvent

[1] Matth., xxv, 34. — [2] Ibid., 41.

de ces mouvemens éternels, si les choses inférieures se maintiennent par ces agitations si réglées, si la nature fait voir dans les différentes saisons ses propriétés diverses, ce n'est que pour les élus de Dieu que tous les ressorts se remuent. Les peuples ne durent que tant qu'il y a des élus à tirer de leur multitude : *Constituit terminos populorum juxta numerum filiorum Israel*[1]. Les élémens et les causes créées ne persistent que parce que Dieu a enveloppé ses élus dans leur ordre, et qu'il les veut faire sortir de leurs actions. « Aussi elles sont comme dans les douleurs de l'enfantement : » *Omnis creatura ingemiscit et parturit usque adhuc*[2]. « Elles attendent avec impatience que Dieu fasse la découverte de ses enfans : » *Revelationem filiorum Dei expectat*[3]. L'auteur de leur nature, qui leur a donné leurs inclinations, leur a imprimé un amour comme naturel de ceux à qui il les a destinées. Elles ne font point encore de discernement; c'est à Dieu de commencer, c'est à lui à faire voir ceux qu'il reconnoît pour ses enfans légitimes. Et quand il les aura marqués, qu'il aura débrouillé cette confusion qui les mêle, elles tourneront toute leur fureur contre ses ennemis : *Pugnabit cum eo orbis terrarum contra insensatos*[4]. Elles se soumettront volontiers à ses enfans : *Omnis creatura ingemiscit et parturit usque adhuc......, revelationem expectans filiorum Dei.*

Si nous allons encore plus avant dans le dessein de Dieu, nous trouverons quatre communications de sa nature. La première dans la création, la seconde se fait par la grace, la troisième de sa gloire, la quatrième de sa personne. Et si le moins parfait est pour le plus excellent, donc la création regardoit la justification, et la justification étoit pour la communication de la gloire, et la communication de la gloire pour la personnelle. C'est la gradation de saint Paul : *Omnia vestra sunt, vos autem Christi, Christus autem Dei*[5]. Mais il ne faut pas séparer Jésus-Christ d'avec ses élus, d'autant que c'est le même esprit de Jésus-Christ qui se répand sur eux, *tanquam unguentum in capite*[6]. Ce sont ses membres, et la glorification n'est que la consommation du corps de Jésus-Christ :

---

[1] *Deut.*, XXXII, 8. — [2] *Rom.*, VIII, 22. — [3] *Ibid.*, 19. — [4] *Sap.*, V, 22. — [5] *1 Cor.*, III, 22, 23. — [6] *Psal.* CXXXII, 2.

Donec occurramus ei in virum perfectum, secundùm mensuram plenitudinis Christi[1]. Et nous sommes tous bénis en Jésus-Christ, *tanquam in uno*[2]. Donc les prédestinés sont ceux qui ont toutes les pensées de Dieu dès l'éternité, ce sont ceux à qui aboutissent tous ses desseins. C'est pourquoi, *omnia propter electos*[3], c'est pourquoi encore, *diligentibus Deum omnia cooperantur in bonum*[4] : *omnia;* d'autant que tout étant fait pour leur gloire, il n'y a rien à qui le Créateur n'ait donné une puissance et même une secrète inclination de les y servir. Et il y a ici deux choses à remarquer : l'une, que c'est à eux que se terminent tous les desseins de Dieu; la seconde, qu'ils se terminent à eux conjointement avec Jésus-Christ.

Quel doit être cet ouvrage à qui la création de cet univers n'a servi que de préparation, que Dieu a regardé dans toutes ses actions, qui étoit le but de tous ses désirs, enfin après l'exécution duquel il se veut reposer toute l'éternité? Il y aura assez de quoi contenter cette nature infinie. Lui qui a trouvé que la création du monde n'étoit pas une entreprise digne de lui, se contentera après avoir consommé le nombre de ses élus. Toute l'éternité il ne fera que leur dire : Voilà ce que j'ai fait; voyez, n'ai-je pas bien réussi dans mes desseins? Pouvois-je me proposer une fin plus excellente?

Et qui peut douter que ce dessein ne soit tout extraordinaire, puisque Dieu y agit avec passion? Il s'est contenté de dire un mot pour créer le ciel et la terre. Nous ne voyons pas là une émotion véhémente. Mais pour ce qui regarde la gloire de ses élus, vous diriez qu'il s'y applique de toutes ses forces; au moins y a-t-il employé le plus grand de tous les miracles, l'incarnation de son Fils. « Ne s'est-il pas lié et comme collé d'affection avec son peuple? » *Conglutinatus est Dominus patribus nostris*[5]. Tantôt il se compare à une aigle qui excite ses petits à voler, tantôt à une poule qui ramasse ses petits poussins sous ses ailes. Il condescend à toutes leurs foiblesses; son amour le porte à l'excès et lui fait faire des actions qui paroissent extravagantes. Ecoutez comme il crie au milieu du temple : *Si quis sitit, veniat ad me, et bibat*[6]. Il n'en faut pas

---

[1] *Ephes.*, IV, 13. — [2] *Galat.*, III, 16. — [3] II *Cor.*, IV, 15. — [4] *Rom.*, VIII, 28. — [5] *Deut.*, X, 15. — [6] *Joan.*, VII, 37.

douter, il y a ici une inclination véhémente. Jamais Dieu n'a rien voulu avec tant de passion. Or vouloir, à Dieu, c'est faire. Donc ce qu'il fera pour ses élus sera si grand, que tout l'univers ne paroîtra rien à comparaison de cet ouvrage. Sa passion est si grande, qu'elle passe à tous ses amis, et fait remuer à ses ennemis tous leurs artifices pour s'opposer à l'exécution de ce grand dessein. C'est le propre des grands desseins de s'étendre à beaucoup de personnes. Et nous ne jugeons jamais un dessein si grand, que lorsque nous voyons que tous les amis y prennent part et que tous les ennemis s'en remuent. Comme ils ne s'excitent qu'à cause de nous, et que nous donnons le branle à leurs mouvemens, il faut que notre émotion soit bien grande pour porter son coup si loin.

Elle paroît bien, son affection envers ses élus, par les soins qu'il a de les rechercher. N'est-ce pas lui qui les a assemblés de tous les coins de la terre, qui leur a donné le sang de son Fils? Et celui qui leur a donné son Fils, que leur peut-il refuser? Il a pris plaisir lui-même de les faire aimables, afin de leur donner sans réserve son affection : *Dedit semetipsum pro nobis, ut mundaret sibi populum acceptabilem, sectatorem bonorum operum*[1]. Quoi! en ce monde, qui est un lieu d'épreuve et de larmes, où il ne leur promet que des misères, où il veut les séparer de toutes choses : *Veni separare...; non veni pacem mittere, sed gladium*[2]! Cependant il les comble de bénédictions. Ils sont inébranlables, voient tout le monde sous leurs pieds; ils se réjouissent dans leurs peines : *Gaudentes quia digni habiti sunt pro nomine Jesu contumeliam pati*[3]. Au reste ils sont dans un repos, une fermeté et une égalité merveilleuse. Leurs chaînes délivrent les infirmes de leurs maladies; il donne de la gloire jusqu'à leurs ombres. Vous diriez que quelque résolution qu'il ait prise, il ne sauroit s'empêcher de leur faire du bien et de leur laisser tomber un petit avant-goût de leur béatitude. Et cependant cela n'est rien, il leur en prépare bien davantage. Il n'estime pas que cela rompe la résolution de les affliger, tant il estime peu ces biens à comparaison de ceux qu'il leur garde. Ce monde même, quoiqu'il ait été fait pour les élus,

[1] *Tit.*, II, 14. — [2] *Matth.*, X, 34, 35. — [3] *Act.*, V, 41.

il semble que Dieu n'estime pas ce présent, ou s'il l'estime, c'est à peu près comme un père estimeroit cette partie du bien de ses enfans de laquelle ils auroient l'usage commun avec les valets. Ce soleil, tout beau qu'il est, luit également sur les bons et sur les impies. Et quelles seront donc les choses qu'il réserve pour ses enfans! Avec combien de magnificence les régalera-t-il dans ce banquet de la gloire, où il n'y aura que des personnes choisies, *electi*, et où il ne craindra plus de profaner ses bienfaits! Avec quelle abondance cette nature souverainement bonne se laissera-t-elle répandre! Abondance d'autant plus grande, qu'elle se sera rétrécie si longtemps durant le cours de ce temps misérable, et qu'il faudra alors qu'elle se débonde. Vivez, heureux favoris du Dieu des armées; il a tout fait pour vous; il vous a préservés parmi tous les périls de ce monde; il vous a gardés, *quasi pupillam oculi sui* [1]. Il ne s'est pas contenté de vous faire du bien par miséricorde, il a voulu vous être redevable, afin de vous donner plus abondamment. Il a voulu vous donner le contentement de mériter votre bonheur, et a mieux aimé partager avec vous la gloire de votre salut et de son dessein dernier, que de diminuer la satisfaction de votre ame. Vous êtes les successeurs de son héritage; c'est vous que regardent les promesses qu'il a faites à Abraham et à Isaac; mais c'est vous que regarde l'héritage promis à Jésus-Christ.

SECOND POINT.

Il faut donc savoir que tous les biens que Dieu promet aux prédestinés, c'est conjointement avec Jésus-Christ; il ne faut point séparer leurs intérêts. Dieu promet à Abraham de bénir toutes les nations : *In semine tuo* [2], « dans ton fils ; » où l'apôtre saint Paul remarque : *Non in seminibus, sed tanquam in uno* [3]. Cette bénédiction, c'est ce qui fait cette nouvelle vie que Dieu nous donne. Donc cette vie nouvelle réside dans Jésus-Christ comme dans le chef, et de là elle se répand sur les membres; mais ce n'est que la même vie : *Vivo ego, jam non ego ; vivit verò in me Christus* [4].

---

[1] *Deut.*, XXXII, 10. — [2] *Gen.*, XXII, 18. — [3] *Galat.*, III, 16. — [4] *Ibid.*, II, 20.

L'héritage ne nous regarde qu'à cause que nous sommes les enfans de Dieu. Nous ne sommes les enfans de Dieu que parce que nous sommes un avec son Fils naturel, d'autant que nous ne pouvions participer à la qualité d'enfant de Dieu que par dépendance de celui à qui elle appartient par préciput. C'est pourquoi, *misit Deus in corda nostra Spiritum Filii sui clamantem: Abba, Pater*[1]. Cet Esprit est un : *unus et idem Spiritus*[2]. Donc, et notre qualité de fils, et la prétention à l'héritage, et la nouvelle vie que nous avons par la régénération spirituelle, nous ne l'avons que par société avec Jésus-Christ, *tanquam in uno*[3]. C'est pourquoi Dieu lui a donné l'abondance : *Complacuit in ipso habitare omnem plenitudinem*[4], afin que nous fussions abondans par ses richesses : *De plenitudine ejus nos omnes accepimus*[5].

La vie donc que nous avons, nous est commune avec Jésus-Christ. Or la vie de la grace et celle de la gloire est la même, d'autant qu'il n'y a autre différence entre l'une et l'autre, que celle qui se rencontre entre l'adolescence et la force de l'âge. Là elle est consommée; mais ici elle est en état de se perfectionner, mais c'est la même vie. Il n'y a que cette diversité, qu'en celle-là cette vie a ses opérations plus libres à cause de la juste disposition de tous les organes; ici elles ne sont pas encore parfaites, d'autant que le corps n'a pas encore pris tout son accroissement. C'est ce qu'explique l'apôtre saint Paul : *Vita nostra abscondita est cum Christo in Deo*[6]. Maintenant, dans cette vie mortelle, la plupart de ses opérations sont cachées; la force de ce cœur nouveau ne paroît pas; *Cùm autem Christus apparuerit, vita vestra, tunc et vos apparebitis*[7]; ah! ce sera lorsque votre vie paroîtra dans toute son étendue, que les facultés entièrement dénouées feront voir toutes leurs forces, et que Jésus-Christ paroîtra en nous dans toute sa gloire. C'est la raison pour laquelle l'Apôtre, parlant de la gloire, se sert quasi toujours du mot de révélation : *ad futuram gloriam quæ revelabitur in nobis*[8]; d'autant que la gloire n'est autre chose qu'une certaine découverte qui se fait de notre vie cachée en ce monde, mais qui se fera paroître tout entière en l'autre. Et le même

---

[1] *Galat.*, IV, 6. — [2] *I Cor.*, XII, 11. — [3] *Galat.*, III, 16. — [4] *Coloss.*, I, 19. — [5] *Joan.*, I, 16. — [6] *Coloss.*, III, 3. — [7] *Ibid.*, 4. — [8] *Rom.*, VIII, 13.

Apôtre décrivant et notre adolescence en cette vie, et notre perfection en l'autre, dit que « nous croissons et que nous nous consommons en Jésus-Christ : » *Occurramus ei in virum perfectum, secundùm mensuram plenitudinis Christi*[1]. Voilà pour l'état de la force de l'âge. Et en attendant, *interim crescamus in eo per omnia, qui est caput Christus*[2]. Donc l'apôtre saint Paul met la vie de la gloire en Jésus-Christ, comme celle de la grace, et cela bien raisonnablement. Car la même chose en laquelle nous croissons, doit être celle en laquelle nous nous consommons. « Or nous croissons en Jésus-Christ, » *crescamus*, etc. Donc nous devons nous consommer en Jésus-Christ, *in virum perfectum secundùm mensuram plenitudinis Christi*. Et cela est d'autant plus véritable, que si le commencement fait une unité, la consommation en doit faire une bien plus étroite. Donc nous sommes appelés à la gloire conjointement avec Jésus-Christ, et par conséquent nous posséderons le même royaume. Et pour signifier encore plus cette unité, l'Ecriture nous apprend que nous serons dans le même trône : *Qui vicerit, dabo ei ut sedeat in throno meo*[3].

Or pour concevoir la grandeur de cette récompense, il ne faut que penser ce que le Père éternel doit avoir fait pour son Fils. C'est son Fils unique, *unigenitus qui est in sinu Patris*[4]. C'est celui qu'il a oint de cette huile d'allégresse, c'est-à-dire de la divinité : *Unxit te Deus, Deus tuus, oleo lœtitiœ*[5]. C'est celui qui a toutes ses affections : *Hic est Filius meus dilectus in quo mihi bene complacui*[6]. C'est son Fils unique ; et si nous sommes ses enfans, ce n'est que par un écoulement de l'esprit et de la vie de son Fils, qui a passé jusqu'à nous. Et c'est pourquoi seul il est l'objet de ses affections. Mais comme nous sommes ses enfans par la participation de l'esprit de son Fils, *in quo clamamus : Abba, Pater*[7], aussi sommes-nous ses bien-aimés par une extension de son amour. Il doit à ses élus la même affection qu'il a pour son Fils, et il leur doit par conséquent le même royaume. Et puisque nous sommes ses enfans, nous sommes ses bien-aimés. Par la société de la filiation

---

[1] *Ephes.*, IV, 13. — [2] *Ibid.*, 15. — [3] *Apoc.*, III, 21. — [4] *Joan.*, I, 18. — [5] *Psal.* XLIV, 8. — [6] *Matth.*, III, 17. — [7] *Rom.*, VIII, 15.

et de l'amour de son Fils, nous devons aussi avoir le même héritage. C'est ce que dit l'apôtre saint Paul : *Qui eripuit nos de potestate tenebrarum, transtulit in regnum Filii dilectionis suæ*[1].

Voilà ce qu'étoit Jésus-Christ à son Père à raison de sa filiation, et cela faisoit sans doute une obligation bien étroite de lui préparer un royaume magnifique ; mais lui-même l'exagère encore dans l'Apocalypse : *Qui vicerit, dabo ei ut sedeat in throno meo, sicut et ego vici et sedi ad dexteram Patris*[2]. Comme s'il disoit : Je devois attendre de mon Père de grandes choses, à raison de la qualité que j'ai de son Fils unique et bien-aimé ; mais quand je n'eusse dû rien attendre d'une affection si légitime, il ne me peut rien refuser après mes victoires. C'est moi qui ai renversé tous ses ennemis, c'est moi qui ai établi son royaume ; par moi il est béni dans les siècles des siècles, par moi sa miséricorde et sa justice éclatent ; je lui ai conquis un peuple nouveau et un nouveau royaume, c'est moi qui ai établi la paix dans ses Etats. Y eut-il jamais un plus puissant exécuteur de ses ordres? J'ai renversé tous ses ennemis et ai fait redouter sa puissance à la terre et aux enfers. Y eut-il un fils plus obéissant que moi, après m'être soumis à la mort et à la mort de la croix? Jamais prêtre lui offrit-il une hostie plus agréable et plus sainte? Jamais y eut-il lévite qui lui ait immolé avec plus de pureté que moi, puisque je me suis immolé moi-même comme une hostie sainte et immaculée, non pas pour mes péchés, mais pour les péchés des autres ? Ah ! il n'y a rien que je ne doive nonseulement attendre, mais encore justement exiger de mon Père. Aussi n'ai-je pas sujet de me plaindre de lui. Il a ouvert sur moi tous ses trésors ; il m'a mis à sa dextre, et je ne pouvois pas attendre de plus grand honneur.

C'est là ce qui regarde Jésus-Christ : voilà ce qui nous regarde. Sa gloire est grande, il est vrai; mais le bien qui le regarde nous regarde aussi, ses prétentions sont les nôtres. S'il a vaincu, ce grand capitaine, il a vaincu pour nous aussi bien que pour lui, et j'ose dire plus pour nous que pour lui. Car il n'avoit rien quasi à gagner, étant dans l'abondance ; ou, s'il avoit quelque chose à gagner,

---

[1] *Coloss.*, I, 13. — [2] *Apoc.*, III, 21.

c'étoient les élus. S'il a été obéissant à son Père, ç'a été pour nous. Le sacrifice même de ce grand prêtre est pour nous consommer avec lui dans son Père : *Sanctifico pro eis meipsum*[1]. Et cela pourquoi ? *Ut omnes unum sint, sicut tu in me et ego in te ; ut et ipsi in nobis unum sint*[2]. Nous mourons en sa mort ; nous ressuscitons en sa résurrection ; nous sommes immolés dans son sacrifice ; tout nous est commun avec lui. Et si nos souffrances ne sont qu'une continuation des siennes, *adimpleo quæ desunt passionum Christi*[3] ; notre gloire ne doit être qu'une extension de la sienne : *Quod si*, comme dit l'Apôtre, *cùm essemus inimici, reconciliati sumus in sanguine ipsius, multò magis reconciliati salvi erimus in vitâ ipsius*[4]. Si lors même que nous étions séparés de lui, ce qui se passoit en lui venoit jusqu'à nous, si nous sommes morts au péché dans sa mort, à plus forte raison les propriétés de sa vie doivent nous être communiquées après que nous avons été réunis par la réconciliation avec son Père, et qu'il nous a lui-même donné sa vie.

La grace et la vie nouvelle réside en lui ; mais elle n'y réside que comme dans la principale partie. Et tout de même que la vie du cœur ne seroit pas parfaite, si elle ne se répandoit sur les membres, quoiqu'elle réside principalement dans le cœur : ainsi il manqueroit quelque chose à la vie nouvelle de Jésus-Christ, si elle ne se répandoit sur les élus qui sont ses membres, quoiqu'elle réside principalement en lui comme dans le chef. Sa clarté ne paroît pas dans sa grandeur, si elle ne se communique ; d'autant que ce n'est pas comme ces lumières découlées du soleil, qui ne se répandent pas plus loin ; mais c'est une lumière et une splendeur première et originelle, telle que celle qui réside dans le soleil. Vous gâtez une source, quand elle ne s'étend pas dans tout le lit du ruisseau.

C'est pourquoi le Fils de Dieu dit à son Père : *Ego in eis, et tu in me, ut sint consummati in unum*[5]. « Vous êtes un, mon Père, et vous voulez tout réduire à l'unité : *Ut sint unum, sicut et nos unum sumus*[6]. C'est pourquoi vous êtes dans moi et moi en eux, « afin de les consommer dans l'unité : » *ut sint consummati*

---

[1] *Joan.*, XVII, 19. — [2] *Ibid.*, 21. — [3] *Coloss.*, I, 24. — [4] *Rom.*, V, 10. — [5] *Joan.*, XVII, 23. — [6] *Ibid.*, 22.

in unum. C'est pourquoi « je leur ai donné la clarté que vous m'avez donnée : » *dedi eis claritatem quam dedisti mihi, ut sint unum sicut et nos*[1], parce que cette clarté m'est donnée pour la leur communiquer. Et « c'est par là qu'il faut que le monde sache que vous m'avez envoyé : » *ut sciat mundus quia tu me misisti*[2]. Voilà pourquoi je suis venu ; voilà votre dessein quand vous m'avez envoyé, de consommer tout en un. C'est pourquoi, *Pater, quos dedisti mihi*[3], « Père, ceux que vous m'avez donnés, » non-seulement comme mes compagnons et comme mes frères, mais comme mes membres; *volo;* ah! ce sont mes membres; si vous me laissez la disposition de moi-même, vous me devez laisser celle de mes membres : *volo ut ubi sum ego et illi sint*[4]. Si je suis dans la gloire, il faut qu'ils y soient : *mecum, mecum,* « avec moi, par unité avec moi, » afin qu'ils connoissent la clarté que vous m'avez donnée, qu'ils la connoissent en eux-mêmes et qu'ils voient sa grandeur par son étendue et par sa communication : *quam dedisti mihi,* « c'est de vous que je la tiens, mon Père. » C'est pourquoi, « parce que vous m'aimiez avant la création du monde, » *quia tu me dilexisti à constitutione mundi,* vous me l'avez donnée tout entière, capable de se communiquer et de se répandre, *ut ubi ego sum et illi sint mecum, ut videant claritatem meam quam dedisti mihi*[5]. « Je me sacrifie pour eux » et pour leurs péchés : *Ego pro eis sanctifico meipsum*[6]. C'étoient des victimes dues à votre colère : je me mets en leur place, *pro eis,* « pour eux, » afin qu'ils soient saints et consacrés à votre majesté à même temps que je me dévoue et me sacrifie moi-même.

Quand les bras ou les autres membres ont failli, c'est assez de punir le chef. Quand on couronne le chef, il faut que les membres soient couronnés; s'ils ne participent à la gloire du chef, il faut que la gloire du chef soit petite. Il manqueroit quelque chose à la perfection de mon offrande, s'ils n'étoient offerts en moi : *Sanctifico meipsum pro eis, ut sint et ipsi sanctificati* ; à ma mort (a),

---

[1] *Joan.*, XVII, 22. — [2] *Ibid.*, 23. — [3] *Ibid.*, 24. — [4] *Ibid.* — [5] *Ibid.* — [6] *Ibid.*, 19.

(a) Sous-entendu le commencement de la phrase exprimé plus haut : « Il manqueroit quelque chose. »

s'ils ne mouroient par ma mort : *Adimpleo quæ desunt passionum Christi pro corpore ejus quod est Ecclesia*[1] ; à ma vie, à ma résurrection et à ma gloire, s'ils ne ressuscitoient par ma résurrection, et ne vivoient par ma vie, et ne fussent glorieux par ma gloire (a). Mon Père, je suis en eux ; il faut donc que « l'amour que vous avez pour moi soit en eux : » *Dilectio quâ dilexisti me in ipsis sit, et ego in eis*[2]. Et il faut aussi que la joie et la gloire que vous me donnerez soit en eux, « afin que ma joie soit pleine en eux, » *ut habeant gloriam meam impletam in semetipsis*[3]. *Mea omnia tua sunt, et tua mea sunt, et ego clarificatus sum in eis*[4].

La gloire du chef tombe sur les membres, et la gloire des membres revient au chef. Je suis glorifié en eux ; il faut qu'ils soient glorifiés en moi. Père saint, Père juste, je vous les recommande ; puisqu'ils sont à moi, ils sont à vous ; et si vous m'aimez, vous en devez avoir soin comme de moi. Enfin il ne veut dire autre chose par tout ce discours, sinon que nous sommes tous à lui, comme étant un avec lui et comme devant être aimés du Père éternel par la même affection qu'il a pour lui, non pas qu'elle ne soit plus grande pour lui que pour nous, mais cela ne fait pas qu'elle soit différente. C'est le même amour qui va droit à lui et rejaillit sur nous : à peu près comme une flèche qui, par un même coup et un même mouvement, perce la première chose qu'elle rencontre et ne fait à ce qu'elle attrape après qu'une légère entamure ; ou comme un bon père qui regarde ses enfans et les autres par un même amour, qui ne laisse pas d'être plus grand dans ses enfans sur lesquels se porte sa première impétuosité ; ou plutôt comme nous aimons d'une même affection tout notre corps, quoique nous ayons plus de soin de conserver et honorer les plus nobles parties.

Et après cela nous nous étonnons si Dieu agit avec passion ? Et s'il agit avec passion, comment ne produira-t-il point des effets extraordinaires et qui surpasseront toutes nos pensées ? La passion

---

[1] *Coloss.*, I, 24. — [2] *Joan.*, XVII, 26. — [3] *Ibid.*, 13. — [4] *Ibid.*, 10.

(a) Note marginale : *Ipsum dedit caput supra omnem Ecclesiam, quæ est corpus ipsius et plenitudo ejus, qui omnia in omnibus adimpletur* (Ephes., I, 22, 23).

fait faire des choses étranges aux personnes les plus foibles : et que fera-t-elle à Dieu? Elle fait surpasser aux hommes leur propre puissance : eh! le moins qu'elle puisse faire à Dieu, c'est de lui faire passer les bornes de sa puissance ordinaire. Non, ce n'est pas assez, pour rendre les élus heureux, d'employer cette puissance par laquelle il a fait le monde; il faut qu'il étende son bras : *In manu potenti et brachio extento* [1]. Il ne s'attachera plus aux natures des choses; il ne prendra plus loi que de sa puissance et de son amour. Il ira chercher dans le fond de l'ame l'endroit où elle sera plus capable de félicité. La joie y entrera avec trop d'abondance, pour y passer par les canaux ordinaires ; il faudra ouvrir les entrées et lui donner une capacité extraordinaire. Il ne regardera plus ce qu'il en a fait, mais ce qu'il en peut faire. Ce sera là où il donnera comme le coup du maître; il nous est inconcevable, misérables apprentis que nous sommes. Il tournera notre esprit de tous côtés pour le façonner entièrement à sa mode, et n'aura égard à notre disposition naturelle qu'autant qu'il faudra pour ne nous point faire de violence. Aussi lorsqu'il décrit les douceurs du paradis, ce n'est que par des mystères, pour nous en témoigner l'incompréhensibilité. Ecoutons ses promesses dans l'Apocalypse : *Qui vicerit, dabo ei manna absconditum* [2], des douceurs cachées : *Dabo ei edere de ligno vitæ* [3]. — Quoi! est-ce quelque chose de semblable à nos fruits ordinaires? — N'attendez pas que vous en trouviez en ce monde. Il ne croît que dans le jardin de mon Père, et il faut que le terroir en soit cultivé par sa propre main : *quod est in paradiso Dei mei* [4]. *Dabo ei nomen novum* [5]. Dieu ne donne point un nom sans signification. C'est pourquoi quand il change le nom à Abraham et à Jacob, il en atteste incontinent la raison; et la preuve en est évidente au nom de son Fils. La raison est qu'à Dieu, dire et faire, c'est la même chose : *Dixit, et facta sunt* [6]. Et ici : *Dabo ei nomen novum;* et non-seulement il sera nouveau, mais encore est-il inconnu ; et il faut en avoir en soi la signification pour l'entendre : *Quod nemo scit, nisi qui accipit* [7].

L'apôtre saint Paul avoit vu quelque chose de cette gloire;

---

[1] *Deut.*, v, 15. — [2] *Apoc.*, II, 17. — [3] *Ibid.*, 7. — [4] *Ibid.* — [5] *Ibid.*, 17. — [6] *Psal.* XXXII, 9. — [7] *Apoc.*, II, 17.

disons mieux, il en avoit ouï quelque chose dans la proximité du lieu où il fut ravi. N'attendons pas qu'il nous en dise des particularités ; il en parle comme un homme qui a vu quelque chose d'extraordinaire, qui ne nous en fait la description qu'en méprisant tout ce que vous lui pouvez apporter au prix de ce qu'il a vu, ou bien en avouant qu'il ne sauroit l'expliquer. Il en marque quelques conditions générales, qui nous laissent dans la même ignorance où il nous a trouvés : *Ut sciatis cum omnibus sanctis quæ sit longitudo, et latitudo, et sublimitas, et profundum*[1]. Ne vous semble-t-il pas entendre un homme qui auroit vu quelque magnifique palais semblable à ces châteaux enchantés de qui nous entretiennent les poëtes, et qui ne parleroit d'autres choses sinon de la hauteur des édifices, de la largeur des fossés, de la profondeur des fondemens, de la longueur prodigieuse de la campagne qu'on découvre ; au reste ne peut pas donner une seule marque pour le reconnoître, ni en faire une description qui ne soit grossière, tant il est ravi en admiration de ce beau spectacle. Voilà à peu près ce que fait le grand Apôtre. Il ne nous exprime la grandeur des choses qu'il a vues que par l'empressement où il est de les décrire et par la peur qu'il a d'en venir à bout. Demandez-lui en des particularités, il vous dira que cela est inconcevable ; tout ce que vous pouvez lui dire n'est rien à comparaison. Parlez-lui des grandeurs de ce monde et de toute la beauté de l'univers, pour savoir du moins ce que c'est que ce royaume par comparaison et par ressemblance, il n'a rien à vous dire sinon : *Existimavi sicut stercora*[2], « comme du fumier et de l'ordure. » Ne lui alléguez point le témoignage de vos yeux ni de vos oreilles : Dieu agit ici par des moyens inconnus.

Il donne un tour tout nouveau à la créature ; et puisque, comme j'ai dit, en cette action il ne prend point de loi que de sa puissance et qu'il ne s'attache pas à la nature des choses, nous ne pouvons pas plus concevoir cet effet que sa vertu. Les choses prendront tout une autre face, d'autant que Dieu agira « par cette opération par laquelle il se peut tout assujettir, » c'est-à-dire

[1] *Ephes.*, III, 18. — [2] *Philip.*, III, 8.

changer tout l'ordre de la nature et faire servir toute sorte d'êtres à sa volonté, *secundùm operationem quâ possit subjicere sibi omnia* [1]. C'est pourquoi l'œil qui voit tout ce qu'il y a de beau dans le monde, n'a rien vu de pareil ; l'oreille, par laquelle notre ame pénètre les choses les plus éloignées, n'a rien entendu qui approche de la grandeur de ces choses ; l'esprit, à qui Dieu n'a point donné de bornes dans ses pensées, toujours abondant à se former des idées nouvelles, ne pourroit se figurer rien de semblable : *Neque oculus vidit, neque auris audivit, neque in cor hominis ascendit quæ præparavit Deus diligentibus se* [2]. Le Sauveur du monde, le plus juste estimateur des choses qui pût être, voyant d'un côté la gloire que son Père lui présentoit, d'autre côté l'infamie, la cruauté, l'ignominie de son supplice avec lequel il falloit acheter la félicité, dans cet échange fit si peu d'état de son supplice, qu'à peine le considéra-t-il ; et sans délibération aucune, *proposito sibi gaudio, sustinuit crucem, confusione contemptâ* [3]. Et il est à remarquer qu'il ne s'agissoit que d'une partie accidentelle de sa béatitude, étant en possession de la béatitude essentielle dès sa conception. Et que sera-ce donc de nous qui avons à combattre pour le total, et qui avons à souffrir si peu de chose? Qu'il est bien vrai ce que dit l'Apôtre : *Non sunt condignæ passiones hujus sæculi ad futuram gloriam* [4]. Mais nous ne le concevons pas. Prions donc Dieu qu'il nous fasse la grace de connoître cette gloire qui doit être le dernier accomplissement des desseins de Dieu, et quelle doit être la magnificence de ce royaume qui nous est préparé conjointement avec Jésus-Christ, et quel doit être cet effet merveilleux que Dieu opérera dans nos ames par cette opération surnaturelle et toute-puissante : *Det nobis spiritum sapientiæ*, dans la connoissance de ses desseins ; *et revelationis in agnitione ejus* [5], dans la connoissance de son amour ; *illuminatos oculos cordis vestri* [6], de ce cœur et de cette ame nouvelle qu'il nous a donnée pour porter notre esprit à des choses tout autres que celles que nous voyons en ce monde, et nous remettre en l'esprit la puissance de Dieu, *ut sciatis quæ sit spes vocationis*

---

[1] *Philip.*, III, 21. — [2] I *Cor.*, II, 9. — [3] *Hebr.*, XII, 2. — [4] *Rom.*, VIII, 18. — [5] *Ephes.*, I, 17. — [6] *Ibid.*, 18.

ejus; « ce que nous devons espérer d'une vocation si haute, » étant appelés de lui au dernier accomplissement de ses ouvrages; *et quæ divitiæ gloriæ hæreditatis ejus in sanctis*[1], « quelle est la richesse et l'abondance de ce royaume; » *et quæ sit supereminens magnitudo virtutis ejus in nos qui credimus*[2], « et combien grand sera l'effort de sa puissance par l'extension qu'il fera sur nous des miracles et des grandeurs qu'il a opérés en Jésus-Christ, » *secundùm operationem potentiæ ejus quam operatus est in Christo*[3]. Puissions-nous concevoir l'affection que Dieu a pour nous, par laquelle *cùm essemus mortui peccatis*, CONRESUSCITAVIT *nos Christo et convivificavit*[4], voilà l'unité dans la vie; *et consedere fecit in Christo*[5], voilà l'unité de la gloire; *ut ostenderet in sæculis supervenientibus*, « afin de faire paroître dans l'éternité la magnificence de sa grace en Jésus-Christ dans ses membres par l'écoulement de la gloire de Jésus-Christ sur nous, » *ut ostenderet in sæculis supervenientibus abundantes divitias gratiæ suæ, in bonitate super nos in Christo*[6].

PREMIER SERMON

POUR

LA FÊTE DE TOUS LES SAINTS.

(SECONDE RÉDACTION) (a).

Omnia vestra sunt, vos autem Christi.
Tout est à vous, et vous êtes à Jésus-Christ, dit le grand Apôtre, parlant aux justes. I *Cor.*, III, 22, 23.

Si nous employions à penser aux grandeurs du ciel la moitié du temps que nous donnons inutilement aux vains intérêts de ce

---

[1] *Ephes.*, I, 18. — [2] *Ibid.*, 19. — [3] *Ibid.*, 20. — [4] *Eph.*, II, 5. — [5] *Ibid.*, 6. — [6] *Ib.*, 7.

(a) RÉSUMÉ DU SERMON, PAR BOSSUET.

Félicité des saints, accomplissement de l'œuvre de Dieu.
Gloire de Jésus-Christ et l'amour du Père sur eux. *Ego claritatem quam dedisti mihi, dedi eis* (Joan., XVII, 22). *Dilectio qua dilexisti me in ipsis sit, et ego in eis* (Joan., XVII, 26).
Dieu étendra les ames pour les rendre capables d'une félicité plus haute,

monde, nous ne vivrions pas comme nous faisons dans un mépris si apparent des affaires de notre salut. Mais tel est le malheur où nous avons été précipités par notre péché : il ne s'est pas contenté de nous faire perdre le royaume dans l'espérance duquel nous avions été élevés; il nous a tellement ravalé le courage, que nous n'oserions quasi plus aspirer à sa conquête, quelque secours qu'on nous offre pour y rentrer. A peine nous en a-t-il laissé un léger souvenir ; et s'il nous en reste quelque vieille idée qui ait échappé à cette commune ruine, cette idée, Messieurs, n'a pas assez de force pour nous émouvoir; elle nous touche moins que les imaginations de nos songes. Cela fait que nous ne concevons qu'à demi ce qui regarde l'autre vie; ces vérités ne tiennent point à notre ame déjà préoccupée des erreurs des sens. En quoi nous sommes semblables aux insensés, qui sans prendre garde aux grands desseins que Dieu avoit conçus dès l'éternité pour ses saints, s'imaginoient qu'ils fussent enveloppés dans le même destin que les impies, parce qu'ils les voyoient sujets à la même nécessité de la mort : *Videbunt finem sapientis, et non intelligent quid cogitaverit de eo Dominus* [1]. Souffrirez-vous pas bien, Messieurs, pour nous délivrer de ce blâme, que nous nous entretenions sur ces desseins si admirables de Dieu sur les bienheureux, en ce jour où l'Eglise est occupée à les congratuler sur leur félicité? Certes, je l'oserai dire, si la joie abondante dans laquelle ils vivent leur permet de faire quelque différence entre les avantages de leur élection, c'est par là qu'ils estiment le plus leur bonheur, et c'est cela aussi qui nous doit plus élever le courage. Parlons donc, Messieurs, de ces desseins admirables. Nous en découvrirons les plus grands secrets dans ce peu de paroles de l'Apôtre, que j'ai alléguées pour mon texte, et tout ce discours sera pour expliquer la doctrine de ces quatre ou cinq mots. Nous y verrons comme Dieu a mis les saints au-dessus de tous ses ouvrages, et qu'il se les est proposés dans toutes ses entreprises : *Omnia vestra*. Elles nous

---

[1] *Sap.*, IV, 17.

d'une joie surnaturelle. *Advocabit cœlum desursùm et terram discernere populum suum* (Psal. XLIX, 4).

(Voir la note du sermon précédent).

donneront sujet d'expliquer par quel artifice Dieu les a si bien attachés à la personne de son Fils : *Vos autem Christi*. Après cela, que restera-t-il, sinon de conclure en considérant tant soit peu l'exécution de ces grands desseins de Dieu. Implorons pour cela, etc.

PREMIER POINT.

Dieu étant unique et incomparable dans le rang qu'il tient, et ne voyant rien qui ne soit infiniment au-dessous de lui, ne voit rien aussi qui soit digne de son estime que ce qui le regarde, ni qui mérite d'être la fin de ses actions que lui-même. Mais bien qu'il se considère dans tout ce qu'il fait, il n'augmentera pas pour cela ses richesses. Et si sa grandeur l'oblige à être lui seul le centre de tous ses desseins, c'est parce qu'elle fait qu'il est lui seul sa félicité (a). Ainsi, quoi qu'il entreprenne de grand, quelques beaux ouvrages que produise sa toute-puissance, il ne lui en revient aucun bien que celui d'en faire aux autres. Il n'y peut rien acquérir que le titre de bienfaiteur; et l'intérêt de ses créatures se trouve si heureusement conjoint avec le sien, que comme il ne leur donne que pour l'avancement de sa gloire, aussi ne sauroit-il avoir de plus grande gloire que de leur donner. C'est ce qui fait que nous prenons la liberté de lui demander souvent des faveurs extraordinaires; nous osons quelquefois attendre de lui des miracles, parce que (b) sa gloire se rencontre dans notre avancement, et qu'il est lui-même d'un naturel si magnifique qu'il n'a point de plus grand plaisir que de faire largesse. Cela nous est marqué dans le livre de la *Genèse*, lorsque Dieu, après avoir fait de si belles créatures, se met à les considérer les unes après les autres. Certes si nous voyions faire une action pareille à quelque autre ouvrier, nous jugerions sans doute qu'il feroit cette revue pour découvrir les fautes qui pourroient être échappées à sa diligence. Mais pour ce qui est de Dieu, nous n'oserions seulement avoir eu cette pensée. Non, Messieurs, il travaille sur un trop bel original et avec une main trop assurée, pour avoir besoin de repasser sur ce qu'il a

---

(a) *Var.*: Sa grandeur, qui fait qu'il est lui-même le centre où aboutissent tous ses desseins, fait aussi qu'il est lui seul sa félicité. — (b) D'autant que.

fait. Aussi voyons-nous qu'il n'y trouve rien à raccommoder. Il reconnoît que ses ouvrages sont très-accomplis : *Et erant valdè bona*[1]. De sorte que s'il nous est permis de pénétrer dans ses sentimens, il ne les revoit de nouveau que pour jouir du plaisir de sa libéralité. Il est donc vrai, et nous pouvons l'assurer après un si grand témoignage, qu'il n'y a rien de plus digne de sa grandeur ni de plus conforme à son inclination, que de se communiquer à ses créatures.

Cela étant ainsi, pourrions-nous douter qu'il n'ait préparé à ses saints de grandes merveilles? Lui qui a eu tant de soin des natures privées de raison et de connoissance, qui leur a donné sa bénédiction avec tant d'affection, qui a attaché à leur être de si belles qualités, qu'aura-t-il réservé à ceux pour lesquels il a bâti tout cet univers? Car enfin je ne puis croire qu'il ait pris plaisir à répandre ses trésors sur des créatures qui ne peuvent que recevoir, et qui ne sont pas capables de remercier, ni même de regarder la main qui les embellit. S'il y a du plaisir et de la gloire à donner, il faut que ce soit à des personnes qui ressentent tout au moins la grace que l'on leur fait. Il est vrai qu'il y a des propriétés merveilleuses dans les créatures les plus insensibles, et c'est cela même qui me persuade qu'il les a si bien travaillées pour en faire présent à quelqu'autre. Il n'y a que les natures intelligentes qui en connoissent le prix, ce n'est qu'à elles qu'il a donné l'adresse d'en savoir user, elles seules en peuvent bénir l'auteur. Sans doute ce ne peut être que pour elles qu'elles sont faites. L'ordre de sa Providence nous fait assez voir cette vérité, parce que (*a*) la première chose qu'il s'est proposée, c'est la manifestation de son nom. Cela demandoit qu'il jetât d'abord les yeux sur quelques natures à qui il se pût faire connoître ; et puisque c'étoit par elles qu'il commençoit ses desseins, il falloit qu'il formât tous les autres sur ce premier plan, afin que toutes les parties se rapportassent. Ainsi donc, après avoir résolu de laisser tomber sur elles un rayon de cette intelligence première qui réside en lui, il a imprimé sur une infinité d'autres créatures divers caractères de sa bonté, afin que les unes fournis-

---

[1] *Genes.*, I, 31.
(*a*) *Var.:* D'autant que.

sant de tous côtés la matière des louanges et les autres leur prêtant leur intelligence et leur voix, il se fit un accord de tous les êtres qui composent ce grand monde pour publier jour et nuit les grandeurs de leur commun maître. Pour achever ce dessein, il prépare à ses saints une vie tranquille et immortelle, de peur qu'aucun accident ne puisse interrompre le sacrifice de louanges qu'ils offriront continuellement à sa majesté. Alors il leur parlera lui-même de sa grandeur sans l'entremise de ses créatures, pour tirer de leur bouche des louanges plus dignes de lui. Et afin que ses intérêts demeurent éternellement confondus avec ceux de ses élus, en même temps qu'il leur apparoîtra tel qu'il est, pour leur imprimer de hauts sentimens de sa majesté, il les rendra heureux par la contemplation de sa beauté infinie. Que dirai-je davantage ? Il les élèvera par-dessus tout ce que nous pouvons nous imaginer, pour tirer ainsi plus de gloire de leur estime. Si c'est peu de chose que d'être loué par des hommes, il en fera des dieux et s'obligera par là à faire cas de leurs louanges. Notre Dieu enfin, pour contenter l'inclination qu'il a d'établir son honneur par la magnificence, se fera tout un peuple sur lequel il régnera plus par ses bienfaits que par son pouvoir, auquel il se donnera lui-même pour n'avoir plus rien à donner de plus excellent.

Après cela je pense qu'il n'est pas bien difficile de se persuader que Dieu a tout fait pour la gloire de ses saints. N'y auroit-il que l'honneur qu'ils ont de lui appartenir de si près, il faudroit que tout le reste se soumît à leur empire. Et quelque grand que cet avantage nous paroisse, ce n'est pas une chose à refuser aux bienheureux que de commander à toutes les créatures, puisqu'ils ont le bonheur d'être nés pour posséder Dieu. Aussi n'ont-elles point toutes de plus véhémente inclination que de les servir ; tout l'effort que font les causes naturelles, selon ce que dit l'Apôtre, ce n'est que pour donner au monde les enfans de Dieu. C'est pourquoi il nous les dépeint « comme dans les douleurs de l'enfantement : » *Omnis creatura parturit*[1]. Elles se plaignent sans cesse du désordre du péché, qui leur a caché les vrais héritiers de leur maître en les confondant avec les vaisseaux de sa colère. Tout ce

---

[1] *Rom.*, VIII, 22.

qu'elles peuvent faire, c'est d'attendre que Dieu en fasse la découverte à ce grand jour du jugement : *Omnis creatura ingemiscit et parturit usque adhuc, revelationem filiorum Dei expectans* [1]. Et à ce jour, Messieurs, Dieu qui leur a donné ce mouvement, afin que tout ce qu'il y a dans le monde sentît l'affection qu'il porte à ses saints, « appellera le ciel et la terre au discernement de son peuple : » *Advocabit cœlum desursùm et terram discernere populum suum* [2]. Ils ne manqueront pas d'y accourir pour combattre avec lui contre les insensés [3], mais plutôt encore pour rendre leur obéissance à ses enfans. Que si, dans cet intervalle, il y en a quelques-uns qui portent plus visiblement sur leur front la marque du Dieu vivant, les bêtes les plus farouches se jetteront à leurs pieds, les flammes se retireront de peur de leur nuire, et je ne sais quelle impatience fera éclater en mille pièces les roues et les chevalets destinés pour les tourmenter. Enfin que pourroit-il y avoir qui ne fût fait pour leur gloire, puisque leurs persécuteurs les couronnent, leurs tourmens sont leurs victoires? Ce n'est que dans la bassesse qu'ils sont honorés, la seule infirmité les rend puissans. Et « les instrumens mêmes de leur supplice sont employés à la pompe de leur triomphe : » *Transeunt in honorem triumphi etiam instrumenta supplicii* [4]. Pour cela le Fils de Dieu, dans cette dernière sentence qui déterminera à jamais l'état dernier de toutes les créatures, les appelle au royaume qui leur est préparé dès la constitution du monde. Que nous marquent ces paroles? Car il dit bien aux damnés que les flammes leur sont préparées, mais il n'ajoute pas : Dès la constitution du monde. Et cependant l'enfer a été aussitôt fait que le paradis, d'autant qu'il y a eu aussitôt des damnés que des bienheureux.

Sans doute notre juge ne nous veut apprendre autre chose, sinon que la création du monde n'étoit qu'un préparatif du grand ouvrage de Dieu, et que la gloire des saints en seroit le dernier accomplissement. Comme s'il disoit : Venez, les bien-aimés de mon Père, il a tout fait pour vous; « à peine posoit-il les premiers fondemens de cet univers, » qu'il commençoit déjà à songer à

---

[1] *Rom.*, VIII, 19, 22. — [2] *Psal.* XLIX, 4. — [3] *Sap.*, V, 21. — [4] S. Leo, *Serm.* LXXXIII, cap. IV.

votre gloire : *à constitutione mundi*[1], et il ne faisoit alors que vous préparer votre royaume : *Venite, benedicti Patris mei*[2]. Il me semble, Messieurs, qu'il y a là de quoi inciter les ames les moins généreuses. Que jugez-vous de cet honneur? Est-ce peu de chose à votre avis d'être l'accomplissement des ouvrages de Dieu, le dernier sujet sur lequel il emploiera sa toute-puissance, et qu'il se repose après toute l'éternité? Il y aura de quoi contenter cette nature infinie. Lui qui a jugé que la production de cet univers n'étoit pas une entreprise digne de lui, se contentera après avoir consommé le nombre de ses élus. Toute l'éternité il ne fera que leur dire : Voilà ce que j'ai fait; voyez, n'ai-je pas bien réussi dans mes desseins? Pouvois-je me proposer une fin plus excellente ?

Vous me direz peut-être : Comment se peut-il faire que tous les desseins de Dieu aboutissent aux bienheureux? Jésus-Christ n'est-il pas le premier-né de toutes les créatures? N'est-ce pas en lui qu'a été créé tout ce qu'il y a de visible et d'invisible? Il est la consommation de tous les ouvrages de Dieu. Et sans aller plus loin, les paroles de mon texte nous font assez voir que les saints ne sont pas la fin que Dieu s'est proposée dans tous ses ouvrages, puisqu'eux-mêmes ne sont que pour Jésus-Christ : *Vos autem Christi*[3]. Tout cela est très-véritable, Messieurs; mais il n'y a rien à mon avis qui établisse plus ce que je viens de dire. Le même Apôtre qui a dit que tout est pour Notre-Seigneur, a dit aussi que tout est pour les élus. Et non-seulement il l'a dit; il nous a donné de plus une doctrine admirable pour le comprendre. Il nous apprend que Dieu, afin de pouvoir donner cette prérogative à son Fils sans rien déroger à ce qu'il préparoit à ses saints, a trouvé le moyen d'unir leurs intérêts avec tant d'adresse, que tous leurs avantages et tous leurs biens sont communs[4]. C'est ce qui me reste à expliquer en peu de mots. Que si Dieu me fait la grace de pouvoir dire quelque chose qui approche de ces hautes vérités, il y aura de quoi nous étonner de l'affection qu'il a pour les saints et des grandeurs où il les appelle.

---

[1] *Matth.*, XXV, 34. — [2] *Ibid.* — [3] I *Cor.*, III, 23. — [4] *Rom.*, VIII, 28.

SECOND POINT.

Le Père éternel ayant rempli son Fils de toutes les richesses de la divinité, a voulu qu'en lui toutes les nations fussent bénies. Et comme il lui a donné les plus pures de ses lumières, il a établi cette loi universelle, qu'il n'y eût point de grace qui ne fût un écoulement de la sienne. De là vient que le Fils de Dieu dit à son Père qu'il a donné aux justes la même clarté qu'il avoit reçue de lui : *Ego claritatem quam dedisti mihi, dedi eis*[1]. Où, comme vous voyez, il compare la sainteté à la lumière, pour nous faire voir qu'elle est une et indivisible, et que tout de même que les rayons du soleil venant à tomber sur quelque corps, lui donnent véritablement un éclat nouveau et une beauté nouvelle, mais qui n'est qu'une impression de la beauté du soleil et une effusion de cette lumière originelle qui réside en lui; ainsi la justice des élus n'est autre chose que la justice de Notre-Seigneur, qui s'étend sur eux sans se séparer de sa source, parce qu'elle est infinie; de sorte qu'ils n'ont de splendeur que celle du Fils de Dieu, ils sont environnés de sa gloire, ils sont tout couverts, pour parler avec l'Apôtre, et tout revêtus de Jésus-Christ. L'esprit de Dieu, Messieurs, « cet esprit immense qui comprend en soi toutes choses, » *hoc quod continet omnia*[2], se repose sur eux pour leur donner une vie commune. Il va pénétrant le fond de leur ame; et là, d'une manière ineffable, il ne cesse de les travailler jusqu'à tant qu'il y ait imprimé Jésus-Christ. Et comme il a une force invincible, il les attache à lui par une union incomparablement plus étroite que celle que peuvent faire en nos corps des nerfs et des cartilages, qui au moindre effort se rompent ou se détendent.

C'est cette liaison miraculeuse qui fait que « Jésus-Christ est toute leur vie : » *Christus vita vestra*[3]. Ils sont « son corps et sa plénitude, » *corpus ejus et plenitudo*[4], comme parle l'apôtre saint Paul; comme s'il disoit qu'il manqueroit quelque perfection au Fils de Dieu, qu'il seroit mutilé, si l'on séparoit de lui les élus. C'est pourquoi notre bon maître, dans cette oraison admirable qu'il fait pour ses saints, en saint Jean, XVII, les recommande à

---

[1] *Joan.*, XVII, 22. — [2] *Sap.*, I, 7. — [3] *Coloss.*, III, 4. — [4] *Ephes.*, I, 23.

son Père non plus comme les siens, mais comme lui-même. « J'entends, dit-il, que partout où je serai, mes amis y soient avec moi : » *Volo, Pater, ut ubi sum ego, et illi sint mecum*[1]. Vous diriez qu'il ne sauroit se passer d'eux, et que son royaume ne lui plairoit pas, s'il ne le possédoit en leur compagnie et s'il ne leur en faisoit part. Il ne veut pas même que son Père les divise de lui dans son affection. Il ne cesse de lui représenter continuellement qu'il est en eux et eux en lui, qu'il faut qu'ils soient mêlés et confondus avec lui, comme il fait lui-même avec son Père une parfaite unité. Il semble qu'il ait peur qu'il n'y mette quelque différence : *Ego in eis et tu in me, ut sint consummati in unum, ut sciat mundus quia dilexisti eos sicut et me dilexisti*[2]. Et un peu après : *Dilectio quâ dilexisti me in ipsis sit, et ego in eis*[3]. Je suis en eux et vous en moi, afin que tout se réduise à l'unité, et que le monde sache que vous ne faites point de distinction entre nous, que vous les aimez et que vous en avez soin comme de moi-même.

A ces paroles, Messieurs, qui seroit l'insensible qui ne se laisseroit émouvoir? Certes elles sont si avantageuses pour nous, que je les croirois injurieuses à notre Maître, si lui-même ne les avoit prononcées. Mais qui peut douter de ce prodige? Et quoique d'abord cela nous semble incroyable, est-ce trop peu de sa parole pour nous en assurer? Tenons-nous hardiment à cette promesse, et laissons ménager au Père éternel les intérêts de son Fils; il saura bien lui donner le rang qui est dû à sa qualité et à son mérite, sans violer cette unité que lui-même lui a si instamment demandée. Comme une bonne mère qui tient son cher enfant entre ses bras, porte différemment ses caresses sur diverses parties de son corps, selon que son affection la pousse; il y en a quelques-unes qu'elle orne avec plus de soin, qu'elle conserve avec plus d'empressement; ce n'est toutefois que le même amour qui l'anime : de même le Père éternel, sans diviser cet amour qu'il doit en commun à son Fils et à ses membres, saura bien lui donner la prééminence du chef. Et s'il y a quelque différence en cet exemple, c'est, Messieurs, que l'union des saints avec Jésus-Christ est bien plus étroite, parce qu'il emploiera pour la faire et sa main

---

[1] *Joan.*, XVII, 24. — [2] *Ibid.*, 23. — [3] *Ibid.*, 26.

toute-puissante, et cet esprit unissant que les Pères ont appelé le lien de la Trinité.

Dites-moi tout ce qu'il vous plaira de la grandeur, des victoires, du sacrifice de notre Maître; j'avouerai tout cela, Messieurs, et j'en avouerai beaucoup davantage : car que pourrions-nous dire qui approchât de sa gloire? Mais je ne laisserai pas de soutenir que celui qui n'aspire pas au même royaume, qui ne porte pas son ambition jusqu'aux mêmes honneurs, qui n'espère pas la même félicité, n'est pas digne de porter le nom de chrétien, ni d'être lavé de son sang, ni d'être animé de son esprit. Pour qui a-t-il vaincu, si ce n'est pour nous? N'est-ce pas pour nous qu'il s'est immolé? Sa gloire lui appartenoit par le droit de sa naissance; et s'il avoit quelque chose à acquérir, c'étoit les fidèles qu'il appelle le peuple d'acquisition. Pensons-nous pas qu'il sache ce qui est dû à ses victoires? Et cependant écoutons comme il parle dans l'*Apocalypse :* « J'ai vaincu, dit-il; je suis assis comme un triomphateur à la droite de mon Père, et je veux que ceux qui surmonteront en mon nom soient mis dans le même trône que moi : » *Qui vicerit, dabo ei ut sedeat in throno meo*[1]. Figurez-vous, si vous pouvez, une plus parfaite unité. Ce n'est pas assez de nous transporter au même royaume, ni de nous associer à l'empire; il veut que nous soyons placés dans son trône, non pas qu'il le quitte pour nous le donner (les saints n'en voudroient pas à cette condition), mais il veut que nous y régnions éternellement avec lui. Et comment cela se peut-il expliquer, qu'en disant que nous sommes le même corps, et qu'il ne faut point mettre de différence entre lui et nous?

Après de si grands desseins de la Providence sur les bienheureux, après que Dieu s'est intéressé lui-même à leur grandeur, et s'y est intéressé par ce qu'il aime le plus, prenez garde, chrétiens, lorsqu'on vous parlera du royaume céleste, de ne vous le pas représenter à la façon de ces choses basses qui frappent nos sens, ou de ces plaisirs périssables qui trompent plutôt notre imagination qu'ils ne la contentent. Tout nous y semblera nouveau, nous n'aurons jamais rien vu de semblable : *Nova facio omnia*[2]. Comme Dieu,

---

[1] *Apoc.*, III, 21. — [2] *Isa.*, XLIII, 19; *Apoc.*, XXI, 5.

sans avoir égard à ce qu'il a fait des choses, ne considérera plus que ce qu'il en peut faire ; comme il ne suivra plus leur disposition naturelle et ne prendra loi que de sa puissance et de son amour, ce ne seroit pas une moindre témérité de prétendre concevoir ce qu'il fait dans les bienheureux, que si nous voulions comprendre sa toute-puissance. Mettre les choses dans cet état naturel où nous les voyons, cela étoit bon pour commencer les ouvrages de Dieu. Mais s'il veut faire des saints quelque chose digne de lui, il faut qu'il travaille *in manu potenti et brachio extento*[1] ; il faut, dis-je, qu'il étende son bras ; il faut qu'il les tourne de tous côtés pour les façonner entièrement à sa mode, et qu'il n'ait égard à leur disposition naturelle qu'autant qu'il faudra pour ne leur point faire de violence. Ce sera pour lors qu'il donnera ce grand coup de maître qui rendra les saints à jamais étonnés de leur propre gloire. Ils seront tellement embellis (a) des présens de Dieu, qu'à peine l'éternité leur suffira-t-elle pour se reconnoître. Est-ce là ce corps autrefois sujet à tant d'infirmités ? est-ce là cette ame qui avait ses facultés si bornées ? Ils ne pourront comprendre comment elle étoit capable de tant de merveilles. La joie y entrera avec trop d'abondance, pour y passer par les canaux ordinaires. Il faudra que la main de Dieu ouvre les entrées et qu'il leur prête pour ainsi dire son esprit, comme il les fera jouir de sa félicité. Je vous prie de considérer un moment avec moi ce que c'est que cette béatitude.

Notre ame dans cette chair mortelle ne peut rien rencontrer qui la satisfasse ; elle est d'une humeur difficile, elle trouve à redire partout. Quelle joie d'avoir trouvé un bien infini, une beauté accomplie, un objet qui s'empare si doucement de sa liberté, qui arrête à jamais toutes ses affections, sans que son bonheur (b) puisse être troublé ou interrompu par le moindre désir ! Mais que peut-elle concevoir de plus grand que de posséder celui qui la possède, et que cet objet qui la maîtrise soit à elle ? Car il n'y a rien qui soit plus à elle que ce qui est sa récompense, d'autant que la récompense est attachée à une action de laquelle le domaine lui appartient. Comme elle loue Dieu de l'avoir si bien conduite,

---

[1] *Deut.*, v, 15.

(a) *Var.* : Enrichis. — (b) Ravissement.

d'avoir opéré en elle tant de merveilles, cependant que (*a*) son Dieu même la loue! Là, Seigneur, toujours on chantera vos louanges ; on n'y parlera, ne s'entretiendra que de vos merveilles; jamais on ne se lassera d'y parler de la magnificence de votre royaume : *Magnificentiam gloriæ sanctitatis tuæ loquentur, et mirabilia tua narrabunt*[1]. Mais vous ne vous lasserez non plus de leur dire qu'ils ont bien fait, vous leur parlerez de leurs travaux avec une tendresse de père, et ainsi de part et d'autre l'éternité se passera en des congratulations perpétuelles. Oh! que la terre leur paroîtra petite ! Comme ils se riront des folles joies de ce monde!

En est-ce assez, Messieurs, ou s'il faut encore quelque chose pour nous exciter? Que restoit-il à faire au Père éternel pour nous attirer à lui? Il nous appelle au royaume de son Fils unique, nous qui ne sommes que des serviteurs, et des serviteurs inutiles. Il ne veut rien avoir de secret ni de réservé pour nous. L'objet qui le rend heureux, il nous l'abandonne. Il nous fait les compagnons de sa gloire, cendre et pourriture que nous sommes ; et il ne nous demande pour cela que notre amour et quelques petits services qui lui sont déjà dus par une infinité d'obligations que nous lui avons, et qui ne seroient que trop bien payés des moindres de ses faveurs. Cependant, qui le pourroit croire, si une malheureuse expérience ne nous l'apprenoit? l'homme insensé ne veut point de ces grandeurs; il embrasse avec autant d'ardeur des plaisirs mortels que s'il n'étoit pas né pour une gloire éternelle; et comme s'il vouloit être heureux malgré son créateur, il prend pour trouver la félicité une route toute contraire à celle qu'il lui prescrit et n'a point de contentement qu'en s'opposant à ses volontés. Encore si cette vie avoit quelques charmes qui fussent capables de le contenter, sa folie seroit en quelque façon pardonnable. Mais Dieu, comme un bon père qui connoît le foible de ses enfans et qui sait l'impression que font sur nous les choses présentes, a voulu exprès qu'elle fût traversée de mille tourmens, pour nous faire porter plus haut nos affections. Que s'il y a mêlé quelques petites douceurs, ç'a été pour en tempérer l'amertume, qui nous auroit

[1] *Psal.* CXLIV, 5.

(*a*) Pour : pendant que.

semblé insupportable sans cet artifice. Jugez par là ce que c'est que cette vie. Il faut de l'adresse et de l'artifice pour nous en cacher les misères; et toutefois, ô aveuglement de l'esprit humain! c'est elle qui nous séduit, elle qui n'est que trouble et qu'agitation, qui ne tient à rien, qui fait autant de pas à sa fin qu'elle ajoute de momens à sa durée, et qui nous manquera tout à coup comme un faux ami, lorsqu'elle semblera nous promettre plus de repos. A quoi est-ce que nous pensons?

Où est cette générosité du christianisme, qui faisoit estimer aux premiers fidèles moins que de la fange toute la pompe du monde, *existimavi sicut stercora*[1]; qui leur faisoit dire avec tant de résolution: *Cupio dissolvi et esse cum Christo*[2]; qui dans un état toujours incertain, dans une vie continuellement traversée, mais dans les tourmens les plus cruels et dans la mort même, les tenoit immobiles par une ferme espérance, *spe viventes*[3]? Mais, hélas! que je m'abuse de chercher parmi nous la perfection du christianisme! Ce seroit beaucoup si nous avions quelque pensée qui fût digne de notre vocation et qui sentît un peu le nouvel homme. Au moins, Messieurs, considérons un peu attentivement quelle honte ce nous sera d'avoir été appelés à la même félicité que ces grands hommes qui ont planté l'Eglise par leur sang, et de l'avoir lâchement perdue dans une profonde paix, au lieu qu'ils l'ont gagnée parmi les combats et malgré la rage des tyrans, et des bourreaux, et de l'enfer. Heureux celui qui entend ces vérités et qui sait goûter la suavité du Seigneur! « Heureux celui qui marche innocemment dans ses voies, qui passe les jours et les nuits à contempler la beauté de ses saintes lois[4]! Il fleurira comme un arbre planté sur le courant des eaux. Le temps viendra qu'il sera chargé de ses fruits; il ne s'en perdra pas une seule feuille; le Seigneur ira recueillant toutes ses bonnes œuvres et fera prospérer toutes ses actions. Ah! qu'il n'en sera pas ainsi des impies! Il les dissipera dans l'impétuosité de sa colère, comme la poudre est emportée par un tourbillon[5]. » Cependant les justes se réjouiront avec lui; « il les remplira de l'abondance de sa maison, il les enivrera du torrent

---

[1] *Philip.*, III, 8. — [2] *Ibid.*, I, 23. — [3] *Rom.*, XII, 12. — [4] *Psal.* I, 1. — [5] *Ibid.*, vers. 2, 3, etc.

de ses délices[1]. » Ah! Seigneur, qu'il fait beau dans vos tabernacles! Je ne suis plus à moi quand je pense à votre palais; mes sens sont ravis et mon ame transportée, quand je considère que je jouirai de vous dans la terre des vivans. Je le dis encore une fois et ne me lasserai jamais de le dire : « Il est plus doux de passer un jour dans votre maison, que d'être toute sa vie dans les voluptés du monde[2]. » Seigneur, animez nos cœurs de cette noble espérance.

Et vous, ames bienheureuses, pardonnez-nous si nous entendons si mal votre grandeur, et ayez agréables ces idées grossières que nous nous formons de votre félicité durant l'exil et la captivité de cette vie. Vous avez passé par les misères où nous sommes; nous attendons la félicité que vous possédez; vous êtes dans le port; nous louons Dieu de vous avoir choisis, de vous avoir soutenus parmi tant de périls, de vous avoir comblés d'une si grande gloire. Secourez-nous de vos prières, afin que nous allions joindre nos voix avec les vôtres, pour chanter éternellement les louanges du Père qui vous a élus, du Fils qui vous a rachetés, du Saint-Esprit qui vous a sanctifiés. Ainsi soit-il à jamais.

[1] *Psal.* xxxv, 9. — [2] *Psal.* lxxxiii, 1, 2, 10 et 11.

SECOND SERMON

POUR

LA FÊTE DE TOUS LES SAINTS *(a)*.

Ut sit Deus omnia in omnibus. I Cor., xv, 28.

Sire,

Ce que l'œil n'a pas aperçu, ce que l'oreille n'a pas ouï, ce qui jamais n'est entré (*b*) dans le cœur de l'homme, c'est ce qui doit faire aujourd'hui le sujet de notre entretien. Cette solennité est instituée pour nous faire considérer les biens infinis que Dieu a préparés à ses serviteurs pour les rendre éternellement heureux, et un seul mot de l'Apôtre nous doit expliquer toutes ces merveilles. «Dieu, dit-il, sera tout en tous.» Que peut-on entendre de plus court? Que peut-on imaginer de plus vaste ou de plus immense? Dieu est un, et en même temps il est tout; et étant tout à lui-même, parce que sa propre grandeur lui suffit, il est tout encore à tous les élus, parce qu'il remplit par sa plénitude leur capacité tout entière et tous leurs désirs (*c*). S'il leur faut un triomphe (*d*) pour honorer leur victoire, Dieu est tout; s'ils ont besoin de repos pour se délasser de leurs longs travaux, Dieu est tout; s'ils demandent la consolation après avoir saintement gémi parmi les amertumes de la pénitence, Dieu est tout. Dieu est la lumière qui les éclaire; Dieu

---

(*a*) Ce sermon parle de la chapelle royale, et renferme une allocution touchante à Louis XIV; il a donc été prêché en sa présence.

Or, comme on le voit dans la *Gazette de France*, Bossuet n'a prêché devant la cour, le jour de la Toussaint, qu'en 1669; d'une autre part, il n'y a qu'un sermon pour la fête de tous les Saints qui ait été prêché devant cet illustre auditoire : celui donc qui nous occupe date de 1669, année qui appartient à la plus grande époque du plus grand des orateurs. L'écriture du manuscrit, si belle, si ferme, si nettement dessinée, atteste elle-même cette époque.

Louis XIV passa l'été et l'hiver de 1669 à Saint-Germain en Laye, dans le *Château neuf*; c'est là que Bossuet fit entendre sa voix dans la station d'Avent, la dernière qu'il prêcha devant le roi.

Il avoit été nommé évêque de Condom le mois précédent. Toute la cour, avide de l'entendre et de le féliciter en quelque sorte par sa présence, se rendoit assidûment à ses sermons; et Louis XIV y conduisoit par le bras Turenne, qui avoit abjuré le protestantisme.

(*b*) Var. : Monté. — (*c*) Parce qu'il remplit pleinement toute leur capacité et tous leurs désirs. — (*d*) Une couronne.

est la gloire qui les environne ; Dieu est le plaisir qui les transporte ; Dieu est la vie qui les anime ; Dieu est l'éternité qui les établit dans un glorieux repos.

O largeur ! ô profondeur ! ô longueur sans bornes et inaccessible hauteur ! pourrai-je vous renfermer (*a*) dans un seul discours ? Allons ensemble, mes frères ; entrons en cet abîme de gloire et de majesté. Jetons-nous avec confiance sur cet océan (*b*) ; mais ayons notre guide et notre étoile, je veux dire la sainte Vierge, que nous allons saluer par les paroles de l'ange. *Ave.*

Sire, on peut mettre en question si l'homme pour être heureux n'a besoin de posséder qu'une seule chose, ou si sa félicité est un composé de plusieurs parties et le concours de plusieurs biens ramassés ensemble. Et premièrement il paroît qu'un cœur qui se partage à divers objets, confesse en se partageant que l'attrait qui le gagne est foible, et que celui qui est ainsi divisé cherche plutôt sa félicité qu'il ne l'a trouvée (*c*). Que s'il paroît d'un côté qu'un seul objet nous doit contenter, parce que nous n'avons qu'un cœur, il semble aussi d'autre part que plusieurs biens nous sont nécessaires, parce que nous avons plusieurs désirs. En effet nous désirons la santé, la vie, le plaisir, le repos, la gloire, l'abondance, la liberté, la science, la vertu ; et que ne désirons-nous pas ? Comment donc peut-on espérer de satisfaire par un seul objet une si grande multiplicité de désirs et d'inclinations que nous nourrissons en nous-mêmes ?

L'Apôtre a concilié ces contrariétés apparentes dans le texte que j'ai choisi, puisqu'il nous y fait trouver dans un même objet, premièrement la simplicité, parce qu'il est un, et tout ensemble la variété, parce qu'il est infini. « Dieu, dit-il, sera tout en tous. » Il est un, et il est tout. Il est tout, non-seulement en lui-même par l'immensité de son essence (*d*), mais encore il est tout en tous par l'incompréhensible fécondité avec laquelle il se communique à ses créatures : *Erit Deus omnia in omnibus.*

(*a*) *Var.*: Comprendre. — (*b*) Mais implorons l'assistance du Saint-Esprit ; et ayons notre guide et notre étoile..... — (*c*) Il paroît qu'un cœur qui court à divers objets, cherche plutôt la félicité qu'il ne l'a trouvée. — (*d*) De sa nature.

Mais ce que l'apôtre saint Paul nous a proposé dans une idée générale, le docte saint Augustin nous l'explique en particulier, lorsqu'interprétant ce passage de l'*Epître aux Corinthiens*, il fait ce beau commentaire : « Dieu, dit-il, sera toutes choses à tous les esprits bienheureux, parce qu'il sera leur commun spectacle, il sera leur commune joie, il sera leur commune paix : » *Commune spectaculum erit omnibus Deus, commune gaudium erit omnibus Deus, communis pax erit omnibus Deus* [1].

Et certes pour être heureux, selon les maximes de ce même Saint, il faut n'être point trompé, ne rien souffrir, ne rien craindre. Car comme la vérité est si précieuse, quelque bien que l'homme possède d'ailleurs, il n'est pas assez riche s'il est trompé, et manque d'un grand trésor. Encore qu'il connoisse la vérité, sans doute il n'est point content pour cela s'il souffre; et quoiqu'il ne souffre pas, il n'est point tranquille s'il craint. Là donc, dans le royaume des cieux, dans la céleste Jérusalem, il n'y aura point d'erreur, parce qu'on y verra Dieu; là il n'y aura point de douleur, parce qu'on y jouira de Dieu; là il n'y aura point de crainte ni d'inquiétude, parce qu'on s'y reposera à jamais en Dieu. Si bien (a) que nous y serons éternellement bienheureux, parce que (b) nous aurons dans cette vue le véritable et le plus noble exercice de nos esprits; nous goûterons dans cette jouissance le parfait contentement de nos cœurs; nous posséderons (c) dans cette paix l'immuable affermissement de notre repos. Voilà trois sublimes vérités que saint Augustin nous propose et que je tâcherai de rendre sensibles, si vous me donnez vos attentions, afin que vous soyez convaincus, que comme il n'y a rien de plus libéral que Dieu qui nous offre de si grands dons, il n'y a rien aussi de plus ingrat ni de plus aveugle que l'homme, qui ne sait pas profiter d'une telle munificence.

[1] S. August., *in Psal.* LXXXIV, n. 10.
(a) Var. : Tellement. — (b) Puisque. — (c) Nous trouverons.

PREMIER POINT.

Si l'apôtre saint Paul a dit que les fidèles sont un spectacle au monde, aux anges et aux hommes[1], nous pouvons encore ajouter qu'ils sont un spectacle à Dieu même. Nous apprenons de Moïse que ce grand et sage architecte, diligent (a) contemplateur de son propre ouvrage, à mesure qu'il bâtissoit ce bel édifice du monde, en admiroit (b) toutes les parties : *Vidit Deus lucem quòd esset bona*[2] ; qu'en ayant composé le tout, parce qu'en effet la beauté de l'architecture paroît dans le tout et dans l'assemblage plus encore que dans les parties détachées, il avoit encore enchéri et l'avoit trouvé parfaitement beau; et enfin qu'il s'étoit contenté lui-même, en considérant dans ses créatures les traits de sa sagesse et l'effusion de sa bonté. Mais comme le juste et l'homme de bien est le chef-d'œuvre de son art et le miracle de sa grace (c), il est aussi le spectacle le plus agréable à ses yeux : *Oculi Domini super justos*[3] : « Les yeux de Dieu, dit le saint Psalmiste, sont attachés sur les justes, » non-seulement parce qu'il veille sur eux pour les protéger, mais encore parce qu'il se plaît à les regarder du plus haut des cieux comme le plus cher objet de ses complaisances. « N'avez-vous point vu, dit-il, mon serviteur Job, comme il est droit et juste et craignant Dieu, comme il évite le mal avec soin et n'a point son semblable sur la terre[4] ? »

Que le soldat est heureux qui combat ainsi sous les yeux de son capitaine et de son roi, à qui sa valeur invincible prépare (d) un si beau spectacle ! Que si les justes sont le spectacle de Dieu, il veut aussi à son tour être leur spectacle; comme il se plaît à les voir, il veut aussi qu'ils le voient; il les ravit par la claire vue de son éternelle (e) beauté, et leur montre à découvert sa vérité même, dans une lumière si pure qu'elle dissipe toutes les ténèbres et tous les nuages.

Mais qu'est-ce, direz-vous, que la vérité? Quelle image nous

---

[1] *I Cor.*, IV, 9. — [2] *Gen.*, I, 4. — [3] *Psal.* XXXIII, 15. — [4] *Job*, I, 8.

(a) *Var.* : Soigneux. — (b) Contemploit. — (c) Est le miracle de sa grace et le chef-d'œuvre de sa main puissante. — (d) Devient. — (e) Immortelle.

en donnez-vous? Sous quelle forme paroît-elle aux hommes ? — Mortels grossiers et charnels, nous entendons tout corporellement : nous voulons toujours des images et des formes matérielles. Ne pourrai-je aujourd'hui éveiller ces yeux spirituels et intérieurs que vous avez tout au fond de votre ame (*a*), les détourner un moment de ces images vagues et changeantes que les sens impriment, et les accoutumer à porter la vue de la vérité toute pure ? Tentons, essayons, voyons. Je vous demande pour cela, Messieurs, que vous soyez seulement attentifs à ce que vous faites et que vous pensiez à l'action qui nous rassemble dans ce lieu sacré. Je vous prêche la vérité, et vous l'écoutez ; et celle que je vous propose en particulier, c'est que celui-là est heureux qui n'est point sujet à l'erreur et qui ne se trompe jamais. Cette vérité est sûre et incontestable, elle n'a pas besoin de démonstration, et vous en voyez l'évidence. Mais, Messieurs, où la voyez-vous? Est-ce peut-être dans mes paroles? Nullement, ne le croyez pas. Car où la vois-je moi-même? Sans doute dans une lumière intérieure qui me la découvre, et c'est là aussi que vous la voyez. (*b*) Car comme si je vous montre du doigt quelque tableau ou quelque ornement de cette chapelle royale, j'adresse votre vue, mais je ne vous donne pas la clarté, ni je ne puis vous inspirer le sentiment. Je fais à peu près le même dans cette chaire. Je vous parle, je vous avertis, j'excite votre attention ; mais il y a une voix secrète de la vérité qui me parle intérieurement, et la même vous parle aussi ; sans quoi toutes mes paroles ne feroient que battre l'air vainement et étourdir les oreilles. Selon la sage dispensation du ministère ecclésiastique, les uns sont prédicateurs et les autres sont auditeurs ; selon l'ordre de cette occulte (*c*) inspiration de la vérité, tous sont auditeurs, tous sont disciples : si bien qu'à ne regarder que l'extérieur, je parle, et vous écoutez ; mais au dedans, dans le fond du cœur, et vous et moi écoutons la vérité qui nous parle et qui nous enseigne. Je la vois donc la vérité, et vous la voyez ; et tous ensemble nous voyons la même, puisque la vérité est une ; et la

---

(*a*) *Var.*: Ouvrir ces yeux spirituels et intérieurs, qui sont cachés bien avant au fond de votre ame. — (*b*) *Note marg.* : Je vous prie, suivez-moi, Messieurs, et soyez un peu attentifs à l'état présent où vous êtes. — (*c*) *Var.*: Secrète.

même se découvre encore par toute la terre à tous ceux qui ont les yeux ouverts à ses lumières.

On ne peut donc déterminer où elle est, quoiqu'elle ne manque nulle part. Elle se présente à tous les esprits, mais elle est en même temps au-dessus de tous. Que les hommes tombent dans l'erreur, la vérité subsiste toujours; qu'ils profitent ou qu'ils oublient, que leurs connoissances croissent ou décroissent, la vérité n'augmente ni ne diminue. Toujours une, toujours égale, toujours immuable, elle juge de tout et ne dépend du jugement de personne. « Chaste et fidèle, propre à chacun, quoiqu'elle soit commune à tous, » *et omnibus communis est et singulis casta est,* dit saint Augustin [1], on est heureux quand on la possède; on ne nuit qu'à soi-même quand on la rejette. Elle fait donc également la béatitude et le supplice de tous les hommes, parce que « ceux qui se tournent vers elle sont rendus heureux par ses lumières, et que ceux qui refusent de la regarder sont punis par leur propre aveuglement (a) : » *Cùm integra et incorrupta, et conversos lætificet lumine et aversos puniat cæcitate* [2].

Voilà ce que c'est que la vérité; et, mes frères, cette vérité, si nous l'entendons, c'est Dieu même. O vérité! ô lumière! ô vie! quand vous verrai-je? quand vous connoîtrai-je? Connoissons-nous la vérité parmi les ténèbres qui nous environnent? Hélas! durant ces jours de ténèbres, nous en voyons luire de temps en temps quelque rayon imparfait. Aussi notre raison incertaine ne sait à quoi s'attacher, ni à quoi se prendre parmi ces ombres (b). Si elle se contente de suivre ses sens, elle n'aperçoit que l'écorce; si elle s'engage plus avant, sa propre subtilité la confond. Les plus doctes à chaque pas ne sont-ils pas contraints de demeurer court? Ou ils évitent les difficultés, ou ils dissimulent et font bonne mine, ou ils hasardent ce qui leur vient (c) sans le bien entendre, ou ils se trompent visiblement et succombent sous le faix.

Même dans les affaires du monde, à peine la vérité est-elle

---

[1] *De Lib. arbit.*, lib. II, n. 37. — [2] *Ibid.*, n. 34.

(a) *Var.:* Par leurs ténèbres. — (b) Ne sait à quoi s'adresser dans une nuit si profonde. — (c) Ce qu'ils disent.

connue. Les particuliers ne la savent pas, quoique toutefois ils se mêlent de juger de tout, parce qu'ils n'ont pas l'étendue et les relations nécessaires. Les grands, qui sont élevés plus haut, découvrent sans doute de plus loin les choses (*a*); mais aussi sont-ils exposés à des déguisemens plus artificieux. « Que vous êtes heureux, disoit un ancien à son ami tombé en disgrace; oui, que vous êtes heureux encore une fois, de n'avoir plus rien (*b*) en votre fortune qui oblige à vous mentir et à vous tromper ! » *Felicem te, qui nihil habes propter quod tibi mentiatur*[1] *!* Que ferai-je ? Où me tournerai-je, assiégé de toutes parts par l'opinion ou par l'erreur ? Je me défie des autres, et je n'ose croire moi-même mes propres lumières. A peine crois-je voir ce que je vois et tenir ce que je tiens, tant j'ai trouvé souvent ma raison fautive.

Ah ! j'ai trouvé un remède pour me garantir de l'erreur. Je suspendrai mon esprit ; et retenant en arrêt sa mobilité indiscrète et précipitée, je douterai du moins, s'il ne m'est pas permis de connoître au vrai les choses. Mais, ô Dieu ! quelle foiblesse et quelle misère ! De crainte de tomber, je n'ose sortir de ma place ni me remuer. Triste et misérable refuge contre l'erreur, d'être contraint de se plonger dans l'incertitude et de désespérer de la vérité ! O félicité de la vie future ! Car écoutez ce que promet Isaïe à ces bienheureux citoyens de la Jérusalem céleste : *Non occidet ultrà sol tuus, et luna tua non minuetur*[2] *:* « Votre soleil n'aura jamais de couchant, et votre lune ne décroîtra pas ; » c'est-à-dire non-seulement que la vérité vous luira toujours, mais encore que votre esprit sera toujours uniformément et également éclairé. O quelle félicité de n'être jamais déçu, jamais surpris, jamais détourné, jamais ébloui par les apparences, jamais prévenu ni préoccupé !

Je ne m'étonne pas, chrétiens, si saint Grégoire de Nazianze les appelle *dieux*[3], puisque ce titre leur est bien mieux dû qu'aux

---

[1] Senec., Epist. XLVI *ad Lucil*. — [2] *Isa.*, LX, 20. — [3] *Orat.* XL.

(*a*) *Var.*: Ceux qui sont dans les grandes places, étant élevés plus haut, découvrent sans doute de plus loin les choses. — (*b*) C'est pourquoi cet ancien disoit à son ami tombé en disgrace : « Que vous êtes heureux maintenant de n'avoir plus rien ! »

princes et aux rois du monde à qui David l'attribue. « Je l'ai dit : Vous êtes des dieux, et vous êtes tous enfans du Très-Haut : » *Ego dixi : Dii estis et filii Excelsi omnes*[1]. Mais remarquez ce qu'il dit ensuite. Toutefois, ajoute-t-il, ô dieux de chair et de sang, ô dieux de terre et de poussière, ne vous laissez pas éblouir par cette divinité passagère et empruntée. « Car enfin vous mourrez comme des hommes, et vous descendrez du trône au tombeau : » *Verumtamen sicut homines moriemini; et sicut unus de principibus cadetis*[2]. La majesté, je l'avoue, n'est jamais dissipée ni anéantie, et on la voit tout entière aller revêtir leurs successeurs. Le roi, disons-nous, ne meurt jamais, l'image de Dieu est immortelle; mais cependant l'homme tombe, meurt, et la gloire ne le suit pas dans le sépulcre. Il n'en est pas de la sorte des citoyens immortels de notre céleste patrie. Ils sont des dieux, ils ne mourront plus; ils sont des dieux, ils ne pourront plus tromper ni être trompés (a).

David a dit en son excès : « Tout homme est menteur[3]; » tout homme peut être trompeur et trompé; il est capable de mentir aux autres et de mentir à soi-même. Vous donc, ô bienheureux esprits, qui régnez avec Jésus-Christ, vous n'êtes plus simplement des hommes, puisque vous êtes tellement unis à la vérité qu'il n'y aura plus désormais ni aucune ambiguïté, aucune ignorance qui vous l'enveloppe, ni aucun nuage qui vous la couvre, ni aucun faux jour, aucune fausse lumière qui vous la déguise, ni aucune erreur qui la combatte, ni même aucun doute qui l'affoiblisse. Aussi dans cet état bienheureux ne faudra-t-il point la chercher par de grands efforts, ni la tirer de loin comme par machines et par artifice, par une longue suite de conséquences et par un grand circuit de raisonnemens. Elle s'offrira d'elle-même et toute pure, toute manifeste, sans confusion, sans mélange; « et nous rendra, dit saint Jean, semblables à Dieu, parce que nous le verrons tel qu'il est : » *Cùm apparuerit, similes ei erimus, quia videbimus eum sicuti est*[4].

Mais écoutez la suite de ce beau passage : « Celui qui a en Dieu

---

[1] *Psal.* LXXXI, 6. — [2] *Ibid.*, 7. — [3] *Psal.* CXV, 11. — [4] I *Joan.*, III, 2.

(a) *Var.* : Non-seulement ils sont des dieux, parce qu'ils ne sont plus sujets à la mort; mais ils sont des dieux d'une autre manière, parce qu'ils ne sont plus sujets au mensonge et ne pourront plus tromper ni être trompés.

cette espérance, se conserve pur, ainsi que Dieu même est (a) pur : » *Omnis qui habet hanc spem in eo, sanctificat semetipsum, sicut et ille sanctus est*[1]. Rien de souillé n'entrera dans le royaume de Dieu. Il faudra passer par l'épreuve (b) d'un examen rigoureux, afin qu'une si pure beauté ne soit vue ni approchée que des esprits purs; et c'est ce qui fait dire au Sauveur des ames dans l'évangile de ce jour : « Bienheureux ceux qui ont le cœur pur, car ils verront Dieu[2]! » Ecoutez, esprits téméraires et follement curieux, qui dites : Nous voudrions voir, nous voudrions entendre toutes les vérités de la foi; — c'est ici le temps de se purifier, et non encore celui de voir. Laissez traiter vos yeux malades; souffrez qu'on les nettoie, qu'on les fortifie; après, si vous ne pouvez pas encore porter le grand jour, vous jouirez du moins agréablement de la douceur accommodante d'une clarté tempérée. Que si toutes les lumières du christianisme sont des ténèbres pour vous, faites-vous justice à vous-mêmes. De quoi vous occupez-vous? Quel est le sujet ordinaire de vos rêveries et de vos discours (c)? Oserai-je le dire dans cette chaire, retenu par le saint Apôtre : « Que ces choses ne soient pas même nommées parmi vous [3]? » Pendant que vous ne méditez que chair et que sang, comme parle l'Ecriture sainte, les discours spirituels prendront-ils en vous? Par où s'insinueront les lumières pures et les chastes vérités du christianisme? La sagesse que vous ne cherchez pas, descendra-t-elle de son trône pour vous enseigner? Allez, hommes corrompus et corrupteurs, purifiez vos yeux et vos cœurs, et peu à peu vos esprits s'accoutumeront aux lumières de l'Evangile.

Vivons donc chrétiennement, et la vérité nous sera un jour découverte. Jamais vous n'aurez respiré un air plus doux; jamais votre faim n'aura été rassasiée par une manne plus délicieuse, ni votre soif étanchée par un plus salutaire rafraîchissement. Rien de plus harmonieux que la vérité; nulle mélodie plus douce, nul concert mieux entendu, nulle beauté plus parfaite et plus ravissante. Quoi! me vanterez-vous toujours l'éclat de ce teint? Vous vous

---

[1] *I Joan.*, III, 3. — [2] *Matth.*, V, 8. — [3] *Ephes.*, V, 3.

(a) *Note marg.* : ἁγνίζει ἁγνός. — (b) *Var.* : Par le feu. — (c) De vos pensées et de vos discours?

dites chrétienne, et vous étalez avec pompe cette fragile beauté, piége pour les autres, poison pour vous-même, qui se vante de traîner après soi les ames captives et qui vous fait porter à vous-même un joug plus honteux. Jetez, jetez un peu les yeux, chrétiens, sur cette immortelle beauté que le chrétien doit servir. Cette beauté divine ne montre à vos yeux ni une grace artificielle, ni des ornemens empruntés, ni une jeunesse fugitive, ni un éclat, une vivacité toujours défaillante. Là se trouve la grace avec la durée, là se trouve la majesté avec la douceur, là se trouve le sérieux avec l'agréable, là se trouve l'honnêteté avec le plaisir et avec la joie. C'est ce que nous avons à considérer dans la seconde partie.

SECOND POINT.

De toutes les passions, la plus pleine d'illusion c'est la joie; et le Sage n'a jamais parlé avec plus de sens, que quand il a dit dans l'*Ecclésiaste* qu'il « estimoit le ris une erreur et la joie une tromperie : » *Risum reputavi errorem; et gaudio dixi : Quid frustrà deciperis*[1]*?* Depuis notre ancienne désobéissance, Dieu a voulu retirer à soi tout ce qu'il avoit répandu de solide contentement sur la terre; et cette petite goutte de joie qui nous est restée pour rendre la vie supportable et tempérer par quelque douceur (a) ses amertumes infinies, n'est pas capable de satisfaire un esprit solide. Et certes il ne faut pas croire que ce lieu de confusion, où les bons sont mêlés avec les mauvais, puisse être le séjour des joies véritables. « Autres sont les biens que Dieu abandonne pour la consolation des captifs, autres ceux qu'il a réservés pour faire la félicité de ses enfans (b) : » *Aliud solatium captivorum, aliud gaudium liberorum*[2].

Mais pour vous donner une forte idée de ces plaisirs véritables qui enivrent les bienheureux, philosophons un peu avant toutes choses sur la nature des joies du monde. Car, mes frères, c'est une

---

[1] *Eccle.*, II, 2. — [2] S. August., *in Psal.* CXXXVI, n. 5.

(a) *Var.:* Et corriger tant soit peu. — (b) Autres sont les biens qu'i répand pour la consolation des captifs, autres les plaisirs solides qu'il réserve à ses enfans.

erreur de croire qu'il faille indifféremment recevoir la joie, quelque main qui nous la présente (*a*). Que m'importe, dit l'épicurien, de quoi je me réjouisse, pourvu que je sois content? Soit erreur, soit vérité, c'est toujours être trop chagrin que de refuser la joie, de quelque part qu'elle vienne. (*b*) Mais le Saint-Esprit prononce au contraire que celui-là est insensé, qui se réjouit dans les choses vaines; que celui-là est abandonné (*c*) de Dieu, qui se réjouit dans les mauvaises; et qu'enfin on est malheureux (*d*) quand on n'aime que les plaisirs que la raison condamne ou qu'elle méprise.

Il faut donc avant toutes choses considérer d'où nous vient la joie, et quel en est le sujet. Et premièrement, chrétiens, toutes les joies que nous donnent les biens de la terre sont pleines d'illusion et de vanité. C'est pourquoi dans les affaires du monde, le plus sage est toujours celui que la joie emporte le moins. Ecoutez la belle sentence que prononce l'*Ecclésiastique* : « Le fou, dit-il, indiscret, inconsidéré, fait sans cesse éclater son ris; et le sage à peine rit-il doucement : » *Fatuus in risu exaltat vocem suam, vir autem sapiens vix tacite ridebit*[1]. En effet quand on voit un homme emporté qui, ébloui de sa dignité ou de sa fortune, s'abandonne à la joie sans se retenir, c'est une marque certaine d'une ame qui n'a point de poids, et que sa légèreté rendra le jouet éternel de toutes les illusions du monde. Le sage, au contraire, toujours attentif aux misères et aux vanités de la vie humaine, ne se persuade jamais qu'il puisse avoir trouvé sur la terre, en ce lieu de mort, aucun véritable sujet de se réjouir. C'est pourquoi il rit en tremblant, comme disoit l'*Ecclésiastique;* c'est-à-dire qu'il supprime lui-même sa joie indiscrète par une certaine hauteur d'une ame qui désavoue sa foiblesse et qui, sentant qu'elle est née pour les biens

---

[1] *Eccli.*, XXI, 23.

(*a*) *Var.:* De quelque côté qu'elle naisse. — (*b*) *Note marg.:* Ceux qui le pensent ainsi, ennemis du progrès de leur raison, qui leur fait voir tous les jours la vanité de leurs joies, estiment leur ame trop peu de chose, puisqu'ils croient qu'elle peut être heureuse sans posséder aucun bien solide, et qu'ils mettent son bonheur et par conséquent sa perfection dans un songe. Remarquez qu'il ne faut pas distinguer le bonheur de l'ame d'avec sa perfection : grand principe! — (*c*) *Var.:* Maudit. — (*d*) On n'est pas heureux.

célestes, a honte de se voir si fort transportée par des choses si méprisables.

Après avoir regardé d'où nous vient la joie, il faut encore considérer où elle nous mène. Car, ô plaisirs, où nous menez-vous? à quel oubli de Dieu et de nous-mêmes? à quels malheurs et à quels désordres? Ne sont-ce pas les plaisirs déréglés qui ont conseillé tous les crimes? Car quel en est le principe universel, sinon qu'on se plaît où il ne faut pas? Donc la raison nous oblige à nous défier des plaisirs; flatteurs pernicieux, conseillers infidèles, qui ruinent tous les jours en nous l'ame, le corps, la gloire, la fortune, la religion et la conscience.

Enfin il faut méditer combien la joie est durable. Car Dieu, qui est la vérité même, ne permet pas à l'illusion de régner longtemps. C'est lui, dit le Roi-Prophète, qui se plaît, pour punir l'erreur volontaire de ceux qui ont pris plaisir à être trompés, « d'anéantir dans sa cité sainte toutes les félicités imaginaires, comme un songe s'anéantit quand on se réveille, et qui fait succéder des maux trop réels à la courte imposture d'une agréable rêverie : » *Velut somnium surgentium, Domine, in civitate tuâ imaginem ipsorum ad nihilum rediges* [1].

Concluons donc, chrétiens, que si la félicité est une joie, c'est une joie fondée sur la vérité, *gaudium de veritate,* comme la définit saint Augustin [2]. Telle est la joie des bienheureux, non une joie seulement, mais une joie solide et réelle, dont la vérité est le fond, dont la sainteté est l'effet, dont l'éternité est la durée. Telle est la joie des bienheureux, dont la plénitude est infinie, dont les transports sont inconcevables et les excès tout divins. Loin de notre idée les joies sensuelles qui troublent la raison et ne permettent pas à l'ame de se posséder; en sorte qu'on n'ose pas dire qu'elle jouisse d'aucun bien, puisque sortie d'elle-même elle semble n'être plus à soi pour en jouir. Ici elle est vivement touchée dans son fond le plus intime, dans la partie la plus délicate et la plus sensible; toute hors d'elle, toute à elle-même; possédant celui qui la possède, la raison toujours attentive et toujours contente.

[1] *Psal.* LXXII, 20. — [2] *Confess.*, lib. X, cap. XXIII.

Mais, mes frères, ce n'est pas à moi de publier ces merveilles (a), pendant que le Saint-Esprit nous représente si vivement la joie triomphante de la céleste Jérusalem par la bouche du prophète Isaïe. « Je créerai, dit le Seigneur, un nouveau ciel et une nouvelle terre, et toutes les angoisses seront oubliées et ne reviendront jamais : » *Oblivioni traditæ sunt angustiæ priores, et non ascendent super cor*[1]. « Mais vous vous réjouirez, et votre ame nagera dans la joie (b) durant toute l'éternité dans les choses que je crée pour votre bonheur : » *Gaudebitis et exultabitis usque in sempiternum in his quæ ego creo*. « Car je ferai que Jérusalem sera toute transportée d'allégresse et que son peuple sera dans le ravissement : » *Quia ecce ego creo Jerusalem exultationem et populum ejus gaudium*. « Et moi-même je me réjouirai en Jérusalem, et je triompherai de joie dans la félicité de mon peuple : » *Et exultabo in Jerusalem, et gaudebo in populo meo*.

Voilà de quelle manière le Saint-Esprit nous représente les joies de ses enfans bienheureux. Puis se tournant à ceux qui sont sur la terre, à l'Eglise militante, il les invite en ces termes à prendre part aux transports de la sainte et triomphante Jérusalem. « Réjouissez-vous, dit-il, avec elle, ô vous qui l'aimez : réjouissez-vous avec elle d'une grande joie, et sucez avec elle par une foi vive la mamelle de ses consolations divines, afin que vous abondiez en délices spirituelles, parce que le Seigneur a dit : Je ferai couler sur elle un fleuve de paix, et ce torrent se débordera avec abondance : toutes les nations de la terre y auront part; et avec la même tendresse qu'une mère qui caresse son enfant (c), ainsi je vous consolerai, dit le Seigneur. » (d) Quel cœur seroit insensible à ces divines tendresses? Aspirons à ces joies célestes, qui seront d'autant plus touchantes qu'elles seront accompagnées d'un parfait repos, parce que nous ne les pourrons jamais perdre. Quittons, mes

---

[1] *Isa.*, LXV, 16 et seq.

(a) *Var.* : Ces divines joies. — (b) Tressaillera d'allégresse. — (c) Et de même qu'une mère flatte son enfant. — (d) Note marg. : *Lætamini cum Jerusalem, et exultate in eâ omnes qui diligitis eam ; gaudete cum eâ gaudio....., ut sugatis et repleamini ab ubere consolationis ejus, ut mulgeatis et deliciis affluatis ab omnimodâ gloriâ ejus. Quia hæc dicit Dominus : Ecce ego declinabo super eam quasi fluvium pacis et quasi torrentem inundantem gloriam gentium..... Quomodo si cui mater blandiatur, ita ego consolabor vos* (Isa., LXVI, 10 et seq.).

frères, tous nos vains plaisirs; c'est la maladie qui les désire. (a) Que de désirs différens sentent les malades! La santé revient et tous ces appétits déréglés s'évanouissent. Ne mettons point notre bonheur à contenter ces appétits irréguliers que la maladie a fait naître. Qu'a le monde de comparable? Mais s'il se vante de donner des joies, il n'ose pas même promettre de vous y donner du repos : c'est l'héritage des saints, c'est le partage des bienheureux; et c'est par où je m'en vais conclure.

TROISIÈME POINT.

Le repos éternel des bienheureux nous a été figuré dès l'origine du monde, lorsque Dieu ayant tiré du néant ses créatures et les ayant disposées dans un si bel ordre (b) durant six jours, établit et sanctifia le jour du repos dans lequel, comme dit la sainte Ecriture, « il se reposa de tout son ouvrage [1]. » Vous savez assez, chrétiens, que Dieu qui fait tout sans peine par sa volonté, n'a pas besoin de se délasser de son travail; et vous n'ignorez pas non plus qu'en consacrant ce jour de repos, il n'a pas laissé depuis d'agir sans cesse. « Mon Père, dit le Fils de Dieu, agit sans relâche [2]. » Et s'il cessoit un moment de soutenir l'univers par la force de sa puissance (c), le soleil s'égareroit de sa route, la mer forceroit toutes ses bornes, la terre trembleroit sur son axe; en un mot, toute la nature seroit en un moment replongée, je ne dis pas dans l'ancien chaos, mais dans une perte totale et dans le non-être. Quand donc il a plu à Dieu de sanctifier le septième jour et d'y établir son repos, il a voulu nous faire comprendre qu'après la continuelle action par laquelle il développe tout l'ordre des siècles, il a désigné un dernier jour qui est le jour immuable de l'éternité, dans lequel il se reposera avec ses élus; disons mieux, que ses élus se reposeront éternellement en lui-même. Tel est le sabbat mystérieux, tel est le « jour de repos qui est réservé au peuple de Dieu, » selon la

---

[1] *Gen.*, II, 2. — [2] *Joan.*, V, 17.

(a) *Note marg.*: « Hélas! que cet artisan de tromperies nous joue d'une manière bien puérile..., pour nous empêcher, malgré toute notre avidité pour la joie, de discerner d'où nous vient la véritable joie!» *Heu! quàm pueriliter nos ille decipiendi artifex fallit..., ut non discernamus, gaudendi avidi, unde veriùs gaudeamus* (Julian. Pomer., *De Vitâ contemplat.*, lib. II, cap. XIII). — (b) *Var.*: Arrangées dans une si belle ordonnance. — (c) De sa parole.

doctrine de l'Apôtre : *Itaque relinquitur sabbatismus populo Dei*, dit la savante *Epître aux Hébreux*[1].

Le fondement de ce repos des prédestinés, c'est que l'éternité leur est assurée. Car, mes frères, l'Eternel médite des choses éternelles ; et tout l'ordre de ses conseils, par diverses révolutions et par divers changemens, se doit enfin terminer à un état immuable. C'est pourquoi après ces jours de fatigue, après ces jours de l'ancien Adam, jours pénibles, jours laborieux, jours de gémissement et de pénitence, où nous devons subsister et gagner le pain de vie par nos sueurs, nous serons conduits à « la cité sainte que Dieu, dit le même Apôtre, nous a préparée[2], » et où le Saint-Esprit nous assure que « nous nous reposerons à jamais de toutes nos peines[3]. »

C'est en vue de l'éternité de cette cité triomphante, que saint Paul l'appelle « une cité ferme et qui a un fondement, » *fundamenta habentem civitatem*[4]. Nul fondement sur la terre. Nous pensons nous reposer ; et cependant le temps nous enlève, et nous sommes la proie de notre propre durée. Fixez un peu vos yeux, et vous verrez tout en mouvement autour de vous. Est-ce donc que tout tourne, ou bien si nous-mêmes nous tournons ? Tout tourne, et nous tournons tout ensemble, parce que la figure de ce monde passe. Et si nous ne sentons pas toujours cette violente agitation, c'est que nous sommes emportés avec tout le reste par une même rapidité. Où est donc la solidité et la consistance ? En vous, ô sainte Sion, cité éternelle « dont Dieu est l'architecte et le fondateur, » *cujus artifex et conditor Deus*[5]. En vous est la consistance, parce que sa main souveraine est votre soutien immuable et sa puissance invincible votre inébranlable fondement. « Efforçons-nous donc, dit le saint Apôtre, d'entrer dans ce repos éternel[6]. » Qui de nous ne désire pas le repos ? Et celui qui agit dans sa maison, et celui qui travaille à la campagne, et celui qui navigue sur les mers, et celui qui négocie sur la terre, et celui qui sert dans les armées, et celui qui s'intrigue et s'empresse dans les cours, tous aspirent de loin à quelque repos ; mais nous le voulons honnête, mais surtout nous le voulons assuré.

---

[1] *Hebr.*, IV, 9. — [2] *Ibid.*, XI, 16. — [3] *Apoc.*, XIV, 13. — [4] *Hebr.*, XI, 10. — [5] *Ibid.* — [6] *Ibid.*, IV, 11.

S'il est ainsi, chrétiens, ne le cherchez pas sur la terre. « Levez-vous, marchez sans relâche, dit le prophète Michée, parce qu'il n'y a point ici de repos pour vous (a) : » *Surgite et ite, quia non habetis hic requiem*[1]. Entrez un peu avec moi en raisonnement sur cette matière importante, ou plutôt entrez-y avec vous-mêmes; et pendant que je parlerai, consultez votre expérience. Je laisse les grandes paroles, j'abandonne les grands mouvemens de l'art oratoire, pour peser avec vous les choses froidement et de sens rassis.

Dans cette inconstance des choses humaines et parmi tant de violentes agitations qui nous troublent ou qui nous menacent, celui-là me semble heureux (b) qui peut avoir un refuge; et sans cela, chrétiens, nous sommes trop exposés aux attaques de la fortune pour pouvoir trouver du repos (c). Par exemple, vous vivez ici dans la Cour; et sans entrer plus avant dans l'état de vos affaires, je veux croire que la vie vous y semble douce; mais certes vous n'avez pas si fort oublié les tempêtes dont cette mer est si souvent agitée, que vous osiez vous fier tout à fait à cette bonace. Et c'est pourquoi je ne vois point d'homme sensé qui ne se destine un lieu de retraite, qu'il regarde de loin comme un port dans lequel il se jettera quand il sera poussé par les vents contraires. Mais cet asile que vous vous préparez contre la fortune, est encore de son ressort; et si loin que vous étendiez votre prévoyance, jamais vous n'égalerez ses bizarreries. Vous penserez vous être muni d'un côté, la ruine (d) viendra de l'autre. Vous aurez tout assuré aux environs, l'édifice manquera (e) tout à coup par le fondement. Si le fondement est solide, un coup de foudre viendra d'en haut qui renversera tout de fond en comble. Je veux dire simplement et sans figure que les malheurs nous assaillent et nous pénètrent par trop d'endroits, pour pouvoir être prévus et arrêtés de toutes parts. Il n'y a rien sur la terre où nous mettions notre appui (f), enfans, amis, dignités, emplois, qui non-seulement ne puisse manquer, mais encore ne puisse nous tourner en une amer-

---

[1] *Mich.*, II, 10.

(a) *Var.*: Parce que vous n'avez point de repos. — (b) Celui-là m'a toujours semblé heureux. — (c) Nous sommes trop découverts aux attaques de la fortune pour espérer du repos. — (d) La disgrace. — (e) Fondra. — (f) Notre confiance.

tume infinie; et nous serions trop novices dans l'histoire de la vie humaine, si nous avions encore besoin qu'on nous prouvât cette vérité. Posons (*a*) donc que ce qui peut arriver, ce que vous avez vu mille fois arriver aux autres, vous arrive aussi à vous-mêmes. Car sans doute, mes frères, vous n'avez point parmi vos titres (*b*) de sauvegarde contre la fortune : vous n'avez ni de priviléges, ni d'exemptions contre les communes foiblesses. Qu'il arrive donc (*c*) que l'espérance de votre fortune, que votre bonheur et vos établissemens soient minés (*d*) par quelque disgrace imprévue, votre famille désolée par quelque mort désastreuse, votre santé ruinée par quelque cruelle maladie; si vous n'avez quelque lieu d'abri où vous vous mettiez à couvert, vous essuierez tout du long la fureur des vents et de la tempête. Mais où trouverez-vous cet abri? Jetez les yeux de tous côtés, le déluge a inondé toute la terre, les maux en couvrent toute la surface, et vous ne trouverez pas même où mettre le pied (*e*). Il faut donc chercher le moyen de sortir de toute l'enceinte du monde.

Il est vrai qu'il y a en nous une secrète partie (*f*) sur laquelle la fortune n'avoit aucun droit : notre esprit, notre raison, notre intelligence. Et c'est la faute que nous avons faite; ce qui étoit libre et indépendant, nous l'avons été engager dans les biens du monde, et par là nous l'avons soumis comme tout le reste aux prises de la fortune. Imprudens! la nature même a enseigné aux animaux poursuivis, quand le corps est découvert, de cacher la tête; nous dont la partie principale étoit naturellement à couvert de toutes les insultes, nous la produisons toute au dehors, et nous exposons aux coups ce qui étoit inaccessible et invulnérable! Que reste-t-il donc maintenant, sinon que démêlant du milieu du monde cette partie immortelle, nous l'allions établir dans la cité sainte que Dieu nous a préparée?

Peut-être que vous penserez que vous ne pouvez vous établir où vous n'êtes pas, et que je vous parle en vain de la terre et de

---

(*a*) *Var.* : Pour : supposons, posons le cas que. — (*b*) Dans vos titres. — (*c*) Faisons donc qu'il arrive que l'espérance de votre fortune..... — (*d*) Troublés, *ou* : renversés. — (*e*) Les maux sont répandus de toutes parts, et vous ne trouverez pas où vous arrêter. — (*f*) Il est vrai qu'il y a une partie de nous-mêmes sur laquelle.....

la sûreté du port, pendant que vous voguez au milieu des ondes. Eh quoi! ne voyez-vous pas ce navire qui, éloigné de son port, battu par les vents et par les flots, vogue dans une mer inconnue? Si les tempêtes l'agitent, si les nuages couvrent le soleil, alors le sage pilote craignant d'être emporté contre des écueils, commande qu'on jette l'ancre; et cette ancre fait trouver à son vaisseau la consistance parmi les flots, la terre au milieu des ondes et une espèce de port assuré dans l'immensité et dans le tumulte de l'océan. Ainsi, dit le saint Apôtre, « jetez au ciel votre espérance, laquelle sert à votre ame comme d'une ancre ferme et assurée, » *quam sicut anchoram habemus animæ tutam ac firmam*[1]. Jetez cette ancre sacrée, dont les cordages ne rompent jamais, dans la bienheureuse terre des vivans; et croyez qu'ayant trouvé un fond si solide, elle servira de fondement assuré à votre vaisseau, jusqu'à ce qu'il arrive au port.

Mais, Messieurs, pour espérer, il faut croire. Et c'est ce qu'on nous dit tous les jours : Donnez-moi la foi, et je quitte tout; persuadez-moi de la vie future, et j'abandonne tout ce que j'aime pour une si belle espérance. — Eh quoi! homme, pouvez-vous penser que tout soit corps et matière en vous? Quoi! tout meurt, tout est enterré? Le cercueil vous égale aux bêtes, et il n'y a rien en vous qui soit au-dessus? Je le vois bien, votre esprit est infatué de tant de belles sentences, écrites si éloquemment en prose et en vers, qu'un Montaigne (je le nomme) vous a débitées; qui préfèrent les animaux à l'homme, leur instinct à notre raison, leur nature simple, innocente et sans fard, c'est ainsi qu'on parle, à nos raffinemens et à nos malices. Mais, dites-moi, subtil philosophe, qui vous riez si finement (a) de l'homme qui s'imagine être quelque chose, compterez-vous encore pour rien de connoître Dieu? Connoître une première nature, adorer son éternité, admirer sa toute-puissance, louer sa sagesse, s'abandonner à sa providence, obéir à sa volonté, n'est-ce rien qui nous distingue des bêtes? Tous les saints, dont nous honorons aujourd'hui la glorieuse mémoire, ont-ils vainement espéré en Dieu, et n'y a-t-il que les épicuriens bru-

---

[1] *Hebr.*, VI, 19.
(a) *Var. :* Si éloquemment, *ou :* si galamment.

taux et les sensuels qui aient bien connu les devoirs de l'homme? Plutôt ne voyez-vous pas que si une partie de nous-mêmes tient à la nature sensible, celle qui connoît et qui aime Dieu, qui en cela est semblable à lui, puisque lui-même se connoît et s'aime, dépend nécessairement de plus hauts principes (*a*)? Et donc! que les élémens nous redemandent tout ce qu'ils nous prêtent, pourvu que Dieu puisse aussi nous redemander cette ame qu'il a faite à sa ressemblance. Périssent toutes les pensées que nous avons données aux choses mortelles; mais que ce qui étoit né capable de Dieu soit immortel comme lui! Par conséquent, homme sensuel, qui ne renoncez à la vie future que parce que vous craignez les justes supplices, n'espérez plus au néant; non, non, n'y espérez plus; voulez-le, ne le voulez pas, votre éternité vous est assurée. Et certes il ne tient qu'à vous de la rendre heureuse; mais si vous refusez ce présent divin, une autre éternité vous attend; et vous vous rendrez digne d'un mal éternel, pour avoir perdu volontairement un bien qui le pouvoit être.

Entendez-vous ces vérités? Qu'avez-vous à leur opposer? Les croyez-vous à l'épreuve de vos frivoles raisonnemens et de vos fausses railleries? Murmurez et raillez tant qu'il vous plaira : le Tout-Puissant a ses règles qui ne changeront ni pour vos murmures ni pour vos bons mots; et il saura bien vous faire sentir, quand il lui plaira, ce que vous refusez maintenant de croire (*b*). Allez, courez-en les risques, montrez-vous brave et intrépide, en hasardant tous les jours votre éternité. Ah! plutôt, chrétiens, craignez de tomber en ses mains terribles (*c*). Remédiez aux désordres de cette conscience gangrenée. Pécheurs, il y a déjà trop longtemps que « l'enflure de vos plaies est sans ligature, que vos blessures invétérées n'ont été frottées d'aucun baume : » *Vulnus, et livor, et plaga tumens; non est circumligata, nec curata medicamine, neque fota oleo*[1]. Cherchez un médecin qui vous traite; cherchez (*d*) un confesseur qui vous lie par une discipline

---

[1] *Isa.*, I, 6.

(*a*) *Var.* : Doit avoir de plus hauts principes. — (*b*) Ce que vous ne voulez pas croire. — (*c*) Puissantes. — (*d*) Pécheur, il y a déjà trop longtemps que l'enflure de tes plaies est sans ligature, que tes blessures..... Cherche un confesseur qui te traite, cherche un confesseur qui te lie, etc.

salutaire ; que ses conseils soient votre huile, que la grace du sacrement soit un baume bénin sur vos plaies. Ou si vous vous êtes approchés de Dieu, si vous avez fait pénitence dans une si grande solennité : allez donc désormais et ne péchez plus. Quoi! ne voulez-vous rien espérer que dans cette vie? Ah! ce n'est point la raison, c'est le dépit et le désespoir qui inspirent de telles pensées. S'il étoit ainsi, chrétiens, si toutes nos espérances étoient renfermées dans ce siècle, on auroit quelque raison de penser que les animaux l'emportent sur nous. Nos maladies, nos inimitiés, nos chagrins, nos ambitieuses folies, nos tristes et malheureuses prévoyances qui avancent les maux, bien loin d'en empêcher le cours, mettroient nos misères dans le comble. Eveillez-vous donc, ô enfans d'Adam ; mais plutôt éveillez-vous, ô enfans de Dieu, et songez au lieu de votre origine.

SIRE, celui-là seroit haï de Dieu et des hommes, qui ne souhaiteroit pas votre gloire même en cette vie (*a*), et qui refuseroit d'y concourir de toutes ses forces par ses fidèles services. Mais certes je trahirois Votre Majesté et je lui serois infidèle, si je bornois mes souhaits pour elle dans cette vie périssable. Vivez donc toujours heureux, toujours fortuné, victorieux de vos ennemis, père de vos peuples; mais vivez toujours bon, toujours juste, toujours humble et toujours pieux, toujours attaché à la religion et protecteur de l'Eglise. Ainsi nous vous verrons toujours roi, toujours auguste, toujours couronné, et en ce monde et en l'autre. Et c'est la félicité que je vous souhaite, avec le Père, le Fils et le Saint-Esprit.

(*a*) *Var.:* Qui ne souhaiteroit pas de vous voir heureux même en cette vie.

TROISIÈME SERMON

POUR

LA FÊTE DE TOUS LES SAINTS (a).

Ut sit Deus omnia in omnibus.
Dieu sera tout en tous. I *Cor.*, xv, 28.

Le Roi-Prophète fait une demande dans le psaume xxxiiie, à laquelle vous jugerez avec moi qu'il est aisé de répondre : « Qui est l'homme qui désire la vie et souhaite de voir des jours heureux ? » *Quis est homo qui vult vitam, diligit dies videre bonos*[1] *?* A cela toute la nature, si elle étoit animée, répondroit d'une même voix que toutes les créatures voudroient être heureuses. Mais surtout les natures intelligentes n'ont de volonté ni de désir que pour leur félicité ; et si je vous demande aujourd'hui si vous voulez être heureux, quoique vos bouches se taisent, j'entendrai le cri secret de vos cœurs, qui me diront d'un commun accord que sans doute vous le désirez, et ne désirez autre chose. Il est vrai que les hommes se représentent la félicité sous des formes différentes : les uns la recherchent et la poursuivent sous le nom de plaisir, d'autres sous celui d'abondance et de richesses, d'autres sous celui de repos, ou de liberté, ou de gloire, d'autres sous celui de vertu. Mais enfin tous la recherchent, et le Barbare et le Grec, et les nations sauvages et les nations polies et civilisées, et celui qui se repose dans sa maison, et celui qui travaille à la campagne, et celui qui traverse les mers, et celui qui demeure sur la terre. Nous voulons

---

[1] *Psal.* XXXIII, 13.

(a) Prêché le 1er novembre 1662, à la célèbre abbaye de Jouarre, qui vit se retirer dans son enceinte Madeleine d'Orléans, Jeanne de Bourbon, Charlotte de Bourbon, Louise de Bourbon, Marguerite de la Trémouille, Jeanne de Lorraine, etc. Un demi-siècle plus tard on parloit encore avec enthousiasme, dans l'illustre monastère, de l'*Amen alleluia* de Bossuet, deux mots de l'*Apocalypse* qu'il avoit commentés d'après saint Augustin. Nous n'avons pas ce commentaire ; celui qu'on a publié jusqu'à ce jour est de Déforis.

Le sermon n'a pas été rédigé complétement ; des pages qui le composent, les unes reproduisent des pensées du discours précédent, d'autres renferment des textes latins, plusieurs sont seulement esquissées. Au reste, de sublimes considérations.

tous être heureux, et il n'y a rien en nous ni de plus intime ni de plus fort, ni de plus naturel (a) que ce désir.

Ajoutons-y, s'il vous plaît, Messieurs, qu'il n'y a rien aussi de plus raisonnable. Car qu'y a-t-il de meilleur que de souhaiter le bien, c'est-à-dire la félicité? Vous donc, ô mortels qui la recherchez, vous recherchez une bonne chose; prenez garde seulement que vous ne la recherchiez où elle n'est pas. Vous la cherchez sur la terre, et ce n'est pas là qu'elle est établie, ni que l'on trouve ces jours heureux dont nous a parlé le divin Psalmiste. En effet ces beaux jours, ces jours heureux, ou les hommes toujours inquiets les imaginent du temps de leurs pères, ou ils les espèrent pour leurs descendans; jamais ils ne pensent les avoir trouvés ou les goûter pour eux-mêmes. Vanité, erreur et inquiétude de l'esprit humain! Mais peut-être que nos neveux regretteront la félicité de nos jours avec la même erreur qui nous fait regretter le temps de nos devanciers; et je veux dire en un mot, Messieurs, que nous pouvons ou imaginer des jours heureux, ou les espérer, ou les feindre, mais que nous ne pouvons jamais les posséder sur la terre.

Songez, ô enfans d'Adam, au paradis de délices d'où vous avez été bannis par votre désobéissance; là se passoient les jours heureux. Mais songez, ô enfans de Jésus-Christ, à ce nouveau paradis dont son sang nous a ouvert le passage; c'est là que vous verrez les beaux jours (b). Ce sont ici les jours de misères, les jours de sueurs et de travaux, les jours de gémissemens et de pénitence, auxquels nous pouvons appliquer ces paroles du prophète Isaïe : « Mon peuple, ceux qui te disent heureux, t'abusent (c) et renversent toute ta conduite[1]. » Et encore : « Ceux qui font croire à ce peuple qu'il est heureux, sont des trompeurs; et ceux dont on vous vante la félicité sont précipités dans l'erreur (d) : » *Et erunt qui beatificant populum istum seducentes, et qui beatificantur præcipitati*[2].

Ne croyez pas que j'entreprenne, etc. Car écoutez l'apôtre saint

---

[1] *Isa.*, III, 12. — [2] *Ibid.*, IX, 16.

(a) *Var.* : Constant. — (b) Que vous goûterez la félicité véritable. — (c) Te trompent. — (d) Dans l'abîme.

Jean : « Mes bien-aimés, nous sommes enfans de Dieu, et ce que nous devons être un jour ne paroît pas encore[1]. » Ainsi ce n'est pas le temps d'en discourir. « Tout ce que nous savons, c'est que, quand notre gloire paroîtra, nous lui serons semblables, parce que nous le verrons tel qu'il est. » Comme un nuage que le soleil perce de ses rayons devient tout éclatant (a) ; vous y voyez un or, un brillant : ainsi notre ame exposée à Dieu, à mesure qu'elle le pénètre, elle en est aussi pénétrée, et nous devenons dieux en regardant attentivement la Divinité. *Deus diis unitus,* dit saint Grégoire de Nazianze[2]. *Videbitur Deus deorum in Sion*[3]. Dieu, mais Dieu des dieux, parce qu'il les fera des dieux par la claire vue de sa face. La plénitude ; rien ne manque ; le comble y est, la dernière main.

Qui ne désire pas, qui ne gémit pas, qui ne soupire pas dans cette vie ? Toute la nature est dans l'indigence. Gloire, puissance, richesses, abondance, noms superbes et magnifiques, choses vaines et stériles ! Les biens que le monde donne accroissent certains désirs et en poussent d'autres : semblables à ces viandes creuses et légères, qui pour n'avoir que du vent et non du suc ni de la substance, enflent et ne nourrissent pas, et amusent la faim plutôt qu'elles ne la contentent. Les grandes fortunes ont des besoins que les médiocres ne connoissent pas. Cette avidité de nouveaux plaisirs, de nouvelles inventions, marque de la pauvreté intérieure de l'ame. L'ambition compte pour rien tout ce qu'elle tient. Ne vous laissez pas éblouir à ces apparences, ce qui est richement couvert par le dehors n'est pas toujours rempli au dedans, et souvent ce qui semble regorger est vide.

Voulez-vous entendre la plénitude de la joie des saints : *Alleluia, Amen,* « louange à Dieu ! » Ils ne prient plus, ils ne gémissent plus, la créature ne soupire plus et n'est plus dans les douleurs de l'enfantement. Elle ne dit plus : « Malheureux homme que je suis ! » etc. Elle loue, elle triomphe, elle rend graces. *Amen, hoc est verum; tota actio nostra, Amen et Alleluia erit. Tædium,* l'ennui; *fastidium,* le dégoût. *Non sonis transeuntibus dicemus :*

---

[1] I *Joan.*, III, 2. — [2] *Orat.* XXI, tom. 1, p. 374; *Epist.* LXIII, *ibid.,* p. 820. — [3] *Psal.* LXXXIII, 8.

(a) *Var. :* Tout lumineux.

Amen, Alleluia, sed affectu animi. Deus veritas perpetua et incommutabiliter manens..... Amen utique dicemus, sed insatiabili satietate. Quia non deerit aliquid, ideo satietas; quia semper delectabit, ideo quædam, si dici potest, insatiabilis satietas erit. Quàm ergo insatiabiliter satiaberis veritate, tam insatiabili veritate dices : Amen, hoc est verum..... Vacate et videte..... Sabbatum perpetuum..... Et hæc erit vita sanctorum, hæc actio quietorum[1]*..... Stabilitas ibi magna erit, et ipsa immortalitas corporis nostri jam suspendetur in contemplatione Dei..... Noli timere ne non possis semper laudare quem semper poteris amare*[2].

Les esprits impies n'entendent point cette joie : *Hæc dicit Dominus populo huic, qui dilexit movere pedes suos, et non quievit, et Domino non placuit*[3]. *Vacate et videte, gustate et videte*[4]. *Quando dicitur quòd cætera subtrahuntur et solus Deus erit quo delectemur, quasi angustatur anima quæ consuevit multis delectari, et dicit sibi anima carnalis, carni addicta, visco malarum cupiditatum involutas pennas habens ne volet ad Deum, dicit sibi : Quid mihi erit ubi non manducabo, ubi non bibam, ubi cum uxore non dormiam? Quale gaudium mihi tunc erit? Hoc gaudium tuum de ægritudine est, non de sanitate..... Sunt quædam ægrotantium desideria : ardent desiderio aut alicujus fontis, aut alicujus pomi; et sic ardent ut existiment quia... frui debeant desideriis suis. Venit sanitas, et perit cupiditas : quod desiderabat, fastidit, quia hoc in illo febris quærebat..... Cùm multa sint ægrotantium desideria quæ ista sanitas tollit......: sic omnia tollit immortalitas, quia sanitas nostra immortalitas est*[5].

Spes lactat nos, nutrit nos, confirmat nos.

Vacate et videte : ils ne connoissent point d'action sans agitation et ne croient pas s'exercer s'ils ne se tourmentent. *Vacate et videte :* action paisible et tranquille. Voulez-vous, mes frères, que je vous en donne quelque idée? Souffrez que je vous fasse réfléchir encore une fois sur l'action qui vous occupe dans cette église. Vous m'écoutez, ou plutôt vous écoutez Dieu qui vous parle par ma bouche. Car je ne puis parler qu'aux oreilles, et

---

[1] S. August., *Serm.* CCCLXII, n. 28, 29. — [2] *In Psal.* LXXXIII, n. 8. — [3] *Jerem.*, XIV, 10. — [4] *Psal.* XXXIII, 9; XLV, 11. — [5] S. August., *Serm.* CCLV, n. 7.

c'est dans le cœur que vous êtes attentifs, où ma parole n'est pas capable de pénétrer. Je ne sais si cette parole a eu la grace de réveiller au dedans de vous cette attention secrète à la vérité qui vous parle au cœur; je l'espère, je le conjecture. J'ai vu, ce me semble, vos yeux et vos regards attentifs; je vous ai vus arrêtés et suspendus, avides de la vérité et de la parole de vie (*a*). Vous a-t-elle délectés? Vous a-t-elle fait oublier pour un temps les embarras des affaires, les soins empressés de votre maison, la recherche trop ardente des vains divertissemens (*b*)? Il me le semble, mes frères; vous étiez doucement occupés de la suavité de la parole. Qu'avez-vous vu? qu'avez-vous goûté? quel plaisir secret a touché vos cœurs? Ce n'est point le son de ma voix qui a été capable de vous délecter. Foible instrument de l'esprit de Dieu, discours fade et insipide, éloquence sans force et sans agrément, c'est ce qu'on peut par soi-même (*c*). Ce qui vous a nourris, ce qui vous a plu, ce qui vous a délectés, c'est la vue de la vérité.

Ainsi Marie, sœur de Marthe, étoit attentive aux pieds de Jésus et écoutoit sa parole. Ne vous étonnez pas de cette comparaison. Car encore que nous ne soyons que des hommes mortels et pécheurs, c'est cette même parole que nous vous prêchons. Ainsi elle s'occupoit du seul nécessaire, et prenoit pour soi la meilleure part qui ne pouvoit lui être ôtée. Qu'est-ce à dire qui ne peut lui être ôtée? Les troubles passent, les affaires passent, les plaisirs passent; la vérité demeure toujours et n'est jamais ôtée à l'ame qui s'y attache; elle la croit en cette vie, elle la voit en l'autre; en cette vie et en l'autre elle la goûte (*d*), elle en fait son plaisir et sa vie. Mais si cette vérité nous délecte quand elle nous est exprimée par des sons qui passent, combien nous ravira-t-elle quand elle nous parlera de sa propre voix éternellement permanente (*e*)? Ombres, énigmes, imperfection. Quelle sera notre vie lorsque nous la verrons à découvert! Ici nous proférons plusieurs paroles, et nous ne pouvons égaler même la simplicité de nos idées; nous parlons beaucoup, et disons peu. Combien donc sommes-nous éloignés de la grandeur de l'objet que nos idées représentent d'une

---

(*a*) *Var.:* Divine. — (*b*) Plaisirs. — (*c*) C'est ce que je puis par moi-même. — (*d*) Elle la savoure. — (*e*) Quand elle nous parlera par elle-même.

manière si basse et si ravalée? Là une seule parole découvrira tout : *Semel locutus est Deus* [1] *:* « Dieu a parlé une fois, » et il a tout dit. Il a parlé une fois, et en parlant il a engendré son Verbe (*a*), sa Parole, son Fils en un mot. C'est en ce Verbe que nous verrons tout. C'est en cette Parole que toute vérité sera ramassée. Et nous ne concevons pas une telle joie? *Vacate et videte;* sortez de l'empressement et du trouble, quittez les soins turbulens. Ecoutez la vérité et la parole : *Gustate et videte :* Goûtez et voyez combien le Seigneur est doux; et vous concevrez ce ravissement, ce triomphe, cette joie infinie, intime, de la Jérusalem céleste.

Mais, mes frères, pour parvenir à ce repos, il ne nous faut donner aucun repos (*b*). Nul travail quand nous serons au lieu de repos; nul repos tant que nous serons au lieu de travail. Pour être chrétien, il faut sentir qu'on est voyageur; et celui-là ne le connoît pas, qui ne court point sans relâche à sa bienheureuse patrie. Ecoutez un beau mot de saint Augustin : *Qui non gemit peregrinus, non gaudebit civis* [2] *:* « Celui qui ne gémit pas comme voyageur, ne se réjouira pas comme citoyen. » Il ne sera jamais habitant du ciel, parce qu'il séjourne trop volontiers sur la terre; et s'arrêtant où il faut marcher, il n'arrivera pas où il faut parvenir.

Mes frères, nous ne sommes pas encore parvenus, comme dit le saint Apôtre [3]; notre consolation, c'est que nous sommes sur la voie. Jésus-Christ est « la voie, la vérité et la vie [4]. » C'est à lui qu'il faut tendre, et c'est par lui qu'il faut avancer. Mais, mes frères, dit saint Augustin, « cette voie veut des hommes qui marchent, » *via ista ambulantes quærit;* c'est-à-dire des hommes qui ne se reposent jamais, qui ne cessent jamais d'avancer, en un mot des hommes généreux et infatigables : *Via ista ambulantes quærit; tria sunt genera hominum quæ odit : remanentem, retrò redeuntem, aberrantem* [5]; écoutez : « Elle ne peut souffrir trois sortes d'hommes : ceux qui s'égarent, ceux qui retournent, ceux qui s'arrêtent; » ceux qui se détournent, ceux qui s'égarent, ceux

---

[1] *Psal.* LXI, 12. — [2] *In Psal.* CXLVIII, n. 4. — [3] *Philip.*, III, 12. — [4] *Joan.*, XIV, 6. — [5] Serm. *de Cantic. novo,* n. 4.

(*a*) Var. : Il a parlé une fois; et toutefois cette expression telle quelle de la vérité a engendré son Verbe..... — (*b*) Pour : il ne faut nous donner aucun repos.

qui sortent entièrement de la voie, ceux qui suivent leurs passions insensées et qui se précipitent aux péchés damnables.

Je n'entreprends pas de vous dire tous les égaremens et tous les détours; mais je vous veux donner une marque pour reconnoître la voie, la marque de l'Evangile, celle que le Sauveur nous a enseignée. Marchez-vous dans une voie large, dans une voie spacieuse; y marche-t-on à son aise, y marche-t-on avec la troupe et la multitude, avec le grand monde, etc.? ce n'est pas la voie de votre patrie. Vous n'êtes pas sur la voie; c'est la voie de perdition; le chemin de votre patrie est un sentier étroit et serré. Le train et l'équipage embarrasse dans cette voie; je veux dire l'abondance, la commodité. Les vastes désirs du monde ne trouvent pas de quoi s'y étendre. Les épines qui l'environnent se prennent à nos habits et nous arrêtent. Tous les jours il nous en coûte quelque chose, tantôt un désir et tantôt un autre, comme dans un chemin difficile le train diminue toujours; et tous les jours dans un sentier si serré, il faut laisser quelque partie de notre suite, c'est-à-dire quelqu'un de nos vices, quelqu'une de nos passions; tant qu'enfin nous demeurions seuls, nus et dépouillés, non-seulement de nos biens, mais de nous-mêmes. C'est Jésus-Christ, c'est l'Evangile! Qui de nous est tous les jours plus à l'étroit?

Ceux qui retournent en arrière, ils sont sur la voie, mais ils reculent plutôt que d'avancer. Entendons et pénétrons. Vous avez embrassé la perfection, vous avez choisi la retraite, vous vous êtes consacré à Dieu d'une façon particulière, vous avez banni les pompes du monde, vous avez appréhendé de plaire trop. Vous avez recherché les véritables ornemens d'une femme chrétienne, c'est-à-dire la retenue et la modestie, retranchant les vanités et le superflu. La prière, la prédication, les saintes lectures ont fait votre exercice le plus ordinaire. Vous vous lassez dans cette vie: vous ne sortez pas de la voie, vous ne vous précipitez pas aux péchés damnables; mais vous faites néanmoins un pas en arrière. Vous prêtez de nouveau l'oreille aux dangereuses flatteries du monde; vous rentrez dans ses joies, dans ses jeux et dans son commerce; vous prodiguez le temps que vous ménagiez; vous ôtez à la piété ses meilleures heures. Si vous ne quittez pas votre modestie, vous voulez du moins qu'elle plaise, et vous ajoutez quelque chose à cette simplicité qui vous paroît trop sauvage. Ah! cette voix intérieure du Saint-Esprit qui vous poussoit dans le désert avec Jésus-Christ, c'est-à-dire à la solitude et à la vie retirée, vous la laissez étourdir par le bruit du monde, par son tumulte, par ses embarras : vous n'êtes pas propre au royaume de Dieu. « Celui-là n'y est pas propre, dit le Fils de Dieu, qui ayant mis la main à la charrue regarde derrière [1]. » Il ne dit pas qui retourne, mais qui regarde en arrière. Ce ne sont pas seulement les pas, mais les regards mêmes qu'il veut retenir; tant il demande d'attention, d'exactitude, de persévérance. Songez à la femme de Lot et au châtiment terrible que Dieu exerça sur elle [2], pour avoir seulement retourné les yeux du côté de la corruption qu'elle avoit quittée. Vous faites injure au Saint-Esprit et à la vocation divine, à cet esprit généreux qui ne sait point se relâcher ni se ralentir; vous ramollissez sa force, vous retardez sa divine et impétueuse ardeur; et par une juste punition il vous abandonnera à votre foiblesse. Vous aviez si bien commencé! Vous vous repentez d'avoir bien fait, vous faites pénitence de vos bonnes œuvres; pénitence qui réjouit non l'Eglise mais le monde, non les anges mais les démons.

Mais il y en a encore d'autres, ceux qui disent (a) : J'en ai assez fait, je n'ai qu'à m'entretenir dans ma manière de vie; je ne veux pas aspirer à une plus haute perfection, je la laisse aux religieux; pour moi, je me contente de ce qui est absolument nécessaire pour le salut éternel. Nouvelle espèce de fuite et de retraite. Car pour arriver à cette montagne, à cette sainte Sion dont le chemin est si roide et si droit, si l'on ne s'efforce pour monter toujours, la pente nous emporte, et notre propre poids nous précipite. Tellement que dans la voie du salut, si l'on ne court, on retombe; si on languit, on meurt bientôt; si on ne fait tout, on ne fait rien; enfin marcher lentement, c'est rendre la chute infaillible.

Ne menez pas une vie moitié sainte et moitié profane, moitié chrétienne et moitié mondaine, ou plutôt toute mondaine et toute

---

[1] *Luc.*, IX, 62. — [2] *Gen.*, XIX, 26.
(a) *Var.* : Mais elle ne souffre pas même ceux qui s'arrêtent, ceux qui disent.....

profane, parce qu'elle n'est qu'à demi chrétienne et à demi sainte. Que je vois dans ce monde de ces vies mêlées ! On fait profession de piété, et on aime encore les pompes du monde. On est des œuvres de charité, et on abandonne son cœur à l'ambition. « La loi est déchirée, et le jugement ne vient pas à sa perfection : » *Lacerata est lex, et non pervenit ad finem judicium* [1]. La loi est déchirée ; l'Evangile, le christianisme n'est en nos mœurs qu'à demi, et nous cousons à cette pourpre royale un vieux lambeau de mondanité. Nous réformons quelque chose dans notre vie, nous condamnons le monde dans une partie de sa cause ; et il devoit la perdre en tout point, parce qu'il n'y en a jamais eu de plus déplorée. Ce peu que nous lui laissons marque la pente du cœur.

Ecoutez donc l'Evangile : *Contendite* [2] : « Efforcez-vous. » En quelque état..., *contendite*. Si pour avancer à la perfection, combien plus pour sortir du crime ? Marchez par la voie des saints : ils ne sont pas tous au même degré, mais tous ont pratiqué le même Evangile. « Il y a plusieurs demeures dans la maison de mon Père [3], » mais il n'y a qu'une même voie pour y parvenir, qui est la voie de la croix, c'est-à-dire la voie de la pénitence. Si cependant Dieu vous frappe, etc., ne vous laissez pas abattre. Il vous corrige, il vous châtie. Ce n'est pas là ce qu'il faut craindre. Ne craignez pas que votre Père ne vous châtie, craignez qu'il ne vous déshérite. En perdant votre héritage, vous perdrez tout ; car vous le perdrez lui-même. Et ne vous plaignez pas qu'il vous refuse tant de biens qu'il accorde aux autres ; si vous voulez qu'il vous exauce toujours, ne lui demandez rien de médiocre, rien moins que lui-même, *à magno parva* [4], son trône, sa gloire, sa vérité, etc.

[1] *Habac.*, I, 4. — [2] *Luc.*, XIII, 24. — [3] *Joan.*, XIV, 2. — [4] S. Greg. Nazianz., *Epist.* CVI.

ESQUISSE D'UN SERMON

POUR

LA FÊTE DE TOUS LES SAINTS (a).

Beati misericordes, quoniam ipsi misericordiam consequentur.
Bienheureux les miséricordieux, parce qu'ils obtiendront miséricorde.
Matth., v, 7.

La solennité de ce jour et la charge particulière qui m'est imposée, m'obligent à partager mon esprit en deux pensées bien contraires, et à vous faire arrêter les yeux sur deux objets bien différens. Et premièrement, chrétiens, c'est l'intention de la sainte Eglise que l'on prêche dans toutes ses chaires la gloire des esprits immortels qu'elle honore tous aujourd'hui par une même célébrité. Et pour suivre ses volontés, il faut que par cette clef admirable de la parole divine à laquelle rien n'est fermé, je vous ouvre les portes sacrées de la céleste Jérusalem, et que je vous fasse entrer dans ce sanctuaire adorable où tous ces esprits bienheureux se reposant de tous leurs travaux, sont rendus dignes de porter leur bouche à la source toujours féconde de félicité et de vie. C'est le premier objet que l'on me propose; mais voici que d'un autre côté on me charge de recommander à vos charités de prendre soin

---

(a) ANALYSE, PAR BOSSUET.

Liaison entre la miséricorde reçue et la miséricorde exercée.
Salut est une grace. Comparaison : une pierre dans l'édifice.
Adorer la miséricorde en l'imitant.
Deux sacrifices : à la justice, sacrifice de destruction; à la miséricorde, sacrifice de conservation.
Les pauvres : *Talibus hostiis promeretur* (Hebr., XIII, 16).

Prêché le 1ᵉʳ novembre 1657, à Metz, devant une société de charité qui faisoit distribuer chez les pauvres des remèdes et des alimens, à la nouvelle inauguration de l'*Œuvre des bouillons.*

Plusieurs indices révèlent l'époque indiquée : l'écriture négligée, bien qu'elle commence à se former; la description de la misère publique qui sévissoit alors; le grand nombre des textes scripturaires; enfin les expressions plus imagées que justes. Nous lisons, par exemple : « Il faut que je vous fasse entendre... la ravissante musique par laquelle les saints expriment leur joie, et l'on m'oblige en même temps de faire résonner à vos oreilles les gémissemens des infirmes..... Comment sera-t-il possible de marcher dans le même moment en des lieux si différens et sur des chemins si contraires? »

des pauvres malades et de vous animer, si je puis, à vous joindre d'un zèle fervent à cette sainte société, qui ayant formé depuis quelques années le dessein de les soulager dans leur extrême misère, s'est liée et dévouée depuis peu à cette œuvre salutaire avec une ferveur nouvelle et un saint accroissement de dévotion. Que ferai-je ici, chrétiens, partagé entre deux matières qui paroissent si opposées? D'un côté il faut que je vous fasse entendre les cantiques harmonieux et la ravissante musique par laquelle les saints expriment leur joie, et l'on m'oblige dans le même temps de faire résonner à vos oreilles les gémissemens des infirmes et les plaintes des languissans. Il faut élever nos esprits à cette cité bienheureuse et brillante d'une lumière immortelle, et en même temps il nous faut descendre dans les demeures tristes et obscures où sont gisans les pauvres malades. Et comment sera-t-il possible de marcher dans le même moment en des lieux si différens et sur des chemins si contraires? Toutefois nous nous trompons; chrétiens, ce n'est qu'une fausse apparence, et si nous savons pénétrer les mystères du christianisme et la doctrine de notre évangile, nous demeurerons convaincus que ces deux objets que l'on nous présente, quoiqu'ils semblent fort opposés, sont unis nécessairement d'une liaison très-étroite. Car, dites-moi, je vous prie, mes frères, qu'est-ce que le ciel? qu'est-ce que ce séjour glorieux? C'est le lieu que Dieu nous prépare pour y recevoir la miséricorde. Et les chambres des pauvres infirmes, les lits non de repos et de sommeil, mais d'inquiétudes et de veilles laborieuses où nous les voyons attachés? C'est le lieu que Dieu nous destine pour y faire la miséricorde. Et maintenant ne voyez-vous pas quelle liaison il y a entre la miséricorde reçue et la miséricorde exercée? « Bienheureux les miséricordieux : » voilà ceux qui exercent la miséricorde; « parce qu'ils obtiendront la miséricorde : » et voilà ceux qui la reçoivent. Ne croyez donc pas, chrétiens, que ce soient deux choses fort éloignées de regarder en un seul discours les heureux et les misérables. Vous voyez que notre Sauveur met ensemble les uns et les autres, et cela pour quelle raison? C'est qu'en nous montrant le lieu bienheureux où il répand sur nous la miséricorde, il nous fait voir où il nous faut tendre ; et en nous parlant du lieu où nous la pouvons exercer, il nous montre le droit chemin par lequel nous y pouvons arriver. Ouvrez vos mains, dit notre Sauveur ; ouvrez-les du côté de Dieu, ouvrez-les du côté des pauvres : ouvrez pour recevoir, ouvrez pour donner. Si vous fermez vos entrailles sur les nécessités de vos frères, la source de la miséricorde divine se tarira aussitôt sur vous ; ouvrez-leur et votre cœur et vos mains, elle coulera avec abondance. C'est, mes frères, cette liaison et cette concorde admirable entre la miséricorde que nous espérons et la miséricorde que nous exerçons, que j'espère traiter en deux points avec le secours de la grace. Je vous représenterai avant toutes choses avec quelle libéralité Dieu exerce sur nous sa miséricorde, lorsqu'il nous reçoit dans son paradis ; et après je tâcherai de vous faire voir combien cette abondance de miséricorde que le Père céleste témoigne envers nous, en nous appelant à sa gloire, nous oblige d'avoir de tendresse pour nos frères qui sont ses enfans et les membres de son Fils unique. C'est le sujet de tout ce discours.

PREMIER POINT.

Commençons avec allégresse à publier les miséricordes que notre bon Père exerce sur nous, lorsqu'il daigne nous appeler à la gloire de son royaume. Disons, confessons, publions, que nous n'y pouvons entrer que par grace, par un pur effet de bonté, par un sentiment de miséricorde. Et le Sauveur nous le dit dans notre Evangile : *Misericordiam consequentur*[1]. Quelle est cette miséricorde que le Fils de Dieu leur promet? Je soutiens que c'est la vie éternelle : *Regnum cœlorum*[2]. *Deum videbunt*[3] ; *possidebunt terram*[4] ; *terram viventium*[5] ; *saturabuntur*[6] ; *inebriabuntur*[7] ; *satiabor cùm apparuerit gloria tua*[8] ; *consolabuntur*[9] ; *absterget Deus omnem lacrymam*[10]. Ainsi, *misericordiam consequentur*.

En effet, que pouvons-nous espérer, misérables bannis, enfans d'Eve, c'est-à-dire enfans de colère, enfans de malédiction, naturellement ennemis, chassés du paradis de délices? Si l'on nous rappelle à notre patrie, si l'on nous tire de l'abîme, que devons-

---

[1] *Matth.*, v, 7. — [2] *Ibid.*, 3. — [3] *Ibid.*, 8. — [4] *Ibid.*, 4. — [5] *Psal.* XXVI, 13. — [6] *Matth.*, v, 6. — [7] *Psal.* XXXV, 9. — [8] *Ibid.*, XVI, 15. — [9] *Matth.*, v, 5. — [10] *Apoc.*, XXI, 4.

nous faire autre chose que de louer la miséricorde de ce charitable Pasteur qui nous a retirés du lac par le sang de son Testament, et nous a reportés au ciel chargés sur ses épaules? *Misericordias Domini in æternum cantabo*[1] *: in æternum ;* ce n'est pas seulement dans le temps, mais encore principalement dans l'éternité.

Toutefois on me pourroit dire que cela n'est pas de la sorte : la gloire leur étant donnée comme récompense, il semble que c'est plutôt la justice qui la distribue au mérite, que la miséricorde qui la donne gratuitement. Esprits saints, esprits bienheureux, ne fais-je point tort à vos bonnes œuvres? J'entends un de vous qui dit : *Bonum certamen certavi*[2]. On vous rend la couronne, mais lorsque vous avez combattu; on vous honore, mais vous avez servi; on vous donne le repos, mais vous avez fidèlement travaillé : ce n'est donc pas miséricorde. A Dieu ne plaise! mais c'est cette doctrine qui fait éclater la miséricorde. Expliquons cette doctrine. Saint Augustin : *Reddet omnino Deus, et mala pro malis quoniam justus est, et bona pro malis quoniam bonus est, et bona pro bonis quoniam bonus et justus est*[3]. A cela se rapporte toute la conduite de Dieu envers les hommes. L'une semble diminuer les autres, non point en Dieu : les ouvrages de Dieu ne se détruisent point les uns les autres. Cette justice n'est pas moins justice pour être mêlée de miséricorde; cette grace n'est pas moins grace pour être accompagnée de justice; au contraire, c'est le comble de la grace et de la miséricorde.

Pour l'entendre encore plus profondément, considérons avec le même saint Augustin de quelle sorte les ames saintes se présentent devant la justice (a) : *Redde quod promisisti ; fecimus quod jussisti*[4]. Nulle obligation de justice entre Dieu et l'homme. La promesse et l'alliance l'a faite. Elle a mis quelque égalité. Qui a fait l'alliance et qui a donné la promesse? La miséricorde. La justice la tient, mais la miséricorde la donne. Mais pénétrons encore plus loin. Cette promesse étoit conditionnelle. Je vous ai promis le ciel : oui, si vous veniez à moi sans péché et vous fructifiiez dans les

---

[1] *Psal.* LXXXVIII, 1. — [2] II *Tim.,* IV, 7. — [3] S. August., *De Grat. et lib. arb.,* cap. XXIII, n. 45. — [4] *Serm.* CLVIII, n. 2.

(a) *Var.* : Devant leur juge.

bonnes œuvres. Seriez-vous sans péchés, si les miséricordes ne les avoient remis? Auriez-vous des bonnes œuvres, si la grace ne les avoit faites? *Et hoc tu fecisti, quia laborantes juvisti*[1].

Ne voyez-vous donc pas que la justice cherche à récompenser? Mais elle ne trouve rien à récompenser que ce qu'a fait la miséricorde. Il a l'habit nuptial, il est juste qu'il soit du banquet; mais cet habit nuptial lui a été donné par présent : *Datum est illis ut cooperiant se byssino splendenti et candido*[2]. Il faut qu'ils entrent au royaume, parce qu'ils en sont dignes, mais c'est Dieu qui les a faits dignes; leurs œuvres les suivent, mais Dieu les a faites. Dieu ne peut avec justice les rejeter de devant sa face, parce qu'ils sont revêtus de sainteté; mais saint Paul, aux Hébreux : *Aptet vos in omni bono, ut faciatis ejus voluntatem, faciens in vobis quod placeat coràm se in Christo Jesu*[3]...: *quod placeat coràm se..., in omni bono*. C'est une suite de la loi éternelle par laquelle Dieu aime le bien, c'est justice ; mais, *aptet nos, faciat in nobis*. Il est juste que cette pierre soit mise au plus haut de cet édifice, qu'elle fasse le chapiteau de cette colonne, qu'elle soit mise en vue sur ce piédestal ; mais c'est parce qu'il a plu à l'ouvrier de la façonner de la sorte. Plus il y a de mérite, plus il y a de grace; plus il y a de justice, plus il y a de miséricorde. C'est pourquoi les vingt-quatre vieillards jettent leurs couronnes aux pieds de l'Agneau[4]. Combat de Dieu et de l'homme. Dieu leur donne : voilà la justice ; ils la lui rendent par actions de graces : c'est qu'ils reconnoissent la miséricorde : *Gratias Deo qui dedit nobis victoriam*[5]. Ravissement des saints en voyant la miséricorde divine : *Benedic, anima mea, Domino, qui coronat te in misericordiá et miserationibus*[6]. Voyez la miséricorde encore plus évidemment reconnue au couronnement : *Qui replet in bonis desiderium*[7]. Amour prévenant dès l'éternité, par lequel il les a choisis ; par quels secrets il a touché leurs cœurs; le soin qu'il a eu de détourner les occasions, les périls infinis du voyage se connoîtront à la fin, lorsqu'ils seront arrivés, voyant les damnés, et que la seule miséricorde les a triés : *Misericordia ejus præveniet me*[8]. — *Misericordia ejus subsequetur me*[9]. Le peu de

---

[1] S. Aug. *Serm.* CLVIII, n. 2. — [2] *Apoc.*, XIX, 8. — [3] *Hebr.*, XIII, 21. — [4] *Apoc.*, IV, 10. — [5] I *Cor.*, XV, 57. — [6] *Psal.* CII, 1, 4. — [7] *Ib.*, 5. — [8] *Psal.* LVIII, 11. — [9] *Ib.*, XXII, 6.

proportion de leurs œuvres avec leur gloire : *Supra modum, in sublimitate æternum gloriæ pondus* [1] *;* ils ne peuvent comprendre comment une créature chétive a été capable de tant de grandeur. *Alleluia :* Dieu les loue, ils louent Dieu [2]. Vous avez bien fait, leur dit Dieu : *Quia digni sunt* [3]. C'est vous qui l'avez fait : *Omnia opera nostra operatus es in nobis, Domine* [4]. C'est à ce lieu de paix que nous aspirons ; c'est après cette patrie bienheureuse que notre pèlerinage soupire ; c'est à cette miséricorde que nous espérons. Se peut-il faire que nous attendions tant de graces sans en vouloir faire à nos frères? La miséricorde nous environne de toutes parts : *Misericordia ejus circumdabit me* [5]. Cet exemple de notre Dieu ne nous attendrit-il pas? Si un maître est indulgent à ses domestiques, il ne peut souffrir les insolens et les fâcheux ; il veut que sa douceur serve de loi à toute sa famille. Sous un père si bon que Dieu, quelle douceur pouvons-nous prétendre, si nous sommes durs et inexorables? Vous voyez donc déjà, chrétiens, la liaison qu'il y a entre la miséricorde reçue et la miséricorde exercée ; mais entrons plus profondément dans cette matière, et expliquons notre seconde partie.

SECOND POINT.

Je crois que vous voyez aisément que de tous les divins attributs celui que nous devons reconnoître dans un plus grand épanchement de nos cœurs, c'est sans doute la miséricorde. C'est celui dont nous dépendons le plus ; nous ne subsistons que par grace ; il faut la reconnoître en la publiant, la publier en l'imitant : *Estote misericordes, sicut et Pater vester misericors est* [6]. Nous ayant faits à son image, il n'aime rien plus en nous que l'effort que nous faisons de nous conformer à ses divines perfections. Saint Paul aux Colossiens, après leur avoir montré la miséricorde divine dans la grace de leur élection, conclut en ces termes : *Induite vos ergo sicut electi Dei, sancti et dilecti* [7] *: electi* par miséricorde et par grace ; *dilecti* par pure bonté ; *sancti* par la rémission gratuite de tous vos péchés : *Induite vos ergo viscera misericordiæ.*

---

[1] II *Cor.*, IV, 17. — [2] *Apoc.*, XIX, 1, 3, 4, 6. — [3] *Ibid.*, III, 4. — [4] *Isa.*, XXVI, 12. — [5] *Psal.* XXXI, 10. — [6] *Luc.*, VI, 36. — [7] *Coloss.*, III, 12.

Pouvez-vous mieux confesser la miséricorde que vous recevez, qu'en la faisant aux autres en simplicité de cœur? Si vous êtes durs et superbes sur les misérables, il semble que vous ayez oublié votre misère propre. Si vous la faites aux autres dans un sentiment de tendresse, vous ressouvenant des graces, c'est alors que vous honorez ces bienfaits; c'est là le sacrifice que demande sa miséricorde : *Talibus hostiis promeretur*[1]. Il y a un sacrifice de destruction, c'est le sacrifice de la justice divine, en témoignage qu'elle détruit les pécheurs. Mais le propre de la miséricorde, c'est de conserver; il lui faut pour sacrifice conserver les pauvres et les misérables : voilà l'oblation qui lui plaît. Vous prétendez au royaume céleste, Dieu vous en a donné la connoissance, il vous y appelle par son Evangile, il vous y conduit par sa grace : *Quid retribuam Domino*[2]? Quelle victime lui offrirez-vous ? Voyez tous ces pauvres malades : offrez-lui ces victimes vivantes et raisonnables, conservées et soulagées par vos charités et par vos aumônes. Ils sont dans la fournaise de la pauvreté et de la maladie; que ne descendez-vous avec la rosée de vos aumônes ? O sacrifice agréable ! *Viscera sanctorum requieverunt per te, frater*[3]. A qui cela convient-il mieux, sinon aux pauvres malades ? Je ne néglige pas pour cela les autres; mais je prête ma voix à ceux-ci, parce qu'ils n'en ont point. Voyez quelle est leur nécessité. Nous naissons pauvres; Dieu a commandé à la terre de nous fournir notre nourriture; ceux qui n'ont point ce fonds imposent un tribut à leurs mains, ils exigent d'elles ce qui est nécessaire au reste du corps : voilà le second degré de misère. Quand ce fonds leur manque par l'infirmité, mais encore y a-t-il quelque recours; la nature leur a donné une voix, des plaintes, des gémissemens; dernier refuge des pauvres affligés pour attirer le secours des autres. Ceux dont je parle n'ont pas ces moyens : ils sont contraints d'être renfermés; leurs plaintes ne sont entendues que de leur pauvre famille éplorée et de quelques-uns de leurs voisins, peut-être encore plus misérables qu'eux. Mais dans l'extrême misère, quand on a l'usage de son esprit libre, la nécessité fait trouver des inventions ; le leur est accablé par la maladie, par les inquiétudes

[1] *Hebr.*, XIII, 16. — [2] *Psal.* CXV, 12. — [3] *Philem.*, vers. 7.

et souvent par le désespoir. Dans une telle nécessité, puis-je leur refuser ma voix?

Combien de malades dans Metz! Il semble que j'entends tout autour de moi un cri de misère : ne voulez-vous pas avoir pitié? Leur voix est lasse, parce qu'elle est infirme; moins je les entends, et plus ils me percent le cœur. Mais si leur voix n'est pas assez forte, écoutez Jésus-Christ qui se joint à eux. Ingrat, déloyal! nous dit-il, tu manges et tu te reposes à ton aise; et tu ne songes pas que je suis souffrant en telle maison, que j'ai la fièvre en cette autre, et que partout je meurs de faim si tu ne m'assistes! Qu'attendez-vous, cruels! pour subvenir à la pauvreté de ce misérable? Quoi! attendez-vous que les ennemis de la foi en prennent le soin pour les gagner à eux par une cruelle miséricorde? Voulez-vous que votre dureté leur serve d'entrée? Ah! qu'un homme se fait bien entendre, quand il vient donner la vie à un désespéré! Foiblesse d'esprit dans la maladie. Vous voulez qu'ils soient secourus; favorisez donc de tout votre pouvoir cette confrérie charitable qui se consacre à leur service. Aidez ces filles charitables dont toute la gloire est d'être les servantes des pauvres malades; victimes consacrées pour les soulager. Et ne me dites point : Les pauvres sont de mauvaise humeur, on ne peut les contenter. — C'est une suite nécessaire de la pauvreté. Sont-ils de plus mauvaise humeur que ceux auxquels Jésus-Christ disoit : *O generatio perversa, usquequo patiar vos? Adduc hùc filium tuum*[1].— Mais ils ne se contentent pas de ce que nous leur donnons; ils veulent de l'argent, et non des bouillons, et non des remèdes. — Qui le veut? C'est l'avarice. Vous n'êtes pas assemblées pour satisfaire à ce que leur avarice désire, mais à ce qu'exige leur nécessité. Mais il n'y a point de fonds? C'est la charité des fidèles; et c'est à vous à l'exciter. C'est pour cela, mesdames, que vous vous êtes toutes données à Dieu pour faire la quête.

Si la pauvreté dans le christianisme est honorable, vous devez être honorées de faire pour Jésus-Christ l'action de pauvres. Quoi! rougirez-vous de demander l'aumône pour Jésus-Christ? Quand est-ce que vous donnerez, si vous ne pouvez vous résoudre à

---

[1] *Luc.*, IX, 41.

demander? Vous devriez ouvrir vos bourses, et vous refusez de tendre la main! — Mais on ne me donne rien. — O vanité, qui te mêles jusque dans les actions les plus humbles, ne nous laisseras-tu jamais en repos? Jésus se contente d'un liard, Jésus se contente d'un verre d'eau ; bien plus, il ne laisse pas de demander aux plus rebelles, aux plus incrédules. Animez-vous donc les unes les autres ; mais persévérez. Quelle honte d'avoir commencé! Ce seroit une hypocrisie. Rien de plus saint; tout le monde y devroit concourir. N'écoutez pas ceux qui disent : Cet œuvre ne durera pas. — Il ne durera pas si vous êtes lâches; il ne durera pas si vous manquez de foi, si vous vous défiez de la Providence. Dieu suscitera l'esprit de personnes pieuses pour vous fournir des secours extraordinaires, mais ce sera si vous faites ce que vous pouvez. Quelle consolation! je n'ai qu'un écu à donner; il se partagera entre tous les pauvres, comme la nourriture entre tous les membres. C'est l'avantage de faire les choses en union. Si chaque membre prenoit sa nourriture de lui-même, confusion et désordre; la nature y a pourvu : une même bouche. Comme les membres s'assistent les uns les autres, prêtez-leur vos mains, prêtez-leur vos voix. La main prend un bâton pour soutenir le corps au défaut du pied.

Exhortation. En considérant la miséricorde que nous recevons de Jésus-Christ, que lui rendrons-nous? Il n'a que faire de nous. Empressement de la reconnoissance. Sauveur, je meurs de honte de recevoir vos bienfaits sans rien rendre; donnez-moi le moyen de les reconnoître. Pressé par ces raisons que la gratitude inspire, il dit : Je te donne les pauvres; ce que tu leur feras, je le tiens pour reçu aux mêmes conditions qu'eux; je veux entrer en leur place. Ne le crois-tu pas? C'est lui qui le dit : Il a dit que du pain c'étoit son corps; tu le crois et tu l'adores. Il a dit qu'une goutte d'eau lavoit nos péchés; tu le crois et tu conduis tes enfans à cette fontaine. Il a dit qu'il étoit en la personne des pauvres; pourquoi refuses-tu de le croire? Si tu refuses de le croire, tu le croiras et tu le verras lorsqu'il dira : *Infirmus, et non visitastis me*[1]. L'homme devant Dieu, demandant de le voir dans sa gloire : — Tu ne m'as

---

[1] *Matth.*, XXV, 43.

pas voulu voir dans mon infirmité ! Une troupe de misérables s'élèvera : Seigneur, c'est un impitoyable ! C'est pour cela que le mauvais riche voit Lazare au sein d'Abraham. Au contraire, ces pauvres *recipient vos in œterna tabernacula*[1].

Employer à cela le crédit et l'autorité. Elle s'évanouira en l'autre monde. Voulez-vous qu'elle vous y serve, employez-la au ministère des pauvres.

EXORDE D'UN SERMON

SUR LA CHARITÉ ENVERS LES PAUVRES.

Beati misericordes! Matth., v, 7.

Le Prophète-Roi, chrétiens, étoit entré bien profondément dans la méditation de la dureté et de l'insensibilité des hommes, lorsqu'il adresse à Dieu ces beaux mots : *Tibi derelictus est pauper*[2] *:* « O Seigneur, on vous abandonne le pauvre. » En effet il est véritable qu'on fait peu d'état des malheureux. Chacun s'empresse avec grand concours autour des fortunés de la terre ; les pauvres cependant sont délaissés, leur présence même donne du chagrin (a), et il n'y a que Dieu seul à qui leurs plaintes ne soient point à charge. Puisque tout le monde les lui abandonne, il étoit digne de sa bonté de les recevoir sous ses ailes et de prendre en main leur défense. Aussi s'est-il déclaré leur protecteur. Parce qu'on méprise leur condition, il relève leur dignité ; parce qu'on croit ne leur rien devoir, il impose la nécessité de les soulager ; et afin de nous y engager par notre intérêt, il ordonne que les aumônes nous soient une source infinie de graces. Dans cette maison des pauvres, dans cette assemblée qui se fait pour eux, on ne peut rien méditer de plus convenable que ces vérités chrétiennes ; et comme les prédicateurs de l'Evangile sont les véritables avocats des pauvres, je m'estimerai bienheureux de parler aujourd'hui en leur faveur.

---

[1] *Luc.*, XVI, 9. — [2] *Psal. H.* IX, 14.

(a) *Var.* : On fait peu d'état des misérables ; chacun s'empresse à servir les grands ; les pauvres sont abandonnés, leur seule présence donne du chagrin.

Tout le ciel s'intéresse dans cette cause, et je ne doute pas, chrétiens, que je n'obtienne facilement son secours par l'intercession de la sainte Vierge.

SERMON

POUR LE JOUR DES MORTS.

SUR LA RÉSURRECTION DERNIÈRE (a).

Novissima inimica destruetur mors.
Ἔσχατος ἐχθρὸς καταργεῖται ὁ θάνατος.
Le dernier ennemi qui sera détruit sera la mort. 1 *Cor.*, xv, 26.

Quand l'ordre des siècles sera révolu, les mystères de Dieu consommés, ses promesses accomplies, son Evangile annoncé par toute la terre; quand le nombre de nos frères sera rempli, c'est-à-dire quand la sainte société des élus sera complète, le corps mystique du Fils de Dieu composé de tous ses membres et les célestes légions où la désertion des anges rebelles a fait vaquer tant de places entièrement rétablies par cette nouvelle recrue : alors il sera temps, chrétiens, de détruire tout à fait la mort, et de la reléguer pour toujours aux enfers d'où elle est sortie : *Et infernus et mors missi sunt in stagnum ignis*[1], comme il est écrit dans l'*Apocalypse*. Il est écrit que « Dieu n'a pas fait la mort[2], mais qu'elle est entrée dans le monde par l'envie du diable[3] » et par le péché de l'homme. Car l'homme en consentant au péché, s'est assujetti à la mort; ainsi contre l'intention du Créateur, l'homme qui étoit sorti immortel de ses saintes et divines mains est devenu mortel et caduc par la malice du diable.

Mais le Sauveur étant venu sur la terre pour dissoudre l'œuvre

---

[1] *Apoc.*, xx, 14. — [2] *Sap.*, I, 13. — [3] *Ibid.*, II, 24.

(a) L'histoire ni la critique ne nous apprennent rien sur ce sermon; mais le style et le manuscrit en montrent la date vers 1663, et l'apostrophe qui termine le premier point lui donne Paris pour lieu d'origine. Notre discours appartient donc à la grande époque de l'orateur : voilà tout ce qu'il nous importe de savoir.

du diable, il détruira premièrement le péché; et après par une suite nécessaire d'une victoire si illustre et si glorieuse, il abolira aussi la puissance et l'empire de la mort. Ainsi (*a*) l'Apôtre s'écrie : « O mort, où est ta victoire? » *Ubi est, mors, victoria tua*[1] *?* Mais il faut ici remarquer que tant qu'il restera sur la terre quelque vestige du péché, la mort ne cessera de tout ravager et exercera toujours sur le genre humain sa dure et tyrannique puissance (*b*). Mais à la consommation des siècles, après que le règne du péché sera détruit sur la terre, que toute la pompe (*c*) du monde sera dissipée, et enfin que tout ce qui s'élève contre la gloire (*d*) de Dieu sera renversé, alors Jésus-Christ attaquera sa dernière ennemie qui est la mort; et tirant tous ses enfans d'entre ses mains, il les délivrera pour jamais de cette cruelle, dure et insupportable tyrannie (*e*) : *Novissima inimica destruetur*.

Encore que ce triomphe de Jésus-Christ sur la mort ne s'accomplira qu'à la fin des siècles, il se commence dès la vie présente ; et au milieu de ce siècle de corruption, l'œuvre de notre immortalité se prépare. Que devons-nous faire pour concourir à l'opération de la grace qui nous ressuscite? L'Ecriture nous propose trois principes de résurrection : la parole de Jésus-Christ, le corps de Jésus-Christ, l'esprit de Jésus-Christ. La parole de Jésus-Christ : *Venit hora in quâ omnes qui sunt in monumentis audient vocem Filii Dei*[2]. Le corps de Jésus-Christ : *Qui manducat meam carnem habet vitam æternam, et ego resuscitabo eum in novissimo die*[3]. L'esprit de Jésus-Christ : *Quòd si Spiritus ejus qui suscitavit Jesum à mortuis habitat in vobis, qui suscitavit Jesum à mortuis vivificabit et mortalia corpora vestra propter inhabitantem Spiritum ejus in vobis*[4]. Ce que nous demande cette parole; ce que nous devons à ce corps; ce qu'exige de nous cet Esprit.

PREMIER POINT.

Nous voyons dans l'Evangile deux paroles du Fils de Dieu qui sont adressées aux morts, l'une à la fin des siècles, l'autre durant

---

[1] I *Cor.*, XV, 55. — [2] *Joan.*, V, 28. — [3] *Ibid.*, VI, 55. — [4] *Rom.*, VIII, 11.

(*a*) *Var.*: C'est pourquoi. — (*b*) Son insupportable tyrannie. — (*c*) Gloire. — (*d*) Science. — (*e*) Il les délivrera pour jamais de sa tyrannie.

le cours du siècle présent. Ecoutez comme il parle au chapitre v de saint Jean : *Amen, amen dico vobis, quia venit (a) hora, et nunc est, quando mortui audient vocem Filii Dei, et qui audierint, vivent*[1]. « L'heure vient, et elle est déjà. » Remarquez : donc cette parole ne regarde pas la consommation des siècles. Les morts entendront la voix du Fils de Dieu, c'est ce qu'il a dit auparavant : « Celui qui écoute ma parole et qui croit à celui qui m'a envoyé, » *transiet de morte ad vitam (b)*. Mais voici encore une autre parole : « L'heure vient; » il ne dit plus : « Elle est déjà; que tous ceux qui sont dans les tombeaux entendront sa voix, et ceux qui auront bien fait sortiront pour ressusciter à la vie, et ceux qui auront mal fait sortiront pour ressusciter à leur condamnation (c)[2]. » Voilà donc deux paroles adressées aux morts, parce qu'il y a deux sortes de morts, ou plutôt il y a deux parties en l'homme, et toutes deux ont leur mort. « L'ame, dit saint Augustin[3], est la vie du corps, et Dieu est la vie de l'ame. » Ainsi comme le corps meurt quand il perd son ame, l'esprit meurt quand il perd son Dieu. Cette mort ne nous touche pas, parce qu'elle n'est pas sensible; et toutefois, chrétiens, si nous savions pénétrer les choses, cette mort de nos corps qui nous paroît si cruelle, suffiroit pour nous faire entendre combien le péché est plus redoutable. Car si c'est un grand malheur que le corps ait perdu son ame, combien plus que l'ame ait perdu son Dieu? Et si nos sens sont saisis d'horreur en voyant ce corps froid et insensible, abattu par terre, sans force et sans mouvement, combien est-il plus horrible de contempler l'ame raisonnable, cadavre spirituel et tombeau vivant d'elle-même, qui étant séparée de Dieu par le péché, n'a plus de vie ni de sentiment que pour rendre sa mort éternelle? C'est donc à ces morts spirituels, c'est aux ames pécheresses que Jésus-Christ adresse sa voix pour les appeler à la pénitence : *Venit hora, et nunc est.*

Que si vous me demandez d'où vient qu'il adresse encore à la fin des siècles une seconde parole aux morts qui sont gisans et ensevelis dans les tombeaux, je vous le dirai en un mot, parce que la chose est assez connue. L'ame a péché par le ministère et même

---

[1] *Joan.*, v, 25. — [2] *Ibid.*, v, 24, 28, 29. — [3] *Serm.* CCLXXIII, n. 1.
(a) *Note marg.*: Ἔρχεται. —(b) Le grec : *Transivit.*—(c) *Var.*: Au jugement.

en quelque façon par l'instigation du corps, et c'est pourquoi il est juste qu'elle soit punie avec son complice. L'ame s'est aussi servie dans les bonnes œuvres du ministère du corps qu'elle a pris soin de dompter, afin, comme dit l'Apôtre [1], que la justice de Dieu s'assujettît à elle-même nos membres et leur fît porter le joug honorable de Jésus-Christ et de l'Evangile. Ainsi ce corps qui a eu sa part aux travaux, doit être aussi appelé comme un compagnon fidèle à la société de la gloire.

Ou si vous vouliez que je vous apporte une raison plus sublime et plus digne encore de la majesté du Sauveur, il étoit juste que le Fils de Dieu ayant pris un corps aussi bien qu'une ame, et ayant uni l'homme tout entier à sa divine personne, il fît sentir sa puissance au corps et à l'ame, et qu'il soumît l'homme tout entier à l'autorité de son tribunal. C'est pourquoi après avoir parlé aux morts spirituels pour ressusciter leurs ames, il parle à la fin des siècles aux morts gisans dans les sépulcres, pour les en faire sortir et leur rendre la vie (a) : *Et qui audierint, vivent.*

Quand donc cette heure dernière sera arrivée, à laquelle Dieu a résolu de réveiller les élus de leur sommeil, une voix sortira du trône et de la propre bouche du Fils de Dieu, qui ordonnera aux morts de revivre. « Os arides, os desséchés, écoutez la parole du Seigneur : » *Ossa arida, audite verbum Domini* [2]. Au son de cette voix toute-puissante qui se fera entendre en un moment de l'orient jusqu'à l'occident, et du septentrion jusqu'au midi, les corps gisans, les os desséchés, la cendre et la poussière froide et insensible seront émus dans le creux de leurs tombeaux ; toute la nature commencera à se remuer ; et la mer, et la terre et les abîmes se prépareront à rendre leurs morts qu'on croyoit qu'ils eussent engloutis comme leur proie, mais qu'ils avoient seulement reçus comme un dépôt pour le remettre fidèlement au premier ordre. Car, mes frères, « ce Jésus qui aime les siens, et les aime jusqu'à la fin [3], » prendra soin de ramasser de toutes les parties du monde leurs restes toujours précieux devant lui. Ne vous étonnez pas d'un si grand effet ; c'est de lui qu'il est écrit qu'il « porte tout

---

[1] *Rom.*, VI, 19. — [2] *Ezech.*, XXXVII, 4. — [3] *Joan.*, XIII, 1.

(a) *Var.* : Pour ressusciter leurs corps.

l'univers par sa parole très-efficace [1]. » Toute la vaste étendue de la terre, et les profondeurs des mers et toute l'immensité du monde, n'est qu'un point devant ses yeux. Il soutient de son doigt les fondemens de la terre, l'univers entier est sous sa main. Et lui, qui a bien su trouver nos corps dans le néant même d'où il les a tirés par sa parole, ne les laissera pas échapper à sa puissance au milieu de ses créatures. Car cette matière de nos corps n'est pas moins à lui pour avoir changé de nom et de forme; ainsi il saura bien ramasser les restes dispersés de nos corps, qui lui sont toujours chers parce qu'il les a une fois unis à une ame qui est son image, qu'il remplit de sa grace et qui sont toujours gardés sous sa main puissante, en quelque coin de l'univers que la loi des changemens ait jeté ces restes précieux. Et quand la violence de la mort les auroit poussés jusqu'au néant, Dieu ne les auroit pas perdus pour cela. Car « il appelle ce qui n'est pas avec la même facilité que ce qui est : » *Vocans ea quæ non sunt tanquam ea quæ sunt* [2]. Et Tertullien a raison de dire que « le néant est à lui aussi bien que tout : » *ejus est nihilum ipsum, cujus et totum* [3].

Ayant donc ainsi rétabli les corps de ses bien-aimés dans une intégrité parfaite, il les réunira à leurs ames saintes, et ils deviendront vivans; il bénira cette union, afin qu'elle ne puisse plus être rompue, et il les rendra immortels. Il fera que cette union sera tellement intime, que les corps participeront aux honneurs des ames; et par là nous les verrons glorieux. Tels sont les magnifiques présens que Jésus-Christ fera en ce jour à ses élus par la puissance de sa parole. Il les fera sortir de leurs tombeaux pour leur donner la vie, l'immortalité et la gloire ; la mort ne sera plus, et toutes les marques de corruption seront abolies : *Novissima inimica destruetur mors.* O puissance de Jésus-Christ! ô mort glorieusement vaincue! ô ruines du genre humain divinement réparées !

Mais, mes frères, avant que la mort soit anéantie, il faut que le péché soit détruit, parce que c'est par le péché que la mort a régné sur la terre. Souvenez-vous donc, mes frères, de ce que nous avons dit au commencement, que Dieu n'a pas fait la mort;

[1] *Hebr.*, I, 3. — [2] *Rom.*, IV, 17. — [3] *Apolog.*, n. 48.

au contraire comme il a créé l'ame raisonnable pour habiter dans le corps humain, il avoit voulu au commencement que leur union fût indissoluble; et c'est peut-être un des sens qu'il faut donner à cette parole du Psalmiste : *Corpus autem aptasti mihi*[1]*:* « Vous m'avez approprié un corps. » De même que s'il eût dit comme en son nom au Créateur : O Seigneur, vous avez fait mon ame d'une nature bien différente du corps. Car après avoir formé ce corps avec de la boue, c'est-à-dire avec une terre détrempée, ce n'est plus ni de la terre, ni de l'eau, ni du mélange du sec et de l'humide, ni enfin d'aucune partie de la matière que vous avez tiré l'ame que vous avez mêlée dans cette masse pour la vivifier. C'est de vous-même, c'est de votre bouche que vous l'avez fait sortir; vous avez soufflé un souffle de vie, et l'homme a été animé, non par l'arrangement des organes, non par la température des qualités, non par la distribution des esprits vitaux, mais par un autre principe de vitalité que Dieu a tiré de son propre sein par une nouvelle création (*a*), toute différente de celle qui a tiré du néant et qui a formé la matière (*b*).

Que si cette théologie ne vous ennuie pas, j'ajouterai, chrétiens, que Dieu avoit fait cette ame d'une nature immortelle. Car pour laisser à part les autres raisons qui nous montrent cette vérité, il suffit de considérer celle que nous apporte l'Ecriture sainte; c'est que Dieu l'a faite à son image, qu'elle est participante de la vie de Dieu; elle vit en quelque façon comme lui, parce qu'elle vit de raison et d'intelligence, et que Dieu l'a rendue capable de l'aimer et de le connoître, comme lui-même s'aime et se connoît. C'est pourquoi étant faite à son image et étant liée par son fond à son immortelle vérité, elle ne tient point son être de la matière et n'est point assujettie à ses lois; de sorte qu'elle ne périt point, quelque changement qui arrive au-dessous d'elle, et ne peut plus retomber dans le néant, si ce n'est que celui qui l'en a tirée et qui l'ayant faite à son image, l'attache à lui-même comme à son prin-

---

[1] *Psal.* XXXIX, 7; *Hebr.*, X, 5.

(*a*) *Var. :* Opération. — (*b*) *Note marg. :* C'est pourquoi, quand il veut former l'homme, il recommence un nouvel ordre de choses, une nouvelle création : *Faciamus hominem* (Gen., I, 26). C'est un autre ouvrage, une autre manière différente de tout ce qui précède; rien encore qui lui soit semblable.

cipe, lâche la main tout à coup et la laisse aller dans cet abîme.

Toutefois, comme elle est dans le dernier ordre des substances intelligentes, c'est en elle que se fera l'union entre les esprits et les corps. Dieu a fait des substances séparées des corps : Dieu les peut faire en divers degrés, c'est-à-dire plus ou moins parfaites; et en descendant toujours on pourra enfin venir à quelqu'une qui sera si imparfaite, qu'elle se trouvera en quelque sorte aux confins des corps et sera de nature à y être unie. Là en descendant toujours par degrés du parfait à l'imparfait, on arrive nécessairement aux extrémités et comme aux confins où le supérieur et l'inférieur se joignent et se touchent. Car je crois qu'on peut entendre facilement que tout est disposé dans la nature comme par degrés, et que le premier principe donne l'être et se répand lui-même par cet ordre et comme de proche en proche. Ainsi l'ame raisonnable se trouvera naturellement unie à un corps : *Corpus autem aptasti mihi.*

Mais ce mot d'approprier un corps a une plus particulière signification. Car il faut nous persuader que l'ame raisonnable parle et dit à son Créateur : Comme vous m'avez faite immortelle en me créant à votre image, vous m'avez aussi approprié un corps si bien assorti avec moi, que notre paix et notre union seroit éternelle et inviolable, si le péché venant entre deux n'eût troublé cette céleste harmonie. Comment est-ce que le péché a désuni deux choses si bien assorties? Il est aisé de l'entendre par cette excellente doctrine de saint Augustin. Car, dit-il, c'est une loi immuable de la justice divine, que le mal que nous choisissons soit puni par un mal que nous haïssons. De sorte que ç'a été un ordre très-juste qu'étant allés au péché par notre choix, la mort nous ait suivis contre notre gré, et que « notre ame fût contrainte de quitter son corps par une juste punition de ce qu'elle a abandonné Dieu par une dépravation volontaire : » *Spiritus, quia volens deseruit Deum, deserit corpus invitus* [1].

C'est, mes frères, en cette sorte que « le péché étant entré dans le monde, la mort, comme dit l'Apôtre, y est entrée par même moyen [2]. » C'est pourquoi le Fils de Dieu ne détruit la mort qu'a-

---

[1] S. August., *De Trinit.*, lib. IV, n. 16. — [2] *Rom.*, v, 12.

près avoir détruit le péché; et avant que d'adresser aux morts à la fin des temps la parole qui les ressuscite, il adresse dans le cours des siècles à tous les pécheurs sa parole, qui les convertit et qui les appelle à la pénitence. C'est cette parole que nous vous portons. (a) O morts, c'est donc à vous que je parle, non à ces morts qui gisent dans ce tombeau, et reposent en paix et en espérance sous cette terre bénite; mais à ces morts parlans et écoutans, « qui ont le nom de vivans, et qui sont morts en effet : » *Nomen habes quòd vivas, et mortuus es* [1]; qui portent leur mort dans leur ame, parce qu'ils y portent leur péché. Ecoutez, ô morts spirituels; c'est Jésus-Christ qui vous appelle pour ressusciter avec lui : « Pourquoi voulez-vous mourir, maison d'Israël? [2] » Sortez de vos tombeaux, sortez de vos mauvaises habitudes. Ah! que je vous relève aujourd'hui; mais avant de vous relever, que je vous abatte!

Adhuc quadraginta dies, et Ninive subvertetur [3]. Dieu les menace de les renverser, et ils se renversent eux-mêmes en détruisant jusqu'à la racine leurs inclinations corrompues : *Subvertitur planè, dùm calcatis deterioribus studiis ad meliora convertitur; subvertitur planè, dùm purpura in cilicium, affluentia in jejunium, lætitia mutatur in fletum* [4]. De quoi vous plaignez-vous, ô Seigneur? Vous avez dit que Ninive seroit renversée; en effet elle est renversée en tournant en bien ses mauvais désirs. « Ninive est véritablement renversée, puisque le luxe de ses habits est changé en un sac et un cilice, la superfluité de ses banquets en un jeûne austère, la joie dissolue de ses débauches aux saints gémissemens de la pénitence. » O ville utilement renversée! Paris, dont on ne peut abaisser l'orgueil, dont la vanité se soutient toujours malgré tant de choses qui la devroient déprimer, quand te verrai-je renversée? Quand est-ce que j'entendrai cette bienheureuse nouvelle : Le règne du péché est renversé de fond en comble; ses femmes ne s'arment plus contre la pudeur, ses enfans ne soupi-

---

[1] *Apoc.*, III, 1. — [2] *Ezech.*, XXXIII, 11. — [3] *Jon.*, III, 4. — [4] S. Eucher., homil. de Pœnit. Ninivit., tom. VI *Biblioth. Patr.*, col. 646.

(a) *Note marg.* : Que plût à Dieu que nous pussions détacher de notre parole tout ce qui flatte l'oreille, tout ce qui délecte l'esprit, tout ce qui surprend l'imagination, pour n'y laisser que la vérité toute simple, la seule force et l'efficace toute pure du Saint-Esprit, nulle pensée que pour convertir!

rent plus après les plaisirs mortels et ne livrent plus en proie leur
ame à leurs yeux; cette impétuosité, ces emportemens, ce hennissement des cœurs lascifs est supprimé; ceux qui ont attenté sur
la couche de leur prochain, etc.; le bien d'autrui..... *et adhuc in
arcâ tuâ ignis, thesauri iniquitatis qui devorant te* [1]. Tu crois te
les être appropriés par l'usage de tant d'années : tout renversé.
Mais relevez-vous, sortez de ces tribunaux, salutaires tombeaux
des pénitens; venez à la table des enfans, venez à la vie, venez au
pain véritable que Moïse n'a pu donner à nos pères (a) [2]; venez
au corps de Jésus, qui est le second principe de résurrection et
de vie.

SECOND POINT.

Le corps de Jésus-Christ est premièrement le modèle de notre
résurrection. Un architecte qui bâtit un édifice, se propose un
plan et un modèle; Jésus-Christ se propose son propre corps : *Reformabit corpus humilitatis nostræ configuratum corpori claritatis suæ* [3]. Il en est secondement le gage : *Si mortui non resurgunt, neque Christus resurrexit* [4]. « Les prémices de la résurrection : » *Primitiæ dormientium* [5]. Le grain de froment : *Sed
generis humani una in fine sæculi messis assurget; tentatum est
experimentum in principali grano* [6]. Il est en troisième lieu le
principe d'incorruption [7]. La corruption par le sang, de même
l'immortalité : saint Grégoire de Nysse et saint Cyrille d'Alexandrie. D'où vient donc qu'il faut mourir et être assujetti à la corruption ? (b) Chair de péché : de là chargée d'infirmités et de
maladies. Allez dans les hôpitaux durant ces saints jours pour y
contempler le spectacle de l'infirmité humaine; là vous verrez en
combien de sortes la maladie se joue de nos corps. Là elle étend,
là elle retire; là elle relâche, là elle engourdit; là elle cloue un
corps perclus et immobile, là elle le secoue tout entier par le
tremblement. Pitoyable variété! diversité surprenante! Chrétiens,
c'est la maladie qui se joue comme il lui plaît de nos corps, que le

---

[1] *Mich.*, vi, 10. — [2] *Joan.*, vi, 32. — [3] *Philip.*, iii, 21. — [4] I *Cor.*, xv, 13. —
[5] *Ibid.*, 20. — [6] S. August., *Serm.* ccclxi, n. 10. — [7] S. Cyrill. Alex., lib. IV *in
Joan.*, cap. ii.

(a) *Var.* : Aux Israélites. — (b) *Note marg.* : Voy. Serm. du Lazare.

péché a abandonnés à ses cruelles bizarreries. O homme, considère le peu que tu es; regarde le peu que tu vaux; viens apprendre la liste funeste des maux dont ta foiblesse est menacée. Et la fortune pour être également outrageuse, ne se rend pas moins féconde en événemens fâcheux. Le secours qu'on leur donne, image du grand secours que leur donnera un jour Jésus-Christ en les affranchissant tout à fait. Mais en attendant il faut qu'ils tombent pour être renouvelés; ils ne laisseront à la terre que leur mortalité et leur corruption. Il faut que ce corps soit détruit jusqu'à la poussière; la chair changera de nature, le corps prendra un autre nom; même celui de cadavre ne lui demeurera pas longtemps. La chair deviendra un je ne sais quoi qui n'a plus de nom dans aucune langue; tant il est vrai que tout meurt en eux jusqu'à ces termes funèbres par lesquels on exprimoit ces malheureux restes : *Post totum ignobilitatis elogium, caducæ in originem terram, et cadaveris nomen; et de isto quoque nomine periturœ in nullum inde jam nomen, in omnis jam vocabuli mortem*[1].

Mais ayant participé au corps du Sauveur, principe de vie..... Nous recevons par le baptême un droit réel sur le corps de Jésus-Christ; donc sur sa vie, sur sa grace, sur son immortalité. Ne renonçons point à ce droit, ne le perdons pas. (*a*) Nous demeurons toujours dans la communion du mystère, non-seulement dans l'actuelle participation, mais dans le droit de communier.

Corpus non fornicationi, sed Domino, et Dominus corpori[2] (*b*). Il fait notre corps semblable au sien, un temple : *Solvite templum hoc*[3]. Nous devons l'orner comme un temple avec bienséance, je le veux bien, mais toujours avec dignité. Rien de vain, rien de profane. Donc, ô sainte chasteté, fleur de la vertu, ornement immortel des corps mortels, marque assurée d'une ame bien faite et véritablement généreuse, protectrice de la sainteté et de la foi mutuelle dans les mariages, fidèle dépositaire de la pureté du sang et qui seule en sait conserver la trace; viens consacrer ces corps corruptibles, viens leur être un baume éternel contre la corruption;

---

[1] Tertull., *De Resurrect. carnis*, n. 4. — [2] I *Cor.*, VI, 13. — [3] *Joan.*, II, 19.

(*a*) *Note marg.* : Le plus beau droit de l'Eglise comme une épouse. Deux espèces de communion : le droit et l'actuelle participation. — (*b*) *Voy.* second discours de la Pureté.

viens les disposer à une sainte union avec le corps de Jésus-Christ; et fais qu'en prenant ce corps, nous en tirions aussi tout l'esprit.

TROISIÈME POINT.

Je l'ai déjà dit, mes frères, mais il faut le dire encore une fois, que durant ce temps de corruption Dieu commence déjà dans nos corps l'ouvrage de leur bienheureuse immortalité. Oui, pendant que ce corps mortel est accablé de langueurs et d'infirmités, Dieu y jette intérieurement les principes d'une consistance immuable; pendant qu'il vieillit, Dieu le renouvelle; pendant qu'il est tous les jours exposé en proie aux maladies les plus dangereuses et à une mort très-certaine, Dieu travaille par son Esprit saint à sa résurrection glorieuse. De quelle sorte s'accomplit un si grand mystère? Saint Augustin qui l'a appris du divin Apôtre, vous l'aura bientôt expliqué par une excellente doctrine.

Mortels, apprenez votre gloire; terre et cendre, écoutez attentivement les divines opérations qui se commencent en vous. Il faut donc savoir avant toutes choses que le Saint-Esprit habite en nos ames, et qu'il y préside par la charité qu'il y répand. Comment cette divine opération s'étend-elle sur le corps? Ecoutez un mot de saint Augustin, et vous l'entendrez : « Celui-là, dit ce saint évêque, possède le tout, qui tient la partie dominante : » *Totum possidet, qui principale tenet*[1]. « Or en nous, poursuit ce grand homme, il est aisé de connoître que c'est l'ame qui tient la première place, et que c'est à elle qu'appartient l'empire. » De ces deux principes si clairs, si indubitables, saint Augustin tire aussitôt cette conséquence facile : « Dieu tenant cette partie principale, c'est-à-dire l'ame et l'esprit, par le moyen du meilleur il se met en possession de la nature inférieure; » par le moyen du prince, il s'acquiert aussi le sujet; et dominant sur l'ame qui est la maîtresse, il étend sa main sur le corps et l'assujettit à son domaine (a). C'est ainsi que notre corps est renouvelé par la grace du christianisme. Il change de maître heureusement et passe en de meilleures mains;

---

[1] S. August., *Serm.* CLXI, n. 6.
(a) *Var.* : Et s'en met en possession.

par la nature il étoit à l'ame, par la corruption il servoit au vice, par la grace et la religion il est à Dieu.

Il se fait comme un sacré mariage entre notre esprit et l'esprit de Dieu; ce qui fait que « celui qui s'attache au divin Esprit, devient un même esprit avec Dieu : » *Qui adhæret Domino unus spiritus est*[1]. Et comme on voit, dit Tertullien, dans les mariages que la femme rend son époux maître de ses biens et lui en cède l'usage : ainsi l'ame en s'unissant à l'esprit de Dieu et se soumettant à lui comme à son époux, lui transporte aussi tout son bien comme étant le chef et le maître de cette communauté bienheureuse. « La chair la suit, dit Tertullien, comme une partie de sa dot; et au lieu qu'elle étoit seulement servante de l'ame, elle devient servante de l'esprit de Dieu : » *Sequitur animam nubentem spiritui caro, ut dotale mancipium; et jam non animæ famula, sed spiritûs*[2]. En effet ne voyez-vous pas que le corps du chrétien change de nature, et qu'au lieu d'être simplement l'organe de l'ame, il devient l'instrument fidèle de toutes les saintes volontés que Dieu nous inspire? Qu'est-ce qui donne l'aumône, si ce n'est la main? Qu'est-ce qui confesse ses péchés, si ce n'est la bouche? Qu'est-ce qui les pleure, si ce n'est les yeux? Qu'est-ce qui brûle du zèle de Dieu, si ce n'est le cœur? En un mot, dit le saint Apôtre, « tous nos membres sont consacrés à Dieu et doivent être ses hosties vivantes[3]. » Qui ne voit donc que le Saint-Esprit se met en possession de nos corps, puisqu'ils sont les instrumens de sa grace, les temples où il se repose en sa majesté, et enfin les hosties vivantes de sa souveraine grandeur?

Mais poussons encore plus loin ce raisonnement, et tirons la onséquence de ces beaux principes. Si Dieu remplissant nos ames s'est mis en possession de nos corps, donc la mort, ni aucune violence, ni l'effort de la corruption ne peut plus les lui enlever. Tôt ou tard Dieu rentrera dans son bien et retirera son domaine. Le Fils de Dieu a prononcé que « nul ne peut rien ravir des mains de son Père : Mon Père, dit-il, est plus grand que toute la nature : » *Nemo potest rapere de manu Patris mei*[4]. Et en effet ses mains étant si puissantes, nulle force ne les peut vaincre ni leur faire

---

[1] *Cor.*, VI, 17. — [2] Tertull., *De Animâ*, n. 41. — [3] *Rom.*, XII, 1. — [4] *Joan.*, X, 29.

lâcher leur prise. Ainsi Dieu ayant mis sur nos corps sa main souveraine, s'en étant saisi par son Esprit saint, que l'Ecriture appelle son doigt, et en étant déjà en possession, ô chair, j'ai eu raison de le dire qu'en quelque endroit de l'univers que la corruption te jette et te cache, tu demeures toujours sous la main de Dieu. Et toi, terre, mère tout ensemble et sépulcre commun de tous les mortels, en quelques sombres retraites que tu aies englouti, dispersé, recélé nos corps, tu les rendras tout entiers ; et plutôt le ciel et la terre seront renversés qu'un seul de nos cheveux périsse, parce que Dieu en étant le maître, nulle force ne peut l'empêcher d'achever en eux son ouvrage.

Ne doutez pas, chrétiens, « que si l'Esprit immortel qui a ressuscité le Seigneur Jésus habite en vous, cet Esprit qui a ressuscité Jésus-Christ vivifiera aussi vos corps mortels à cause de son esprit qui habite en vous [1]. » Car cet Esprit tout-puissant, infiniment délecté de ce qu'il a fait en Jésus-Christ, agit toujours en conformité de ses divines opérations ; et pourvu qu'on le laisse agir, il achèvera son ouvrage. Nulle puissance du monde ne peut empêcher son action, et nous seuls pouvons lui être un obstacle, parce que les dons de Dieu demandent ou une fidèle coopération, ou du moins une acceptation volontaire. Laissons-nous donc gouverner à l'Esprit de Dieu, laissons-lui dompter nos corps mortels. Si nous voulons qu'il déploie sur eux toute sa vertu, laissons-lui les assujettir à sa divine opération. Détachons-nous de nos corps pour nous attacher fortement à l'Esprit de Dieu. Car que faisons-nous, chrétiens, lorsque nous flattons notre corps, que faisons-nous autre chose que d'accroître la proie de la mort, lui enrichir son butin, lui engraisser sa victime ? Pourquoi m'es-tu donné, ô corps mortel (*a*), et quel traitement te ferai-je ? Si je t'affoiblis, je m'épuise ; si je te traite doucement, je ne puis éviter ta force qui me porte à terre (*b*) ou qui m'y retient. Que ferai-je donc avec toi et de quel nom t'appellerai-je, fardeau accablant, soutien nécessaire, ennemi flatteur, ami dangereux, avec lequel je ne puis avoir ni guerre, ni

[1] *Rom.*, VIII, 11.
(*a*) *Var.* : Pourquoi te suis-je uni, ô corps mortel...? — (*b*) Si je t'affoiblis, j'épuise mes forces ; si je te traite doucement, je ne puis éviter les tiennes qui me portent.....

paix, parce qu'à chaque moment il faut s'accorder, et à chaque moment il faut rompre ? O inconcevable union et aliénation non moins étonnante ! Puis-je me détacher de ce corps ? Puis-je aussi m'y attacher avec tant de force et contracter avec ce mortel une amitié immortelle ? « Malheureux homme que je suis ! hélas ! qui me délivrera de ce corps de mort[1] ? »

C'est le commun sujet du gémissement de tous les véritables enfans de Dieu. Tous déplorent leur servitude, tous ressentent avec douleur que « ce fardeau du corps opprime l'esprit, » *corpus quod corrumpitur aggravat animam*[2], lui ôte sa liberté véritable. C'est pourquoi le grand saint Ambroise nous enseigne (a) gravement que notre esprit n'étant dans le corps qu'en passant, nous ne devons pas lui permettre de s'attacher à cette nature dissemblable ; mais que nous devons tous les jours rompre nos liens, afin que l'esprit se renfermant en lui-même conserve sa noblesse et sa pureté. Deux liens, ceux de la nature et ceux de l'affection. Pour le premier, c'est à Dieu à rompre; pour l'autre, c'est à nous à prévenir : *Quotidie morior*[3]. Par la première union l'ame est en prison et en servitude, le corps la domine et s'en rend le maître. Secouons ce joug, tirons-nous de cette indigne dépendance : il se fera une autre union par laquelle l'ame dominera. *Sit quotidianus usus in nobis affectusque moriendi, ut per illam, quam diximus, segregationem à corporeis cupiditatibus, anima nostra se discat extrahere, et quasi in sublimi locata, quò terrenæ adire libidines et eam sibi glutinare non possint, suscipiat mortis imaginem, ne pœnam mortis incurrat*[4]. C'est pourquoi dans la fonction qui est donnée à notre ame d'animer et de mouvoir les organes corporels, le même saint Ambroise avertit de ne se plonger pas tout à fait dedans et de ne se mêler pas avec eux : *Non credamus nos huic corpori, nec misceamus cum illo animam nostram*,[5] ; mais plutôt que nous les touchions d'une main légère comme un instrument de musique : *Summis, ut ita dicam, digitis sicut nervorum sonos ita pulsat carnis passiones*[6].

---

[1] *Rom.*, VII, 24. — [2] *Sap.*, IX, 15. — [3] I *Cor.*, XV, 31. — [4] S. Ambros., *De Fide resurrect.*, lib. II, n. 40.— [5] *De Bon. mort.*, cap. IX, n. 40.— [6] *Ibid.*, cap. VII, n. 27.

(a) *Var.:* Nous avertit.

Ce soin extrême du corps est indigne du chrétien. (*a*) Vous voudriez vous rendre immortels ; la moindre douleur, la moindre foiblesse vous accable et vous décourage, vous abandonnez tous les exercices de piété. Vous craignez d'échauffer ce sang, cette tête déjà trop émue, ce tempérament si foible et si délicat. Que ne vous servez-vous plutôt de cette occasion favorable pour rompre ces liens trop doux et trop décevans, pendant que la nature vous aide, qu'elle tire les liens, si elle ne les brise pas tout à fait encore ? Apprenez à regarder ce corps dont la foiblesse vous appesantit, non plus comme une demeure agréable mais comme une prison importune, non plus comme votre organe mais comme votre empêchement et votre fardeau (*b*.) La foiblesse et la douleur qui agitent tout le corps forcent l'ame à s'en détacher, et la renfermant dans ses propres biens, lui font corriger une secrète délicatesse et un certain repos dans les sens, qui gagne les hommes trop facilement dans une grande santé.

Que si l'attache à la santé même et à la vie est si vicieuse et si contraire à la dignité du christianisme, que dirai-je de la curiosité, de la vanité, de cette vivacité qu'on affecte tant sur le teint et sur le visage ? Foible et misérable créature, et vainement appelée à une beauté et à une gloire éternelle, vous ne sauriez sans regret voir tomber cette fleur d'un jour, ni passer cette couleur vive, ni cet air de jeunesse s'évanouir. Hélas ! vous en avez honte comme si c'étoit un défaut. Vous voulez cacher vos années, et non-seulement les cacher, mais résister à leur cours qui emporte tout, vous soutenir contre leur effort et tromper leurs mains si subtiles qui ne cessent de vous enlever par mille artifices toujours quelque chose. Est-ce là cette gloire du corps de Jésus (*c*) ? Hé ! laissez-vous dépouiller de ce fragile ornement qui ne fait que nourrir votre vanité, vous exposer à la tentation, vous environner de scandales. Quittez l'amour de ce corps trop chéri et trop soigné. Car si vous

---

(*a*) *Note marg.*: On se pique de délicatesse comme on se pique d'esprit ou de grandeur. Une tendre éducation..... une personne si chère..... — (*b*) Je suis captif de ce corps, et captif trop assujetti ; je m'affranchirai en souffrant, afin de ressusciter tout à fait libre. L'ame sera démêlée de ce corps de mort qu'elle laisse au-dessous d'elle, et retirée dans sa propre enceinte. — (*c*) Une autre santé, une autre beauté, une autre vie.

persistez à le tant chérir, oh ! que la mort vous sera cruelle ! oh ! que vainement vous soupirerez, disant avec ce roi des Amalécites : *Siccine separat amara mors*[1] *?* « Est-ce ainsi que la mort amère sépare de tout ? » Quel coup ! quel effort ! quelle violence !

Au contraire un homme de bien n'a rien à perdre en ce jour. La mortification lui rend la mort familière. Le détachement du plaisir le désaccoutume du corps. Il a depuis fort longtemps, ou dénoué, ou rompu les liens les plus délicats qui nous y attachent. Il ne s'afflige donc pas de quitter son corps ; il sait qu'il ne le perd pas. Il a appris de l'Apôtre que nous avons à faire un double voyage. (*a*) Car tant que nous sommes dans le corps, nous voyageons loin de Dieu ; et quand nous sommes avec Dieu, nous voyageons loin du corps. L'un et l'autre n'est qu'un voyage, et non une entière séparation, parce que nous passons dans le corps pour aller à Dieu, et que nous allons à Dieu dans l'espérance de retourner à nos corps. Ainsi lorsque nous vivons dans cette chair, nous ne devons pas nous y attacher comme si nous y devions demeurer toujours ; et lorsqu'il en faut sortir, nous ne devons pas nous affliger comme si nous n'y devions jamais retourner. Par là étant délivrés des soins inquiets de la vie et des appréhensions de la mort, lorsque notre dernière heure approche, nous nous endormons en paix et en espérance. Car que crains-tu, ame chrétienne, dans les approches de la mort ? Crains-tu de perdre ton corps ? Mais que ta foi ne chancèle pas ; pourvu que tu le soumettes à l'Esprit de Dieu, cet Esprit tout-puissant te le rendra meilleur (*b*). Peut-être qu'en voyant tomber ta maison, tu appréhendes d'être sans retraite ; mais écoute le divin Apôtre : « Nous savons, dit-il aux Corinthiens, nous ne sommes pas induits à le croire par des conjectures douteuses ; mais nous le savons très-assurément et avec une entière certitude, que si cette maison de terre et de boue dans laquelle nous habitons est détruite, nous avons une autre maison qui n'est pas batie de main d'homme, laquelle nous est préparée

---

[1] I *Reg.*, xv, 32.

(*a*) Note marg. : *Scientes quoniam dùm sumus in corpore, peregrinamur à Domino... Bonam voluntatem habemus magis peregrinari à corpore, et præsentes esse ad Dominum* (II Cor., v, 6-8). — (*b*) *Var.* : Saura bien te le conserver pour l'éternité, *ou* : lui rendra la vie.

au ciel [1]. » O conduite miséricordieuse de celui qui pourvoit à tous nos besoins! « Il a dessein, dit excellemment saint Jean Chrysostome [2], de réparer la maison qu'il nous a donnée : pendant qu'il la détruit et qu'il la renverse pour la rebâtir toute neuve, il est nécessaire que nous délogions. » Car que ferions-nous dans ce tumulte et dans cette poudre? Et lui-même nous offre son palais, il nous y donne un appartement pour nous faire attendre en repos l'entière réparation de notre ancien édifice. Ne craignons donc rien, mes frères; songeons seulement à bien vivre, car tout est en sûreté pour le chrétien (a)...

SECOND EXORDE

POUR

LE SERMON SUR LA RÉSURRECTION DERNIÈRE (b).

Venit hora in quâ omnes qui sunt in monumentis audient vocem Filii Dei, et procedent qui bona fecerunt in resurrectionem vitæ.

Viendra l'heure en laquelle tous ceux qui sont dans les tombeaux entendront la voix du Fils de Dieu, et ceux qui ont bien fait ressusciteront pour la vie. *Joan.*, v, 28, 29.

Quand l'ordre des siècles sera révolu, tous les mystères de Dieu consommés, toutes ses promesses accomplies, toutes les nations de la terre évangélisées; quand le nombre de nos frères sera rempli, c'est-à-dire la société des élus complète, le corps mystique du Fils de Dieu composé de tous ses membres, et les célestes légions où la défection des anges rebelles a fait vaquer tant de places entièrement rétablies : alors il sera temps, chrétiens, de détruire tout à fait la mort et de la reléguer pour toujours aux enfers d'où elle est sortie. Maintenant tout semble être sourd à la voix de Dieu, puisque les hommes même y sont insensibles, auxquels toutefois il a donné et des oreilles pour écouter sa parole, et un cœur pour s'y soumettre; et alors toute la nature sera animée pour l'en-

[1] II *Cor.*, v, 1. — [2] Homil. *in Dict. Apost., De Dormientibus*, etc.

(a) *Note marg.* : Tu n'oses pas, chrétien, tu te défies de tes œuvres; songe donc à cette assurance.....

(b) Ce morceau a pour but de rattacher le discours au temps du Carême.

tendre. Une voix sortira du trône par la bouche du Fils de Dieu, qui ordonnera aux morts de revivre : les corps gisans, les os desséchés, la cendre et la poussière froide et insensible en seront émues dans le fond (*a*) de leurs tombeaux, tous les élémens commenceront à se remuer, et la mer et la terre et les abîmes se prépareront à rendre leurs morts ; et au lieu qu'il nous paroissoit qu'ils les avoient engloutis comme leur proie, nous verrons alors par expérience qu'ils ne les avoient reçus en effet que comme un dépôt pour les remettre fidèlement au premier ordre (*b*) : tellement que Dieu qui aime les siens, et les aime jusqu'à la fin, ayant soigneusement ramassé de toutes les parties du monde leurs restes toujours précieux devant lui et toujours aussi gardés sous sa main puissante en quelque coin de l'univers que la loi des changemens les ait pu jeter, et ayant par ce moyen rétabli leurs corps dans une parfaite intégrité, il les unira à leurs saintes ames, et ils deviendront animés ; il bénira cette union, et ils seront immortels ; et il la rendra tellement intime que les corps participeront aux honneurs de l'ame, et il les fera glorieux. Et voilà les trois présens magnifiques que Dieu nous donnera en ce jour pour gage de son amour éternel, la vie, l'immortalité et la gloire.

Si j'annonçois à des infidèles cet Evangile de vie et de résurrection éternelle, je m'efforcerois, chrétiens, de détruire les raisonnemens qu'oppose ici la sagesse humaine à la puissance de Dieu et à la gloire de notre nature si puissamment réparée (*c*). Mais puisque je parle à des chrétiens à qui cette doctrine céleste n'est pas moins familière ni moins naturelle que le lait qu'ils ont sucé dès leur enfance, je n'ai pas dessein de m'étendre à vous prouver par un long discours la réalité de ces trois présens, mais seulement de vous préparer à les recevoir en ce dernier jour de la justice de Dieu et de sa main libérale.

J'ai déjà dit, chrétiens, que c'est l'ame qu'il faut préparer comme la partie principale pour recevoir en nos corps ces dons précieux. J'ai dit et j'ai promis de vous faire voir que ces saintes prépara-

---

(*a*) *Var.* : Commenceront à s'émouvoir dans le creux de leurs tombeaux. —
(*b*) ..... à rendre leurs morts, lesquels, à ce qu'on croyoit, étoient leur proie et n'avoient reçu en effet que comme un dépôt pour le rendre fidèlement. —
(*c*) A l'honneur de notre nature si miséricordieusement réparée.

tions sont toutes heureusement renfermées dans celles de la pénitence. Que vous demande-t-on dans la pénitence, sinon que vous vous retiriez de tous vos péchés, que vous preniez des précautions pour ne tomber plus, que vous vengiez sur vous-mêmes par une satisfaction convenable la honte de votre chute. Ainsi la volonté de vivre à la grace, acquerra à vos corps une vie nouvelle; les sages précautions pour n'y plus mourir, assureront à vos corps l'immortalité; le zèle de satisfaire un Dieu irrité par les saintes humiliations de la pénitence, méritera d'être revêtu d'une gloire toute divine. Deux paroles du Fils de Dieu adressées aux morts : *Venit hora et nunc est, in quâ*..... Deux sortes de morts; deux parties en l'homme, toutes deux ont leur mort. Jésus les a fait revivre par sa parole : la première aux pécheurs pour les appeler à la pénitence, la seconde aux morts ensevelis pour les rappeler à la vie; la première, disposition à rendre la seconde salutaire. Il faut commencer par l'ame pour préparer le corps à la vie. Pour joindre ces deux choses, et la pénitence dont voici le temps, et la résurrection des morts, qui par l'ancienne institution de cette paroisse, doit être prêchée aujourd'hui dans cette chaire : O morts, c'est donc à vous que je parle, non point à ces morts qui gisent dans les tombeaux et reposent dans cette terre bénite, mais à ces morts parlans et écoutans. Je veux faire retentir à leurs oreilles la parole du Fils de Dieu, afin qu'ils l'entendent et qu'ils vivent. O Jésus, vous vous êtes réservé à vous-même de prononcer la parole qui appellera les morts à la résurrection générale; mais vous voulez que les autres morts, que vous voulez vivifier par leur conversion, soient appelés à cette vie par vos ministres. Donnez-moi donc votre parole par la grace de votre Esprit saint et l'intercession.....

FRAGMENT

D'UN SERMON POUR LE JOUR DES MORTS.

Puisque l'Eglise unit de si près la solennité des bienheureux qui jouissent de Dieu dans le ciel, et la mémoire des fidèles qui étant morts en Notre-Seigneur sans avoir encore obtenu la parfaite rémission de leurs fautes, en achèvent le paiement dans le purgatoire, je ne les séparerai pas par ce discours, et je vous représenterai en peu de paroles quel est l'état où ils se trouvent. Je l'ai déjà dit en deux mots, lorsque je vous ai prêché que leur sainteté étoit confirmée, quoique non consommée encore. Mais encore que ces deux paroles vous décrivent parfaitement l'état des ames dans le purgatoire, peut-être ne le comprendriez-vous pas assez, si je ne vous en proposois une plus ample explication.

Disons donc, Messieurs, avant toutes choses ce que veut dire cette sainteté que nous appelons confirmée; et afin de l'entendre sans peine, posez pour fondement cette vérité, qu'il y a une différence notable entre la mort considérée selon la nature et la mort considérée et envisagée selon les connoissances que la foi nous donne. La mort considérée selon la nature, c'est la destruction totale et dernière de tout ce qui s'est passé dans la vie : *In illâ die peribunt omnes cogitationes eorum*[1]; il regardoit la mort selon la nature. Mais si nous la considérons d'une autre manière, c'est-à-dire selon les lumières dont la foi éclaire nos entendemens, nous trouverons, chrétiens, que la mort, au lieu d'être la destruction de ce qui s'est passé dans la vie, en est plutôt la confirmation et la ratification dernière. C'est pourquoi le Sauveur (a) a dit : *Ubi ceciderit arbor, ibi erit*[2] : « Où l'arbre sera tombé, il y demeurera pour toujours. » C'est-à-dire, tant que l'homme est en cette vie, la malice la plus obstinée peut être changée par la pénitence, la sainteté la plus pure peut être abattue par la convoitise. Gémissez, fidèles serviteurs de Dieu, de vous voir en ce lieu de tentations, où votre persévérance est toujours douteuse, à cause des combats continuels où elle est exposée à tous momens.

Mais quand est-ce que vous serez fermes et éternellement immuables dans le bien que vous aurez choisi? Ce sera lorsque la mort sera venue confirmer et ratifier pour jamais le choix que vous avez fait sur la terre de cette meilleure part qui ne vous sera plus ôtée : grand privilége de la mort qui nous affermit dans le

[1] *Psal.* CXLV, 4. — [2] *Eccle.*, XI, 3.

(a) C'est l'Ecclésiaste qui dit ce que Bossuet attribue au Sauveur. (*Édit. de Déforis*).

bien et qui nous y rend immuables. Que si vous voulez savoir, chrétiens, d'où lui vient cette belle prérogative, je vous le dirai en un mot par une excellente doctrine de la divine *Epître aux Hébreux*. Saint Paul nous y enseigne, mes frères, que la nouvelle alliance que Jésus-Christ a contractée avec nous, n'a été confirmée et ratifiée que par sa mort à la croix[1]. Et cela pour quelle raison? C'est à cause, dit ce grand Apôtre, que cette mort est un testament, *novum testamentum*[2]. Or nous savons par expérience que le testament n'a de force qu'après la mort du testateur; mais quand il a rendu l'esprit, aussi le testament est invariable; on n'y peut ni ôter ni diminuer, *nemo detrahit aut superordinat*[3]. Et c'est pour cela, chrétiens, que notre Sauveur nous apprend lui-même qu'il scelle son testament par son sang : *Novum testamentum in meo sanguine*[4]. Jésus-Christ fait son testament; il nous laisse le ciel pour héritage, il nous laisse la grace et la rémission des péchés, bien plus il se donne lui-même. Voilà un présent merveilleux. Mais il meurt sans le révoquer; au contraire il le confirme encore en mourant. Cette donation est invariable et éternellement ratifiée par la mort de ce divin testateur. Reconnoissez donc, chrétiens, que la mort de Notre-Seigneur est une bienheureuse ratification de ce qu'il lui a plu de faire pour nous; mais il veut aussi en échange que notre mort ratifie et confirme ce que nous avons fait pour lui. Il a confirmé par sa mort le testament par lequel il se donne à nous, il ne s'y peut plus rien changer; et il demande aussi, chrétiens, que nous confirmions par la nôtre le testament par lequel nous nous sommes donnés à lui. Ce qui se pouvoit changer avant notre mort, devient éternel et irrévocable aussitôt que nous avons expiré dans les sentimens de la foi et de la charité chrétienne. C'est pourquoi, ô morts bienheureux, qui êtes morts en Notre-Seigneur dans la participation de ses sacremens, dans sa grace, dans sa paix et dans son amour, j'ai dit que votre sainteté étoit confirmée. Votre mort a tout confirmé; et en vous tirant du lieu de tentations, elle vous a affermis en Dieu pour l'éternité tout entière.

[1] *Hebr.*, IX, 15, 16, 17. — [2] I *Cor.*, XI, 25. — [3] *Galat.*, III, 15. — [4] *Luc.*, XXII, 20.

PREMIER SERMON

POUR

LE PREMIER DIMANCHE DE L'AVENT (a).

Hora est jam nos de somno surgere.
Il est temps désormais que nous nous réveillions de notre sommeil.
Rom., XIII, 11.

Le croira-t-on, si je le dis, que presque toute la nature humaine est endormie et que, parmi ces empressemens et dans cette activité qui paroît (b) principalement à la Cour, la plupart (c) languissent au dedans du cœur dans une mortelle léthargie? Nul ne veille véritablement, que celui qui est attentif à son salut. Et s'il est ainsi, chrétiens, qu'il y en a dans cet auditoire qu'un profond sommeil appesantit! qu'il y en a qui en prêtant l'oreille (d) n'entendent pas, et ne voient pas en ouvrant les yeux, et qui peut-être malheureusement ne se réveilleront pas encore à mon discours! C'est l'intention de l'Eglise de les tirer aujourd'hui de ce pernicieux assoupissement. C'est pourquoi elle nous lit dans les saints mystères de ce jour l'histoire du jugement dernier, lorsque la nature étonnée de la majesté de Jésus-Christ rompra tout le concert de ses mouvemens, et qu'on entendra un bruit tel qu'on peut se l'imaginer parmi de si effroyables ruines et dans un renversement si affreux. Quiconque ne s'éveille pas à ce bruit terrible est trop profondément assoupi, et il dort d'un sommeil de mort. Toutefois si nous y sommes sourds, l'Eglise pour nous exciter davantage,

---

(a) Prêché le 29 novembre 1665, dans la station d'Avent, au Louvre, devant Louis XIV, la reine, Monsieur frère du roi, madame la duchesse d'Orléans, etc.

Bossuet a prêché le premier dimanche d'Avent, en 1665 et en 1669, deux sermons devant la Cour : l'un sur la nécessité de travailler sans délai à son salut, l'autre sur le jugement universel. Or une note écrite de la main de Bossuet nous apprend que le dernier fut prêché en 1669; le premier, c'est-à-dire celui qu'on va lire, l'a donc été en 1665.

La station d'Avent s'ouvroit le 1er novembre. Cependant Bossuet ne prêcha pas ce jour-là devant la Cour : il étoit retenu à Metz, où il venoit d'être installé doyen du chapitre. Louis XIV se rendit le jour de la Toussaint à Saint-Germain-l'Auxerrois, et c'est l'abbé Thevenin qui prêcha le sermon.

(b) *Var.* : Qu'au milieu de cette action si vive et si empressée qui paroît... —
(c) Les hommes. — (d) Qui en écoutant...

fait encore retentir à nos oreilles la parole (*a*) de l'Apôtre. Le grand Paul mêle sa voix au bruit confus de l'univers et nous dit d'un ton éclatant (*b*) : O fidèles, « l'heure est venue de nous éveiller : » *Hora est jam nos de somno surgere.* Ainsi je ne crois pas quitter l'Evangile, mais en prendre l'intention et l'esprit, quand j'interprète l'épître que l'Eglise lit en ce jour (*c*). Fasse celui pour qui je parle que j'annonce avec tant de force ses menaces et ses jugemens, que ceux qui dorment dans leurs péchés se réveillent et se convertissent! C'est la grace que je lui demande par les prières de la sainte Vierge.

C'est une vérité constante que l'Ecriture a établie et que l'expérience a justifiée, que la cause de tous les crimes et de tous les malheurs de la vie humaine, c'est le défaut d'attention et de vigilance. Si les justes tombent si souvent (*d*) après une longue persévérance, c'est qu'ils s'endorment dans la vue de leurs bonnes œuvres. Ils pensent avoir vaincu tout à fait leurs mauvais désirs; la confiance qu'ils ont en ce calme fait qu'ils abandonnent le gouvernail, c'est-à-dire qu'ils perdent l'attention à eux-mêmes et à la prière. Ainsi ils périssent misérablement; et pour avoir cessé de veiller, ils perdent en un moment tout le fruit de tant de travaux. Mais si l'attention et la vigilance est si nécessaire aux justes pour prévenir leur chute funeste, combien en ont besoin les pécheurs pour s'en relever et pour réparer leurs ruines? C'est pourquoi de tous les préceptes que le Saint-Esprit a donnés aux hommes, celui que le Fils de Dieu a répété le plus souvent, celui que les saints et les apôtres ont inculqué avec plus de force, c'est celui de veiller sans cesse (*e*). Toutes les épîtres, tous les évangiles, toutes les pages de l'Ecriture sont pleines de ces paroles : « Veillez, priez, prenez garde, soyez prêts à toutes les heures, parce que vous ne savez pas à laquelle viendra le Seigneur. » En effet, faute de veiller à notre salut (*f*) et à notre conscience, notre ennemi qui n'est que trop

---

(*a*) *Var.:* La voix. — (*b*) Eclatant et ferme. — (*c*) Aujourd'hui. — (*d*) Perdent la grace. — (*e*) De tous les préceptes que le Saint-Esprit a donnés aux hommes, il n'y en a aucun que le Fils de Dieu ait répété plus souvent, que les saints apôtres aient inculqué avec plus de force, que celui de veiller sans cesse. — (*f*) Veiller sur notre salut et sur.....

vigilant, et nos passions qui ne sont que trop attentives à leurs objets, nous surprennent, nous emportent (a), nous mettent entièrement sous le joug et traînent nos ames captives devant le redoutable tribunal de Jésus-Christ, avant que nous ayons seulement songé à en prévenir les rigueurs par la pénitence. C'est ce dangereux assoupissement que craignoit le divin Psalmiste, lorsqu'il faisoit cette prière : « Eclairez mes yeux, ô Seigneur, de peur que je ne m'endorme dans la mort[1]. » C'est pour prévenir l'effet de cette mortelle léthargie que l'Apôtre nous dit aujourd'hui : « Mes frères, l'heure est venue de vous réveiller de votre sommeil. »

Et moi pour suivre ses intentions, je combattrai tout ensemble le sommeil et la langueur : le sommeil qui nous rend insensibles ; la langueur qui nous empêchant de nous éveiller tout à fait et de nous lever promptement, nous replonge de nouveau dans le sommeil. Je vous montrerai en deux points, premièrement, chrétiens, que ceux-là sont trop nonchalamment et trop malheureusement endormis, qui ne pensent pas à Dieu ni à sa justice ; secondement, que l'heure est venue de nous réveiller de ce sommeil, et que cette heure c'est l'heure même où nous sommes présentement (b), et celle où je vous excite et où je vous parle. Ainsi après avoir éveillé ceux qui dorment dans leurs péchés, je tâcherai de vaincre les délais de ceux qui disputent trop longtemps avec leur paresse. Voilà simplement et en peu de mots le partage de mon discours. Donnez-moi du moins vos attentions dans un discours où il s'agit de l'attention elle-même (c).

PREMIER POINT.

Afin que personne ne croie que ce soit un crime léger de ne penser pas à Dieu, ou d'y penser sans considérer combien c'est une chose terrible de tomber entre ses mains, j'entreprends de vous faire voir que ce crime est une espèce d'athéisme.

Dixit insipiens in corde suo : Non est Deus, dit le psaume LII ; « L'insensé a dit en son cœur : Il n'y a point de Dieu. » Les saints Pères nous enseignent que nous pouvons nous rendre coupables

---

[1] *Psal.* XII, 4.

(a) *Var.* : Aveuglent. — (b) A présent. — (c) Voilà simplement et en peu de mots le partage de mon discours et le sujet de vos attentions.

en plusieurs façons de cette erreur insensée, par erreur, par volonté, par oubli. Il y a en premier lieu les athées et les libertins, qui disent ouvertement que les choses vont au hasard et à l'aventure, sans ordre, sans gouvernement, sans conduite supérieure. Insensés, qui dans l'empire de Dieu, parmi ses ouvrages, parmi ses bienfaits, osent dire qu'il n'est pas et ravir l'être à celui par lequel subsiste toute la nature! La terre porte peu de tels monstres; les idolâtres mêmes et les infidèles les ont en horreur. Et lorsque dans la lumière du christianisme on en découvre quelqu'un, on en doit estimer la rencontre malheureuse et abominable. Mais que l'homme de plaisir, sensuel, qui laisse dominer les sens et ne songe qu'à les satisfaire, prenne garde que Dieu ne le livre tellement à leur tyrannie, qu'à la fin il vienne à croire que ce qui n'est pas sensible n'est pas réel; que ce qu'on ne voit ni ne touche n'est qu'une ombre et un fantôme; et que les idées sensibles prenant le dessus, toutes les autres ne paroissent douteuses ou tout à fait vaines. Car c'est là que sont conduits insensiblement ceux qui laissent dominer les sens et ne pensent qu'à les satisfaire. On en voit d'autres, dit le docte Théodoret [1], qui ne viennent pas jusqu'à cet excès de nier la divinité; mais qui pressés et incommodés dans leurs passions déréglées par ses lois qui les contraignent, par ses menaces qui les étonnent, par la crainte de ses jugemens qui les troublent, désireroient que Dieu ne fût pas; bien plus, ils voudroient pouvoir croire que Dieu n'est qu'un nom et disent dans leur cœur, non par persuasion, mais par désir : *Non est Deus* : « Il n'y a point de Dieu. » Ils voudroient pouvoir réduire au néant cette source féconde de l'être. « Ingrats et insensés, dit saint Augustin, qui, parce qu'ils sont déréglés, voudroient détruire la règle et souhaitent qu'il n'y ait ni loi ni justice : » *Qui dùm nolunt esse justi, nolunt esse veritatem quâ damnantur injusti* [2]. Je laisse encore ceux-ci, et je veux croire qu'aucuns de mes auditeurs ne sont si dépravés et si corrompus (a). Je viens à une troisième manière de dire que Dieu n'est pas, de laquelle nous ne pourrons pas nous excuser.

---

[1] *In Psal.* LII, tom. I, p. 603. — [2] *Tract.* XC, *in Joan.*, n. 3.

(a) *Var.*: Qu'il y a peu de mes auditeurs qui soient aussi dépravés et aussi corrompus.

Voici le principe que je pose. Ce à quoi nous ne daignons penser est comme nul à notre égard. Ceux-là donc disent en leur cœur que Dieu n'est pas, qui ne le jugent pas digne qu'on pense à lui sérieusement ; à peine sont-ils attentifs à sa vérité quand on prêche, à sa majesté quand on sacrifie, à sa justice quand il frappe, à sa bonté quand il donne (*a*) ; enfin ils le comptent tellement pour rien, qu'ils pensent en effet n'avoir rien à craindre, tant qu'ils n'ont que lui pour témoin. Qui de nous n'est pas de ce nombre? Qui n'est pas arrêté dans ses entreprises (*b*) par la rencontre d'un homme qui n'est pas de son secret ni de sa cabale? Et cependant ou nous méprisons, ou nous oublions le regard de Dieu (*c*). N'apportons pas ici l'exemple de ceux qui roulent en leur esprit quelque vol ou quelque meurtre : tout ce qu'ils rencontrent les trouble, et la lumière du jour et leur ombre propre leur fait peur. Ils ont peine à porter eux-mêmes l'horreur de leur funeste secret, et ils vivent cependant dans une souveraine tranquillité des regards de Dieu. Laissons ces tragiques attentats ; disons ce qui se voit tous les jours. Quand vous déchirez en secret ceux que vous caressez en public ; quand vous les percez de cent plaies mortelles par les coups incessamment redoublés de votre dangereuse langue ; quand vous mêlez artificieusement le vrai et le faux pour donner de la vraisemblance à vos histoires malicieuses ; quand vous violez le sacré dépôt du secret qu'un ami trop simple a versé tout entier dans votre cœur, et que vous faites servir à vos intérêts sa confiance qui vous obligeoit à penser aux siens, combien prenez-vous de précautions pour ne point paroître? combien regardez-vous à droite et à gauche? Et si vous ne voyez pas de témoin qui puisse vous reprocher votre lâcheté dans le monde, si vous avez tendu vos piéges si subtilement qu'ils soient imperceptibles aux regards humains, vous dites : « Qui nous a vus? » *Narraverunt ut absconderent laqueos; dixerunt : Quis videbit eos*[1]*?* comme dit le divin Psalmiste. Vous ne comptez donc pas parmi les voyans celui qui habite aux cieux? Et cependant entendez le même Psalmiste :

---

[1] *Psal.* LXIII, 5.

(*a*) Quand il est favorable. — (*b*) Dans une action malhonnête. — (*c*) Et cependant de quel front savons-nous soutenir le regard de Dieu?

« Quoi ! celui qui a formé l'oreille n'écoute-t-il pas ? et celui qui a fait les yeux est-il aveugle ? » *Qui plantavit aurem non audiet ? aut qui finxit oculum non considerat*[1] *?* Pourquoi ne songez-vous pas qu'il est tout vue, tout ouïe, tout intelligence ; que vos pensées lui parlent, que votre cœur lui découvre tout, que votre propre conscience est sa surveillante et son témoin contre vous-même ? Et cependant sous ces yeux si vifs, sous ces regards si perçans, vous jouissez sans inquiétude du plaisir d'être caché ; vous vous abandonnez à la joie et vous vivez en repos parmi vos délices criminelles, sans songer que celui qui vous les défend et qui vous en a laissé tant d'innocentes, viendra quelque jour inopinément troubler vos plaisirs d'une manière terrible par les rigueurs de son jugement, lorsque vous l'attendrez le moins ! N'est-ce pas manifestement le compter pour rien, et « dire en son cœur insensé : Il n'y a point de Dieu ? » *Dixit insipiens in corde suo : Non est Deus.*

Quand je recherche les causes profondes d'un si prodigieux oubli, que je considère en moi-même d'où vient que l'homme si sensible à ses intérêts et si attentif à ses affaires, perd néanmoins de vue si facilement la chose du monde la plus nécessaire, la plus redoutable et la plus présente, c'est-à-dire Dieu et sa justice, voici ce qui me vient en la pensée. Je trouve que notre esprit, dont les bornes sont si étroites, n'a pas une assez vaste compréhension pour s'étendre hors de son enceinte ; c'est pourquoi il n'imagine vivement que ce qu'il ressent en lui-même, et nous fait juger des choses qui nous environnent par notre propre disposition. Celui qui est en colère croit que tout le monde est ému de l'injure que lui seul ressent, pendant qu'il en fatigue toutes les oreilles. On voit que le paresseux qui laisse aller toutes choses avec nonchalance, ne s'imagine jamais combien vive est l'activité de ceux qui attaquent sa fortune. Pendant qu'il dort à son aise et qu'il se repose, il croit que tout dort avec lui, et n'est réveillé que par le coup. C'est une illusion semblable, mais bien plus universelle, qui persuade à tous les pécheurs que pendant qu'ils languissent dans l'oisiveté, dans le plaisir, dans l'impénitence, la justice divine languit aussi et qu'elle est tout à fait endormie. Parce qu'ils ont oublié Dieu, ils pensent

---

[1] *Psal.* XCIII, 9.

aussi que Dieu les oublie : *Dixit enim in corde suo : Oblitus est Deus* ¹. Mais leur erreur est extrême ; si Dieu se tait quelque temps, il ne se taira pas toujours : « Je veillerai (*a*), dit-il, sur les pécheurs pour leur mal et non pour leur bien : » *Vigilabo super eos in malum et non in bonum* ². « Je me suis tu, dit-il ailleurs, j'ai gardé le silence, j'ai été patient, j'éclaterai tout à coup, longtemps j'ai retenu ma colère dans mon sein, à la fin j'enfanterai, je dissiperai mes ennemis et les envelopperai tous ensemble dans une même vengeance : » *Tacui semper, silui, patiens fui, sicut parturiens loquar, dissipabo et absorbebo simul* ³. Par conséquent, chrétiens, ne prenons pas son silence pour un aveu, ni sa patience pour un pardon, ni sa longue dissimulation pour un oubli, ni sa bonté pour une foiblesse. Il attend parce qu'il est miséricordieux ; et si l'on méprise ses miséricordes, souvent il attend encore et ne presse pas sa vengeance, parce qu'il sait que ses mains sont inévitables. Comme un roi qui sent son trône affermi et sa puissance établie, apprend qu'il se machine dans son Etat des pratiques contre son service (*b*) (car il est malaisé de tromper un roi qui a les yeux ouverts et qui veille) : il pourroit étouffer dans sa naissance cette cabale découverte ; mais assuré de lui-même et de sa propre puissance, il est bien aise de voir jusqu'où iront les téméraires complots de ses sujets infidèles, et ne précipite pas sa juste vengeance jusqu'à ce qu'ils soient parvenus au terme fatal où il a résolu de les arrêter : ainsi et à plus forte raison ce Dieu tout-puissant, qui du centre de son éternité développe tout l'ordre des siècles, et qui, sage dispensateur des temps, a fait la destination de tous les momens devant l'origine des choses, n'a rien à précipiter. (*c*) Les pécheurs sont sous ses yeux et sous sa main. Il sait le temps qu'il leur a donné pour se repentir, et celui où il les attend pour les confondre. Cependant qu'ils mêlent le ciel et la terre pour se cacher, s'ils pouvoient, dans la confusion de toutes choses ; que ces femmes infidèles et ces hommes corrompus et corrupteurs se couvrent eux-mêmes, s'ils peuvent, de toutes

---

¹ *Psal.* X, H. XI. — ² *Jerem.*, XLIV, 27. — ³ *Isa.*, XLII, 14.

(*a*) *Var.* : Je m'éveillerai. — (*b*) Qu'il se fait dans son Etat de secrets desseins de révolte. — (*c*) *Note marg.* : Ceux-là se hâtent et se précipitent, dont les conseils sont dominés par la rapidité des occasions et emportés par la fortune. Il n'en est pas ainsi du Tout-Puissant.

les ombres de la nuit, enveloppent (a) leurs intelligences déshonnêtes dans l'obscurité d'une intrigue impénétrable : ils seront découverts au jour arrêté ; leur cause sera portée devant le tribunal de Jésus-Christ, où leur conviction ne pourra être éludée par aucune excuse, ni leur peine retardée par aucunes plaintes.

Mais j'ai à vous découvrir de plus profondes vérités. Je ne prétends pas seulement faire appréhender aux pécheurs les rigueurs du jugement dernier, ni les supplices insupportables du siècle à venir. De peur que le repos où ils sont dans la vie présente ne serve à nourrir en leur cœur aveugle et impénitent l'espérance de l'impunité, le Saint-Esprit nous enseigne que leur repos (b) même est une peine. Pécheurs, soyez ici attentifs. Voici une nouvelle manière de se venger, qui n'appartient qu'à Dieu seul ; c'est de laisser ses ennemis en repos et de les punir davantage par leur endurcissement et par leur sommeil léthargique, que s'il exerçoit sur eux un châtiment exemplaire. Il est donc vrai, chrétiens, qu'il arrive (c souvent qu'à force d'être irrité, Dieu renferme en lui-même toute sa colère ; en sorte que les pécheurs étant étonnés eux-mêmes de leurs longues prospérités et du cours fortuné de leurs affaires, s'imaginent n'avoir rien à craindre et ne sentent plus aucun trouble dans leur conscience. Voilà ce pernicieux assoupissement, voilà ce sommeil de mort dont j'ai déjà tant parlé. C'est, mes frères, le dernier fléau que Dieu envoie à ses ennemis ; c'est le comble de tous les malheurs, c'est la plus prochaine disposition à l'impénitence finale et à la ruine dernière et irrémédiable (d). Pour l'entendre, il faut remarquer que c'est une excellente maxime des saints docteurs, « qu'autant que les pécheurs sont rigoureux censeurs de leurs vices, autant Dieu se relâche en leur faveur de la sévérité de ses jugemens : » *In quantùm non peperceris tibi, in tantùm tibi Deus, crede, parcet*[1]. En effet comme il est écrit que Dieu aime la justice et déteste l'iniquité, tant qu'il y a quelque chose en nous qui crie contre les péchés et s'élève contre les vices, il y a aussi quelque chose qui prend le parti de Dieu, et c'est une

---

[1] Tertull., *De Pœnitentiâ*, n. 10.

(a) *Var.*: Que ceux qui s'entendent si bien pour conspirer à eur perte enveloppent... — (b) J'entreprends de leur faire voir que leur repos même... — (c) Je dis donc qu'il arrive...— (d) Inévitable.

disposition favorable pour le réconcilier avec nous. Mais dès que (*a*) nous sommes si malheureux que d'être tout à fait d'accord avec nos péchés, dès que par le plus indigne des attentats nous en sommes venus à ce point que d'abolir en nous-mêmes la sainte vérité de Dieu, l'impression de son doigt et de ses lumières, la marque de sa justice souveraine, en renversant cet auguste tribunal de la conscience qui condamnoit tous les crimes ; c'est alors que l'empire de Dieu est détruit, que l'audace de la rébellion est consommée et que nos maux n'ont presque plus de remèdes. C'est pourquoi ce grand Dieu vivant, qui sait que le souverain bonheur est de le servir et de lui plaire, et que ce qui reste de meilleur à ceux qui se sont éloignés de lui par leurs crimes, c'est d'être troublés et inquiétés du malheur de lui avoir déplu ; après qu'on a méprisé longtemps ses graces, ses inspirations, ses miséricordieux (*b*) avertissemens et les coups par lesquels il nous a frappés de temps en temps, non encore pour nous punir à toute rigueur, mais seulement pour nous réveiller ; prend enfin cette dernière résolution pour se venger des hommes ingrats et trop insensibles : il retire ses saintes lumières, il les aveugle, il les endurcit ; et leur laissant oublier ses divins préceptes, il fait qu'en même temps ils oublient et leur salut et eux-mêmes. Encore que cette doctrine paroisse assez établie sur l'ordre des jugemens de Dieu, je penserai n'avoir rien fait si je ne la prouve clairement ; il faut que je vous montre dans son Ecriture le progrès d'un si grand mal (*c*). Le prophète Isaïe nous le représente tenant en sa main une coupe, qu'il appelle la coupe de sa colère (*d*) : *Bibisti de manu Domini calicem iræ ejus*[1]. Elle est, dit-il, remplie d'un breuvage qu'il veut faire boire aux pécheurs ; mais d'un breuvage fumeux comme un vin nouveau, qui leur monte à la tête et qui les enivre. Ce breuvage qui enivre les pécheurs, qu'est-ce autre chose, Messieurs, que leurs péchés mêmes et leurs désirs emportés auxquels Dieu les abandonne ? Ils boivent comme un premier verre (*e*), et peu à peu la tête leur tourne, c'est-à-dire que dans l'ardeur de leurs passions la réflexion à demi éteinte n'envoie

---

[1] *Isa.*, LI, 17.

(*a*) *Var.* : Lorsque. — (*b*) Ses favorables. — (*c*) Je penserai n'avoir rien fait, si je ne la prouve clairement par son Ecriture. — (*d*) De la colère de Dieu. — (*e*) Coup.

que des lumières douteuses. Ainsi l'ame n'est plus éclairée (*a*) comme auparavant ; on ne voit plus les vérités de la religion ni les terribles jugemens de Dieu que comme à travers d'un nuage épais. C'est ce qui s'appelle dans les Ecritures « l'esprit de vertige [1], » qui rend les hommes chancelans et mal assurés. Cependant ils déplorent encore leur foiblesse, ils jettent quelque regard du côté de la vertu qu'ils ont quittée. Leur conscience se réveille de temps en temps, et dit en poussant un secret soupir dans le cœur : O piété (*b*)! ô innocence! ô sainteté du baptême! ô pureté du christianisme! Les sens l'emportent sur la conscience : ils boivent encore, et leurs forces se diminuent, et leur vue se trouble. Il leur reste néanmoins quelque connoissance et quelque souvenir de Dieu. Buvez, buvez, ô pécheurs, buvez jusqu'à la dernière goutte, et avalez tout jusqu'à la lie. Mais que trouveront-ils dans ce fond? « Un breuvage d'assoupissement, dit le saint Prophète, qui achève de les enivrer jusqu'à les priver de tout sentiment : » *Usque ad fundum calicis soporis bibisti, et potasti usque ad fœces* [2]. Et voici un effet étrange : « Je les vois, poursuit Isaïe, tombés dans les coins des rues, si profondément assoupis qu'ils semblent tout à fait morts : » *Filii tui projecti sunt, dormierunt in capite omnium viarum* [3]. C'est l'image des grands pécheurs, qui s'étant enivrés longtemps du vin de leurs passions et de leurs délices criminelles, perdent enfin toute connoissance de Dieu et tout sentiment de leur mal. Ils pèchent sans scrupule ; ils s'en souviennent sans douleur ; ils s'en confessent sans componction ; ils y retombent sans crainte ; ils y persévèrent sans inquiétude ; ils y meurent enfin sans repentance.

Ouvrez donc les yeux, ô pécheurs, et connoissez l'état où vous êtes. Pendant que vous contentez vos mauvais désirs, vous buvez un long oubli de Dieu ; un sommeil mortel vous gagne, vos lumières s'éteignent, vos sens s'affoiblissent. Cependant il se fait contre vous dans le cœur de Dieu un « amas de haine et de colère : » *Thesaurizas tibi iram* [4], comme dit l'Apôtre ; sa fureur longtemps retenue fera tout à coup un éclat terrible. Alors vous serez réveillés

---

[1] *Isa.*, XIX, 14. — [2] *Ibid.*, LI, 17. — [3] *Ibid.*, 20. — [4] *Rom.*, II, 5.

(*a*) *Var.*: La réflexion à demi éteinte n'envoyant que des lumières douteuses, l'ame n'est plus éclairée..... — (*b*) O chasteté!

par un coup mortel, mais réveillés seulement pour sentir votre supplice intolérable. Prévenez un si grand malheur ; éveillez-vous, l'heure est venue : *Hora est jam nos de somno surgere.* Eveillez-vous pour écouter l'avertissement, de peur qu'on ne vous éveille pour écouter votre sentence. Ne tardez pas davantage ; cette heure où je vous parle doit être, si vous êtes sages, l'heure de votre réveil. C'est ma seconde partie.

SECOND POINT.

Jésus-Christ commande à ses ministres de dénoncer à tous ceux qui diffèrent (*a*) de jour en jour leur conversion, qu'ils seront surpris infailliblement dans les piéges de la mort et de l'enfer, et qu'à moins de veiller à toutes les heures (*b*), il viendra une heure imprévue qui ne leur laissera aucune ressource. Ecoutez, non la parole des hommes, mais la parole de Jésus-Christ même, en saint Matthieu et en saint Luc[1] : « Veillez, parce que vous ne savez pas à quelle heure viendra votre Seigneur. Car sachez que si le père de famille étoit averti de l'heure à laquelle le voleur doit venir, sans doute il veilleroit et ne laisseroit pas percer sa maison. Vous donc aussi soyez toujours prêts, parce que le Fils de l'homme viendra à l'heure que vous ne pensez pas. Qui est le serviteur fidèle et prudent que son maître a établi sur tous ses serviteurs, afin qu'il leur distribue dans le temps leur nourriture? Heureux est ce serviteur, si son maître à son arrivée le trouve agissant de la sorte! Je vous dis en vérité qu'il l'établira sur tous ses biens. Mais si ce serviteur est méchant et qu'il dise en son cœur : Mon maître n'est pas prêt à venir ; et qu'il commence à maltraiter ses compagnons, et à manger, et à boire, et à s'enivrer, et à mener une vie dissolue : le maître de ce serviteur viendra au jour auquel il ne s'attend pas et à l'heure qu'il ne sait pas, et il le séparera et lui donnera le partage des infidèles et des hypocrites. C'est là qu'il y aura des pleurs et des grincemens de dents. »

Cette parabole de l'Evangile nous découvre en termes formels

---

[1] *Matth.*, XXIV, 42 et seq.; *Luc.*, XII, 39 et seq.

(*a*) *Var.* : A tous les pécheurs qui diffèrent. — (*b*) Et que s'ils ne veillent à toutes les heures.

deux vérités importantes : la première, que Jésus-Christ a dessein de nous surprendre; la seconde, que le seul moyen qu'il nous donne pour éviter la surprise, c'est de veiller sans relâche. Tel est le conseil de Dieu et la sage économie que ce grand Père de famille a établie dans sa maison. Il a voulu avoir des serviteurs vigilans et perpétuellement (*a*) attentifs. C'est pourquoi il a disposé de sorte le cours imperceptible du temps, que nous ne sentons ni sa fuite ni les larcins qu'il nous fait; en sorte que la dernière heure nous surprend toujours. Il faut ici nous représenter cette illusion trompeuse (*b*) du temps, et la manière dont il se joue de notre foible imagination. Le temps, dit saint Augustin [1], est une foible imitation de l'éternité. Celle-ci (*c*) est toujours la même; ce que le temps ne peut égaler par sa consistance, il tâche de l'imiter par la succession. S'il nous dérobe un jour, il en rend subtilement un autre semblable, qui nous empêche de regretter celui que nous venons de perdre. C'est ainsi que le temps nous joue et nous cache sa rapidité. C'est aussi peut-être en cela que consiste cette malice du temps dont l'Apôtre nous avertit par ces mots : « Rachetez le temps, dit-il, parce que les jours sont mauvais [2], » c'est-à-dire trompeurs et malicieux. En effet le temps nous trompe toujours, parce qu'encore qu'il varie sans cesse, il montre presque toujours un même visage, et que l'année qui est écoulée semble ressusciter dans la suivante. Toutefois une longue suite nous découvre toute l'imposture (*d*). Les rides sur notre front, les cheveux gris, les infirmités ne nous font que trop remarquer quelle grande partie de notre être est déjà abîmée et engloutie. Mais dans de si grands changemens le temps affecte toujours quelque imitation de l'éternité. Car comme c'est le propre de l'éternité de conserver les choses dans le même état, le temps pour en approcher ne nous dépouille que peu à peu, et nous mène aux extrémités opposées par une pente si douce et tellement insensible, que nous nous trouvons engagés au milieu des ombres de la mort avant que d'avoir songé comme il faut à notre conversion. Ezéchias ne sent point écouler

---

[1] *In Psal.* IX, n. 7. — [2] *Eph.*, v, 16.

(*a*) *Var.*: Continuellement. — (*b*) Cette imposture. — (*c*) L'éternité. — (*d*) Nous découvre cette imposture.

son âge, et dans la quarantième de ses années, il croit qu'il ne fait que de naître : *Dùm adhuc ordirer, succidit me* [1] : « Il a coupé la trame de mes jours, que je ne faisois que commencer. » Ainsi la malignité trompeuse du temps fait que nous tombons tout à coup et sans y penser, entre les mains de la mort (*a*). Pour nous garantir de cette surprise, Jésus-Christ ne nous a laissé qu'un seul moyen dans la parabole de l'Evangile; c'est celui d'être toujours attentifs et vigilans : « Veillez, dit-il, sans cesse, parce que vous ne savez à quelle heure viendra le Seigneur. »

Ici l'on ne peut s'étonner assez de l'aveuglement des hommes, qui ne sont pas moins audacieux que le fut autrefois l'apôtre saint Pierre, lorsqu'il démentit la vérité même. On ne lit point sans étonnement la témérité de ce disciple qui, lorsque Jésus-Christ lui dit nettement qu'il le reniera trois fois, ose lui répondre en face : « Non, je ne vous renierai pas [2]. » Mais cessons de nous étonner de son audace, qu'il a expiée par tant de larmes; étonnons-nous de nous-mêmes et de notre témérité insensée. Jésus-Christ nous a dit à tous en paroles claires : Si vous ne veillez sans cesse, je vous surprendrai. Et nous osons lui répondre : Non, Seigneur, nous dormirons à notre aise; cependant nous vous préviendrons de quelques momens, et une prompte confession nous sauvera de votre colère. Quoi ! le Fils de Dieu aura dit que la science des temps est l'un des secrets que son Père a réservés en sa puissance [3], et nous voudrons percer (*b*) ce secret impénétrable, et fonder nos espérances sur un mystère si caché et qui passe de si loin notre connoissance ! Quand Jésus-Christ viendra en sa majesté pour juger le monde, mille événemens terribles précéderont, toute la nature se remuera devant sa face; et cependant l'univers menacé de sa ruine totale par un si grand ébranlement, ne laissera pas d'être surpris. Il est écrit que ce dernier jour viendra comme un voleur, et qu'il arrivera sur tous les hommes comme un lacet où ils seront pris inopinément; tant la sagesse de Dieu est profonde à nous cacher ses conseils. Et nous croirons pouvoir sentir et apercevoir la

---

[1] *Isa.*, XXXVIII, 12. — [2] *Matth.*, XXVI, 33, 35. — [3] *Act.*, I, 7.

(*a*) *Var.* : Fait que nous tombons tout à coup entre les mains de la mort, avant que d'avoir songé comme il faut à notre conversion. — (*b*) Découvrir.

dissolution de ce corps fragile qui porte sa corruption en son propre sein! Nous nous trompons, nous nous abusons, nous nous flattons nous-mêmes trop grossièrement. La mort ne viendra pas de loin avec grand bruit pour nous assaillir. Elle s'insinue avec la nourriture que nous prenons, avec l'air que nous respirons, avec les remèdes mêmes par lesquels nous tâchons de nous en défendre (a). Elle est dans notre sang et dans nos veines; c'est là qu'elle a mis ses secrètes et inévitables embûches, dans la source même de la vie. C'est de là qu'elle sortira, tantôt soudaine, tantôt à la suite d'une maladie déclarée, mais toujours surprenante et trop peu prévue. L'expérience le fait assez voir, et Jésus-Christ nous a dit dans son Évangile que Dieu l'a voulu de la sorte. C'est par un dessein prémédité qu'il nous a caché notre dernier jour, « afin, dit saint Augustin, que nous prenions garde à tous les jours : » *Latet ultimus dies, ut observentur omnes dies*[1]. Puisqu'il a entrepris de nous surprendre (b) si nous ne veillons, serons-nous plus industrieux à prévenir la main de Dieu qu'il ne sera prompt à frapper son coup? Ou croyons-nous avoir contre lui d'autres précautions et d'autres moyens que celui qu'il nous a donné, de veiller toujours? Quelle folie! quel aveuglement! quel étourdissement d'esprit! et quel nom donnerons-nous à une si haute extravagance?

Permettons néanmoins aux hommes, si vous le voulez, de goûter paisiblement le plaisir de vivre; accordons que la jeunesse puisse se promettre de longs jours, et ne lui envions pas (c) la triste espérance de vieillir. Pensez-vous qu'on doive fonder sa future conversion sur cette attente? Détrompez-vous, chrétiens, et apprenez à vous mieux connaître. Telle est la nature de votre ame et de votre volonté, qu'elle ne peut, étant libre, être forcée par ses objets, mais elle s'engage elle-même. Elle se fait comme des liens de fer et une espèce de nécessité par ses actes : c'est ce qui s'appelle l'habitude, dont je ne m'étendrai pas à vous décrire la violence trop connue et trop expérimentée. Je veux donc bien vous

---

[1] *Serm.* XXXIX, n. 1.

(a) *Var.* : De nous en préserver. — (b) Serons-nous plus industrieux à le prévenir qu'il ne sera prompt à frapper son coup, lui qui a entrepris de nous surprendre? — (c) Ne lui ravissons pas.

confesser qu'il y a une certaine ardeur des passions et une force trop violente de la nature, que l'âge peut tempérer. Mais cette seconde nature qui se forme par l'habitude, mais cette nouvelle ardeur encore plus tyrannique qui naît de l'accoutumance, le temps ne fait que l'accroître et l'affermir davantage (*a*). Ainsi nous nous trompons déplorablement, lorsque nous attendons du temps le remède à nos passions, que la raison nous présente en vain. Si nous n'acquérons par vertu et par un effort généreux la facilité de les vaincre, c'est une folie manifeste de croire que l'âge nous la donne (*b*). Et comme dit sagement l'*Ecclésiastique*, « la vieillesse ne trouvera pas ce que la jeunesse n'a pas amassé : » *Quæ in juventute tuâ non congregasti, quomodo in senectute tuâ invenies* [1]*?* Et il n'est pas nécessaire de rappeler ici de bien loin, ni les deux vieillards de Babylone impudens calomniateurs de la pudique Susanne, ni la déplorable vieillesse de Salomon autrefois sage. L'expérience du présent nous sauve la peine de rechercher avec soin les exemples des siècles passés. Jetez vous-mêmes les yeux sur vos proches, sur vos amis, sur tous ceux qui vous environnent; vous ne verrez que trop tous les jours que les vices ne s'affoiblissent pas avec la nature, et que les inclinations ne se changent pas avec la couleur des cheveux. Au contraire, si nous laissons dominer la colère, la vieillesse, bien loin de la modérer, la tournera en aigreur par son chagrin. Et quand on donne tout au plaisir, on ne voit, dit saint Basile, dans l'âge plus avancé, que des idées trop présentes, des désirs trop jeunes; et pour ne rien dire de plus, des regrets qui renouvellent tous les crimes. Par conséquent ne différez pas et éveillez-vous tout à l'heure, vous qui refusant à présent de vous convertir, dites que vous vous convertirez quelque jour; désabusez-vous : *Hora est jam.* Car quelle autre heure voulez-vous prendre? En découvrez-vous quelqu'une qui soit plus commode ou plus favorable? Connoissez le secret de votre cœur, et entendez le ressort qui fait mouvoir une machine si délicate.

---

[1] *Eccli.*, xxv, 5.

(*a*) *Var.* : Quelle folie de laisser fortifier un ennemi qu'on peut vaincre! — (*b*) C'est une erreur manifeste de croire que l'âge nous l'apporte.

Je sais que vous êtes libre; mais toutefois pour vous exciter, il faut quelque raison qui vous persuade (a); et quelle plus pressante raison aurez-vous alors que celle que je vous propose? Y aura-t-il un autre Jésus-Christ, un autre Evangile, une autre foi, une autre espérance, un autre paradis, un autre enfer? Que verrez-vous de nouveau qui soit capable de vous ébranler? Pourquoi donc résistez-vous maintenant? Pourquoi donc voulez-vous vous imaginer que vous céderez plus facilement en un autre temps? D'où viendra cette nouvelle force à la vérité, ou cette nouvelle docilité à votre esprit? Quand cette passion qui vous domine à présent, quand ce secret tyran de votre cœur aura quitté l'empire qu'il a usurpé (b), vous n'en serez pour cela ni plus dégagé, ni plus maître de vous-même. Si vous ne veillez sur vos actions, il ne fera que céder la place à un autre vice, au lieu de la remettre au légitime Seigneur, qui est la Raison Dieu. Il y laissera pour ainsi dire un successeur de sa race, enfant comme lui de la même convoitise. Je veux dire, les péchés se succéderont les uns aux autres; et si vous ne faites quelque grand effort pour interrompre la suite de cette succession malheureuse, qui ne voit que d'erreur en erreur et de délai en délai, elle vous mènera jusqu'au tombeau? Connoissez donc que tous ces délais ne sont qu'un amusement manifeste, et qu'il n'y a rien de plus insensé (c) que d'attendre la victoire de nos passions du temps qui les fortifie.

Mais je n'ai pas dit encore ce que les pécheurs endormis ont le plus à craindre. Pour eux ils n'appréhendent que la mort subite; et comme ils veulent se persuader, malgré l'expérience et tous les exemples, que leur vigueur présente les en garantit, ils découvrent toujours du temps devant eux. Mortels téméraires et peu prévoyans, qui croyons que la justice divine n'a qu'un moyen de nous perdre! Non, mes frères, ne le croyez pas. Nous sommes souvent condamnés et souvent punis terriblement, avant que la vengeance se déclare (d), avant même que nous la sentions. Et certes nous pourrions entendre cette vérité par l'exemple des choses humaines. On ne dit pas toujours aux criminels la misère

---

de quelque deuil. Maintenant vous paroissez confirmé dans votre crime; les saints avertissemens ne vous touchent plus, les sacremens vous sont inutiles. Craignez enfin, chrétiens, que Dieu ne vous livre au sens réprouvé, et que votre ame ne devienne un vaisseau cassé et rompu qui ne puisse plus contenir la grace. C'est de quoi sont menacés par le Saint-Esprit ceux qui profanent les sacremens par leurs rechutes et qui entretiennent leurs mauvais désirs par leur complaisance. « Je les briserai, dit le Seigneur, comme un pot de terre, et les réduirai tellement en poudre qu'il ne restera pas le moindre fragment sur lequel on puisse porter une étincelle de feu ou puiser une goutte d'eau. » (a) Etrange état de cette ame cassée et rompue! Elle s'approche du sacrement de pénitence et de ce fleuve de grace qui en découle; il ne lui en demeure pas une goutte d'eau. Elle écoute de saints discours qui seroient capables d'embraser les cœurs; elle n'en rapporte pas la moindre étincelle. C'est un vaisseau tout à fait brisé et rompu; et si elle ne fait un dernier effort pour rappeler l'esprit de la grace et pour exciter la foi endormie, elle périra sans ressource.

Ah! mes frères, j'espère de vous de meilleures choses, encore que je parle ainsi. Quoi! ma parole est-elle inutile? L'esprit de mon Dieu n'agit-il pas? Ne se remue-t-il pas quelque chose au fond de vos cœurs? Ah! s'il est ainsi, vous vivez, et votre santé n'est pas déplorée. Ne perdons pas ce moment de force : donnez des regrets, donnez des soupirs; ce sont les signes de vie que le céleste médecin vous demande. Après laissez agir sa main charitable. « Car pourquoi voulez-vous périr? Je ne veux point la mort de celui qui meurt; convertissez-vous et vivez, dit le Seigneur tout-puissant : » *Et quare moriemini, domus Israel? quia nolo mortem morientis, revertimini et vivite*[1].

Mais je n'ai rien fait, chrétiens, d'avoir peut-être un peu excité votre attention au soin de votre salut par la parole de Jésus-Christ et de l'Evangile, si je ne vous persuade de vous occuper souvent de cette pensée. Toutefois ce n'est pas l'ouvrage d'un homme mor-

---

[1] *Ezech.*, XVIII, 31, 32.

(a) Note marg. : *Comminuetur sicut conteritur lagena figuli contritione pervalidâ : et non invenietur de fragmentis ejus testa in quâ portetur igniculus de incendio, aut hauriatur parùm aquæ de foveâ* (Isai., XXX, 14).

(a) *Var.*: Vous détermine. — (b) Sera pour ainsi dire descendu du trône qu'il a usurpé. — (c) Qu'il n'y a pas de plus grande erreur..... — (d) Eclate.

de leur triste état; souvent on les voit pleins de confiance, pendant que leur mort est résolue. Leur sentence n'est pas prononcée, mais elle est déjà écrite dans l'esprit des juges. Tel s'est trouvé perdu à la Cour et entièrement exclu des graces, dont le crédit subsistoit apparemment. Si la justice des hommes a ses secrets et ses mystères, la justice divine n'aura-t-elle pas aussi les siens? Oui, sans doute, et bien plus terribles. Mais il faut l'établir par les Ecritures. Ecoutez donc ce qui est écrit au *Deutéronome :* « Sachez que le Seigneur votre Dieu punit incontinent ceux qui le haïssent et ne diffère pas à les perdre, leur rendant dans le moment même ce qu'ils méritent : » *Reddens odientibus se statim ut disperdat eos, et ultrà non differat, protinùs eis restituens quod merentur* [1]. Pesez ces mots : incontinent, sans différer, dans le moment même. Est-il vrai que Dieu punisse toujours de la sorte? Il n'est pas vrai si nous regardons la vengeance qui éclate, il est vrai si nous regardons les peines cachées que Dieu envoie à ses ennemis; peines si grandes et si terribles, que je vous ai démontrées dans ma première partie. Celui qui pèche est puni sans retardement, parce que la grace se retire dans le moment même; parce que sa foi diminue, qu'un péché en attire un autre, et qu'on tombe toujours (a) plus facilement après qu'on est affoibli par une première chute. Telles sont les peines affreuses qui suivent le crime dans l'instant qu'il est commis. C'est que ces hommes corrompus perdent toute crainte de Dieu, c'est-à-dire tout le frein de leur licence; ces femmes achèvent de perdre tout ce qu'il leur reste b) de modestie, c'est-à-dire tout l'ornement de leur sexe. Enfin le crime n'a plus pour nous une face étrange qui nous épouvante; mais il est devenu malheureusement familier et n'étonne plus notre ame endurcie. N'appelez-vous pas cela un grand supplice? Quoi! dit le grand saint Augustin, si, lorsque nous péchons, nous étions frappés à l'instant d'une soudaine maladie, si nous perdions la vue, si nos forces nous abandonnoient, nous croirions que Dieu nous punit, et nous aurions un saint empressement d'apaiser sa juste fureur par une prompte pénitence. Ce n'est pas la vue corporelle, mais la lumière de l'ame

[1] *Deut.,* vii, 10.
(a) *Var.:* Ensuite. — (b) Tout ce qu'elles avoient.

qui s'éteint en nous; ce n'est pas cette santé fragile que nous [perdons], mais Dieu nous livre à nos passions, qui sont nos mala[dies] les plus dangereuses. Nous ne voyons plus, nous ne goûtons p[lus] les vérités de la foi. Aveugles et endurcis, nous tombons dans [un] assoupissement et dans une insensibilité mortelle; et pendant q[ue] Dieu nous y abandonne par une juste punition, nous ne sento[ns] pas sa main vengeresse, et nous croyons qu'il nous pardonne [et] qu'il nous épargne. (a) Que nous sert de vivre et de subsister au[x] yeux des hommes, si cependant nous sommes morts, perdus devan[t] Dieu et devant ses anges? (b) Pour faire mourir un arbre, il n'es[t] pas toujours nécessaire qu'on le déracine. Voyez ce grand chên[e] desséché qui ne pousse plus, qui ne fleurit plus, qui n'a plus de glands ni de feuilles; il a la mort dans le sein et dans la racine (c); il n'en est pas moins ferme sur son tronc, il n'en étend pas moins ses vastes rameaux. Chrétien dont le cœur est endurci, voilà ton image. Bois aride, Dieu n'a pas encore frappé ta racine et ne t'a pas précipité de ton haut pour te jeter dans le feu (d); mais il a retiré l'esprit de vie.

Craignez donc, pécheur endormi, craignez le dernier endurcissement. Eveillons-nous, il est temps. Pourquoi endurcissez-vous vos cœurs comme Pharaon? Eveillez-vous sans délai, puisque chaque délai aggrave vos peines. Car attendez-vous à vous éveiller que vous soyez retourné parmi vos plaisirs? Et quand faut-il que le chrétien veille, sinon quand Jésus-Christ parle? Faites réflexion sur vous-même; pensez-vous être bien loin de cette mortelle léthargie, de cet endurcissement funeste dont vous êtes menacé si terriblement par tant d'oracles de l'Ecriture? Songez à vos premières chutes; votre cœur vous frappoit alors : *Percussit eum cor David* [1]. Vos remords étoient plus vifs et vos retours à Dieu plus fréquens. Vous périssiez, mais souvent vous versiez des larmes sur votre perte, et vos tristes funérailles étoient du moins honorées

[1] II *Reg.,* xxiv, 10.
(a) Note marg. : *Si quis furtum faciens statim oculum perdidisset, omnes dicerent Deum præsentem vindicasse oculum; cordis amisit, et ei pepercisse putatur Deus* (S. August., *in Psal.* LVII, n. 18). — (b) *Nomen habes quòd vivas, et mortuus es* (Apoc., III, 1) : « On vous appelle vivant; mais en effet vous êtes mort. » — (c) *Var.:* Quoiqu'il ait la mort dans le sein et dans la racine, il n'en est pas moins ferme..... (d) Dans la flamme.

tel, de mettre dans l'esprit des autres ces vérités importantes ; c'est à Dieu de les y graver. Et comme je n'ai rien fait aujourd'hui que vous réciter ses saintes paroles, je produirai encore en finissant ce qu'il a prononcé de sa propre bouche dans le *Deutéronome*. « Ecoutez, Israël ; le Seigneur votre Dieu est le seul Seigneur. Vous l'aimerez de tout votre cœur, de toute votre ame et de toute votre force. Mettez dans votre cœur mes paroles et les lois que je vous donne aujourd'hui ; racontez-les à vos enfans et les méditez en vous-même, soit que vous soyez assis dans votre maison, soit que vous marchiez dans le chemin. (*a*) En vous couchant et en vous levant, qu'elles vous soient toujours présentes ; que mes préceptes roulent sans cesse devant vos yeux, en sorte que vous ne les perdiez jamais de vue. » Telle est la loi inviolable des anciens que Dieu avoit donnée à nos pères. Pesez-en toutes les paroles. Elle leur commande d'avoir Dieu et ses saints commandemens dans le cœur, d'en parler souvent, afin d'en rafraîchir la mémoire ; d'y avoir toujours un secret retour, de ne s'en éloigner point parmi les affaires ; et néanmoins de prendre un temps pour y penser en repos et dans son cabinet avec une application particulière ; de s'éveiller et de s'endormir dans cette pensée, afin que notre ennemi étant toujours attentif à nous surprendre, nous soyons toujours en garde contre ses embûches. Ne me dites pas que cette attention n'est d'usage que pour les cloîtres et pour la vie retirée. Ce précepte formel a été écrit pour tout le peuple de Dieu. Les juifs, tout charnels et grossiers qu'ils sont, reconnoissent encore aujourd'hui que cette obligation indispensable leur est imposée. Si nous prétendons, chrétiens, que ce précepte ait moins de force dans la loi de grace et que les chrétiens soient moins obligés à cette attention que les juifs, nous déshonorons le christianisme et faisons honte à Jésus-Christ et à l'Evangile. Le faux prophète des Arabes, dont le paradis est tout sensuel et dont toute la religion n'est que politique, n'a pas laissé de prescrire à ses malheureux sectateurs d'adorer cinq fois le jour, et vous voyez combien ils sont ponctuels à cette observance. Les chrétiens se croiroient-ils dispensés de penser à

(*a*) Note marg. : *Sedens in domo tuâ et ambulans in itinere, dormiens atque consurgens..... Movebuntur ante oculos tuos* (Deut., VI, 4 et seq.).

Dieu, parce qu'on ne leur a point marqué d'heures précises? C'est qu'ils doivent veiller et prier toujours (a). Ne pensez pas que cette pratique vous soit impossible : le passage que j'ai récité vous en donne un infaillible moyen. Si Dieu ordonne aux Israélites de s'occuper perpétuellement de ses saints préceptes, il leur ordonne auparavant de l'aimer et de prendre à cœur son service. Aimez, dit-il, le Seigneur, et mettez en votre cœur ses saintes paroles. Tout ce que nous avons à cœur nous revient assez de soi-même, sans forcer notre attention, sans tourmenter notre esprit et notre mémoire. Demandez à une mère s'il faut la faire souvenir de son fils unique (b). Faut-il vous avertir de songer à votre fortune et à vos affaires? Lorsqu'il semble que votre esprit soit ailleurs, n'êtes-vous pas toujours vigilans et toujours trop vifs et secrètement attentifs sur cette matière, sur laquelle le moindre mot vous éveille? Si vous pouviez prendre à cœur votre salut éternel et vous faire une fois une grande affaire de celle qui devroit être la seule, nos salutaires avertissemens ne vous seroient pas un supplice, et vous penseriez de vous-même mille fois le jour à un intérêt de cette importance. Mais certes ni nous n'aimons Dieu, ni nous ne songeons à nous-mêmes, et ne sommes chrétiens que de nom. Excitons-nous enfin, et prenons à cœur notre éternité.

Grand Roi, qui surpassez de si loin tant d'augustes prédécesseurs, que nous voyons infatigablement occupé aux grandes affaires de votre Etat qui embrassent les affaires de toute l'Europe, je propose à ce grand génie un ouvrage plus important et un objet bien plus digne de son attention; c'est le service de Dieu et votre salut. Car, Sire, que vous servira d'avoir porté à un si haut point la gloire de votre France, de l'avoir rendue si puissante par mer et par terre, et d'avoir fait par vos armes et par vos conseils, que le plus célèbre, le plus ancien, le plus noble royaume de l'univers soit aussi en toute manière le plus redoutable, si après avoir rempli tout le monde de votre nom et toutes les histoires de vos faits, vous ne travaillez encore à des œuvres qui soient comptées devant Dieu et qui méritent d'être écrites au livre de

---

(a) *Var.:* C'est que le chrétien doit veiller et prier sans cesse, et vivre toujours attentif à son salut éternel. — (b) De son cher enfant.

vie? Votre Majesté n'a-t-elle pas vu dans l'évangile de ce jour l'étonnement du monde alarmé, dans l'attente du jour effroyable où Jésus-Christ paroîtra en sa majesté? Si les astres, si les élémens, si les grands ouvrages que Dieu semble avoir voulu bâtir si solidement pour les faire durer toujours sont menacés de leur ruine, que deviendront les ouvrages qu'auront élevés des mains mortelles? Ne voyez-vous pas ce feu dévorant qui précède la face du juge terrible, qui abolira en un même jour et les villes, et les forteresses, et les citadelles, et les palais, et les maisons de plaisance, et les arsenaux, et les marbres, et les inscriptions, et les titres, et les histoires, et ne fera qu'un grand feu et peu après qu'un amas de cendre de tous les monumens des rois! Peut-on s'imaginer de la grandeur en ce qui ne sera un jour que de la poussière? Il faut remplir d'autres fastes et d'autres annales.

Dieu, Messieurs, fait un journal de notre vie : une main divine (a) écrit notre histoire, qui nous sera un jour représentée et sera représentée à tout l'univers. Songeons donc à la faire belle. Effaçons par la pénitence ce qui nous y couvriroit de confusion et de honte. Eveillons-nous, l'heure est venue. Les raisons de nous presser deviennent tous les jours plus fortes. La mort avance, le péché gagne, l'endurcissement s'accroît; tous les momens fortifient le discours que je vous ai fait, et il sera plus pressant encore demain qu'aujourd'hui. L'Apôtre le dit à la suite de mon texte : *Propior est nostra salus*[1] : « Notre salut est tous les jours plus proche. » Si notre salut s'approche, notre damnation s'approche aussi; l'un et l'autre marche d'un pas égal. « Car comment échapperons-nous, dit le même Apôtre, si nous négligeons un tel salut? » *Quomodo nos effugiemus, si tantam neglexerimus salutem*[2]? Faisons donc notre salut, puisque Dieu nous envoie un tel Sauveur : Jésus-Christ va venir au monde « plein de grace et de vérité[3]; » soyons fidèles à sa grace et attentifs à sa vérité, afin que nous participions à sa gloire. Au nom du Père, du Fils et du Saint-Esprit.

[1] *Rom.*, XIII, 11. — [2] *Hebr.*, II, 3. — [3] *Joan.*, I, 14.

(a) *Note marg.* : Ecrit ce que nous avons fait et ce que nous avons manqué de faire.

ABRÉGÉ D'UN SERMON

POUR

LA PREMIÈRE SEMAINE DE L'AVENT (a).

Hora est jam nos è somno surgere : nunc enim propior est nostra salus quàm cùm credidimus.

L'heure est déjà venue de nous réveiller de notre assoupissement, puisque nous sommes plus proches de notre salut que lorsque nous avons reçu la foi. *Rom.*, XIII, 11.

Suivre en chaque temps de l'année les dispositions que l'Eglise marque à ses enfans dans les épîtres et les évangiles.

Dans l'Avent, se préparer à l'avénement de Jésus-Christ : il est déjà venu comme Sauveur, il faut l'attendre comme juge.

Propior est nostra salus; donc notre damnation. *Quomodo nos effugiemus, si tantam neglexerimus salutem? Quàm cùm credidimus* [1], que lorsque nous avons commencé à croire, à nous donner à Dieu, à nous convertir.

Ce qui nous a fait résoudre, c'est qu'on nous a fait entendre : *Hora est.* A présent le jugement est encore plus près; donc à plus forte raison, *hora est.* Saint Chrysostome *hic.*

Hora est : à toutes les heures : demain encore plus qu'hier, etc., parce que l'heure approche toujours, et que le temps presse davantage.

Hora est nos è somno surgere : le sommeil des pécheurs, le sommeil des justes.

Les pécheurs dans l'oubli des jugemens de Dieu. Ils s'imaginent que Dieu dort, parce qu'ils dorment eux-mêmes : nous jugeons des autres par nous-mêmes. Le paresseux qui laisse aller les

---

[1] *Hebr.*, II, 3.

(a) Une note de la main de Bossuet porte en tête du manuscrit : « A l'hôtel de Longueville, écrit après avoir dit, » c'est-à-dire après avoir prêché.

Ce projet est pour l'Avent; il reproduit plusieurs pensées du sermon précédent et présente la même écriture.

Il a donc été prêché pendant l'Avent de 1665, peu de temps après le sermon dont on vient de parler, probablement dans la semaine qui suivit le dimanche où Bossuet prêcha devant la Cour.

choses, ne s'imagine jamais l'activité de ceux qui sont contraires à ses prétentions. Pendant qu'il dort, il croit que tout dort, et il n'est éveillé que par le coup. Ne croyons pas néanmoins que Dieu soit comme nous; ne jugeons pas de lui par nous-mêmes. *Vigilabo super eos in malum*[1]. *Evigilavit adversùm te*[2].

Le breuvage d'assoupissement.

Le sommeil des justes. Ils s'endorment dans la vue des bonnes œuvres qu'ils ont faites : dans la vue du calme, ils lâchent la main, ils abandonnent le gouvernail; ils perdent l'attention à eux-mêmes et à la prière; ils s'appuient sur leurs forces; ils périssent.

L'attention que Dieu oblige d'avoir à sa loi (voy. *Deut.*, VI, 6; XI, 18); plus grande dans la loi nouvelle, parce que nous sommes chargés d'une obligation plus précise d'aimer; non chargés, car ce n'est pas une charge, c'est l'allégement de tous les fardeaux.

Ce n'est pas assez d'être attentif dans le mal pour en sortir, dans le péril et la tentation pour la combattre : *Vigilate et orate, ne intretis in tentationem.* Faute de cette attention l'ame, périt; elle est à l'abandon.

On ne conçoit pas assez quel crime c'est que cette omission et ce défaut d'attention. Ceux qui ont en garde votre vaisselle, vos pierreries, vos trésors, s'ils négligent de les garder, les perdent en tant qu'en eux, et encore que le voleur ne vienne pas. (*a*) On ne les châtie pas néanmoins toujours, parce que l'on n'aperçoit la faute de cette négligence que quand le malheur est arrivé. Alors on crie, alors on s'échauffe : la faute n'est pas qu'on ait pris, mais qu'on a laissé aller à l'abandon : si on ne l'a pas fait plus tôt, ç'a été bonheur et non conduite. Les hommes punissent les fautes selon qu'ils les connoissent, et Dieu de même. Il impute donc la négligence d'une ame qui se met à l'abandon, comme une perte déjà arrivée, parce qu'il connoît le mal de la négligence (*b*).

---

[1] *Jerem.*, XLIV, 27. — [2] *Ezech.*, VII, 6.

(*a*) *Note marg.* : Une place confiée; la négligence sans garde : elle est livrée aux ennemis en tant qu'en lui. Les trésors sont déjà pillés. Les hommes ne jugent que par les événemens malheureux.

(*b*) *Note marg.* : *Fac enim hominem primò nihil quærentem, secundùm vitam veterem seductoriâ securitate viventem, nihil putantem aliud esse post hanc vitam quandoque finiendam, negligentem quemdam et socordem, obrutum cor habentem illecebris mundi, et mortiferis delectationibus consopitum : ut excitetur iste ad*

Vigilate, attendite [1]. Faire garde comme dans une place de guerre : grader les sens : ἀφρουρήτων θυρῶν [2]. Prendre garde à ce qui entre dans la place. Un espion avec une mine innocente; il gagne tantôt l'un, tantôt l'autre. Défection, etc. [3]. Les grandes passions ont commencé par des désirs qui paroissoient innocens.

Il faut savoir qui entre et qui sort; d'où viennent ceux qui entrent, et où ils vont; avec qui ils conversent, et ce qu'ils pratiquent : ainsi des désirs ; donc attention continuelle (a).

Jamais se livrer aux affaires et aux occupations : s'y prêter avec un certain retour (b).

Défendu de suivre ses yeux *per res varias fornicantes;* une ame prostituée à tous les objets, que tous les objets emportent (c).

Ceux qui ne trouvent point de plus grande fatigue que de songer à ce qu'ils font; ce n'est pas une vie chrétienne ni même raisonnable. Cette attention n'est pas difficile ; c'est une attention du cœur, non de l'imagination. Il ne faut pas dire à une mère qu'elle pense à son fils; à une femme, à un mari qui lui est cher. Elle ne fatigue pas son cerveau pour rappeler cette pensée à sa mémoire; son cœur le fait assez; et cette pensée ne la fatigue pas, mais la délecte et la soulage (d).

Nox præcessit, dies autem appropinquavit [4]. Marcher comme

---

[1] *Marc.*, XIII, 33. — [2] S. Clem. Alex. — [3] S. Gregor. Nyss. hom. VIII, *in Ecclesiast.*, tom. I, p. 460, 461. — [4] *Rom.*, XIII, 12.

quærendam gratiam Dei, ut fiat sollicitus, et tanquam de somno evigilet, nonne manus Dei excitat eum? Sed tamen à quo sit excitatus ignorat (In Psal. CVI, n. 4).

Cithara, et lyra, et tympanum, et tibia, et vinum in conviviis vestris : et opus Domini non respicitis, nec opera manuum ejus consideratis. Propterea captivus ductus est populus meus, quia non habuit scientiam..... Propterea dilatavit infernus animam suam, et aperuit os suum absque ullo termino : et descendent fortes ejus, et populus ejus, et sublimes gloriosique ejus ad eum (Isa., V, 12, 13, 14).

(a) Note marg. : *Oculus meus deprædatus est animam meam* (Lament., III, 51). — (b) *Loquere filiis Israel, et dices ad eos ut faciant sibi fimbrias per angulos palliorum, ponentes in eis vittas hyacinthinas : quas cùm viderint recordentur omnium mandatorum Domini, nec sequantur cogitationes suas et oculos per res varias fornicantes* (Num., XV, 38, 39). — (c) La réflexion : l'ame toujours attentive : *Lucernæ ardentes in manibus vestris* (Luc., XII, 35). Sur quoi Origène : *Semper tibi ignis fidei et lucerna scientiæ accensa sit* (Hom. IV in Levit.). — (d) *Invitaris per hoc (per ritum precandi ad orientem) ut orientem semper aspicias, unde tibi oritur sol justitiæ, unde semper lumen (fidei) tibi nascitur..... ut semper in scientiæ luce verseris, semper habeas diem fidei* (Hom. IX in Levit.).

dans la lumière, comme étant toujours éclairés, comme étant vus de Dieu.

Non in comessationibus et ebrietatibus[1]. Si on déteste l'enivrement du vin, qui prend le cerveau par des fumées grossières; combien celui qui prend le cœur par une attache délicate et intime, l'enivrement des passions!

Non in cubilibus et impudicitiis[2]. On a horreur de ce mot d'impudicité; il faut donc le détester avec toutes ses suites, tous ses préparatifs, tout son appareil, ces empressemens, ces commerces secrets, ces intelligences, etc. Ne pas laisser prendre son cœur, etc.

Induimini Dominum Jesum Christum[3]. Mesdames, en vérité, êtes-vous revêtues de Jésus-Christ, de sa modestie dans votre luxe, de sa sincérité dans vos artifices, par lesquels vous détruisez et falsifiez tout, jusqu'à votre visage, jusqu'à vous-mêmes?

SECOND SERMON

POUR

LE PREMIER DIMANCHE DE L'AVENT (a).

Tunc videbunt Filium hominis venientem in nube, cum potestate magnâ et majestate.

Alors ils verront venir le Fils de l'homme sur une nuée, avec une grande puissance et une grande majesté. *Luc.,* XXI, 27.

Encore que dans le moment que notre ame sortira du corps elle doive être jugée en dernier ressort, et l'affaire de notre salut immuablement décidée, toutefois il a plu à Dieu que nonobstant ce premier arrêt, nous ayons encore à craindre un autre examen et une terrible révision de notre procès au jugement dernier et uni-

---

[1] *Rom.*, XIII, 13. — [2] *Ibid.* — [3] *Ibid.*, 14.

(a) On verra dans la péroraison que ce sermon a été prêché devant le roi, et le manuscrit porte la date de 1669.
Les deux derniers points sont réunis en un seul.
Presque tout le premier point est emprunté au même point du sermon précédent.

versel. Car comme l'ame a péché conjointement avec le corps, il est juste qu'elle soit jugée aussi bien que punie avec son complice, et que le Fils de Dieu qui a pris la nature humaine tout entière, soumette aussi l'homme tout entier à l'autorité de son tribunal. C'est pourquoi nous sommes tous ajournés après la résurrection générale pour comparoître de nouveau devant ce tribunal redoutable, afin que tous les pécheurs étant appelés et représentés en corps et en ame, c'est-à-dire dans l'intégrité de leur nature, ils reçoivent aussi la mesure entière et le comble de leur supplice. Et c'est ce qui donne lieu à ce dernier jugement qui nous est proposé dans notre évangile.

Mais pourquoi ces grandes assises, pourquoi cette solennelle convocation et cette assemblée générale du genre humain? Pourquoi, pensez-vous, Messieurs, si ce n'est que ce dernier jour, qui est appelé dans les saintes Lettres « un jour d'obscurité et de nuage, un jour de tourbillon et de tempête, un jour de calamité et d'angoisse, » y est aussi appelé « un jour de confusion et d'ignominie [1]? » Voici une vérité éternelle : il est juste et très-juste que celui qui fait mal soit couvert de honte; que quiconque a trop osé soit confondu; et que le pécheur soit déshonoré, non-seulement par les autres, mais par lui-même, c'est-à-dire par la rougeur de son front, par la confusion de sa face, par le reproche public de sa conscience.

Cependant nous voyons que ces pécheurs, qui ont si bien mérité la honte, trouvent souvent le moyen de l'éviter en cette vie. Car ou ils cachent leurs crimes, ou ils les excusent, ou enfin bien loin d'en rougir, ils les font éclater scandaleusement à la face du ciel et de la terre, et encore ils s'en glorifient. C'est ainsi qu'ils tâchent d'éviter la honte, les premiers par l'obscurité de leurs actions, les seconds par les artifices de leurs excuses, et enfin les derniers par leur impudence. C'est pour cela que Dieu les appelle au grand jour de son jugement. Là ceux qui se sont cachés seront découverts, là ceux qui se sont excusés seront convaincus, là ceux qui étoient si fiers et si insolens dans leurs crimes seront abattus et atterrés; et ainsi sera rendue à tous ces pécheurs, à ceux qui trom-

[1] *Soph.*, I, 15.

pent le monde, à ceux qui l'amusent par de vains prétextes, à ceux qui le scandalisent; ainsi, dis-je, leur sera rendue à la face de tout le genre humain, des hommes et des anges, l'éternelle confusion qui est leur juste salaire, leur naturel apanage qu'ils ont si bien mérité.

PREMIER POINT.

« L'insensé a dit en son cœur : Il n'y a point de Dieu : » *Dixit insipiens in corde suo : Non est Deus* [1]. Les saints docteurs nous enseignent que nous pouvons nous rendre coupables en plusieurs façons de cette erreur insensée. Il y a en premier lieu les athées et les libertins qui disent tout ouvertement que les choses vont à l'aventure, sans ordre, sans gouvernement, sans conduite supérieure. Insensés, qui dans l'empire de Dieu, parmi ses ouvrages, parmi ses bienfaits, osent dire qu'il n'est pas et ravir l'être à celui par lequel subsiste toute la nature! Il y a peu de ces monstres; le nombre en est petit parmi les hommes, quoique, hélas! nous pouvons dire avec tremblement qu'il n'en paroît toujours que trop dans le monde. Il y en a d'autres, dit le docte Théodoret [2], qui ne vont pas jusqu'à cet excès de nier la Divinité; mais pressés et incommodés dans leurs passions déréglées par ses lois qui les contraignent, par ses menaces qui les étonnent, par la crainte de ses jugemens qui les trouble, ils désireroient que Dieu ne fût pas, ils voudroient pouvoir croire que Dieu n'est qu'un nom (a); et ils disent dans leur cœur, non par persuasion, mais par désir : « Il n'y a pas de Dieu. » « Insensés, dit saint Augustin [3], qui parce qu'ils sont déréglés, voudroient détruire la règle et souhaitent qu'il n'y ait ni loi, ni justice, à cause qu'ils ne sont pas justes. » Je laisse encore ceux-ci; je veux croire qu'il n'y a aucun de mes auditeurs qui soit si dépravé et si corrompu. Je viens à une troisième manière de dire que Dieu n'est pas, de laquelle vous avouerez que la plupart de mes auditeurs ne se peuvent pas excuser. Je veux parler de ceux qui en confessant que Dieu est le comptent néanmoins tellement pour rien, qu'ils pensent en effet n'avoir rien à craindre, quand ils n'ont que lui pour témoin. Ceux-là manifes-

---

[1] *Psal.* LII, 1. — [2] *In Psal.* LII, tom. I, p. 603. — [3] Tract. XC *in Joan.*, n. 3.
(a) *Var.:* Ils voudroient même le pouvoir croire.

tement comptent Dieu pour rien ; et ils disent donc en leur cœur : « Il n'y a point de Dieu. »

Eh ! qui de nous n'est pas de ce nombre ? Qui de nous n'est pas arrêté dans une action malhonnête par la rencontre d'un homme qui n'est pas de notre cabale ? et cependant de quel front savons-nous soutenir le regard de Dieu ? N'apportons pas ici l'exemple de ceux qui roulent en leur esprit quelque noir dessein ; tout ce qu'ils rencontrent les trouble, et la lumière du jour et leur ombre même leur fait peur ; ils ont peine à porter eux-mêmes l'horreur de leur funeste secret, et ils vivent cependant dans une souveraine tranquillité des regards de Dieu. Laissons ces tragiques attentats, disons ce qui se voit tous les jours. Quand vous déchirez en secret celui que vous caressez en public ; quand vous le percez incessamment de cent plaies par les coups mortels de votre dangereuse langue ; quand vous mêlez artificieusement le vrai et le faux pour donner de la vraisemblance à vos histoires malicieuses ; quand vous violez le sacré dépôt du secret qu'un ami trop simple a versé tout entier dans votre cœur, et que vous faites servir à vos intérêts sa confiance qui vous obligeoit à penser aux siens, combien de précautions pour ne point paroître ? combien regardez-vous à droite et à gauche ? Et si vous ne voyez pas de témoin qui vous puisse reprocher dans le monde votre lâcheté, si vous avez tendu vos piéges si subtilement qu'ils soient imperceptibles aux regards humains, vous dites : Qui nous a vus ? *Narraverunt ut absconderent laqueos, dixerunt : Quis videbit eos* [1] ? « Ils ont consulté ensemble sur les moyens de cacher leurs piéges, et ils ont dit : Qui pourra les découvrir ? » Vous ne comprenez donc pas parmi les voyans celui qui habite au ciel ? Et cependant entendez le même Psalmiste : « Quoi ! celui qui a formé l'oreille, n'écoute-t-il pas ? et celui qui a fait les yeux est-il aveugle ? *Qui plantavit aurem, non audiet ? aut qui finxit oculum, non considerat* [2] ? Au contraire ne savez-vous pas qu'il est tout vue, tout ouïe, tout intelligence ; que vos pensées lui parlent, que votre cœur lui dit tout, que votre conscience est sa surveillante et son témoin contre vous ? Et cependant sous ces yeux si vifs et sous ces regards si perçans, vous jouissez

---

[1] *Psal.* LXIII, 6. — [2] *Psal.* XCIII, 9.

sans inquiétude du plaisir d'être caché? N'est-ce pas le compter pour rien, et « dire en son cœur insensé : Il n'y a point de Dieu? » *Dixit insipiens in corde suo : Non est Deus.*

Il n'est pas juste, Messieurs, que les pécheurs se sauvent toujours à la faveur des ténèbres de la honte qui leur est due. Non, non, que ces femmes infidèles et que ces hommes corrompus se couvrent, s'ils peuvent, de toutes les ombres de la nuit et enveloppent leurs actions déshonnêtes dans l'obscurité d'une intrigue impénétrable, si faut-il que Dieu les découvre un jour et qu'ils boivent la confusion, car ils en sont dignes. C'est pourquoi il a destiné ce dernier jour « qui percera les ténèbres les plus épaisses et manifestera, comme dit l'Apôtre, les conseils les plus cachés : » *Qui et illuminabit abscondita tenebrarum, et manifestabit consilia cordium* [1]. Alors quel sera l'état des grands du monde, qui ont toujours vu sur la terre et leurs sentimens applaudis et leurs vices mêmes adorés? Que deviendront ces hommes délicats, qui ne peuvent supporter qu'on connoisse leurs défauts, qui s'inquiètent, qui s'embarrassent, qui se déconcertent quand on leur découvre leur foible? Alors, dit le prophète Isaïe, « les bras leur tomberont de foiblesse, » *omnes manus dissolventur;* « leur cœur angoissé défaudra, » *omne cor hominis contabescet;* « un chacun sera confus devant son prochain, » *unusquisque stupebit ad proximum suum;* « les pécheurs mêmes se feront honte mutuellement, leurs visages seront enflammés, » *facies combustæ vultus eorum* [2]*;* tant leur face sera toute teinte et toute couverte de la rougeur de la honte. O ténèbres trop courtes! ô intrigues mal tissues! ô regard de Dieu trop perçant et trop injustement méprisé! ô vices mal cachés! ô honte mal évitée!

Mais de tous les pécheurs qui se cachent, aucuns ne seront découverts avec plus de honte que les faux dévots et les hypocrites. Ce sont ceux-ci, Messieurs, qui sont des plus pernicieux ennemis de Dieu, qui combattent contre lui sous ses étendards. Nul ne ravilit davantage l'honneur de la piété que l'hypocrite, qui la fait servir d'enveloppe et de couverture à sa malice. Nul ne viole la sainte majesté de Dieu d'une manière plus sacrilége que l'hypo-

---

[1] I *Cor.*, IV, 5. — *Isa.*, XIII, 7 et 8.

crite, qui s'autorisant de son nom auguste, lui veut donner part à ses crimes et le choisit pour protecteur de ses vices, lui qui en est le censeur. Nul donc ne trouvera Dieu juge plus sévère que l'hypocrite, qui a entrepris de le faire en quelque façon son complice. Mais ne parlons pas toujours de ceux qui contrefont les religieux. Le monde a encore d'autres hypocrites. N'y a-t-il pas des hypocrites d'honneur, des hypocrites d'amitié, des hypocrites de probité et de bonne foi, qui en ont toujours à la bouche les saintes maximes, mais pour être seulement des lacets aux simples et des piéges aux innocens; si accommodans, si souples et si adroits, qu'on donne dans leurs filets, et ceux même qui les connoissent? Il faut qu'ils soient confondus. Venez donc, abuseurs publics, toujours contraints, toujours contrefaits, lâches et misérables captifs de ceux que vous voulez captiver; venez, qu'on lève ce masque et qu'on vous ôte ce fard; mais plutôt il faut le laisser sur votre face confuse, afin que vous paroissiez doublement horribles, comme une femme fardée et toujours plus laide, dans laquelle on ne sait ce qui déplait davantage, ou sa laideur ou son fard. Ainsi viendront rougir devant Jésus-Christ tous ces trompeurs vainement fardés; ils viendront, dis-je, rougir non-seulement de leur crime caché, mais encore de leur honnêteté apparente. Ils viendront rougir encore une fois de ce qu'ils ont assez estimé la vertu pour la faire servir de prétexte, de montre et de parade; et ne l'ont pas toutefois assez estimée pour la faire servir de règle : *Ergo et tu confundere, et porta ignominiam tuam* [1].

Si cependant ils marchent la tête levée et jouissent apparemment de la liberté d'une bonne conscience, s'ils trompent le monde, si Dieu dissimule, qu'ils ne pensent pas pour cela avoir échappé ses mains. Il a son jour arrêté, il a son heure marquée, qu'il attend avec patience. Pourrai-je bien vous expliquer un si grand mystère par quelque comparaison tirée des choses humaines? Comme un roi qui sent son trône affermi et sa puissance établie, s'il apprend qu'il se fait contre son service quelques secrètes pratiques (car il est malaisé de tromper un roi qui a les yeux ouverts et qui veille); il pourroit étouffer dans sa naissance cette cabale décou-

[1] *Ezech.*, XVI, 52.

verte; mais assuré de lui-même et de sa propre puissance, il est bien aise de voir jusqu'où iront les téméraires complots de ses sujets infidèles et ne précipite pas sa juste vengeance, jusqu'à ce qu'ils soient parvenus au terme fatal où il a résolu de les arrêter; ainsi et à plus forte raison ce Dieu tout-puissant, souverain arbitre et dispensateur des temps, qui du centre de son éternité développe tout l'ordre des siècles, et qui devant l'origine des choses a fait la destination de tous les momens selon les conseils de sa sagesse, à plus forte raison, chrétiens, n'a-t-il rien à précipiter ni à presser. Les pécheurs sont sous ses yeux et sous sa main. Il sait le temps qu'il leur a donné pour se repentir et celui où il les attend pour les confondre. Cependant, qu'ils cabalent, qu'ils intriguent, qu'ils mêlent le ciel et la terre pour se cacher dans la confusion de toutes choses, ils seront découverts au jour arrêté; leur cause sera portée aux grandes assises générales de Dieu, où comme leur découverte ne pourra être empêchée par aucune adresse, aussi leur conviction ne pourra être éludée par aucune excuse. C'est ma seconde partie, que je joindrai pour abréger avec la troisième dans une même suite de raisonnement.

SECOND POINT.

Le grand pape saint Grégoire, dans la troisième partie de son *Pastoral*, compare les pécheurs à des hérissons. Lorsque vous êtes éloigné, dit-il, de cet animal et qu'il ne craint pas d'être pris, vous voyez sa tête, ses pieds et son corps; quand vous approchez pour le prendre, vous ne trouvez plus qu'une masse ronde qui pique de tous côtés; et celui que vous découvriez de loin tout entier, vous le perdez tout à coup aussitôt que vous le tenez entre vos mains : *Intra tenentis manus totum simul amittitur, quod totum simlu ante videbatur* [1]. C'est l'image, dit saint Grégoire, de l'homme pécheur qui s'enveloppe dans ses raisons et dans ses excuses. Vous avez découvert toutes ses menées et reconnu distinctement tout l'ordre du crime; vous en voyez les pieds, le corps et la tête. Aussitôt que vous pensez le convaincre en lui racontant ce détail, il retire ses pieds, il couvre tous les vestiges de son entreprise, il

---

[1] S. Greg. Magn., *Pastor.*, part. III, cap. XI.

cache sa tête, il recèle profondément ses desseins, il enveloppe son corps, c'est-à-dire toute la suite de son intrigue dans le tissu artificieux d'une histoire faite à plaisir. Ce que vous pensiez avoir vu si distinctement n'est plus qu'une masse informe et confuse, où il ne paroît ni commencement ni fin; et cette vérité si bien démêlée est tout à coup disparue : *Qui totum jam deprehendendo viderat, tergiversatione pravæ defensionis illusus, totum pariter ignorat*[1]. Cet homme que vous croyiez si bien convaincu étant ainsi retranché et enveloppé en lui-même, ne vous présente plus que des piquans; il s'arme à son tour contre vous, et vous ne pouvez plus le toucher sans que votre main soit ensanglantée, je veux dire sans que votre honneur soit blessé par mille sanglans reproches contre votre injurieuse crédulité et contre vos soupçons téméraires.

C'est ainsi que font les pécheurs : ils se cachent, s'ils peuvent, comme fit Adam; et s'ils ne peuvent pas se cacher non plus que lui, ils ne laissent pas toutefois de s'excuser à son exemple. Adam, le premier de tous les pécheurs, aussitôt après son péché s'enfonce dans le plus épais de la forêt, et voudroit pouvoir cacher et lui et son crime. Quand il se voit découvert, il a recours aux excuses. Ses enfans malheureux héritiers de son crime, le sont aussi de ses vains prétextes. Ils disent tout ce qu'ils peuvent; et quand ils ne peuvent rien dire, ils rejettent toute leur faute sur la fragilité de la nature, sur la violence de la passion, sur la tyrannie de l'habitude. Ainsi on n'a plus besoin de se tourmenter à chercher des excuses, le péché s'en sert à lui-même et prétend se justifier par son propre excès. Mais quand aurai-je achevé, si je me laisse engager à ce détail infini des excuses particulières? Il suffit de dire en général : Tous s'excusent, tous se défendent; ils le font en partie par crainte, en partie aussi par orgueil et en partie par artifice. Ils se trompent quelquefois eux-mêmes, et ils tâchent après de tromper les autres. Quelquefois convaincus en leur conscience de l'injustice de leurs actions, ils veulent seulement amuser le monde par des raisons colorées; puis se laissant emporter eux-mêmes à leurs belles inventions, en les débitant ils se les impriment dans l'esprit, et adorent le vain fantôme qu'ils ont supposé pour trom-

---

[1] S. Greg. Magn., *Pastor.*, ubi suprà.

per le monde, en la place de la vérité ; tant l'homme se joue soi-même et sa propre conscience : *Adeo nostram quoque conscientiam ludimus,* dit le grave Tertullien [1].

Dieu est lumière, Dieu est vérité, Dieu est justice. Sous l'empire de Dieu, ce ne sera jamais par de faux prétextes, mais par une humble reconnoissance de ses péchés, qu'on évitera la honte éternelle qui en est le juste salaire. Tout sera manifesté devant le tribunal de Jésus-Christ. Une lumière très-claire de justice et de vérité sortira du trône, dans laquelle les pécheurs verront qu'il n'y a point d'excuse valable pour colorer leur rébellion, mais que le comble du crime, c'est l'audace de l'excuser et la présomption de le défendre.

Car il faut, Messieurs, remarquer ici une doctrine importante : c'est qu'au lieu que dans cette vie notre raison vacillante se met souvent du parti de notre cœur dépravé, dans les malheureux réprouvés il y aura une éternelle contrariété entre leur esprit et leur cœur. L'amour de la vérité et de la justice sera éteint pour jamais dans la volonté de ces misérables, et toutefois à leur honte toujours la connoissance en sera très-claire dans leur esprit. C'est ce qui fait dire à Tertullien cette parole mémorable dans le livre *du Témoignage de l'ame : Meritò omnis anima et rea et testis est* [2] : « Toute ame pécheresse, dit ce grand homme, est tout ensemble et la criminelle et le témoin : » criminelle par la corruption de sa volonté, témoin par la lumière de sa raison ; criminelle par la haine de la justice, témoin par la connoissance certaine de ses lois sacrées ; criminelle parce qu'elle est toujours obstinée au mal, témoin parce qu'elle condamne toujours son obstination. Effroyable contrariété et supplice insupportable ! C'est donc cette connoissance de la vérité qui sera la source immortelle d'une confusion infinie. C'est ce qui fait dire au prophète : *Alii evigilabunt in opprobrium ut videant semper* [3] : « Plusieurs s'éveilleront à leur honte pour voir toujours. » Ceux qui s'étoient appuyés sur des conseils accommodans et sur des condescendances flatteuses, qui pensoient avoir échappé à la honte et s'étoient endormis dans leurs péchés à l'abri de leurs excuses vainement plausibles, « s'éveilleront tout à coup

---

[1] *Ad Nat.,* lib. I, n. 16. — [2] *De Testim. anim.,* sub fin., n. 6. — [3] *Daniel.,* XII, 2.

à leur honte pour voir toujours, » *evigilabunt ut videant semper*. Et qu'est-ce qu'ils verront toujours? Cette vérité qui les confond, cette vérité qui les juge. Alors ils rougiront doublement et de leurs crimes et de leurs excuses. La force de la vérité manifeste renversera leurs foibles défenses; et leur ôtant à jamais tous les vains prétextes dont ils avoient pensé pallier leurs crimes, elle ne leur laissera que leur péché et leur honte. Dieu s'en glorifie en ces mots par la bouche de Jérémie : *Discooperui Esau;* j'ai dépouillé le pécheur, j'ai dissipé les fausses couleurs par lesquelles il avoit voulu pallier ses crimes, j'ai manifesté ses mauvais desseins si subtilement déguisés, et il ne peut plus se couvrir par aucun prétexte : *Discooperui Esau, revelavi abscondita ejus, et celari non poterit* [1].

Mais réveillez vos attentions pour entendre ce qui servira davantage à la conviction et à la confusion des impies : les justes qu'on leur produira, les gens de bien qui leur seront confrontés. C'est ici que ces péchés trop communs, hélas! trop aisément commis, trop promptement excusés; péchés qui précipitent tant d'ames et qui causent dans le genre humain des ruines si épouvantables; péchés qu'on se pardonne toujours si facilement, et qu'on croit avoir assez excusés quand on les appelle péchés de fragilité; ah! ces péchés désormais ne trouveront plus aucune défense. Car il y aura le troupeau d'élite, petit à la vérité à comparaison des impies, grand néanmoins et nombreux en soi, dans lequel paroîtra des ames fidèles, qui dans la même chair et dans les mêmes tentations ont néanmoins conservé sanst ache, ceux-là la fleur sacrée de la pureté, et ceux-ci l'honnêteté du lit nuptial. D'autres aussi vous seront produits. Ceux-là sont à la vérité tombés par foiblesse; mais s'étant aussi relevés, ils porteront contre vous ce témoignage fidèle, que malgré la fragilité ils ont toujours triomphé autant de fois qu'ils ont voulu combattre; et, comme dit Julien Pomère, « ils montreront par ce qu'ils ont fait ce que vous pouviez faire à leur exemple aussi bien qu'eux : » *Cum fragilitate carnis in carne viventes, fragilitatem carnis in carne vincentes, quod fecerunt utique fieri posse docuerunt* [2].

---

[1] *Jerem.*, XLIX, 10. — [2] *De Vit. contempl.*, lib. III, cap. XII.

Pensez ici, chrétiens, ce que vous pourrez répondre; pensez-y pendant qu'il est temps et que la pensée en peut être utile. N'alléguez plus vos foiblesses, ne mettez plus votre appui en votre fragilité. La nature étoit foible; la grace étoit forte. Vous aviez une chair qui convoitoit contre l'esprit; vous aviez un esprit qui convoitoit contre la chair. Vous aviez des maladies; vous aviez aussi des remèdes dans les sacremens. Vous aviez un tentateur; mais vous aviez un Sauveur. Les tentations étoient fréquentes; les inspirations ne l'étoient pas moins. Les objets étoient toujours présens; et la grace étoit toujours prête; et vous pouviez du moins fuir ce que vous ne pouviez pas vaincre. Enfin de quelque côté que vous vous tourniez, il ne vous reste plus aucune défaite, aucun subterfuge, ni aucun moyen d'évader; vous êtes pris et convaincu. C'est pourquoi le prophète Jérémie dit que les pécheurs seront en ce jour comme ceux qui sont surpris en flagrant délit : *Quomodo confunditur fur, quando deprehenditur*[1]. Il ne peut pas nier le fait, il ne peut pas l'excuser; il ne peut ni se défendre par la raison, ni s'échapper par la fuite. « Ainsi, dit le saint Prophète, seront étonnés, confus, interdits les ingrats enfans d'Israël; » *sic confusi sunt domus Israel*. Nul n'échappera cette honte. Car écoutez le Prophète : Tous, dit-il, seront confus, « eux et leurs rois et leurs princes, et leurs prêtres et leurs prophètes : » *ipsi et reges eorum, principes et sacerdotes et prophetæ eorum*[2]. Leurs rois, car ils trouveront un plus grand roi et une plus haute majesté; leurs princes, car ils perdront leur rang dans cette assemblée et ils seront pêle mêle avec le peuple; leurs prêtres, car leur sacré caractère et leur sainte onction les condamnera; leurs prophètes, leurs prédicateurs, ceux qui leur ont porté les divins oracles, car la parole qu'ils ont annoncée sera en témoignage contre eux. « L'homme paroîtra, dit Tertullien, devant le trône de Dieu n'ayant rien à dire : » *Et stabit ante aulas Dei nihil habens dicere*[3]. Nous resterons interdits et si puissamment convaincus, que même nous n'aurons pas cette misérable consolation de pouvoir nous plaindre : *Sic confusi erunt domus Israel, ipsi et reges*, etc.

Mais, Messieurs, quand j'appellerois à mon secours les expres-

---

[1] *Jerem.*, II, 26. — [2] *Ibid.* — [3] *De Testim. anim.*, n. 6.

sions les plus fortes et les figures les plus violentes de la rhétorique, je ne puis assez expliquer quelle sera la confusion de ceux dont les crimes scandaleux ont déshonoré le ciel et la terre.

Vous voyez que je suis entré dans ma troisième partie, que je veux conclure en peu de paroles, mais par des raisons convaincantes. Pour en poser les fondemens, je remarquerai, Messieurs, que cette honte que Dieu réserve aux pécheurs en son jugement, a plusieurs degrés et nous est différemment exprimée dans son Ecriture. Elle nous dit très-souvent, et nous en avons déjà cité les passages, qu'il confondra ses ennemis, qu'il les couvrira d'ignominie. C'est ce qui sera commun à tous les pécheurs. Mais nous lisons aussi dans les saints prophètes que Dieu et ses serviteurs se riront d'eux, qu'il leur insultera par des reproches mêlés de dérision et de raillerie, et que non content de les découvrir et de les convaincre, comme nous avons déjà dit, il les immolera à la risée de tout l'univers.

Je pense pour moi, Messieurs, que cette dérision est le propre et véritable partage des pécheurs publics et scandaleux. Tous les pécheurs transgressent la loi, tous aussi méritent d'être confondus; mais tous n'insultent pas publiquement à la sainteté de la loi. Ceux-là s'en moquent, ceux-là lui insultent, qui font trophée de leurs crimes et les font éclater sans crainte à la face du ciel et de la terre. A ces pécheurs insolens, s'ils ne s'humilient bientôt par la pénitence, est réservée dans le jugement cette dérision, cette moquerie terrible et cette juste et inévitable insulte d'un Dieu outragé. Car qu'y a-t-il de plus indigne? Nous les voyons tous les jours dans le monde, ces pécheurs superbes, qui avec la face et le front d'une femme débauchée, osent, je ne dis plus excuser, mais encore soutenir leurs crimes. Ils ne trouveroient pas assez d'agrément dans leur intempérance, s'ils ne s'en vantoient publiquement, « s'ils ne la faisoient jouir, dit Tertullien, de toute la lumière du jour et de tout le témoignage du ciel : » *Delicta vestra et loco omni et luce omni et universâ cœli conscientiâ fruuntur* [1]. « Ils annoncent leurs péchés comme Sodome, » disoit un prophète : *Peccatum suum sicut Sodoma prædicaverunt* [2]; et ils

---
[1] *Ad Nat.*, lib. I, n. 10. — [2] *Isa.*, III, 9.

mettent une partie de leur grandeur dans leur licence effrénée. Il me souvient en ce lieu de ce beau mot de Tacite, qui, parlant des excès de Domitien après que son père fut parvenu à l'empire, dit que « sans se mêler d'affaires publiques, il commença seulement à faire le fils du prince par ses adultères et par ses débauches : » *Nihil quidquam publici muneris attigerat, sed stupris et adulteriis filium principis agebat*[1].

Ainsi nous les voyons ces emportés qui se plaisent à faire les grands par leur licence, qui s'imaginent s'élever bien haut au-dessus des choses humaines par le mépris des lois, à qui la pudeur même semble une foiblesse indigne d'eux, parce qu'elle montre dans sa retenue quelque apparence de crainte ; si bien qu'ils ne font pas seulement un sensible outrage, mais une insulte publique à l'Eglise, à l'Evangile, à la conscience des hommes. De tels pécheurs scandaleux corrompent les bonnes mœurs par leurs pernicieux exemples. Ils déshonorent la terre et chargent de reproches, si je l'ose dire, la patience du ciel qui les souffre trop longtemps. Mais Dieu saura bien se justifier d'une manière terrible, et peut-être dès cette vie par un châtiment exemplaire. Que si Dieu durant cette vie les attend à pénitence ; si, manque d'écouter sa voix, ils se rendent dignes qu'il les réserve à son dernier jugement, ils y boiront non-seulement le breuvage de honte éternelle qui est préparé à tous les pécheurs, mais encore « ils avaleront, dit Ezéchiel, la coupe large et profonde de dérision et de moquerie, et ils seront accablés par les insultes sanglantes de toutes les créatures : » *Calicem sororis tuæ bibes profundum et latum; eris in derisum et in subsannationem, quæ est capacissima*[2]. Tel sera le juste supplice de leur impudence.

Prévenons, Messieurs, cette honte qui ne s'effacera jamais. Car ne nous persuadons pas que nous recevrons seulement à ce tribunal une confusion passagère ; au contraire nous devons entendre, dit saint Grégoire de Nazianze, que par la vérité immuable de ce dernier jugement, Dieu imprimera sur nos fronts « une marque éternelle d'ignominie, » *notam ignominiæ sempiternam*[3]. Et, ajoute saint Jean Chrysostome, cette honte sera plus terrible

[1] Tacit., *Hist.*, lib. IV. — [2] *Ezech.*, XXIII, 32. — [3] *Orat.* XV, tom. I, pag. 230.

que tous les autres supplices. Car c'est par elle, mes frères, que le pécheur, chargé de ses crimes et poursuivi sans relâche par sa conscience, ne pourra se souffrir soi-même; et il cherchera le néant, et il ne lui sera pas donné. O mes frères, que la teinture de cette honte, si je puis parler de la sorte, sera inhérente alors! O qu'il nous est aisé maintenant de nous en laver pour jamais! Allons rougir, mes frères, dans le tribunal de la pénitence. Hé! ne désirons pas qu'on y plaigne toujours notre foiblesse. Qu'on la blâme, qu'on la reprenne, qu'on la réprime, qu'on la châtie.

Le temps est court, dit l'Apôtre [1], et l'heure n'est pas éloignée. Je ne dis pas celle du grand jugement, car le Père s'est réservé ce secret; mais je dis l'heure de la mort, en laquelle sera fixé notre état. En tel état que nous serons morts, en cet état immuable nous serons représentés au grand jour de Dieu. O quel renversement en ce jour! O combien descendront des hautes places! O combien chercheront leurs anciens titres, regretteront vainement leur grandeur perdue! O quelle peine de s'accoutumer à cette bassesse! Fasse le Dieu que j'adore que tant de grands qui m'écoutent, ne perdent pas leur rang en ce jour! Que cet auguste Monarque ne voie jamais tomber sa couronne; qu'il soit auprès de saint Louis qui lui tend les bras et qui lui montre sa place. O Dieu! que cette place ne soit point vacante! Que celui-là soit haï de Dieu et des hommes qui ne souhaite pas sa gloire même sur la terre, et qui ne veut pas la procurer de toutes ses forces par ses fidèles services. Dieu sait sur ce sujet les vœux de mon cœur. Mais, Sire, je trahis votre Majesté et je lui suis infidèle, si je borne mes souhaits pour vous dans cette vie périssable. Vivez donc heureux, fortuné, victorieux de vos ennemis, père de vos peuples. Mais vivez toujours bon et toujours juste; vivez toujours humble et toujours pieux, toujours prêt à rendre compte à Dieu de cette noble partie du genre humain qu'il vous a commise. C'est par là que nous vous verrons toujours roi, toujours auguste, toujours couronné, et dans la terre et au ciel; et c'est la félicité que je souhaite à votre Majesté, au nom du Père, et du Fils, et du Saint-Esprit. *Amen.*

[1] I *Cor.*, VII, 29.

EXORDE D'UN SERMON

POUR

LE PREMIER DIMANCHE DE L'AVENT.

Tunc videbunt Filium hominis venientem in nube, cum potestate magnâ et majestate.

Alors ils verront le Fils de l'homme venir sur une nuée, avec une grande puissance et une grande gloire. *Luc*, XXI, 27.

Il y a cette différence, parmi beaucoup d'autres, entre la gloire de Jésus-Christ et celle des grands du monde, que la bassesse étant en ceux-ci du fond même de la nature et la gloire accidentelle et comme empruntée, leur élévation est suivie d'une chute inévitable et qui n'a point de retour; au lieu qu'en la personne du Fils de Dieu, comme la grandeur est essentielle et la bassesse empruntée, ses chutes, qui sont volontaires, sont suivies d'un état de gloire certain et d'une élévation toujours permanente. Ecoutez comme parle l'Histoire sainte de ce grand roi de Macédoine dont le nom même semble respirer les victoires et les triomphes. En ce temps Alexandre, fils de Philippe, défit des armées presque invincibles, prit des forteresses imprenables, triompha des rois, subjugua les peuples, et toute la terre se tut devant sa face, saisie d'étonnement et de frayeur [1]. Que ce commencement est superbe, auguste ! mais voyez la conclusion. Et après cela, poursuit le texte de l'historien sacré, il tomba malade, et se sentit défaillir, et il vit sa mort assurée, et il partagea ses Etats que la mort lui alloit ravir, et ayant régné douze ans il mourut. C'est à quoi aboutit toute cette gloire; là se termine l'histoire du grand Alexandre. L'histoire de Jésus-Christ ne commence pas à la vérité d'une manière si pompeuse; mais elle ne finit pas aussi par cette nécessaire décadence. Il est vrai qu'il y a des chutes. Il est comme tombé du sein de son Père dans celui d'une femme mortelle, de là dans une étable, et de là encore par divers degrés de bassesse jusqu'à l'infamie de la croix, jusqu'à l'obscurité du tombeau. J'avoue qu'on ne pouvoit pas tom-

[1] *I Machab.*, I, 1-8.

ber plus bas; aussi n'est-ce pas là le terme où il aboutit, mais celui d'où il commence à se relever. Il ressuscite, il monte aux cieux, il y entre en possession de sa gloire; et afin que cette gloire qu'il y possède soit déclarée à tout l'univers, il en viendra un jour en grande puissance juger les vivans et les morts.

C'est cette suite mystérieuse des bassesses et des grandeurs de Jésus-Christ que l'Eglise a dessein de nous faire aujourd'hui remarquer, lorsque dans ce temps consacré à sa première venue dans l'infirmité de notre chair, elle nous fait lire d'abord l'Evangile de sa gloire et de son avénement magnifique, afin que nous contemplions ces deux états dissemblables dans lesquels il lui a plu de paroître au monde, premièrement le jouet, et ensuite la terreur de ses ennemis; là jugé comme un criminel, ici juge souverain de ses juges mêmes. Suivons, Messieurs, les intentions de l'Eglise; avant que de contempler combien Jésus-Christ est venu foible, considérons aujourd'hui combien il apparoîtra redoutable; et prions la divine Vierge, dans laquelle il s'est revêtu miséricordieusement de notre foiblesse, de vouloir nous manifester le mystère de sa grandeur, en lui disant avec l'ange : *Ave.*

TROISIÈME SERMON

POUR

LE PREMIER DIMANCHE DE L'AVENT (a).

Justus es, Domine, et rectum judicium tuum.
Seigneur, vous êtes juste, et votre jugement est droit. *Psal.* CXVIII, 137.

La crainte précède l'amour, et Dieu fait marcher devant sa face son esprit de terreur avant que de répandre dans les cœurs l'esprit

---

(a) Prêché dans l'Avent de 1668, à Saint-Thomas du Louvre.
Bossuet a prêché trois Avents : deux devant la Cour dans les années 1665 et 1669; un à Saint-Thomas du Louvre, en 1668.
Or le sermon qu'on va lire a été prêché dans l'Avent, et rien n'annonce qu'il

de charité et de grace. Il faut que l'homme apprenne à trembler sous sa main suprême et à craindre ses jugemens avant que d'être porté à la confiance; autrement cette confiance pourroit dégénérer en témérité et se tourner en une audace insensée.

Le Sauveur paroîtra bientôt plein de vérité et de grace. Il vient apporter la paix, il vient exciter l'amour, il vient établir la confiance. Mais l'Eglise qui est occupée durant ce temps de l'Avent à lui préparer ses voies, fait marcher la crainte devant sa face, parce que toujours instruite par le Saint-Esprit et très-savante en ses voies, elle sait qu'il veut ébranler les ames avant que de les rassurer, et donner de la terreur avant que d'inspirer l'amour.

Entrons, chrétiens, dans ses conduites; regardons Jésus-Christ comme juge avant que de le regarder comme Sauveur. Voyons-le descendre dans les nuées du ciel avec cette majesté redoutable, avant que de contempler cette douceur, ces condescendances, ces tendresses infinies pour le genre humain, qui nous paroîtront bientôt dans sa sainte et bienheureuse naissance.

Que si vous pensez peut-être que le jugement a deux parties et que si les méchans y sont condamnés au feu éternel, les bons aussi y sont recueillis dans un éternel repos, écoutez ce que dit Jésus-Christ lui-même : « Celui qui croit, dit-il, ne sera point jugé[1]. » Il ne dit pas qu'il ne sera point condamné, mais qu'il ne sera point jugé, afin que nous entendions que ce qu'il veut nous faire comprendre principalement dans le jugement dernier (a), c'est sa rigueur implacable et cette terrible exécution de la dernière sentence qui sera prononcée contre les rebelles.

Qui me donnera, chrétiens, des paroles assez efficaces pour pénétrer votre cœur et percer vos chairs de la crainte de ce jugement ? O Seigneur, parlez vous-même dans cette chaire : vous seul avez

---

[1] *Joan.*, III, 18.

l'ait été devant la Cour; il faut donc en fixer l'époque à l'Avent de 1668, prêché à Saint-Thomas du Louvre.

On trouve un autre indice de cette date, non-seulement dans l'écriture du manuscrit, mais dans les esquisses abrégées qui terminent les trois points du discours. Car vers 1669, Bossuet, sûr de lui-même et maître de l'expression, n'avoit plus besoin que de quelques traits rapides pour achever ses tableaux du haut de la chaire.

(a) *Var.* : Universel.

droit d'y parler, et jamais on n'y doit entendre que votre parole. Mais, mes frères, dans cette action où il s'agit de représenter ce que Dieu fera de plus grand et de plus terrible, je m'astreins plus que jamais à le faire parler tout seul par son Ecriture. Plaise à son saint et divin Esprit de parler au dedans des cœurs, pendant que je parlerai, etc. C'est la grace que je lui demande par, etc.

Quòd si nec sic volueritis disciplinam, sed ambulaveritis ex adverso mihi, ego quoque contra vos adversus incedam et percutiam, vos septies propter peccata vestra...... Et ego incedam contra vos in furore contrario.... Et conteram superbiam duritiæ vestræ.... Et abominabitur vos anima mea [1] : « Que si étant avertis, vous ne voulez pas encore vous soumettre à la discipline, mais que vous marchiez directement contre moi, je marcherai aussi directement contre vous, et je vous frapperai sept fois, c'est-à-dire sans fin et sans nombre pour vos péchés, et je briserai votre superbe et indomptable dureté, et mon ame vous aura en exécration. » Le *Deutéronome* est plus court, mais non moins terrible : *Sicut lætatus est Dominus bene vobis faciens vosque multiplicans, sic lætabitur subvertens atque disperdens* [2] : « Comme le Seigneur s'est réjoui en vous accroissant (a) et en vous faisant du bien, ainsi il se réjouira en vous ravageant et en vous renversant de fond en comble. » Mais voici une troisième menace qui met le comble aux maux des pécheurs : *Eò quòd non servieris Domino Deo tuo in gaudio cordisque lætitiâ propter rerum omnium abundantiam : servies inimico tuo, quem immittet tibi Dominus, in fame, et siti, et nuditate, et omni penuriâ; et ponet jugum ferreum super cervicem tuam, donec te conterat* [3] : « Puisque vous n'avez pas voulu servir le Seigneur votre Dieu dans la joie et l'allégresse de votre cœur au milieu de l'abondance de toute sorte de biens, vous serez livrés (b) à votre ennemi que le Seigneur enverra contre vous, dans la faim, dans la soif, dans la nudité, et dans une extrême disette; et cet ennemi cruel mettra sur vos épaules un joug de fer par lequel vous serez brisés (c). »

[1] *Levit.*, XXVI, 19, 23 et seq. — [2] *Deuter.*, XXVIII, 63. — [3] *Ibid.*, 47, 48.
(a) *Var.* : Agrandissant. — (b) Vous servirez. — (c) *Note marg.* : Suivre l'Ecriture de mot à mot et de parole à parole : il ne faut point que l'homme parle, et je ne veux pas ici contrefaire la voix de Dieu ni imiter le tonnerre.

Pour joindre ces trois passages, trois caractères : dans le premier, la puissance méprisée; dans le second, la bonté aigrie par l'ingratitude; dans le troisième, la majesté et la souveraineté violées : et voici en trois mots les trois fondemens de la vengeance divine que le Saint-Esprit veut nous faire entendre. Vous vous êtes soulevés contre la puissance infinie, elle vous accablera. Vous avez méprisé la bonté, vous éprouverez les rigueurs. Vous n'avez pas voulu vivre sous un empire doux et légitime, vous serez assujettis à une dure et insupportable tyrannie.

PREMIER POINT.

Mais pour procéder avec ordre dans l'explication des paroles que j'ai rapportées, il les faut considérer dans leur suite. Voici la première qui se présente : *Quòd si nec sic volueritis disciplinam;* « Que si vous ne voulez pas vous soumettre à la discipline. » Il leur met devant les yeux avant toutes choses la liberté du choix qui leur est donnée, parce que c'est cette liberté qui nous rend coupables, et dont le mauvais usage donne une prise terrible sur nous à la justice divine.

Pour entendre cette vérité, il faut savoir que Dieu, qui est par nature notre souverain, a voulu l'être aussi par notre choix. Il a cru qu'il manqueroit quelque chose à la gloire de son empire, s'il n'avoit des sujets volontaires; et c'est pourquoi il a fait les créatures raisonnables et intelligentes, qui étant déjà à lui par leur naissance, fussent capables encore de s'engager à lui obéir par leur volonté et de se soumettre à son empire par un consentement exprès. Cette vérité importante nous est magnifiquement exprimée dans le livre de Josué, où nous voyons que ce fidèle serviteur de Dieu, ayant assemblé le peuple, leur dit ces paroles : « Si vous n'êtes pas contens de servir le Seigneur, l'option vous est déférée; (*a*) choisissez aujourd'hui ce qu'il vous plaira, à quel maître vous voulez servir, et déterminez à qui vous avez résolu de vous soumettre. » (*b*) Et tout le peuple répondit : « A Dieu ne plaise que nous quittions le Seigneur; au contraire nous voulons le servir, parce

---

(*a*) Note marg. : *Optio vobis datur* (Jos., XXIV, 15). — (*b*) *Eligite hodie quod placet, cui potissimùm servire debeatis* (Ibid.).

que c'est lui en effet qui est notre Dieu. » Josué ne se contente pas de cette première acceptation, et reprenant la parole, il dit au peuple : Prenez garde à quoi vous vous engagez; « vous ne pourrez servir le Seigneur ni subsister devant sa face, parce que Dieu est fort, saint et jaloux, et il ne pardonnera pas vos crimes et vos péchés. » (a) Et le peuple repartit : « Non, il ne sera pas comme vous le dites, mais nous servirons le Seigneur et demeurerons ses sujets. » Alors Josué leur dit : « Vous êtes donc aujourd'hui témoins que vous choisissez vous-mêmes le Seigneur pour être votre Dieu et le servir. — Oui, nous en sommes témoins (b). »

Si j'entreprenois de raconter tout ce qui est à remarquer sur ces paroles, discours entier; mais ce qui importe à mon sujet. Vous jugez bien, Messieurs, que Dieu en nous laissant l'option ne renonce pas au droit qui lui est acquis. Il ne prétend pas nous décharger de l'obligation primitive que nous avons d'être à lui, ni nous déférer tellement le choix, que nous puissions sans révolte et sans injustice nous soustraire à son empire. Mais il veut que nous soyons aussi volontairement à lui que nous y sommes déjà de droit naturel, et que nous confirmions par un choix exprès notre dépendance nécessaire et inévitable. Pourquoi le veut-il ainsi? Pour notre perfection et pour notre gloire. Celui à qui nous devons tout, veut pouvoir nous savoir gré de quelque chose; il veut nous donner un titre pour lui demander des récompenses. Que si nous refusons notre obéissance, nous lui donnons un titre pour exiger des supplices.

J'entends ici les pécheurs qui disent secrètement dans leurs cœurs qu'ils se passeroient aisément de cette liberté malheureuse, qui les expose au péché et ensuite à la damnation. Je suis ici pour exposer les vérités éternelles, et non pour répondre à tous les murmures de ceux qui s'élèvent contre ces oracles; et toutefois je dirai ce mot : O homme, qui que tu sois, qui te fâches de n'être pas une bête brute, à qui la lumière de ta raison et l'honneur de ta liberté est à charge, cesse de te plaindre de tes avantages et d'accuser témérairement ton bienfaiteur. Si tu étois indépendant

---

(a) Note marg. : *Non poteritis servire Domino : Deus enim sanctus et fortis æmulator est* (Jos., XXIV, 19 et seq.). — (b) *Ibid.*, 22.

par nature, et que Dieu néanmoins exigeât de toi que tu te rendisses dépendant par ta volonté, peut-être aurois-tu raison de trouver ou l'obligation importune, ou la demande incivile. Mais puisque l'usage qu'il prétend de ta liberté, c'est..... Ce qu'il exige est trop aisé, trop naturel et trop juste. On peut sans grand effort se donner à qui on est. Ce seroit peut-être quelque violence, s'il falloit sortir de notre état et nous transporter à un domaine étranger. Il ne s'agit que d'y demeurer et d'y consentir. Enfin quand Dieu exige que nous consentions à être ses sujets, il veut que nous consentions à être ce que nous sommes et que nous accommodions notre volonté au fond même de notre essence. Rien n'est plus naturel, rien n'est moins pénible, à moins que la volonté ne soit entièrement dépravée.

Aussi faut-il avouer qu'elle l'est étrangement dans tous les pécheurs. Car dès qu'ils ne veulent pas dépendre de Dieu, ils ne veulent donc plus être ce qu'ils sont. Ils combattent en eux-mêmes les premiers principes et le fondement de leur être. Ils corrompent leur propre droiture. Ils se rendent contraires à Dieu, et Dieu par conséquent leur devient contraire. Ils sont soumis à Dieu comme juge. Il les juge, parce qu'il connoît ce déréglement. Il les hait, parce que les règles de sa vérité répugnent à leur injustice.

Rien, disent-ils, n'est contraire à Dieu, rien ne lui répugne, rien ne l'offense, parce que rien ne lui nuit ni ne le trouble.—Dites donc qu'il ne se fait rien au monde contre la raison; poussez jusque-là l'extravagance de votre sens dépravé. Votre bien vous est ôté, mais la raison subsiste toujours; si cette foible raison humaine, combien plus la divine et l'originale? Il faut qu'elle subsiste éternelle et inviolable, afin que la justice soit exercée. *Et erit in tempore illo, visitabo super viros defixos in fæcibus suis, qui dicunt in cordibus suis : Non faciet bene Dominus, et non faciet male : et erit fortitudo eorum in direptionem* [1]. — *Videbitis quid sit inter justum et impium, inter servientem Domino et non servientem ei* [2].

Il faut donc ici vous faire entendre à quoi nous engage notre liberté, et combien elle nous rend responsables de nos actions. Par

---

[1] *Soph.*, I, 12, 13. — [2] *Malach.*, III, 18.

cette liberté nous faisons la guerre à Dieu, exerçons notre liberté par une audacieuse transgression de toutes ses lois. Nous transgressons l'une et l'autre table. « Tu adoreras le Seigneur ton Dieu [1]. » Où lui rendons-nous cette adoration? Se confesse-t-on seulement d'avoir manqué à ce devoir? Comme si ce premier de tous les préceptes n'étoit mis en tête (a) du Décalogue que par honneur et emportoit le moins d'obligation! Sanctifiez les fêtes. Croyez-vous en conscience avoir satisfait à l'intention (b) de la loi par une messe qui dure moins d'une demi-heure, qui n'est jamais trop courte, où l'on est sans attention et sans respect même apparent? Le jour a vingt-quatre heures; et le reste devroit un peu participer à cette sanctification. Il me vient dans la pensée d'appliquer ici ce reproche : « Ce peuple m'honore des lèvres [2], » etc.; mais nous ne l'honorons pas même des lèvres. Je ne sais qui je blâmerai davantage, ou ceux qui ne l'honorent que des lèvres, ou ceux qui ne l'honorent pas même des lèvres; ou ceux qui ne composent que l'extérieur, ou ceux qui ne composent pas même l'extérieur. Si bien que les fêtes ne diffèrent des autres jours, sinon en ce que les profanations et les irrévérences y sont plus publiques, plus scandaleuses, plus universelles.

Et pour la seconde table qui regarde le prochain, nous attaquons tous les jours son honneur par nos médisances, son repos par nos vexations, son bien par nos rapines, sa couche même par nos adultères. Disons après cela que nous ne marchons pas contre Dieu! Mais voici qu'il marche aussi directement contre nous. Voici Jésus qui descend de la nue pour détruire ses ennemis par le souffle de sa bouche, et les dissiper par la clarté de son avénement glorieux.

Le foible s'élève contre le fort, le fort accable le foible. Le fort a offert la paix au foible, le foible a voulu combattre; il n'y a qu'à voir qui l'emportera et à qui demeurera la victoire. Si résistant hautement à un souverain tel que Dieu, nous ne laissons pas toutefois que de vivre heureux, il s'ensuit que Dieu n'est plus Dieu; nous l'emportons contre lui, et sa volonté est vaincue par celle de

---

[1] *Deuter.*, VI, 13. — [2] *Isa.*, XXIX, 13.

(a) *Var.* : A la tête. — (b) Accompli l'intention.

la créature. Mais parce qu'elle est invincible, aucun ne peut être heureux que celui qui lui obéit; et il faut nécessairement que quiconque se soulève contre lui soit accablé par sa puissance.

C'est encore pour cette raison qu'il ajoute dans les paroles que j'explique : « Et je briserai votre fière et indocile dureté. » Vous vous endurcissez contre Dieu, il s'endurcit contre vous. Vous vous attachez contre lui, et lui s'attache contre vous : vous en homme, de toute la force de votre cœur; lui en Dieu, de toute la force du sien, s'il m'est permis de parler ainsi. (*a*) Vous persévérez, et il persévère. Vous persévérez à retenir ce bien mal acquis, et je vois toujours dans vos coffres, dit le saint prophète [1], cette flamme dévorante, ce trésor d'iniquité, ce bien mal acquis qui renversera peut-être votre maison et sans doute donnera la mort à votre ame. Persévérance opiniâtre (*b*), ah ! Dieu vous opposera une persévérance divine, une fermeté immuable, un décret fixe et irrévocable, une résolution éternelle. (*c*) Incorrigibles : de là il les aura en exécration, parce que les regardant comme incorrigibles, il frappera sans pitié et n'écoutera plus les gémissemens. Une haine, une aversion du cœur de Dieu (*d*).

SECOND POINT.

Encore qu'un Dieu irrité ne paroisse jamais aux hommes qu'avec un appareil étonnant, toutefois il n'est jamais plus terrible qu'en l'état où je dois le représenter, non point, comme on pourroit croire, porté sur un nuage enflammé ou sur un tourbillon foudroyant (*e*), mais armé de ses bienfaits et assis sur un trône de grace. *Nolite contristare Spiritum sanctum Dei, in quo signati estis* [2]. Il se réjouit en faisant du bien, on l'afflige quand on le refuse. Affliger et contrister l'Esprit de Dieu. Non tant l'outrage qui est fait à sa sainteté, que la violence que souffre son amour mé-

---

[1] *Mich.*, vi, 10. — [2] *Ephes.*, iv, 30.

(*a*) *Note marg.* : Hélas! il n'y a point de proportion, et la partie n'est pas égale; mais vous avez voulu le premier vous mesurer avec lui. Vous avez le premier rompu les mesures, et vous avez rendu juste..... — (*b*) *Var.* : Humaine. — (*c*) *Note marg.:* Voy. Serm. *du Nom de Jésus*, 1ᵉʳ point; puis le sermon : *Si ego judico*. — (*d*) Un mot de la bonté de Dieu : Ecoutez cette bonté méprisée, et voyez comme elle vous parle. — (*e*) *Var.* : Toujours menaçante, toujours foudroyante, et jetant de ses yeux un feu dévorant.

prisé et sa bonne volonté frustrée par notre opiniâtre résistance. C'est là, dit le saint Apôtre, ce qui afflige le Saint-Esprit, c'est-à-dire l'amour de Dieu agissant en nous pour gagner nos cœurs. Dieu est irrité contre les démons ; mais comme il ne demande plus leur affection, il n'est plus affligé ni contristé par leur désobéissance. C'est à un cœur chrétien qu'il veut faire sentir ses tendresses, trouver la correspondance. De là naît le rebut qui l'afflige et qui le contriste, un dégoût des ingrats qui lui sont à charge.

Sicut lætatus est Dominus bene vobis faciens vosque multiplicans, sic lætabitur subvertens atque disperdens [1]. L'amour rebuté, l'amour dédaigné, l'amour outragé par le plus injurieux mépris, l'amour épuisé par l'excès de son abondance, fait tarir la source des graces et ouvre celle des vengeances. Rien de plus furieux qu'un amour méprisé et outragé. Dieu a suivi, en nous bénissant, sa nature bienfaisante ; mais nous l'avons contristé, mais nous avons affligé son Saint-Esprit ; nous avons changé la joie de bien faire en une joie de punir ; et il est juste qu'il répare la tristesse que nous avons causée à l'Esprit de grace, par une joie efficace, par un triomphe de son cœur, par un zèle de sa justice à punir nos ingratitudes. Justice du nouveau Testament qui s'applique par le sang, par la bonté même et par les graces infinies d'un Dieu rédempteur.

Ecce Agnus Dei [2]. *Jam enim securis ad radicem posita est* [3]. La colère approche toujours avec la grace ; la coignée s'applique toujours par le bienfait même ; et si la sainte inspiration ne nous vivifie, elle nous tue. Car d'où pensez-vous que sortent les flammes qui dévorent les chrétiens ingrats? De ses autels, de ses sacremens, de ses plaies, de ce côté ouvert sur la croix pour nous être une source d'amour infini. C'est de là que sortira l'indignation de la juste fureur, et d'autant plus implacable qu'elle aura été détrempée dans la source même des graces. Car il est juste et très-juste que tout, et les graces mêmes, tournent à mal à un cœur ingrat. O poids des graces rejetées ! poids des bienfaits méprisés (a) !

---

[1] *Deuter.*, XXVIII, 63. — [2] *Joan.*, I, 36. — [3] *Matth.*, III, 10.

(a) *Note marg.* : Tout tourne à bien à ceux qui aiment, même les péchés, dit saint Augustin, qui les abaissent, qui les humilient, qui les encouragent.

A facie iræ columbæ[1]. *Operite nos à facie... Agni*[2]. Ce n'est pas tant la face du Père irrité ; c'est la face de cette colombe tendre et bienfaisante qui a gémi tant de fois pour eux, de cet Agneau qui s'est immolé pour eux. (*a*) *Sol obscurabitur et luna non dabit lumen suum, et stellæ cadent de cœlo, et virtutes cœlorum commovebuntur ; et tunc parebit signum Filii hominis. Et tunc plangent omnes tribus terræ, et videbunt Filium hominis venientem in nubibus cœli cum virtute multâ et majestate*[3].

Méditons attentivement quelle prise nous donnons sur nous à la justice de Dieu par le mépris outrageux de ses bontés infinies. Qui donne a droit d'exiger, il exige des reconnoissances ; s'il ne trouve pas des reconnoissances, il exigera des supplices : il ne perd pas ses droits. Les graces que vous méprisez préparent une éternité malheureuse. « La grace, dit le Sauveur, est *fons aquæ salientis*[4]. » Quand donc vous êtes touchés, quand vous ressentez quelquefois un certain mépris de cette pompe du monde qui s'évanouit, « de sa figure qui passe[5], » de ses fleurs qui se flétrissent du matin au soir ; quand, dégoûté de vous-même et de votre vie déréglée, vous regardez avec complaisance les chastes attraits de la vertu.... O chasteté ! ô modestie ! ô pudeur passée ! ô tendresse de conscience qui ne pouvoit souffrir aucun crime ! mais ô abandon, prostitution d'un cœur (*b*) ! Que veut le Seigneur votre Dieu, sinon que vous vous attachiez fortement à lui, et qu'en vous y attachant vous viviez heureux ? C'est pour cela que Jésus-Christ est venu au monde « plein de grace et de vérité[6]. » C'est pour cela qu'il nous a donné tant de saintes instructions, qu'il ne cesse de renouveler par la bouche de ses ministres. C'est pour cela qu'il a rempli tous ses sacremens d'une influence de vie, afin qu'y participant nous vivions. Si nous savons profiter de tous ces bienfaits, nous acquerrons par sa grace un droit éternel sur lui-même pour le posséder en paix. Que si nous les méprisons, qui ne voit que

---

[1] *Jerem.*, XXV, 38. — [2] *Apoc.*, VI, 16. — [3] *Matth.*, XXIV, 29, 30. — [4] *Joan.*, IV, 14. — [5] I *Cor.*, VII, 31. — [6] *Joan.*, I, 14.

(*a*) *Note marg.* : La Croix, la rédemption aggrave la damnation et accumule les crimes; elle y met le comble. — (*b*) *Var.* : O sainte timidité, gardienne de l'innocence! mais ô force à faillir! ô hardiesse pour s'excuser! ô lâche abandon d'un cœur corrompu et livré à ses désirs!

nous lui donnons réciproquement un titre très-juste (a) pour nous châtier par des supplices autant inouïs que ses bontés étoient extraordinaires ? *Sicut lœtatus est Dominus bene vobis faciens vosque multiplicans, sic lœtabitur subvertens atque disperdens.*

Et en effet il est juste qu'il mesure sa colère à ses bontés et à nos ingratitudes, et que sa fureur implacable perce d'autant de traits un cœur infidèle que son amour bienfaisant avoit employé d'attraits pour le gagner. C'est pourquoi il ne faut pas se persuader que les graces de Dieu périssent; non, mes frères, ne le pensons pas. Ces graces que nous rejetons, Dieu les rappelle à lui-même; Dieu les ramasse en son sein, où sa justice les change en traits pénétrans dont les ingrats seront percés. Ils connoîtront, les misérables ! ce que c'est que d'abuser des bontés d'un Dieu, de forcer son inclination bienfaisante, de le contraindre à devenir cruel et inexorable, lui qui ne vouloit être que libéral et bienfaisant. Dieu ne cessera de les frapper de cette main souveraine et victorieuse dont ils ont injurieusement refusé les dons, et ses coups redoublés sans fin leur seront d'éternels reproches de ses graces méprisées. Ainsi toujours vivans et toujours mourans, immortels pour leurs peines, trop forts pour mourir, trop foibles pour supporter, ils gémiront éternellement sur des lits de flammes, outrés de furieuses et irrémédiables douleurs. Et poussant parmi des blasphèmes exécrables mille plaintes désespérées, ils porteront à jamais le poids infini de tous les sacremens profanés, de toutes les graces rejetées, non moins pressés, non moins accablés des miséricordes de Dieu que de l'excès intolérable de ses vengeances.

Tremblez donc, tremblez, chrétiens, parmi ces graces immenses, parmi ces bienfaits infinis qui vous environnent ! (b) Tous les mouvemens de la grace sont d'un poids terrible pour nous. Il n'y a rien à négliger dans notre vie. Notre destinée, notre état, notre vocation ne souffrent rien de médiocre. Tout nous sert ou nous nuit infiniment. Chaque moment de notre vie, chaque respiration, chaque battement de notre pouls, si je puis parler de la sorte, chaque

---

(a) *Var.* : Très-équitable. — (b) *Note marg.* : Les saintes prédications sont un poids terrible : les saints sacremens, les inspirations, les exemples bons et mauvais qui nous avertissent chacun à leur manière, le silence même d'un Dieu, sa patience, sa longanimité, son attente ; ô le poids terrible !

éclair de notre pensée a des suites éternelles. L'éternité d'un côté, et l'éternité de l'autre. Si vous suivez fidèlement l'instinct de la grace, l'éternité bienheureuse y est attachée. Si vous manquez à la grace, une autre éternité vous attend, et vous méritez un mal éternel pour avoir perdu (a) volontairement un bien qui le pouvoit être.

TROISIÈME POINT.

Il reste à considérer la troisième peine dont Dieu menace son peuple rebelle, laquelle il a plu au Saint-Esprit de nous exprimer en ces paroles que je répète encore une fois : « Puisque vous n'avez pas voulu servir le Seigneur votre Dieu dans la joie et l'allégresse de votre cœur, au milieu de l'abondance de toutes sortes de biens, vous servirez à votre ennemi que le Seigneur enverra contre vous, dans la faim, dans la soif, dans la nudité et dans un extrême besoin (b) de toutes choses ; et cet ennemi mettra sur vos épaules un joug de fer par lequel vous serez brisés [1]. » C'est-à-dire, comme nous l'avons déjà expliqué, vous n'avez pas voulu vivre sous un empire doux et légitime ; vous serez justement soumis à une dure et insupportable tyrannie.

Deux conditions de l'empire de Dieu nous sont ici exprimées : il n'y en a point de plus légitime, il n'y en a point de plus doux. Vous n'avez pas voulu servir Dieu votre Seigneur ; et certes il n'y a point de Seigneur dont le droit soit mieux établi ni le titre plus légitime. Il nous a faits, il nous a rachetés : nous sommes par la création l'œuvre de ses mains, par la rédemption le prix de son sang, par la création ses sujets, par l'adoption ses enfans. Nous sommes son bien, nous portons sa marque, créés à sa ressemblance, scellés de son Saint-Esprit ; et nous ne pouvons le désavouer sans que le fond de notre être ne nous désavoue, ni enfin le renoncer sans renoncer à nous-mêmes. Cet empire étant le plus légitime, est par conséquent le plus naturel ; étant le plus naturel, il s'ensuit aussi qu'il est le plus doux (c). Ce n'est donc pas sans raison que la

[1] *Deuter.*, XXVIII, 47, 48.

(a) *Var.* : Si vous perdez. — (b) Disette. — (c) Si cet empire est le plus légitime, il est aussi le plus naturel ; étant le plus naturel, il est par conséquent aussi le plus doux.

joie du cœur est promise à ceux qui servent le Seigneur leur Dieu. Car celui-là est content qui est dans l'état que la nature demande. La joie se trouve donc nécessairement dans le service de Dieu ; l'abondance y est aussi et la plénitude. Nul ne sait mieux ce qui nous est propre que celui qui nous a faits. Nul ne peut mieux nous le donner, puisqu'il a tout en sa main. Nul ne le veut plus sincèrement, puisque rien ne convient mieux à celui qui a commencé l'ouvrage en nous donnant l'être, que d'y mettre la dernière main en nous donnant la félicité et le repos. Telle est la condition de la créature sous l'empire de son Dieu : elle est riche, elle est contente, elle est heureuse. Dieu, qui n'a besoin de rien pour lui-même, ne veut régner sur nous que pour notre bien, ni nous posséder que pour nous faire posséder en lui toutes choses.

Donc, ô créatures rebelles, ô pécheurs qui vous soulevez contre Dieu, faites maintenant votre sentence. Dites, Messieurs, ce que méritent ceux qui refusent de se soumettre à un gouvernement si avantageux et si équitable. Hélas! que méritent-ils, sinon de trouver au lieu d'un joug agréable, un joug de fer; au lieu d'un seigneur légitime, un usurpateur violent; au lieu d'une puissance bienfaisante et amie, un ennemi insolent et outrageux; au lieu d'un père, un tyran; au lieu de la joie des enfans, la contrainte et la terreur des esclaves; au lieu de l'allégresse et de l'abondance, la faim, la soif et la nudité, et une extrême disette.

Il faut vous dire quel est cet ennemi que Dieu enverra contre vous. Celui qui s'est déclaré l'ennemi de Dieu, qui ne pouvant rien contre lui, se venge contre son image, et la déchirant la déshonore, remplissant son esprit envieux d'une vaine imagination de vengeance; c'est Satan avec ses anges. Esprits noirs, esprits ténébreux, esprits furieux et désespérés, qui s'étant perdus sans espérance et abîmés sans ressource, ne sont plus capables désormais que de cette noire et maligne joie qui revient à des méchans d'avoir des complices, à des envieux d'avoir des compagnons, à des superbes renversés d'entraîner avec soi les autres. (a) C'est cette rage, c'est

(a) *Note marg.* : A des superbes de faire trébucher les autres. Faste insolent, au lieu de leur grandeur naturelle; des finesses malicieuses, au lieu d'une sagesse céleste; la haine, la dissension et l'envie, au lieu de la charité et de la société fraternelle.

cette fureur de Satan et de ses anges que le prophète Ezéchiel nous représente sous le nom et sous la figure de Pharaon, roi d'Egypte. Spectacle épouvantable! Autour de lui sont des morts qu'il a percés par de cruelles blessures. Là gît Assur, dit le prophète, avec toute sa multitude; là est tombé Elam et tout le peuple qui le suivoit; là Mosoch et Thubal, et leurs princes et leurs capitaines, et tous les autres qui sont nommés nombre innombrable, troupe infinie, multitude immense : ils sont autour renversés par terre, nageant dans leur sang. Pharaon est au milieu, qui repaît ses yeux de la vue d'un si grand carnage et qui se console de sa perte et de la ruine des siens : Pharaon avec son armée, Satan avec ses anges : *Vidit eos Pharao, et consolatus est super universâ multitudine suâ quæ interfecta est gladio, Pharao et omnis exercitus ejus* [1]. Enfin, semblent-ils dire, nous ne serons pas les seuls misérables. Dieu a voulu des supplices : en voilà assez, voilà assez de sang, assez de carnage. On a voulu nous égaler les hommes : les voilà enfin nos égaux dans les tourmens. Cette égalité leur plaît. Ils savent que les hommes les doivent juger; quelle rage pour ces superbes! Mais avant ce jour, disent-ils, combien en mourra-t-il de notre main! Ah! que nous allons faire de siéges vacans, et qu'il y en aura parmi les criminels de ceux qui pouvoient s'asseoir parmi les juges!

Mais que fais-je, mes frères, de profaner si longtemps et ma bouche et vos oreilles en faisant parler ces blasphémateurs! C'est assez de vous avoir découvert leur haine. Elle est telle, remarquez ceci et étonnez-vous de cet excès, elle est telle cette haine qu'ils ont contre nous, qu'ils se plaisent non-seulement à désoler, mais encore à souiller (a) notre ame. Oui, ils aiment encore mieux nous corrompre que nous tourmenter, nous ôter l'innocence que le repos, et nous rendre méchans que nous rendre malheureux; si bien que quand ces victorieux cruels se sont rendus les maîtres d'une ame, ils y entrent avec furie, ils la pillent, ils la ravagent, ils la violent. O ame blanchie au sang de l'Agneau, ame qui étoit sortie des eaux du baptême si pure, si pudique et si virginale!

---

[1] *Ezech.*, XXXII, 22, 24, 26, 31.
(a) *Var.* : A dégrader.

Ces corrupteurs la violent, non tant pour se satisfaire que pour la déshonorer et la ravilir. (a) Vous avez renoncé à son empire. Chaque empire a ses pompes et ses ouvrages. Les pompes du diable, tout ce qui corrompt la modestie, tout ce qui remplit l'esprit de fausses grandeurs, tout ce qui étale la gloire et la vanité, tout ce qui veut plaire et attirer les regards, tout ce qui enchante les yeux, tout ce qui sert à l'ostentation et au triomphe de la vanité du monde, tout ce qui fait paroître grand ce qui ne l'est pas, et élève une autre grandeur que celle de Dieu (b).

Les œuvres, c'est l'iniquité : *Operatio eorum est hominis eversio* [1]....... toi qui corromps les principes de la religion et de la crainte de Dieu par ces dangereuses railleries; vous qui n'étalez pas seulement avec vanité et ostentation, mais qui armez pour ainsi dire cette beauté corruptrice de l'innocence.

Ils nous dominent par les passions d'attache. L'avarice. On ne distingue plus ce bien mal acquis, confondu avec votre patrimoine. L'ambition, fatiguée des longueurs ..., les voies abrégées et qui sont le plus souvent criminelles. L'impudicité, ah! qu'ils la poussent loin!

Ainsi nous avons relevé ce trône abattu et redressé cet empire d'iniquité, corrompu le baptême, effacé la croix de Jésus imprimée sur notre front, rejeté cette onction sainte, cette onction royale qui nous avoit faits des rois, des christs et des oints de Dieu, le corps et le sang de Jésus-Christ; nous peut-être, l'ordre et le sacerdoce. Enfin tous les mystères du christianisme sont devenus le jouet des démons. Nul christianisme en nos mœurs.

Quem immittet tibi Dominus [2], revêtu de tous les droits de Dieu contre les pécheurs. Dieu l'établit notre souverain, il le met

---

[1] Tertull., *Apolog.*, n. 22. — [2] *Deuter.*, XXVIII, 48.

(a) Note marg. : Ils la portent à s'abandonner à eux; ils la souillent et puis ils la méprisent. Femmes qui deviennent le mépris de ceux à qui elles se sont lâchement et indignement abandonnées : souvenez-vous de votre baptême..... détruit la puissance des ténèbres. Exorcismes. *Maledicte, damnate.* Empire de l'Église : *Da locum Deo vero et vivo* (Rituel). — (b) Maintenant il n'y a plus de pompe du monde : les spectacles sont devenus honnêtes, parce qu'on a ôté les excès grossiers..... poison le plus délicat et le plus dangereux. On ne connoît plus de luxe. A la simplicité de cet habit blanc dont tu as été revêtu..... ah! tu reprends les marques et les enseignes du monde. Il faut retrancher du baptême cette cérémonie si sainte, si ancienne, si apostolique.

en sa place, il lui donne pour ainsi dire toute sa puissance : étranger qui nous tirera de notre patrie, usurpateur qui ne fera que ravager, esclave révolté qui ne donnera point de bornes à son insolence. Jérémie est seul capable d'égaler les lamentations aux calamités (a).

Hæreditas nostra versa est ad alienos, domus nostræ ad extraneos. Servi dominati sunt nostri. Cecidit corona capitis nostri : væ nobis, quia peccavimus[1]*! Aperuerunt super te os suum omnes inimici tui : sibilaverunt et fremuerunt dentibus suis, et dixerunt : Devorabimus : en ista est dies quam expectabamus ; invenimus, vidimus*[2]*. Fecit Dominus quæ cogitavit : ..... lætificavit super te inimicum, et exaltavit cornu hostium tuorum*[3]*.*

Nous ne rougirons pas de porter des fers, nous que Jésus-Christ a faits rois! (b) Nous jetons aux pieds de Satan la couronne que le Sauveur a mise sur nos têtes. *Væ nobis, quia peccavimus.* Disons-le du moins du fond de nos cœurs ce *Væ*, ce Malheur à nous. Renouvelons les vœux de notre baptême : Je renonce, etc. (c) Où est l'eau pour nous baptiser? Ah! plongeons-nous dans l'eau de la pénitence, dans ce baptême de larmes, dans ce baptême de sang, dans ce baptême laborieux. Plongeons-nous-y, n'en sortons jamais, jusqu'à ce que Jésus nous appelle, etc., où nous conduise, etc.

[1] *Thren.*, v, 2, 8, 16. — [2] *Ibid.*, II, 16. — [3] *Ibid.*, 17.

(a) *Var.* : Revenez, Jérémie : renouvelez vos gémissemens. O saint prophète de Dieu, seul capable d'égaler les lamentations aux calamités, venez déplorer encore une fois le sanctuaire souillé, la maison de Dieu profanée. — (b) Note marg. : *Fecisti nos Deo nostro reges et sacerdotes* (Apoc., v, 10). — (c) Plutôt choquer que plaire trop, plutôt méprisée que vaine et superbe, plutôt seule et abandonnée que trop chérie et trop poursuivie.

PREMIER SERMON

POUR

LE IIe DIMANCHE DE L'AVENT (a).

Cæci vident, claudi ambulant, leprosi mundantur, surdi audiunt, mortui resurgunt, pauperes evangelizantur, et beatus est qui non fuerit scandalizatus in me.

Les aveugles reçoivent la vue, les sourds entendent, les estropiés marchent, les lépreux sont nettoyés et les morts revivent, l'Evangile est annoncé aux pauvres, et bienheureux est celui qui n'est point scandalisé en moi. *Matth.*, XI, 5, 6.

Si vous voyez aujourd'hui que saint Jean-Baptiste envoie ses disciples à notre Sauveur pour lui demander quel il est, ne vous persuadez pas pour cela que l'Élie du Nouveau Testament et le

---

(a) ANALYSE, PAR BOSSUET.

Son cœur écoutoit la voix de la misère, il sollicitoit son bras.
L'ame se retirant de Dieu laisse le corps sans vigueur.
Péché plus grand que la peine.
Pauvres évangélisés.
Comment s'est-il pu faire : *Scandalizantur in me?* Raison pourquoi nous n'entendons pas l'œuvre de Dieu, *scandalum* : nous croyons que Dieu renverse tout quand il rebâtit comme l'entrepreneur.
Foi doit précéder la vue. Soumettre l'entendement aussi bien que la volonté. Croire ce qui est incroyable, faire ce qui est difficile.
Reconnoître la grace, parce que la nature est scandalisée.
Jésus-Christ scandale à tous, même aux chrétiens.

Le manuscrit porte écrit de la main de Bossuet : « A Metz, contre les Juifs. »
Tout nous indique dans ce sermon l'époque de Metz : la mauvaise écriture, qui court d'un bord à l'autre de la feuille; la longueur du discours et principalement de l'exorde, qui commence par une question qu'on diroit oiseuse, s'il y en avoit en théologie; les interrogations sans la particule *ne*, et les passages où l'auteur parle longuement au pécheur au singulier; enfin les expressions surannées, comme celles-ci : « Les lépreux sont nettoyés, Agneau de Dieu qui purge les péchés du monde, le Fils de Dieu catéchise les pauvres, pillerie, tout l'œuvre du salut, bien faire, » pour, faire du bien, sens qui vieillissoit selon l'Académie, mais que Bossuet a quelquefois adopté dans la grande époque de sa mission apostolique. Toutefois notre sermon respire moins le vieux langage, a moins d'emphase et renferme moins de citations que d'autres; il faut en fixer la date vers 1657.
A cette époque les Juifs du monde entier, et particulièrement ceux de Metz,

grand précurseur du Messie ait ignoré le Seigneur auquel il venoit préparer les voies. Je sais qu'il y a eu quelques personnes très-doctes, et entre autres le grave Tertullien [1], qui ont cru que dans le temps que saint Jean-Baptiste fit faire cette question au Sauveur, la lumière prophétique qui l'avoit jusqu'alors éclairé avoit été éteinte en son ame; mais je ne craindrai point de vous dire, avec le respect que je dois aux auteurs de ce sentiment, qu'il n'y a aucune vraisemblance dans cette pensée. « Abraham a vu le jour de Notre-Seigneur; Isaïe a vu sa gloire et nous en a parlé, » nous dit l'évangéliste saint Jean [2]; tous les prophètes l'ont connu en esprit; et le plus grand des prophètes l'aura ignoré! Celui qui a été envoyé pour rendre témoignage de la lumière, aura été lui-même dans les ténèbres! Et après avoir tant de fois désigné au peuple cet Agneau de Dieu qui purge les péchés du monde, après avoir vu le Saint-Esprit descendre sur lui lorsqu'il voulut être baptisé de sa main, tout d'un coup il aura oublié ce qu'il a fait connoître à tant de personnes! Vous voyez bien, fidèles, que cela n'a aucune apparence.

Mais pourquoi donc, direz-vous, pourquoi lui envoyer ses disciples pour s'informer de lui s'il est vrai qu'il soit le Messie? Qui interroge, il cherche; qui cherche, il ignore. S'il connoissoit quel étoit Jésus-Christ, quelle raison peut-il avoir de lui faire ainsi demander? Ne craignoit-il pas que son doute ébranlât la foi de plusieurs et diminuât beaucoup de l'autorité du témoignage certain qu'il a si souvent rendu au Sauveur? — C'est tout ce qu'on nous peut opposer. Mais cette objection ne m'étonne pas; au contraire ce qu'on m'oppose, je veux le tirer à mon avantage. Je dis qu'il interroge, parce qu'il sait; il demande au Sauveur Jésus quel il est, parce qu'il connoît très-bien quel il est. Comment cela, direz-vous? — C'est ici, chrétiens, la vraie explication de notre évangile

---

[1] *Advers. Marcion.*, lib. IV. — [2] *Joan.*, VIII, 56; XII, 41.

alloient offrir leur argent et leurs adorations à l'imposteur Sabathai-Sevi, qui se donnoit pour le Messie dans l'empire turc et qui finit par embrasser l'islamisme. Emu d'une profonde compassion, Bossuet étudia les prophéties qu'il a si magnifiquement expliquées dans le *Discours sur l'histoire universelle*, eut de nombreuses conférences avec les Juifs et fit plusieurs conversions, dont une eut beaucoup de retentissement, celle des frères Veil. C'est à ce zèle du jeune archidiacre de Metz que nous devons le sermon qu'on va lire.

et le fondement nécessaire de tout ce discours. Saint Jean, qui connoissoit le Sauveur qu'il avoit prêché tant de fois, savoit bien qu'il n'appartenoit qu'à lui seul de dire quel il étoit et de se manifester aux hommes, desquels il venoit être le précepteur. C'est pourquoi il lui envoie ses disciples, afin qu'ils soient instruits par lui-même touchant sa venue, que lui seul étoit capable de nous déclarer. Ainsi n'appréhendez pas, chrétiens, qu'il détruise le témoignage qu'il a donné de Notre-Seigneur ; car lui faisant demander à lui-même ce qu'il faut croire de sa personne, il fait bien voir qu'il reconnoît en lui une autorité infaillible et qu'il ne lui envoie ses disciples que pour être formés de sa main et enseignés de sa propre bouche. Ne pouvant plus annoncer sa venue aux hommes, parce qu'il étoit retenu aux prisons d'Hérode, il prie Notre-Seigneur de se faire connoître lui-même ; et lui faisant faire cette ambassade en présence de tout le peuple, il a dessein de tirer de lui quelque instruction mémorable pour les spectateurs, qui s'imaginoient le Messie tout autre qu'il ne devoit être.

En effet il ne fut point trompé. Jésus, qui connoissoit sa pensée et qui vouloit récompenser son humilité, fait voir à ses disciples les effets de sa puissance infinie. Il guérit devant eux tous les malades qui se présentèrent, il leur découvre son cœur, il leur donne des avis importans pour connoître parfaitement le secret de Dieu et détruire une fausse idée du Messie qui avoit préoccupé les Juifs trop charnels ; et sachant que son bien-aimé précurseur ne pouvoit avoir de plus grande joie que d'apprendre la gloire de son bon Maître, il commande aux envoyés de saint Jean de lui en rapporter les nouvelles, lui voulant donner cette consolation dans une captivité qu'il souffroit pour l'amour de lui. « Allez-vous-en, dit-il, rapporter à Jean les merveilles que vous avez vues ; » dites-lui que « les sourds entendent, que les aveugles reçoivent la vue, que la vie est rendue aux morts (a), que l'Evangile est annoncé aux pauvres, et qu'heureux est celui qui n'est point scandalisé en moi. » Comme s'il eût dit : Les Juifs trompés par l'écorce de la lettre et par les sentimens de la chair, attendent le Messie comme un puissant roi qui se mettant à la tête de grandes armées, subjuguera tous

---

(a) *Var.* : Que les morts sont ressuscités.

leurs ennemis, et qui se fera reconnoître par l'éclat d'une pompe mondaine et par une magnificence royale. Mais Jean instruit des secrets de Dieu, sait qu'il doit être manifesté par des marques bien plus augustes, encore que selon le monde elles aient beaucoup moins d'apparent. Allez-vous-en donc et lui racontez les guérisons admirables que vous avez vues de vos propres yeux. Dites-lui que l'auteur de tant de miracles ne dédaigne pas de converser parmi les pauvres, au contraire qu'il les assemble près de sa personne pour les entretenir familièrement des mystères du royaume de Dieu et des vérités éternelles; et toutefois que nonobstant et le pouvoir par lequel je fais de si grandes choses, et l'incroyable douceur par laquelle je condescends à l'infirmité des plus pauvres et des plus abjects, bienheureux est celui à qui je ne donne point de scandale. Dites ceci à Jean, à ces marques il connoîtra bien qui je suis.

Tel est le sens de tout ce discours, très-court en apparence et très-simple, mais plein d'un si grand sens et de tant de remarques illustres tirées des prophéties anciennes qui parlent de la grandeur du Messie, que toute l'éloquence humaine ne suffiroit pas à vous en étaler les richesses. Toutefois j'ose entreprendre, fidèles, avec l'assistance divine, d'en découvrir aujourd'hui les secrets selon la mesure qui m'est donnée. Je suivrai pas à pas le texte de mon évangile, conférant les paroles de notre Sauveur avec les actions de sa vie et les prédictions des prophètes, dont nous avons ici un tissu. Nous admirerons tous ensemble la profonde conduite de Dieu dans la manifestation de son Fils. Mais pour y procéder avec ordre, réduisons tout cet entretien à trois chefs tirés des propres paroles du Fils de Dieu. Je remarque trois choses dans son discours, qu'il guérit les malades, qu'il catéchise les pauvres, qu'il scandalise les infidèles. Dans ses miracles, je vois sa bonté en ce qu'il a pitié de nos maux; dans ses instructions, je vois sa simplicité en ce qu'il ne lie de société qu'avec les plus pauvres; enfin dans le scandale qu'il donne, je vois les furieuses oppositions que l'on fera à sa salutaire doctrine.

Viens, ô Juif incrédule, viens considérer le Messie; viens le reconnoître par les vraies marques que t'ont données tes propres prophètes. Tu crois qu'il manifestera son pouvoir, établissant en la terre un puissant empire auquel il joindra toutes les nations, ou par la réputation de sa grandeur, ou par ses armes victorieuses. Sache que sa puissance n'éclatera que par sa bonté et par la tendre compassion qu'il aura de nos maladies. Tu te le représentes au milieu d'une cour superbe, environné de gloire et de majesté; apprends que sa simplicité ne lui permettra pas d'avoir d'autre compagnie que celle des pauvres. Enfin tu t'imagines voir couler sa vie dans un cours continuel de prospérités, au lieu qu'elle ne sera pas un seul moment sans être injustement traversée. En un mot le Messie promis par les oracles divins doit être un homme infiniment miséricordieux, dont le cœur s'attendrira à l'aspect des misères de notre nature, qui recevra les pauvres en sa plus intime familiarité et épandra sur eux les trésors de sa sagesse incompréhensible, en les catéchisant avec une affection paternelle; qui nonobstant son inclination libérale, et la candeur de sa vie innocente, et sa naïve simplicité, recevra mille malédictions des hommes ingrats, sans que pour cela il cesse de leur bien faire. Voilà quel devoit être le Sauveur du monde. O Dieu, qu'il est bien autre que les Juifs ne se l'imaginent! S'il fût venu avec une pompe royale, les pauvres n'auroient pas osé approcher de lui ni même le regarder; tout le monde lui eût fait la cour, bien loin de le charger d'imprécations. C'est pourquoi étant venu pour souffrir, il a pris une condition d'esclave; étant venu pour les pauvres, il a voulu naître pauvre, afin de pouvoir être familier avec eux. C'est le véritable portrait du Messie notre unique libérateur, tel qu'il nous est désigné par les prophéties, tel qu'il nous est montré dans son Evangile. Considérons en détail, chrétiens, cet adorable tableau. Mais admirons avant toutes choses le premier trait de cette salutaire peinture que notre évangéliste nous a tracée; et voyons paroître la toute-puissance du Sauveur Jésus par le remède qu'il apporte à nos maladies. C'est le premier point de mon discours.

PREMIER POINT.

Pourrois-je bien vous dire, fidèles, combien de pauvres malades et combien de sortes de maladies a guéri notre miséricordieux médecin ? Vous eussiez vu tous les jours à ses pieds les aveugles, les sourds, les fébricitans, les paralytiques, les possédés, en un mot et enfin tous les autres infirmes, qui connoissant sa grande bonté, voyoient que c'étoit assez de lui exposer leurs misères pour obtenir de lui du soulagement. Encore ce médecin charitable leur épargnoit souvent la peine de le chercher, lui-même il parcouroit la Judée; et comme dit l'apôtre saint Pierre, « il passoit bien faisant et guérissant tous les oppressés : » *Pertransiit benefaciendo et sanando omnes oppressos à diabolo* [1]. Dieu éternel! les aimables paroles, et qu'elles sont bien dignes de mon Sauveur! La folle éloquence du siècle, quand elle veut élever quelque généreux conquérant, dit « qu'il a parcouru les provinces, moins par ses pas que par ses victoires : » *Non tam passibus quàm victoriis peragravit* (a). Les panégyriques sont pleins de ces sortes d'exagérations. Et qu'est-ce à dire, parcourir les provinces par les victoires? N'est-ce pas porter partout le carnage, la désolation et la pillerie? Telles sont les suites de nos victoires.

Ah! que mon Sauveur a parcouru la Judée d'une manière bien plus admirable! Je puis dire véritablement qu'il l'a parcourue moins par ses pas que par ses bienfaits : *Pertransiit benefaciendo*. Il alloit de tous côtés visitant ses malades, distribuant partout un baume céleste, je veux dire une miraculeuse vertu qui sortoit de son divin corps, devant laquelle on voyoit disparoître les fièvres les plus mortelles et les maladies les plus incurables : *Pertransiit benefaciendo*. Et ce n'étoit pas seulement les lieux où il arrêtoit quelque temps, qui se trouvoient mieux de sa présence. Il rendoit remarquables les endroits dans lesquels (b) il passoit, par la profusion de ses graces. En cette bourgade il n'y a plus d'aveugles ni d'estropiés ; sans doute, disoit-on, le bienfaisant Jésus a passé par là : *Pertransiit*. Et en effet, chrétiens, quelle contrée de la Palestine n'a pas expérimenté mille et mille fois combien étoit présent le remède que les infirmes et les languissans trouvoient dans le secours de sa main puissante ? C'est aussi ce que le prophète Isaïe,

[1] *Act.*, x, 38.
(a) Comme le remarque Déforis, Pline le Jeune adresse à peu près la même parole à Trajan : *Quum orbem terrarum non pedibus magis quàm laudibus peragrares.* — (b) *Var.:* Par où.

que les Pères ont appelé l'évangéliste de la loi ancienne, tant ses prédictions sont précises; c'est, dis-je, ce que le prophète Isaïe célèbre avec son élégance ordinaire, dans le chapitre xxxv de sa prophétie : « Dites aux affligés, nous dit-il, à ceux qui ont le cœur abattu par leurs longues calamités, dites-leur qu'ils se fortifient. Voici venir notre Dieu qui les vengera : Dieu viendra lui-même et nous sauvera : » *Deus ipse veniet et salvabit nos* [1]. Quel est ce Dieu qui vient nous sauver, si ce n'est le Sauveur Jésus, duquel le même Isaïe a écrit qu'il seroit appelé Emmanuël, Dieu avec nous? Un Dieu avec nous, n'est-ce pas à dire un Dieu-Homme? Dieu donc viendra lui-même, dit Isaïe, Dieu viendra lui-même pour nous sauver. Vous voyez qu'il est parlé là du Messie. « Et alors, poursuit-il [2], c'est-à-dire à la venue du Sauveur, les oreilles des sourds et les yeux des aveugles seront ouverts; alors celui qui étoit perclus sautera agilement comme un cerf, et la langue des muets sera déliée. » Ne voyez-vous pas, chrétiens, que le discours de notre Sauveur, dans l'évangile que nous exposons, est tiré de celui du prophète? « Les sourds entendent, dit le Fils de Dieu, les aveugles voient, les boiteux marchent. » Il se plaît de toucher, quoiqu'en peu de mots, les prophéties qui s'accomplissent en sa personne, afin de nous faire comprendre ce que l'apôtre saint Paul nous a si évidemment démontré, « qu'il est la fin de la loi [3] » et l'unique sujet de tous les oracles divins.

Donc, mes frères, reconnoissons la puissance de notre Sauveur dans les remèdes qu'il nous apporte, touché de compassion de nos maux. Certes je sais que le Fils de Dieu venant enseigner sur la terre une doctrine si incroyable qu'étoit la sienne, il falloit qu'il la confirmât par miracles et qu'il justifiât la dignité de sa mission par des effets d'une puissance surnaturelle. Mais cela n'empêche pas que je ne remarque la bonté qu'il a pour notre nature, dans le plaisir singulier qu'il reçoit de donner la guérison à nos maladies. Oui, je soutiens que tous ses miracles viennent d'un sentiment de compassion. Plusieurs fois considérant les misères qui agitent la vie humaine, il ne nous a pas pu refuser ses larmes. Jamais il ne vit un misérable qu'il n'en eût pitié; et je pense certainement

---

[1] *Isa.*, xxxv, 4. — [2] *Ibid.*, 5, 6. — [3] *Rom.*, x, 4.

qu'il eût été chercher les malheureux jusqu'au bout du monde, si les ordres de Dieu son Père et l'ouvrage de notre rédemption ne l'eussent arrêté en Judée. « J'ai, dit-il, compassion de ce peuple [1], » avant que de multiplier les cinq pains. Il fut « mû de miséricorde, dit l'évangéliste, et rendit l'enfant à la mère [2]. » Dans toutes les grandes guérisons qu'il fait, il ne manque jamais de donner des marques qu'il déplore nos calamités; d'où je conclus très-certainement que sa compassion a fait presque tous ses miracles. La première grace qu'il faisoit aux infirmes, c'étoit de les plaindre avec l'affection d'un bon père. Son cœur écoutoit la voix de la misère qui l'attendrissoit, et en même temps il sollicitoit son bras pour la soulager. Son amour ne se rebute pas par le mauvais traitement que nous lui faisons. En voulez-vous voir un exemple admirable ? Un Juif le priant de guérir son fils effroyablement tourmenté : « Race infidèle et maudite, dit-il, jusqu'à quand serai-je avec vous et faudra-t-il toujours vous souffrir ? Amenez ici votre fils. Race infidèle et maudite..... amenez ici votre fils [3]. » Quelle est la suite de ces paroles ? et qu'elles semblent mal digérées ! Pourquoi dans un même discours assembler une juste indignation et un témoignage certain de tendresse ? C'est qu'il se remit en l'esprit que c'étoit un homme, et un homme extrêmement misérable ; et cette seule considération lui fit perdre toute sa colère ; elle tombe désarmée, comme vous voyez, et vaincue par cet objet de pitié. En vérité la malice des Juifs étoit montée à un grand excès ! Leurs mépris, leur ingratitude le dégoûtoient fort ; il ne les pouvoit presque plus souffrir : toutefois, dit-il, « amenez votre fils, je le guérirai. » Vous remarquez bien que sa naturelle bonté l'oblige presque par force à nous gratifier et extorque de lui des bienfaits pour nous. Jugez combien étoit grande l'inclination qu'il avoit de bien faire aux hommes, puisque ni la haine la plus furieuse, ni l'envie la plus envenimée ne pouvoient arrêter le cours de ses graces. C'est qu'il étoit sincèrement bon et qu'il avoit pitié de nos maux. Et certes puisqu'il n'y avoit autre chose que notre extrême misère qui l'obligeât de venir à notre secours, il devoit descendre sur terre, comme dit l'apôtre saint Paul [4], « revêtu d'entrailles de

---

[1] *Marc.*, VIII, 2. — [2] *Luc.*, VII, 13, 15. — [3] *Matth.*, XVII, 16. — [4] *Coloss.*, III, 12.

miséricorde. » Car qu'y avoit-il de plus convenable au Sauveur, que de plaindre ceux qui étoient perdus ; à celui qui devoit nous guérir, que d'être touché de nos maladies ; et à notre libérateur, que de déplorer notre servitude ?

C'est ici le lieu, chrétiens, d'élever plus haut nos esprits ; et après avoir considéré le Sauveur guérissant les maladies de la chair, il faut passer à une réflexion plus spirituelle et parler de la guérison des esprits, dont celle des corps n'étoit que l'image. Car si vous voyez son cœur tellement ému des maux que souffrent nos corps, avec quels gémissemens pensez-vous qu'il pleure les calamités de nos ames ? Jugez-en vous-mêmes par ce raisonnement. Certes ce n'est pas une chose fort étrange que notre corps souffre puisqu'il est passible, ni qu'il languisse puisqu'il est infirme, ni qu'il meure puisqu'il est mortel : telle est sa qualité naturelle. Nous n'avons pas accoutumé de plaindre les bêtes de ce qu'elles n'ont pas de raison, ni de déplorer la condition des créatures inanimées de ce qu'elles sont sans sentiment et sans vie ; c'est que ce sont des choses communes, trop dans l'ordre de la nature pour être un sujet de compassion. Toute compassion est une douleur ; la douleur s'excite singulièrement par les accidens étrangers et inopinés. Et sachant de quelle matière nos corps ont été ramassés, à quoi ne devons-nous pas nous attendre? Mais qu'une ame d'une nature immortelle, animée de je ne sais quoi de divin, composée, si je puis parler de la sorte, de cette flamme toute pure et toute céleste dont les intelligences ont été formées, une ame de qui la raison est un éclat de la sagesse éternelle ; et l'essence une image de l'essence même de Dieu ; une ame qui étant telle ne peut être née que pour la souveraine félicité : qu'elle soit précipitée dans un abîme de maux infinis ; qu'elle soit toujours aveugle, toujours languissante et justement condamnée à souffrir la dernière et éternelle désolation, c'est pour cela, mes frères, que la plus tendre compassion ne sauroit avoir ni des plaintes assez lugubres, ni des larmes assez amères. Tu trouves cet homme bien misérable de ce qu'ayant perdu la vue corporelle, il ne peut plus jouir de cette lumière qui naît et qui périt tous les jours ; et tu penses que c'est un petit malheur que l'ame soit enveloppée d'épaisses ténèbres qui lui cachent les vérités éternelles qui seules devroient luire à notre raison ! Ce pauvre corps perclus de ses membres te touche d'une sensible compassion ; et tu ne plains pas cette ame, qui par une brutale stupidité a toutes ses fonctions interdites ! Ce misérable hydropique te fait pitié, parce que tu le vois toujours boire sans que sa soif puisse être étanchée ; et tu regardes sans douleur cet avare, cet ambitieux, dont l'un hume sans cesse de la fumée, et l'autre emploie tout son âge à entasser des biens qu'il perdra tous en un seul moment, sans que ni l'un ni l'autre puisse jamais éteindre la soif de ses passions infinies ! N'est-ce pas être dépourvu de sens ?

Aussi je ne doute pas que le Fils de Dieu n'ait jugé nos ames d'autant plus dignes de sa pitié et miséricorde (*a*), que la dignité en est plus relevée et les misères plus véritables. Et cela même m'oblige de croire que, lorsque son cœur étoit attendri sur les maladies dont cette chair mortelle est si cruellement tourmentée, il n'arrêtoit pas sa pensée au corps ; sans doute qu'il alloit bien plus haut, et qu'en voyant l'effet, aussitôt il remontoit à la cause qui est le péché. S'il témoigne du déplaisir de voir les infirmités de la chair, et de la joie d'y apporter le remède, c'est afin de nous faire voir que tout l'homme lui est très-cher, et que s'il aime si tendrement la partie la plus abjecte, il a des transports incroyables pour la plus noble et la plus divine (*b*). Bien plus remarquez, s'il vous plaît, ce raisonnement. C'est une chose constante qu'il ne plaignoit le corps qu'à cause de l'ame, que dans toutes les maladies corporelles, il considéroit le péché qui en est la source. Quand il regardoit cette pauvre chair exposée de toutes parts aux douleurs, dont les infirmités ne peuvent pas être comptées, ah ! ne croyez pas qu'il arrêtât son esprit au corps. O Dieu tout-puissant, disoit-il (permettez-moi, mon Sauveur Jésus, de pénétrer ici dans vos sentimens ; sans doute qu'ils sont vôtres, puisqu'ils sont de vos Ecritures) ; donc, ô Dieu, disoit-il, si les hommes fussent demeurés en l'heureux état où mon Père les avoit mis en leur origine, ils n'auroient pas été

(*a*) *Var.* : De compassion. — (*b*) C'est pourquoi la compassion que Jésus-Christ témoigne des maux du corps, bien qu'elle soit très-sincère et très-véhémente, n'est en aucune façon comparable à la douleur qui le saisissoit lorsqu'il considéroit la perte des ames.

ainsi misérables. Là leur bonheur eût été la divinité, et leur vie l'immortalité.

Et en effet, chrétiens auditeurs, tant que cette innocence eût duré, Dieu s'unissant intérieurement à nos ames, y eût versé l'influence de vie avec une telle abondance, qu'elle se fût débordée sur le corps; de sorte que l'homme vivant de Dieu n'auroit eu aucun trouble en l'esprit ni aucune infirmité en la chair. Le péché nous ayant retirés de Dieu, il a fallu nous faire voir combien nous perdions; tellement que l'ame ne buvant plus à cette fontaine de vie éternelle, devenue elle-même impuissante, elle a aussi laissé le corps sans vigueur. C'est pourquoi je ne m'étonne pas si la mortalité s'en est emparée; et dès lors cette chair qui tend à la mort, a été découverte à toute sorte d'injures; et penchant continuellement à sa fosse, elle est devenue sujette nécessairement à de grandes vicissitudes, et par conséquent à de mortelles altérations. Et dans tous ces malheurs, que voyons-nous autre chose, fidèles, car je vous en fais juges, qu'une juste punition de notre péché, d'autant qu'il étoit plus que juste que l'incorruptibilité abandonnât l'homme, puisqu'il ne vouloit plus en jouir avec Dieu? Ce qui étant ainsi supposé, il est très-certain que le Fils de Dieu, qui d'abord pénétroit toutes choses, quand il voyoit les fièvres, les paralysies et les autres maladies corporelles, alloit à la source du mal, je veux dire à cette première désobéissance. Dans la peine il ne considéroit que le crime, et c'est ce qu'il déploroit davantage. Il savoit bien que les afflictions de la chair n'étant que la punition, elles ne pouvoient pas être le plus grand mal. Il n'est pas en la puissance même de Dieu qu'il y ait une misère plus grande que le péché. Je sais que cette vérité offense les sens humains; hélas! mortels ignorans que nous sommes, nous ne comprenons pas quelle misère c'est que d'offenser Dieu!

Dites à un homme qui est sur la roue, s'il lui reste assez de sentiment pour vous écouter; dites-lui qu'il est malheureux, non pas tant de ce qu'il est puni que de ce qu'il est coupable; que sa plus grande misère est d'être homicide, et non pas d'être rompu vif, quand est-ce qu'il entendra ce discours? Son ame oppressée de tourmens, ne s'arrête qu'au plus sensible et non pas au plus raisonnable. Il s'irritera contre vous, et une telle proposition lui augmenteroit son supplice. Et toutefois est-il rien de plus nécessairement véritable? Car c'est une chose certaine, que la plus grande misère vient du plus grand mal (*a*); et je ne craindrai point d'assurer que la peine, au lieu d'être un mal, est un bien, d'autant que ce qui fait le mal, c'est l'opposition au souverain bien qui est Dieu. Or la peine n'est pas contre Dieu, au contraire elle s'accorde avec sa justice : est-il pas très-juste que le pécheur souffre, et que le crime ne demeure pas impuni? Et la justice n'est-ce pas un grand bien? Par conséquent si la peine est un mal, ce n'est qu'à l'égard du particulier ; mais c'est un très-grand bien à l'égard de l'ordre commun. Et comment? C'est que le péché met le désordre dans l'univers. C'est un désordre visible que les commandemens du souverain soient mal observés; donc le péché met le désordre au monde. Et toutefois le Maître de l'univers ne peut souffrir de désordre dans son ouvrage. Que fait-il? Il établit deux ordres : l'un de ses règlemens éternels sur lesquels les volontés droites sont composées; l'autre, c'est l'ordre de la justice qui range les volontés déréglées. Ces deux ordres sont fondés tous deux sur cette loi immuable, qu'il faut que la volonté divine se fasse ou dans l'obéissance des bons, ou dans le supplice des criminels. « Ceux qui ne veulent pas faire ce qu'il veut, lui-même il en fait ce qu'il veut, » dit saint Augustin : *Cùm faciunt quod non vult, hoc de eis facit quod ipse vult* [1].

Tu n'as pas voulu te mettre dans l'ordre, tu le souffriras; je veux dire : Tu as voulu échapper, ô pécheur, de l'ordre des règles divines qui t'avoient été proposées; tu retomberas dans l'ordre de sa justice. Et quel est l'ordre de la justice? C'est que c'est une chose très-bien ordonnée, que les volontés rebelles soient châtiées; que ceux qui ont méprisé la bonté de Dieu, éprouvent en eux-mêmes la sévérité de sa rigoureuse justice; qu'étant sortis autant qu'ils ont pu de son domaine par leur révolte, ils y soient ramenés par leur peine, afin que tout ploie sous la main de Dieu ou par inclination, ou par force. Par conséquent la peine est dans l'ordre,

---

[1] *Serm.* CCXIV, n. 3.
(*a*) *Var.* : Car la plus grande misère vient du plus grand mal.

parce qu'elle ramène dans l'ordre ceux qui s'en étoient dévoyés : et donc elle est très-bonne à la conduite générale de l'univers, parce que l'ordre est le bien général ; et encore qu'elle fasse souffrir le particulier, il y a du bien dans ce mal qu'il souffre, parce qu'il y a de la règle et de la raison. Donc pour aller plus loin, il se trouvera que le péché seul est le mal proprement dit et essentiel, qui n'a aucun mélange de bien. Il faut qu'il soit le souverain mal, parce qu'il est souverainement opposé au souverain bien. Donc il est vrai ce que je disois, que la plus grande misère c'est le péché, parce que la plus grande misère c'est le plus grand mal. Donc si le péché et l'enfer pouvoient être des choses séparées, il faudroit conclure nécessairement que le péché seroit un mal sans aucune comparaison plus grand que l'enfer ; et partant que les réprouvés seroient misérables, moins à cause qu'ils sont damnés qu'à cause qu'ils sont pécheurs. Et encore que le sens humain y répugne, il faut que les vérités éternelles l'emportent et qu'elles captivent nos entendemens.

Et ainsi pour revenir à notre discours, nous devons croire que tant de pécheurs ont excité dans le cœur de notre Sauveur une douleur qui ne peut être comprise. Ah ! si notre Seigneur Jésus-Christ a eu une douleur si sensible pour les moindres de tous les maux, qui sont ceux qui travaillent ce corps mortel, il n'est pas imaginable combien ardemment il a désiré de donner le remède aux péchés qui abîmoient les ames qu'il étoit venu racheter, dans la dernière extrémité de misères. C'est pourquoi s'il a donné des larmes aux maux du corps, il a donné aux maladies de nos ames jusqu'à la dernière goutte de son divin sang. S'il a guéri les infirmités corporelles par la vertu de sa seule parole avec une incroyable facilité, il a voulu purger nos iniquités avec des douleurs incompréhensibles ; comme dit le prophète Isaïe [1], que « Dieu l'a frappé pour les péchés de son peuple, qu'il a porté nos péchés sur son dos et que nous avons été guéris par ses plaies. » C'est par ce sang et par ces souffrances qu'il a ouvert à la maison de David cette belle et admirable fontaine dont parle le prophète Zacharie en son chapitre XIII : « En ces jours-là, dit-il, jaillira une fontaine à la mai-

---

[1] *Isa.*, LIII, 4, 5.

son de David et aux habitans de Jérusalem, pour la purification des pécheurs¹. » C'est à vous, c'est à vous, chrétiens, qu'est ouverte cette fontaine. Vous êtes les vrais habitans de Jérusalem, parce que vous êtes les enfans de l'Eglise et les héritiers des promesses qui ont été faites à la synagogue. Vous êtes la maison de David, parce que vous êtes incorporés à Jésus le fils de David, et que sa chair et son sang ont passé à vous. Accourez donc à cette miraculeuse fontaine, venez y laver vos iniquités. On court avec tant d'empressement à ces bains que l'on s'imagine être salutaires au corps, et on néglige ces divines eaux où se fait la purgation de nos ames. O stupidité! ô aveuglement! Si vous avez bien compris, chrétiens, quel mal c'est que d'offenser Dieu, combien il est terrible et inconcevable, que ne courez-vous au remède que le miséricordieux Jésus vous présente dans la pénitence? Ah! fidèles, c'est par ce canal que coulent ces eaux saintes et purifiantes.

O Dieu! que je m'estimerois bienheureux, si j'avois pu servir à vous faire entendre que les plus cruelles maladies sont moins que rien, si nous les comparons au venin, à la peste qu'un seul péché mortel porte dans nos ames! Prions donc le miséricordieux Médecin qui a tant pitié de nos maux, qu'il fasse ce qu'il voudra de nos corps, pourvu qu'il sauve les ames. Quand nous sommes dans les douleurs violentes, répandons notre cœur devant lui, et disons avec une foi vive : Charitable et miséricordieux Médecin, descendu du ciel pour me traiter de mes maladies qui sont innombrables, ou je suis bien malade en mon corps, si mes douleurs sont aussi grandes que je les ressens; ou je suis bien malade en mon ame, puisque je m'afflige si fort pour de petits maux; ou plutôt je suis bien malade en l'un et en l'autre, parce que et les douleurs que je sens sont très-aiguës, et que mon esprit s'abat trop pour des maux qui, tout cruels qu'ils sont, sont aucunement supportables. J'avoue devant vous, ô mon Dieu, que la raison devroit tenir le dessus plus qu'elle ne fait; mais que ferai-je? Ma chair est infirme; et vous savez, Seigneur, combien elle pèse à l'esprit. Pourquoi est-ce, ô bon Médecin, que vous ne me rendez pas la santé? Vos grands miracles me font bien connoître que la puissance de me soulager

¹ *Zach.*, XIII, 1.

ne vous manque pas. Que vous ne soyez point touché de ce que j'endure, vous qui avez toujours eu une si grande compassion pour les misérables, vous que nos seules misères ont attiré en ce monde afin de remédier à nos maux, ah! certainement je ne le puis croire, et sans doute cela n'est pas. Il faut donc dire nécessairement qu'il n'est pas expédient que je guérisse, et qu'il est expédient que je souffre; ainsi soit-il, puisqu'ainsi vous plaît. Cette médecine est amère, mais elle me doit être très-douce d'une main si chère et si bienfaisante. Oui, je le reconnois, mon Sauveur, il n'est pas encore temps de guérir mon corps. Il viendra, il viendra, ce temps bienheureux, où vous établirez dans une incorruptible santé cette chair que vous avez aimée, puisque vous en avez pris une de même nature. Alors ma chair se portera bien, parce qu'elle sera faite semblable à la vôtre, à laquelle j'ai participé dans vos saints mystères. Souffrons en attendant, si vous le voulez. Mais du moins, ô ma douce espérance, ô mon aimable consolateur, guérissez les maladies de mon ame. Modérez les empressemens de mon avarice, et l'ardeur de mes folles amours, et la dangereuse précipitation de mes jugemens téméraires, et l'indiscrète chaleur de mon ambition mal réglée. Je n'ignore pas que mes maladies sont de justes punitions de mes crimes : vous, ô mon unique libérateur, qui pour moi tournez en bien toutes choses, faites que les peines de mes péchés soient le sceau de votre miséricorde, l'exercice de ma patience et l'épreuve de ma vertu (a).

En est-ce assez, fidèles, sur cette matière? Avez-vous pas connu Jésus-Christ comme médecin des infirmes? Voulez-vous que nous parlions en un mot de Jésus compagnon et évangéliste des pauvres, afin de considérer un peu plus longtemps Jésus scandale des infidèles? Renouvelez, s'il vous plaît, vos attentions.

SECOND POINT.

Ce sera le prophète Isaïe qui nous ayant fait voir Jésus-Christ donnant la guérison à nos maladies, nous dira aussi qu'il est envoyé pour être l'évangéliste des pauvres; où, par le mot de pauvres, vous devez entendre généralement tous les affligés que Jésus

(a) *Var.:* De ma charité.

devoit évangéliser, c'est-à-dire leur porter de bonnes nouvelles. Cela étant ainsi supposé, écoutez maintenant Isaïe en son chapitre LXI, où il parle ainsi du Messie : « L'Esprit de Dieu, dit-il, est sur moi, à cause qu'il m'a oint [1]. » Arrêtons-nous à ces mots, chrétiens, et pénétrons-en le sens. Je dis avant toutes choses que le prophète parle en la personne d'un autre, selon le style ordinaire de l'expression prophétique. Car nous ne lisons rien dans les Ecritures de l'onction du prophète Isaïe. Mais qui seroit celui qui étant un peu instruit du christianisme, ne verroit pas que par ces paroles il a manifestement désigné le Sauveur du monde? L'Esprit de Dieu est sur moi, dit-il. Et lui-même n'a-t-il pas dit « qu'il sortiroit une fleur de la racine de Jessé, et que sur elle reposeroit l'Esprit du Seigneur [2]? » Vous savez que Jessé, c'est le père du roi David. Quelle est cette fleur de la racine de Jessé, sinon le Sauveur Jésus, qui est appelé par excellence le fils de David? Et n'est-ce pas sur lui que l'on a vu descendre le Saint-Esprit en la forme d'une colombe, quand il se fit baptiser par son précurseur? « C'est pour cela que le Seigneur m'a oint, » poursuit Isaïe. N'est-ce pas encore le Fils de Dieu que Dieu a oint de cette onction admirable, de laquelle même il tire son nom. Il est appelé indifféremment dans les saintes Lettres le Messie, le Christ de Dieu, l'oint de Dieu; et c'est dire la même chose en divers langages. Car comme dans la loi ancienne c'étoit par l'onction que les rois et les sacrificateurs étoient établis, le réparateur de notre nature devant être ensemble et roi du vrai peuple et l'unique sacrificateur du vrai Dieu, il est appelé oint de Dieu avec un titre de prérogative extraordinaire, d'autant que par la dignité de son onction il devoit assembler en un la royauté et le sacerdoce, qui étoient séparés dans le premier peuple. Et n'entendez pas ici, chrétiens, quelque espèce d'onction corporelle; l'onction de notre pontife, c'est la divinité du Dieu Verbe. Car de même que la propriété des huiles et des onctions, c'est de s'étendre premièrement sur les choses auxquelles elles sont appliquées, et puis de les pénétrer autant qu'elles peuvent, de s'incorporer à elles en quelque façon et d'y être si intimement attachées qu'il ne s'en fasse qu'une même substance : ainsi la divinité du Verbe

---

[1] *Isa.*, LXI, 1. — [2] *Ibid.*, XI, 1, 2.

s'unissant à l'humanité de Jésus, elle s'est premièrement répandue sur elle en son tout et en ses parties; elle l'a pénétrée si profondément, qu'elle s'y est effectivement incarnée; de sorte que de l'une et de l'autre il ne s'est fait plus qu'un seul tout ensuite de cette union ineffable. C'est pourquoi le Sauveur Jésus est appelé par excellence oint et Christ, à cause de cette divine et miraculeuse onction.

Mais revenons au prophète Isaïe : « L'Esprit de Dieu est sur moi, à cause que le Seigneur m'a oint. Il m'a envoyé évangéliser les pauvres (remarquez les propres mots de notre évangile), guérir les cœurs affligés, prêcher la liberté aux captifs, annoncer l'an de pardon du Seigneur, consoler ceux qui pleurent et changer en joie la tristesse de ceux qui se lamentent en Sion : » jusqu'ici parle le prophète Isaïe. Et y a-t-il un seul mot dans tout ce discours, où vous ne voyiez clairement le Seigneur Jésus dans les effets de son Evangile ? Aussi s'étant trouvé lui-même dans la synagogue où il lut cette prophétie, il montre évidemment qu'elle s'est accomplie en ses jours [1]. Mais voulez-vous, mes frères, que je vous en fasse voir en un mot l'accomplissement ? Allons, allons ensemble sur cette mystérieuse montagne où Jésus commence à ouvrir sa bouche, après s'être contenté jusqu'alors d'ouvrir celle de ses prophètes : *Aperiens os suum dixit* [2]*;* allons à cette mystérieuse montagne, entendons-y la première prédication du Messie, voyons-lui faire l'ouverture de son Evangile et jeter les fondemens de la loi nouvelle; c'est là qu'il commence d'évangéliser. C'est pourquoi s'étant souvenu que son ordre portoit très-expressément d'évangéliser les pauvres et les misérables, c'est-à-dire, comme je l'ai déjà expliqué, de leur porter les bonnes nouvelles, dans cet admirable discours il adresse d'abord la parole aux pauvres : « O pauvres, que vous êtes heureux! car le royaume céleste vous appartient [3]. » Quelle consolation aux pauvres, que Jésus si riche par sa nature et si pauvre par sa volonté, leur promette de si grandes richesses! Quelles meilleures nouvelles leur pouvoit-il dire? N'est-ce pas s'acquitter de l'office auquel il étoit destiné par les prophéties, d'évangéliser les pauvres? Ah! que je reconnois ici clairement

---

[1] *Luc.*, IV, 17. — [2] *Matth.*, V, 2. — [3] *Ibid.*, 3.

celui duquel le Psalmiste a dit : *Honorabile nomen eorum coram illo*[1] *!* Mais il poursuit de la même force. Isaïe, s'il vous en souvient, dit qu'il doit annoncer la consolation à ceux qui pleurent [2]. « Bienheureux ceux qui pleurent, dit Notre-Seigneur [3], car ils seront consolés. » Isaïe nous apprend que le Messie devoit prêcher l'an de pardon du Seigneur [4]; c'est ce qui est appelé ailleurs le temps d'indulgence, le temps de miséricorde. Et n'est-ce pas ce que fait le Sauveur Jésus, nous annonçant la miséricorde en ces termes : « Bienheureux les miséricordieux, car on leur fera miséricorde [5]? » Isaïe assure qu'il doit annoncer à ceux qui se lamentent en Sion, que leur tristesse sera changée en joie [6]. Sion, c'est le lieu du temple de Dieu, c'est la figure de son Eglise. Ceux qui se lamentent en Sion, ce sont ceux qui se plaignent de cet exil, qui éloignés de leur terre natale, souffrent ordinairement persécution dans ce triste pèlerinage. Jésus donc pour leur annoncer le changement de leur état misérable en une condition toujours bienheureuse, parle ainsi en ce même lieu : « Bienheureux ceux qui souffrent persécution pour la justice, parce que le royaume des cieux est à eux [7]! » C'est ainsi que Notre-Seigneur évangélise les affligés, exécutant ponctuellement les prophéties anciennes.

Pourquoi ne m'écrierai-je pas en ce lieu avec le grave Tertullien, dont j'ai tiré presque toutes les remarques que je viens de faire en son livre IV *Contre Marcion* [8]*;* pourquoi, dis-je, ne m'écrierai-je pas avec lui : *O Christum et in novis veterem !* « O que Jésus-Christ est ancien dans la nouveauté de son Evangile ! » Ce qu'il fait est nouveau, parce que personne ne l'avoit fait avant lui ; ce qu'il fait est ancien, parce qu'il ne fait qu'accomplir les choses que la fidèle antiquité avoit attendues. Quel autre a jamais apporté de meilleures nouvelles aux pauvres que celles que le pauvre Jésus leur a annoncées, quand il leur a prêché sa venue ? O pauvres, réjouissez-vous, voici un compagnon qui vous vient ; mais un compagnon si grand et si admirable, qu'il vaut mieux être pauvre en sa compagnie que d'être le maître et le tout-puissant dans les

---

[1] *Psal.* LXXI, 14. — [2] *Isa.*, LXI, 2. — [3] *Matth.*, V, 5. — [4] *Isa.*, LXI, 2. — [5] *Matth.*, V, 7. — [6] *Isa.*, LXI, 3. — [7] *Matth.*, V, 10. — [8] *Advers. Marcion.*, lib. IV, n. 21.

assemblées des mondains. Ne vous étonnez pas si vous êtes le rebut du monde : tel étoit Jésus-Christ lorsqu'il a paru sur la terre et a conversé parmi les hommes. Les pauvres, ses bons amis, apprirent les premiers sa venue, parce que c'étoit pour eux qu'il venoit; et il ne voulut être reconnu que par les marques de sa pauvreté. La suite de sa vie n'a pas démenti sa naissance. Plus il s'est avancé dans l'âge, plus il a mis les pauvres dans ses intérêts, qui n'étoient autres que la gloire de Dieu. C'est eux qu'il admet dans sa confidence, c'est à eux qu'il découvre tous ses mystères, c'est eux qui sont choisis pour les ministres de son royaume et les coadjuteurs de son grand ouvrage. Courage donc, ô pauvres de Jésus-Christ ! Que toute la terre vous méprise, c'est assez que vous ayez Jésus-Christ pour vous. Vous n'avez point d'accès dans la cour des rois; mais souvenez-vous que c'est là que règne la confusion et le trouble. Courez à Jésus-Christ, ô vous qui êtes oppressés, ô malades, nécessiteux, misérables, généralement qui que vous soyez; vous y trouverez la paix de vos ames. Ecoutez la voix amoureuse qui vous appelle. Jetez-vous entre ses bras avec confiance, il les a toujours ouverts pour vous recevoir. Seulement souffrez votre pauvreté avec patience; ne murmurez ni contre Dieu ni contre les hommes. Attendez doucement le temps de votre consolation; et souvenez-vous que si le monde vous tourmente, vous servez un Maître qui l'a surmonté, qui n'a pu plaire au monde et à qui le monde aussi n'a pu plaire. C'est ce qu'annonce aux pauvres le Sauveur Jésus. Dites-moi, en vérité, chrétiens, pouvoit-il leur dire de meilleures nouvelles? Et n'avons-nous pas raison d'assurer que c'est lui véritablement qui est envoyé pour être l'évangéliste des pauvres ?

TROISIÈME POINT.

Ce qui m'étonne, fidèles, c'est que le Sauveur du monde étant tel que nous le venons de dépeindre, on ait été offensé de sa vie. Repassons en peu de mots, je vous prie, sur les choses que nous avons dites, et étonnons-nous devant Dieu que l'on ait pu être scandalisé en notre Sauveur. Et premièrement ses miracles devoient-ils pas faire taire les bouches les plus médisantes? Une mission si bien attestée devoit-elle être jamais contestée (*a*)? Encore s'il eût fait des miracles qui n'eussent de rien servi que pour faire éclater son pouvoir, peut-être auroit-on pu dire qu'il y avoit de l'ambition dans ces grands ouvrages. Mais je vous ai montré que tous ses miracles ont pris leur naissance dans une tendre compassion de nos maux, et jamais il n'a fait un pas que pour le bien de ce peuple ingrat. Faisons (*b*) néanmoins qu'une noire envie ait encore pu se persuader qu'il se servoit du don de Dieu pour s'acquérir du crédit, qu'avoit-on à dire contre sa simplicité? L'a-t-on vu à la porte des grands pour mendier leur faveur? S'est-il intrigué dans les affaires du monde? A-t-il flatté l'ambition et l'arrogance des princes? Au contraire n'a-t-il pas mené une vie non-seulement commune et privée, mais très-abjecte et très-basse, marchant en toute simplicité, vivant et conversant avec les pauvres, souffrant toujours injustice sans jamais se plaindre? Il est vrai qu'il étoit méprisé, mais il ne se soucioit point des honneurs; pauvre, mais il ne demandoit point de richesses, bien qu'il n'eût pas seulement un gîte assuré pour reposer sa tête. Pouvoit-il s'acquitter plus dignement de sa charge de prédicateur? Il alloit enseignant la parole de vie éternelle que Dieu lui avoit mise à la bouche. Il n'enfloit pas son discours par de superbes pensées ou par le faste d'une éloquence mondaine; mais il le remplissoit d'une doctrine céleste, de vérités divines, qui donnoient aux ames une nourriture solide et alloient jusqu'à la racine de nos maladies. Tantôt il attiroit les peuples par la douceur, tantôt il les reprenoit sans les épargner, jusqu'à les appeler les enfans du diable, leur prêchant les oracles divins, non point avec les lâches condescendances des scribes et des pharisiens, mais avec empire et autorité [1], avec une liberté et une assurance digne des vérités éternelles qu'il nous venoit annoncer. Que pouvoit-on trouver à dire en une vie si réglée? Ne devoit-on pas admirer ce courage également inflexible aux biens et aux maux; cette égalité de mœurs qui le faisoit vivre avec tout le monde sans rigueur et sans flatterie, sans lâcheté et sans arro-

---

[1] *Joan.*, VIII, 44.

(*a*) *Var.* : Une mission attestée par des signes si extraordinaires devoit-elle être tant soit peu contestée? — (*b*) Pour : Supposons.

gance; cette pureté d'intention qui lui faisoit toujours regarder les intérêts de son Père? Et néanmoins, dit-il, il faut que je donne du scandale; et pour faire voir la difficulté qu'il y a de n'être point offensé de sa vie : « Heureux celui, dit-il, qui n'est point scandalisé en moi : » *Beatus qui non fuerit scandalizatus in me* [1] *!*

O Dieu! qui ne seroit étonné des secrets terribles de la Providence? Mais c'est ici que je dis du plus grand sentiment de mon ame avec le grave Tertullien : *Mihi vindico Christum, mihi defendo Jesum...., quodcumque illud corpusculum sit* [2]. Cet innocent contredit par toute la terre, c'est le Jésus-Christ que je cherche; je soutiens que ce Jésus est à moi, je proteste qu'il m'appartient. « S'il est déshonoré, s'il est abject, s'il est misérable; j'ajouterai encore, s'il est le scandale des infidèles, c'est mon Jésus-Christ : » *Si inglorius, si ignobilis, si inhonorabilis, meus erit Christus.* « Car, poursuit le même Tertullien, il m'a été promis tel dans les prophéties : » *Talis enim habitu et aspectu annuntiabatur.* Je reconnois celui duquel Isaïe a écrit au chapitre xxviii, que c'est « une pierre élue, une pierre de salut [3] » pour son peuple; et au chapitre viii, que c'est « une pierre d'achoppement, que tous ceux qui s'y heurteront seront brisés [4]. » Je reconnois celui duquel le Psalmiste a chanté : « La pierre qu'ils ont rejetée en bâtissant, est devenue la pierre angulaire [5] » qui soutient tout le corps de l'édifice. Enfin je reconnois celui duquel Siméon a dit, le tenant entre ses bras dans le temple : « Celui-ci est établi pour la ruine et pour la résurrection de plusieurs, et pour un signe auquel on contredira [6]; » celui enfin qui a dit de lui-même à l'aveugle qu'il avoit éclairé bien plus en son esprit qu'en son corps : « Je suis venu en jugement en ce monde, afin que ceux qui ne voient pas commencent à voir, et que ceux qui voient soient aveuglés [7]. » Chrétiens, ne tremblez-vous pas à ces paroles de notre Sauveur? Toutefois j'espère de la miséricorde de Dieu qu'elles ne sont pas dites pour vous. Tremblez, infidèles, tremblez, endurcis; c'est vous seuls que Jésus aveugle. Et vous, vrais fidèles de Jésus-Christ, vous qui avez sa crainte en vos cœurs, ouvrez, ouvrez vos

---

[1] *Matth.,* XI, 6. — *Advers. Marcion.,* lib. III, n. 16 et 17. — [3] *Isa.,* XXVIII, 16. — [4] *Ibid.,* VIII, 14. — [5] *Psal.* CXVII, 22. — [6] *Luc.,* II, 34. — [7] *Joan.,* IX, 39.

yeux à cette lumière qui n'éblouit que les orgueilleux, et comprenez avec foi et soumission les profonds conseils du Père éternel dans l'envoi de son Fils Jésus-Christ. Pressons ici nos raisonnemens, afin de laisser du temps à une briève réflexion sur nos mœurs.

Premièrement je pourrois vous dire, pour arrêter d'abord une curiosité peu respectueuse, que Dieu qui modère comme il lui plaît l'ouvrage de notre salut et qui sait ce qui nous est propre, n'a pas jugé à propos que nous sussions toutes les raisons du mystère. Quand le sage architecte commence de rebâtir un vieux édifice, l'ignorant spectateur s'imagine qu'il renverse tout. Sa foible imagination ne voit que désordre, ne pouvant supporter un dessein trop fort; mais quand il a mis la dernière main à l'ouvrage, alors on voit reluire de toutes parts l'art et la conduite de l'ouvrier. Eh! ne savez-vous pas, chrétiens, que dans les Ecritures divines tout l'œuvre de notre salut est souvent comparé à un édifice soutenu « sur le fondement des apôtres et sur la pierre angulaire qui est Jésus-Christ[1]? » Dieu donc, dans le cours des siècles, s'est proposé de rétablir l'homme comme un bâtiment ruineux. Il a posé le fondement de cette nouvelle structure en la vie de Notre-Seigneur. Les sens humains n'y comprennent rien; tout les choque, tout les embarrasse : de là le scandale et le trouble. Mais à ce grand jugement où Dieu couronnera l'édifice par la glorieuse immortalité de nos corps, où toutes choses étant consommées, « il sera tout en tous, » comme dit l'Apôtre[2], alors la lumière éternelle venant à se découvrir à nos cœurs, quel ordre, quelle sagesse, quelle beauté ne verrons-nous pas dans ce qui paroissoit à nos sens si confus et si mal digéré! Par conséquent, ô homme, crois en attendant que tu voies. Sache que la guérison de tes maladies dépend absolument de la confiance que tu auras en ton médecin : Crois, et tu seras sauvé, nous dit-il[3]; prends sans examiner l'infaillible remède qu'il te présente. S'il s'en réserve le secret pour un temps, dès à présent il t'en abandonne l'usage; et sa miséricordieuse bonté a tellement disposé toutes choses, qu'y croire c'est ta santé, le connoître ce sera ta félicité.

[1] *Ephes.*, II, 20. — [2] I *Cor.*, XV, 28. — [3] *Luc.*, VIII, 50.

Est-il rien de plus convenable, d'autant plus que ce grand médecin qui entreprend de traiter tes plaies, connoissant parfaitement leur malignité et le vice de ta nature, a bien vu qu'il n'y avoit rien qui te fût plus propre ni plus nécessaire que l'humilité? O homme, si tu l'entends, l'orgueil est ta maladie la plus dangereuse. C'est par l'orgueil que secouant le joug de l'autorité souveraine, par laquelle ton ame doit être régie, tu t'es fait toi-même ta loi : la conduite de ta raison, ç'ont été ses propres lumières; la règle de ta volonté, ç'ont été ses inclinations. C'est là ta blessure mortelle. Il faut que ces deux facultés soient humiliées, afin qu'elles puissent être guéries. Comme ta volonté s'abaisse par l'obéissance, ton entendement se soumet par la foi. Tu soumets ta volonté à ton Dieu, quand tu embrasses les choses parce qu'il les veut; tu lui soumets ton entendement, quand tu les crois parce qu'il les dit. Cette soumission te semble bien grande. Mais un Dieu-Homme pour l'amour de nous, un Dieu mort pour l'amour de nous, veut un sacrifice plus entier dans un abaissement plus profond. Car un Dieu-Homme et un Dieu mourant, n'est-ce pas un Dieu anéanti, comme dit l'Apôtre [1]? Et quel doit être le sacrifice d'un Dieu anéanti pour l'amour de l'homme, sinon l'homme anéanti devant Dieu? Or ce ne seroit pas faire beaucoup pour lui que de pratiquer les choses aisées et de croire celles qui sont plausibles; de sorte que pour la perfection de ce sacrifice que nous devons offrir au Dieu incarné, il falloit et faire les choses difficiles et croire les incroyables (a). Ainsi nous détruisons devant lui tout ce que nous sommes, afin que tout soit réparé de sa main (b). C'est pourquoi il étoit à propos pour rétablir la raison humaine par l'humilité, que les vérités de Jésus fussent incroyables. Et tout ce qui est incroyable est choquant, et tout ce qui est choquant fait du trouble : de là le scandale des infidèles.

Davantage (c), la vérité la plus importante qu'il falloit nous faire connoître, étoit notre foiblesse et notre impuissance, parce qu'en nous montrant clairement combien nous sommes

---

[1] *Philip.*, II, 7.

(a) *Var.* : Il falloit faire les choses qui sont pénibles et croire les incroyables. — (b) Afin qu'il daigne nous réparer de sa main. — (c) Pour : De plus.

impuissans par nous-mêmes, c'étoit l'unique moyen de nous faire recourir avec confiance au mérite du liberateur Jésus-Christ. Or quand je vois sa doctrine et sa vie si cruellement combattues, voici la réflexion que je fais : D'où vient cette résistance si furieuse que l'on apporte à l'œuvre de notre salut? N'est-ce pas ce que dit saint Paul : « L'homme animal ne comprend pas les secrets de Dieu [1]? » N'est-ce pas ce que dit Jésus-Christ : « Pourquoi n'entendez-vous pas mes discours? Parce que vous ne pouvez pas entendre mon langage [2]. » D'où vient qu'ils ne pouvoient pas entendre son langage? C'est qu'ils le vouloient entendre par eux-mêmes, et il leur étoit impossible. N'entendant pas ce langage, ils ne pouvoient qu'être étourdis de la voix de Dieu : cet étourdissement les animoit à la résistance. Plus les vérités étoient hautes, plus leur raison orgueilleuse étoit étourdie, et plus leur résistance étoit enflammée. C'est pourquoi je ne m'étonne pas si le Fils de Dieu leur prêchant ce qu'il avoit vu dans le sein du Père, la résistance montant à l'extrême, se portât à la dernière fureur. De là vient qu'il leur dit en son Évangile : « Vous me voulez tuer, parce que mon discours ne prend point en vous [3]. » Superbes, ignorans, que ne recourez-vous à la grace par l'humilité chrétienne? Et vous, ne reconnoissez-vous pas, chrétiens, que sans l'assistance de cette grace vous n'auriez que de la résistance pour votre Sauveur? Ces perfides ont ouï ses paroles, et ils les ont méprisées; ils ont vu ses miracles, et ils n'ont pas cru; ils ont vu sa vie, et elle leur a été un scandale. Donc il est vrai, ô mon Sauveur Jésus, que si vous ne me parlez puissamment au cœur, si vous ne m'entraînez à vous par vos doux attraits, ni votre vie quoique très-innocente, ni votre doctrine quoique très-sainte, ni vos miracles quoique très-grands, ne dompteront pas mon opiniâtre rébellion. Les uns disent que vous êtes un grand prophète, les autres que vous êtes un séducteur; les uns s'édifient en vous, les autres se scandalisent de vous. D'où vient cela, ô mon Maître, sinon que les uns sont humbles et que les autres sont orgueilleux, que les uns suivent la nature et les autres suivent la grace? Ainsi vos vérités aveuglent les uns, pour illuminer d'autant plus les autres. Vous êtes une pierre de

---

[1] I *Cor.*, II, 14. — [2] *Joan.*, VIII, 43. — [3] *Ibid.*, 37.

scandale aux superbes, afin que les humbles ressentent mieux ce que vous faites miséricordieusement en leurs cœurs, et qu'ils louent vos bontés avec une admiration profonde de vos jugemens. C'est ici que les bons chrétiens sont incroyablement consolés. Si les vérités évangéliques entroient en nos ames avec une apparence plausible, nous attribuerions leur victoire à la force de notre raison ; et devenant plus superbes, nous deviendrions par conséquent plus malades. Mais quand le vrai fidèle comprend la folie et l'extravagance du christianisme, c'est là que la grace se fait sentir dans la répugnance de la nature, à cause qu'il reconnoît que ce n'est pas la chair qui le gagne, ni les intérêts mondains qui l'engagent, ni la philosophie humaine qui le persuade, mais la puissance divine qui le captive. C'est pourquoi dans la doctrine de l'Evangile il a plu à notre grand Dieu qu'il y eût tant de choses étranges, dures, incroyables, extravagantes selon la sagesse du monde, afin que la raison humaine étant confondue, la seule grace de Jésus-Christ triomphât des cœurs par l'humilité chrétienne.

Mais disons une dernière raison, qui fermera ce discours en nous donnant une instruction importante pour la conduite de notre vie. Certes il est bien vrai, ô Dieu tout-puissant, ce que le bon Siméon a dit de votre Fils bien-aimé, « qu'il seroit posé comme un signe auquel on contrediroit [1]. » Toutes ses actions et toutes ses paroles ont été méchamment contredites. Il guérit les paralytiques, les aveugles-nés et d'autres maladies incurables ; et parce qu'il choisit le jour du sabbat pour faire cette bonne œuvre, on dit qu'il viole la loi de Dieu. Il chasse les démons ; on dit que c'est au nom de Béelzébuth, prince des démons. On l'appelle un fou, un séducteur, un impie, un démoniaque. Jamais les docteurs de la loi n'approchoient de lui qu'afin de l'injurier ou de le surprendre. Enfin ils l'ont pendu à la croix, et le Rédempteur d'Israël est devenu le scandale de ces infidèles. Les gentils ont contredit sa parole par toutes sortes de cruautés qu'ils ont exercées sur ses serviteurs. Ils ont pris ses vérités et son Evangile pour la plus grande folie qui ait jamais paru sur la terre. Bien plus, parmi ceux qui se sont rangés sous sa discipline, combien a-t-il été contredit? Eh! mes

---

[1] *Luc.*, II, 34.

frères, quelle indignité! Tous les fondemens de notre salut ont été attaqués par des gens qui faisoient profession du christianisme. Le perfide arien a nié la divinité de Jésus, l'insensé Marcion a nié son humanité, le nestorien a divisé les personnes, l'eutychien a confondu les natures; et sur la personne de Jésus-Christ toutes les inventions diaboliques se sont tellement épuisées, qu'il est impossible de s'imaginer une erreur qui non-seulement n'ait été soutenue, mais même qui n'ait fait une secte sous le nom du christianisme. Combien d'hérésies se sont élevées contre les vérités de Jésus! Toutes, elles ont heurté contre cette pierre; et sans venir au détail, ayant rompu sans aucun sujet la paix et l'unité chrétienne, ne se sont-elles pas scandalisées de Jésus, auteur de la paix et de la charité fraternelle?

Mais allons encore plus avant. Que les gentils, que les Juifs, que les hérétiques se soient scandalisés du Seigneur Jésus, cela est supportable; on souffre facilement les injures de ses ennemis. Mais, ô douleur! que les catholiques, que les enfans de sa sainte Eglise, que les vrais sectateurs de sa foi vivent de telle sorte en ce monde, que l'on ne peut nier que Jésus-Christ ne les choque et que son Evangile ne leur soit un scandale, c'est, mes frères, ce qui est déplorable beaucoup plus que je ne puis vous le dire. Quand l'humilité, quand l'intégrité, quand le mépris des honneurs de la terre, bref quand l'innocence te choque, chrétien, oserois-tu dire que tu n'es pas choqué du Sauveur? Ignores-tu que sa doctrine n'est pas seulement la lumière de nos esprits, mais qu'elle est le modèle de notre vie? Si Jésus est le scandale de ceux qui errent dans la doctrine, parce qu'ils n'écoutent pas Jésus-Christ comme notre infaillible docteur, ne l'est-il pas aussi de ceux qui sont dépravés dans leurs mœurs, puisqu'ils ne veulent pas le connoître comme l'exemplaire de notre vie? Et qui trouverai-je donc dans le monde qui ne soit pas scandalisé en notre Sauveur? Nous aimons les richesses, et Jésus les a méprisées; nous courons après les plaisirs, et Jésus les a condamnés; nous sommes fous du monde, et Jésus l'a surmonté. Et comment pouvons-nous dire que nous aimons Jésus, nous qui n'aimons rien de ce que nous voyons en sa personne, et qui aimons tout ce que nous n'y voyons pas? En vivant de la sorte, peux-tu nier que tu ne sois choqué de Jésus? Tu n'en hais pas le nom, mais la chose t'est un scandale. Oui, Jésus t'est un scandale, ô vindicatif, parce qu'il a pardonné les injures. Jésus t'est un scandale, ô usurier, parce qu'il est le père et le protecteur des pauvres, auxquels ton impitoyable avarice arrache tous les jours les entrailles. Jésus t'est un scandale, hypocrite, parce que tu fais servir sa doctrine de couverture à tes mœurs corrompues. Jésus t'est un scandale, ô misérable superstitieux, qui pour des fantaisies particulières abandonnes la piété solide et la dévotion essentielle du christianisme, qui est la croix du Seigneur Jésus. Jésus t'est un scandale, à toi qui traites la simplicité de sottise et la sincère piété de bigoterie, à toi enfin qui par ta vie déréglée fais blasphémer son saint nom par ses ennemis. Cela étant ainsi, chrétiens, à qui est-ce que Jésus n'est pas un scandale? « Tous cherchent leurs intérêts et non pas ceux de notre Sauveur, » disoit autrefois l'apôtre saint Paul [1]. O Dieu, que diroit-il, s'il revenoit maintenant sur la terre? Voyant la licence qui règne au milieu de nous, y voyant triompher le vice, nous prendroit-il pour des chrétiens, ou plutôt ne nous rangeroit-il pas au nombre des infidèles?

Eh! d'où vient, ô Dieu tout-puissant, d'où vient que vous permettez que votre Fils ait tant d'adversaires et si peu de vrais serviteurs? J'entends votre dessein, ô grand Dieu : vous voulez que dans cette confusion infinie de ceux qui contredisent notre Sauveur, ceux qui l'honorent sincèrement tiennent cette grace plus chère; vous voulez que leur foi soit plus ferme et leur charité plus ardente parmi les oppositions de tant d'ennemis, et que Jésus retrouve dans le zèle du petit nombre ce qu'il semble perdre dans la multitude innombrable des ingrats et des dévoyés. Par conséquent, mes frères, augmentons notre zèle pour son service, d'autant plus que nous voyons tous les jours augmenter le nombre de ceux qui blasphèment son Evangile ou par leurs erreurs ou par leur mauvaise vie; efforçons-nous d'autant plus à lui plaire et à étendre la gloire de son saint nom; tâchons de lui rendre l'honneur que ses ennemis lui ravissent. Disons-lui de toute l'affection de nos cœurs :

---

[1] *Philip.*, II, 4.

Quoique le juif enrage, que le gentil raille, que l'hérétique s'écarte, que le mauvais catholique se joigne au parti de vos ennemis, nous confessons, ô Seigneur Jésus, que vous êtes celui qui devez venir ; vous êtes ce grand Sauveur qui nous est promis depuis l'origine du monde ; vous êtes le médecin des malades ; vous êtes l'évangéliste des pauvres ; et en cela que vous paroissez comme le scandale des orgueilleux, vous êtes l'amour des simples et la consolation des fidèles. Vous êtes celui qui devez venir ; nous n'en connoissons point d'autre que vous, nous n'en attendons point d'autre que vous : « Il n'y a point d'autre nom sous le ciel par lequel nous devions être sauvés[1]. » Par conséquent, fidèles, puisque nous n'en attendons point d'autre que lui, mettons notre espérance en lui seul. S'il est vrai que nous n'attendions plus un autre maître que lui pour nous enseigner, observons fidèlement ses préceptes. Si nous n'attendons point un autre pontife qui vienne purger nos iniquités, gardons soigneusement l'innocence. Et d'autant que le même Jésus, qui est venu en l'infirmité de la chair, viendra encore une fois glorieux pour juger les vivans et les morts ; « vivons justement et sobrement en ce monde, attendant la bienheureuse espérance et la triomphante arrivée de notre grand Dieu et rédempteur Jésus-Christ[2], » qui détruisant la mort pour jamais, nous rendra compagnons de son règne et de sa bienheureuse immortalité. Ainsi soit-il.

SECOND EXORDE DU SERMON

POUR

LE IIe DIMANCHE DE L'AVENT.

Si nous apprenons des Ecritures divines que notre Seigneur Jésus-Christ a toujours été l'unique espérance du monde, la consolation et la joie de tous ceux qui attendoient la rédemption d'Israël, à plus forte raison, chrétiens, devons-nous être persuadés

[1] *Act.*, IV, 12. — [2] *Tit.*, II, 12, 13.

que Jean-Baptiste son bienheureux précurseur n'avoit point de plus chère occupation que celle d'entretenir son esprit de ce doux objet. C'est pourquoi je me le représente aujourd'hui dans les prisons du cruel Hérode comme un homme qui n'a de contentement que d'apprendre ce que son Maître fait parmi les hommes, et comme par ses prédications et par ses miracles il se fait reconnoître à ses vrais fidèles pour le Fils du Dieu tout-puissant. C'est ce qu'il me semble que saint Matthieu nous fait conjecturer en ces mots de notre évangile : « Jean entendant dans les liens les grandes œuvres de Jésus-Christ, il lui envoie deux de ses disciples pour lui faire cette demande (a) : Etes-vous celui qui devez venir, ou si nous en attendons quelque autre[1]? » Pour moi je m'imagine, fidèles, que le fruit qu'il espéroit de cette ambassade, c'est que ses disciples lui rapportant la réponse de son bon Maître, il ne doutoit nullement que sa parole ne dût être pleine d'une si ineffable douceur, que seule elle seroit capable non-seulement de chasser les maux d'une dure captivité, mais encore d'adoucir les amertumes de cette vie. Chères Sœurs, dans cette prison volontaire où vous vous êtes jetées pour l'amour de Dieu, dites-moi, que pourriez-vous faire sans la douce méditation des mystères du Sauveur Jésus? Et n'est-ce pas cette seule pensée qui fait triompher en vos cœurs une sainte joie dans une vie si laborieuse? Oui certes, il le faut avouer, Dieu a répandu une certaine grace sur toutes les paroles et sur toutes les actions du Seigneur Jésus; y penser, c'est la vie éternelle. Oui, son nom est un miel à nos bouches, et une lumière à nos yeux, et une flamme à nos cœurs; et lorsque remplis de l'Esprit de Dieu, nous concevons en nos ames le Sauveur Jésus, nous ressentons une joie à peu près semblable à celle que sentit l'heureuse Marie, lorsque couverte de la vertu du Très-Haut, elle conçut en ses chastes entrailles le Fils unique du Père éternel, après que l'ange l'eut saluée par ces célestes paroles : *Ave, Maria*, etc.

[1] *Matth.*, XI, 2, 3.
(a) *Var.* : Pour lui demander.

SECOND SERMON

POUR

LE IIe DIMANCHE DE L'AVENT.

SUR LA VÉRITÉ DE LA RELIGION (a).

Cæci vident, claudi ambulant, leprosi mundantur, etc.; et un peu après : *Beatus qui non fuerit scandalizatus in me!* Matth., XI, 5 et 6.

Jésus-Christ interrogé dans notre évangile par les disciples de saint Jean-Baptiste s'il est ce Messie que l'on attendoit, et ce Dieu qui devoit venir en personne pour sauver la nature humaine : *Tu es qui venturus es?* « Etes-vous celui qui devez venir? » leur dit pour toute réponse qu'il fait des biens infinis au monde, et que le monde cependant se soulève unanimement contre lui. Il leur raconte d'une même suite les bienfaits qu'il répand et les contradictions qu'il endure, les miracles qu'il fait et les scandales qu'il cause à un peuple ingrat ; c'est-à-dire qu'il donne aux hommes pour marque de divinité en sa personne sacrée, premièrement ses bontés, et secondement leur ingratitude.

En effet, chrétiens, il est véritable que Dieu n'a jamais cessé d'être bienfaisant, et que les hommes de leur côté (b) n'ont jamais cessé d'être ingrats ; tellement qu'il pourroit sembler, tant notre méconnoissance est extrême, que c'est comme un apanage de la

---

(a) Prêché devant la Cour, en présence de la reine Marie-Thérèse, le deuxième dimanche de Carême 1665.

Bossuet a prêché deux Avens à la Cour : celui de 1665, et celui de 1669. Or en 1669, le deuxième dimanche d'Avent tomba le 8 décembre, fête de la Conception, et Bossuet prêcha sur ce mystère. En 1665, le dimanche dont on vient de parler se trouva le 6 décembre, et Bossuet suivit l'évangile du jour. Notre date est donc incontestable; d'ailleurs la *Gazette de France* dit : « Le dimanche 6 décembre 1665, la reine entendit au Louvre la prédication de l'abbé Bossuet. »

Le sermon qu'on va lire renferme à la fin du premier point un passage infiniment remarquable : « Je vois un autre malheur bien plus universel..... C'est une extrême négligence de tous les mystères, » etc. Bossuet prédit dans ces paroles l'indifférence en matière de religion.

(b) *Var.:* Les hommes aussi.

nature divine d'être infiniment libérale aux hommes, et de ne trouver toutefois dans le genre humain qu'une perpétuelle opposition à ses volontés et un mépris injurieux de toutes ses graces.

Saint Pierre a égalé (a) en deux mots les éloges des plus fameux (b) panégyriques, lorsqu'il a dit du Sauveur « qu'il passoit en bien faisant et guérissant tous les oppressés : » *Pertransiit benefaciendo et sanando omnes oppressos* [1]. Et certes il n'y a rien de plus magnifique et de plus digne d'un Dieu (c) que de laisser partout où il passe des effets de sa bonté; que de marquer tous ses pas (d) par ses bienfaits; que de parcourir les bourgades, les villes et les provinces non par ses victoires, comme on a dit des conquérans, car c'est tout ravager et tout détruire, mais par ses libéralités.

Ainsi Jésus-Christ a montré aux hommes sa divinité comme elle a accoutumé de se déclarer, à savoir par ses graces et par ses soins paternels; et les hommes l'ont traité aussi comme ils traitent la divinité, quand ils l'ont payé selon leur coutume d'ingratitude et d'impiété : *Et beatus est qui non fuerit scandalizatus in me!*

Voilà en peu de mots ce qui nous est proposé dans notre évangile; mais pour en tirer les instructions, il faut un plus long discours, dans lequel je ne puis entrer qu'après avoir imploré le secours d'en haut. *Ave.*

Cæci vident, claudi ambulant, leprosi mundantur : et beatus est qui non fuerit scandalizatus in me! « Les aveugles voient, les boiteux marchent, les lépreux sont purifiés, et bienheureux est celui qui n'est point scandalisé en moi! » Ce n'est plus en illuminant les aveugles, ni en faisant marcher les estropiés, ni en purifiant les lépreux, ni en ressuscitant les morts, que Jésus-Christ autorise sa mission et fait connoître aux hommes sa divinité. Ces choses (e) ont été faites durant les jours de sa vie mortelle, et il les a continuées dans sa sainte Eglise tant qu'il a été nécessaire pour poser les fondemens de la foi naissante. Mais ces miracles sensibles, qui

---

[1] *Act.*, x, 38.

(a) *Var.:* Surpassé. — (b) Pompeux. — (c) Car qu'y a-t-il de plus digne d'un Dieu. — (d) Toute sa route. — (e) Ces miracles ont été faits.....

ont été faits par le Fils de Dieu sur des personnes particulières et pendant un temps limité, étoient les signes sacrés d'autres miracles spirituels qui n'ont point de bornes semblables ni pour les temps, ni pour les personnes, puisqu'ils regardent également tous les hommes et tous les siècles.

En effet ce ne sont point seulement des particuliers aveugles, estropiés et lépreux, qui demandent au Fils de Dieu le secours de sa main puissante ; mais plutôt tout le genre humain, si nous le savons comprendre (*a*), est ce sourd et cet aveugle qui a perdu la connoissance de Dieu et ne peut plus entendre sa voix. Le genre humain est ce boiteux qui n'ayant aucune règle des mœurs, ne peut plus ni marcher droit ni se soutenir. Enfin le genre humain est tout ensemble et ce lépreux et ce mort qui, faute de trouver quelqu'un qui le retire du péché, ne peut ni se purifier de ses taches (*b*), ni éviter sa corruption. Jésus-Christ a rendu l'ouïe à ce sourd et la clarté à cet aveugle, quand il a fondé la foi ; Jésus-Christ a redressé ce boiteux, quand il a réglé les mœurs ; Jésus-Christ a nettoyé ce lépreux et ressuscité ce mort, quand il a établi dans sa sainte Eglise la rémission des péchés. Voilà les trois grands miracles par lesquels Jésus-Christ nous montre sa divinité, et en voici le moyen.

Quiconque fait voir aux hommes une vérité souveraine et toute-puissante, une droiture (*c*) infaillible, une bonté sans mesure, fait voir en même temps la divinité. Or est-il que le Fils de Dieu nous montre en sa personne une vérité souveraine par l'établissement de la foi, une équité infaillible par la direction des mœurs, une bonté sans mesure par la rémission des péchés : il nous montre donc sa divinité. Mais ajoutons, s'il vous plaît, pour achever l'explication de notre évangile, que tout ce qui prouve la divinité de Jésus-Christ prouve aussi notre ingratitude. *Beatus qui non fuerit scandalizatus in me !* Tous ses miracles nous sont un scandale ; toutes ses graces nous deviennent (*d*) un empêchement. Il a voulu, chrétiens, dans la foi que les vérités fussent hautes ; dans la règle des mœurs, que la voie fût droite ; dans la rémission des péchés,

---

(*a*) *Var.* : Si nous l'entendons. — (*b*) Ordures, immondices. — (*c*) Une équité. — (*d*) Nous sont.

que le moyen fût facile. Tout cela étoit fait pour notre salut ; cette hauteur pour nous élever, cette droiture pour nous conduire, cette facilité pour nous inviter à la pénitence. Mais nous sommes si dépravés que tout nous tourne à scandale, puisque la hauteur des vérités de la foi fait que nous nous soulevons contre l'autorité de Jésus-Christ, que l'exactitude de la règle qu'il nous donne nous porte à nous plaindre de sa rigueur, et que la facilité du pardon nous est une occasion d'abuser de sa patience.

PREMIER POINT.

La vérité est une reine qui habite en elle-même et dans sa propre lumière, laquelle par conséquent est elle-même son trône, elle-même sa grandeur, elle-même sa félicité. Toutefois pour le bien des hommes elle a voulu régner sur eux, et Jésus-Christ est venu au monde pour établir cet empire par la foi qu'il nous a prêchée. J'ai promis, Messieurs, de vous faire voir que la vérité de cette foi s'est établie en souveraine, et en souveraine toute-puissante ; et la marque assurée que je vous en donne, c'est que sans se croire obligée d'alléguer aucune raison et sans être jamais réduite à emprunter aucun secours, par sa propre autorité, par sa propre force elle a fait ce qu'elle a voulu et a régné dans le monde. C'est agir, si je ne me trompe, assez souverainement ; mais il faut appuyer ce que j'avance.

J'ai dit que la vérité chrétienne n'a point cherché son appui dans les raisonnemens humains ; mais qu'assurée d'elle-même, de son autorité suprême et de son origine céleste, elle a dit, et a voulu être crue ; elle a prononcé ses oracles, et a exigé la sujétion.

Elle a prêché une Trinité, mystère inaccessible par sa hauteur ; elle a annoncé un Dieu-Homme, un Dieu anéanti jusqu'à la croix, abîme impénétrable par sa bassesse. Comment a-t-elle prouvé ? Elle a dit pour toute raison qu'il faut que la raison lui cède, parce qu'elle est née sa sujette. Voici quel est son langage : *Hæc dicit Dominus :* « Le Seigneur a dit. » Et en un autre endroit : Il est ainsi, « parce que j'en ai dit la parole : » *quia verbum ego locutus sum, dicit Dominus* [1]. Et en effet, chrétiens, que peut ici opposer la

[1] *Jerem.*, XXXIV, 5.

raison humaine? Dieu a le moyen de se faire entendre ; il a aussi le droit de se faire croire. Il peut par sa lumière infinie nous montrer, quand il lui plaira, la vérité à découvert ; il peut par son autorité souveraine nous obliger à nous y soumettre, sans nous en donner l'intelligence. Et il est digne de la grandeur, de la dignité, de la majesté de ce premier Etre, de régner sur tous les esprits, soit en les captivant par la foi, soit en les contentant par la claire vue.

Jésus-Christ a usé de ce droit royal dans l'établissement de son Evangile ; et comme sa sainte doctrine ne s'est point fondée sur les raisonnemens humains, pour ne point dégénérer d'elle-même, elle a aussi dédaigné le soutien (a) de l'éloquence. Il est vrai que les saints apôtres qui ont été ses prédicateurs, ont abattu aux pieds de Jésus la majesté des faisceaux romains, et qu'ils ont fait trembler dans leurs tribunaux les juges devant lesquels ils étoient cités. (b) Ils ont renversé les idoles, ils ont converti les peuples. « Enfin ayant affermi, dit saint Augustin, leur salutaire doctrine, ils ont laissé à leurs successeurs la terre éclairée par une lumière céleste : » *Confirmatâ saluberrimâ disciplinâ, illuminatas terras posteris reliquerunt* [1]. Mais ce n'est point par l'art du bien dire, par l'arrangement des paroles, par des figures artificielles, qu'ils ont opéré tous ces grands effets. Tout se fait par une secrète vertu qui persuade contre les règles, ou plutôt qui ne persuade pas tant qu'elle captive les entendemens ; vertu qui venant du ciel, sait se conserver tout entière dans la bassesse familière (c) de leurs expressions et dans la simplicité d'un style qui paroît vulgaire : comme on voit un fleuve rapide qui retient coulant dans la plaine cette force violente et impétueuse qu'il a acquise aux montagnes d'où ses eaux sont précipitées (d).

Concluons donc, chrétiens, que Jésus-Christ a fondé son saint Evangile d'une manière souveraine et digne d'un Dieu ; et ajou-

[1] S. August., *De Verâ relig.*, n. 4.

(a) *Var.* : Le secours. — (b) Note marg. : *Disputante illo de justitiâ, et castitate, et judicio futuro.* Quoiqu'infidèle. Nous écoutons sans être émus. Lequel est le prisonnier? lequel est le juge? *Tremefactus Felix respondit : Quod nunc attinet, vade ; tempore opportuno accersam te* (Act., XXIV, 25). Ce n'est plus l'accusé qui demande du délai à son juge, c'est le juge effrayé qui en demande à son criminel. — (c) *Var.* : Modeste. — (d) D'où il tire son origine.

tons, s'il vous plaît, que c'étoit la plus convenable aux besoins de notre nature. Nous avons besoin parmi nos erreurs, non d'un philosophe qui dispute, mais d'un Dieu qui nous détermine dans la recherche de la vérité. La voie du raisonnement est trop lente et trop incertaine : ce qu'il faut chercher est éloigné, ce qu'il faut prouver est indécis. Cependant il s'agit du principe même et du fondement de la conduite, sur lequel il faut être résolu d'abord ; il faut donc nécessairement en croire quelqu'un. Le chrétien n'a rien à chercher, parce qu'il trouve tout dans la foi. Le chrétien n'a rien à prouver, parce que la foi (*a*) lui décide tout, et que Jésus-Christ lui a proposé de sorte les vérités nécessaires, que s'il n'est pas capable de les entendre, il n'est pas moins disposé à les croire(*b*) : *Talia populis persuaderet, credenda saltem, si percipere non valerent* [1]. Ainsi par même moyen Dieu a été honoré, parce qu'on l'a cru, comme il est juste, sur sa parole ; et l'homme a été instruit par une voie courte, parce que sans aucun circuit de raisonnement l'autorité de la foi l'a mené (*c*) dès le premier pas à la certitude.

Mais continuons d'admirer l'auguste souveraineté de la vérité chrétienne. Elle est venue sur la terre comme une étrangère, inconnue et toutefois haïe et persécutée durant l'espace de quatre cents ans par des préjugés iniques. Cependant, parmi ces fureurs du monde entier conjuré contre elle, elle n'a point mendié de secours humain. Elle s'est fait elle-même des défenseurs intrépides et dignes de sa grandeur, qui dans la passion qu'ils avoient pour ses intérêts, ne sachant que la confesser et mourir pour elle, ont couru à la mort avec tant de force qu'ils ont effrayé leurs persécuteurs, qu'à la fin ils ont fait honte par leur patience aux lois qui les condamnoient au dernier supplice, et ont obligé les princes à les révoquer. *Orando, patiendo, cum piâ securitate moriendo, leges quibus damnabatur christiana religio, erubescere compulerunt, mutarique fecerunt*, dit éloquemment saint Augustin [2].

C'étoit donc le conseil de Dieu et la destinée de la vérité, si je puis

---

[1] S. August., *De Verâ relig.*, n. 3. — [2] *De Civit. Dei.*, lib. VIII, cap. xx.

(*a*) *Var.* : L'Evangile. — (*b*) Que lors même qu'il ne peut les entendre, il est néanmoins tout prêt à les croire. — (*c*) Conduit.

parler de la sorte, qu'elle fût entièrement établie malgré les rois de la terre, et que dans la suite des temps elle les eût premièrement pour disciples, et après pour défenseurs. Il ne les a point appelés quand il a bâti son Eglise. Quand il a eu fondé immuablement et élevé jusqu'au comble ce grand édifice, il lui a plu alors de les appeler. (*a*) Il les a donc appelés, non point par nécessité, mais par grace. Donc l'établissement de la vérité ne dépend point de leur assistance, ni l'empire de la vérité ne relève point de leur sceptre(*b*); et si Jésus-Christ les a établis défenseurs de son Evangile, il le fait par honneur et non par besoin; c'est pour honorer leur autorité et pour consacrer leur puissance. Cependant sa vérité sainte se soutient toujours d'elle-même et conserve son indépendance. Ainsi lorsque les princes défendent la foi, c'est plutôt la foi qui les défend; lorsqu'ils protégent la religion, c'est plutôt la religion qui les protége et qui est l'appui de leur trône. Par où vous voyez clairement que la vérité se sert des hommes, mais qu'elle n'en dépend pas; et c'est ce qui nous paroît dans toute la suite de son histoire. J'appelle ainsi l'histoire de l'Eglise; c'est l'histoire du règne de la vérité. Le monde a menacé, la vérité est demeurée ferme; il a usé de tours subtils et de flatteries, la vérité est demeurée droite. Les hérétiques ont brouillé, la vérité est demeurée pure. Les schismes ont déchiré le corps de l'Eglise, la vérité est demeurée entière. Plusieurs ont été séduits, les foibles ont été troublés, les forts mêmes ont été émus; un Osius, un Origène, un Tertullien, tant d'autres qui paroissoient l'appui de l'Eglise, sont tombés avec grand scandale; la vérité est demeurée toujours immobile. Qu'y a-t-il donc de plus souverain et de plus indépendant que la vérité, qui persiste toujours immuable, malgré les menaces et les caresses, malgré les présens et les proscriptions, malgré les schismes et les hérésies, malgré toutes les tentations et tous les scandales, enfin au milieu de la défection de ses enfans infidèles et dans la chute funeste de ceux-là mêmes qui sembloient être ses colonnes?

Après cela, chrétiens, quel esprit ne doit pas céder à une autorité si bien établie? Et que je suis étonné quand j'entends des hommes profanes qui dans la nation la plus florissante de la chré-

---

(*a*) Note marg. : *Et nunc reges*, maintenant. — (*b*) *Var.* : Trône.

tienté, s'élèvent ouvertement contre l'Evangile! Les entendrai-je toujours et les trouverai-je toujours dans le monde, ces libertins déclarés, esclaves de leurs passions et téméraires censeurs des conseils de Dieu; qui tout plongés qu'ils sont dans les choses basses, se mêlent de décider hardiment des plus relevées (a)? Profanes et corrompus, lesquels, comme dit saint Jude, « blasphèment ce qu'ils ignorent, et se corrompent dans ce qu'ils connoissent naturellement : » *Quæcumque quidem ignorant, blasphemant; quæcumque autem naturaliter tanquam muta animantia norunt, in his corrumpuntur* [1]. Hommes deux fois morts, dit le même apôtre; morts premièrement parce qu'ils ont perdu la charité, et morts secondement parce qu'ils ont même arraché la foi : *Arbores infructuosæ, eradicatæ, bis mortuæ* [2] *:* « Arbres infructueux et déracinés, » qui ne tiennent plus à l'Eglise par aucun lien. O Dieu! les verrai-je toujours triompher dans les compagnies et empoisonner les esprits par leurs railleries sacriléges?

Mais, hommes doctes et curieux, si vous voulez discuter la religion, apportez-y du moins et la gravité et le poids que la matière demande. Ne faites point les plaisans mal à propos dans des choses si sérieuses et si vénérables. Ces importantes questions ne se décident pas par vos demi-mots et par vos branlemens de tête, par ces fines railleries que vous nous vantez, et par ce dédaigneux souris. Pour Dieu, comme disoit cet ami de Job [3], ne pensez pas être les seuls hommes et que toute la sagesse soit dans votre esprit, dont vous nous vantez la délicatesse. Vous qui voulez pénétrer les secrets de Dieu, ça! paroissez, venez en présence, développez-nous les énigmes de la nature; choisissez ou ce qui est loin ou ce qui est près, ou ce qui est à vos pieds ou ce qui est bien haut suspendu sur vos têtes! Quoi! partout votre raison demeure arrêtée! partout ou elle gauchit, ou elle s'égare, ou elle succombe! Cependant vous ne voulez pas que la foi vous prescrive ce qu'il faut croire. Aveugle, chagrin et dédaigneux, vous ne voulez pas qu'on vous guide et qu'on vous tende la main. Pauvre voyageur égaré et présomptueux, qui croyez savoir le chemin, qui vous

---

[1] *Jud.*, vers. 10. — [2] *Ibid.*, 12. — [3] *Job*, XII, 2.

a) *Var.:* Décident hardiment des hautes.

refusez la conduite, que voulez-vous qu'on vous fasse? Quoi! voulez-vous donc qu'on vous laisse errer? Mais vous vous irez engager dans quelque chemin perdu (a); vous vous jetterez dans quelque précipice. Voulez-vous qu'on vous fasse entendre clairement toutes les vérités divines? Mais considérez où vous êtes et en quelle basse région du monde vous avez été relégué. Voyez cette nuit profonde, ces ténèbres épaisses qui vous environnent, la foiblesse, l'imbécillité, l'ignorance de votre raison. Concevez que ce n'est pas ici la région de l'intelligence. Pourquoi donc ne voulez-vous pas qu'en attendant que Dieu se montre à découvert ce qu'il est, la foi vienne à votre secours et vous apprenne du moins ce qu'il en faut croire?

Mais, Messieurs, c'est assez combattre ces esprits profanes et témérairement curieux. Ce n'est pas le vice le plus commun, et je vois un autre malheur bien plus universel dans la Cour (b); ce n'est point cette ardeur inconsidérée de vouloir aller trop avant, c'est une extrême négligence de tous les mystères. Qu'ils soient ou qu'ils ne soient pas, les hommes trop dédaigneux ne s'en soucient plus et n'y veulent pas seulement penser; ils ne savent s'ils croient ou s'ils ne croient pas, tout prêts à vous avouer ce qu'il vous plaira, pourvu que vous les laissiez agir à leur mode et passer la vie à leur gré : « Chrétiens en l'air, dit Tertullien, et fidèles si vous voulez : » *Plerosque in ventum, et si placuerit, christianos* [1]. Ainsi je prévois que les libertins et les esprits forts pourront être décrédités, non par aucune horreur de leurs sentimens, mais parce qu'on tiendra tout dans l'indifférence, excepté les plaisirs et les affaires. Voyons si je pourrai rappeler les hommes de ce profond assoupissement, en leur représentant dans mon second point la beauté incorruptible de la morale chrétienne.

SECOND POINT.

Grace à la miséricorde divine, ceux qui disputent tous les jours témérairement de la vérité de la foi, ne contestent pas au christianisme la règle des mœurs, et ils demeurent d'accord de la pureté et de la perfection de notre morale. Mais certes ces deux graces

---

[1] Lib. *Scorp.*, n. 1.
(a) *Var.* : Dans des détours infinis. — (b) Dans le monde.

sont inséparables. Il ne faut point deux soleils non plus dans la religion que dans la nature ; et quiconque nous est envoyé (a) de Dieu pour nous éclairer dans les mœurs, le même nous donnera la connoissance certaine des choses divines qui sont le fondement nécessaire de la bonne vie. Disons donc que le Fils de Dieu nous montre beaucoup mieux sa divinité en dirigeant sans erreur la vie humaine, qu'il n'a fait en redressant les boiteux et faisant marcher les estropiés. Celui-là doit être plus qu'homme, qui à travers (b) de tant de coutumes et de tant d'erreurs, de tant de passions compliquées et de tant de fantaisies bizarres, a su démêler au juste et fixer précisément la règle des mœurs. Réformer ainsi le genre humain, c'est donner à l'homme la vie raisonnable ; c'est une seconde création, plus noble en quelque façon que la première. Quiconque sera le chef de cette réformation salutaire au genre humain, doit avoir à son secours la même sagesse qui a formé l'homme la première fois. Enfin c'est un ouvrage si grand que si Dieu ne l'avoit pas fait, lui-même l'envieroit à son auteur.

Aussi la philosophie l'a-t-elle tenté vainement. Je sais qu'elle a conservé de belles règles et qu'elle a sauvé de beaux restes du débris des connoissances humaines ; mais je perdrois un temps infini si je voulois raconter toutes ses erreurs. Allons donc rendre nos hommages à cette équité infaillible qui nous règle dans l'Evangile. J'y cours, suivez-moi, mes frères ; et afin que je vous puisse présenter l'objet d'une adoration si légitime, permettez que je vous trace une idée et comme un tableau raccourci de la morale chrétienne.

Elle commence par le principe. Elle rapporte à Dieu, auquel elle nous lie par un amour chaste, l'homme tout entier, et dans sa racine, et dans ses branches, et dans ses fruits ; c'est-à-dire dans sa nature, dans ses facultés, dans toutes ses opérations. Car comme elle sait, chrétiens, que le nom de Dieu est un nom de père, elle nous demande l'amour ; mais pour s'accommoder à notre foiblesse, elle nous y prépare par la crainte. Ayant donc ainsi résolu de nous attacher à Dieu par toutes les voies possibles, elle nous apprend que nous devons en tout temps et en toutes choses révérer son

(a) *Var.:* Nous sera envoyé... — (b) Au milieu.

autorité, croire à sa parole, dépendre de sa puissance, nous confier en sa bonté, craindre sa justice, nous abandonner à sa sagesse, espérer son éternité.

Pour lui rendre le culte raisonnable que nous lui devons, elle nous apprend, chrétiens, que nous sommes nous-mêmes ses victimes ; c'est pourquoi elle nous oblige à dompter nos passions emportées et à mortifier nos sens, trop subtils séducteurs de notre raison. Elle a sur ce sujet des précautions inouïes. (*a*). Elle va éteindre jusqu'au fond du cœur l'étincelle qui peut causer un embrasement. Elle étouffe la colère, de peur qu'en s'aigrissant elle ne se tourne en haine implacable. Elle n'attend pas à ôter l'épée à l'enfant après qu'il se sera donné un coup mortel, elle la lui arrache des mains dès la première piqûre. Elle retient jusqu'aux yeux, par une extrême jalousie qu'elle a pour garder le cœur. Enfin elle n'oublie rien pour soumettre le corps à l'esprit et l'esprit tout entier à Dieu ; et c'est là, Messieurs, notre sacrifice.

Nous avons à considérer sous qui nous vivons et avec qui nous vivons. Nous vivons sous l'empire de Dieu, nous vivons en société avec les hommes. Après donc cette première obligation d'aimer Dieu comme notre souverain plus que nous-mêmes, s'ensuit le second devoir d'aimer l'homme notre prochain en esprit de société comme nous-mêmes. Là se voit très-saintement établie sous la protection de Dieu la charité fraternelle, toujours sacrée et inviolable malgré les injures et les intérêts ; là l'aumône, trésor de graces ; là le pardon des injures, qui nous ménage celui de Dieu ; là enfin la miséricorde préférée au sacrifice, et la réconciliation avec son frère irrité nécessaire préparation pour approcher de l'autel. Là, dans une sainte distribution des offices de la charité, on apprend à qui on doit le respect, à qui l'obéissance, à qui le service, à qui la protection, à qui le secours, à qui la condescendance, à qui de charitables avertissemens ; et on voit qu'on doit la justice à tous, et qu'on ne doit faire injure à personne non plus qu'à soi-même.

Voulez-vous que nous passions à ce que Jésus-Christ a institué pour ordonner les familles ? Il ne s'est pas contenté de conserver au mariage son premier honneur ; il en a fait un sacrement de la

---

(*a*) *Var.:* Merveilleuses.

religion et un signe mystique de sa chaste et immuable union avec son Eglise. En cette sorte il a consacré l'origine (a) de notre naissance. Il en a retranché la polygamie, qu'il avoit permise un temps en faveur de l'accroissement de son peuple, et le divorce qu'il avoit souffert à cause de la dureté des cœurs. Il ne permet plus que l'amour s'égare dans la multitude ; il le rétablit dans son naturel en le faisant régner sur deux cœurs unis, pour faire découler de cette union une concorde inviolable dans les familles et entre les frères. Après avoir ramené les choses à la première institution, il a voulu désormais que la plus sainte alliance du genre humain fût aussi la plus durable et la plus ferme, et que le nœud conjugal fût indissoluble, tant par la première force de la foi donnée que par l'obligation naturelle d'élever les enfans communs, gages précieux d'une éternelle correspondance. Ainsi il a donné au mariage des fidèles une forme auguste et vénérable, qui honore la nature, qui supporte la foiblesse, qui garde la tempérance, qui bride la sensualité.

Que dirai-je des saintes lois qui rendent les enfans soumis et les parens charitables, puissans instigateurs à la vertu, aimables censeurs des vices qui répriment la licence « sans abattre le courage? » *Ut non pusillo animo fiant*[1]. Que dirai-je de ces belles institutions par lesquelles et les maîtres sont équitables, et les serviteurs affectionnés ; Dieu même, tant il est bon et tant il est père, s'étant chargé de les récompenser de leurs services (b). (c) Qui a mieux établi que Jésus-Christ l'autorité des princes (d) et des puissances légitimes? Il fait un devoir de religion de l'obéissance qui leur est due. Ils règnent sur les corps par la force, et tout au plus sur les cœurs par l'inclination. Il leur érige un trône dans les consciences, et il met sous sa protection leur autorité et leur personne sacrée. C'est pourquoi Tertullien disoit autrefois aux ministres des empereurs : Votre fonction vous expose à beaucoup de haine et beaucoup d'envie ; « maintenant vous avez moins d'ennemis à cause de

---

[1] *Coloss.*, III, 21.

(a) *Var.:* La source. — (b) De leur tenir compte de leurs services fidèles. — (c) *Note marg.:* Maîtres, vous avez un maître au ciel (*Coloss.*, IV, 1). « Serviteurs, servez comme à Dieu ; car votre récompense vous est assurée » (*Ibid.*, III, 24. — (d) *Var.:* Des magistrats.

la multitude des chrétiens : » *Nunc enim pauciores hostes habetis præ multitudine christianorum* [1]. Réciproquement il enseigne aux princes que le glaive leur est donné contre les méchans, que leur main (a) doit être pesante seulement pour eux, et que leur autorité doit être le soulagement du fardeau des autres (b).

Le voilà, Messieurs, ce tableau que je vous ai promis; la voilà représentée au naturel et comme en raccourci, cette immortelle beauté de la morale chrétienne. C'est une beauté sévère, je l'avoue; je ne m'en étonne pas, c'est qu'elle est chaste. Elle est exacte; il le faut, car elle est religieuse. Mais au fond quelle plus sainte morale! quelle plus belle économique! quelle politique plus juste! Celui-là est ennemi du genre humain qui contredit de si saintes lois. Aussi qui les contredit, si ce n'est des hommes passionnés, qui aiment mieux corrompre la loi que de rectifier leur conscience; et, comme dit Salvien, « qui aiment mieux déclamer contre le précepte que de faire la guerre au vice? » *Mavult quilibet improbus execrari legem, quàm emendare mentem, mavult præcepta odisse quàm vitia* [2].

Pour moi, je me donne de tout mon cœur à ces saintes institutions. Les mœurs seules me feroient recevoir la foi. Je crois en tout à celui qui m'a si bien enseigné à vivre. La foi me prouve les mœurs; les mœurs me prouvent la foi. Les vérités de la foi et la doctrine des mœurs sont choses tellement connexes et si saintement alliées, qu'il n'y a pas moyen de les séparer. (c) Jésus-Christ a fondé les mœurs sur la foi; et après qu'il a si noblement élevé (d) cet admirable édifice, serai-je assez téméraire pour dire à un si sage architecte qu'il a mal posé les fondemens? Au contraire ne jugerai-je pas par la beauté manifeste de ce qu'il me montre, que la même sagesse a disposé ce qu'il me cache?

Et vous, que direz-vous, ô pécheurs? En quoi êtes-vous blessés, et quelle partie voulez-vous retrancher de cette morale? Vous avez de grandes difficultés : est-ce la raison qui les dicte, ou la passion qui les suggère? Hé! j'entends bien vos pensées; hé! je

---

[1] *Apolog.*, n. 37. — [2] Salv., lib. IV *Advers. Avar.*, p. 312.

(a) *Var.* : Bras. — (b) Et qu'ils doivent autant qu'ils peuvent soulager le fardeau des autres. — (c) *Note marg.* : Exemple. — (d) *Var.* : Si bien élevé.

vois de quel côté tourne votre cœur. Vous demandez la liberté. Hé! n'achevez pas (a), je vous entends trop. Cette liberté que vous demandez, c'est une captivité misérable de votre cœur. Souffrez qu'on vous affranchisse et qu'on rende votre cœur à un Dieu à qui il est, et qui le redemande avec tant d'instance. Il n'est pas juste, mon frère, que l'on entame la loi en faveur de vos passions, mais plutôt qu'on retranche de vos passions ce qui est contraire à la loi. Car autrement que seroit-ce? Chacun déchireroit le précepte : *Lacerata est lex* [1]. Il n'y a point d'homme si corrompu à qui quelque péché ne déplaise (b). Celui-là est naturellement libéral; tonnez, fulminez tant qu'il vous plaira contre les rapines, il applaudira à votre doctrine. Mais il est fier et ambitieux; il lui faut laisser venger cette injure et envelopper ses ennemis ou ses concurrens dans cette intrigue dangereuse. Ainsi toute la loi sera mutilée; et nous verrons, comme disoit le grand saint Hilaire dans un autre sujet, « une aussi grande variété dans la doctrine que nous en voyons dans les mœurs, et autant de sortes de foi qu'il y a d'inclinations différentes : » *Tot nunc fides existere quot voluntates, et tot nobis doctrinas esse quot mores* [2].

Laissez-vous donc conduire à ces lois si saintes, et faites-en votre règle. Et ne me dites pas qu'elle est trop parfaite et qu'on ne peut y atteindre. C'est ce que disent les lâches et les paresseux. Ils trouvent obstacle à tout, tout leur paroît impossible; et lorsqu'il n'y a rien à craindre, ils se donnent à eux-mêmes de vaines frayeurs et des terreurs imaginaires. *Dicit piger : Leo est in viâ et leæna in itineribus* [3]. *Dicit piger : Leo est foris, in medio platearum occidendus sum* [4] : « Le paresseux dit : Je ne puis partir, il y a un lion sur ma route; la lionne me dévorera sur les grands chemins. » Il trouve toujours des difficultés, et il ne s'efforce jamais d'en vaincre aucune. En effet vous qui nous objectez que la loi de l'Evangile est trop parfaite et surpasse les forces humaines, avez-vous jamais essayé de la pratiquer? Contez-nous donc vos efforts, montrez-nous les démarches que vous avez faites. Avant que de vous

---

[1] *Habac.*, I, 4. — [2] S. Hilar., lib. II *Ad Constant.*, n. 4. — [3] *Prov.*, XXVI, 13. — [4] *Ibid.*, XXII, 13.

(a) *Var.* : Ne parlez pas davantage. — (b) Il n'y a pas d'homme assez corrompu qu'il n'y ait quelque péché qui ne lui déplaise.

plaindre de votre impuissance, que ne commencez-vous quelque chose? Le second pas, direz-vous, vous est impossible; oui, si vous ne faites jamais le premier. Commencez donc à marcher, et avancez par degrés. Vous verrez les choses se faciliter, et le chemin s'aplanir manifestement devant vous. Mais qu'avant que d'avoir tenté, vous nous disiez tout impossible; que vous soyez fatigué et harassé du chemin sans vous être remué de votre place, et accablé d'un travail que vous n'avez pas encore entrepris, c'est une lâcheté non-seulement ridicule, mais insupportable. Au reste comment peut-on dire que Jésus-Christ nous ait chargés par-dessus nos forces, lui qui a eu tant d'égards à notre foiblesse, qui nous offre tant de secours, qui nous laisse (a) tant de ressources; qui non content de nous retenir sur le penchant par le précepte, nous tend encore la main dans le précipice par la rémission des péchés qu'il nous présente?

TROISIÈME POINT.

Je vous confesse, Messieurs, que mon inquiétude est extrême dans cette troisième partie, non que j'aie peine à prouver ce que j'ai promis au commencement, c'est-à-dire l'infinité de la bonté du Sauveur. Car quelle éloquence assez sèche et assez stérile pourroit manquer de paroles? Qu'y a-t-il de plus facile, et qu'y a-t-il, si je puis parler de la sorte, de plus infini et de plus immense que cette divine bonté, qui non-seulement reçoit ceux qui la recherchent et se donne tout entière à ceux qui l'embrassent, mais encore rappelle ceux qui s'éloignent et ouvre toujours des voies de retour à ceux qui la quittent? Mais les hommes le savent assez, ils ne le savent que trop pour leur malheur. Il ne faudroit pas publier si hautement une vérité de laquelle tant de monde abuse. Il faudroit le dire tout bas aux pécheurs affligés de leurs crimes, aux consciences abattues et désespérées. Il faudroit démêler dans la multitude quelque ame désolée, et lui dire à l'oreille et en secret : « Ah! Dieu pardonne sans fin et sans bornes : » *Misericordiæ ejus non est numerus* [1]. Mais c'est lâcher la bride à la licence, que de mettre devant les

---

[1] *Orat. Miss. pro gratiar. act.*

(a) *Var.* : Donne.

yeux des pécheurs superbes cette bonté qui n'a point de bornes; et c'est multiplier les crimes, que de prêcher ces miséricordes qui sont innombrables : *Misericordiæ ejus non est numerus.*

Et toutefois, chrétiens, il n'est pas juste que la dureté et l'ingratitude des hommes ravissent à la bonté du Sauveur les louanges qui lui sont dues. Elevons donc notre voix, et prononçons hautement que sa miséricorde est immense. L'homme devoit mourir dans son crime; Jésus-Christ est mort en sa place. Il est écrit du pécheur que son sang doit être sur lui; mais le sang de Jésus-Christ et le couvre et le protége. O homme, ne cherchez plus l'expiation de vos crimes dans le sang des animaux égorgés. Dussiez-vous dépeupler tous vos troupeaux par vos hécatombes, la vie des bêtes ne peut point payer pour la vie des hommes. Voici Jésus-Christ qui s'offre, homme pour les hommes, homme innocent pour les coupables, Homme-Dieu pour des hommes purs et pour de simples mortels. Vous voyez donc, chrétiens, non-seulement l'égalité dans le prix, mais encore la surabondance. Ce qui est offert est infini; et afin que celui qui offre fût de même dignité, lui-même qui est la victime, il a voulu aussi être le pontife. Pécheurs, ne perdez jamais l'espérance. Jésus-Christ est mort une fois, mais le fruit de sa mort est éternel; Jésus-Christ est mort une fois, mais « il est toujours vivant afin d'intercéder pour nous, » comme dit le divin Apôtre [1].

Il y a donc pour nous dans le ciel une miséricorde infinie; mais pour nous être appliquée en terre, elle est toute communiquée à la sainte Eglise dans le sacrement de pénitence. Car écoutez les paroles de l'institution : « Tout ce que vous remettrez sera remis, tout ce que vous délierez sera délié [2]. » Vous y voyez une bonté qui n'a point de bornes. C'est en quoi elle diffère d'avec le baptême. « Il n'y a qu'un baptême, » dit le saint Apôtre, et il ne se répète plus. (a) Les portes de la pénitence sont toujours ouvertes. Venez dix fois, venez cent fois : venez mille fois, la puissance de l'Eglise n'est point épuisée. Cette parole sera toujours véritable : Tout ce que vous pardonnerez sera pardonné [3]. Je ne vois ici ni terme prescrit,

---

[1] *Hebr.*, VII, 25. — [2] *Matth.*, XVI, 19. — [3] *Joan.*, XX, 23.
(a) Note marg. : *Unus Dominus, una fides, unum baptisma* (Eph. IV, 5).

ni nombre arrêté, ni mesure déterminée. Il y faut donc reconnoître une bonté infinie (a). La fontaine du saint baptême est appelée dans les Ecritures, selon une interprétation, « une fontaine scellée, » *fons signatus* [1]. Vous vous y lavez une fois; on la referme, on la scelle; il n'y a plus de retour pour vous. Mais nous avons dans l'Eglise une autre fontaine, de laquelle il est écrit dans le prophète Zacharie : « En ce jour, au jour du Sauveur, en ce jour où la bonté paroîtra au monde, il y aura une fontaine ouverte à la maison de David et aux habitans de Jérusalem pour la purification du pécheur : » *In die illâ erit fons patens domui David et habitantibus Jerusalem in ablutionem peccatoris* [2]. Ce n'est point une fontaine scellée qui ne s'ouvre qu'avec réserve, qui n'est point permise à tous, parce qu'elle exclut à jamais ceux qu'elle a une fois reçus : *fons signatus*. Celle-ci est une fontaine non-seulement publique, mais toujours ouverte, *erit fons patens;* et ouverte indifféremment à tous les habitans de Jérusalem, à tous les enfans de l'Eglise. Elle reçoit toujours les pécheurs; à toute heure et à tous momens les lépreux peuvent venir se laver dans cette fontaine du Sauveur, toujours bienfaisante et toujours ouverte.

Mais c'est ici, chrétiens, notre grande infidélité; c'est ici que l'indulgence multiplie les crimes, et que la source des miséricordes devient une source infinie de profanations sacriléges. Que dirai-je ici, chrétiens, et avec quels termes assez puissans déplorerai-je tant de sacriléges qui infectent les eaux de la pénitence? « Eau du baptême, que tu es heureuse, disoit autrefois Tertullien; que tu es heureuse, eau mystique, qui ne laves qu'une fois! » *Felix aqua quæ semel abluit;* « qui ne sers point de jouet aux pécheurs! » *Felix aqua quæ semel abluit, quæ ludibrio peccatoribus non est* [3] *!* C'est le bain de la pénitence toujours ouvert aux pécheurs, toujours prêt à recevoir ceux qui retournent; c'est ce bain de miséricorde qui est exposé au mépris par sa facilité bienfaisante, dont les eaux servent contre leur nature à souiller les hommes : *quos abluit inquinat,* parce que la facilité de se laver fait qu'ils ne craignent point de salir leur conscience (b). Qui ne se plaindroit,

---

[1] *Cant.,* IV, 12. — [2] *Zach.,* XIII, 1. — [3] *De Bapt.,* n. 15.

(a) *Var.:* Et c'est pourquoi nous y comprenons une bonté infinie. — (b) Leur an.e.

chrétiens, de voir cette eau salutaire si étrangement violée, seulement à cause qu'elle est bienfaisante ? Qu'inventerai-je, où me tournerai-je pour arrêter les profanations des hommes pervers qui vont faire malheureusement leur écueil du port ?

Les pécheurs savent bien dire qu'il ne faut que se repentir pour être capable d'approcher de cette fontaine de grace. En vain nous disons à ceux qui se confient si aveuglément à ce repentir futur : Ne voulez-vous pas considérer que Dieu a bien promis le pardon au repentir, mais qu'il n'a pas promis de donner du temps pour ce sentiment nécessaire ? Cette raison convaincante ne fait plus d'effet, parce qu'elle est trop répétée. Considérez, mes frères, quel est votre aveuglement : vous rendez la bonté de Dieu complice de votre endurcissement. C'est ce péché contre le Saint-Esprit, contre la grace de la rémission des péchés. Dieu n'a plus rien à faire pour vous retirer du crime. Vous poussez à bout sa miséricorde. Que peut-il faire que de vous appeler, que de vous attendre, que de vous tendre les bras, que de vous offrir le pardon ? C'est ce qui vous rend hardis dans vos entreprises criminelles. Que faut-il donc qu'il fasse ? Et sa bonté étant épuisée et comme surmontée par votre malice, lui reste-t-il autre chose que de vous abandonner à sa vengeance ? Hé bien ! poussez à bout la bonté divine : montrez-vous fermes et intrépides à perdre votre ame : ou plutôt insensés et insensibles, hasardez tout, risquez tout ; faites d'un repentir douteux le motif d'un crime certain (*a*) ; mais ne voulez-vous pas entendre combien est étrange, combien insensée, combien monstrueuse cette pensée de pécher pour se repentir ? *Obstupescite, cœli, super hoc*[1] *:* « O ciel, ô terre, étonnez-vous d'un si prodigieux égarement ! » Les aveugles enfans d'Adam ne craignent pas de pécher, parce qu'ils espèrent un jour en être fâchés ! J'ai lu souvent, dans les Ecritures, que Dieu envoie aux pécheurs l'esprit de vertige et d'étourdissement ; mais je le vois clairement dans vos excès. Voulez-vous vous convertir quelque jour, ou périr misérablement dans l'impénitence ? Choisissez, prenez parti.

---

[1] *Jerem.*, II, 12.

(*a*) *Var. :* Hasardez votre ame, risquez votre éternité : quelle fermeté ! quel courage ! quelle insensibilité prodigieuse ! quelle stupidité insensée !

Le dernier est le parti des démons. S'il vous reste donc quelque sentiment du christianisme, quelque soin de votre salut, quelque pitié de vous-même, vous espérez vous convertir; et si vous croyiez que cette porte vous fût fermée, vous n'iriez pas au crime avec l'abandon où je vous vois. Se convertir, c'est se repentir : vous voulez donc contenter cette passion, parce que vous espérez vous en repentir ! Qui jamais a ouï parler d'un tel prodige ? Est-ce moi qui ne m'entends pas, ou bien est-ce votre passion qui vous enchante ? Me trompé-je dans ma pensée ? ou bien êtes-vous aveugle et troublé de sens dans la vôtre ? Quand est-ce qu'on s'est avisé de faire une chose, parce qu'on croit s'en repentir quelque jour ? C'est la raison de s'en abstenir sans doute. J'ai bien ouï dire souvent : Ne faites pas cette chose, car vous vous en repentirez. Le repentir qu'on prévoit n'est-il pas naturellement un frein au désir et un arrêt à la volonté ? Mais qu'un homme dise en lui-même : Je me détermine à cette action, j'espère d'en avoir regret, et je m'en retirerois sans cette pensée; qu'ainsi le regret prévu devienne contre sa nature, et l'objet de notre espérance, et le motif de notre choix, c'est un aveuglement inouï, c'est confondre les contraires, c'est changer l'essence des choses. Non, non, ce que vous pensez n'est ni un repentir ni une douleur; vous n'en entendez pas seulement le nom, tant vous êtes éloignés d'en avoir la chose. Cette douleur qu'on désire, ce repentir qu'on espère avoir quelque jour, n'est qu'une feinte douleur et un repentir imaginaire. Ne vous trompez pas, chrétiens, il n'est pas si aisé de se repentir. Pour produire un repentir sincère, il faut renverser son cœur jusqu'aux fondemens, déraciner ses inclinations avec violence, s'indigner implacablement contre ses foiblesses, s'arracher de vive force à soi-même. Si vous prévoyiez un tel repentir, il vous seroit un frein salutaire. Mais le repentir que vous attendez n'est qu'une grimace, la douleur que vous espérez une illusion et une chimère; et vous avez sujet de craindre que par une juste punition d'avoir si étrangement renversé la nature de la pénitence, un Dieu méprisé et vengeur de ses sacremens profanés ne vous envoie en sa fureur, non le *peccavi* d'un David, non les regrets d'un saint Pierre, non la douleur amère d'une Madeleine ; mais le regret politique d'un Saül, mais la douleur désespérée d'un Judas, mais le repentir stérile d'un Antiochus; et que vous ne périssiez malheureusement dans votre fausse contrition et dans votre pénitence impénitente.

Vivons donc, mes frères, de sorte que la rémission des péchés ne nous soit pas un scandale. Rétablissons les choses dans leur usage naturel. Que la pénitence soit pénitence, un remède et non un poison; que l'espérance soit espérance, une ressource à la foiblesse et non un appui à l'audace; que la douleur soit une douleur; que le repentir soit un repentir, c'est-à-dire l'expiation des péchés passés et non le fondement des péchés futurs. Ainsi nous arriverons par la pénitence au lieu où il n'y a plus ni repentir ni douleur, mais un calme perpétuel et une paix immuable. Au nom, etc.

SERMON

POUR

LE IIIe DIMANCHE DE L'AVENT (a).

Jam enim securis ad radicem arborum posita est : omnis ergo arbor non faciens fructum bonum, excidetur et in ignem mittetur.

La cognée est déjà à la racine de l'arbre : donc tout arbre qui ne portera pas de bons fruits sera coupé et jeté au feu. *Luc.*, III, 9.

Quelque effort que nous fassions tous les jours pour faire connoître aux pécheurs l'état funeste de leur conscience, il ne nous est pas possible de les émouvoir, ni par la vue du mal présent

(a) ANALYSE DU SERMON, PAR BOSSUET.

Les pécheurs s'endorment, parce qu'ils croient leur malheur fort loin; Jésus-Christ montre qu'il est prêt à frapper. Deux coups : l'un ôte la vie, l'autre l'espérance.

Le péché sort de la volonté humaine contre la volonté divine. Doublement contraire : à Dieu comme mauvais, à l'homme comme nuisible.

Pourquoi nuisible? Ennemis impuissans montrent leur inimitié *Deo resistendi voluntate, non potestate lædendi* (S. August., *De Civit. Dei*, lib. XII, cap. III).

qu'ils se font eux-mêmes, ni par les terribles approches du jugement futur dont Dieu les menace. Le mal présent du péché ne les touche point, parce qu'il ne tombe pas sous leurs sens auxquels ils abandonnent toute leur conduite. Et si pour les éveiller dans cet assoupissement léthargique, nous faisons retentir à leurs oreilles cette trompette épouvantable du jugement à venir qui les jettera dans des peines si sensibles et si cuisantes, cette menace est trop éloignée pour les presser à se rendre : « Cette vision, disent-ils, chez le prophète Ezéchiel, ne sera pas sitôt accomplie : » *In dies multos et in tempora longa iste prophetat*[1]. Ainsi leur malice obstinée résiste aux plus pressantes considérations que nous leur puissions apporter ; et rien n'est capable de les émouvoir, parce que le mal du péché, qui est si présent, n'est pas sensible ; et qu'au contraire le mal de l'enfer, qui est si sensible, n'est pas présent. C'est pourquoi la bonté divine qui ne veut point la mort du pécheur, mais qu'il se convertisse et qu'il vive, pour effrayer ces consciences malheureusement intrépides, fait élever aujourd'hui du fond du désert une voix dont le désert même est

---

[1] *Ezech.*, XII, 27.

Point de prise sur Dieu qu'il attaque; laisse tout son venin dans celui qui le commet. Comme la terre, les nuages. *Arcus eorum confringatur* (Psal. XXXVI, 15). L'entreprise contre Dieu inutile. *Gladius eorum intret in corda ipsorum* (ibid.); il se perce lui-même.

Le péché est sa peine soi-même : *Ne putemus illam tranquillitatem et ineffabile lumen Dei de se proferre, unde peccata puniantur* (S. August., Enarr. *in Psal.* VII, n. 16). Preuves par l'Ecriture; *Ezéchiel*, VII.

La séparation, la peine du sens. La première, par le péché; la seconde, *perducam ignem de medio tui qui comedat te* (Ezech., XXVIII, 18).

Les pécheurs insensés dans leur assurance, ayant le principe de ce feu en eux. Contrariété entre la loi et le pécheur. Moïse, les Tables.

Sur cette loi de justice : *Quod feceris patieris*. Vous détruisez la loi; la loi *aufert eum de hominum vitâ* (S. August., *Epist.* CII, n. 24) ; la justice divine toujours armée contre le pécheur. *Jam enim securis.....*

Ce sermon a été prêché devant la Cour, le 13 décembre 1669.

Il faut se rappeler que Bossuet a prêché deux Avens à la Cour : l'un en 1665, et l'autre en 1669. Or il ne prêcha pas en 1665 le troisième dimanche de l'Avent : il étoit enfermé depuis quelques jours près du jeune duc de Foix, qui mourut de la petite vérole, maladie contagieuse et qu'on redoutoit beaucoup à cette époque. Il faut donc admettre pour notre sermon la date de 1669.

Si Bossuet n'a pas prêché le troisième dimanche de l'Avent 1665, il n'a pas non plus laissé de sermon pour ce jour-là : il n'écrivoit donc pas d'avance les stations qu'il devoit prêcher.

ému : *Vox Domini concutientis desertum, et commovebit Dominus desertum Cades*[1]. C'est la voix de saint Jean-Baptiste qui, non content de menacer les pécheurs « de la colère qui doit venir, » *à venturâ irâ*, sachant que ce qui est éloigné ne les touche pas, leur montre dans les paroles de mon texte la main de Dieu déjà appuyée sur eux et leur dénonce de près sa vengeance toute présente : *Jam enim securis ad radicem arborum posita est*. Mais, mes frères, comme cette voix du grand précurseur retentira (*a*) en vain au dehors, si le Saint-Esprit ne parle au dedans, prions la divine Vierge qu'elle nous obtienne la grace d'être émus de la parole de Jean-Baptiste, comme Jean-Baptiste lui-même fut ému dans les entrailles de sa mère par la parole de cette Vierge, lorsqu'elle alla visiter sainte Elisabeth, et lui communiqua dans cette visite (*b*) une partie de la grace qu'elle avoit reçue avec plénitude par les paroles de l'ange que nous allons réciter : *Ave*.

Faisons paroître à la Cour le prédicateur du désert ; produisons aujourd'hui un saint Jean-Baptiste avec toute son austérité. La Cour n'est pas inconnue à cet illustre solitaire ; et s'il n'a pas dédaigné de prêcher autrefois dans la Cour d'Hérode, il prêchera bien plus volontiers dans une Cour chrétienne et religieuse, qui a besoin toutefois et de ses exhortations et de son autorité pour être touchée. Paroissez donc, divin précurseur, parlez avec cette vigueur plus que prophétique, et faites trembler les pécheurs superbes sous cette terrible cognée qui porte déjà son coup, non aux branches et aux rameaux, mais au tronc et à la racine de l'arbre, c'est-à-dire à la source même de la vie : *Jam enim securis ad radicem arborum posita est*.

Pour entendre exactement les paroles de ce grand prophète, remarquons, s'il vous plaît, Messieurs, qu'il ne nous représente pas seulement ni une main armée contre nous, ni un bras levé pour nous frapper ; le coup, comme vous voyez, a déjà porté, puisqu'il dit que la cognée est à la racine. Mais encore que le tranchant soit déjà entré bien avant, saint Jean toutefois nous

---

[1] *Psal.* XXVIII, 8.

(*a*) *Var.* : Résonnera. — (*b*) Et lui porta par cette visite.

menace encore d'un second coup qui suivra bientôt, pour abattre tout à fait l'arbre infructueux ; après quoi il ne restera qu'à le jeter dans les flammes : *Omnis ergo arbor non faciens fructum bonum, excidetur et in ignem mittetur*[1].

En effet il est certain (*a*) qu'avant que la justice de Dieu lance sur nos têtes coupables le dernier trait de sa vengeance (*b*), nous sommes déjà frappés par le péché même. Une blessure profonde a suivi ce coup, par laquelle notre cœur a été percé ; tellement que nous avons à craindre deux coups infiniment dangereux : le premier, de notre main propre par notre crime ; le second, de la main de Dieu par sa vengeance ; et ces deux coups suivent nécessairement de la nature même du péché. Et afin que cette vérité soit expliquée par les principes, je suis obligé, Messieurs, de bien poser avant toutes choses une doctrine que j'ai tirée de saint Augustin, laquelle s'éclaircira davantage par la suite de ce discours : c'est qu'on peut considérer le péché en deux différentes manières et avec deux rapports divers : premièrement par rapport à la volonté humaine, secondement par rapport à la volonté divine. Il est la malheureuse production de la volonté humaine, et il se commet avec insolence contre les ordres sacrés et inviolables de la volonté divine (*c*) : il sort donc de l'une, et résiste à l'autre. Enfin ce n'est autre chose, pour le définir (*d*), qu'un mouvement de la volonté humaine contre les règles invariables de la volonté divine.

Ces deux rapports différens produisent deux mauvais effets. Le péché est conçu dans notre sein par notre volonté dépravée ; il ne faut donc pas s'étonner s'il y corrompt, s'il y attaque directement le principe de la vie et de la grace (*e*) ; voilà la première plaie. Mais comme il se forme en nous en s'élevant contre Dieu et contre ses saintes lois, il arme aussi contre nous infailliblement cette puissance redoutable ; et c'est ce qui nous attire le second coup

---

[1] *Luc.*, III, 9.

(*a*) *Var.* : Il est véritable. — (*b*) Fasse tomber sur nos têtes le dernier coup de sa vengeance. — (*c*) Contre l'ordre de la volonté divine. — (*d*) Et pour définir le péché, il suffit de dire en un mot que c'est un mouvement de la volonté, etc. — (*e*) Le péché est conçu dans notre sein ; il y attaque par conséquent le principe de la vie et de la grace.

qui nous blesse à mort (a). Ainsi pour donner au pécheur la connoissance de tout son mal, il faut lui faire sentir, s'il se peut : premièrement, chrétiens, que la cognée l'a déjà frappé, qu'il est entamé bien avant et qu'il s'est fait par son péché même une plaie profonde : *Jam enim securis ad radicem arborum posita est*. Mais il faudra lui montrer ensuite que s'il diffère de faire guérir cette première blessure, Dieu est tout prêt d'appuyer la main pour le retrancher tout à fait, afin que s'il ne craint pas le coup qu'il s'est donné par son crime, il appréhende du moins celui que Dieu frappera bientôt par sa justice : *Omnis ergo arbor non faciens fructum bonum, excidetur et in ignem mittetur*. Et ce sont ces deux puissantes considérations qui partageront ce discours.

PREMIER POINT.

S'il nous étoit aussi aisé d'inspirer aux hommes la haine de leurs péchés, comme il nous est aisé de leur faire voir que le péché est le plus grand de tous les maux (b), nous ne nous plaindrions pas si souvent qu'on résiste à notre parole, et nous aurions la consolation de voir nos discours suivis de conversions signalées. Oui, mes frères, de quelques douceurs que se flattent les hommes du monde en contentant leurs désirs, il nous est aisé de prouver qu'ils se blessent, qu'ils se déchirent, qu'ils se donnent un coup mortel (c) par leurs volontés déréglées; et pour éclaircir cette vérité dans les formes et par les principes, il faut rappeler ici la définition du péché que nous avons déjà établie. Nous avons donc dit, chrétiens, que le péché est un mouvement de la volonté de l'homme contre les ordres suprêmes de la sainte volonté de Dieu. Sur ce fondement principal il nous est aisé d'appuyer une belle doctrine de saint Augustin, qui nous explique admirablement en quoi la malignité du péché consiste [1]. Il dit donc qu'elle est renfermée (d) en une double contrariété, parce que le péché

---

[1] *De Civit. Dei*, lib. XII, cap. III.

(a) *Var.* : Mais comme il ne se forme en nous que pour s'élever contre Dieu, il attire aussi sur nous infailliblement cette redoutable puissance, et de là vient le second coup qui nous accable. — (b) De leur faire voir que ce sont les plus grands de tous les maux. — (c) Le coup de la mort. — (d) Qu'elle consiste en.....

est contraire à Dieu et qu'il est aussi contraire à l'homme. Contraire à Dieu ; il est manifeste, parce qu'il combat ses saintes lois ; contraire à l'homme, c'est une suite, à cause que l'attachant à ses propres inclinations comme à des lois particulières qu'il se fait lui-même, il le sépare des lois primitives et de la première raison à laquelle il est lié par son origine céleste (a), c'est-à-dire par l'honneur qu'il a de naître l'image de Dieu et de porter en son ame les traits de sa face, et lui ôte sa félicité qui consiste dans sa conformité avec son auteur.

Il paroît donc, chrétiens, que le péché est également contraire à Dieu et à l'homme ; mais avec cette mémorable différence, qu'il est contraire à Dieu parce qu'il est opposé à sa justice, mais de plus contraire à l'homme parce qu'il est préjudiciable à son bonheur ; c'est-à-dire contraire à Dieu, comme à la règle qu'il combat ; et outre cela funestement contraire à l'homme, comme au sujet qu'il corrompt. (b) Et c'est ce qui a fait dire au divin Psalmiste que « celui qui aime l'iniquité (c) se hait soi-même, » ou pour traduire mot à mot, qu'il a de l'aversion pour son ame, à cause qu'il y corrompt avec la grace (d) les principes de sa santé, de son bonheur et de sa vie : *Qui autem diligit iniquitatem, odit animam suam* [1].

Et certes il est nécessaire que les hommes se perdent eux-mêmes en s'élevant contre Dieu. Car que sont-ils autre chose, ces hommes rebelles ; que sont-ils, dit saint Augustin, que des ennemis impuissans : « Ennemis de Dieu, dit le même saint, par la volonté de lui résister et non par le pouvoir de lui nuire ? » *Inimici Deo resistendi voluntate, non potestate lædendi* [2]. Et de là ne s'ensuit-il pas que la malice du péché ne trouvant point de prise sur Dieu qu'elle attaque, laisse nécessairement tout son venin dans le cœur de celui qui le commet ? Comme la terre qui élevant des nuages contre le soleil qui l'éclaire, ne lui ôte rien de sa lumière et se couvre seulement elle-même de ténèbres : ainsi

---

[1] *Psal.* x, 6. — [2] *De Civit. Dei*, lib. XII, cap. III.

(a) *Var.* : A cause que l'attachant à lui-même et à ses raisons particulières qui sortent du fond de ses passions, il le sépare des raisons premières et éternelles auxquelles il est lié..... — (b) *Note marg.* : A Dieu, comme mauvais ; à l'homme, comme nuisible. — (c) *Var.* : Le péché. — (d) Avec la droiture.

le pécheur téméraire résistant follement à Dieu, par un juste et équitable jugement, n'a de force que contre lui-même, et ne peut rien que se détruire par son entreprise insensée (a).

C'est pour cela que le Roi-Prophète a prononcé cette malédiction contre les pécheurs : *Gladius eorum intret in corda ipsorum, et arcus eorum confringatur* [1] *:* « Que leur glaive (b) leur perce le cœur, et que leur arc soit brisé. » Vous voyez deux espèces d'armes entre les mains du pécheur : un arc pour tirer de loin, un glaive pour frapper de près. L'arc se rompt et est inutile; le glaive porte son coup, mais contre lui-même. Entendons le sens de ces paroles : le pécheur tire de loin, il tire contre le ciel et contre Dieu; et non-seulement les traits n'y arrivent pas, mais encore l'arc se rompt au premier effort. Impie, tu t'élèves contre Dieu, tu te moques des vérités de son Evangile, et tu fais un jeu sacrilége des mystères de sa bonté et de sa justice. Et toi, blasphémateur impudent (c), profanateur du saint nom de Dieu, qui non content de prendre en vain ce nom vénérable qu'on ne doit jamais prononcer sans tremblement, profères des exécrations qui font frémir toute la nature, et te piques d'être inventif en nouveaux outrages contre cette bonté suprême, si féconde pour toi en nouveaux bienfaits, tu es donc assez furieux pour te prendre à Dieu, à sa providence, de toutes les bizarreries d'un jeu excessif qui te ruine, dans lequel tu ne crains pas de hasarder à chaque coup plus que ta fortune, puisque tu hasardes ton salut et ta conscience. Ou bien poussé à bout par tes ennemis sur lesquels tu n'as point de prise, tu tournes contre Dieu seul ta rage impuissante, comme s'il étoit du nombre de tes ennemis, et encore le plus foible et le moins à craindre, parce qu'il ne tonne pas toujours, et que meilleur et plus patient que tu n'es ingrat et injurieux, il réserve encore à la pénitence cette tête que tu dévoues par tant d'attentats à sa justice. Tu prends un arc en ta main, tu tires hardiment contre Dieu, et les coups ne portent pas jusqu'à lui, que sa sainteté rend inaccessible à tous les outrages des hommes; ainsi tu ne

---

[1] *Psal.* XXXVI, 15.

(a) *Note marg.* : Il se met en pièces lui-même par l'effort téméraire qu'il fait contre Dieu. — (b) *Var.* : Epée. — (c) Téméraire.

peux rien contre lui, et ton arc se rompt entre tes mains, dit le saint prophète.

Mais, mes frères, il ne suffit pas que son arc se brise et que son entreprise demeure inutile ; il faut que son glaive lui perce le cœur et que pour avoir tiré de loin contre Dieu, il se donne de près un coup sans remède, si Dieu même ne le guérit par miracle. C'est la commune destinée de tous les pécheurs. Le péché, qui trouble l'ordre du monde, met le désordre premièrement dans celui qui le commet (a). La vengeance, qui sort du cœur pour tout ravager, porte toujours son premier coup et le plus mortel sur ce cœur qui la produit, la nourrit. L'injustice, qui veut profiter du bien d'autrui, fait son essai sur son auteur qu'elle dépouille de son plus grand bien, qui est la droiture, avant qu'il ait pu ravir et usurper celui des autres. Le médisant ne déchire dans les autres que la renommée, et déchire en lui la vertu même. L'impudicité, qui veut tout corrompre, commence son effet par sa propre source, parce que nul ne peut attenter à l'intégrité d'autrui que par la perte de la sienne. Ainsi tout pécheur est ennemi de soi-même, corrupteur en sa propre conscience du plus grand bien de la nature raisonnable, c'est-à-dire de l'innocence. D'où il s'ensuit que le péché, je ne dis pas dans ses suites, mais le péché en lui-même, est le plus grand et le plus extrême de tous les maux : plus grand sans comparaison que tous ceux qui nous menacent par le dehors, parce que c'est le déréglement et l'entière dépravation du dedans ; plus grand et plus dangereux que les maladies du corps les plus pestilentes, parce que c'est un poison fatal à la vie de l'ame ; plus grand que tous les maux qui attaquent notre esprit, parce que c'est un mal qui corrompt notre conscience ; plus grand par conséquent que la perte de la raison, parce que c'est perdre plus que la raison que d'en perdre le bon usage, sans lequel la raison même n'est plus qu'une folie criminelle. Enfin pour conclure ce raisonnement, mal par-dessus tous les maux, malheur excédant tous les malheurs, parce que c'est

---

(a) *Var.* : Le péché qui dérègle tout dans le monde, dérègle premièrement celui qui le commet. — Le péché qui renverse tout dans le monde, renverse premièrement le principe qui le produit.

tout ensemble et un malheur et un crime, (*a*) une perte infinie avec une faute inexcusable, la ruine totale de notre nature dans l'objet de notre choix, c'est-à-dire dans un même mal et le naufrage et la honte de la liberté de l'homme.

Après cela, chrétiens, il ne faut pas s'étonner si l'on nous prêche souvent que notre crime devient notre peine. Et je n'ai pas dit sans raison que la cognée qui nous frappe, c'est le péché même, puisqu'il sera dans l'éternité le principal instrument de notre supplice. (*b*) *Complebo furorem meum in te :* « J'assouvirai en vous toute ma fureur : » *Et ponam contra te omnes abominationes tuas..., et abominationes tuæ in medio tui erunt..., et imponam tibi omnia scelera tua*[1]. Et en effet, dit saint Augustin, il ne faut pas se persuader que cette lumière infinie et cette souveraine bonté de Dieu tire d'elle-même et de son sein propre de quoi punir les pécheurs. Dieu est le souverain bien, et de lui-même il ne produit que du bien aux hommes; ainsi pour trouver les armes par lesquelles il détruira ses ennemis, il se servira de leurs péchés mêmes, qu'il ordonnera de telle sorte que ce qui a fait le plaisir de l'homme coupable (*c*), deviendra l'instrument d'un Dieu vengeur. *Ne putemus illam tranquillitatem et ineffabile lumen Dei de se proferre, unde peccata puniantur ; sed ipsa peccata sic ordinare, ut quæ fuerunt delectamenta homini peccanti, sint instrumenta Domino punienti*[2]. Et ne me demandez pas, chrétiens, de quelle sorte se fera ce grand changement de nos plaisirs en supplices; la chose est prouvée par les Ecritures. C'est le Véritable qui le dit, c'est le Tout-Puissant qui le fait. Et toutefois, si vous regardez la nature des passions auxquelles vous abandonnez votre cœur, vous comprendrez aisément qu'elles peuvent devenir un supplice intolérable. Elles ont toutes en elles-mêmes des peines cruelles. Elles ont toutes une infinité qui se fâche de ne pouvoir être assouvie ; ce qui mêle dans elles toutes

---

[1] *Ezech.*, VII, 3, 4, 8. — [2] Enarr. *in Psal.* VII, n. 16.

(*a*) *Note marg.* : Malheur qui nous accable, et crime qui nous déshonore; malheur qui nous ôte toute espérance, et crime qui nous ôte toute excuse; malheur qui nous fait tout perdre, et crime qui nous rend coupables de cette perte funeste, et qui nous laisse sujet de nous plaindre. — (*b*) Voilà le juste supplice : un homme tout pénétré, tout environné de ses crimes. — (*c*) *Var.* : L'homme pécheur.

des emportemens qui dégénèrent en une espèce de fureur non moins pénible que déraisonnable. L'amour impur, s'il m'est permis de le nommer dans cette chaire, a ses incertitudes, ses agitations violentes, et ses résolutions irrésolues, et l'enfer de ses jalousies : *Dura sicut infernus œmulatio* [1], et le reste que je ne dis pas. L'ambition a ses captivités, ses empressemens, ses défiances et ses craintes, dans sa hauteur même qui est souvent la mesure de son précipice. L'avarice, passion basse, passion odieuse au monde, amasse non-seulement les injustices, mais encore les inquiétudes avec les trésors. Eh! qu'y a-t-il donc de plus aisé que de faire de nos passions une peine insupportable de nos péchés, en leur ôtant, comme il est très-juste, ce peu de douceur par où elles nous séduisent, et leur laissant seulement les inquiétudes cruelles et l'amertume dont elles abondent (*a*)?

Ainsi ne nous flattons pas de l'espérance de l'impunité, pendant que nous portons en nos cœurs l'instrument de notre supplice. *Producam ignem de medio tui qui comedat te* [2] *:* « Je ferai sortir du milieu de toi le feu qui dévorera tes entrailles. » Je ne l'enverrai pas de loin contre toi, il prendra dans ta conscience, et ses flammes s'élanceront du milieu de toi, et ce seront tes péchés qui le produiront (*b*). Par conséquent, mes frères, malheur sur nous qui avons péché et ne faisons point pénitence! Le coup est lâché (*c*); l'enfer n'est pas loin; ses ardeurs éternelles nous touchent de près, puisque nous en avons en nous-mêmes et en nos propres péchés la source féconde. « La cognée est à la racine. » Ah! quel coup elle t'a donné, puisque tu nourris déjà en ton cœur ce qui fera un jour ton dernier supplice! Autant de péchés mortels, autant de coups redoublés. Aussi l'arbre ne peut-il plus se soutenir; il chancelle, il penche à sa perte par ses habitudes vicieuses, et bientôt il tombera de son propre poids. Que s'il faut encore un dernier coup, Dieu le lâchera sans miséricorde sur cette racine stérile et

[1] *Cant.*, VIII, 6. — [2] *Ezech.*, XXVIII, 18.

(*a*) *Note marg.* : Nos péchés contre nous, nos péchés sur nous, nos péchés au milieu de nous : trait perçant contre notre sein, poids insupportable sur notre tête, poison dévorant dans nos entrailles. — (*b*) Le pensez-vous, chrétien, que vous fabriquez en péchant l'instrument de votre supplice éternel? cependant vous le fabriquez. Vous avalez l'iniquité comme l'eau; vous avalez des torrens de flammes. (*c*) *Var.* : Donné.

maudite. Le pécheur ne se soutient plus; les moindres tentations le font chanceler, les plus légers mouvemens lui impriment une pente dangereuse. Mais enfin il a pris sa pente funeste par ses mauvaises inclinations, il ne se peut plus relever, et je le vois qui va tomber. Il est vrai que Dieu lui donne encore un peu d'espérance; mais puisqu'il en abuse, je vis éternellement, dit le Seigneur, je ne puis plus souffrir cette dureté : *Finis venit, venit finis..., fac conclusionem* [1] *:* « La fin est venue et il faut conclure. » Je détruirai tous les fondemens de cette espérance téméraire, je lâcherai le dernier coup; et coupant jusqu'aux moindres fibres qui soutiennent encore ce malheureux arbre, je le précipiterai de son haut et le jetterai dans la flamme : *Omnis arbor non faciens fructum, excidetur et in ignem mittetur* (a).

SECOND POINT.

Tel que seroit un ennemi implacable, qui nous ayant dépouillés de tout notre bien, nous attire de plus sur les bras un adversaire puissant auquel nous ne pouvons résister : tel et encore plus malfaisant est le péché à l'égard de l'homme, puisque le péché, chrétiens, comme je l'ai déjà dit, nous ayant fait perdre le bon usage de la raison, l'emploi légitime de la liberté, la pureté de la conscience, c'est-à-dire tout le bien et tout l'ornement de la créature raisonnable, pour mettre le comble à nos maux, il arme Dieu contre nous et nous rend ses ennemis déclarés, contraires à sa droiture, injurieux à sa sainteté, ingrats envers sa miséricorde, odieux à sa justice et par conséquent soumis à la loi de ses vengeances.

De là nous pouvons comprendre de quelle sorte Dieu est animé (b), si je puis parler de la sorte, envers les pécheurs impénitens; et je vous dirai en un mot, car je ne veux point m'étendre à prouver des vérités manifestes, qu'autant qu'il est saint, autant qu'il est juste, autant leur est-il contraire; de sorte qu'il a contre eux une aversion infinie.

[1] *Ezech.*, VII, 2, 23.

(a) *Note marg.* : Retirez-vous, de peur d'être accablé de sa chute. Ses exemples. Seigneur, donnez-moi de la force; aidez le travail de mon cœur, qui veut enfanter de vrais pénitens. — (b) *Var.* : Disposé.

Les pécheurs n'entendent pas cette vérité ; pendant qu'à l'ombre de leur bonne fortune et à la faveur des longs délais que Dieu leur accorde, ils s'endorment à leur aise, ils s'imaginent que Dieu dort aussi (a); ils pensent qu'il ne songe non plus à les châtier qu'ils songent à se convertir; et comme ils ont oublié ses jugemens, « ils disent dans leur cœur : « Dieu m'a oublié et ne prend pas garde à mes crimes : » *Dixit enim in corde suo : Oblitus est Deus* [1]. Et au contraire ils doivent savoir que la justice divine, qui semble dormir et oublier les pécheurs, leur répugnant pour ainsi dire de toute elle-même, est toujours en armes contre eux et toujours prête à donner le coup par lequel ils périront sans ressource; et il ne faut pas qu'ils se flattent de la bonté infinie de Dieu, de laquelle ils ne connoissent pas la propriété ; qu'ils entendent plutôt aujourd'hui que Dieu est bon d'une autre manière qu'ils ne l'imaginent. Il est bon, dit Tertullien, parce qu'il est ennemi du mal ; et il est infiniment bon, parce qu'il en est infiniment ennemi : *Non plenè bonus, nisi mali œmulus* [2]. Il ne faut donc pas concevoir en Dieu une bonté foible et qui souffre tout, une bonté insensible et déraisonnable; mais une bonté vigoureuse, qui exerce l'amour qu'elle a pour le bien par la haine qu'elle a pour le mal, et se montre efficacement bonté véritable en combattant la malice du péché qui lui est contraire : *Ut boni amorem odio mali exerceat, et boni tutelam expugnatione mali impleat* [3]. Par conséquent, chrétiens, Dieu est toujours en acte et en exercice d'une juste aversion contre les pécheurs. Ses foudres sont toujours prêts, et sa colère toujours enflammée; c'est pourquoi l'Ecriture nous le représente comme tout prêt à frapper : « Toutes ses flèches sont aiguisées, dit le saint prophète, et tous ses arcs bandés et prêts à tirer : *Sagittæ ejus acutæ, et omnes arcus ejus extenti* [4]; il vise et il désigne l'endroit où il veut frapper. Ainsi sa main vengeresse est bien retenue quelquefois par l'attente du repentir, mais non jamais désarmée, et encore moins endormie; et vous le voyez dans notre évangile. Non-seulement elle tient toujours cette terrible cognée, mais elle

---

[1] *Psal.* x, 11. — [2] *Advers. Marcion.*, lib. I, n. 26. — [3] *Ibid.* — [4] *Isa.*, v, 28.

(a) *Var.* : C'est ici qu'il n'est pas croyable combien les pécheurs s'abusent dans l'opinion qu'ils conçoivent de la justice divine; pendant qu'ils s'endorment au milieu des délais que Dieu leur accorde, ils s'imaginent que Dieu dort aussi.

en applique toujours le tranchant funeste à la racine de l'arbre, et il n'y a rien entre deux ; c'est pourquoi il n'est pas possible que l'arbre subsiste longtemps. « Il sera coupé, » dit saint Jean-Baptiste, *excidetur;* ou plutôt, comme nous lisons dans l'original, *exciditur,* dans le temps présent : on le coupe, on le déracine, afin que nous concevions l'action plus présente et plus efficace (*a*).

Nous nous trompons, chrétiens, si nous croyons pouvoir subsister longtemps dans cet état misérable. Il est vrai que jusqu'ici la miséricorde divine a suspendu la vengeance et arrêté le dernier coup de la main de Dieu ; mais nous n'aurons pas toujours un secours semblable. Car enfin, comme dit notre grand prophète, le règne de Dieu approche (*b*) ; sous le règne de Dieu si saint, si puissant, si juste, il est impossible que l'iniquité demeure longtemps impunie (*c*).

« Le Seigneur a régné, dit le Roi-Prophète ; que la terre s'en réjouisse, que les îles les plus éloignées en triomphent d'aise : » *Dominus regnavit, exultet terra, lætentur insulæ multæ* [1]. Voilà un règne de douceur et de paix. Mais, ô Dieu, qu'entends-je dans un autre psaume ! « Le Seigneur a régné, dit le même prophète ; que les peuples frémissent et s'en courroucent, et que la terre en soit ébranlée jusqu'aux fondemens : » *Dominus regnavit, irascantur populi ; qui sedet super Cherubim, moveatur terra* [2]. Voilà ce règne terrible, ce règne de fer et de rigueur qu'un autre prophète décrit en ces mots : *In manu forti, et in brachio extento, et in furore effuso regnabo super vos* [3] *:* « Je régnerai sur vous, dit le Seigneur, en vous frappant d'une main puissante et en épuisant sur vous toute ma colère. »

Dieu ne règne sur les hommes qu'en ces deux manières : il règne sur les pécheurs convertis, parce qu'ils se soumettent à lui volontairement ; il règne sur les pécheurs condamnés, parce qu'il se les assujettit malgré eux. Là est un règne de paix et de grace, ici un règne de rigueur et de justice ; mais partout un règne souverain de Dieu, parce que là on pratique ce que Dieu commande, ici on

---

[1] *Psal.* XCVI, 1. — [2] *Psal.* XCVIII, 1., — [3] *Ezech.*, XX, 33.

(*a*) *Note marg.* : Il semble qu'il ne frappe pas. Vengeance occulte Livre aux passions, au sens réprouvé. — (*b*) *Var.* : Il faut que Dieu règne. — (*c*) *Note marg.* : Un mot du règne de Dieu que saint Jean-Baptiste nous annonce.

souffre le supplice que Dieu impose (a) ; Dieu reçoit les hommages de ceux-là, il fait justice des autres. Pécheur, que Dieu appelle à la pénitence et qui résistez à sa voix, vous êtes entre les deux : ni vous ne faites ni vous n'endurez ce que Dieu veut, vous méprisez la loi et vous n'éprouvez pas le supplice (b), vous rejetez l'attrait et vous n'êtes point accablé par la colère. Vous bravez jusqu'à la bonté qui vous attire, jusqu'à la patience qui vous attend ; vous vivez maître absolu de vos volontés, indépendant de Dieu, sans rien ménager de votre part, sans rien souffrir de la sienne ; et il ne règne sur vous ni par votre obéissance volontaire, ni par votre sujétion forcée. C'est un état violent, je vous le dis, chrétiens, encore une fois ; il ne peut pas subsister longtemps. Dieu est pressé de régner sur vous ; car voyez en effet combien il vous presse. Que de douces invitations ! que de menaces terribles ! que de secrets avertissemens ! que de nuages de loin ! que de tempêtes de près ! Regardez comme il rebute toutes vos excuses ; il ne permet ni à celui-là de mettre fin à ses affaires, ni à cet autre d'aller fermer les yeux à son père [1] ; tout retardement l'importune, tant il est pressé de régner sur vous. S'il ne règne par sa bonté, bientôt et plus tôt que vous ne pensez, il voudra régner par sa justice. Car à lui appartient l'empire, et il se doit à lui-même et à sa propre grandeur d'établir promptement son règne. C'est pourquoi notre grand Baptiste crie dans le désert, et non-seulement les rivages et les montagnes voisines, mais même tout l'univers retentit de cette voix (c) : Faites pénitence, faites pénitence, riches et pauvres, grands et petits, princes et sujets ; que chacun se retire de ses mauvaises voies. « Car le règne de Dieu approche : » *Appropinquat enim regnum cœlorum* [2].

Ainsi je vous conjure, mes frères, ne vous fiez pas au temps qui vous trompe ; c'est un dangereux imposteur qui vous dérobe si subtilement que vous ne vous apercevez pas de son larcin. Ne regardez pas toujours le temps à venir ; considérez votre état présent ; ce que le temps semble vous donner, il vous l'ôte ; il

---

[1] *Luc.*, IX, 59 et 61. — [2] *Matth.*, III, 2.

(a) *Var.* : *Parce que là on obéit à ce qu'il ordonne, ici on souffre ce qu'il impose.* — (b) La peine. — (c) Mais encore toute la nature retentit de cette voix.

retranche de vos jours en y ajoutant. Cette fuite et cette course insensible du temps n'est qu'une subtile imposture pour vous mener insensiblement au dernier jour. La jeunesse y arrive précipitamment, et nous le voyons tous les jours. Partant n'attendez pas de Dieu tout ce que vous prétendez ; ne regardez pas les jours qu'il vous peut donner, mais ceux qu'il vous peut ôter ; ni seulement qu'il peut pardonner, mais encore qu'il peut punir. Ne fondez pas votre espérance et n'appuyez pas votre jugement sur une chose qui vous est cachée.

Je n'ignore pas, chrétiens, que Dieu, qui « ne veut pas la mort du pécheur, mais qu'il se convertisse et qu'il vive [1], » prolonge souvent le temps de la pénitence. Mais il faut juger de ce temps comme des occasions à la Cour. Chacun attend les momens heureux, les occasions favorables pour terminer ses affaires. Mais si vous attendez sans vous remuer, si vous ne savez profiter du temps, il passe vainement pour vous et ne vous apporte en passant que des années qui vous incommodent. Ainsi, dans cette grande affaire de la pénitence, celui-là peut beaucoup espérer du temps, qui sait s'en servir et le ménager. Mais celui qui attend toujours et ne commence jamais, voit couler inutilement et se perdre entre ses mains tous ces momens précieux dans lesquels il avoit mis son espérance (a).

C'est pour cela que saint Jean-Baptiste ne nous donne aucune relâche : « La cognée, dit-il, est à la racine : tout arbre qui ne porte pas de bon fruit sera coupé et jeté au feu ; faites-donc, faites promptement des fruits dignes de pénitence : » *Facite ergo fructus dignos pœnitentiæ* [2]. Vous avez franchi hardiment les plus puissantes considérations. Cette première tendresse d'une conscience innocente, ah! que vous l'avez endurcie ! La pénitence, la communion, vous avez appris à les profaner ; cela ne vous touche plus. Les terribles jugemens de Dieu qui avoient autrefois tant de force pour vous émouvoir, vous avez dissipé comme une vaine frayeur l'appréhension que vous aviez de ce tonnerre, et

---

[1] *Ezech.*, XXXIII, 11. — [2] *Luc.*, III, 8.

(a) *Note marg.* : Que lui apporte le temps, sinon une plus grande atteinte à sa vie, un plus grand poids à ses crimes, une plus forte attache à ses habitudes ?

vous vous êtes accoutumés à dormir tranquillement à ce bruit.

Nous voilà réduits aux miracles. Expérience des pécheurs.....
In peccato vestro moriemini [1].

Attention aux choses dites : point tant songer au prédicateur. Les choses que nous disons sont-elles si peu solides, qu'elles ne méritent de réflexion que par la manière de les dire? Tant d'heures de grand loisir! pourquoi sont-elles toutes des heures perdues? Pourquoi Jésus-Christ n'en aura-t-il pas quelques-unes plutôt qu'un amusement inutile ? Ainsi puisse Jésus-Christ naissant vous combler de graces! puissiez-vous recevoir en lui un Sauveur, et non un juge ! puissiez-vous apprendre à sa crèche à mépriser les biens périssables, et acquérir les inestimables richesses que sa glorieuse pauvreté nous a méritées!

FRAGMENS D'UN SERMON

POUR

LE IIIᵉ DIMANCHE DE L'AVENT (a).

« Une voix crie dans le désert : Préparez les voies du Seigneur, aplanissez les sentiers de notre Dieu; pour cela il faut combler toutes les vallées et abattre toutes les montagnes [2]; » c'est-à-dire qu'il faut relever le courage des consciences abattues par le déses-

---

[1] *Joan.*, VIII, 21. — [2] *Luc.*, III, 5.

(a) Le sermon dont on va lire d'importans fragmens a été prêché probablement en 1669, à Paris, chez les *Nouveaux Convertis*.

Ces fragmens se rapportent au sermon précédent, car ils renferment les mêmes textes et les mêmes idées fondamentales; ils ont été écrits bientôt après, vraisemblablement dans la semaine qui suivit le dimanche où Bossuet avoit prêché à la Cour.

La maison des *Nouveaux Convertis*, située rue de Seine-Saint-Victor, recevoit les Juifs et les protestans qui venoient d'embrasser la vraie foi. C'est là que Bossuet prononça le sermon dont nos fragmens firent partie; on le verra par un passage commençant par ces mots : « C'est pour cette maison qu'il (le divin Maître) parloit. Vous le dirai-je à la honte de l'Eglise? Non; ces pauvres catholiques n'ont pas d'habit, ils n'ont pas de nourriture, » etc. Les calvinistes, et un écrivain catholique après eux, disent que Bossuet n'a jamais élevé la voix en faveur des malheureux. Le sermon qu'on va lire suffiroit, à lui seul, pour réfuter cette calomnie.

poir, et abattre sous la main de Dieu par la pénitence les pécheurs superbes et opiniâtres qui s'élèvent contre Dieu, etc.

L'Eglise fera bientôt le premier, lorsqu'elle dira aux pécheurs : *Consolamini, consolamini* [1]... *Gaudium magnum..., quia natus est vobis hodie Salvator* [2]. Mais devant que de relever leur courage, il faut premièrement abattre leur arrogance : *Jam enim securis* [3], etc. Pour cela il faut des paroles inspirées d'en haut. *Ave*.

Deux coups : celui du péché, celui de la justice divine. L'un ôte la vie, l'autre l'espérance : le coup du péché, la vie; le coup de la justice, l'espérance. Chose étrange et incroyable, Messieurs ! après la perte de la vie, peut-il rester de l'espérance? Oui, parce que Dieu est puissant pour ressusciter les morts, et « qu'il peut, dit notre évangile, faire naître des enfans d'Abraham de ces pierres [4] » insensibles et inanimées; et sa miséricorde infinie lui faisant faire tous les jours de pareils miracles, ceux qui ont perdu la vie de la grace n'ont pas néanmoins perdu l'espérance, etc.

Faut traiter le second point et dire par quels degrés Dieu abat l'appui et le fondement de cette espérance mal fondée. Ce coup n'est pas toujours sensible. Il dessèche l'arbre et la racine en retirant ses inspirations.

Ainsi je ne m'étonne pas si les pécheurs convertis regardent l'état d'où ils sont sortis avec une telle frayeur et ne se sentent pas moins obligés à Dieu, que s'il les avoit tirés de l'enfer. *Posuerunt me in lacu inferiori* [5]. *Eruisti animam meam ex inferno inferiori* [6]. Deux choses font l'enfer : la peine du damné, séparation éternelle d'avec Jésus-Christ : *Nescio vos* [7]. A la sainte table, il ne nous connoît plus. Elle est éternelle de sa nature. Le feu, la peine du sens. Il n'est pas encore allumé, mais nous en avons en nous le principe. En effet d'où pensez-vous, chrétiens, que Dieu fera sortir, etc.

Le moment que Dieu a marqué pour donner ce coup irrémédiable qui enverra les pécheurs au feu éternel, par une juste disposition de sa providence, ne leur doit pas être connu. C'est un

---

[1] *Isa.*, XL, 1. — [2] *Luc.*, II, 10, 11. — [3] *Ibid.*, III, 9. — [4] *Ibid.*, 8. — [5] *Psal.* LXXXVII, 7. — [6] *Psal.* LXXXV, 13. — [7] *Matth.*, XXV, 12.

secret que Dieu se réserve et qu'il nous cache soigneusement, afin que nous soyons toujours en action et que jamais nous ne cessions de veiller sur nous. Néanmoins le pécheur s'endort dans les longs délais qu'il lui donne, l'attendant à la pénitence; et pendant qu'il dort à son aise au milieu des prospérités temporelles, il s'imagine que Dieu dort aussi : « Il dit dans son cœur : Dieu l'a oublié, » il ne prend pas garde à mes crimes : *Dixit enim in corde suo : Oblitus est Deus*[1]; et parce qu'il ne songe pas à se convertir et que Dieu ne lui fait pas sentir sa fureur, il croit que Dieu ne songe pas à le punir. Pour lui ôter de l'esprit cette opinion dangereuse, tâchons aujourd'hui de lui faire entendre une vérité chrétienne qui nous est représentée dans notre évangile, et que je vous prie de comprendre; c'est que la justice divine qui semble dormir, qui semble oublier les pécheurs, les laissant prospérer longtemps en ce monde, est toujours en armes contre eux, toujours en action, toujours vigilante, toujours prête à donner le coup qui les coupera par la racine pour ne leur laisser aucune ressource.

Mais afin de bien comprendre cette vérité, il est nécessaire, Messieurs, de vous expliquer plus profondément ce que j'ai déjà touché en peu de paroles touchant la contrariété infinie qui est entre le pécheur et la justice de Dieu. Je suivrai encore le grand Augustin et les ouvertures admirables qu'il nous a données pour l'éclaircissement de cette matière en son épître quarante-neuvième[2]. Il remarque donc en ce lieu qu'il y a cette opposition entre le pécheur et la loi, que comme le pécheur détruit la loi autant qu'il le peut, la loi réciproquement détruit le pécheur; tellement qu'il y a entre eux une inimitié qui jamais ne peut être réconciliée; et quoique cette vérité soit très-claire, vous serez néanmoins bien aises, Messieurs, d'entendre une belle raison par laquelle saint Augustin l'a prouvée. Elle tombera sans difficulté dans l'intelligence de tout le monde, parce qu'elle est établie sur le principe le plus connu de l'équité naturelle : « Ne fais pas ce que tu ne veux pas qu'on te fasse : » *In quâ mensurâ mensi fueritis, remetietur vobis*[3]. Pécheur, qu'as-tu voulu faire à la loi de

---

[1] *Psal.* x, H, 11. — [2] *Epist.* CII, al. XLIX. — [3] *Luc.*, VI, 38.

Dieu? N'as-tu pas voulu la détruire et anéantir son pouvoir? Oui, certainement, chrétiens. « Les hommes qui ne veulent pas être justes souhaitent qu'il n'y ait point de vérité, et par conséquent point de loi qui condamne les injustes : » *Qui dùm nolunt esse justi, nolunt esse veritatem quâ damnentur injusti* [1].

Et c'est pour cela, chrétiens, que Moïse descendant de la montagne, entendant les cris des Israélites qui adoroient le veau d'or, laisse tomber les tables sacrées où la loi étoit écrite et les brise : *Vidit vitulum et choros, et projecit tabulas, et fregit eas* [2]. Et cela, pour quelle raison, si ce n'est pour représenter ce que le peuple faisoit alors? Ah! ce peuple ne mérite point d'avoir de loi, puisqu'il la détruit entière en ce moment qu'on la lui porte de la part de Dieu. Qu'a fait cette loi pour être brisée? Détruisez les pécheurs, faites-les mourir. Il le fera en son temps, mais en attendant il nous montre ce que nous faisons à la loi.

C'est pourquoi il brise les tables où le doigt de Dieu étoit imprimé; et remarquez, s'il vous plaît, Messieurs, que le peuple ne pèche que contre l'article qui défendoit d'adorer les idoles : *Non facies tibi sculptile* [3]. Mais qui pèche en un seul article, il détruit autant qu'il peut la loi tout entière. C'est pourquoi il laisse tomber et il casse ensemble toutes les deux tables, pour nous faire entendre, mes frères, que par une seule transgression toute la loi divine est anéantie. Mais comme les pécheurs détruisent la loi, il est juste aussi qu'elle les détruise; il est juste qu'ils soient mesurés selon leur propre mesure, et qu'ils souffrent justement ce qu'ils ont voulu faire injustement. Car si cette règle de justice doit être observée entre les hommes, de ne faire que ce que nous voulons qu'on nous fasse, combien plus de l'homme avec Dieu et avec sa loi éternelle! Et c'est pourquoi dans l'histoire que j'ai racontée, le même Moïse qui brisa la loi fit aussi briser le veau d'or et mettre à mort tous les idolâtres, dont l'on fit un sanglant carnage, nous montrant par le premier ce que le pécheur veut faire à la loi, qui est de l'anéantir et de la rompre effectivement, et nous faisant voir par le second ce que fait la loi au pécheur, qui est de le perdre et le mettre en pièces. « Ainsi, dit saint

---

[1] S. August., Tract. XC *in Joan.*, n. 3. — [2] *Exod.*, XXXII, 19. — [3] *Ibid.*, XX, 4.

Augustin, ce que le pécheur a fait à la loi à laquelle il ne laisse point de place en sa vie, la loi de son côté le fait au pécheur en lui ôtant la vie à lui-même : » *Quod peccator facit legi quam de suâ vitâ abstulit, hoc ei facit lex ut auferat eum de hominum vitâ quam regit*[1].

Voilà donc une éternelle opposition entre le pécheur et la loi de Dieu, c'est-à-dire par conséquent entre le pécheur et la justice divine. De là vient que la justice divine nous est représentée dans les Ecritures toujours armée contre le pécheur : « Toutes ses flèches sont aiguisées, nous dit le prophète, tous ses arcs sont bandés et prêts à tirer : » *Sagittæ ejus acutæ, et omnes arcus ejus extenti*[2]. Que s'il retarde par miséricorde à venger les crimes, sa justice cependant souffre violence : « Cela m'est à charge, dit-il, et j'ai peine à le supporter : » *Facta sunt mihi molesta, laboravi sustinens*[3]. Mais pourquoi rechercher ailleurs ce que je trouve si clairement dans mon évangile? Que ne puis-je vous représenter et vous faire appréhender vivement le tranchant épouvantable de cette cognée appliquée à la racine de l'arbre? A toute heure, à tous momens elle veut frapper, parce qu'il n'y a heure, il n'y a moment où la justice divine irritée ne s'anime elle-même contre les pécheurs. Il est vrai qu'elle retarde à frapper, mais c'est que la miséricorde arrête son bras. Elle tâche toujours de gagner le temps ; elle pousse d'un moment à l'autre, nous attendant à la pénitence. Pécheurs, ne sentez-vous pas quelquefois le tranchant de cette justice appliqué sur vous? Lorsque votre conscience vous trouble, qu'elle vous inquiète, qu'elle vous effraie, qu'elle vous réveille en sursaut, remplissant votre esprit des idées funestes de la peine qui vous suit de près, c'est que la justice divine commence à frapper votre conscience criminelle ; elle crie, elle vous demande secours, elle se trouble, elle est étonnée. Mais, ô Dieu! quel sera son étonnement, lorsque la justice divine laissera aller tout à fait la main! Que si elle demeure insensible, si elle ne s'aperçoit pas du coup qui la frappe, ah! c'est qu'il a déjà donné bien avant, que l'esprit de vie ne coule plus ; et de là vient que le sentiment est tout offusqué. Mais soit que vous sentiez ce tranchant, soit que vous ne sentiez

---

[1] *Epist.* CII, n. 24. — [2] *Isa.*, V, 28. — [3] *Ibid.*, I, 14.

pas le coup qu'il vous donne, il touche, il presse déjà la racine, et il n'y a rien entre deux.

O pécheur, ne trembles-tu pas sous cette main terrible de Dieu, qui non-seulement est levée, mais déjà appesantie sur ta tête? *Jam enim securis ad radicem arboris posita est.* Elle ne s'approche pas pour ébranler l'arbre, ni pour en faire tomber les fruits ni les feuilles; elle n'en veut pas même aux branches, à la santé, à la vie du corps; elle le fait quelquefois, mais ce n'est pas là maintenant où elle touche : (*a*) « Elle est à la racine, » dit saint Chrysostome : *Apposita est ad radicem.* Il n'y a plus rien entre deux; et après ce coup dernier, qui nous menace à toute heure, il n'y a plus que le feu pour nous, et encore un feu éternel. Représentez-vous, chrétiens, un homme à qui son ennemi a ôté les armes, qui le presse l'épée sur la gorge : Demande la vie, demande pardon; il commence à appuyer de la pointe sur la poitrine à l'endroit du cœur. C'est ce que Dieu fait dans notre évangile; il n'enfonce pas encore le coup (*b*), ce sont les mots de saint Chrysostome, mais aussi ne retire-t-il pas encore la main. Il ne retire pas, de peur que tu ne te relâches et ne t'enfles; et il n'avance pas (*c*) tout à fait, de peur que tu ne périsses. En cet état il te dit dans notre évangile : Ou résous-toi bientôt à la mort, ou demande promptement pardon : *Omnis arbor non faciens fructum, excidetur.* Ne désespère pas, ô pécheur, il n'a pas encore frappé; tremble néanmoins, car il est tout prêt, et le coup sera sans remède. Peut-être va-t-il frapper dans ce moment même; peut-être sera-ce la dernière fois qu'il te pressera à la pénitence.

— Mais je suis en bonne santé. — Epargne-t-il la jeunesse? épargne-t-il la naissance? épargne-t-il la modération, qui semble un des plus puissans appuis de la vie? Mais en un moment il renverse tout. Et puis quand il te voudroit prolonger la vie, il sait bien nous frapper d'une autre manière. Peut-être qu'il ne laissera pas de frapper en retirant pour jamais les dons de sa grace. S'il les retire, arraché ou desséché, c'est la même chose; le coup est

---

(*a*) *Note marg.:* Plaisirs, richesses, les biens de fortune, biens externes qui ne tiennent pas à notre personne; il ne faut pas un si grand effort; il ne faut pas... la racine, il ne faut que secouer l'arbre. — (*b*) *Var.:* La main. — (*c*) Il ne frappe pas.

donné, la racine est coupée, l'espérance est morte. Que tardons-nous donc, malheureux, à lui donner les fruits qu'il demande ? Et quoi ! si vite, si promptement, et si près du coup de la mort ! Oui, mes frères ; en ce moment même faites germer ces fruits salutaires ; ces fruits peuvent croître en toute saison, et ils n'ont pas besoin du temps pour mûrir. Nathan menace David de la part de Dieu ; voilà la cognée à la racine. En même temps, sans aucun délai : « J'ai péché, » dit-il au Seigneur ; voilà le fruit de la pénitence. Et au même instant qu'il paroît, le tranchant de la cognée se retire : *Dominus transtulit peccatum tuum* [1]. Ne demande donc pas un long temps pour accomplir un ouvrage qui ne demande jamais qu'un moment heureux. Il suffit de vouloir, dit saint Chrysostome [2] ; et aussitôt le germe de ce fruit paroît ; et la cognée se retirera sitôt qu'elle verra paroître, je ne dis pas le fruit, mais la fleur ; je ne dis pas la fleur, mais le nœud, mais le moindre rejeton qui témoignera de la vie. Ah ! s'il est ainsi, chrétiens, malheureux et mille fois malheureux celui qui sortira de ce lieu sacré sans donner à Dieu quelque fruit ! Si vous ne pouvez lui donner une entière conversion, une repentance parfaite, ah ! donnez-lui du moins quelques larmes pour déplorer votre aveuglement. Ah ! si vous ne pouvez lui donner des larmes, ah ! laissez du moins aller un soupir qui témoigne le désir de vous reconnoître ; et si la dureté de vos cœurs ne vous permet pas un soupir, battez-vous du moins la poitrine, jetez du moins un regard à Dieu pour le prier de fléchir votre obstination, donnez quelque aumône à cette intention et pour obtenir cette grace. Ce n'est pas moi, mes frères, qui vous le conseille, c'est la voix du divin Précurseur qui vous y exhorte dans notre évangile. C'est lui qui excite aujourd'hui les peuples à faire des fruits de pénitence. C'est lui qui, pour les presser vivement, leur représente la cognée terrible de la vengeance divine toute prête à décharger le dernier coup, s'ils ne produisent bientôt ces bons fruits. Là-dessus le peuple : *Quid faciemus ?* « Quel fruit produirons-nous ? » *Qui habet duas tunicas det non habenti, et qui habet escas similiter faciat* [3]. C'est pour cette maison qu'il parloit. Vous dirai-je la honte de l'Eglise ? Non ; ces

---

[1] II *Reg.*, XII, 13. — [2] Homil. XI *in Matth.* — [3] *Luc.*, III, 10, 11.

pauvres catholiques n'ont pas d'habit, ils n'ont pas de nourriture. Ne dites pas : Je l'ignorois. Je vous le déclare ; ne croyez pas que nous inventions. Ce n'est pas ici un théâtre où nous puissions inventer à plaisir des sujets propres à émouvoir et à exciter les passions. Que de profusions dans les tables ! que de vanités sur les habits ! que de somptuosité dans les meubles ! mais quelle rage et quelle fureur dans le jeu ! Le désespoir !... Nous rendrons compte de ces ames.

Quand il lâchera le dernier coup, etc. Moment que Dieu a réservé à sa puissance. Le dernier coup après les grandes miséricordes, après l'abondante effusion, l'épanchement des grandes graces. Preuve par notre évangile : *Jam enim securis :* déjà, depuis la venue du Sauveur, Dieu s'étoit irrité contre son peuple qui avoit méprisé les prophètes : (*a*) « Ils ont, dit-il, appesanti leurs oreilles, ils ont endurci leur cœur comme un diamant, pour ne point écouter les paroles que je leur ai envoyées en la main de mes serviteurs les prophètes ; et il s'est élevé une grande indignation, une commotion violente dans le cœur du Seigneur Dieu des armées : » *Et facta est indignatio magna à Domino exercituum* [1]. Pour venger le mépris de ses saints prophètes, Dieu a secoué la nation judaïque comme un grand arbre, il en a fait tomber les fruits et les feuilles, la gloire de ce peuple, la couronne et le sceptre de ses rois entre les mains des rois d'Assyrie. (*b*) Il a frappé les branches, les tribus : une partie au delà du fleuve, une autre en quelque partie de l'empire des Assyriens ; cependant encore une souche en Israël, encore une racine en Jacob. Le temple, les sacrifices, le conseil de la nation, l'autorité des pontifes, enfin une forme d'empire, de république. Jésus est venu, Jésus a prêché, etc. *Jam securis ad radicem ;* l'arbre a été coupé par le pied, ou plutôt déraciné tout à fait. (*c*) Le temple renversé, le sacrifice

---

[1] *Zach.*, VII, 11, 12.

(*a*) *Note marg.* : Il avoit commencé à s'ennuyer : *Cœpit Dominus tædere.* Dégoût de Dieu, quand on passe si facilement du crime à la pénitence et de la pénitence au crime. — (*b*) Il jette les sceptres comme un roseau : quand il lui plaît, un sceptre est un sceptre et un sceptre est un roseau. — (*c*) Tite vient bientôt après Jésus-Christ : le vengeur suit de près le Sauveur. Ils n'ont pas connu le temps de leur visite : Dieu les visite à main armée. L'aigle romaine vient fondre sur eux et les enlever, malgré les forteresses dans lesquelles ils avoient

aboli, toute la nation dispersée, le jouet et la dérision de tous les peuples du monde : *Omnia in figurâ contingebant illis* [1]. Ce peuple dans ses bénédictions, figure de nos graces ; dans ses malédictions, figure de la vengeance que Dieu exerce sur nous, etc. Le baptême, la pénitence ; le pain des anges, viande céleste. Dieu s'approche de l'arbre, non pour faire tomber les fruits et les feuilles. Il n'en veut ni à votre bien, ni à vos fortunes. Il ne faut pas la cognée, il ne faut pas la racine. Les biens externes tiennent si peu qu'il ne faut que secouer l'arbre légèrement, et après le moindre vent les emporte. Il n'en veut pas aux branches, à la santé, à la vie ; *ad radicem*, au fond de l'ame. Arbre infructueux où il ne trouve aucun fruit, *quæ non facit fructum bonum*. Parabole du figuier, *Luc.*, XIII, tout au long.

Je suis venu depuis trois ans : trois ans, c'est un terme immense pour l'attente de notre Dieu. Comptons vingt ans, trente ans, cinquante ans. Songez à votre âge, je n'entreprends pas de faire ce dénombrement ; et il n'a pas encore trouvé de fruit. Les autels de notre Dieu n'ont pas encore vu vos prémices. Il faut couper : *Ut quid enim terram occupat?* « Pourquoi occupe-t-il la terre inutilement ? » Il occupe le soin de mes ministres, qui travailleroient plus utilement sur des ames mieux disposées. Il fait ombre à ma vigne et empêche que mes nouveaux plants ne prennent le soleil, ou que leur fruit ne mûrisse. « Donnez encore un an. » Voyez un erme préfix et un terme assez court ; car l'Eglise qui intercède sait qu'il ne faut pas abuser de la patience d'un Dieu. Trois ans, une longue attente ; un an, une longue surséance. « Et s'il rapporte du fruit, à la bonne heure ; sinon vous le couperez. » Elle consent. Appliquez à l'ame : vous avez eu la pluie, vous avez eu le soleil, vous avez eu la culture ; vous n'avez ni profité ni porté de fruits : vous n'avez plus rien à attendre que la cognée et le feu. Portez des fruits, *fructum bonum,* au goût de Dieu ; *dignos fructus,* dignes du changement que vous méditez, dignes des mauvaises œuvres que vous avez faites. Changement total au dedans et au

---

[1] I *Cor.*, x, 11.

mis leur confiance. Tite se reconnoît l'instrument de la vengeance de Dieu. Sans savoir le crime, il reconnoît la vengeance, tant le caractère de la main de Dieu paroissoit de toutes parts. — Ce qui est écrit dans la Vie d'Apollonius de Tyane.

dehors. Proportion avec les mauvaises œuvres. Maximes des Pères, tous sans exception : qui s'est abandonné aux choses défendues doit s'abstenir des permises. Autant qu'il s'est abandonné, autant doit-il s'abstenir : *Dignos*. Mes frères, je ne veux rien exagérer; Dieu m'est témoin, je désire sincèrement votre salut, et je ne veux ni élargir ni étrécir les voies de Dieu. Voilà les maximes qui ont enfanté les vrais pénitens; les autres, à la perdition éternelle. Faites-vous des fruits dignes de pénitence? Ces gorges et ces épaules découvertes étalent à l'impudicité la proie à laquelle elle aspire. Est-ce pour réparer le temps que vous le consumez au jeu? Lier les parties, les exécuter, les reprendre, l'inquiétude de la perte, l'amorce du gain, l'ardeur, etc. Et quand vous étalez cette parure et tous ces ornemens de la vanité, faites-vous des fruits dignes, etc.? Vous n'humiliez pas la victime; non, vous parez l'idole. Faites des fruits dignes; mais pressez-vous, car le règne de Dieu approche, comme saint Jean vous presse et ne vous laisse aucun repos; pas un mot qui ne vous presse : *Appropinquat*. Tant mieux. C'est un règne de douceur. Jésus, etc. La justice après. A la suite des graces, un grand attirail de supplices : *Jam securis ad radicem*. Je n'ai dit que ce qui est.

Pour comprendre solidement combien est grande la colère de Dieu contre les pécheurs qui ne l'apaisent pas par la pénitence, il faut supposer deux principes dont la vérité est indubitable. Le premier principe que je suppose, c'est que plus celui qui gouverne est juste, plus les iniquités sont punies. Le second, c'est que la peine pour être juste doit être proportionnée à l'injustice qui est dans le crime. Ces principes étant connus par la seule lumière de la raison, il faut tirer cette conséquence que n'y ayant rien de plus juste que Dieu, rien de plus injuste que le péché, ces deux choses concourant ensemble doivent attirer sur tous les pécheurs le plus horrible de tous les supplices. Que Dieu soit infiniment juste, ou plutôt qu'il soit la justice même, c'est ce qui paroît manifestement, parce qu'il est la loi immuable par laquelle toutes choses ont été réglées; ce qu'il vous sera aisé de comprendre, si vous remarquez que la justice consiste dans l'ordre; toutes les choses sont équitables sitôt qu'elles sont ordonnées. Or ce qui met l'ordre dans les choses, c'est la volonté du souverain Etre. Car de même que ce qui fait l'ordre d'une armée, c'est que les commandemens du chef sont suivis; et ce qui fait l'ordre d'un concert et d'une musique, c'est que tout le monde s'accorde avec celui qui bat la mesure : ainsi l'ordre de cet univers, c'est que la volonté de Dieu soit exécutée. C'est pourquoi le monde est conduit avec un ordre si admirable, parce que et les astres, et les élémens, et toutes les autres parties qui composent cet univers conspirent ensemble d'un commun accord à suivre la volonté de Dieu, suivant ce que dit le prophète : « Votre parole, ô Seigneur, demeure immuablement dans le ciel; vous avez fondé la terre, et elle est toujours également stable. C'est par votre ordre que les jours durent, parce que toutes choses vous servent [1]. » Si la justice de Dieu est infinie, il est aussi infiniment juste que tous ses ordres soient accomplis et que les hommes n'outrepassent jamais son commandement. Rien ne résiste à la volonté de Dieu que la volonté des pécheurs. La justice et l'injustice opposées. La justice infinie. Il n'y a qu'une injustice infinie qui soit capable de s'opposer à la justice infinie de Dieu, d'autant plus que celui qui attaque la volonté de Dieu, la choque nécessairement en tout ce qu'elle est dans toute son étendue, suivant ce que dit l'apôtre saint Jacques [2]. Et la raison en est évidente, parce que par une seule contravention l'autorité de la loi est anéantie. L'injustice infinie, le supplice est infini dans son étendue.

Après avoir compris quelle doit être la grandeur de la peine par l'injustice du crime, vous l'entendrez beaucoup mieux encore par la justice de Dieu. Car puisqu'elle est infinie, il faut qu'elle règne et qu'elle prévale. Péché, désordre, rébellion. Ou nous nous rangeons, ou Dieu nous range par l'obéissance, par le supplice; ou nous faisons l'ordre, ou nous le souffrons. Dieu répare l'injustice de notre crime par la justice de notre peine.

Il n'est pas malaisé de prouver que Dieu accuse les pécheurs. Il a gravé en eux la loi éternelle, c'est la conscience; c'est cette loi qui nous accuse : *Accusantibus aut defendentibus* [3]. En cette vie elle nous accuse intérieurement; mais le sentiment n'en est pas

[1] *Psal.* CXVIII, 89, 90, 91. — [2] *Jacob.*, II, 10. — [3] *Rom.*, II, 15.

bien vif, parce que nous l'étouffons par nos crimes, parce que notre ame est comme endormie, charmée par les faux plaisirs de la terre et par une certaine illusion des sens. Et toutefois sa force paroît en ce que nous ne pouvons l'arracher; elle ne laisse pas de se faire entendre. En l'autre vie elle agira dans toute sa force : la force de l'accusateur est dans le jugement. En ce monde il suffit qu'elle nous avertisse; en l'autre il faudra qu'elle nous convainque. Les consciences sont les livres qui seront ouverts : *Manifestabimur, apparebimus.* Nous y serons découverts par cette lumière infinie qui pénètre le secret des cœurs. Là paroîtra cette méchanceté, cette perfidie pour laquelle tu ne croyois pas pouvoir rencontrer des ténèbres assez épaisses. Là seront exposées en plein jour tes honteuses et criminelles passions, tes abominables plaisirs. Cet accusateur inflexible exagérera l'horreur de ton crime. Ta conscience parlera contre toi devant Dieu, devant les anges et devant les hommes. Comment pourras-tu te défendre contre un accusateur si sincère? La honte née du désordre, établie contre le désordre. Sacrifie à Dieu la honte que tu avois immolée au diable. Dieu, pour montrer qu'il ne nous abandonnoit pas à nos passions, nous a donné la honte pour retenir leur emportement.

ABRÉGÉ D'UN SERMON

POUR

LE IIIe DIMANCHE DE L'AVENT (a).

Miserunt Judæi ab Jerosolymis sacerdotes et levitas ad eum, ut interrogarent eum : Tu quis es?

Les Juifs envoyèrent de Jérusalem des prêtres et des lévites à Jean-Baptiste, pour lui demander : Qui êtes-vous? *Joan.*, I, 19.

Le Maître de l'humilité paroîtra bientôt sur la terre ; l'Eglise, pour nous préparer au mystère de sa naissance, nous propose aujourd'hui l'exemple admirable de la modestie de saint Jean-

(a) Prêché vers 1666. — Sur le Faux honneur et l'Humilité chrétienne.

Baptiste ; et par là nous devons apprendre que l'une des plus saintes dispositions que nous puissions apporter à recevoir Jésus-Christ naissant, c'est le mépris de ce faux honneur qui établit dans le monde tant de mauvaises coutumes et tant de maximes dangereuses.

L'homme du monde, Messieurs, c'est cette grande statue que Nabuchodonosor veut que l'on adore. Elle est d'une hauteur prodigieuse, *altitudo cubitorum sexaginta*[1], parce que rien ne paroît plus grand ni plus élevé que l'honneur. Elle est toute d'or, dit l'Ecriture, parce que rien ne semble plus éclatant. Toutes les nations et tous les peuples adorent cette grande statue : *Omnes tribus et linguæ adoraverunt statuam auream*[2]. Tout le monde sacrifie à l'honneur ; et ces fifres et ces trompettes et ces hautbois et ces tambours qui retentissent autour de la statue, ne sont-ce pas les applaudissemens et les cris de joie qui composent ce que les hommes appellent la gloire ? C'est donc cette grande idole que je veux abattre aujourd'hui aux pieds du Sauveur. Je ne me contente pas, chrétiens, d'imiter les trois enfans de Babylone, ni de dénier à l'idole l'adoration que tous les peuples lui rendent. Je veux faire tomber sur elle le foudre de la vérité évangélique, qui la brise et la mette en pièces, et qui sacrifie à Jésus naissant cette fausse divinité, à laquelle le monde aveugle sacrifie tant d'ames. J'ai pour moi, dans cette entreprise, l'autorité de l'Evangile et l'exemple de saint Jean-Baptiste ; mais pour ne rien oublier, j'appelle encore à mon secours la plus humble et la plus puissante de toutes les créatures. *Ave*.

La presse est au désert; on y aborde de toutes parts : « Toute la Judée, dit l'Evangéliste, et même la ville royale y accourt : » *Omnis Judææ regio et Jerosolymitæ universi*[3]. On vient voir, on vient écouter, on vient admirer Jean-Baptiste comme un homme tout divin. Les peuples étonnés de sa vertu ne savent quel titre lui donner; même celui de prophète ne leur semble pas assez grand pour lui[4]. Ils prennent saint Jean-Baptiste pour le Messie ; et je ne sais si ce n'est point encore quelque chose de plus glo-

[1] *Dan.*, III, 1. — [2] *Ibid.*, 7. — [3] *Marc.*, I, 5. — [4] *Luc.*, III, 15.

rieux, qu'en d'autres occasions on ait pris le Messie même pour un autre Jean-Baptiste [1]. Dans une si haute réputation, et d'autant plus glorieuse qu'elle étoit moins recherchée, Jean-Baptiste demeure toujours ce qu'il est, c'est-à-dire toujours humble, toujours modeste. Il n'est rien de ce qu'on pense ; il n'est point Elie, il n'est point prophète ; et bien loin d'être le Messie, il n'est pas digne, dit-il, de lui délier ses souliers. Car il se sert même de cette expression basse, afin de se ravilir tout à fait ; et cette main vénérable de laquelle le Fils de Dieu a voulu être baptisé, cette main qu'il a élevée, dit saint Chrysostome, jusqu'au haut de sa tête (a), n'ose pas même toucher ses pieds : *Non sum dignus corrigiam calceamentorum solvere* [2]. Un tel homme sans doute nous est envoyé pour nous désabuser de l'honneur du monde. Il n'est personne qui n'expérimente jusqu'à quel point il nous éblouit, et combien même il nous captive. Qui n'a pas encore éprouvé combien le désir de l'honneur nous oblige à donner de choses à l'opinion et à l'apparence contre nos propres pensées ? En combien d'occasions importantes la crainte d'un blâme injuste resserre un bon cœur ? combien elle y étouffe de sentimens droits ? combien elle en affoiblit de nobles et de vigoureux ? La suite de ce discours nous fera paroître bien d'autres excès où nous jette l'honneur du monde. Il importe donc au genre humain que cet ennemi soit bien attaqué, mais auparavant il le faut connoître.

Je parle ici de l'honneur qui naît de l'estime des hommes ; et c'est une certaine considération que l'on a pour nous pour quelque bien éclatant qu'on y voit ou qu'on y présume. Voilà l'honneur défini, il nous sera aisé de le diviser ; et je remarque d'abord que nous mettons l'honneur dans des choses vaines, que souvent même nous le mettons dans des choses tout à fait mauvaises, et que nous le mettons aussi dans des choses bonnes. Nous mettons l'honneur dans des choses vaines, dans la pompe, dans la parure, dans cet appareil extérieur, parce que notre jugement est foible. Nous le mettons dans des choses mauvaises ; il y a des vices que nous couronnons, parce que notre jugement est corrompu. Et

---

[1] *Marc.*, VI, 14 ; VIII, 28. — [2] *Luc.*, III, 16.
(a) *Var.:* Par-dessus sa tête.

aussi parce que notre jugement n'est ni tout à fait affoibli, ni tout à fait dépravé, nous mettons dans des choses bonnes, par exemple dans la vertu, une grande partie de l'honneur. Mais néanmoins cette foiblesse et cette corruption font que nous tombons dans une autre faute, qui est celle de nous les attribuer et de ne pas les rapporter à Dieu, qui est l'auteur de tout bien. Il faut donc que nous apprenions aujourd'hui et, mes frères, que nous l'apprenions par l'exemple de saint Jean-Baptiste, à chercher du prix et de la valeur dans les choses que nous estimons, par là toutes les vanités seront décriées; à y chercher beaucoup davantage la vérité et la droiture, et par là tous les vices perdront leur crédit; enfin à y chercher l'ordre nécessaire, et par là les biens véritables, c'est-à-dire les vertus seront honorées (*a*), mais d'un honneur rapporté à Dieu qui est leur premier principe. Et c'est le sujet de ce discours.

L'Apôtre nous avertit que nous devons être enfans en malice, mais que nous ne devons pas l'être dans les sentimens; c'est-à-dire qu'il y a en nous des foiblesses et des pensées puériles que nous devons corriger, afin de demeurer seulement enfans en simplicité et en innocence. Il considéroit, chrétiens, qu'encore que la nature, en nous faisant croître par certains projets, nous fasse espérer enfin la perfection, elle semble n'ajouter tant de traits nouveaux à l'ouvrage qu'elle a commencé, que pour y mettre en son temps la dernière main.

Les caractères de l'humilité en saint Jean-Baptiste. Description de sa naissance, de ses austérités, de sa vie. Si grand, que pris pour le Christ. Eclat de sa naissance sacerdotale; Jésus-Christ, charpentier. Légation honorable : des prêtres et des lévites, les premiers en dignité; pharisiens, les premiers en doctrine. On s'en rapporte à lui-même. *Tu quis es ? Quid dicis de teipso* [1] *?* C'étoit une belle ouverture à l'orgueil. Tout le monde est préoccupé en sa faveur, et il ne lui coûtera qu'un aveu pour être honoré comme le Messie; mais il n'auroit garde d'acheter le plus grand honneur du monde par une mauvaise action.

Premier caractère d'humilité : non-seulement de ne rechercher

[1] *Joan.*, 1, 19, 22.
(*a*) *Var. :* Comme elles le doivent être seules.

pas, mais de rejeter les louanges quand elles viennent d'elles-mêmes.

Second caractère : refuser constamment les fausses louanges : *Non sum ego Christus* [1] : « Je ne suis pas le Christ. »

Troisième caractère : les véritables et les vrais talens pris non du côté le plus éclatant, mais du côté le plus bas. Il étoit Elie ; Jésus-Christ l'a dit : il étoit prophète, et plus que prophète [2], le même Jésus-Christ. Il n'est pas Elie en personne, il n'est pas prophète selon la notion commune, prédisant l'avenir, mais montrant Jésus-Christ présent. Il dit absolument qu'il ne l'est pas; du côté le moins favorable.

Quatrième caractère : ne dire pas seulement de soi ce qui est humiliant, mais l'inculquer. Ce qui est marqué par ces paroles : *Et confessus est, et non negavit, et confessus est* [3].

Cinquième caractère : exténuer ce qu'on ne peut pas s'ôter, en faisant voir qu'on ne l'a pas de soi-même, et que de soi-même on n'est rien. Qui êtes-vous ? Je suis une voix. Quoi de moins subsistant et de plus rien qu'une voix, un son, un air frappé ? Je parle, je cesse; en un instant tout est dissipé. Il ne dit pas : Je suis celui qui crie ; mais : Je suis la voix de celui qui crie ; un autre parle en moi. La voix ne subsiste que par celui qui parle. Je cesse de vouloir parler, la voix cesse en un instant; il n'en reste rien. Rien de plus dépendant d'autrui que la voix.

Sixième caractère : autre manière d'exténuer ce qu'on ne peut pas s'ôter, en se comparant à quelque chose de plus grand, comme saint Jean à Jésus-Christ : *Ego baptizo in aquâ, medius vestrûm stetit* [4]; *ille est qui baptizat in Spiritu sancto et igni* [5]; *ante me factus est, quia prior me erat* [6]. Dans cette comparaison, qui ose se réputer quelque chose, surtout si celui qui est si grand et à qui il se compare, a été dans l'abjection comme Jésus-Christ ? *Medius vestrûm*. Nulle distinction : *Quem vos nescitis*. Qui ose vouloir se signaler et se distinguer, quand Jésus-Christ, inconnu.

Voilà comme il s'abaisse : pas digne des courroies de Jésus-

---

[1] *Joan.*, I, 20. — [2] *Matth.*, XI, 9, 14. — [3] *Joan.*, I, 20. — [4] *Ibid.*, 26. — [5] *Matth.*, III, 11. — [6] *Joan.*, I, 30.

Christ ; lui, au-dessous des pieds ; et Jésus-Christ le met à la tête.

Je viens ensuite à l'explication du culte de la messe : les préparations du sacrifice : *Parate viam Domini* [1].

SERMON

POUR

LE IV⁰ DIMANCHE DE L'AVENT (a).

Ego vox clamantis in deserto.
Je suis la voix de celui qui crie dans le désert. *Joan.*, I, 23.

Les hommes, dont la passion a corrompu le jugement, ne savent pas suivre les traces de la vérité, et la lumière elle-même les confond et les égare (b). La vie étonnante de saint Jean-Baptiste cause une telle admiration au conseil des Juifs qui étoit à Jérusalem, qu'ils envoient dans notre évangile une solennelle députation (c) pour lui demander s'il n'est point Elie, s'il n'est point ce grand prophète promis par Moïse, enfin s'il n'est point le Christ. Jean, cet humble ami de l'Epoux, qui ne songe plus qu'à décroître et à s'abaisser aussitôt que Jésus-Christ veut paroître, pour lui donner la gloire qui lui est due se sert de cette occasion pour dé-

---

[1] *Matth.*, III, 3.

(a) Prêché devant le roi, la reine, Madame, le duc d'Orléans, en 1669.
Comme on ne trouve aucun titre royal dans ce sermon, les éditeurs ont cru qu'il n'a pas été prêché devant le monarque ; mais il renferme dans le premier point un passage qui suppose manifestement sa présence : « Un roi même, pénitent au milieu de sa Cour..., entre dans cet esprit de solitude et se retire souvent dans son cabinet, » etc. D'un autre côté le même sermon contient plusieurs passages simplement esquissés ; et c'est surtout vers 1669, que Bossuet se contentoit de tracer sur le papier des croquis rapides qu'il achevoit dans la chaire.
(b) *Var.* : Ne savent pas suivre les traces de la vérité, ne s'accordent ni avec elle ni avec eux-mêmes, et la lumière..... — (c) Une telle admiration aux Juifs de Jérusalem, qui lui font une solennelle députation pour lui demander.....

couvrir aux Juifs ce divin Sauveur qui étoit au milieu d'eux sans qu'ils voulussent le connoître. Mais de quelle erreur ne sont point capables des hommes préoccupés et dont le sens est dépravé ! Ils s'adressent à saint Jean-Baptiste pour apprendre de lui-même quel il est, et le consultent sur ce qui le touche, tant il leur paroît digne d'être cru; et ils le jugent tout ensemble si peu digne de créance, qu'ils rejettent le témoignage sincère qu'il rend à un autre. Ils ont conçu une si haute estime de sa personne, qu'ils le prennent pour un prophète et doutent même s'il n'est point le Christ; et en même temps ils font si peu d'estime de son jugement, qu'ils ne veulent pas reconnoître le Christ qu'il leur montre : tant il est vrai, chrétiens, qu'il n'y a point de contradiction ni d'extravagance où ne tombent ceux que leur présomption aveugle et qui osent mêler leurs propres pensées aux lumières que Dieu leur présente.

Allons, mes frères, à saint Jean-Baptiste dans un esprit opposé à celui des Juifs, puisque l'Eglise nous fait entendre ses divines prédications pour préparer les voies au Sauveur naissant, et lui fait faire par ce moyen encore une fois son office de précurseur. Ecoutons attentivement cette voix qui nous doit conduire à la Parole éternelle. Mais pour nous rendre capables de profiter de ses instructions, prions la très-sainte Vierge qu'elle nous obtienne la grace d'être émus à la voix de saint Jean-Baptiste, comme Jean-Baptiste fut ému lui-même à la voix de cette Vierge bénie, lorsqu'elle alla lui porter jusque dans les entrailles de sa mère une partie de la grace qu'elle avoit reçue avec plénitude. *Ave.*

Vous venez entendre aujourd'hui un grand et excellent (a) prédicateur; c'est le célèbre Jean-Baptiste, flambeau devant la Lumière, voix devant la Parole, ange devant l'Ange du grand conseil, médiateur devant le Médiateur, c'est-à-dire médiateur entre la loi et l'Evangile, précurseur de celui qui le devance; dont la main qui s'estime indigne d'approcher seulement des pieds de Jésus, est élevée même dessus sa tête; qui baptise au dehors celui qui le baptise au dedans, et répand de l'eau sur la tête de celui qui

---

(a) *Var.:* Admirable.

répand le feu et le Saint-Esprit dans les cœurs. Voilà, mes frères, le prédicateur qui demande votre audience. Il a raison de dire en se définissant lui-même, qu'il est une voix, parce que tout parle en lui, sa vie, ses jeûnes, ses austérités, cette pâleur, cette sécheresse de son visage, l'horreur de ce cilice de poil de chameau qui couvre son corps, et de cette ceinture de cuir qui serre ses reins, sa retraite, sa solitude, le désert affreux qu'il habite; tout parle, tout crie, tout est animé. Tels devroient être les prédicateurs : « Il faudroit que tout fût parlant et résonnant en eux : » *Totum se vocalem debet verbi nuntius exhibere,* comme disoit cet ancien Père. A voir ce prédicateur si exténué, ce squelette, cet homme qui n'a point de corps, dont le cri néanmoins est si perçant (*a*), on pourroit croire qu'en effet ce n'est qu'une voix, mais une voix que Dieu fait entendre aux mortels pour leur inspirer une crainte salutaire. Au bruit de cette voix, non-seulement le désert est ému, mais les villes sont troublées, les peuples tremblans, les provinces alarmées. On voit accourir aux pieds de saint Jean-Baptiste toute la Judée saisie de frayeur, tant il annonce fortement aux hommes les sévères jugemens de Dieu qui les pressent et qui les poursuivent. « Race de vipères, qui vous a avertis de fuir la colère à venir [1] ? »

Il a donc raison de dire qu'il n'est point ce que les Juifs ont pensé. Il n'est point le Prophète, il n'est point le Christ, il n'est point Élie. Il est une voix, il est un cri qui avertit les pécheurs de leur ruine prochaine et inévitable, s'ils ne font bientôt pénitence. Prêtons, mes frères, l'oreille attentive à ce divin prédicateur (*b*), prophète et plus que prophète. Oui, puisqu'il est tout voix pour nous parler, soyons tout oreille pour l'entendre. « Je suis, dit-il, la voix de celui qui crie dans le désert : Préparez la voie (*c*) du Seigneur, redressez dans la solitude les sentiers (*d*) de notre Dieu : » *Vox clamantis in deserto : Parate viam Domini; rectas facite in solitudine semitas Dei nostri.* (*e*) Telle est la voix

[1] *Matth.,* III, 7.

(*a*) *Var.* : Et qui tonne néanmoins avec tant de force. — (*b*) Écoutons, mes frères, attentivement ce divin prédicateur. — (*c*) Les voies. — (*d*) Faites droits les chemins. — (*e*) *Note marg.* : Écoutons donc la voix qui nous parle, laissons-nous frapper distinctement par tous ses sons; voyons tous les mystères de la

qui nous parle; il reste que nous entendions ce que c'est que ce désert (a) où elle crie, quelle préparation elle nous demande, quelle droiture elle nous prescrit. Voilà sans détour et sans circuit le partage de mon discours et le sujet de vos attentions.

PREMIER POINT.

La voix qui nous invite à la pénitence se plaît à se faire entendre dans le désert. Il faut quitter le grand monde et les compagnies; il faut aimer la retraite, le silence et la solitude, pour écouter cette voix qui ne veut point être étourdie par le bruit et le tumulte des hommes.

La première chose que Dieu fait quand il veut toucher un homme du monde, c'est de le tirer à part pour lui parler en secret. « J'ai trouvé, dit-il, cette ame mondaine avec tous les ornemens de sa vanité : » *Ornabatur in aure suâ et monili suo.* Elle ne songeoit qu'à plaire au monde, à voir et à être vue; « elle couroit comme une insensée après ses amans, après ceux qui flattoient ses mauvais désirs, et elle m'oublioit, dit le Seigneur : » *Et ibat post amatores suos, et obliviscebatur mei, dicit Dominus* [1]. « Et moi je commencerai de l'allaiter; » je lui ferai ressentir une goutte des douceurs célestes : « Je l'attirerai à la solitude, et je parlerai à son cœur : » *Propter hoc ego lactabo eam, et ducam eam in solitudinem, et loquar ad cor ejus* [2]. Je lui dirai des paroles de consolation et d'instruction divine.

Et certes nous errons dans le principe, si nous croyons que l'esprit de componction et de pénitence puisse subsister dans ce commerce éternel du monde auquel nous abandonnons toute notre vie. Un pénitent est un homme pensif et attentif à son ame : (b) Un pénitent est un homme dégoûté et de lui-même et du monde. (c) Un pénitent est un homme qui veut soupirer, s'affliger, qui veut gémir. (d) Un tel homme veut être seul, veut

---

[1] *Ose.*, II, 13. — [2] *Ibid.*, 14.

pénitence, tout l'ordre de l'expiation des crimes, toute la méthode pour les traiter et pour les guérir. — (a) Var. : Quel est le désert. — (b) Note marg. : *Cogitabo pro peccato meo* (Psal. XXXVII, 19) : « Mon péché occupe toutes mes pensées. » — (c) *Dormitavit anima mea præ tædio* (Psal. CXVIII, 28) : « Mon ame languit d'ennui. » — (d) *Laboravi in gemitu meo* (Psal. VI, 7) : « J'ai été pressé par mes sanglots. »

avoir des heures particulières ; le monde l'importune et lui est à charge.

Je vous étonnerois (*a*), mes frères, si je vous racontois les lois de l'ancienne pénitence. On tiroit le soldat de la milice, le marchand du négoce, tout chrétien pénitent des emplois du siècle. Ils prioient, ils méditoient nuit et jour ; ils regrettoient sans cesse le bien qu'ils avoient perdu. Ils n'étoient ni des fêtes, ni des jeux, ni des affaires du monde. Ils se nourrissoient dans leurs maisons du pain de larmes. Ils ne sortoient en public que pour aller se confondre à la face de l'Eglise et implorer aux pieds de leurs frères le secours de leurs prières charitables ; tant ils estimoient la retraite et la solitude nécessaire.

Qu'est-ce en effet qui nous a poussés dans ces prodigieux égaremens ? qu'est-ce qui nous a fait oublier et Dieu et nous-mêmes, si ce n'est qu'étourdis par le bruit du monde, nous n'avons pas même connu nos excès ? Notre conscience, témoin véritable, ami fidèle et incorruptible, n'a jamais le loisir de nous parler ; et toutes nos heures sont si occupées, qu'il ne reste plus de temps (*b*) pour cette audience. Or il y a cette différence entre la raison et les sens, que l'impression des sens est fort vive, leur opération prompte, leur attaque brusque et surprenante ; au contraire la raison a besoin de temps pour ramasser ses forces, pour ordonner ses principes, pour appuyer ses conséquences, pour affermir ses résolutions ; tellement qu'elle est entraînée par les objets qui se présentent et emportée pour ainsi dire par le premier vent (*c*), si elle ne se donne à elle-même par son attention un certain poids, une certaine consistance, un certain arrêt. (*d*) Si donc on lui ôte la réflexion, on lui ôte toute sa force, on la laisse découverte et à l'abandon pour être la proie du premier venu. C'est, mes frères, ce que fait le monde ; il sait remuer si puissamment je ne sais quoi d'inquiet et d'impatient que nous avons dans le fond du cœur,

---

(*a*) *Var.* : Je vous ferois peur. — (*b*) Aucun temps. — (*c*) Et cependant il est véritable que qui ôte à l'esprit la réflexion, lui ôte toute sa force. Car il y a cette différence entre la raison et les sens, que les sens font d'abord leur impression ; leur opération est prompte, leur attaque brusque et surprenante..... — (*d*) Note marg. : *Iniquitates nostræ quasi ventus abstulerunt nos* (Isa., LXIV, 6). Ce vent ne manquera jamais de nous emporter, si notre ame ne se roidit et ne s'affermit elle-même par une attention actuelle.

qu'il nous tient toujours en mouvement. Toutes les heures s'écoulent trop vite, toutes les journées finissent trop tôt, en sorte qu'on n'est jamais un moment à soi ; et qui n'est pas à soi-même, de qui ne devient-il pas le captif ?

Hommes errans, hommes vagabonds, qui vous fuyez vousmêmes, écoutez, il est temps, la voix qui vous rappelle au dedans (a). Si vous vous êtes perdus par cette prodigieuse dissipation, il faut qu'un recueillement salutaire commence votre guérison. Une partie de votre mal consiste dans un certain étourdissement que le bruit du monde a causé, et dont votre tête est tout ébranlée ; il faut vous mettre à l'écart, il faut vous donner du repos. Voici le médecin qui vous dit lui-même par la bouche de son prophète : *Si revertamini et quiescatis, salvi eritis ; in silentio et in spe erit fortitudo vestra* [1] : « Si vous sortez de ce grand tumulte et que vous preniez du repos, vous serez sauvés ; et en gardant le silence, vos forces commenceront de se rétablir. »

Le docte saint Jean Chrysostome [2] a renfermé en un petit mot une sentence remarquable, quand il a dit que pour former les mœurs, et peut-être en pourrions-nous dire autant de l'esprit, il faut désapprendre tous les jours. En effet mille faux préjugés nous ont gâté l'esprit et corrompu le jugement ; et la source de ce désordre, c'est qu'aussitôt que nous avons commencé d'avoir quelque connoissance, le monde a entrepris de nous enseigner, a joint aux tromperies de nos sens celles de l'opinion et de la coutume. C'est de là que nous avons tiré ces belles leçons, qu'il faut tout mesurer à notre intérêt, que la véritable habileté c'est de faire tout servir à notre fortune, qu'il faut venger les affronts. Endurer, c'est s'attirer de nouvelles insultes ; cette grande modération, c'est la vertu des esprits vulgaires ; la patience est le partage des foibles et la triste consolation de ceux qui ne peuvent rien ; dans une vie si courte et si malheureuse que la nôtre, c'est folie de refuser le peu de plaisir que la nature nous donne. Voilà les

---

[1] *Isa.*, XXX, 15. — [2] S. Chrys., homil. XI *in Genes.*

(a) *Var.* : Hommes errans, hommes vagabonds, déserteurs de votre ame et fugitifs de vous-mêmes : *Redite, prævaricatores, ad cor* (Isa., XLVI, 8) : « Retournez au cœur, » commencez à réfléchir et à entendre la voix qui vous rappelle au dedans.

grandes leçons que nous apprenons tous les jours dans les compagnies, si bien que tous les préceptes de Dieu et de la raison demeurent ensevelis sous les maximes du monde.

Après cela, mes frères, vous comprenez aisément la nécessité de désapprendre; mais certes, pour oublier de telles leçons, il faut quitter l'école et le maître. Car considérez, je vous prie, de quelle sorte le monde vous persuade. Ce maître dangereux n'agit pas à la mode des autres maîtres : il enseigne sans dogmatiser; il a sa méthode particulière de ne prouver pas ses maximes, mais de les imprimer dans le cœur sans qu'on y pense. (a) Autant d'hommes, oui certes, autant d'hommes qui nous parlent, autant d'organes qui nous les inspirent. Nos ennemis par leurs menaces, nos amis par leurs bons offices concourent également à nous donner de fausses idées des biens et des maux. Tout ce qui se dit dans les compagnies, et l'air même qu'on y respire, n'imprime que plaisir te que vanité. Ainsi nous n'avançons rien de n'avaler pas tout à coup le poison du libertinage, si cependant nous le suçons peu à peu, si nous laissons gagner jusqu'au cœur cette subtile contagion qu'on respire avec l'air du monde dans ses conversations et dans ses coutumes. Tout nous gâte, tout nous séduit; (b) et si nous demandons à Tertullien ce qu'il craint pour nous dans le monde : Tout, nous répondra ce grand homme, jusqu'à l'air qui est infecté par tant de mauvais discours, par tant de maximes antichrétiennes (c) : *Ipsumque aerem.... scelestis vocibus constupratum* [1].

Ne vous étonnez donc pas si je dis que le premier instinct que ressent un homme touché de Dieu, est celui de se séquestrer du grand monde. La même voix qui nous appelle à la pénitence, nous appelle aussi au désert, c'est-à-dire au silence, à la solitude et à la retraite. Ecoutez ce saint pénitent : *Similis factus sum*

[1] Lib. *De Spect.*, n. 27.

(a) *Note marg.* : Ainsi il ne suffit pas de lui opposer des raisons et des maximes contraires, parce que cette doctrine du monde s'insinue plutôt par une insensible contagion que par une instruction expresse et formelle. — (b) Et le grand malheur de la vie humaine, c'est que nul ne se contente d'être insensé seulement pour soi, mais veut faire passer sa folie aux autres; si bien que ce qui nous seroit indifférent souvent, tant nous sommes foibles, excite notre imprudente curiosité par le bruit qu'on en fait autour de nous. Dans cet étrange empressement de nous entre-communiquer nos erreurs et nos folies, l'esprit se corrompt tout à fait. — (c) *Var.* : Corrompues.

pellicano solitudinis, factus sum sicut nycticorax in domicilio; vigilavi et factus sum sicut passer solitarius in tecto [1] : « Je suis, dit-il, devenu semblable au pélican des déserts et au hibou des lieux solitaires et ruinés ; j'ai passé la nuit en veillant, et je me trouve comme un passereau tout seul sur le toit d'une maison. » Au lieu de cet air toujours complaisant que le monde nous inspire, l'esprit de pénitence nous met dans le cœur je ne sais quoi de rude et de sauvage. Ce n'est plus cet homme doux et galant qui lioit toutes les parties (a) ; ce n'est plus cette femme commode et complaisante, trop adroite médiatrice et amie trop officieuse, qui facilitoit ces secrètes correspondances ; ce ne sont plus ces expédiens, ces ouvertures, ces facilités ; on apprend un autre langage, on apprend à dire : Non ; à dire : Je ne puis plus ; à payer le monde de négatives sèches et vigoureuses. On ne veut plus vivre comme les autres ni avec les autres ; on ne veut plus s'approcher ; on ne veut plus plaire, on se déplaît à soi-même. Un pécheur qui commence à sentir son mal, est dégoûté tout ensemble et du monde qui l'a déçu, et de lui-même qui s'est laissé prendre à un appât si grossier. Il se souvient, hélas ! à combien de crimes il s'est engagé par ses malheureuses complaisances. Il ne songe plus qu'à se séparer de cette subtile contagion qu'on respire avec l'air du monde dans ses conversations et dans ses coutumes. Un roi même, pénitent au milieu de sa Cour et des affaires, entre dans cet esprit de solitude. Il se retire souvent dans son cabinet. Si les affaires du jour ne lui permettent pas d'être seul, il passe la nuit en veillant ; et dans ce temps de silence et de liberté, il s'abandonne au secret désir qui le pousse à soupirer et à gémir. Loin du monde, loin des compagnies, il n'a plus que Dieu devant les yeux pour s'affliger en sa présence, pour lui dire du fond de son cœur : « J'ai péché contre vous et devant vous seul, » et je veux aussi m'affliger en votre seule présence ; seul et invisible témoin de mes sanglots et de mes regrets, ah ! écoutez la voix de mes larmes : *Tibi soli peccavi* [2].

Et certes si nous examinons attentivement pourquoi Dieu et la

[1] *Psal.* CI, 7, 8. — [2] *Psal.* L, 6.

(a) *Var.* : Doux et facile qui étoit de toutes les parties.

nature ont mis dans nos cœurs cette source amère de regrets, il nous sera aisé de comprendre que c'est pour nous affliger, non tant de nos malheurs que de nos fautes. Les maux qui nous arrivent par nécessité portent toujours avec eux quelque espèce de consolation : c'est une nécessité, on se résout. Mais il n'y a rien qui aigrisse tant nos douleurs que lorsque notre malheur vient de notre faute. Ainsi ce sont nos péchés qui sont le véritable sujet de nos larmes; et il ne se faudroit jamais consoler d'avoir commis tant de fautes, n'étoit qu'en les déplorant on les répare, et c'est une seconde raison pour laquelle les saints pénitens s'abandonnent à la douleur (a). Dans toutes nos autres pertes, les larmes et les regrets nous sont inutiles. Une personne qui vous étoit chère vous a été ravie par la mort : pleurez jusqu'à la fin du monde, quelque effort que vous fassiez pour la rappeler, votre douleur impuissante ne la fera pas sortir du tombeau; et si vives que soient vos douleurs, elles ne ranimeront pas ses cendres éteintes. Mais en déplorant vos péchés, vous les effacez par vos larmes; en disant avec le prophète : «La couronne de notre tête est tombée; malheur à nous, car nous avons péché [1]! » nous remettons sur cette tête dépouillée de son ornement la même couronne de gloire. En déplorant (b) l'audace insensée qui vous a fait violer la sainteté de votre baptême, vous vous en préparez un second. C'est ce qui porte un pénitent à pleurer sans fin et à chercher le secret et la solitude pour s'abandonner tout entier à une douleur si juste et si salutaire.

Au reste ne croyez pas que je vous fasse ici des discours en l'air, ni que je vous prêche des regrets et des solitudes imaginaires. Toutes les histoires ecclésiastiques sont pleines de saints pénitens qui ne pouvant plus supporter le monde dont ils avaient suivi les attraits trompeurs, ont été enfin remplir les déserts de leurs pieux gémissemens (c). Ils ne pouvoient se consoler d'avoir violé leur baptême, profané le corps de Jésus-Christ, outragé l'esprit de grace, foulé aux pieds son sang précieux dont ils avoient été

[1] *Thren.*, v, 16.

(a) *Var.* : Une seconde raison qui oblige les saints pénitens à pleurer avec abondance. — (b) En pleurant. — (c) De saints pénitens qu'une douleur immense de leurs péchés a poussés dans les déserts les plus reculés.

rachetés, crucifié leur Sauveur encore une fois. Ils reprochoient à leur ame, épouse infidèle, blanchie au sang de l'Agneau, qu'au milieu des bienfaits de son Epoux, dans le lit même de son Epoux, elle s'étoit abandonnée à son ennemi. Ils versoient des ruisseaux de larmes. Ils ne pouvoient plus supporter le monde qui les avoit abusés, ni ses fêtes, ni ses vanités, ni son triomphe qui détruit le règne de Dieu. Ils alloient chercher les lieux solitaires pour donner un cours plus libre à leur douleur; on les entendoit non gémir, mais hurler et rugir dans les déserts : *Rugiebam* [1]. Je n'ajoute rien à l'histoire; il sembloit qu'ils prenoient plaisir à ne voir plus que des objets qui eussent quelque chose d'affreux et de sauvage, et qui leur fussent comme une image de l'effroyable désolation où leurs péchés les avoient réduits (*a*).

Il ne faut plus espérer de pareils effets de la pénitence en nos jours. Saint Jean-Baptiste en personne pourroit prêcher encore une fois; il ne nous persuaderoit pas de quitter le monde pour aller pleurer nos péchés dans quelque coin inconnu, dans quelque vallée déserte. Notre salut ne nous est pas assez cher, nous ne mettons pas notre ame à un si haut prix (*b*). Je veux bien le dire, ces saintes extrémités ne nous sont pas précisément commandées, ni peut-être absolument nécessaires; mais du moins ne nous livrons pas tout à fait au monde, ayons des temps de retraite; ni

[1] *Psal.* XXXVII, 9.

(*a*) *Note marg.* : L'Epouse du saint Cantique aime la campagne et la solitude : le tumulte des compagnies et la vue des hommes la détourne et l'étourdit. Pourquoi? parce qu'elle a le cœur touché. « Viens, mon bien-aimé, dit l'Epouse; sortons à la campagne; allons demeurer aux champs : levons-nous du matin pour aller visiter nos vignes, pour voir si elles commencent à pousser leurs fleurs. » Il n'y a aucune de ces paroles qui ne respire un air de solitude et les délices de la vie champêtre. L'amour, ennemi du tumulte et occupé de soi-même, cherche les lieux retirés, dont le silence et la solitude entretiennent son oisiveté toujours agissante. Amour innocent; amour pénitent : délicieuses méditations de l'amour innocent. Dans le cantique, solitudes agréables et solitudes affreuses. L'amour pénitent, outré de douleur et inconsolable : l'épouse délicate, qui déplore ses honteuses infidélités. Il appelle sa bien-aimée, non plus des jardins et des prairies, mais du milieu des rochers et des déserts les plus effroyables. « Lève-toi, dit-il, ma bien-aimée, quoique infidèle, mais pénitente : sors des trous des rochers, sors des cavernes profondes. Viens du Liban, mon Epouse, viens du sommet des montagnes et du creux des précipices; sors des tanières des lions, des retraites des bêtes ravissantes. » Ses douleurs, ses regrets et ses désespoirs sont des bêtes farouches qui la déchirent. — (*b*) *Var.* : Notre ame ne nous est pas assez précieuse, quoiqu'elle ait coûté le même sang.

à ses divertissemens, un cœur contrit, un cœur affligé n'est plus sensible à ces vaines joies. N'exposez pas au monde l'esprit de la grace, ne vous répandez pas si fort au dehors. Faites entrer le bon grain dans la terre; c'est pour l'avoir négligé et pour l'avoir laissé trop à l'abandon qu'il n'a pu prendre racine; les passans l'ont foulé aux pieds, les oiseaux du ciel l'ont mangé, ou les soins du monde l'ont étouffé; votre moisson est ravagée par avance dans le temps même de la culture et du labourage. Si votre pénitence n'est pas gémissante, qu'elle soit du moins sérieuse, du moins qu'elle ne soit pas emportée. Tout le monde ne peut pas gémir ni répandre des pleurs effectifs; la douleur peut subsister sans toutes ces marques, mais le cœur doit être brisé au dedans. Mais du moins faut-il tenir pour certain que ces emportemens de joie sensuelle sont incompatibles avec la douleur de la pénitence. *Etiam à licitis* [1]. Soyons donc attentifs à notre salut : *Sibi ipsa mentis intentio solitudinem gignit,* dit saint Augustin [2]. Faisons-nous une solitude par notre attention, par notre recueillement. Nous voilà dans le désert, où la voix de saint Jean-Baptiste nous a conduits : déjà nous y avons appris à pleurer nos crimes; faut-il quelqu'autre préparation pour ouvrir la voie à Dieu et le faire entrer dans notre ame? C'est ce que... Seconde partie.

SECOND POINT.

N'en doutez pas, mes frères, que la pénitence ne demande de plus intimes préparations que celles que j'ai déjà rapportées : la retraite et la solitude éloignent le mal plutôt qu'elles n'avancent le bien. Les regrets dont j'ai tant parlé seroient suffisans, pourvu qu'ils fussent sincèrement dans le fond du cœur (*a*); mais comme nous sommes instruits qu'il y a de fausses douleurs et de fausses componctions, c'est ce qui nous oblige à nous éprouver, et c'est ce que j'appelle préparer les voies avec attention et exactitude. *Lavamini, mundi estote, auferte malum cogitationum vestrarum ab oculis meis, quiescite agere perversè, discite benefacere, quærite judicium, subvenite oppresso, judicate pupillo, defendite viduam,*

---

[1] S. Greg. Magn., lib. V *in Job*, cap. IV. — [2] *De Div. quæst. ad Simplic.*, lib. II.
(*a*) *Var.* : Qu'ils fussent véritables.

et venite et arguite me, dicit Dominus. Si fuerint peccata vestra ut coccinum, quasi nix alba erunt; et si fuerint rubra ut vermiculus, sicut lana alba erunt [1] (a).

Facilius autem inveni qui innocentiam servaverint, quàm qui congruè egerint pœnitentiam. An quisquam illam pœnitentiam putat, ubi adquirendæ ambitio dignitatis, ubi vini effusio, ubi ipsius copulæ conjugalis usus [2] *? Renuntiandum sæculo est, somno ipsi minùs indulgendum quàm natura postulat, interpellandus est gemitibus, interrumpendus est suspiriis, sequestrandus orationibus. Vivendum ita ut vitali huic moriamur usui, seipsum sibi homo abneget, et totus mutetur. Eò quòd ipse hujus vitæ usus corruptela sit integritatis. Adam post culpam statim de paradiso Deus ejecit, non distulit: sed statim separavit à deliciis, ut ageret pœnitentiam* [3]. *Statim tunicam vestivit pelliceam, non sericam. Ne in ipsâ fiat pœnitentiâ, quod postea indigeat pœnitentiâ.*

Ceux qui font indifféremment la pénitence, *qui negligenter se gesserunt* [4]...; ils doivent avoir compris que dans la foiblesse naturelle à l'homme, il est plus aisé de tomber que de se relever de sa chute, de se donner le coup de la mort que de se rendre la vie, de suivre notre penchant en allant au mal que de nous violenter pour en sortir. Ils doivent se persuader qu'on n'obtient pas de Dieu le pardon aussi facilement qu'on l'offense, et que l'homme ne fléchit pas sa bonté avec la même facilité qu'il la méprise. Car c'est une maxime établie que le bien nous coûte plus que le mal, et que c'est un ouvrage plus laborieux de se réparer que de se perdre. Mais ceux dont nous parlons ne l'entendent pas de la sorte; ils mettent dans la même ligne et la pénitence et la faute. S'il leur est aisé de

---

[1] *Isa.*, I, 16, 17, 18. — [2] S. Ambr., *De Pœnit.*, lib. II, cap. x. — [3] *Ibid.* — [4] *Concil. Nicæn., Can. Arab.*, cap. xix Lab., tom. II, col. 297.

(a) *Note marg.*: Un sage médecin attend à donner certains grands remèdes, quand il voit que la nature reprend le dessus : ici quand la grace le reprend, quand elle commence à gagner un cœur, à dompter et à assujettir la nature. Vous n'avez pas gardé pour Dieu votre force, aussi voyez-vous qu'elle s'est perdue. Eprouvez-vous vous-mêmes; c'est par les œuvres que le cœur s'explique. Enfans légitimes et naturels: on peut lui supposer tous les autres. « Ne donnez pas le saint aux chiens; ne jetez pas vos perles aux pourceaux » (*Matth.*, vii, 6). Avec un cœur feint : je ne parle pas de ces feintes et de ces impostures grossières. Il ne faut pas en croire les premiers regrets.

pécher, il ne leur est pas moins aisé de se convertir, tantôt justes et tantôt pécheurs, selon qu'il leur plaît. Ils croient pouvoir changer leurs mauvais désirs avec autant de promptitude qu'ils ont à se laisser vaincre, et se défaire de leurs mauvaises inclinations comme d'un habit qu'on prend et qu'on quitte quand on veut : erreur manifeste. A la vérité, chrétiens, pendant que la maladie supprime pour un peu de temps les atteintes les plus vives de la convoitise, je confesse qu'il nous est facile de peindre sur notre visage, et même pour nous mieux tromper, dans notre imagination alarmée, l'image d'un pénitent. Le cœur a des mouvemens superficiels qui se font et se défont en un moment; mais il ne prend pas si facilement les impressions fortes et profondes. Non, non, ni un nouvel homme ne se forme pas tout à coup, ni ces affections vicieuses dans lesquelles nous avons vieilli ne s'arrachent pas par un seul effort. Des remèdes palliatifs qui ne guérissent que la fantaisie et ne touchent pas à la plaie (a).

TROISIÈME POINT.

Par ces saintes préparations, l'ame qui s'éprouve elle-même, qui se défie des illusions de son amour-propre, rectifiera ses intentions et donnera à son cœur la véritable droiture. Toute l'Ecriture est pleine de saintes bénédictions pour ceux qui ont le cœur droit. Mais quelle est, Messieurs, cette droiture? Disons-en un mot : c'est la charité, c'est la sainte dilection, c'est le pur amour; c'est la chaste et intime attache de l'Epouse pour l'Epoux sacré; c'est cette céleste délectation d'un cœur qui se plaît dans la loi de Dieu, qui s'y soumet d'une pleine et entière volonté, « non par la crainte de la peine, mais par l'amour de la justice [1]; non effrayé par ses menaces, mais charmé par sa beauté et par sa droiture (b). »

---

[1] S. August., serm. XI *in Psal.* CXVIII, n. 1.
(a) Var. : Maladie. — (b) Note marg. : *Qui sunt recti?* dit saint Augustin; *qui dirigunt cor secundùm voluntatem Dei* (Enarr. II *in Psal.* XXXII, n. 12). Ailleurs : Ceux qui veulent tout ce que Dieu veut, ceux-là sont droits, ceux-là sont justes. Il ne faudroit point ici d'explication : ceux qui ont des oreilles chrétiennes entendent cette vérité. La volonté de Dieu est droite par elle-même; elle est elle-même la droiture, et elle est la règle primitive et originale. Nous ne sommes pas la droiture, nous ne sommes pas la règle; car nous serions impeccables : ainsi n'étant pas droits par nous-mêmes, nous le devenons, chrétiens, en nous unissant à la règle, à la sainte volonté de Dieu, à la loi qu'il nous a donnée; non

Faites droits, mes chers frères, les sentiers de notre Dieu. Aimez purement, aimez saintement, aimez constamment, et vous serez droits. Si vous craignez seulement les menaces de la loi sans aimer sa vérité et sa justice, quoique vous ne rompiez pas ouvertement, vous n'êtes pas d'accord avec elle dans le fond du cœur. Elle menace, elle est redoutable : à ces menaces vous donnez la crainte ; que faites-vous pour son équité ? L'aimez-vous, ne l'aimez-vous pas ? La regardez-vous avec plaisir, ou avec une secrète aversion, ou avec froideur et indifférence ? Que sont devenus vos premiers désirs, vos premières inclinations ? La crainte n'arrache pas un désir, elle en empêche l'effet, elle l'empêche de se montrer, de lever la tête ; elle coupe les branches, mais non la racine. (a) Le fond du désir demeure ; je ne sais quoi qui voudroit, ou que la loi ne fût pas, ou qu'elle ne fût pas si droite, ni si rude, ni si précise, ou que celui qui l'a établie fût moins fort ou moins clairvoyant (b).

Je sais qu'il y a de la différence entre la crainte des hommes et celle qu'on a d'un Dieu vengeur ; que comme on peut espérer de tromper les hommes et qu'on sait qu'on leur peut du moins soustraire le cœur, la crainte est plus pénétrante sous les yeux de Dieu. Mais comme elle est toujours crainte, elle ne peut agir contre sa nature ; elle ne peut attirer, ni gagner, ni par conséquent arracher à fond les inclinations corrompues (c).

Faites donc, mes frères, vos sentiers droits. Un commencement de dilection : *Diligere incipiunt..., ac propterea moventur adversùs peccata per odium aliquod ac detestationem*[1]. C'est le motif de votre haine, c'est de ce commencement d'amour que doit naître votre aversion. Une aversion, par une inclination contraire. Il faut que cette plante divine ne soit pas seulement semée, mais

---

[1] *Concil. Trid.*, sess. VI, cap. VI *de Justif.*

étonnés par ses menaces, mais saintement délectés par son équité, et charmés par sa beauté et par sa droiture. — (a) *Note marg.* : Elle contraint, elle bride, elle étouffe, elle supprime ; mais elle ne change pas. — (b) Mais cette intention ne se montre pas : vous n'entendez donc pas quel secret venin coule dans les branches, quand la racine de l'intention n'est pas ôtée, quand le fond de la volonté n'est pas changé. — (c) *Si fallere posses, quid non fecisses ? Ergo et concupiscentiam tuam malam non amor tollit, sed timor premit* (S. August., Serm. CLXIX, n. 8). Non, je ne le ferois pas : qui vous en empêcheroit ? ce ne seroit pas la crainte, car nous supposons qu'on ne vous voit pas ; ce seroit donc quelque attrait interne, quelque bien caché, quelque plaisir innocent et chaste.

qu'elle ait commencé de prendre racine dans l'ame avant qu'elle reçoive la grace justifiante; autrement elle en seroit incapable. Il faut un commencement de droiture et de justice dans le cœur; mais il la faut ensuite cultiver de sorte qu'elle étende ses branches partout, qu'elle remplisse tout le cœur, afin que vous puissiez cueillir des fruits de justice.

De là doit naître une autre crainte; non la crainte de l'adultère qui craint le retour de son mari, mais la crainte d'une chaste épouse qui craint de le perdre. De là encore une autre droiture : marcher dans la loi de Dieu avec une nouvelle circonspection, craindre une foiblesse expérimentée, s'attacher plus étroitement à la justice une fois perdue, honorer la bonté divine par la crainte des tentations et des périls infinis qui nous environnent, etc. (a).

PREMIER SERMON

POUR

LE JOUR DE NOEL (b).

Et hoc vobis signum : Invenietis infantem pannis involutum, et positum in præsepio.

Le Sauveur du monde est né aujourd'hui, et voici le signe que je vous en donne : Vous trouverez un enfant enveloppé de langes, posé dans une crèche. *Luc.*, II, 12.

Vous savez assez, chrétiens, que le mystère que nous honorons, c'est l'anéantissement du Verbe incarné, et que nous sommes ici

(a) *Note marg.*: Toute créature a un instinct pour se conserver. Créature nouvelle. Le bruit nous effraie; cet éclat menace de quelque ruine ou de quelque force étrangère qui vient contre nous avec violence; la nature nous apprend souvent à craindre à faux. Et certes, au milieu de tant de périls, et les périls nous pressant de tant d'endroits et ayant, comme nous avons, si peu de connoissance pour les prévoir; qui veut être en sûreté, doit souvent craindre même sans péril. Si vous n'avez point cette crainte, je doute que votre changement soit sincère et votre conversion véritable.

(b) Prêché devant la Cour en 1665.

Bossuet a prêché le jour de Noël deux sermons devant la Cour : l'un en 1665,

assemblés pour jouir du pieux spectacle d'un Dieu descendu pour nous relever, abaissé pour nous agrandir, appauvri volontairement pour répandre sur nous les trésors célestes. C'est ce que vous devez méditer, c'est ce qu'il faut que je vous explique ; et Dieu veuille que je traite si heureusement un sujet de cette importance, que vos dévotions en soient échauffées. Attendons tout du ciel dans une entreprise si sainte ; et pour y procéder avec ordre, considérons comme trois degrés par lesquels le Fils de Dieu a voulu descendre de la souveraine grandeur jusqu'à la dernière bassesse. Premièrement il s'est fait homme, et il s'est revêtu de notre nature ; secondement il s'est fait passible, et il a pris nos infirmités ; troisièmement il s'est fait pauvre, et il s'est chargé de tous les outrages (a) de la fortune la plus méprisable. Et ne croyez pas, chrétiens, qu'il nous faille rechercher bien loin ces trois abaissemens du Dieu-Homme ; je vous les rapporte dans la même suite et dans la même simplicité qu'ils sont proposés dans mon évangile. « Vous trouverez, dit-il, un enfant, » c'est le commencement d'une vie

et l'autre en 1669. Or le premier dans l'ordre du temps, c'est celui qui commence à cette page ; car le second n'en est qu'une copie plus parfaite : il faut donc maintenir notre date. Et si l'on objectoit qu'on ne trouve aucune indication de lieu dans le présent discours, je répondrois que Bossuet ne nommoit la Cour ni n'adressoit la parole au roi que dans les circonstances extraordinaires et après un silence de quelque temps.

On lira vers la fin du dernier point les paroles que voici : « Ce Jésus autrefois né dans une crèche, ce Jésus autrefois le mépris des hommes, ce pauvre, ce misérable, cet imposteur, ce Samaritain, ce pendu..... » Quelques prédicateurs ont répété cette phrase du haut de la chaire ; mais le mot *pendu* n'avoit pas là, du temps de Bossuet, le sens qu'il présente aujourd'hui ; il signifioit crucifié ; car on disoit alors et fort bien, d'après le latin, *pendre à la croix* pour, attacher, ou être attaché à la croix.

On a pu voir tout à l'heure qu'il existe de notre discours une copie revue, corrigée, perfectionnée par l'auteur, qui forme un autre discours. Les éditeurs ont amalgamé les deux sermons ; ils ont morcelé le plus parfait, le dernier, pour en mettre trois lambeaux dans le texte du premier, deux en note au bas de la page, un à la suite sous le titre de *Fragment*, puis ils ont rejeté les autres.

La reine suivit assidûment les sermons qui furent prêchés par le grand orateur en 1665, et surtout ceux de l'Avent. Aussi, quoiqu'elle eût deux prédicateurs en titre, le public et la Cour n'appeloient plus Bossuet que le prédicateur de la reine.

Pendant la même station d'Avent, un auditeur se tenoit au pied de la chaire, profondément attentif et trahissant parfois une vive émotion. Louis XIV apprenant que ce vieillard étoit le père de l'orateur : « Oh ! s'écria-t-il, qu'il doit être heureux d'entendre son fils prêcher si bien ! » — Le père de Bourdaloue n'eut pas le même bonheur ; il venoit de Bourges à Paris pour entendre son fils, qui obtenoit de grands succès dans l'église des jésuites ; il mourut en chemin !

(a) *Var.*: Opprobres.

humaine; « enveloppé de langes, » c'est pour défendre l'infirmité contre les injures de l'air; « posé dans une crèche, » c'est la dernière extrémité d'indigence : tellement que vous voyez dans le même texte la nature par le mot d'enfant, la foiblesse et l'infirmité par les langes, la misère et la pauvreté par la crèche.

Mais mettons ces vérités dans un plus grand jour, et arrêtons-nous un peu sur tous les degrés de cette descente mystérieuse, tels qu'ils sont représentés dans notre évangile. Et premièrement il est clair que le Fils de Dieu en se faisant homme, pouvoit prendre la nature humaine avec les mêmes prérogatives qu'elle avoit dans son innocence, la santé, la force, l'immortalité; ainsi le Verbe divin seroit homme, sans être travaillé des infirmités que le péché seul nous a méritées. Il ne l'a pas fait, chrétiens; il a voulu prendre avec la nature les foiblesses qui l'accompagnent. Mais en prenant ces foiblesses, il pouvoit ou les couvrir, ou les relever par la pompe, par l'abondance, par tous les autres biens que le monde admire; qui doute qu'il ne le pût? Il ne le veut pas; il joint aux infirmités naturelles toutes les misères, toutes les disgraces, tout ce que nous appelons mauvaise fortune, et par là ne voyez-vous pas quel est l'ordre de sa descente? Son premier pas est de se faire homme; et il se met au-dessous des anges, puisqu'il prend une nature moins noble, selon ce que dit l'Ecriture sainte : *Minuisti eum paulò minùs ab angelis*[1] *:* « Vous l'avez abaissé au-dessous des anges. » Ce n'est pas assez : mon Sauveur descend le second degré. S'il s'est rabaissé par son premier pas au-dessous de la nature angélique, il fait une seconde démarche qui le rend égal aux pécheurs. Et comment? Il ne prend pas la nature humaine telle qu'elle étoit dans son innocence, saine, incorruptible, immortelle; mais il la prend en l'état malheureux où le péché l'a réduite, exposée de toutes parts aux douleurs, à la corruption, à la mort. Mais mon Sauveur n'est pas encore assez bas. Vous le voyez déjà, chrétiens, au-dessous des anges par notre nature, égalé aux pécheurs par l'infirmité; maintenant faisant son troisième pas, il se va pour ainsi dire mettre sous leurs pieds, en s'abandonnant au mépris par la condition misérable de sa vie et de sa naissance.

[1] *Psal.* viii, 6.

Voilà, mes frères, quels sont les degrés par lesquels le Dieu incarné descend de son trône. Il vient premièrement à notre nature, par la nature à l'infirmité, de l'infirmité aux disgraces et aux injures de la fortune : c'est ce que vous avez remarqué par ordre dans les paroles de mon évangile.

Mais ce n'est pas ce qu'il y a de plus important, ni ce qui m'étonne le plus. Je confesse que je ne puis assez admirer cet abaissement de mon Maître; mais j'admire encore beaucoup davantage qu'on me donne cet abaissement comme un signe pour reconnoître en lui le Sauveur du monde : *Et hoc vobis signum*, nous dit l'ange. Votre Sauveur est né aujourd'hui, et voici la marque que je vous en donne : un enfant revêtu de langes, couché dans la crèche; c'est-à-dire, comme nous l'avons déjà expliqué, courez à cet enfant nouvellement né, vous y trouverez : qu'y trouverons-nous? Une nature semblable à la vôtre, des infirmités telles que les vôtres, des misères au-dessous des vôtres. *Et hoc vobis signum*. Reconnoissez à ces belles marques qu'il est le Sauveur qui vous est promis.

Est-il bien vrai? le pouvons-nous croire? Quoi! les bassesses du Dieu incarné, sont-ce des marques certaines qu'il est mon Sauveur? Oui, fidèle, n'en doute pas; et en voici les raisons solides qui feront le sujet de cet entretien. Ta nature étoit tombée par ton crime, ton Dieu l'a prise pour la relever; tu languis au milieu des infirmités, il s'y est assujetti pour les guérir; les misères du monde t'effraient, il s'y est soumis pour les surmonter et rendre toutes ses terreurs inutiles. Divines marques, sacrés caractères par lesquels je connois mon Sauveur, que ne puis-je vous expliquer à cette audience avec les sentimens que vous méritez! Du moins efforçons-nous de le faire, et commençons à montrer dans ce premier point que Dieu prend notre nature pour la relever.

PREMIER POINT.

Pour comprendre solidement de quelle chute le Fils de Dieu nous a relevés, je vous prie de considérer cette proposition que j'avance, qu'en prenant la nature humaine, il nous rend la liberté d'approcher de Dieu, que le péché nous avait ôtée. C'est là le fondement du christianisme, qu'il est nécessaire que vous entendiez, et que je me propose aussi de vous expliquer. Pour cela, remarquez, fidèles, une suite étrange de notre chute (a) : c'est que depuis cette malédiction qui fut prononcée contre nous après le péché, il est demeuré dans l'esprit des hommes une certaine frayeur des choses divines, qui non-seulement ne leur permet pas d'approcher avec confiance de Dieu, de cette majesté souveraine, mais encore qui les épouvante devant tout ce qui paroît de surnaturel. Les exemples en sont communs dans les saintes Lettres (b). Le peuple dans le désert appréhende d'approcher de Dieu, de peur qu'il ne meure [1]. Les parens de Samson disent : « Nous mourrons de mort, car nous avons vu le Seigneur [2]. » Jacob, après cette vision admirable, crie tout effrayé : « Que ce lieu est terrible! vraiment c'est ici la maison de Dieu [3]! » « Malheur à moi! dit le prophète Isaïe, car j'ai vu le Seigneur des armées [4]. » Tout est plein de pareils exemples. Quel est, fidèles, ce nouveau malheur qui fait trembler un si grand prophète? Quel malheur, d'avoir vu Dieu? Et que veulent dire tous ces témoignages, et tant d'autres que nous lisons dans les Ecritures? C'est qu'elles veulent nous exprimer la terreur qui saisit naturellement tous les hommes en la présence de Dieu, depuis que le péché est entré au monde.

Quand je recherche les causes d'un effet si extraordinaire, et que je me demande à moi-même : D'où vient que les hommes s'effraient de Dieu? il s'en présente à mon esprit deux raisons qui vont apporter de grandes lumières au mystère de cette journée. La première cause c'est l'éloignement, la seconde c'est la colère. Expliquons ceci. Dieu est infiniment éloigné de nous, Dieu est irrité contre nous. Il est infiniment éloigné de nous par la grandeur de sa nature; il est irrité contre nous par la rigueur de sa justice, parce que nous sommes pécheurs. Cela produit deux sortes de craintes : la première vient de l'étonnement, elle naît de l'éclat de la majesté; l'autre des menaces. Ah! je vois trop de grandeur, trop de majesté; une crainte d'étonnement me saisit, il est impos-

---

[1] *Exod.*, xx, 19. — [2] *Judic.*, xiii, 22. — [3] *Genes.*, xxviii, 17. — [4] *Isa.*, vi, 5.

(a) *Var.* : Ruine. — (b) Cela peut-être aurez-vous peine à le croire, mais vous le verrez par les saintes Lettres.

sible que j'en approche. Ah! je vois cette colère qui me poursuit; ses menaces me font trembler, je ne puis supporter l'aspect de cette majesté irritée, si j'approche je suis perdu. Voilà les deux craintes : la première causée par l'étonnement de la majesté, la seconde par les menaces de la justice et de la colère divine. C'est pourquoi le Fils de Dieu fait deux choses; chrétiens, voici le mystère. En se revêtant de notre nature, premièrement il couvre la majesté et il ôte la crainte d'étonnement; en second lieu il nous fait voir qu'il nous aime par le désir qu'il a de nous ressembler, et il fait cesser les menaces. C'est tout le mystère de cette journée, c'est ce que j'avois promis de vous expliquer. Vous voyez par quel excès de miséricorde le Fils unique du Père éternel nous rend la liberté d'approcher de Dieu et relève notre nature abattue. Mais ces choses ont besoin d'être méditées; ne passons pas si légèrement par-dessus, tâchons de les rendre sensibles en les étendant davantage.

Et premièrement, chrétiens, il est bien aisé de comprendre que Dieu est infiniment éloigné de nous. Car il n'est rien de plus éloigné que la souveraineté et la servitude, que la toute-puissance et une extrême foiblesse, que l'éternité toujours immuable et notre continuelle agitation. En un mot tous ses attributs l'éloignent de nous; son immensité, son infinité, son indépendance, tout cela l'éloigne; et il n'y en a qu'un seul qui l'approche, vous jugez bien que c'est la bonté. Sa grandeur l'élève au-dessus de nous, sa bonté l'approche de nous et le rend accessible aux hommes; et cela est clair dans les saintes Lettres. « Cachez-vous, dit le prophète Isaïe [1]; entrez bien avant dans la terre; jetez-vous dans les cavernes les plus profondes : » *Ingredere in petram et abscondere in fossâ humo.* Et pourquoi? Cachez-vous, dit-il encore une fois, « devant la face terrible de Dieu et devant la gloire de sa majesté : » *à facie timoris Domini et à gloriâ majestatis ejus.* Voyez comme sa grandeur l'éloigne des hommes. La miséricorde, au contraire, « elle vient à nous, » dit David : *Veniat super me misericordia tua* [2]. Non-seulement elle vient à nous, mais « elle nous suit : » *misericordia tua subsequetur me* [3]. Non-seulement elle

---

[1] *Isa.*, II, 10. — [2] *Psal.* CXVIII, 4. — [3] *Psal.* XXII, 6.

nous suit, mais « elle nous environne : » *sperantem autem in Domino misericordia circumdabit* [1]. Tellement qu'il n'est rien de plus véritable, qu'autant que la grandeur de Dieu l'éloigne de nous, autant sa bonté l'en approche.

Mais elle exige une condition nécessaire, c'est que nous soyons innocens. Sommes-nous abandonnés au péché, aussitôt elle se retire, et voyez un effet étrange. La bonté s'étant retirée, je ne vois plus ce qui m'approche de Dieu; je ne vois que ce qui m'éloigne; la crainte et l'étonnement me saisissent, et je ne sais plus par où approcher. Comme un homme de condition médiocre qui avoit accès à la Cour par une personne de crédit qui le lui donnoit; il parloit et étoit écouté, et les entrées lui étoient ouvertes. Tout d'un coup son protecteur se retire, et on ne le connoît plus; tous les passages sont inaccessibles; et de sa bonne fortune passée il ne lui reste (*a*) que l'étonnement de se voir si fort éloigné. Il en est ainsi arrivé à l'homme. Tant qu'il conserva l'innocence, Dieu lui parloit, il parloit à Dieu avec une sainte familiarité. Mais comment s'en approchoit-il, direz-vous, puisque la distance étoit infinie? Ah! c'est que la bonté descendoit à lui et l'introduisoit près du trône (*b*). Maintenant cette bonté étant offensée, elle se retire elle-même. Que fera-t-il, et où ira-t-il? Il ne voit plus ce qui l'approchoit; il découvre seulement de loin une lumière qui l'éblouit et une majesté qui l'étonne. Bonté, où êtes-vous? bonté, qu'êtes-vous devenue? Ah! son crime l'a éloignée. Sa vue se perd dans l'espace immense par lequel il se sent séparé de Dieu; et dans l'étonnement où il est, en voyant cette hauteur sans mesure, il croit qu'il est perdu s'il approche, il croit que sa petitesse sera accablée par le poids de cette majesté infinie. Voilà quelle est la première cause qui nous empêche d'approcher de Dieu : c'est la grandeur et la majesté. C'est pourquoi les philosophes platoniciens, comme remarque saint Augustin, disoient que la nature divine n'étoit pas accessible aux hommes, et que nos vœux ne pénétroient pas jusqu'à elle. Je ne m'en étonne pas, chrétiens; je ne m'étonne pas que les philosophes désespèrent d'approcher de Dieu; ils n'ont pas un

---

[1] *Psal.* xxxi, 10.
(*a*) *Var.*: Il ne lui reste plus. — (*b*) A la majesté.

Sauveur qui les y appelle, ils n'ont pas un Jésus qui les introduise. Ils ne regardent que la majesté dont ils ne peuvent supporter l'éclat, et ils sont contraints de se retirer en tremblant.

Mais si la splendeur et la gloire de cette divine face nous inspire tant de terreur, que sera-ce de la colère? Si les hommes ne peuvent s'approcher de Dieu seulement parce qu'il est grand, comment pourront-ils soutenir l'aspect d'un Dieu justement irrité contre eux? Car si la grandeur de Dieu nous éloigne, la justice va bien plus loin; elle nous repousse avec violence. C'est le second sujet de nos craintes, sur lequel je n'ai qu'un mot à vous dire, parce que la chose n'est pas difficile. Représentez-vous vivement quelle fut l'horreur de cette journée en laquelle Dieu maudit nos parens rebelles, en laquelle le chérubin exécuteur de la vengeance les chassa du paradis de délices qu'ils avoient déshonoré par leur crime, les menaçant avec cette épée de flamme lorsqu'ils osoient seulement y tourner la vue. Quels furent les sentimens de ces misérables bannis? Combien étoient-ils éperdus! Ne leur sembloit-il pas, en quelque lieu qu'ils puissent fuir, qu'ils voyoient toujours briller à leurs yeux cette épée terrible, et que cette voix tonnante, devant laquelle ils avoient été contraints de se cacher, retentissoit continuellement à leurs oreilles? Après les menaces, après les terreurs de ce triste et funeste jour, ne vous étonnez pas, chrétiens, si les Ecritures nous disent que les hommes appréhendent naturellement que la présence de Dieu ne les tue. C'est que, depuis cette première malédiction, il s'est répandu par toute la nature une certaine impression secrète, que Dieu est justement offensé contre elle : si bien que vouloir mener les hommes à Dieu, c'est conduire les criminels à leur juge, et à leur juge irrité; et leur dire que Dieu vient à eux, c'est rappeler en quelque sorte à leur mémoire le supplice qui leur est dû, la vengeance qui les poursuit et la mort qu'ils ont méritée. C'est pourquoi ils s'écrient : « Nous mourrons de mort, si Dieu se présente seulement à nous. »

Vous voyez par là, chrétiens, quelle est l'extrémité de notre misère, puisque nous sommes éloignés de Dieu et que les entrées nous sont défendues. Venez maintenant, ô Sauveur Jésus, et ayez pitié de nos maux; couvrez la majesté qui nous étonne, désarmez la colère qui nous épouvante : *Redde mihi lætitiam salutaris tui* [1]. Rendez-nous l'accès près de votre Père, duquel dépend tout notre bonheur ; rendez-nous cette bonté qui s'est irritée, ne pouvant souffrir nos péchés, afin que nous puissions approcher de Dieu. Ne craignons plus, nous sommes exaucés ; je la vois paroître : *Et hoc vobis signum;* « Voilà le signe qu'on nous en donne ; » je la vois dans la crèche de Jésus-Christ, je la vois en cet enfant nouvellement né. Dieu n'est plus éloigné de nous, puisqu'il se fait homme ; Dieu n'est plus irrité contre nous, puisqu'il s'unit à notre nature par une étroite alliance. La bonté, que notre crime avoit éloignée, revient à nous. Ecoutez l'Apôtre qui nous la montre : *Apparuit gratia et benignitas Salvatoris nostri Dei* [2] : « La grace et la bénignité de Dieu notre Sauveur nous est apparue. » O paroles de consolation ! Remettez, Messieurs, en votre pensée ce que nous avons expliqué, que la grandeur de Dieu l'éloigne de nous, et que sa justice repousse bien loin les pécheurs ; il n'y a que sa bonté qui l'approche et le rend accessible aux hommes. Que fait ce grand Dieu pour nous attirer ? Il nous cache tout ce qui l'éloigne de nous, et il ne nous montre que ce qui l'approche. Car, mes frères, que voyons-nous en la personne du Dieu incarné ? que voyons-nous en ce Dieu enfant que nous sommes venus adorer ? Sa gloire se tempère, sa majesté se couvre, sa grandeur s'abaisse, cette justice rigoureuse ne se montre pas ; il n'y a que la bonté qui paroisse, afin de nous inviter avec plus d'amour : *Apparuit gratia et benignitas Salvatoris nostri Dei.*

Voyez cette majesté souveraine devant laquelle tous les anges tombent et toute la nature est émue (a) : elle descend, elle se rabaisse, elle traite d'égal avec nous. Et ce qui est bien plus admirable, c'est afin, dit Tertullien, que nous puissions traiter d'égal avec elle : *Ex æquo agebat Deus cum homine, ut homo vel ex æquo agere cum Deo posset* [3]. Traiter d'égal avec Dieu ! Peut-on relever plus la nature humaine ? Peut-on nous donner plus de confiance ? Que les anciens aient été effrayés de Dieu, il y avoit

---

[1] *Psal.* L, 14. — [2] *Tit.*, III, 4. — [3] *Advers. Marcion.*, lib. II, n. 27.

(a) *Var.* : Cette majesté souveraine, que les anges n'osent regarder, devant laquelle toute la nature est émue.

sujet de trembler ; Isaïe l'a vu en sa gloire, et la crainte l'a saisi ; Adam l'a vu en sa colère, et il a fui devant sa face. Mais pour nous, pourquoi craindrions-nous, puisque ce n'est pas cette majesté qui étonne, ni cette justice rigoureuse qui se présente à nous aujourd'hui ; mais que la grace, la bénignité, la douceur de Dieu notre Sauveur nous est apparue ? *Apparuit gratia.*

Approchons donc, mes frères, par ce grand et par cet illustre Médiateur, approchons avec confiance : *Et hoc vobis signum :* « Voilà le signe que l'on vous en donne. » Qu'on ne m'objecte plus mes foiblesses, mon imperfection, mon néant. Tout néant que je suis, je suis homme ; et mon Dieu qui est tout, il est homme. Je viens hardiment au nom de Jésus, je soutiens que Dieu est à moi par Jésus-Christ. Car « ce Fils nous est donné ; c'est pour nous qu'est né ce petit enfant [1] ; » et je sais qu'un Dieu incarné, c'est un Dieu se donnant à nous. Je m'attache à Jésus en ce qu'il a de semblable à moi, c'est-à-dire la nature humaine ; et par là je me mets en possession de ce qu'il a d'égal à son Père, c'est-à-dire de la divinité même. Chrétien, élève tes espérances ; eh Dieu ! qu'ont de commun avec toi ces passions brutales qui règnent dans les animaux ? Qu'ont de commun avec toi les choses mortelles depuis que tu es si cher à ton Dieu, qu'en prenant miséricordieusement ce que tu es, il te donne si libéralement, si abondamment ce qu'il est lui-même ? Dieu veut agir en homme, dit Tertullien, « afin que l'homme apprenne à agir en Dieu : » *Ut homo divinè agere doceretur* [2]. Et cet homme, que Jésus enseigne à prendre des sentimens tout divins, attache tous ses désirs à la terre, comme s'il devoit mourir ainsi que les bêtes. Ah ! portons plus haut nos pensées ; considérons la gloire de notre nature si heureusement rétablie. Si la nature est relevée, il faut que les actions soient plus nobles. Rendons graces au Père éternel par notre Seigneur Jésus-Christ, de ce que, parmi les moyens par lesquels il auroit pu nous sauver, il a voulu choisir celui qui nous assure le plus sa miséricorde, qui appuie le mieux notre espérance, qui enflamme le plus fortement notre amour (a).

---

[1] *Isa.*, IX, 6. — [2] Tertull., *ubi suprà.*

(a) *Var.:...* De ce que, dans le choix des moyens par lesquels il a voulu nous sau-

Quand j'entends les libertins qui nous disent que tout ce qu'on raconte du Verbe incarné, c'est une histoire indigne d'un Dieu, que je déplore leur ignorance ! Toutefois, que cela soit indigne d'un Dieu, je ne le veux pas contredire ; mais que Tertullien répond à propos : « Tout ce qui est indigne de Dieu est utile pour mon salut ! » *Quodcumque Deo indignum est, mihi expedit*[1]. Et dès là qu'il est utile pour mon salut, il devient digne même de Dieu, parce qu'il n'est rien plus digne de Dieu que d'être libéral à sa créature ; « il n'est rien plus digne de Dieu que de sauver l'homme : » *Nihil enim tam dignum Deo quàm salus hominis*[2]. Et que l'on peut facilement renverser toutes leurs vaines oppositions ! Car enfin, quelque indignité que l'on s'imagine dans le mystère du Verbe fait chair, Dieu n'en est pas moins grand, et il nous relève ; Dieu ne s'épuise pas, et il nous enrichit ; quand il se fait homme, il ne perd pas ce qu'il est, et il nous le communique ; il demeure ce qu'il est, et il nous le donne : par là il témoigne son amour, et il conserve sa dignité. Voyez donc que si Dieu prend notre nature pour la relever, rien n'est plus digne de Dieu qu'un si grand ouvrage. Mais je n'ai pas entrepris, Messieurs, de combattre les libertins ; il faut édifier les fidèles : revenons à notre dessein ; et après que nous avons vu la nature si glorieusement relevée, voyons encore guérir ses infirmités par celles qu'a prises le Fils de Dieu, et que nous remarquons dans ses langes. C'est ma seconde partie.

SECOND POINT.

Si je vous donne les langes du Fils de Dieu comme un signe pour reconnoître les infirmités qu'il a prises avec la nature, je ne le fais pas de moi-même, mais je l'ai appris de Tertullien, qui nous l'explique très-éloquemment par une pensée qui mérite bien nos attentions. Il dit que « les langes du Fils de Dieu sont le commencement de sa sépulture : » *Pannis jam sepulturæ involucrum initiatus*[3]. En effet ne paroît-il pas un certain rapport entre

[1] *De Carn. Christi.*, n. 5. — [2] *Advers. Marcion.*, lib. II, n. 27.— [3] *Ibid.*, lib. IV, n. 21.

ver, il n'a pas choisi ceux qui étoient les plus plausibles selon le monde, mais les plus propres à toucher les cœurs ; ni ce qui sembloit plus digne de lui, mais ce qui étoit le plus utile pour nous.

les langes et les draps de la sépulture? On enveloppe presque de même façon ceux qui naissent et ceux qui sont morts, un berceau a quelqu'idée d'un sépulcre, et c'est la marque de notre mortalité qu'on nous ensevelisse en naissant. C'est pourquoi Tertullien voyant le Sauveur couvert de ses langes, il se le représente déjà comme enseveli; il reconnoît en sa naissance le commencement de sa mort : *Pannis jam sepulturæ involucrum initiatus.* Suivons l'exemple de ce grand homme; et après avoir vu en notre Sauveur la nature humaine par le mot d'enfant, considérons la mortalité dans ses langes, et avec la mortalité toutes les infirmités qui la suivent. C'est la seconde partie de mon texte, qui est enchaînée avec la première par une liaison nécessaire. Car après que le Fils de Dieu s'étoit revêtu de notre nature, c'étoit une suite infaillible qu'il en prendroit aussi les infirmités. Ce ne sera pas moi, chrétiens, qui vous expliquerai un si grand mystère; il faut que je vous fasse entendre en ce lieu le plus grand théologien de l'Eglise ; c'est l'incomparable saint Augustin. J'ai choisi ce qu'il en a dit dans cette épître admirable à Volusien [1], parce que dans mon sentiment l'antiquité n'a rien de si beau ni de si pieux tout ensemble sur cette matière que nous traitons.

Puisque Dieu avoit bien voulu se faire homme, il étoit juste qu'il n'oubliât rien pour nous faire sentir cette grace; et pour cela, dit saint Augustin, il falloit qu'il prît les infirmités par lesquelles la vérité de sa chair est si clairement confirmée, et il nous va éclaircir ce qu'il vient de dire par cette belle réflexion. Toutes les Ecritures nous prêchent, dit-il, que le Fils de Dieu n'a pas dédaigné la faim, ni la soif, ni les fatigues, ni les sueurs, ni toutes les autres incommodités d'une chair mortelle. Et néanmoins, remarquez ceci, un nombre infini d'hérétiques qui faisoient profession de l'adorer, mais qui rougissoient en leurs cœurs de son Evangile, n'ont pas voulu reconnoître en lui la nature humaine. Les uns disoient que son corps étoit un fantôme; d'autres, qu'il étoit composé d'une matière céleste; et tous s'accordoient à nier qu'il eût pris effectivement la nature humaine.

[1] *Epist.* CXXXVII, n. 8 et 9.

D'où vient cela, chrétiens ? C'est qu'il paroît incroyable qu'un Dieu se fasse homme ; et plutôt que de croire une chose si difficile, ils trouvoient le chemin plus court de dire qu'en effet il ne l'étoit pas, et qu'il n'en avoit que les apparences. Suivez, s'il vous plaît, avec attention ; ceci mérite d'être écouté. Que seroit-ce donc, dit saint Augustin, s'il fût tout à coup descendu des cieux, s'il n'eût pas suivi les progrès de l'âge, s'il eût rejeté le sommeil et la nourriture ? N'auroit-il pas lui-même confirmé l'erreur ? N'auroit-il pas semblé qu'il eût en quelque sorte rougi de s'être fait homme, puisqu'il ne le paroissoit qu'à demi ? N'auroit-il pas effacé dans tous les esprits la créance de sa bienheureuse incarnation, qui fait toute notre espérance ? Et ainsi, dit saint Augustin (que ces paroles sont belles !), « en faisant toutes choses miraculeusement, il auroit lui-même détruit ce qu'il a fait miséricordieusement : » *Et dùm omnia mirabiliter facit, auferret quod misericorditer fecit* [1].

En effet puisque mon Sauveur étoit Dieu, il falloit certainement qu'il fît des miracles ; mais puisque mon Sauveur étoit homme, il ne devoit pas avoir honte de montrer de l'infirmité, et l'ouvrage de la puissance ne devoit pas renverser le témoignage de la miséricorde. C'est pourquoi, dit saint Augustin, il fait de grandes choses, il en fait de basses ; mais il modère tellement toute sa conduite, « qu'il relève les choses basses par les extraordinaires, et tempère les extraordinaires par les communes : » *Ut solita sublimaret in solitis, et insolita solitis temperaret* [2]. Confessez que tout cela est bien soutenu ; je ne sais si je le fais bien entendre. Il naît, mais il naît d'une vierge ; il mange, mais quand il lui plaît il commande aux anges de servir sa table ; il dort, mais pendant son sommeil il empêche la barque d'être submergée (*a*) ; il marche, mais quand il l'ordonne l'eau devient ferme sous ses pieds ; il meurt, mais en mourant il met en crainte toute la nature. Voyez qu'il tient partout un milieu si juste, qu'où il paroît en homme, il nous sait bien montrer qu'il est Dieu ; où il se déclare Dieu, il fait voir aussi qu'il est homme. L'économie est

---

[1] *Epist.* CXXXVII, n. 9. — [2] *Ibid.*
(*a*) D'être renversée, — de couler à fond.

si sage, la dispensation si prudente, c'est-à-dire toutes choses sont tellement ménagées, que la Divinité paroît tout entière, et l'infirmité tout entière. Cela est admirable.

Mais il me semble que vous m'arrêtez pour me dire : Il est vrai, nous le voyons bien ; Jésus a ressenti nos infirmités, mais nous attendons autre chose ; vous nous avez promis de nous faire voir que ses foiblesses guérissent les nôtres, c'est ce qu'il faut que vous expliquiez. — Et n'en êtes-vous pas encore convaincus ? Ne suffit-il pas, chrétiens, d'avoir remarqué nos infirmités en la personne du Fils de Dieu, pour en espérer de lui le remède ? *Et hoc vobis signum :* « Voilà le signe que l'on vous en donne. » L'Apôtre avoit bien entendu ce signe, lorsque voyant les infirmités de son Maître, aussitôt il paroît consolé des siennes. Ah ! dit-il, « nous n'avons pas un pontife qui soit insensible à nos maux [1] ; » il compatit aux infirmités de notre nature, il y apportera du soulagement. Et quel signe nous en donnez-vous, saint Apôtre ? *Et hoc vobis signum.* « C'est qu'il les a, dit-il, éprouvées : » *Tentatum per omnia* [2]. Je vous prie, entendez ce signe, rien n'est plus plein de consolation. N'est-il pas vrai, fidèles ? de tous ceux dont vous plaignez les disgrâces, il n'y en a point pour lesquels votre compassion soit plus tendre que pour ceux que vous voyez dans les mêmes afflictions que vous avez autrefois senties (a). Vous avez perdu un ami, j'en ai perdu un autrefois ; dans cette rencontre de douleurs, ma pitié en sera plus grande, parce que je sens par expérience combien il est dur de perdre un ami. Et de là quel soulagement je vois naître pour les misérables ! Ah ! consolez-vous, chrétiens, qui languissez parmi les douleurs ; mon Sauveur n'a épargné à son corps, ni la faim, ni la soif, ni les fatigues, ni les sueurs, ni les infirmités, ni la mort. Il n'a épargné à son ame, ni la tristesse, ni l'inquiétude, ni les longs ennuis, ni les plus cruelles appréhensions. O Dieu, qu'il aura d'inclination de nous soulager, nous qu'il voit du plus haut des cieux battus des mêmes orages dont il a été attaqué sur la terre ! C'est pourquoi l'Apôtre se glorifie des infirmités de notre pontife. Ah ! « nous n'avons pas,

---

[1] *Hebr.,* IV, 15. — [2] *Ibid.*

(a) *Var. :* Dont vous avez autrefois senti la rigueur.

un pontife qui ne sente pas nos infirmités : il les sent, il en est touché, il en a pitié, » dit saint Paul (a). Et pourquoi ? « C'est qu'il a passé comme nous, répond-il, par toutes sortes d'épreuves : » *Tentatum per omnia absque peccato*[1]. Il a tout pris, à l'exception du péché. Il sait, il sait par expérience combien est grande la foiblesse de notre nature.

Et quoi donc ! le Fils de Dieu, direz-vous, qui est la sagesse du Père, ne sauroit-il pas nos infirmités, s'il ne les avoit expérimentées ? — Ah ! ce n'est pas le sens de l'Apôtre, vous ne prenez pas sa pensée ; entendons cette doctrine tout apostolique. Je l'avoue, cette société de malheurs ne lui ajoute rien pour la connoissance, mais elle ajoute beaucoup pour la tendresse. Car Jésus n'a pas oublié ni les longs travaux, ni les autres difficultés de son pénible pèlerinage ; cela est encore présent à son esprit : de sorte qu'il ne nous plaint pas seulement comme ceux qui sont dans le port plaignent les autres qu'ils voient sur la mer agités d'une furieuse tempête ; mais il nous plaint à peu près comme ceux qui courent le même péril se plaignent les uns les autres par une expérience sensible de leurs communes disgrâces. Il nous plaint, si je l'ose dire, comme ses compagnons de fortune, comme ayant eu à passer par les mêmes misères que nous, ayant eu tout ainsi que nous une chair sensible aux douleurs et un sang capable de s'altérer, et une température de corps sujette comme la nôtre à toutes les incommodités de la vie et à la nécessité de la mort. Quiconque après cela cherche d'autres joies et d'autres consolations que Jésus, il ne mérite ni joie ni consolation. Qui peut douter, fidèles, de la guérison de nos maladies, après ce signe que l'on nous donne ? Car pour recueillir mon raisonnement, la compassion du Sauveur n'est pas une affection inutile ; si elle émeut le cœur, elle sollicite le bras. Ce médecin est tout-puissant ; tout ce qui lui fait pitié, il le sauve ; tout ce qu'il plaint, il le guérit. Or nous avons appris de l'Apôtre qu'il plaint tous les maux qu'il a éprouvés. Et quels maux n'a-t-il pas voulu éprouver ? Il a senti les infirmités,

---

[1] *Hebr.*, iv, 15.

(a) *Var.* : Un pontife qui ne soit point touché de nos foiblesses : il en est touché, dit saint Paul.

il les guérira; les appréhensions, il les guérira; les ennuis, les langueurs, il les guérira; la mortalité, il la guérira; tous les maux, il guérira tout. Par conséquent, mes frères, espérons bien des foiblesses de notre nature; disons tous ensemble avec le Psalmiste : *Secundùm multitudinem dolorum meorum in corde meo, consolationes tuæ lætificaverunt animam meam*[1] : « Selon la multitude de mes douleurs, vos consolations, ô mon Dieu, se sont répandues abondamment en mon ame. » Autant que je vois d'infirmités en Notre-Seigneur, autant je me promets de grandeur pour moi ; et ainsi n'ai-je pas raison de vous dire que s'il a pris nos infirmités, c'est pour les guérir ? C'étoit ma seconde partie : Dieu nous fera la grace d'établir en peu de mots la troisième sur des raisons aussi convaincantes.

TROISIÈME POINT.

Achevez votre ouvrage, ô divin Sauveur; mettez la dernière main au salut des hommes par votre crèche, par votre étable, par votre misère, par votre indigence. Le Fils de Dieu, Messieurs, en se faisant homme et nous rendant la liberté d'approcher de Dieu, nous montroit où il falloit tendre ; en se soumettant aux foiblesses de la nature, il nous confirmoit tout ensemble (a) et la vérité de sa chair et la grandeur de nos espérances. Maintenant pour accomplir son ouvrage, il faut qu'il éloigne tous les obstacles qui nous empêchent de parvenir à la fin qu'il nous a proposée ; c'est ce qu'il fait admirablement par sa crèche, et vous le pouvez aisément comprendre, si vous suivez ce raisonnement facile et moral. Ce qui nous empêche d'aller au souverain bien, c'est l'illusion des biens apparens ; c'est la folle et ridicule créance qui s'est répandue dans tous les esprits, que tout le bonheur de la vie consiste dans ces biens externes que nous appelons les honneurs, les richesses et les plaisirs. Etrange et pitoyable ignorance !

C'est pourquoi le Fils de Dieu vient au monde comme un réformateur du genre humain, pour désabuser tous les hommes de leurs erreurs et leur donner la vraie science des biens et des

---

[1] *Psal.* XCIII, 19.
(a) *Var.* : Davantage.

maux ; et voici l'ordre qu'il y tient. Le monde a deux moyens d'abuser (*a*) les hommes : il a premièrement de fausses douceurs qui surprennent (*b*) notre crédulité trop facile ; il a secondement de vaines terreurs qui abattent notre courage trop lâche. Il est des hommes si délicats qu'ils ne peuvent vivre, s'ils ne sont toujours dans la volupté, dans le luxe, dans l'abondance. Il en est d'autres qui vous diront : Je ne demande pas de grandes richesses, mais la pauvreté m'est insupportable ; je n'envie pas le crédit de ceux qui sont dans les grandes intrigues du monde, mais il est dur de demeurer dans l'obscurité ; je me défendrai bien des plaisirs, mais je ne puis souffrir les douleurs. Le monde gagne les uns, et il épouvante les autres. Tous deux s'écartent de la droite voie ; et tous deux enfin viennent à ce point, que celui-ci pour obtenir les plaisirs sans lesquels il s'imagine qu'il ne peut pas vivre, et l'autre pour éviter les malheurs qu'il croit qu'il ne pourra jamais supporter, s'engagent entièrement dans l'amour du monde.

Mon Sauveur, faites tomber ce masque hideux par lequel le monde se rend si terrible ; faites tomber ce masque agréable par lequel il semble si doux ; désabusez-nous. Premièrement faites voir quelle est la vanité des biens périssables : *Et hoc vobis signum :* « Voilà le signe que l'on vous en donne. » Venez à l'étable, à la crèche, à la misère, à la pauvreté de ce Dieu naissant. Si les plaisirs que vous recherchez, si les grandeurs que vous admirez étoient véritables, quel autre les auroit mieux méritées qu'un Dieu ? qui les auroit plus facilement obtenues, ou avec une pareille magnificence ? Quelle troupe de gardes l'environneroit ! quelle seroit la beauté de sa Cour ! quelle pourpre éclateroit sur ses épaules ! quel or reluiroit sur sa tête ! quelles délices lui prépareroit toute la nature, qui obéit si ponctuellement à ses ordres ! Mais « il a jugé, dit Tertullien [1], que ces biens, ces contentemens, cette gloire étoient indignes de lui et des siens : » *Indignam sibi et suis judicavit.* Il a cru que cette grandeur étant fausse et imaginaire, elle feroit tort à sa véritable excellence. Et ainsi, dit le même auteur, « en ne la voulant pas, il l'a rejetée : ce n'est pas

---

[1] Tertull., *De Idololatr.*, n. 18.

(*a*) *Var.* : Tromper. — (*b*) Qui trompent.

assez ; en la rejetant, il l'a condamnée : il va bien plus loin, en la condamnant, le dirai-je ? oui, chrétiens, ne craignons pas de le dire, il l'a mise parmi les pompes du diable auxquelles nous renonçons par le saint baptême : » *Quam noluit, rejecit; quam rejecit, damnavit; quam damnavit, in pompâ diaboli deputavit* [1]. C'est la sentence que prononce le Sauveur naissant contre toutes les vanités des enfans des hommes. Voilà la gloire du monde bien traitée : il faut voir qui se trompe, de lui ou de nous. Ce sont les paroles de Tertullien, qui sont fondées sur cette raison. Il est indubitable que le Fils de Dieu pouvoit naître dans la grandeur et dans l'opulence ; par conséquent, s'il ne les veut pas, ce n'est point par nécessité, mais par choix ; et Tertullien a raison de dire qu'il les a formellement rejetées : *Quam noluit, rejecit.* Mais tout choix vient du jugement : il y a donc un jugement souverain par lequel Jésus-Christ naissant a donné cette décision importante, que les grandeurs du siècle n'étoient pas pour lui, qu'il les devoit rejeter bien loin. Et ce jugement du Sauveur, n'est-ce pas la condamnation de toutes les pompes du monde ? *Quam rejecit, damnavit.* Le Fils de Dieu les méprise : quel crime de leur donner notre estime ! quel malheur de leur donner notre amour ! Est-il rien de plus nécessaire que d'en détacher nos affections ? Et c'est pourquoi Tertullien dit que nous les devons renoncer par l'obligation de notre baptême : *Et hoc vobis signum ;* c'est la crèche, c'est la misère, c'est la pauvreté de ce Dieu enfant, qui nous montrent qu'il n'est rien de plus méprisable que ce que les hommes admirent si fort.

Ah ! que la superbe philosophie cherche de tous côtés des raisonnemens contre l'amour désordonné des richesses, qu'elle les étale avec grande emphase ; combien tous ses argumens sont-ils éloignés de la force de ces deux mots : Jésus-Christ est pauvre ! un Dieu est pauvre ! Et que nous sommes bien insensés de refuser notre créance à un Dieu qui nous enseigne par ses paroles et confirme les vérités qu'il nous prêche par l'autorité infaillible de ses exemples ! Après cela je ne puis plus écouter ces vaines objections que nous fait la sagesse humaine : Un Dieu ne devoit se

---

[1] Tertull., *De Idololatr.*, n. 18.

montrer aux hommes qu'avec une gloire (*a*) et un appareil qui fût digne de sa majesté. Certes notre jugement, chrétiens, est étrangement confondu par les apparences et par la tyrannie de l'opinion, si nous croyons que l'éclat du monde ait quelque chose digne d'un Dieu qui possède en lui-même la souveraine grandeur. Mais voulez-vous que je vous dise au contraire ce que je trouve de grand, d'admirable, ce qui me paroît digne véritablement d'un Dieu conversant avec les hommes? C'est qu'il semble n'être paru sur la terre que pour fouler aux pieds toute cette vaine pompe (*b*) et braver pour ainsi dire par la pauvreté de sa crèche notre faste ridicule et nos vanités extravagantes. Car voyez où va son mépris : non-seulement il ne veut point de grandeurs humaines; mais pour montrer le peu d'état qu'il en fait, il se jette (*c*) aux extrémités opposées. Il a peine à trouver un lieu assez bas par où il fasse son entrée au monde; il rencontre (*d*) une étable à demi ruinée, c'est là qu'il descend. Il prend tout ce que les hommes évitent, tout ce qu'ils craignent, tout ce qu'ils méprisent, tout ce qui fait horreur à leurs sens, pour faire voir combien les grandeurs du siècle lui semblent vaines et imaginaires : si bien que je me représente sa crèche, non point comme un berceau indigne d'un Dieu, mais comme un chariot de triomphe où il traîne après lui le monde vaincu. Là sont les terreurs surmontées, et là les douceurs méprisées; là les plaisirs rejetés, et ici les tourmens soufferts. Et il me semble qu'au milieu d'un si beau triomphe, il nous dit avec une contenance assurée : « Prenez courage, j'ai vaincu le monde : » *Confidite, ego vici mundum*[1], parce que par la bassesse de sa naissance, par l'obscurité de sa vie, par l'ignominie de sa mort, il a effacé tout ce que les hommes estiment et désarmé tout ce qu'ils redoutent : *Et hoc vobis signum :* « Voilà le signe que l'on nous donne. »

Accourez de toutes parts, chrétiens, et venez connoître à ces belles marques le Sauveur qui vous est promis. Oui, mon Dieu, je vous reconnois; vous êtes le libérateur que j'attends. Les Juifs espèrent un autre Messie qui leur donnera l'empire du monde, qui

---

[1] *Joan.,* XVI, 33.

(*a*) Var. : Un éclat. — (*b*) Notre vaine pompe. — (*c*) Il court. — (*d*) Il trouve.

les rendra contens sur la terre. Ah ! combien de Juifs parmi nous ! combien de chrétiens qui désireroient un Sauveur qui les enrichît, un Sauveur qui contentât leur ambition ou qui voulût flatter leur délicatesse ! Ce n'est pas là notre Jésus-Christ. A quoi le pourrons-nous reconnoître ? Ecoutez ; je vous le dirai par de belles paroles d'un ancien Père : *Si ignobilis, si inglorius, si inhonorabilis, meus erit Christus* [1] : « S'il est méprisable, s'il est sans éclat, s'il est bas aux yeux des mortels ; c'est le Jésus-Christ que je cherche. » Il me faut un Sauveur qui fasse honte aux superbes, qui fasse peur aux délicats de la terre, que le monde ne puisse goûter, qui ne puisse être connu que des humbles de cœur. Il me faut un Sauveur qui m'apprenne par son exemple que tout ce que je vois n'est qu'un songe, qu'il n'y a rien de grand que de suivre Dieu et tenir tout le reste au-dessous de nous, qu'il y a d'autres maux que je dois craindre et d'autres biens que je dois attendre. Le voilà, je l'ai rencontré, je le reconnois à ces signes ; vous le voyez aussi, chrétiens. Reste à considérer maintenant si nous le croirons.

Il y a deux partis formés : le monde d'un côté, Jésus-Christ de l'autre. On va en foule du côté du monde, on s'y presse, on y court, on croit qu'on n'y sera jamais assez tôt. Là les délices, les réjouissances, l'applaudissement, la faveur ; vous pourrez vous venger de vos ennemis ; vous pourrez posséder ce que vous aimez ; votre amitié sera recherchée ; vous aurez de l'autorité, du crédit ; vous trouverez partout un visage gai et un accueil agréable ; il n'est rien tel, il faut prendre parti de ce côté-là. D'autre part Jésus-Christ se montre avec un visage sévère, il est pauvre et abandonné. L'un lui dit : Vous seriez mon Sauveur, si vous vouliez me tirer de la pauvreté (a) : — Je ne vous le promets pas. — Que je puisse contenter ma passion : — Je ne le veux pas. — Que je puisse seulement venger cette injure : — Je vous le défends. — Le bien de cet homme m'accommoderoit ; je n'y ai point de droit, mais j'ai du crédit : — N'y touchez pas, ou vous êtes perdu. — Qui pourroit souffrir un maître si rude ? Retirons-nous, on n'y

---

[1] Tertull., *Advers. Marcion.*, lib. III, n. 17.

(a) *Var.* : L'un lui dit : Mon Sauveur, que ne promettez-vous de semblables biens ? Que vous seriez un grand et aimable Sauveur, si vous vouliez sauver le monde de la pauvreté !

peut pas vivre. Mais du moins que promettez-vous? De grands biens? — Oui; mais pour une autre vie. — Je le prévois, mon Sauveur, vous n'aurez pas la multitude pour vous; vous serez condamné, car le monde gagnera sa cause. On nous donne un signe pour vous connoître, mais c'est un signe de contradiction. Il s'en trouvera, même dans l'Eglise, qui seront assez malheureux de le contredire ouvertement par des paroles et des sentimens infidèles, mais presque tous le contrediront par leurs œuvres. Et ne le condamnons-nous pas tous les jours? Quand nous prenons des routes opposées aux siennes, c'est lui dire secrètement qu'il a tort et qu'il devoit venir comme les Juifs l'attendent encore. S'il est votre Sauveur, de quel mal voulez-vous qu'il vous sauve ? Si votre plus grand mal c'est le péché, Jésus-Christ est votre Sauveur; mais s'il étoit ainsi, vous n'y tomberiez pas si facilement. Quel est donc votre plus grand mal? C'est la pauvreté, c'est la misère? Jésus-Christ n'est plus votre Sauveur; il n'est pas venu pour cela. Voilà comme l'on condamne le Sauveur Jésus.

Où irons-nous, mes frères, et où tournerons-nous nos désirs ? Jusqu'ici tout favorise le monde, le concours, la commodité, les douceurs présentes. Jésus-Christ va être condamné : on ne veut point d'un Sauveur si pauvre et si nu. Irons-nous? Prendrons-nous parti? Attendons encore : peut-être que le temps changera les choses. Peut-être! Il n'y a point de peut-être ; c'est une certitude infaillible. Il viendra, il viendra ce terrible jour où toute la gloire du monde se dissipera en fumée ; et alors on verra paroître dans sa majesté ce Jésus autrefois né dans une crèche, ce Jésus autrefois le mépris des hommes, ce pauvre, ce misérable, cet imposteur, ce Samaritain, ce pendu. La fortune de ce Jésus est changée. Vous l'avez méprisé dans ses disgraces ; vous n'aurez pas de part à sa gloire. Que cet avénement changera les choses! Là ces heureux du siècle n'oseront paroître, parce que se souvenant de la pauvreté passée du Sauveur, et voyant sa grandeur présente, la première sera la conviction de leur folie, et la seconde en sera la condamnation. Cependant ce même Sauveur laissant ces heureux et ces fortunés, auxquels on applaudissoit sur la terre, dans la foule des malheureux, il tournera sa divine face au petit nombre de ceux qui n'auront pas rougi de sa pauvreté, ni refusé de porter sa croix. Venez, dira-t-il, mes chers compagnons, entrez en la société de ma gloire, jouissez de mon banquet éternel.

Apprenons donc, mes frères, à aimer la pauvreté de Jésus; soyons tous pauvres avec Jésus-Christ. Qui est-ce qui n'est pas pauvre en ce monde, l'un en santé, l'autre en biens; l'un en honneur, et l'autre en esprit? C'est pourquoi tout le monde désire, et tous ceux qui désirent sont pauvres et dans le besoin. Aimez cette partie de la pauvreté qui vous est échue en partage, pour vous rendre semblables à Jésus-Christ; et pour ces richesses que vous possédez, partagez-les avec Jésus-Christ. Compatissez aux pauvres, soulagez les pauvres; et vous participerez aux bénédictions que Jésus a données à la pauvreté. Chrétiens, au nom de notre Seigneur Jésus-Christ, « qui étant si riche par sa nature, s'est fait pauvre pour l'amour de nous, pour nous enrichir par sa pauvreté [1], » détrompons-nous des faux biens du monde; comprenons que la crèche de notre Sauveur a rendu pour jamais toutes nos vanités ridicules. Oui certainement, ô mon Seigneur Jésus-Christ, tant que je concevrai bien votre crèche, les apparences du siècle ne me surprendront point par leurs charmes, elles ne m'éblouiront point par leur vain éclat; et mon cœur ne sera touché que de ces richesses inestimables que votre glorieuse pauvreté nous a préparées dans la félicité éternelle. **Amen.**

[1] II *Cor.*, VIII, 9.

SECOND SERMON

POUR

LE JOUR DE NOEL (a).

Natus est nobis hodie Salvator mundi, et hoc vobis signum : Invenietis infantem pannis involutum, positum in præsepio.

Le Sauveur du monde nous est né aujourd'hui, et vous le reconnoîtrez à ce signe (b) : Vous trouverez un enfant enveloppé de langes, couché dans une crèche. *Luc.*, II, 12.

Le Verbe qui étoit au commencement dans le sein de Dieu, par qui toutes choses ont été faites et qui soutient toutes choses par sa force toute-puissante, a disposé comme trois degrés par lesquels est descendue la souveraine grandeur à la dernière bassesse.

Premièrement il s'est fait homme, secondement il s'est fait passible, troisièmement il s'est fait pauvre et s'est chargé de tous les opprobres de la fortune la plus méprisable. Le texte de mon évangile renferme en trois mots ce triple abaissement du Dieu-Homme : « Vous trouverez un enfant, » c'est le commencement d'une vie humaine; « enveloppé de langes, » c'est pour défendre l'infirmité contre les injures de l'air; « couché dans une crèche, » c'est la dernière extrémité d'indigence. Et par là vous voyez, mes sœurs, quel est l'ordre de sa descente. Son premier pas est de se faire homme, et par là il se met au-dessous des anges, puisqu'il prend

---

(a) Prêché devant une communauté religieuse, en 1668.

En même temps que l'appellation « mes sœurs » nous fait connoître l'auditoire qui entendit ce discours, la rédaction nous en révèle l'époque suffisamment. On verra d'ailleurs qu'il a été prêché dans un temps de jubilé; or un jubilé fut donné en 1668.

Ce sermon n'est que le précédent perfectionné ou, si l'on veut, concentré. Il faut comparer ces deux discours, pour voir comment Bossuet corrigeoit ses chefs-d'œuvre. Les éditeurs avoient dépecé le dernier pour en mettre les différens passages soit dans le texte, soit au bas des pages, soit à la fin du premier.

(b) *Var.:* Voici la marque pour le reconnoître.

une nature moins noble : *Minuisti eum paulò minùs ab angelis*[1]. Suivons attentivement, et arrêtons-nous sur tous les degrés de cette descente mystérieuse. Si le Sauveur s'est rabaissé par son premier pas au-dessous de la nature angélique, il fait une seconde démarche qui le rend égal aux pécheurs, parce qu'il ne prend pas la nature humaine telle qu'elle étoit dans son innocence, saine, incorruptible, immortelle; mais il la prend dans l'état malheureux où le péché l'a réduite, exposée de toutes parts aux douleurs, à l'infirmité (*a*), à la mort. Mais mon Sauveur n'est pas encore assez abaissé (*b*). Vous le voyez déjà, mes sœurs, au-dessous des anges par notre nature, égalé aux pécheurs par l'infirmité; maintenant voici qu'en faisant (*c*) son troisième pas, il se va pour ainsi dire mettre sous leurs pieds, en s'abandonnant au mépris par la condition misérable de sa vie et de sa naissance. Voilà, mes sœurs, les degrés par lesquels le Dieu incarné descend de son trône, et vous les avez remarqués par ordre dans les parties de mon évangile. Mais ce n'est pas ce qu'il y a de plus important ni ce qui m'étonne le plus. Quoique je ne puisse assez m'étonner des abaissemens de mon Dieu, je m'étonne beaucoup davantage qu'on nous donne ces abaissemens comme une marque certaine pour reconnoître le Sauveur du monde : *Et hoc vobis signum*. Quel est ce nouveau prodige? que peut servir à notre foiblesse que notre médecin devienne infirme, et que notre libérateur se dépouille de sa puissance? Est-ce donc une ressource pour des malheureux qu'un Dieu en vienne augmenter le nombre? Ne semble-t-il pas, au contraire, que le joug qui accable les enfans d'Adam est d'autant plus dur et inévitable, qu'un Dieu même est assujetti à le supporter? Cela seroit vrai, mes sœurs, si cet état d'humiliation étoit forcé, s'il y étoit tombé par nécessité, et non pas descendu par miséricorde. Mais comme son abaissement n'est pas une chute mais une condescendance, (*d*) et qu'il n'est descendu à nous que pour nous marquer les degrés par lesquels nous pouvons remonter à lui, tout l'ordre de sa descente fait celui de notre glorieuse élévation;

[1] *Psal.* VIII, 6.

(*a*) Var. : Corruption. — (*b*) Assez bas. — (*c*) Et voici qu'en faisant. — (*d*) Note marg. : *Descendit ut levaret, non cecidit ut jaceret* (S. August., Tract. CVII *in Joan.*, n. 6).

et nous pouvons appuyer notre espérance abattue sur ces trois abaissemens du Dieu-Homme, puisque s'il vient à notre nature tombée, c'est à dessein de la relever; s'il prend nos infirmités, c'est pour les guérir; et s'il s'expose aux misères et aux outrages de la fortune, c'est afin de les surmonter et de triompher glorieusement de tous les attraits du monde, de toutes les illusions et de toutes les terreurs (a). Divines marques, sacrés caractères par lesquels je reconnois mon Sauveur, que ne puis-je vous expliquer à cette audience avec les sentimens que vous méritez! Du moins efforçons-nous de le faire, et commençons à montrer dans ce premier point que Dieu prend notre nature pour la relever.

PREMIER POINT.

Comme Dieu est unique en son essence, il est impénétrable en sa gloire, il est inaccessible en sa hauteur et incomparable en sa majesté (b). C'est pourquoi l'Ecriture nous dit si souvent qu'il est plus haut que les cieux et plus profond que les abîmes, qu'il est caché en lui-même par sa propre lumière, et que « toutes les créatures sont comme un rien devant sa face : » *Omnes gentes quasi non sint, sic sunt coràm eo, et quasi nihilum et inane reputatæ sunt ei* [1].

Le docte Tertullien écrivant contre Marcion, nous explique cette vérité par ces magnifiques paroles : *Summum magnum ipsâ suâ magnitudine solitudinem possidens, unicum est* (c). Les expressions de notre langue ne reviennent pas à celles de ce grand homme; mais disons après lui, comme nous pourrons, que Dieu étant grand souverainement, il est par conséquent unique, et qu'il se fait par son unité une auguste solitude, parce que rien ne

---

[1] *Isa.*, XL, 17.

(a) *Var.*: Puisqu'il vient à notre nature tombée pour la relever, qu'il prend nos infirmités pour les guérir, et qu'il s'expose aux misères pour les surmonter et triompher glorieusement de tous les attraits du monde. — (b) Il est incomparable, en sa gloire, il est impénétrable en sa hauteur et inaccessible en sa majesté. — (c) *Advers. Marcion.*, lib. I, n. 4. Ces paroles sont un commentaire; voici le véritable texte, que Bossuet a mis à la marge du manuscrit : *Ex defectione æmuli solitudinem quamdam de singularitate præstantiæ suæ possidens, unicum est.*

peut l'égaler ni l'atteindre, ni en approcher, et qu'il est de tous côtés inaccessible.

Plus à fond. Il n'y a point de grandeur en la créature qui soit soutenue de toutes parts (*a*), et tout ce qui s'élève d'un côté s'abaisse de l'autre. Celui-là est relevé en puissance, mais médiocre en sagesse; cet autre aura un grand courage, mais qui sera mal secondé par la force de son esprit ou par celle de son corps. La probité n'est pas toujours avec la science, ni la science avec la conduite. Enfin (*b*) il n'y a rien de si fort qui n'ait son foible; il n'y a rien de si haut qui ne tienne au plus bas par quelque endroit. Dieu seul est grand en tous points, parce qu'il possède tout en son unité, parce qu'il est tout parfait, et en un mot tout lui-même, (*c*) et c'est ce que veut dire Tertullien par cette haute solitude en laquelle il fait consister la perfection de son être.

Le mystère de cette journée (*d*) nous apprend que Dieu est sorti de cette auguste et impénétrable solitude. Quand un Dieu s'est incarné, l'Unique s'est donné des compagnons, l'Incomparable s'est fait des égaux, l'Inaccessible s'est rendu palpable à nos sens; « il a paru parmi nous, » et comme un de nous sur la terre : *Et habitavit in nobis* [1].

Encore qu'il soit éloigné par tous ses divins attributs, il descend quand il lui plaît par sa bonté, ou plutôt il nous élève. Il fait ce qu'il veut de ses ouvrages; et comme quand il lui plaît, il les repousse de lui jusqu'à l'infini et jusqu'au néant, il sait aussi le moyen de les associer à lui-même d'une manière incompréhensible, au delà de ce que nous pouvons et croire et penser. Car étant infiniment bon, il est infiniment communicatif, infiniment unissant; de sorte qu'il ne faut pas s'étonner qu'il puisse unir la

[1] *Joan.*, I, 14.

(*a*) *Var.*: Qui ne se démente par quelque endroit. — (*b*) *Note marg.*: Enfin, sans faire ici le dénombrement de ces infinis mélanges par lesquels les hommes sont inégaux à eux-mêmes, il n'y a personne qui ne voie que l'homme est un composé de pièces très-inégales, qui ont leur fort et leur foible. — (*c*) Singulier en toutes choses, et seul à qui on peut dire : O Seigneur, qui est semblable à vous (*Exod.*, XV, 11)? profond en vos conseils, terrible en vos jugemens, absolu en vos volontés, magnifique et admirable en vos œuvres — (*d*) *Var.*: De l'Incarnation.

nature humaine à sa personne divine. Il peut élever l'homme autant qu'il lui plaît, et jusqu'à être avec lui la même personne. Et il n'y a rien en cette union qui soit indigne de lui, parce que, comme dit le grand saint Léon, « en prenant la nature humaine, il élève ce qu'il prend, et il ne perd point ce qu'il communique : » *Et nostra suscipiendo provehit, et sua communicando non perdit.* Par là il témoigne son amour, il exerce sa munificence et conserve sa dignité : *Et nostra suscipiendo provehit, et sua communicando non perdit* [1] (a).

Encore plus avant. L'homme par son orgueil a voulu se faire Dieu, et pour guérir cet orgueil Dieu a voulu se faire homme. Saint Augustin définit l'orgueil une perverse imitation de la nature divine [2]. Il y a des choses où il est permis d'imiter Dieu. Il est vrai qu'il est excité à la jalousie, lorsque l'homme se veut faire Dieu et entreprend de lui ressembler; mais il ne s'offense pas de toute sorte de ressemblance; au contraire il y a de ses attributs dans lesquels il nous commande de l'imiter. Considérez sa miséricorde, dont le Psalmiste a écrit « qu'elle surpasse ses autres ouvrages [3]. » Il nous est ordonné de nous conformer à cet admirable modèle : *Estote misericordes, sicut et Pater vester misericors est* [4]. Dieu est patient sur les pécheurs; et les invitant à se convertir, il fait luire en attendant son soleil sur eux et prolonge le temps de leur pénitence. Il veut que nous nous montrions ses enfans, en imitant cette patience à l'égard de nos ennemis : *Ut sitis filii Patris vestri* [5]. Il est saint; et encore que sa sainteté semble être entièrement incommunicable, il ne se fâche pas néanmoins que nous osions porter nos prétentions jusqu'à l'honneur de lui ressembler dans ce merveilleux attribut; au contraire il nous le commande : *Sancti estote, quia ego sanctus sum* [6]. Ainsi vous pouvez le suivre

[1] Serm. IV *De Nativit.*, cap. III. — [2] *De Civit. Dei*, lib. XIX, cap. XII. — [3] *Psal.* CXLIV. 9. — [4] *Luc.*, VI, 36. — [5] *Matth.*, V, 45. — [6] *Levit.*, XI, 44.

(a) *Note marg.* : L'orgueil est la cause de notre ruine. Le genre humain est tombé par l'impulsion de Satan. Comme un grand bâtiment qu'on jette par terre en accable un moindre sur lequel il tombe, ainsi cet esprit superbe, en tombant du ciel, est venu fondre sur nous et nous entraîne après lui dans sa ruine. Il a imprimé en nous un mouvement semblable à celui qui le précipite lui-même : *Unde cecidit, inde dejecit* (Serm. CLXIV, n. 8). Etant donc abattu par son propre orgueil, il nous a entraînés en nous renversant dans le même sentiment dont il est poussé. Superbes aussi bien que lui..., nous égaler à Dieu avec lui.

dans sa vérité, dans sa fidélité et dans sa justice. Quelle est donc cette ressemblance qui lui cause de la jalousie? C'est que nous lui voulons ressembler dans l'honneur de l'indépendance, en prenant notre volonté pour loi souveraine, comme lui-même n'a point d'autre loi que sa volonté absolue. C'est là le point délicat; c'est là qu'il se montre jaloux de ses droits et repousse avec violence tous ceux qui veulent ainsi attenter à la majesté de son empire. Soyons des dieux, il nous le permet, par l'imitation de sa sainteté, de sa justice, de sa vérité, de sa patience, de sa miséricorde toujours bienfaisante. Quand il s'agira de puissance, tenons-nous dans les bornes d'une créature et ne portons pas nos désirs à une ressemblance si dangereuse.

Voilà, mes sœurs, la règle immuable que nous devons suivre pour imiter Dieu. Mais, ô voies corrompues des enfans d'Adam! ô étrange corruption du cœur humain! nous renversons tout l'ordre de Dieu. Nous ne voulons pas l'imiter dans les choses où il se propose pour modèle, nous entreprenons de le contrefaire dans celles où il veut être unique et inimitable, et que nous ne pouvons prétendre sans rébellion. C'est sur cette souveraine indépendance que nous osons attenter; c'est ce droit sacré et inviolable que nous affectons par une audace insensée. Car comme Dieu n'a rien au-dessus de lui qui le règle et qui le gouverne, nous voulons être aussi les arbitres souverains de notre conduite, afin qu'en secouant le joug, en rompant les rênes et rejetant le frein du commandement qui retient notre liberté égarée, nous ne relevions point d'une autre puissance et soyons comme des dieux sur la terre. Et n'est-ce pas ce que Dieu lui-même reproche aux superbes, sous l'image du Roi de Tyr? Ton cœur, dit-il, s'est élevé, et tu as dit : Je suis un dieu, et « tu as mis ton cœur comme le cœur d'un Dieu : » *Dedisti cor tuum quasi cor Dei* [1]. Tu n'as voulu ni de règle, ni de dépendance. Tu as marché sans mesure, et tu as livré ton cœur emporté à tes passions indomptées. Tu as aimé, tu as haï, selon que te poussoient tes désirs injustes, et tu as fait un funeste usage de ta liberté par une superbe transgression de toutes les lois. Ainsi notre orgueil aveugle nous remplissant de nous-

---

[1] *Ezech.*, XXVIII, 2.

mêmes, nous érige en de petits dieux. Eh bien! ô superbe, ô petit dieu, voici le grand Dieu vivant qui s'abaisse pour te confondre. L'homme se fait Dieu par orgueil, et Dieu se fait homme par condescendance. L'homme s'attribue faussement la grandeur de Dieu, et Dieu prend véritablement le néant de l'homme.

Mais voici encore un nouveau secret de la miséricorde divine. Elle ne veut pas seulement confondre l'orgueil, elle a assez de condescendance pour vouloir en quelque sorte le satisfaire. Elle veut bien donner quelque chose à cette passion indocile qui ne se rend jamais tout à fait. L'homme avoit osé aspirer à l'indépendance divine; on ne peut le contenter en ce point, le trône ne se partage pas, la majesté souveraine ne peut souffrir ni d'égal ni de compagnon. Mais voici un conseil de miséricorde qui sera capable de le satisfaire. L'homme ne peut devenir indépendant; Dieu veut bien devenir soumis. Sa souveraine grandeur ne souffre pas qu'il s'abaisse, tant qu'il demeurera dans lui-même; cette nature infiniment abondante ne refuse pas d'aller à l'emprunt pour s'enrichir en quelque sorte par l'humilité, « afin, dit saint Augustin, que l'homme qui méprise cette vertu, qu'il appelle simplicité et bassesse quand il la voit dans les autres hommes, ne dédaignât pas de la pratiquer quand il la voit dans un Dieu [1]. »

Et hoc vobis signum. O homme, tu n'as fait que de vains efforts pour t'élever et te faire grand : (a) viens chercher dans ce Dieu-Homme, dans ce Dieu enfant, dans ce Sauveur qui naît aujourd'hui, la solide élévation et la grandeur véritable. Cherchons..... D'où vient qu'un Dieu se fait homme? Pour nous faire approcher de lui, traiter d'égal avec lui. C'est pourquoi saint Augustin attribue la cause du mystère de l'Incarnation « à une bonté populaire : » *Populari quâdam clementiâ*[2]. De même qu'un grand orateur plein de hautes conceptions, pour se rendre populaire et intelligible, se rabaisse par un discours simple à la capacité des esprits communs; comme un grand environné d'un éclat superbe qui étonne le simple peuple et ne lui permet pas d'approcher, se rend populaire

---

[1] Enarr. *in Psal.* XXXIII, n. 4. — [2] S. August., *Contra Acad.*, lib. III, n. 42.

(a) *Note marg.* : Tu peux bien t'emporter, mais non t'élever; tu peux bien t'enfler, mais non t'agrandir.

et familier par une facilité obligeante, qui sans affoiblir l'autorité rend la bonté accessible : ainsi la sagesse incréée, ainsi la majesté souveraine se dépouille de son éclat, de son immensité et de sa puissance pour se communiquer aux mortels et relever le courage et les espérances de notre nature abattue. Approchez donc, ô fidèles, de ce Dieu enfant. Tout vous est libre, tout vous est ouvert. Que voyons-nous en ce Dieu enfant, que nous sommes venus adorer? *Apparuit gratia et benignitas Salvatoris nostri Dei*[1]. Sa gloire se tempère, sa majesté se couvre, sa grandeur s'abaisse, sa justice rigoureuse ne se montre pas; il n'y a que la bonté qui paroisse, afin que nous approchions avec confiance et avec plus d'amour. Qu'on ne m'objecte plus mes foiblesses, mes imperfections, mon néant. Tout néant que je suis, je suis homme, et mon Dieu qui est tout s'est fait homme. Je viens à ce Dieu hardiment au nom de Jésus. Je soutiens que Dieu est à moi par Jésus-Christ. Car « ce Fils nous est donné, c'est pour nous qu'est né ce petit enfant [2]. » Je m'attache à Jésus en ce qu'il a de commun avec moi, et par là je me mets en possession de ce qu'il a d'égal à son Père, et je ne prétends rien moins que de posséder la Divinité. Soyons dieux avec Jésus-Christ; prenons des sentimens tout divins (a).

SECOND POINT.

Depuis que par le malheur de notre péché la mort est devenue notre partage, le caractère en est imprimé dans tous les endroits de notre vie. Elle commence à paroître dès le moment de notre naissance. On voit un certain rapport entre les langes et les draps de la sépulture : on couche et on enveloppe à peu près de même façon ceux qui naissent et ceux qui sont morts; un berceau a quelque idée d'un sépulcre, et c'est la marque de notre mortalité qu'on nous ensevelisse en naissant. C'est ce qui a fait dire à Tertullien que le Sauveur a commencé dans ses langes le mystère de sa sépulture : *Pannis jam sepulturæ involucrum initiatus* [3]. Il met dans sa naissance le commencement de sa mort ; et le considérant dans le maillot, il se le représente déjà comme enseveli. Suivons.

---

[1] *Tit.*, III, 4. — [2] *Isa.*, IX, 6. — [3] *Advers. Marcion.*, lib. IV, n. 21.
(a) La fin comme au sermon précédent, pag. 250.

le sentiment de ce grand homme ; et après avoir vu en notre Sauveur la nature humaine par le mot d'enfant, regardons la mortalité dans ses langes, et avec la mortalité toutes les infirmités qui la suivent.

Sur ce sujet, chrétiens, j'ai dessein de vous faire entendre, non mes sentimens et mes paroles, mais les raisonnemens tout divins de l'incomparable saint Augustin dans cette admirable épître qu'il a écrite à Volusien [1]. Voici donc le raisonnement et presque les mêmes paroles de ce sublime docteur.

Puisque Dieu avoit bien voulu se faire homme, il étoit juste qu'il n'oubliât rien pour nous faire sentir cette grace ; et pour cela, dit saint Augustin, il falloit qu'il prît les infirmités par lesquelles la vérité de sa chair est si clairement confirmée. En effet, poursuit-il, encore que les Ecritures nous prêchent avec tant de soin que le Fils de Dieu n'a pas dédaigné la faim, ni la soif, ni les fatigues, ni les sueurs, ni toutes les autres incommodités d'une chair mortelle, il s'est élevé beaucoup d'hérétiques qui n'ont pas voulu reconnoître en lui la vérité de notre nature. Les uns disoient que son corps étoit un fantôme ; d'autres, qu'il étoit composé d'une matière céleste, et tous s'accordoient à nier qu'il eût pris effectivement la nature humaine. Ces esprits superbes et dépravés (a), qui rougissoient en leurs cœurs de la bassesse de l'Evangile et des humiliations de Jésus-Christ, jugeoient incroyable qu'un Dieu se fît homme ; et plutôt que de se persuader un si grand abaissement du Très-Haut, ils trouvoient le chemin plus court de dire qu'il n'avoit pris que les apparences de notre nature matérielle. Que seroit-ce donc, dit saint Augustin, s'il étoit tout à coup descendu des cieux, s'il n'avoit pas suivi les progrès de l'âge, s'il eût rejeté (b) le sommeil et la nourriture, et éloigné de lui ces sentimens ? N'auroit-il pas lui-même confirmé l'erreur ? N'auroit-il pas semblé en quelque sorte rougir de s'être fait homme, puisqu'il ne le paroissoit qu'à demi ? N'auroit-il pas effacé dans tous les esprits la créance de sa bienheureuse incarnation, qui fait toute notre espérance ? Et ainsi, dit saint Augustin, « en

---

[1] *Epist.* CXXXVII, n. 8 et 9.
(a) *Var. :* Ces hommes dépravés d'esprit. — (b) Méprisé.

faisant toutes choses miraculeusement, il auroit lui-même détruit ce qu'il a fait miséricordieusement : » *Et dùm omnia mirabiliter facit, auferret quod misericorditer fecit* [1].

Et certes puisque mon Sauveur étoit Dieu, il falloit qu'il fît des miracles ; mais puisque mon Sauveur étoit homme, il ne devoit pas avoir honte de montrer de l'infirmité, et l'ouvrage de la puissance ne devoit pas renverser le témoignage de sa grande miséricorde. C'est pourquoi, dit saint Augustin, s'il fait de très-grandes choses, il en souffre aussi de très-basses ; mais il modère tellement toute sa conduite qu'il relève les choses basses par les extraordinaires, et tempère les extraordinaires par les communes : *Ut solita sublimaret insolitis, et insolita solitis temperaret* [2]. Il naît, mais il naît d'une vierge ; il mange, mais quand il lui plaît il commande aux anges de servir sa table [3] ; il dort, mais pendant son sommeil il empêche la barque où il vogue d'être submergée ; il marche, mais quand il l'ordonne l'eau devient ferme sous ses pieds ; il meurt, mais en expirant il étonne et met en crainte toute la nature : tenant partout un milieu si juste, qu'où il paroît en homme, il sait bien montrer qu'il est Dieu ; où il se déclare Dieu, il marque aussi qu'il est homme ; et c'est pourquoi ce mystère s'appelle une économie et une sage dispensation, pour nous faire entendre, mes frères, que toutes choses y sont conservées sans division, en unité (a), et tellement ménagées que la Divinité y paroît tout entière et l'humanité (b) tout entière.

Le grand pape saint Hormisdas, ravi en admiration de cette céleste économie, du haut de la chaire de saint Pierre d'où il enseignoit tout ensemble et régissoit toute l'Eglise, invite tous les fidèles à contempler avec lui cet adorable mélange, ce mystérieux tempérament de puissance et d'infirmité. « Le voilà, dit-il aux fidèles, celui qui est Dieu et homme, c'est-à-dire la force et la foiblesse, la bassesse et la majesté (c) ; celui qui a été vendu, et qui nous ra-

---

[1] *Epist.* CXXXVII, n. 9. — [2] *Ibid.* — [3] *Matth.*, VI, 11.

(a) *Var.* : Sans confusion. — (b) L'infirmité. — (c) Celui qui étant couché dans la crèche, paroît dans le ciel en sa gloire. Il est dans le maillot, et les mages l'adorent ; il naît parmi les animaux, et les anges publient sa naissance ; la terre le rebute, et le ciel le déclare par une étoile ; il a été vendu, et il nous rachète ; attaché à la croix, il y distribue les couronnes et donne le royaume éternel ; infirme qui, etc.

chète ; qui attaché à la croix distribue les couronnes et donne le royaume éternel ; infirme qui cède à la mort, puissant que la mort ne peut retenir ; couvert de blessures, et médecin infaillible de nos maladies ; qui est rangé parmi les morts, et qui donne la vie aux morts ; qui naît pour mourir, et qui meurt pour ressusciter ; qui descend aux enfers, et ne sort point du sein de son Père (a).

Joignons-nous à ce grand pape pour adorer humblement les foiblesses qu'un Dieu incarné a prises volontairement pour l'amour de nous ; c'est là le fondement de toute notre espérance. Car écoutez ce que dit le divin Apôtre : *Non habemus pontificem*[1] : « Nous n'avons pas un pontife » qui soit insensible à nos maux. Car il a passé comme nous par toutes sortes d'épreuves, à l'exception du péché.

Encore que cette société de douleurs n'ajoute rien à la connoissance qu'il a de nos maux, elle ajoute beaucoup à la tendresse ; il n'a pas oublié ni les longs travaux, ni les autres difficultés de son pénible pèlerinage. Et quels maux n'a-t-il pas voulu éprouver ? Mon Sauveur n'a épargné à son corps ni la faim, ni la soif, ni les fatigues, ni les sueurs, ni les infirmités, ni la mort. Il n'a épargné à son ame ni la tristesse, ni l'inquiétude, ni les longs ennuis, ni les plus cruelles appréhensions. *Et hoc vobis signum.* O Dieu ! qu'il aura d'inclination de nous soulager, nous qu'il voit du plus haut des cieux battus des mêmes orages dont il a été attaqué sur la terre ! C'est pourquoi l'Apôtre se glorifie des infirmités de son Maître. Nous n'avons pas un pontife qui ne puisse pas compatir aux maux que nous ressentons, etc. (b).

TROISIÈME POINT.

Il n'y a rien de plus vain que les moyens que l'homme recherche pour se faire grand. Il se trouve tellement borné et resserré en lui-même, que son orgueil a honte de se voir réduit à des limites si

---

[1] *Hebr.*, IV, 15.

(a) Note marg. : *Jacens in præsepio, videbatur in cœlo; involutus pannis, adorabatur à Magis; inter animalia editus, ab angelis nuntiabatur...; virtus et infirmitas, humilitas et majestas; redimens, et venditus; in cruce positus, et cœli regna largitus......; patiens vulnerum, et salvator ægrorum; unus defunctorum, et vivificator obeuntium; ad inferna descendens, et à Patris gremio non recedens* (Epist. LXXIX *ad Justin.*, Aug. Labb., tom. IV, col. 1553).

(b) La fin comme au second point du sermon précédent, p. 254.

étroites. Mais comme il ne peut rien ajouter à sa taille ni à sa substance, comme dit le Fils de Dieu [1], il tâche de se repaître d'une vaine imagination de grandeur, en amassant autour de lui tout ce qu'il peut. Il pense qu'il s'incorpore pour ainsi dire à lui-même toutes les richesses qu'il acquiert ; il s'imagine qu'il s'accroît en élargissant ses appartemens magnifiques (a), qu'il s'étend en étendant son domaine, qu'il se multiplie avec ses titres, et enfin qu'il s'agrandit en quelque façon par cette suite pompeuse de domestiques qu'il traîne après lui pour surprendre (b) les yeux du vulgaire. Cette femme vaine et ambitieuse, qui porte sur elle la nourriture de tant de pauvres et le patrimoine de tant de familles, ne se peut considérer comme une personne particulière. Cet homme qui a tant de charges, tant de titres, tant d'honneurs, seigneur de tant de terres, possesseur de tant de biens, maître de tant de domestiques, ne se comptera jamais pour un seul homme; et il ne considère pas qu'il ne fait que de vains efforts, puisqu'enfin quelque soin qu'il prenne de s'accroître et de se multiplier en tant de manières et par tant de titres superbes, il ne faut qu'une seule mort pour tout abattre et un seul tombeau pour tout enfermer. Et toutefois, chrétiens, l'enchantement est si fort et le charme si puissant, que l'homme ne peut se déprendre de ces vanités. Bien plus, et voici un plus grand excès. Il pense que si un Dieu se résout à paroître sur la terre, il ne doit point s'y montrer qu'avec ce superbe appareil, comme si notre vaine pompe et notre grandeur artificielle pouvoit donner quelque envie à celui qui possède tout dans l'immense simplicité de son essence. Et c'est pourquoi les puissans et les superbes du monde (c) ont trouvé notre Sauveur trop dénué; sa crèche les a étonnés, sa pauvreté leur a fait peur (d); et c'est cette même erreur qui a fait imaginer aux Juifs cette Jérusalem toute brillante d'or et de pierreries, et toute cette magnificence qu'ils attendent encore aujourd'hui en la personne de leur Messie.

Mais au contraire, Messieurs, si nous voulons raisonner par les

---

[1] *Matth.*, VI, 27.

(a) *Var.* : Qu'il s'agrandit avec ses appartemens magnifiques. — (b) Pour étourdir le vulgaire. — (c) Les riches et les grands du monde. — (d) Honte.

véritables principes, nous trouverons qu'il n'est rien de plus digne d'un Dieu venant sur la terre, que de confondre par sa pauvreté le faste ridicule des enfans d'Adam, de les désabuser des vains plaisirs qui les enchantent, et enfin de détruire par son exemple toutes les fausses opinions qui exercent sur le genre humain une si grande et si injuste tyrannie. A fond. Voici l'ordre qu'il y tient. Le monde a deux moyens pour nous captiver : il a premièrement de fausses douceurs qui surprennent notre foiblesse; il a aussi des armes, des terreurs qui abattent notre courage. Il est des hommes délicats qui ne peuvent vivre que dans les plaisirs, dans le luxe, dans l'abondance. Il en est d'autres qui nous diront : Je ne demande pas ces grandes richesses, mais la pauvreté m'est insupportable; je me défendrois bien des plaisirs, mais je ne puis souffrir les douleurs; je n'envie pas le crédit de ceux qui sont dans les grandes intrigues du monde, mais il est dur de demeurer dans l'obscurité. Le monde gagne les uns, et il épouvante les autres. Tous deux s'écartent de la droite voie ; et tous deux enfin viennent à ce point que celui-ci, pour obtenir les plaisirs sans lesquels il s'imagine qu'il ne peut pas vivre, et l'autre, pour éviter les malheurs qu'il croit qu'il ne pourra supporter, s'engagent entièrement dans l'amour du monde.

C'est pour cela, chrétiens, que Jésus-Christ est venu comme le réformateur du genre humain, comme le docteur véritable qui nous vient donner la science des biens et des maux, et ôter par ce moyen les obstacles qui nous empêchent d'aller à Dieu et de nous contenter de lui seul : *Et hoc vobis signum :* « Et voilà le signe que l'on vous en donne. » Allez à l'étable, à la crèche, à la misère, à la pauvreté de ce Dieu enfant. Ce ne sont point ses paroles, c'est son état qui vous prêche et qui vous enseigne. Si les plaisirs que vous cherchez, si la gloire que vous admirez étoit véritable, quel autre l'auroit mieux méritée qu'un Dieu? ou qui l'auroit plus facilement obtenue? Quelle troupe de gardes l'environneroit ! Quelle seroit la beauté et la magnificence de sa Cour ! quelle pourpre éclateroit sur ses épaules ! Quel or reluiroit sur sa tête ! Quelles délices lui prépareroit toute la nature, qui obéit si ponctuellement à ses ordres ! Ce n'est point sa pauvreté et son indigence qui l'a privé des délices (*a*); il les a volontairement rejetées. Ce n'est point sa foiblesse, ni son impuissance, ni quelque coup imprévu de la fortune ennemie (*b*) qui l'a jeté dans la pauvreté, dans les douleurs et dans les opprobres; il a choisi cet état (*c*). Il a donc jugé que ces biens, ces contentemens, cette gloire étoit indigne de lui et des siens. Il a cru que cette grandeur étant fausse et imaginaire, feroit tort à sa véritable excellence. Il a vu, du plus haut des cieux, que les hommes n'étoient touchés que des biens sensibles et des pompes extérieures. Il s'est souvenu en ses bontés qu'il les avoit créés au commencement pour jouir d'une plus solide félicité. Touché de compassion, il vient en personne les désabuser (*d*) de ces opinions non moins fausses et dangereuses qu'elles sont établies et invétérées. Et voyant qu'elles ont jeté dans le cœur humain de si profondes racines, pour les arracher tout à fait (*e*) il se jette aux extrémités opposées et montre le peu d'état qu'il en fait. Il a peine à trouver un lieu assez bas par où il puisse faire son entrée au monde; il trouve une étable abandonnée, c'est là qu'il descend. Il prend tout ce que les hommes évitent, tout ce qu'ils craignent, tout ce qu'ils méprisent, tout ce qui fait horreur à leurs sens : si bien que je me représente sa crèche, non comme un berceau indigne d'un Dieu, non, mais comme un char (*f*) de triomphe où il traîne après lui le monde vaincu. Là sont les terreurs surmontées, et là les douceurs méprisées; là les plaisirs rejetés, et ici les tourmens soufferts; (*g*) et il me semble qu'au milieu d'un si beau triomphe, il nous dit avec une contenance assurée: « Prenez courage, j'ai vaincu le monde : » *Confidite, ego vici mundum* [1], parce que par la bassesse de sa naissance, par l'obscurité de sa vie, par la cruauté et l'ignominie de sa mort, il a effacé tout ce que les hommes estiment (*h*), et désarmé tout ce qu'ils redoutent : *Et hoc vobis signum :* « Voilà le signe que l'on vous donne pour reconnoître notre Sauveur. »

Les Juifs espèrent un autre Messie qui les comblera de prospérités, qui leur donnera l'empire du monde et les rendra contens sur

---

[1] *Joan.*, XVI, 33.

(*a*) *Var.* : Plaisirs. — (*b*) Contraire. — (*c*) Il les a choisis. — (*d*) Les désabuser non par sa doctrine, mais par ses exemples. — (*e*) Pour nous en retirer par un grand effort. — (*f*) Chariot. — (*g*) *Note marg.* : Les richesses, etc. Rien n'y manque, tout est complet. — (*h*) *Var.:* Admirent.

la terre. Ah! combien de Juifs parmi nous! combien de chrétiens qui désireroient un Sauveur qui les enrichît, un Sauveur qui contentât leur ambition, qui voulût flatter leurs passions ou assouvir leur vengeance! Ce n'est pas là notre Christ et notre Messie. A quoi le pouvons-nous reconnoître? Ecoutez; je vous le dirai par les belles paroles de Tertullien : *Si ignobilis, si inglorius, si inhonorabilis, meus erit Christus*[1]*:* « S'il est méprisable, s'il est sans éclat, s'il est bas aux yeux des mortels, c'est le Jésus-Christ que je cherche. » Il me faut un Sauveur qui fasse honte aux superbes, qui fasse peur aux délicats, que le monde ne puisse goûter, que la sagesse humaine ne puisse comprendre, qui ne puisse être connu que par les humbles de cœur. Il me faut un Sauveur qui brave pour ainsi dire, par sa généreuse pauvreté, nos vanités ridicules, extravagantes, enfin qui m'apprenne par son exemple qu'il n'y a rien de grand que de suivre Dieu et mépriser tout le reste. (*a*) Le voilà, je l'ai rencontré, je le reconnois à ces belles marques. Vous l'avez connu, mes chères sœurs, puisque vous avez aimé son dépouillement, puisque sa pauvreté vous a plu, puisque vous l'avez épousé avec tous ses clous, toutes ses épines, avec toute la bassesse de sa crèche et toutes les rigueurs de sa croix. Mais nous, mes frères, que choisirons-nous?

Il y a deux partis formés : le monde d'un côté, Jésus-Christ de l'autre. Là les délices, les réjouissances, l'applaudissement, la faveur; vous pourrez vous venger de vos ennemis, vous pourrez posséder ce que vous aimez, vous trouverez partout un visage gai et un accueil agréable. Qu'on vous aimeroit, mon Sauveur, si vous vouliez donner de tels biens aux hommes! Que vous seriez un grand et un aimable Sauveur, si vous vouliez nous promettre de nous sauver de la pauvreté! Il ne faut pas s'y attendre. — Permettez-moi seulement que je contente cette passion ou que je puisse venger cette injure. — Non, il punira même un regard trop libre, une parole échauffée et les secrets mouvemens de la haine

---

[1] Tertull., *Advers. Marcion.*, lib. III, n. 17.

(*a*) *Note marg.:* Que la superbe philosophie cherche bien loin des raisonnemens pour découvrir la vanité des choses humaines, qu'elle les étende avec pompe, combien ses argumens sont-ils éloignés de la force de ces deux mots : Un Dieu est pauvre!

et de la colère. Le bien d'autrui. (*a*) Le Jubilé. Qui pourroit souffrir un maître si rude ?

Mon Sauveur, vous êtes trop incompatible, on ne peut s'accommoder avec vous, la multitude ne sera pas de votre côté. Aussi, mes frères, ne la veut-il pas. C'est la multitude qu'il a noyée par les eaux du déluge; c'est la multitude qu'il a consumée par les feux du ciel; c'est la multitude qu'il a abîmée dans les flots de la mer Rouge (*b*); c'est la multitude qu'il a réprouvée, autant de fois qu'il a maudit dans son Evangile le monde et ses vanités. C'est pour engloutir cette malheureuse et damnable multitude dans les cachots éternels, que « l'enfer, dit le prophète Isaïe [1], s'est dilaté démesurément; et les forts et les puissans, et les grands du monde s'y précipitent en foule. » O monde ! ô multitude ! ô troupe innombrable ! je crains ta société malheureuse ! Le nombre ne me défendra pas contre mon juge; la troupe (*c*) des témoins ne me justifiera pas; ma conscience.... : je crains que mon Sauveur ne se change en juge implacable : *Sicut lætatus est Dominus super vos bene vobis faciens atque multiplicans, sic lætabitur disperdens vos atque subvertens* [2]. Quand Dieu entreprendra d'égaler sa justice à ses miséricordes et de venger ses bontés si indignement méprisées, je ne me sens pas assez fort pour soutenir l'effort redoutable, ni les coups incessamment redoublés d'une main si rude et si pesante. Je me ris des jugemens des hommes du monde et de leurs folles pensées. J'aspire à être du petit nombre de ceux que Dieu appellera en ce dernier jour : Vous qui n'avez pas eu honte de ma pauvreté, vous qui n'avez pas refusé de porter ma croix, petit nombre de réserve, troupe d'élite, venez prendre part à ma gloire, entrez dans mon banquet éternel. Aimez donc la pauvreté de Jésus. Qui n'est pas pauvre en ce monde, l'un en santé, l'autre en biens; l'un en honneurs, et l'autre en esprit? Aussi n'est-ce pas ici que les biens abondent. C'est pourquoi le monde, pauvre en effets, ne débite que des

---

[1] *Isa.*, v, 14. — [2] *Deuter.*, XXVIII, 63.

(*a*) *Note marg.* : Le passage est ainsi conçu dans le troisième point du sermon précédent, p. 260 : — Le bien de cet homme m'accommoderoit; je n'y ai point de droit, mais j'ai du crédit — : N'y touchez pas, ou vous êtes perdu. — (*b*) *Var.* : Ensevelie dans les abîmes de la mer Rouge. — (*c*) Foule.

espérances ; c'est pourquoi tout le monde désire : tous ceux qui désirent sont pauvres et dans le besoin. Aimons cette partie de la pauvreté qui nous est échue en partage, pour nous rendre semblables à Jésus-Christ. Chrétiens, au nom de Celui « qui étant si riche par sa nature, s'est fait pauvre pour nous enrichir par sa pauvreté [1], » détrompons-nous des faux biens du monde ; comprenons que la crèche de notre Sauveur a rendu pour jamais toutes nos vanités ridicules. Oui certes, ô mon Sauveur Jésus-Christ, tant que je concevrai bien votre crèche et vos saintes humiliations, les apparences du monde ne me surprendront point par leurs charmes, elles ne m'éblouiront pas par leur vain éclat ; et mon cœur ne sera touché que de ces richesses inestimables que votre glorieuse pauvreté nous a préparées dans la félicité éternelle.

TROISIÈME SERMON

POUR

LE JOUR DE NOEL (a).

Celui-ci, cet enfant qui vient de naître, dont les anges célèbrent la naissance, que les bergers viennent adorer dans sa crèche, que les Mages viendront bientôt rechercher des extrémités de l'Orient, que vous verrez dans quarante jours présenté au temple et mis entre les mains du saint vieillard Siméon : « Cet enfant, dis-je, est établi pour la ruine et pour la résurrection de plusieurs dans

[1] II *Cor.*, VIII, 9.

(a) Prêché dans la cathédrale de Meaux, le jour de Noël 1691.
Un de ces rares sermons que Bossuet désignoit par ces mots : « Ecrit après avoir dit, » c'est-à-dire tracé sur le papier après avoir été prêché.
Le manuscrit n'offre qu'un abrégé du discours : « Cette copie faite de ma main, dit l'abbé Ledieu, est l'original même du sermon dont l'auteur n'avoit rien écrit, et qu'il me dicta depuis à Versailles en deux ou trois soirées, pour Jouarre, où il l'avoit promis. Il l'y envoya en effet à Mme de Lusancy Sainte-Hélène, religieuse, avec la lettre qu'il lui écrivit de Versailles le 8 janvier 1692, la chargeant de renvoyer cet original fait pour elle, quand elle en auroit pris copie. »

Israël[1], » non-seulement parmi les gentils, mais encore dans le peuple de Dieu et dans l'Eglise qui est le vrai Israël, « et pour être en butte aux contradictions ; et votre ame sera percée d'une épée, » et tout cela se fera, « afin que les pensées que plusieurs tiennent cachées dans leurs cœurs soient découvertes. »

La religion est un sentiment composé de crainte et de joie : elle inspire de la terreur à l'homme, parce qu'il est pécheur ; elle lui inspire de la joie, parce qu'il espère la rémission de ses péchés ; elle lui inspire de la terreur, parce que Dieu est juste ; et de la joie, parce qu'il est bon. Il faut que l'homme tremble et qu'il soit saisi de frayeur lorsqu'il sent en lui-même tant de mauvaises inclinations ; mais il faut qu'il se réjouisse et qu'il se console quand il voit venir un Sauveur et un médecin pour le guérir. C'est pourquoi le Psalmiste chantoit : « Réjouissez-vous devant Dieu avec tremblement[2] : » réjouissez-vous par rapport à lui, mais tremblez par rapport à vous, parce qu'encore que par lui-même il ne vous apporte que du bien, vos crimes et votre malice pourront peut-être l'obliger à vous faire du mal. C'est donc pour cette raison que Jésus-Christ est établi non-seulement pour la résurrection, mais encore pour la ruine de plusieurs en Israël. Et vous ne trouverez pas mauvais que j'anticipe ce discours prophétique du saint vieillard Siméon, pour vous donner une idée parfaite du mystère de Jésus-Christ qui naît aujourd'hui.

C'étoit un des caractères du Messie promis à nos pères d'être tout ensemble et un sujet de consolation et un sujet de contradiction, une pierre fondamentale sur laquelle on doit s'appuyer, et une pierre d'achoppement et de scandale contre laquelle on se heurte et on se brise. Les deux princes des apôtres nous ont appris unanimement cette vérité. Saint Paul, dans l'*Epître aux Romains :* « Cette pierre sera pour vous une pierre de scandale, et quiconque croit en lui ne sera point confondu[3]. » Le voilà donc tout ensemble et le fondement de l'espérance et le sujet des contradictions du genre humain. Mais il faut encore écouter le prince des apôtres : « C'est ici, dit-il[4], la pierre de l'angle, la pierre qui soutient et qui unit tout l'édifice ; et quiconque croit en celui qui est

---

[1] *Luc.*, II, 34, 35. — [2] *Psal.* II, 11. — [3] *Rom.*, IX, 33. — [4] I *Petr.*, II, 6, 7.

figuré par cette pierre, ne sera point confondu. » Mais c'est aussi une pierre d'achoppement et de scandale, qui fait tomber ou qui met en pièces tout ce qui se heurte contre elle. Mais il faut que les disciples se taisent quand le Maître parle lui-même. C'est Jésus-Christ qui répond aux disciples de saint Jean-Baptiste : « Bienheureux sont ceux, dit-il, à qui je ne suis pas une occasion de scandale[1] ! » Quoique je fasse tant de miracles, qui font voir au genre humain que je suis le fondement de son espérance, on est cependant trop heureux quand on ne trouve point en moi une occasion de se scandaliser ; tant le genre humain est corrompu, tant les yeux sont foibles pour soutenir la lumière, tant les cœurs sont rebelles à la vérité. Et pour porter cette vérité jusqu'au premier principe, c'est Dieu même qui est primitivement en ruine et en résurrection au genre humain ; car s'il est le sujet des plus grandes louanges, il est aussi en butte aux plus grands blasphèmes. Et cela c'est un effet comme naturel de sa grandeur, parce qu'il faut nécessairement que la lumière qui éclaire les yeux sains éblouisse et confonde les yeux malades. Et Dieu permet que le genre humain se partage sur son sujet, afin que ceux qui le servent, en voyant ceux qui le blasphèment, reconnoissent la grace qui les discerne et lui aient l'obligation de leur soumission. C'étoit donc en Jésus-Christ un caractère de divinité d'être en butte aux contradictions des hommes, d'être en ruine aux uns et en résurrection aux autres. Et pour entrer plus profondément dans un si grand mystère, je trouve que Jésus-Christ est une occasion de contradiction et de scandale dans les trois principaux endroits par lesquels il s'est déclaré notre Sauveur : dans l'état de sa personne, dans la prédication de sa doctrine, dans l'institution de ses sacremens. Qu'est-ce qui choque dans l'état de sa personne ? Sa profonde humiliation. Qu'est-ce qui choque dans sa prédication et dans sa doctrine ? Sa sévère et inexorable vérité. Qu'est-ce qui choque dans l'institution de ses sacremens ? Je le dirai pour notre confusion, c'est sa bonté et sa miséricorde même.

[1] *Matth.*, XI, 6.

PREMIER POINT.

« Au commencement le Verbe étoit ; et le Verbe étoit en Dieu, et le Verbe étoit Dieu. Toutes choses ont été faites par lui [1]. » Ce n'est pas là ce qui scandalise les sages du monde : ils se persuadent facilement que Dieu fait tout par son Verbe, par sa parole, par sa raison. Les philosophes platoniciens, dit saint Augustin, admiroient cette parole et ils y trouvoient de la grandeur, que le Verbe fût la lumière qui éclairoit tous les hommes qui venoient au monde ; que la vie fût en lui comme dans sa source, d'où elle se répandoit sur tout l'univers, et principalement sur toutes les créatures raisonnables. Ils étoient prêts à écrire en caractères d'or ces beaux commencemens de l'Evangile de saint Jean. (a) Si le christianisme n'eût eu à prêcher que ces grandes et augustes vérités, quelque inaccessible qu'en fût la hauteur, ces esprits qui se piquoient d'être sublimes se seroient fait un honneur de les croire et de les établir ; mais ce qui les a scandalisés, c'est la suite de cet Evangile : « Le Verbe a été fait homme ; » et, ce qui paroît encore plus foible : « Le Verbe a été fait chair [2] ; » ils n'ont pu souffrir que ce Verbe, dont on leur donnoit une si grande idée, fût descendu si bas. La parole de la croix leur a été une folie encore plus grande. Le Verbe né d'une femme, le Verbe né dans une crèche, pour en venir enfin à la dernière humiliation du Verbe expirant sur une croix : c'est ce qui a révolté ces esprits superbes. Car ils ne vouloient point comprendre que la première vérité qu'il y eût à apprendre à l'homme, que son orgueil avoit perdu, étoit de s'humilier. Il falloit donc qu'un Dieu qui venoit pour être le docteur du genre humain, nous apprît à nous abaisser, et que le premier pas qu'il falloit faire pour être chrétien, c'étoit d'être humble. Mais

---

[1] *Joan.*, I, 1. — [2] *Ibid.*, 14.

(a) *Note marg.* : Quod initium sancti Evangelii, cui nomen est secundùm Joannem, quidam Platonicus, sicut à sancto sene Simpliciano, qui postea Mediolanensi ecclesiæ præsedit episcopus, solebamus audire, aureis litteris conscribendum et per omnes ecclesias in locis eminentissimis proponendum esse dicebat. Sed ideo viluit superbis Deus ille magister, quia *Verbum caro factum est, et habitavit in nobis* : ut parum sit miseris quòd ægrotant, nisi se in ipsâ etiam ægritudine extollant, et de medicinâ quâ sanari poterant erubescant. Non enim hoc faciunt ut erigantur, sed ut cadendo graviùs affligantur. S. August., *De Civit. Dei*, lib. X, cap. XXIX.

les hommes enflés de leur vaine science, n'étoient pas capables de faire un pas si nécessaire. « Autant qu'ils s'approchoient de Dieu par leur intelligence, autant s'en éloignoient-ils par leur orgueil : » *Quantùm propinquaverunt intelligentiâ, tantùm superbiâ recesserunt*, dit excellemment saint Augustin [1].

Mais, direz-vous, on leur prêchoit la résurrection de Jésus-Christ et son ascension triomphante dans les cieux : ils devoient donc entendre que ce Verbe, que cette Parole, que cette Sagesse incarnée étoit quelque chose de grand. Il est vrai ; mais tout le fond de ces grands mystères étoit toujours un Dieu fait homme, c'étoit un homme qu'on élevoit si haut, c'étoit une chair humaine et un corps humain qu'on plaçoit au plus haut des cieux. C'est ce qui leur paroissoit indigne de Dieu ; et quelque haut qu'il montât après s'être si fort abaissé, ils ne trouvoient pas que ce fût un remède à la dégradation qu'ils s'imaginoient dans la personne du Verbe fait chair. C'est par là que cette personne adorable leur devint méprisable et odieuse : méprisable, parce qu'elle s'étoit abaissée ; odieuse, parce qu'elle les obligeoit de s'abaisser à son exemple. C'est ainsi qu'il a été établi pour la ruine de plusieurs : *Positus in ruinam.* Mais en même temps il est aussi la résurrection de plusieurs, parce que pourvu qu'on veuille imiter ses humiliations, on apprendra de lui à s'élever de la poussière. Humiliez-vous donc, ames chrétiennes, si vous voulez vous relever avec Jésus-Christ.

Mais, ô malheur ! les chrétiens ont autant de peine à apprendre cette humble leçon qu'en ont eu les sages et les grands du monde. Loin d'imiter Jésus-Christ, dont la naissance a été si humble, chacun oublie la bassesse de la sienne. Cet homme qui s'est élevé par son industrie, et peut-être par ses crimes, ne veut pas se souvenir dans quelle pauvreté il étoit né. Mais ceux qui sont nés quelque chose dans l'ordre du monde, songent-ils bien quel est le fond de leur naissance, combien elle a été foible, combien impuissante et destituée par elle-même de tout secours ? Se souviennent-ils de ce que disoit, en la personne d'un roi, le divin auteur du livre de la *Sagesse?* « Je suis venu au monde en gémissant comme les autres [2]. » De quoi donc se peut vanter l'homme qui vient au

---

[1] *Contra Julian.*, lib. IV, cap. III. — [2] *Sap.*, VII, 3.

monde, puisqu'il y vient en pleurant, et que la nature ne lui inspire point d'autres pressentimens dans cet état que celui qu'il a de ses misères ? Entrons donc dans de profonds sentimens de notre bassesse, et descendons avec Jésus-Christ, si nous voulons monter avec lui. « Il est monté, dit saint Paul [1], au plus haut des cieux, parce qu'il est auparavant descendu au plus profond des abîmes. » Ne descendons pas seulement avec lui dans une humble reconnoissance des infirmités et des bassesses de notre nature; descendons jusqu'aux enfers, en confessant que c'est de là qu'il nous a tirés : et non-seulement des enfers où étoient les ames pieuses avant sa venue, ou des prisons souterraines où étoient les ames imparfaites qui avoient autrefois été incrédules ; mais du fond même des enfers où les impies, où Caïn, où le mauvais riche étoient tourmentés avec les démons. C'est jusque-là qu'il nous faut descendre, jusque dans ces brasiers ardens, jusque dans ce chaos horrible et dans ces ténèbres éternelles, puisque c'est là que nous serions sans sa grace. Anéantissons à son exemple tout ce que nous sommes. Car considérons, mes bien-aimés, qu'est-ce qu'il a anéanti en lui-même. « Comme il étoit, dit saint Paul [2], dans la forme et la nature de Dieu, il n'a pas cru que ce fût à lui un attentat de se porter pour égal à Dieu ; mais il s'est anéanti lui-même en prenant la forme d'esclave, ayant été fait semblable aux hommes. » Ce n'est donc pas seulement la forme d'esclave qu'il a comme anéantie en lui-même ; mais il a anéanti autant qu'il a pu jusqu'à la forme de Dieu, en la cachant sous la forme d'esclave et suspendant pour ainsi parler son action toute-puissante et l'effusion de sa gloire ; poussant l'obéissance jusqu'à la mort, et jusqu'à la mort de la croix [3] ; la poussant jusqu'au tombeau, et ne commençant à se relever que lorsqu'il fut parvenu à la dernière extrémité de la bassesse. Ne songeons donc à nous relever non plus que lui, que lorsque nous aurons goûté son ignominie dans toute son étendue, et que nous aurons bu tout le calice de ses humiliations. Alors il ne nous sera pas en ruine, mais en résurrection, en consolation et en joie.

[1] Ephes., IV, 9, 10. — [2] Philip., II, 6, 7. — [3] Ibid., 8.

SECOND POINT.

Mais pour nous jeter dans ces profondeurs, laissons-nous confondre par la vérité de sa doctrine. C'est la seconde source des contradictions qu'il a eu à essuyer sur la terre. Il n'a eu à y trouver que des pécheurs, et il sembloit que des pécheurs ne devoient non plus s'opposer à un Sauveur que des malades à un médecin. Mais c'est qu'ils étoient pécheurs, et cependant qu'ils n'étoient pas humbles. Toutefois qu'y avoit-il de plus convenable à un pécheur que l'humilité et l'humble aveu de ses fautes? C'est ce que Jésus-Christ n'a pu trouver parmi les hommes. Il a trouvé des pharisiens pleins de rapines, d'impuretés et de corruption ; il a trouvé des docteurs de la loi, qui sous prétexte d'observer les plus petits commandemens avec une exactitude surprenante, violoient les plus grands. Et ce qui les a soulevés contre le Fils de Dieu, c'est ce qu'il a dit lui-même en un mot : « Je suis venu au monde comme la lumière ; et les hommes ont mieux aimé les ténèbres que la lumière, parce que leurs œuvres étoient mauvaises [1]. »

C'est pourquoi Jésus a été plus que Moïse, plus que Jérémie, plus que tous les autres prophètes, un objet de contradiction, de murmure et de scandale à tout le peuple. « C'est un prophète, ce n'en est pas un : c'est le Christ ; le Christ peut-il venir de Nazareth? peut-il venir quelque chose de bon de Galilée [2]? Quand le Christ viendra, on ne saura d'où il vient [3] ; mais nous savons d'où vient celui-ci [4]. C'est un blasphémateur et un impie qui se fait égal à Dieu [5], qui enseigne à violer le jour du sabbat [6]. C'est un Samaritain et un schismatique [7] ; c'est un rebelle et un séditieux, qui empêche de payer le tribut à César [8] ; c'est un homme de plaisir et de bonne chère, qui aime les grands repas des publicains et des pécheurs [9] ; il est possédé du malin esprit, et c'est en son nom qu'il délivre les possédés [10]. » En un mot, c'est un trompeur, c'est un imposteur ; ce qui enfermoit le comble de tous les

---

[1] *Joan.*, III, 19. — [2] *Ibid.*, VII, 40, 41. — [3] *Ibid.*, 27. — [4] *Ibid.*, IX, 29. — [5] *Ibid.*, X, 33. — [6] *Ibid.*, IX, 16. — [7] *Ibid.*, VIII, 48. — [8] *Luc.*, XXIII, 2. — [9] *Matth.*, XI, 19. — [10] *Ibid.*, XII, 24.

outrages, et ce qui fait aussi qu'on lui préfère un voleur de grand chemin et un assassin. Lequel des prophètes a été en butte à de plus étranges contradictions ? Il le falloit ainsi, puisque portant aux hommes plus près que n'avoit fait aucun des prophètes, et avec un éclat plus vif, la vérité qui les condamnoit, il falloit qu'il soulevât contre lui tous les esprits jusqu'aux derniers excès : c'est pourquoi la rébellion n'a jamais été portée plus loin. Il fait des miracles que jamais personne n'avoit faits, et il ne laissoit aucune excuse à l'infidélité des hommes. Mais plus la conviction étoit manifeste, plus le soulèvement devoit être brutal et insensé. Car voyez jusqu'où ils portent leur fureur : il avoit ressuscité un mort de quatre jours en présence de tout le peuple ; et non-seulement c'est ce qui les détermine à le faire mourir, mais ils veulent faire mourir avec lui celui qu'il avoit ressuscité, afin d'ensevelir dans un même oubli et le miracle et celui qui en étoit l'auteur et celui qui en étoit le sujet, parce qu'encore qu'ils sussent bien que Dieu, qui avoit fait un si grand miracle, pouvoit bien le réitérer quand il voudroit, ils osoient bien espérer qu'il ne le voudroit pas faire, ni renverser si souvent les lois de la nature. Voilà jusqu'où ils poussent leurs complots ; et jamais la vérité n'avoit été plus en butte aux contradictions, parce que jamais elle n'avoit été plus claire ni plus convaincante, ni pour ainsi parler plus souveraine. C'est donc alors que les pensées que plusieurs tenoient cachées dans leurs cœurs furent découvertes. Et quelle fut la noire pensée qui fut alors découverte ? Que l'homme ne peut souffrir la vérité ; qu'il aime mieux ne pas voir son péché pour avoir occasion d'y demeurer, que de le voir et le reconnoître pour être guéri ; et en un mot que le plus grand ennemi qu'ait l'homme, c'est l'homme même. Voilà cette secrète et profonde pensée du genre humain, qui devoit être révélée à la présence de Jésus-Christ et à sa lumière : *Ut revelentur ex multis cordibus cogitationes.*

Prenez donc garde, mes frères, de ne pas imiter ces furieux. Tu t'enfonces dans le crime, malheureux pécheur ; et à mesure que tu t'y enfonces les lumières de ta conscience s'éteignent ; et cette parole de Jésus-Christ s'accomplit encore : « Vous voulez me

faire mourir, parce que ma parole ne prend point en vous [1]. »
Les lumières de ta conscience et cette secrète persécution qu'elle
te fait dans ton cœur, ne t'émeuvent pas ; pour cela tu les veux
éteindre : les vérités de l'Evangile te sont un scandale ; tu commences à les combattre, non point par raison, car tu n'en as
point, et « les témoignages de Dieu sont trop croyables [2], » mais
par paresse, par aveuglement, par fureur. Il n'y a plus devant
tes yeux et dans le fond de ton cœur qu'une petite lumière; et sa
foiblesse fait voir qu'elle n'est plus en toi que pour un peu de
temps : *Adhuc modicum lumen in vobis est* [3] *:* « La lumière est encore en vous pour un peu de temps. » Au reste, mon cher frère,
c'est Jésus-Christ qui te luit encore, qui te parle encore par ce foible
sentiment : marche donc à la faveur de cette lumière, de peur que
les ténèbres ne t'enveloppent ; et celui qui marche dans les ténèbres
ne sait où il va [4]; il choppe à chaque pas, à chaque pas il se heurte
contre la pierre, et tous les chemins sont pour lui des précipices.

TROISIÈME POINT.

Mais ce qu'il y a ici de plus étrange, c'est que le dernier sujet
du scandale qui a soulevé le monde contre Jésus-Christ, c'est sa
bonté. Si dans le temps de sa passion et dans tout le cours de sa
vie, on a poussé les outrages jusqu'à la dernière extrémité, c'est
à cause « qu'il se livroit à l'injustice, » comme dit l'apôtre
saint Pierre [5]; qu'il se laissoit frapper impunément comme un
agneau innocent se laisse tondre, et se laisse même mener à l'autel pour y être égorgé comme une victime ; c'est que s'il fait des
miracles, c'est pour faire du bien à ses ennemis, et non pas pour
empêcher le mal qu'ils lui vouloient faire. C'est de là qu'est venu
le grand scandale que le monde a vu arriver dans Israël, à l'occasion de Jésus-Christ. Mais voici, dans le vrai Israël et dans l'Eglise
de Dieu, le grand scandale. Parce que dans l'institution de ses
sacremens Jésus-Christ n'a point voulu donner de bornes à ses
bontés, les chrétiens n'en donnent point à leurs crimes. On a
reproché au Sauveur l'efficace toute-puissante de son baptême,
où tous les crimes étoient également expiés ; et Julien l'Apostat

---

[1] *Joan.,* VIII, 37. — [2] *Psal.* XCII, 5. — [3] *Joan.,* XII, 35 — [4] *Ibid.* — [5] I *Petr.,* II, 23.

a bien osé dire que c'étoit inviter le monde à faire mal¹. Mais la clémence du Sauveur ne s'en tient pas là. Novatien et ses sectateurs en ont eu honte : ils ont tâché de renfermer la miséricorde du Sauveur dans le baptême, ôtant tout remède à ceux qui n'avoient pas profité de celui-là. L'Eglise les a condamnés, et la miséricorde qu'elle prêche est si grande, qu'elle ouvre encore une entrée pour le salut à ceux qui ont violé la sainteté du baptême et souillé le temple de Dieu en eux-mêmes. Restreignons-nous donc du moins, et ne donnons qu'une seule fois la pénitence, comme on faisoit dans les premiers temps. Non, mes frères, la miséricorde de Jésus-Christ va encore plus loin : il n'a point mis de bornes à la rémission des péchés. Il a dit sans restriction : « Tout ce que vous remettrez, tout ce que vous délierez². » Il a dit à tous ses ministres en la personne de saint Pierre : « Vous pardonnerez non-seulement sept fois, mais jusqu'à sept fois septante fois³. » C'est que le prix de son sang est infini : c'est que l'efficace de sa mort n'a point de bornes : et c'est là aussi le grand scandale qui paroît tous les jours dans Israël; on dit : Je pécherai encore, parce que j'espère faire pénitence. Que ce discours est insensé ! Sans doute faire pénitence, ce n'est autre chose que se repentir. Quand on croit qu'on se repentira de quelque action, c'est une raison pour ne la pas faire. Si vous faites cela, dit-on tous les jours, vous vous en repentirez. Mais à l'égard de Dieu le repentir devient l'objet de notre espérance; et on ne craint point de pécher, parce qu'on espère de se repentir un jour. Il falloit donc encore que cette absurde pensée fût révélée à la venue de Jésus-Christ : *Ut revelentur cogitationes*. Mais, chrétien, tu n'y penses pas quand tu dis que tu feras pénitence et que tu te repentiras, et que tu fais servir ce repentir futur à ta licence : tu renverses la nature, tu introduis un prodige dans le monde. C'est en effet que ton repentir ne sera pas un repentir véritable, mais une erreur dont tu te flatteras dans ton crime.

Tremblez donc, tremblez, mes frères, et craignez qu'en abusant de l'esprit de la pénitence pour vous autoriser dans vos pé-

---

¹ Apud S. Cyrill. Alex., lib. VII *Contra Julian.*— ² *Matth.*, XVIII, 18 ; *Joan.* XX, 23. — ³ *Matth.*, XVIII, 22.

péchés, vous ne commettiez à la fin ce péché contre le Saint-Esprit, qui ne se remet ni en ce monde ni en l'autre. Car enfin s'il est véritable qu'il n'y a point de péché que le sang de Jésus-Christ ne puisse effacer et que sa miséricorde ne puisse remettre, il n'est pas moins véritable qu'il y en aura un qui ne sera jamais remis ; et comme vous ne savez pas si ce ne sera point le premier que vous commettrez, et qu'il y a au contraire grand sujet de craindre que Dieu se lassera de vous pardonner, puisque toujours vous abusez de son pardon, craignez tout ce que fera une bonté rebutée, qui changera en supplices toutes les graces qu'elle vous a faites. Venez contempler tous les mystères du Sauveur : regardez l'endroit par où ils vous peuvent tourner à ruine, et celui par où ils vous peuvent être en consolation et en joie : et au lieu de regarder sa bonté comme un titre pour l'offenser plus facilement, regardez-la comme un motif le plus pressant pour enflammer votre amour, afin que passant vos jours dans les consolations qui accompagnent la rémission des péchés, vous arriviez au bienheureux séjour d'où le péché et les larmes seront éternellement bannies. C'est la grace que je vous souhaite avec la bénédiction du Père, du Fils et du Saint-Esprit. Ainsi soit-il.

EXORDE D'UN SERMON

POUR

LA SEMAINE DE NOEL.

C'étoit une grande entreprise de rendre vénérables par toute la terre les abaissemens du Verbe incarné. Jamais chose aucune ne fut attaquée par des raisonnemens plus plausibles. Les Juifs et les Gentils en faisoient le sujet de leurs railleries ; et il faut bien que les premiers chrétiens aient eu une fermeté plus qu'humaine, pour prêcher à la face du monde avec une telle assurance une doctrine apparemment si extravagante. C'est pourquoi Tertullien se vante que les humiliations de son Maître, en lui faisant mépriser la honte, l'ont rendu impudent de la bonne sorte et heureusement insensé : *Bene impudentem et feliciter stultum*[1]. Laissez-moi, disoit ce grand homme, quand on lui reprochoit les bassesses du Fils de Dieu, laissez-moi jouir de l'ignominie de mon Maître et du déshonneur nécessaire de notre foi. Le Fils de Dieu est né dans une étable ; je n'en ai point de honte, à cause que la chose est honteuse : on a mis le Fils de Dieu dans des langes ; il est croyable, parce qu'il est ridicule : le Fils de Dieu est dans une crèche ; je le crois d'autant plus certain que selon la raison humaine il paroît entièrement impossible. Ainsi la simplicité de nos pères se plaisoit d'étourdir les sages du siècle par des propositions inouïes dans lesquelles ils ne pouvoient rien comprendre, afin que toute la gloire des hommes s'évanouissant, il ne restât plus d'autre gloire que celle du Fils de Dieu anéanti pour l'amour des hommes. C'est à ce Dieu abaissé que je vous appelle. Venez l'adorer, chrétiens, autant dans sa foiblesse que dans sa grandeur, autant dans sa crèche que dans son trône. Mais quel seroit notre crime si venant adorer le Fils, nous manquions de saluer la divine Mère qui nous l'a donné par son enfantement, qui nous le nourrit de son lait virginal, qui nous le conserve par ses soins maternels, et qui nous obtiendra son secours qui nous est si nécessaire en cette action, si nous l'en prions avec zèle en disant : *Ave*.

PENSÉES DÉTACHÉES

POUR

LA SEMAINE DE NOEL (a).

Les prophètes étoient vaincus par notre malice ; les docteurs ne profitoient pas ; la loi étoit foible et parloit vainement ; les

---

[1] *De Carn. Christi*, n. 5.

(a) De la grande époque de l'orateur.
Ces réflexions, et particulièrement les citations grecques, sont tirées des homé-

anges mêmes et les archanges travailloient inutilement au salut des hommes, dont la volonté ne suivoit pas le bien où elle étoit excitée. Le Créateur est venu lui-même, non avec éclat ni avec un appareil superbe, de peur d'alarmer son serviteur fugitif et égaré de ses lois, φυγάδα τῶν νομῶν. Il ne veut pas effrayer sa proie, la proie qu'il vouloit prendre pour son salut. S'il étoit venu noblement, le monde eût attribué son changement à sa dignité, à sa puissance, à ses richesses, à son éloquence, à sa doctrine. Tout est humble, tout est pauvre, tout est obscur, méprisable, afin qu'il paroisse que la seule divinité avoit transformé le monde : une mère pauvre, une patrie encore plus pauvre, dans une crèche pour se montrer la pâture même des animaux irraisonnables : car les Juifs étoient plus brutaux que les brutes mêmes. Etant riche, s'est fait pauvre. Condescendance.

Une vertu céleste prit la forme d'une étoile, pour conduire les Chaldéens par une nature qui leur fût connue et familière. Le même qui a attiré les Mages fait la solennité présente, non couché dans la crèche, mais posé sur cette table sacrée. La crèche a enfanté cette table; il a été posé en celle-là, afin qu'il pût être mangé en celle-ci. Cette crèche a représenté cette table magnifique. Cette Vierge a produit ce nombre innombrable de vierges. La pauvreté de Bethléem a bâti ces temples magnifiques. Ces pauvres langes ont produit la rémission des péchés. Voyez ce qu'a produit la pauvreté, combien elle a engendré de richesses. Pourquoi avez-vous honte de sa pauvreté, qui a produit tant de biens inestimables? Pourquoi lui ôtez-vous ses plaies, qui ont fait la guérison des nôtres?

Nos membres (*membra virginis*) qu'il a pris n'ont rien de honteux, puisque Dieu les a formés; mais c'est nous qui avons fait outrage à notre nature, en la livrant à nos convoitises. Il n'a pas méprisé notre nature, quoique nous l'ayons outragée nous-mêmes.

Dieu accoutumé de paroître aux hommes sous des formes sensibles. Le feu, qui ne brûle point. Le juge parmi les criminels, qui

---

lies de Théodote. Labbe, *Concil.*, tom. III, col. 988 et suiv. Bossuet nomme lui-même cet auteur.

ne condamne personne ; juge parmi les condamnés, qui n'envoie personne au supplice ; juge qui ne juge pas, mais qui enseigne ; qui ne condamne pas, mais qui guérit. La clémence de ce feu mystique qui pardonne au buisson, figure de la clémence de Jésus-Christ. Il éclaire, et ne consume pas ; il brille, et ne brûle pas ; il fait du bien, bien loin de blesser et de nuire. Dieu ne trouve rien de honteux de ce qui peut donner le salut aux hommes.

La pensée devient intelligible par la parole, palpable par l'écriture : ainsi le Verbe. Votre pensée (λόγος) est votre enfant en quelque sorte ; vous l'enfantez une seconde fois, quand vous la rendez sensible : ainsi le Père. La parole que je prononce en moi se répand sur tous, propre à un chacun comme à tous.

Dieu habite dans l'homme plus noble que tout le reste, que le soleil, etc., parce qu'il est libre, maître de soi-même.

Comme celui qui déchire le papier où est écrite la loi du prince, viole sa parole, qui inviolable par elle-même, est violée et comme déchirée dans le corps dont elle s'est revêtue : ainsi le Verbe de Dieu.

Il est venu à son serviteur, non avec la majesté d'un maître, car il auroit étonné son fugitif ; l'attirant par son humilité à la familiarité ; à la liberté en se faisant conserviteur, afin que nous devinssions maîtres.

Le Verbe s'est approprié un corps, se l'est rendu propre, et en ce corps toutes les passions de ce corps : il se les est donc appropriées. Il ne faut point dire que Dieu habite en Christ comme dans une autre personne ; ni que Christ est adoré, parce qu'il est uni au Verbe ; ni qu'il est adoré avec lui, parce que c'est la même adoration. Il ne faut point séparer par la pensée ni par l'intelligence le Verbe et le Christ, en les unissant seulement de parole, comme faisoit Nestorius. Mais toutes les fois que nous nommons le Verbe, nous devons entendre que l'homme est aussi compris sous ce nom ; ainsi quand nous nommons Jésus, nous y comprenons le Verbe. C'est ce qui est expliqué *passim*, mais très-bien dans l'homélie de Théodotus.

Parvulus natus est, datus est, admirabilis[1] ; qui détruit le

---
[1] *Isa.*, IX, 6.

royaume où il est né, qui s'en fait un nouveau de ses ennemis et de ceux qui ne le connoissoient pas, par la croix ; subjuguant par amour : *Deducet te mirabiliter dextera tua* [1]. *Consiliarius...; consilia destruentes, et omnem altitudinem extollentem se adversùs scientiam Dei* [2]. *Deus fortis...; quod infirmum est Dei, fortius est hominibus* [3]. *Pater futuri sæculi...; princeps pacis...; pacem relinquo* [4]*...; pax huic domui...; revertetur ad vos* [5]*...; pacem ei qui longè est, et qui propè* [6]*...; pax Dei quæ exsuperat omnem sensum, custodiat corda vestra et intelligentias vestras in Christo Jesu* [7].

La chair a été ennoblie, et non la divinité dégradée. Dieu relève ce qu'il prend et ne perd pas ce qu'il communique.

Le grand pape saint Léon [8] nous enseigne que les œuvres qu'un Dieu Sauveur a accomplies pour notre salut, ne sont pas seulement des graces, mais des secours ; que tout ce qui nous rachète nous parle, enfin que tous les mystères sont des exemples ; si bien que le chrétien doit imiter tout ce qu'il croit.

Apparuit gratia Dei. Dans tous les mystères que Dieu accomplit pour notre salut, il y a toujours trois choses à considérer. Tous les mystères contentent nos désirs par quelque don, dirigent nos mœurs par quelque exemple, excitent notre espérance par quelque promesse. Car tout ce qui s'accomplit dans le temps a son rapport à la vie future ; si bien qu'il faut toujours y considérer la grace qu'ils nous apportent, les instructions qu'ils nous donnent, la gloire qu'ils nous proposent. L'Apôtre n'a rien omis, et conduit successivement les fidèles par tous ces degrés. *Apparuit gratia Dei Salvatoris nostri omnibus hominibus* [9] ; là il nous propose la grace que Jésus naissant nous apporte : *Erudiens nos* [10] ; là il nous découvre les vertus que Jésus naissant nous enseigne : *Expectantes beatam spem* [11]; là il nous fait voir le grand et admirable spectacle que Jésus naissant nous fait attendre.

Après avoir expliqué ce pieusement... Que si le monde nous appelle à ses spectacles, nous attendons un autre spectacle, Jésus-

---

[1] *Psal.* XLIV, 5. — [2] II *Cor.*, X, 4, 5. — [3] I *Cor.*, I, 25. — [4] *Joan.*, XIV, 27. — [5] *Matth.*, X, 12, 13. — [6] *Isa.*, LVII, 19. — [7] *Philip.*, IV, 7. — [8] Serm. XXIV *in Nativit. Domin.* — [9] *Tit.*, II, 11. — [10] *Ibid.*, 12. — [11] *Ibid.*, 13.

Christ nous fait attendre un retour. Il est venu pour semer : il viendra pour recueillir, pour confier le talent, pour en exiger le profit, pour détruire la fausse gloire, pour établir la véritable.

Nostræ cænæ, nostræ nuptiæ nondum sunt[1]. Laissez-moi achever le temps de mon deuil. La vie chrétienne, la vie pénitente, deuil spirituel. Consacrés à la mort par le saint baptême. Déplore la mort, non de son époux ni de son père, mais de son ame, la perte de son innocence. Etat de l'Eglise est un état de viduité et de désolation : perdu en son Epoux plus de la moitié d'elle-même.

EXORDE ET FRAGMENT

POUR

LE DIMANCHE DANS L'OCTAVE DE NOEL (a).

Erant pater ejus et mater mirantes.
Son père et sa mère étoient étonnés. *Luc.*, II, 33.

Je remarque dans l'Evangile que le caractère particulier des mystères de la sainte enfance de Jésus-Christ notre Sauveur, c'est d'imprimer dans les ames par leur profondeur, par leur simplicité, par leur sainteté, un étonnement intime et secret des voies inconnues de Dieu et de sa sagesse cachée. Un enfant naît dans une étable, pauvre, inconnu, méprisé; et toutefois, ô prodige (b)! le ciel et la terre s'en remuent, les anges descendent, une étoile nouvelle brille; les pasteurs le font connoître dans Bethléem, les Mages dans la ville royale, Siméon et Anne dans le temple même; ceux qui sont de loin le cherchent, ceux qui sont près le méconnoissent ou le persécutent. Dieu fait des miracles inouïs pour le découvrir, et dans la suite il en fait de non moins surprenans pour le cacher. Le ciel se déclare en sa faveur, et à peine peut-il trouver un asile

---

[1] Tertull., *De Spect.*, n. 28.
(a) On reconnoîtra sans peine la grande époque de l'orateur. L'exorde est complet, le fragment très-court.
(b) *Var.:* O merveille!

dans toute la terre. On lui prédit tout ensemble et des grandeurs extraordinaires et des humiliations terribles. Que peut faire une ame religieuse dans un si grand mélange de choses si sagement rassemblées, sinon de se laisser jeter insensiblement avec Joseph et Marie dans cette sainte admiration que je lis dans mon évangile? *Erant pater ejus et mater mirantes :* « Son père et sa mère étoient étonnés. » Je ne puis vous dire, mes sœurs, combien de graces étoient renfermées dans cet étonnement sacré ; un recueillement très-profond, une secrète attention à ce qui se passe, une attente respectueuse de je ne sais quoi de grand et de relevé qui se prépare, une dépendance absolue des desseins cachés de Dieu (*a*), un abandon aveugle à sa grande et occulte providence. Voilà les saintes dispositions, ou plutôt voilà les grandes vertus qui sont renfermées dans cette admiration de la sainte Vierge : *Erant mirantes ;* et j'espère que nous entrerons dans ces mêmes sentimens par son entremise, que nous lui allons demander avec les paroles de l'ange. *Ave.*

« Qui est celui, dit le Sage, qui a mesuré les hauteurs du ciel et les profondeurs de l'abîme [1] ? » c'est-à-dire qui est celui qui a pu comprendre (*b*) et les grandeurs infinies d'un Dieu considéré en lui-même, et les profondes bassesses d'un Dieu anéanti pour l'amour de nous (*c*) ? L'un et l'autre secret est impénétrable à la créature ; et comme elle s'y perd en les contemplant, il ne lui reste qu'à les adorer avec un étonnement religieux. Aussi voyons-nous dans les saintes Lettres que les anges qui voient face à face la gloire et la majesté d'un Dieu régnant, sont contraints de baisser la vue et de se cacher devant lui comme étonnés de sa grandeur ; et les hommes qui sont appliqués par un ordre particulier à contempler les profondeurs d'un Dieu abaissé, ne pouvant trouver le fond d'un si grand abîme, sont jetés dans un pareil étonnement, ainsi que nous le lisons dans notre évangile : *Erant pater ejus et mater mirantes :* « Son père et sa mère étoient étonnés. »

[1] *Eccli.*, I, 2.

(*a*) *Var.* : Dépendance totale des ordres cachés de Dieu. — (*b*) Entendre. — (*c*) Des hommes.

J'ai déjà remarqué, mes sœurs, que cet étonnement religieux est le véritable sentiment de l'ame par lequel nous devons honorer les profondes et inconcevables conduites de Dieu dans l'enfance de son Fils; et pour entrer, comme nous devons, dans cette sainte disposition, considérons attentivement toutes les circonstances particulières de l'histoire de ce Dieu enfant. Ainsi mon dessein n'est pas aujourd'hui de vous parler simplement de la naissance de notre Sauveur, mais de vous représenter comme en raccourci tous les mystères de sa sainte enfance, auxquels ce temps est consacré, avec leurs secrets rapports à l'œuvre de la rédemption de notre nature, afin que contemplant d'une même vue (*a*), autant que le Saint-Esprit nous l'a révélé, tout l'ordre et l'enchaînement des desseins de Dieu sur cet enfant, nous nous perdions dans l'admiration de ses conseils et de sa sagesse : *Erant mirantes*. Voilà, mes très-chères sœurs, le dessein que je me propose; mais de peur que nos esprits ne s'égarent, je réduirai à trois points cette pieuse méditation de l'enfance du Sauveur des ames. Cet enfant a été découvert au monde; il a été caché au monde; il a été persécuté par le monde. Il a été découvert; et les pasteurs, et les Mages, et le vénérable vieillard Siméon, et Anne cette sainte veuve en sont des témoins fidèles. Ensuite il a été caché; et sa fuite précipitée en Egypte, et la retraite obscure de Nazareth en sont une preuve suffisante. Il a été persécuté; et la cruelle jalousie d'Hérode, et le meurtre des saints Innocens le font bien connoître. Tels sont les trois sujets d'admiration que j'ai à vous proposer en Jésus enfant. Les voies nouvelles et imprévues par lesquelles Dieu le manifeste, les ténèbres profondes et impénétrables dans lesquelles Dieu le retire et le cache (*b*), les persécutions inopinées par lesquelles Dieu l'exerce, et par lui sa sainte famille : ce sont les trois vérités que je veux considérer avec vous, mes sœurs, afin que nous apprenions tous ensemble et à recevoir ses lumières quand il se découvre, et à révérer ses ténèbres quand il se cache, et à nous unir à ses souffrances (*c*). Il se cache, aimons son obscurité; il se montre (*d*),

---

(*a*) *Var.* : Afin que voyant d'un même regard. — (*b*) Et le couvre. — (*c*) Dieu veuille que nous apprenions par ces vérités, et à recevoir ses lumières, et à vénérer ses ténèbres, et à profiter de ses souffrances. — (*d*) Il se découvre.

suivons ses lumières; il souffre, unissons-nous à ses peines.

Jésus ne doit pas dégénérer de sa haute et admirable bassesse. Si de la honte de ce qu'il se cache, plus de ce qu'il se découvre. De pauvres bergers. C'est à eux auxquels il envoie ses anges. Mon Sauveur, cachez-vous plutôt. Orgueil humain. On veut se faire connoître des grands, et on aime mieux la retraite et l'obscurité tout entière. Mais mon Sauveur veut porter toute cette honte, et celle d'être caché, et celle d'être découvert seulement aux pauvres et aux méprisables du monde. (a) Leur condition met plus à couvert des égaremens de la présomption, des folies et des extravagances de la vanité; il n'y trouve pas ce faste affecté, cet air superbe et dédaigneux; mais s'il reste quelque trace de la justice et de l'innocence, c'est là ce qu'il cherche. N'importe qu'ils soient occupés à garder les bêtes; il y a plus d'innocence dans ces emplois bas que dans ceux que le monde admire, plus de dépravation dans les affaires humaines, plus de malignité à conduire et à gouverner les hommes. Les animaux marchent d'une voie droite, les hommes se sont dévoyés. Je ne sais quoi de plus innocent dans les créatures qui sont demeurées dans la pureté de leur être, sans avoir en rien altéré l'ouvrage du Créateur. Ce sont des esprits grossiers; mais ils ne se dissipent pas dans de vaines subtilités, mais ils ne s'égarent pas dans des présomptions extravagantes. Mais Dieu ne cherche pas dans l'esprit des hommes la vivacité, la pénétration, la subtilité, mais la seule docilité et humilité pour se laisser enseigner de lui. Qu'il ne soit pas capable d'entendre, c'est assez qu'il le soit de croire. Rien n'est plus insupportable au cœur de Dieu que les hommes qui s'imaginent ou pénétrer ses mystères par leur subtilité, ou mesurer ses grandeurs par leurs pensées, ou attirer ses bienfaits par leurs seuls mérites, ou avancer ses ouvrages par leur industrie, ou lui être nécessaires par leur puissance. C'est pourquoi *non multi sapientes secundùm carnem, non multi potentes, non multi nobiles* [1]. Il en vient néanmoins de ces sages, les Mages; mais après l'étoile, mais toujours prêts à retourner par une

---

[1] I *Cor.*, I, 26.

(a) *Note marg.*: Il ne faut pas s'étonner si celui qui est innocent, s'attache premièrement où il trouve le moins de corruption et où la nature est moins gâtée.

autre voie ; de ces riches et de ces puissans, l'opinion publique les a couronnés. Trois conditions : offrir son or à Jésus ; ses richesses à ses membres ; son encens, lui rendre hommage de sa grandeur ; sa myrrhe, lui présenter au milieu des pompes du monde le souvenir de sa mort, la mémoire de sa sépulture. Grand et agréable sacrifice de la main des grands !

Que nous sacrifions volontiers à Dieu des plaisirs médiocres ! Que nous mettons volontiers au pied de la croix des contradictions légères et des injures de néant ! Que nous sommes patiens et humbles, lorsqu'il ne faut que donner à Dieu des choses qui ne coûtent rien à la nature ! Choisissez-moi toute autre croix ; je veux bien souffrir, mais non pas cela ; mais toujours celle qui arrive, c'est celle que nous refusons. Nous voulons bien des croix pourvu qu'elles ne soient pas croix, et des peines qui ne soient pas peines, et des contradictions pourvu que notre humeur n'en soit pas choquée. N'est-ce pas au médecin à nous mêler la médecine, à mesurer la dose ?

PREMIER SERMON

POUR

LA FÊTE DE LA CIRCONCISION (a).

Vocabis nomen ejus Jesum ; ipse enim salvum faciet populum.
Vous appellerez son nom Jésus ; car c'est lui qui sauvera le peuple.
Matth., I, 21.

Aujourd'hui le Dieu d'Israël, qui est venu visiter son peuple, revêtu d'une chair humaine, fait sa première entrée en son temple ;

(a) Prêché à Metz en 1654.
Vingt indices révèlent dans ce sermon la jeunesse de l'auteur ou l'époque de Metz : la mauvaise écriture du manuscrit, la longueur de l'œuvre et particulièrement de l'exorde, le défaut de netteté dans la division, les réflexions dirigées contre les Juifs, enfin plusieurs expressions qui vieillissoient, telles que celles-ci : « Rendre les louanges, rendre honneur, rendre obéissance, rendre adoration à... ; les Juifs donnent à leur Messie une Cour leste et polie..., une grosse Cour ; la

aujourd'hui le grand prêtre du Nouveau Testament, le souverain sacrificateur selon l'ordre de Melchisédech, se met entre les mains des pontifes successeurs d'Aaron, qui portoit la figure de son sacerdoce ; aujourd'hui le Dieu de Moïse se soumet volontairement à toute la loi de Moïse ; aujourd'hui l'Ineffable, dont le nom est incompréhensible, daigne recevoir un nom humain qui lui est donné par la bouche des hommes, mais par l'instigation de l'Esprit de Dieu. Que dirai-je ? où me tournerai-je, environné de tant de mystères ? Parlerai-je de la circoncision du Sauveur, ou bien de l'imposition du nom de Jésus ; de cet aimable nom, les délices du ciel et de la terre, notre unique consolation durant le pèlerinage de cette vie ? Et la solennité de cette église, et je ne sais quel mouvement de mon cœur m'incite à parler du nom de Jésus et à vous en faire voir l'excellence, autant qu'il plaira à Dieu de me l'inspirer par sa grace.

Jésus, c'est-à-dire Sauveur, ô nom de douceur et de charité ! « Mon ame, bénissez le Seigneur, et que tout ce qui est en moi-même rende les louanges à son saint nom : » *Benedic, anima mea, Domino* [1]. Parlons du nom de Jésus, découvrons-en le mystère, faisons voir l'excellence de la qualité de Sauveur, et combien il est glorieux à notre grand Dieu et Rédempteur Jésus-Christ d'avoir exercé sur nous une si grande miséricorde et de nous avoir sauvés par son sang. Que tout ce temple retentisse du nom et des louanges du Sauveur Jésus. Ah ! si nous avions les yeux assez purs, nous verrions toute cette église remplie d'anges de toutes parts pour y honorer la présence du Fils de Dieu ; nous les verrions s'abaisser profondément au nom de Jésus, toutes les fois que nous le prononcerons dans la suite de ce discours. Abaissons-nous

---

[1] *Psal.* CII, 1.

pauvre chair écorchée (du Sauveur) fait presque soulever le cœur ; mon roi, c'est un capitaine sauveur, le prince du salut ; ce qu'il doit régner sur nous, c'est clémence, ès siècles des siècles, » etc.

Vers la fin du sermon, Bossuet, s'adressant directement aux habitants de Metz, les loue de leur fidélité : « Quand on parloit ces jours passés, leur dit-il, de ces lâches qui avoient vendu aux ennemis de l'Etat les places que le roi leur a confiées, on vous a vus frémir d'une juste indignation. » Vers la fin de 1653, pendant la Fronde, le comte de Harcourt avoit vendu par traité formel à l'empereur d'Allemagne la ville de Brisach et celle de Philisbourg ; un officier du roi sauva Brisach, mais Philisbourg ne fut repris que par la force des armes.

aussi en esprit; et adorant en nos cœurs notre aimable Sauveur Jésus, prions aussi la sainte Vierge sa Mère de nous le rendre propice par ses pieuses intercessions. *Ave,* etc.

Comme nous avons quelques inclinations qui nous sont communes avec les animaux et qui ressentent tout à fait la bassesse de cette demeure terrestre dans laquelle nous sommes captifs, aussi certes en avons-nous d'autres d'une nature plus relevée, par lesquelles nous touchons de bien près aux intelligences célestes qui sont devant le trône de Dieu, chantant nuit et jour ses louanges. Les bienheureux esprits ont deux merveilleux mouvemens. Car ils n'ont pas plutôt jeté les premiers regards sur eux-mêmes, que reconnoissant aussitôt que leurs lumières sont découlées d'une autre lumière infinie, ils retournent à leur principe d'une promptitude incroyable, et cherchent leur perfection où ils trouvent leur origine. C'est le premier de leurs mouvemens. Puis chaque ange considérant que Dieu lui donne des compagnons, qui dans une même vie et dans une même immortalité conspirent au même dessein de louer leur commun Seigneur, il se sent pressé d'un certain désir d'entrer en société avec eux. Tous sont touchés les uns pour les autres d'une puissante inclination; et c'est cette inclination qui met l'ordre dans leurs hiérarchies et établit entre leurs légions une sainte et éternelle alliance.

Or encore qu'il soit vrai que notre ame éloignée de son air natal, contrainte et presque accablée par la pesanteur de ce corps mortel, ne fasse paroître qu'à demi cette noble et immortelle vigueur dont elle devroit être toujours agitée, si est-ce néanmoins que nous sommes d'une race divine, ainsi que l'apôtre saint Paul l'a prêché avec une merveilleuse énergie en plein conseil de l'Aréopage : *Ipsius enim et genus sumus*[1]. Il a plu à notre grand Dieu, qui nous a formés à sa ressemblance, de laisser tomber sur nos ames une étincelle de ce feu céleste qui brille dans les esprits angéliques; et si peu que nous puissions faire de réflexion sur nous-mêmes, nous y remarquerons aisément ces deux belles inclinations que nous admirions tout à l'heure dans la nature des anges.

[1] *Act.,* XVII, 28.

En effet ne voyons-nous pas que sitôt que nous sommes parvenus à l'usage de la raison, je ne sais quelle inspiration, dont nous ne connoissons pas l'origine, nous apprend à réclamer Dieu dans toutes les nécessités de la vie? Dans toutes nos afflictions, dans tous nos besoins, un secret instinct élève nos yeux au ciel, comme si nous sentions en nous-mêmes que c'est là que réside l'arbitre des choses humaines. Et ce sentiment se remarque dans tous les peuples du monde dans lesquels il est resté quelques traces d'humanité, à cause qu'il n'est pas tant étudié qu'il est naturel, et qu'il naît en nos ames non tant par doctrine que par instinct. C'est une adoration que les païens mêmes rendent, sans y penser, au vrai Dieu ; c'est le christianisme de la nature, ou comme l'appelle Tertullien, « le témoignage de l'ame naturellement chrétienne : » *Testimonium animæ naturaliter christianæ* [1]. Voilà déjà le premier mouvement que notre nature a commun avec la nature angélique.

D'ailleurs il paroît manifestement que le plaisir de l'homme, c'est l'homme. De là cette douceur sensible que nous trouvons dans une honnête conversation. De là cette familière communication des esprits par le commerce de la parole. De là la correspondance des lettres ; de là, pour passer plus avant, les Etats et les républiques. Telles sont les premières inclinations de tout ce qui est capable d'entendre et de raisonner. L'une nous élève à Dieu, l'autre nous lie d'amitié avec nos semblables. De l'une est née la religion, et de l'autre la société. Mais d'autant que les choses humaines vont naturellement au désordre, si elles ne sont retenues par la discipline, il a été nécessaire d'établir une forme de gouvernement dans les choses saintes et dans les profanes ; sans quoi la religion tomberoit bientôt en ruine, et la société dégénéreroit en confusion. Et c'est ce qui a introduit dans le monde les deux seules autorités légitimes, celle des princes et des magistrats, celle des prêtres et des pontifes. De là la puissance royale, de là l'ordre sacerdotal.

Ce n'est pas ici le lieu de vous expliquer ni laquelle de ces deux puissances a l'avantage sur l'autre, ni comme elles se prêtent entre elles une mutuelle assistance. Seulement je vous prie de

---

[1] *Apolog.*, n. 17.

considérer qu'étant dérivées l'une et l'autre des deux inclinations qui ont pris dans le cœur de l'homme de plus profondes racines, elles ont acquis justement une grande vénération parmi tous les peuples, elles sont toutes deux sacrées et inviolables. C'est pourquoi les empereurs romains, les maîtres de la terre et des mers, ont cru qu'ils apporteroient un grand accroissement à leur dignité, s'ils ajoutoient la qualité de souverain pontife à ces noms magnifiques d'Auguste, de César, de triomphateur; ne doutant pas que les peuples ne se soumissent plus volontiers à leurs ordonnances, quand ils considéreroient les princes comme ministres des choses sacrées. Sur quoi, quand je regarde ce titre de religion attaché à ces noms odieux de Néron, de Caligula, ces monstres du genre humain, l'horreur et l'exécration de tous les siècles, je ne puis m'empêcher de faire cette réflexion, que les dieux de pierre et de bronze, les dieux adultères et parricides que l'aveugle antiquité adoroit, étoient dignes certainement d'être servis par de tels pontifes.

Elevez-vous donc, ô roi du vrai peuple, ô pontife du vrai Dieu. La royauté de ces empereurs n'étoit autre chose qu'une tyrannie, et leur sacerdoce profane un continuel sacrilége. Venez exercer votre royauté par la profusion de vos graces, et votre sacerdoce par l'expiation de nos crimes. Je pense que vous entendez bien que c'est du Sauveur que je parle. C'est lui, c'est lui seul, chrétiens, c'est lui qui étant le vrai Christ, c'est-à-dire l'oint du Seigneur, *unctus*, assemble en sa personne la royauté et le sacerdoce par l'excellence de son onction, qui enferme l'une et l'autre puissance. Et c'est pour cette raison que l'admirable Melchisédech est tout ensemble et roi et pontife; mais « roi de justice et de paix, » *rex justitiæ, rex pacis* [1], comme l'interprète l'Apôtre dans la divine *Epître aux Hébreux;* mais le « pontife du Dieu très-haut, » *sacerdos Dei excelsi* [2], comme porte le texte de la *Genèse.* Et d'où vient cela, chrétiens? N'étoit-ce pas pour représenter celui qui, dans la plénitude des temps, devoit être le vrai roi de paix et le grand sacrificateur du Dieu tout-puissant, c'est-à-dire le Sauveur Jésus, dont Melchisédech étoit la figure?

---

[1] *Hebr.*, VII, 2. — [2] *Genes.*, XIV, 18.

C'est de ce glorieux assemblage de la royauté et du sacerdoce en la personne du Fils de Dieu, que j'espère vous entretenir aujourd'hui. Car ayant considéré attentivement la signification du nom de Jésus que l'on donne en ce jour à mon Maître, je trouve dans ce nom auguste sa royauté et son sacerdoce; Jésus, c'est-à-dire Sauveur; et je dis que le Fils de Dieu est roi, parce qu'il est Sauveur; je dis qu'il est pontife, parce qu'il est Sauveur. Je vois déjà, ce me semble, que ces deux vérités excellentes m'ouvrent une belle carrière. Mais je médite quelque chose de plus. Il est le roi Sauveur, il est le pontife Sauveur. Comment est-il Sauveur? Par son sang. C'est pourquoi en cette bienheureuse journée où il reçoit le nom de Jésus et la qualité de Sauveur, il commence à répandre son sang par sa mystérieuse circoncision, pour témoigner que c'est par son sang qu'il est le Sauveur de nos ames. O belles et adorables vérités! pourrai-je bien aujourd'hui vous faire entendre à ce peuple?

Vous qui vous êtes scandalisés autrefois de voir couler le sang de mon Maître, vous qui avez cru que sa mort violente étoit une marque de son impuissance, ah! que vous entendez peu ses mystères! La croix de mon roi, c'est son trône; la croix de mon pontife, c'est son autel. Cette chair déchirée, c'est la force et la vertu de mon roi; cette même chair déchirée, c'est la victime de mon pontife. Le sang de mon roi, c'est sa pourpre; le sang de mon pontife, c'est sa consécration. Mon roi est installé, mon pontife est consacré par son sang; et c'est par ce moyen qu'il est le véritable Jésus, l'unique Sauveur des hommes. O Roi, et Sauveur, et souverain Pasteur de nos ames, versez une goutte de ce sang précieux sur mon cœur, afin de l'embraser de vos flammes; une goutte sur mes lèvres, afin qu'elles soient pures et saintes, ces lèvres qui doivent aujourd'hui prononcer si souvent votre nom adorable : ainsi soit-il, mes frères. Je commence à parler de la royauté de mon maître : disons avec courage, écoutons avec attention. Il s'agit de glorifier Jésus, qui est lui-même toute notre gloire; ô Dieu, soyez avec nous.

PREMIER POINT.

Je dis donc avant toutes choses que, selon les prophéties anciennes, le Messie attendu par les Juifs, reconnu et adoré par les chrétiens, devoit venir au monde avec une puissance royale. C'est pourquoi l'ange annonçant sa venue à la sainte Vierge sa Mère, parle de lui en ces termes : « Dieu lui donnera, dit-il, le trône de David son père, et il régnera éternellement dans la maison de Jacob. » Et c'est la même chose qu'avoit prédite l'évangéliste de la loi, je veux dire le prophète Isaïe, lorsqu'il dit de Notre-Seigneur « qu'il s'assoira sur le trône de David, afin de l'affermir en justice et en vérité jusqu'aux siècles des siècles : » *Super solium David et super regnum ejus sedebit, ut confirmet illud et corroboret in judicio et justitiâ, amodo et usque in sempiternum*[1]. Ce que je suis bien aise de vous faire considérer, afin que vous voyiez en ces deux passages la conformité de l'ancienne et de la nouvelle alliance. Car il seroit impossible de vous rapporter en ce lieu tous les textes des Ecritures qui promettent la royauté au Sauveur.

Et c'est en quoi les Juifs se sont malheureusement abusés, parce qu'étant possédés en leur ame d'une aveugle admiration de la royauté et des prospérités temporelles, ils donnoient à leur Messie de belles et triomphantes armées, de grands et de superbes palais, une Cour plus leste et plus polie, une maison plus riche et mieux ordonnée que celle de leur Salomon, et enfin tout ce pompeux appareil dont la majesté royale est environnée. Aussi quand ils virent le Sauveur Jésus, qui dans une si basse fortune prenoit la qualité de Messie, je ne saurois vous dire combien ils en furent surpris. Cent fois il leur avoit dit qu'il étoit le Christ, cent fois il l'avoit attesté par des miracles irréprochables; et ils ne cessent de l'importuner : — Mais enfin, « dites-nous donc qui vous êtes; jusqu'à quand nous laisserez-vous en suspens? Si vous êtes le Christ, dites-le-nous franchement » et nous en donnez quelque signe : *Quousque animam nostram tollis? Si tu es Christus, dic nobis palam*[2]. Ils eussent bien voulu qu'il leur eût dit autre chose. Ils lui eussent volontiers accordé tout l'honneur qui étoit dû aux

---

[1] *Isa.*, IX, 7. — [2] *Joan.*, X, 24.

plus grands prophètes; mais ils eussent été bien aises de lui persuader, ou bien de se faire roi, ou bien de se déporter volontairement de la qualité de Messie. Et nous lisons en saint Jean qu'après cette miraculeuse multiplication des cinq pains, quelques peuples étant convaincus qu'un miracle si extraordinaire ne pouvoit être fait que par le Messie, s'assemblèrent entre eux et conspirèrent de le faire roi [1]. Et ils eussent exécuté leur dessein, s'il ne se fût échappé de leur vue.

Etrange illusion des hommes, parmi lesquels ordinairement toutes sortes d'opinions sont reçues, excepté la bonne et la véritable! Les uns disoient que Jésus étoit un séducteur; les autres ne pouvant nier qu'il n'y eût en sa personne quelque chose de surnaturel, se partageoient entre eux en mille sentimens ridicules. « Quelques-uns assuroient que c'étoit Elie; d'autres aimoient mieux croire que c'étoit Jean-Baptiste ou bien quelqu'un des prophètes ressuscités : » *Alii Eliam, alii Joannem Baptistam aut unum ex prophetis* [2]. Et à quelles extravagances ne se laissoient-ils point emporter, plutôt que d'avouer qu'il fût le Messie? D'où vient cette obstination, chrétiens? C'est qu'ils avoient l'imagination remplie de cette magnificence royale et de cette majesté composée, de laquelle ils avoient fait leur idole. Et cette fausse créance avoit telle vogue parmi les Juifs, que ce vieux et infortuné politique, qui avoit toujours son ame troublée d'un furieux désir de régner, qui ne craignoit pas moins, qui n'épargnoit pas plus ses enfans que ses ennemis, c'est Hérode dont je veux parler, conçut de la jalousie de cette royauté prétendue. De là ce cruel massacre des Innocens, duquel nous célébrions la mémoire ces jours passés.

Je ne sais si je me trompe, fidèles, mais il me semble que ces observations sur l'histoire de Notre-Seigneur ne doivent pas vous déplaire. Ainsi je ne craindrai pas d'en ajouter encore une qui vous fera voir manifestement combien cette opinion de la royauté du Sauveur étoit enracinée dans l'esprit des peuples. C'est que les apôtres mêmes, eux que le Fils de Dieu honoroit de sa plus intime confidence, bien qu'en particulier et en public il ne leur promît

---

[1] *Joan.*, VI, 15. — [2] *Matth.*, XVI, 14.

que tourmens et ignominie en ce monde, ils n'avoient pu encore se déprendre de ce premier sentiment dont on avoit préoccupé leur enfance. « Eh! Maître, lui disoient-ils, quand est-ce qu'arrivera votre règne? sera-ce bientôt que vous rétablirez le royaume abattu d'Israël [1]? » Ils ne pouvoient goûter ce qu'il leur prédisoit de sa mort. Comme ils voyoient son crédit s'augmenter, ils croyoient qu'à la fin il viendroit à bout de l'envie et qu'il attireroit tout à lui par sa vertu et par ses miracles. Ils se flattoient l'esprit de mille espérances grossières. Déjà ils commençoient à se débattre entre eux de l'honneur de la préséance. Et ne fut-ce pas une belle proposition que les deux frères inconsidérés firent faire à Notre-Seigneur par leur mère trop crédule et trop simple? Ils s'imaginoient déjà le Sauveur dans un trône éclatant de pierreries, au milieu d'une grosse Cour. Et, Seigneur, lui disent-ils, quand vous commencerez votre règne, nous serions bien aises que « l'un de nous fût assis à votre droite et l'autre à la gauche[2]. » Tant ils abusoient de la patience et de la faveur de leur Maître, repaissant leur ame d'une vaine et puérile ostentation. Si bien que Notre-Seigneur ayant pitié de leur ignorance, commence à les désabuser par ces mémorables paroles : O disciples trop grossiers, qui vous imaginez dans ma royauté un faste et une pompe mondaine, « vous ne savez ce que vous me demandez; » la chose n'ira pas de la sorte : *Nescitis quid petatis*[3]. « Pourrez-vous bien boire le calice que je boirai? » Ce calice c'est sa passion, dont il leur a parlé tant de fois sans qu'ils aient voulu le comprendre. Puis après quelques avis excellens, voici comme il conclut son discours : « Sachez, dit-il, que le Fils de l'homme n'est pas venu pour être servi, mais afin de servir lui-même et afin de donner sa vie pour la rédemption de plusieurs[4]. »

Ah! disciples encore ignorans, et vous mère mal avisée, ce n'est pas là ce que vous prétendiez : vous demandiez de vaines grandeurs, on ne vous parle que de bassesse. Mais mon Sauveur l'a fait de la sorte, afin de nous insinuer doucement par le souvenir de sa passion que notre roi étoit un roi pauvre; qu'il descendoit sur la terre, non pour se revêtir des grandeurs humaines,

[1] *Act.*, I, 6. — [2] *Matth.*, XX, 21. — [3] *Ibid.*, 22. — [4] *Ibid.*, 28.

mais pour nous apprendre par son exemple à les mépriser ; (a) et que comme c'étoit par sa passion qu'il devoit monter sur son trône, aussi est-ce par les souffrances que nous pouvons aspirer aux honneurs de son royaume céleste. C'est ici, c'est ici, chrétiens, où après vous avoir exposé les divers sentimens des hommes touchant la royauté de Jésus, j'aurois à demander à Dieu la langue d'un séraphin pour vous exprimer dignement les sentimens de Jésus lui-même.

Certes je ne puis voir sans étonnement dans les Ecritures divines que le débonnaire Jésus, qui durant tout le cours de sa vie mortelle faisoit pour ainsi dire parade de sa bassesse, quand il sent approcher son heure dernière, ne parle plus que de gloire, n'entretienne plus ses disciples que de ses grandeurs. Il étoit à la veille de son infâme supplice. Déjà il avoit célébré cette pâque mystérieuse qui devoit être le lendemain achevée par l'effusion de son sang. Son traître disciple venoit de sortir de sa chambre pour aller exécuter le détestable traité qu'il avoit fait avec les pontifes. Sitôt qu'il se fut retiré de sa compagnie, mon Maître qui n'ignoroit pas son perfide et exécrable dessein, comme s'il eût été saisi tout à coup d'une ardeur divine, parle de cette sorte aux apôtres : « Maintenant, maintenant, dit-il, le Fils de l'homme va être glorifié : » *Nunc clarificatus est Filius hominis*[1]. Eh! mes frères, que va-t-il faire ? Que veut dire ce *Maintenant*, demande fort à propos en ce lieu l'admirable saint Augustin[2] ? Va-t-il point peut-être s'élever dessus une nuée pour foudroyer tous ses ennemis? Ou bien est-ce qu'il fera descendre des légions d'anges pour se faire adorer

---

[1] *Joan.*, XIII, 31. — [2] Tract. LXIII *in Joan.*, n. 2.

(a) *Note marg.* : Je ne m'étonne plus, chrétiens, si le Fils de Dieu s'écarte bien loin, lorsque les peuples le cherchent pour le faire roi : *Cùm cognovisset, quia venturi essent ut raperent eum, et facerent eum regem, fugit iterum in montem ipse solus* (Joan., VI, 15). La royauté qu'on lui veut donner n'est pas à sa mode. Ce peuple ébloui des grandeurs du monde, a honte de voir dans l'abjection celui qu'il reconnoît pour son Messie; et il le veut placer dans un trône avec une magnificence royale. Une telle royauté n'est pas à son goût; et c'est pourquoi Tertullien a raison de dire : *Regem denique fieri, conscius sui regni, refugit* (De Idololatr., n. 18). Un roi pauvre, un roi de douleurs, qui s'est lui-même destiné un trône où il ne peut s'établir que par le mépris, n'a garde d'accepter une royauté qui tire son éclat des pompes mondaines. Donnez-lui plutôt une étable, une croix; donnez-lui un roseau fragile, donnez-lui une couronne d'épines.

par tous les peuples du monde? Non, non, ne le croyez pas. Il va à la mort, au supplice, au plus cruel de tous les tourmens, à la dernière des infamies; et c'est ce qu'il appelle sa gloire, c'est son règne, c'est son triomphe.

Regardez, je vous prie, mon Sauveur dans cette triomphante journée en laquelle il fait son entrée dans la ville de Jérusalem, peu de jours devant qu'il mourût. Il étoit monté sur un âne; ah! fidèles, n'en rougissons pas. Je sais bien que les grands de la terre se moqueroient d'un si triste et si malheureux équipage; mais Jésus n'est pas venu pour leur plaire; et quoi que puisse penser la folle arrogance des hommes, cet équipage d'humilité est certes bien digne d'un roi qui est venu au monde pour fouler aux pieds ses grandeurs. Ce n'est pas là toutefois ce que je vous veux faire considérer.

Jetez, jetez les yeux sur ce concours de peuple de toutes les conditions et de tous les âges, qui accourent au-devant de lui, des palmes et des rameaux à la main en signe de réjouissance, et qui pour faire paroître leur zèle à ce nouveau prince, dans une si sainte cérémonie, font retentir l'air de leurs cris de joie : « Béni soit, disoient-ils, le Fils de David; vive le roi d'Israël! » *Hosanna Filio David; benedictus qui venit in nomine Domini rex Israel*[1] *!* Et parmi ces bienheureuses acclamations il entre dans Jérusalem. Quel est ce nouveau procédé, si éloigné de sa conduite ordinaire? Et depuis quand, je vous prie, aime-t-il les applaudissemens, lui qui étant cherché autrefois par une grande multitude de gens qui s'étoient ramassés des villes et des bourgades voisines en résolution de le faire roi, comme je vous le rapportois tout à l'heure, s'étoit retiré tout seul au sommet d'une haute montagne pour éviter leur rencontre? Il entend aujourd'hui tout ce peuple qui l'appelle hautement son roi; les pharisiens jaloux l'avertissent d'imposer silence à cette populace échauffée : « Non, non, répond mon Sauveur; les pierres le crieront, si ceux-ci ne le disent pas assez haut : » *Si hi tacuerint, lapides clamabunt*[2]. Que dirons-nous, je vous prie, d'un changement si inopiné? Il approuve ce qu'il rejetoit; il accepte aujourd'hui une royauté qu'il avoit autrefois refusée. Ah! n'en

---

[1] *Matth.*, XXI, 9; *Joan.*, XII, 13. — [2] *Luc.*, XIX, 40.

cherchez point d'autre cause ; c'est qu'à cette dernière fois qu'il entre dans Jérusalem, il y entre pour y mourir; et mourir à mon Sauveur, c'est régner. En effet quand est-ce qu'on l'a vu paroître avec une contenance plus ferme et avec un maintien plus auguste que dans le temps de sa passion ? Que je me plais de le voir devant le tribunal de Pilate, bravant pour ainsi dire la majesté des faisceaux romains par la générosité de son silence ! Que Pilate rentre tant qu'il lui plaira au prétoire pour interroger le Sauveur, il ne satisfera qu'à une seule de ses questions. Et quelle est cette question, mes frères? Admirez les secrets de Dieu. Le président romain lui demande s'il est véritable qu'il soit roi; et le Fils de Dieu aussitôt, ayant ouï parler de sa royauté, lui qui n'avoit pas encore daigné satisfaire à aucune des questions qui lui étoient faites par ce juge trop complaisant, ni même l'honorer d'un seul mot : « Oui certes, je suis roi, » lui dit-il d'un ton grave et majestueux : *Tu dicis, quia rex sum ego*[1]; parole qui jusqu'alors ne lui étoit pas encore sortie de la bouche.

Considérez, s'il vous plaît, son dessein. Ce qu'il n'a jamais avoué parmi les applaudissemens des peuples qui étoient étonnés et du grand nombre de ses miracles, et de la sainteté de sa vie, et de sa doctrine céleste, il commence à le publier hautement, lorsque le peuple demande sa mort par des acclamations furieuses. Il ne s'en est jamais découvert que par figures et paraboles aux apôtres, qui recevoient ses discours comme paroles de vie éternelle : il le confesse nûment au juge corrompu qui par une injuste sentence le va attacher à la croix. Il n'a jamais dit qu'il fût roi, quand il faisoit des actions d'une puissance divine; et il lui plaît de le déclarer, quand il est prêt de succomber volontairement à la dernière des infirmités humaines. N'est-ce pas faire les choses fort à contre-temps? Et néanmoins c'est la sagesse éternelle qui a disposé tous les temps. Mais, ô merveilleux contre-temps! ô secret admirable de la Providence ! je vous entends, ô mon roi Sauveur ! C'est que vous mettez votre gloire à souffrir pour l'amour de vos peuples, et vous ne voulez pas que l'on vous parle de royauté que dans le même moment auquel par une mort

[1] *Joan.*, XVIII, 37.

glorieuse vous allez délivrer vos misérables sujets d'une servitude éternelle. C'est alors, c'est alors que vous confessez que vous êtes roi. Bonté incroyable de notre roi ! Que le ciel et la terre chantent à jamais ses miséricordes. Et vous, ô fidèles de Jésus-Christ, bienheureux sujets de mon roi Sauveur, ô peuple de conquête que mon prince victorieux a acquis au prix de son sang, par quel amour et par quels respects pourrez-vous dignement reconnoître les libéralités infinies d'un roi si clément et si généreux ?

Certes je ne craindrai pas de le dire, ce ne sont ni les trônes, ni les palais, ni la pourpre, ni les richesses, ni les gardes qui environnent le prince, ni cette longue suite de grands seigneurs, ni la foule des courtisans qui s'empressent autour de sa personne; non, non, ce ne sont pas ces choses que j'admire le plus dans les rois. Mais quand je considère cette infinie multitude de peuples qui attend de leur protection son salut et sa liberté; quand je vois que dans un Etat policé, si la terre est bien cultivée, si les mers sont libres, si le commerce est riche et fidèle, si chacun vit dans sa maison doucement et en assurance : c'est un effet des conseils et de la vigilance du prince; quand je vois que comme un soleil sa munificence porte sa vertu jusque dans les provinces les plus reculées, que ses sujets lui doivent les uns leurs honneurs et leurs charges, les autres leur fortune ou leur vie, tous la sûreté publique et la paix, de sorte qu'il n'y en a pas un seul qui ne doive le chérir comme son père : c'est ce qui me ravit, chrétiens, c'est en quoi la majesté des rois me semble entièrement admirable; c'est en cela que je les reconnois pour les vivantes images de Dieu, qui se plaît de remplir le ciel et la terre des marques de sa bonté, ne laissant aucun endroit de ce monde vide de ses bienfaits et de ses largesses.

Eh ! dites-moi, je vous prie, dans quel siècle, dans quelles histoires, dans quelle bienheureuse contrée a-t-on jamais vu un monarque, je ne dis pas si puissant et si redoutable, mais si bon et si bienfaisant que le nôtre ? Le règne de notre prince, c'est notre bonheur et notre salut. « Ce qu'il daigne régner sur nous, c'est clémence, c'est miséricorde ; ce ne lui est pas un accroissement de puissance, mais c'est un témoignage de sa bonté : » *Dignatio est, non promotio ; miserationis indicium , non potestatis augmentum*, dit l'admirable saint Augustin [1]. Regardez cette vaste étendue de l'univers ; tout ce qu'il y a de lumières célestes, toutes les saintes inspirations, toutes les vertus et les graces, c'est le sang du prince Sauveur qui les a attirées sur la terre. Autant que nous sommes de chrétiens, ne publions-nous pas tous les jours que nous n'avons rien que par lui ?

Ce peuple merveilleux que Dieu en sa bonté a répandu parmi tous les autres, peuple qui habite en ce monde et qui est étranger en ce monde, qui trafique en la terre afin d'amasser dans le ciel ; fidèles, vous m'entendez, c'est du peuple des élus que je parle, de la nation des justes et des gens de bien : que ne doivent-ils pas au Sauveur ? Tous les particuliers de ce peuple, depuis l'origine du monde jusqu'à la consommation des siècles (voyez quelle grande étendue !), ne crient-ils pas jour et nuit et de toutes leurs forces à notre brave Libérateur : C'est vous qui avez brisé nos fers, c'est vous qui avez ouvert nos prisons ; votre mort nous a délivrés et de l'oppression et de la tyrannie ; votre sang nous a rachetés de la damnation éternelle. Par vous nous vivons, par vous nous respirons, par vous nous espérons, par vous nous régnons. Car la munificence de notre prince passe à un tel excès de bonté, qu'il fait des monarques de tous ses sujets ; il ne veut voir en sa Cour que des têtes couronnées.

Ecoutez, écoutez le bel hymne des vingt-quatre vieillards de l'*Apocalypse*, qui représentent, à mon avis, toute l'universalité des fidèles de l'Ancien et du Nouveau Testament; douze pour les douze premiers patriarches, les pères de la synagogue ; et douze pour les douze apôtres, princes et fondateurs de l'Eglise. Ils sont rois, ils sont couronnés, et chantent avec une joie incroyable les louanges de l'Agneau sans tache immolé pour l'amour de nous. « O Agneau immolé, disent-ils, vous nous avez rachetés en votre sang ; vous nous avez faits rois et sacrificateurs à notre Dieu, et nous régnerons sur la terre ! » *Et regnabimus super terram* [2]. O Dieu éternel ! chrétiens, quelle est la merveille de cette Cour ? Toutes les grandeurs humaines oseroient-elles paroître devant une

---

[1] Tract. LI *in Joan.*, n. 4. — [2] *Apoc.*, v, 10.

telle magnificence ? Cet ancien admirateur de la vieille Rome (a) s'étonnoit d'avoir vu dans cette ville maîtresse autant de rois, disoit-il, que de sénateurs. Mes frères, notre Dieu tout-puissant nous appelle à un bien autre spectacle, dont nous ferons nous-mêmes partie. Dans cette Cour vraiment royale, dans cette nation élue, dans cette cité triomphante que Jésus a érigée par sa mort, je veux dire dans la sainte Eglise, je ne dis pas que nous y voyions autant de rois que de sénateurs, mais je dis que nous y devons être autant de rois que de citoyens. Qui a jamais ouï parler d'une telle chose ? C'est tout un peuple de rois que Jésus a ramassés par son sang, que Jésus sauve, que Jésus couronne, qu'il fait régner en régnant sur eux, parce que « servir notre Dieu, c'est régner : » *Servire Deo, regnare est* [1]. O royauté auguste du roi Sauveur, qui partage sa couronne avec les peuples qu'il a rachetés ! ô mort vraiment glorieuse ! ô sang utilement répandu ! ô noble et magnifique conquête !

Quelques louanges que nous donnions aux victorieux, il ne laisse pas d'être véritable que les guerres et les conquêtes produisent toujours beaucoup plus de larmes qu'elles ne font naître de lauriers. Considérez, je vous prie, fidèles, les Césars et les Alexandres, et tous ces autres ravageurs de provinces que nous appelons conquérans : Dieu ne les envoie sur la terre que dans sa fureur. Ces braves, ces triomphateurs, avec tous leurs magnifiques éloges, ils ne sont ici-bas que pour troubler la paix du monde par leur ambition démesurée. Ont-ils jamais fait une guerre si juste, où ils n'aient opprimé une infinité d'innocens ? Leurs victoires sont le deuil et le désespoir des veuves et des orphelins. Ils triomphent de la ruine des nations et de la désolation publique. Ah ! qu'il n'est pas ainsi de mon prince ! C'est un capitaine Sauveur, qui sauve les peuples parce qu'il les dompte, et il les dompte en mourant pour eux. Il n'emploie ni le fer ni le feu pour les subjuguer : il combat par amour; il combat par bienfaits, par des attraits tout-puissans, par des charmes invincibles.

---

[1] S. Leo, *Epist. ad Demetr.*, cap. IV.

(a) Cynéas, ambassadeur de Pyrrhus. Voy. Plutarch., *Vit. Parall. in Pyrrh.*, et Flor., *Rerum Roman.*, lib. I, cap. XVIII (*Edit. de Déforis*).

Et c'est ce qu'explique divinement un excellent passage du psaume XLIVe, que je tâcherai de vous exposer. Renouvelez, s'il vous plaît, vos attentions. Le prophète en ce lieu considère Notre-Seigneur comme un prince victorieux ; et voyant en esprit qu'il devoit assujettir sous ses lois un si grand nombre de peuples rebelles, il l'invite à prendre ses armes. « Mettez votre épée, lui dit-il, ô mon brave et valeureux capitaine : » *Accingere gladio tuo super femur tuum* [1]. Et incontinent, comme s'il eût voulu corriger son premier discours par une seconde réflexion (ce sont les mouvemens ordinaires de l'expression prophétique) : « Non, non, ce n'est pas ainsi, ô mon prince, ce n'est pas par les armes qu'il vous faut établir votre empire. » Comment donc ? « Allez, lui dit-il, allez, ô le plus beau des hommes, avec cette admirable beauté, avec cette bonne grace qui vous est si naturelle, *specie tuâ et pulchritudine tuâ* [2] ; avancez, combattez et régnez ; » *intende, prosperè procede et regna* [3]. Puis il continue ainsi son discours : « Que les flèches du Puissant sont perçantes ! tous les peuples tomberont à ses pieds. Ses coups portent tout droit au cœur des ennemis de mon roi : » *Sagittæ Potentis acutæ* [4]. Après quoi il élève les yeux à la majesté de son trône et à la vaste étendue de son empire : *Sedes tua, Deus, in sæculum sæculi* [5] : « Votre trône, ô grand Dieu, est établi ès siècles des siècles, » et le reste. Et que veut dire ce règne ? Quelle est cette victorieuse beauté ? Que signifient ces coups, et ces flèches, et ces peuples blessés au cœur ? C'est ce qu'il nous faut expliquer avec l'assistance divine par une doctrine toute chrétienne, toute prise des Livres sacrés et des Ecritures apostoliques.

Mais, fidèles, je vous avertis que vos esprits ne soient point occupés d'une vaine idée de beauté corporelle, qui certes ne méritoit pas d'entretenir si longtemps la méditation du prophète. Suivez, suivez plutôt ce tendre et affectueux mouvement de l'admirable saint Augustin : « Pour moi, dit ce grand personnage, quelque part où je voie mon Sauveur, sa beauté me semble charmante. Il est beau dans le ciel, aussi est-il beau dans la terre, beau dans le sein de son Père, beau entre les bras de sa mère. Il est beau dans

---

[1] *Psal.* XLIV, 4. — [2] *Ibid.*, 5. — [3] *Ibid.* — [4] *Psal.* CXIX, 4. — [5] *Psal.* XLIV, 7.

les miracles, il ne l'est pas moins parmi les fouets. Il a une grace nonpareille, soit qu'il nous invite à la vie, soit que lui-même il méprise la mort. Il est beau jusque sur la croix, il est beau même dans le sépulcre : » *Pulcher in cœlo, pulcher in terrâ...; pulcher in miraculis, pulcher in flagellis; pulcher invitans ad vitam, pulcher non curans mortem...; pulcher in ligno, pulcher in sepulcro.* « Que les autres, dit-il, en pensent ce qu'il leur plaira ; mais pour nous autres croyans, partout où il se présente à nos yeux, il est toujours beau en perfection : » *Nobis credentibus ubique sponsus pulcher occurrat* [1].

Surtout il le faut avouer, chrétiens, quoi que le monde croie de sa passion, quoique ces membres cruellement déchirés, et cette pauvre chair écorchée fasse presque soulever le cœur de ceux qui approchent de lui, quoique le prophète Isaïe ait prédit que dans cet état « il ne seroit pas reconnoissable, qu'il n'auroit plus ni grace ni même aucune apparence humaine : » *Non est species ei, neque decor; vidimus eum, et non erat aspectus* [2]; toutefois c'est dans ces linéamens effacés, c'est dans ces yeux meurtris, c'est dans ce visage qui fait horreur, que je découvre des traits d'une incomparable beauté. Sa douleur a non-seulement de la dignité, elle a de la grace et de l'agrément.

Mais peut-être vous me direz : Quelle étrange imagination de chercher sa beauté parmi ses souffrances, qui ne lui laissent pas même la figure d'homme ! Que ne la regardez-vous bien plutôt dans sa merveilleuse transfiguration ou dans sa résurrection glorieuse ? Ecoutez et comprenez ma pensée, et vous verrez que cette beauté est incomparable pour nous. Un soldat est couvert de grandes blessures qui semblent lui déshonorer le visage. Les délicats peut-être détourneront la vue de dessus ces plaies; mais le prince les trouvera belles, parce que c'est pour son service qu'il les a reçues : ce sont de belles marques; ce sont des cicatrices honorables, que la fidélité pour son roi et l'amour de la patrie embellit.

Donc, ô fidèles de Jésus-Christ, que les ennemis de mon Maître trouvent de la difformité dans ses plaies, certes je ne le puis

---

[1] S. August., *In Psal.* XLIV, n. 3. — [2] *Isa.*, LIII, 2.

empêcher. Mais, « pour nous autres croyans, » *nobis credentibus*, comme disoit tout à l'heure saint Augustin ; pour moi, qui suis assuré que c'est pour l'amour de moi qu'il est ainsi couvert de blessures, je ne puis être de leur sentiment. La véritable beauté de mon Maître ne lui peut être ravie ; non, non, ces cruelles meurtrissures n'ont pas défiguré ce visage, elles l'ont embelli à mes yeux. Si les blessures des sujets sont si belles aux yeux du prince, dites-moi, les blessures du prince quelles doivent-elles être aux yeux des sujets ? Celles-ci sont mes délices ; je les baise, je les arrose de larmes. L'amour que mon roi Sauveur a pour moi, qui a ouvert toutes ses plaies, y a répandu une certaine grace qu'aucun autre objet ne peut égaler, un certain éclat de beauté qui transporte les ames fidèles. Ne voyez-vous pas avec combien de douces complaisances elles y demeurent toujours attachées ? Ce leur est un supplice que de les arracher de cet aimable objet. De là sortent ces flèches aiguës que David chante dans notre psaume ; de là ces traits de flamme invisible « qui percent les cœurs jusqu'au vif, » *in corda inimicorum regis :* « tellement qu'ils ne respirent plus autre chose que Jésus crucifié, » à l'imitation de l'Apôtre : *Non judicavi me scire aliquid inter vos nisi Jesum Christum, et hunc crucifixum*[1]. C'est ainsi que le roi Jésus se plaît de régner dans les cœurs.

C'est pourquoi je ne m'étonne pas si je ne vois dans sa passion que des marques de sa royauté. Oui, malgré la rage de ses bourreaux, ces épines font un diadème qui couronne sa patience ; ce roseau fragile devient un sceptre en ses mains ; cette pourpre ridicule dont ils le couvrent, se changera en pourpre royale sitôt qu'elle sera teinte du sang de mon Maître. Lorsque j'entends le peuple crier que le Sauveur mérite la mort à cause qu'il s'est fait roi : Certes, dis-je incontinent en moi-même, ces furieux disent mieux qu'ils ne pensent ; car mon prince doit régner par sa mort. Quand il porte lui-même sa croix sur ses épaules innocentes, tout autre qu'un chrétien seroit étonné de son impuissance ; mais le fidèle se doit souvenir de ce qu'a dit de lui Isaïe, « que sa domination, sa principauté est mise sur son épaule, » *principatus super*

---
[1] *I Cor.*, II, 2.

humerum ejus[1]. Qu'est-ce à dire, cet empire et cette principauté sur ses épaules? Ah! ne l'entendez-vous pas? C'est sa croix. C'est ainsi que l'explique Tertullien dans le livre *Contre les Juifs*[2]. Sa croix, c'est son sceptre; sa croix, c'est son bâton d'ordonnance; c'est elle qui rangera tous les peuples sous l'obéissance de Notre-Seigneur.

Et n'avez-vous jamais pris la peine de considérer ce beau titre que les ennemis de mon Maître attachèrent au-dessus de sa croix : JÉSUS DE NAZARETH, ROI DES JUIFS, écrit en gros caractères et en trois sortes de langues, afin que la chose fût plus connue? Il est vrai que les Juifs s'y opposent, mais Pilate l'écrit malgré eux. Qu'est-ce à dire ceci, chrétiens? Ce juge corrompu avoit envie de sauver mon Maître, et il ne l'a condamné que pour plaire aux Juifs : les mêmes Juifs le pressent de changer ce titre; il le refuse, il tient ferme, il n'a plus de complaisance pour eux. Quoi! cet homme si complaisant, qui livre un innocent à la mort de crainte de choquer les Juifs, commence à devenir résolu pour soutenir trois ou quatre mots qu'il avoit écrits sans dessein et qui paroissoient de si peu d'importance! Remarquez tout ceci, s'il vous plaît : il est lâche et ferme, il est mol et résolu dans la même affaire, à l'égard des mêmes personnes. Grand Dieu, je reconnois vos secrets : il falloit que Jésus mourût en la croix, il falloit que sa royauté fût écrite au haut de la croix. Pilate exécute le premier par sa complaisance, et l'autre par sa fermeté. « O vertu ineffable de l'opération divine même dans le cœur des ignorans, s'écrie en cet endroit l'admirable saint Augustin[3]! Ils ne savent tous ce qu'ils disent, et ils disent tous ce que veut mon Sauveur. » Une secrète vertu s'empare invinciblement de leur ame, et malgré leurs méchantes intentions exécute de très-sages et très-salutaires conseils.

Caïphe en plein conseil de pharisiens, parlant de Notre-Seigneur, dit « qu'il est expédient qu'il meure, afin que toute la nation ne périsse pas. » Sa mort empêchera donc toute la nation de périr; il est donc le Sauveur de toute la nation, remarque très-à propos l'évangéliste saint Jean[4]. Merveilleux jugement de Dieu!

---

[1] *Isa.*, IX, 6. — [2] *Advers. Judæos*, n. 10. — [3] Tract. CXVII *in Joan.*, n. 5. — [4] *Joan.*, XI, 50, 52.

il pensoit prononcer l'arrêt de sa mort, et il faisoit une prophétie de sa gloire. Le même arriva à Pilate : il condamne le Fils de Dieu à la croix ; et voulant écrire selon la coutume la cause de son supplice, il dresse un monument à sa royauté. Tant il est vrai que Dieu a des ressorts infaillibles pour tourner où il lui plaît les cœurs de ses ennemis et les faire concourir malgré qu'ils en aient à l'exécution de ses volontés ! Parce que le règne du Sauveur devoit commencer à la croix, il plaisoit à notre grand Dieu que sa royauté y fût attestée par une écriture publique et de l'autorité du gouverneur de la province, qui servira sans y penser à la Providence divine.

Ecrivez donc, ô Pilate, les paroles que Dieu vous dicte et dont vous n'entendez pas le mystère. Quoi que l'on vous puisse alléguer, gardez-vous de changer ce qui est déjà écrit dans le ciel ; que vos ordres soient irrévocables, parce qu'ils sont faits en exécution d'un arrêt immuable du Tout-Puissant. Que la royauté de Jésus soit écrite en langue hébraïque [1], qui est la langue du peuple de Dieu ; et en la langue grecque, qui est la langue des doctes et des philosophes ; et en la langue romaine, qui est celle de l'empire et du monde. Et vous, ô Grecs, inventeurs des arts ; vous, ô Juifs, héritiers des promesses ; vous, Romains, maîtres de la terre, venez lire cet admirable écriteau ; fléchissez le genou devant votre roi. Bientôt, bientôt vous verrez cet homme abandonné de ses propres disciples, ramasser tous les peuples sous l'invocation de son nom. Bientôt arrivera ce qu'il a prédit autrefois, qu'étant élevé hors de terre il attirera tout à soi et changera l'instrument du plus infâme supplice en une machine céleste pour enlever tous les cœurs : *Et ego, cùm exaltatus fuero à terrâ, omnia traham ad meipsum* [2]. Bientôt les nations incrédules, èsquelles il étend ses bras, viendront recevoir parmi ses embrassemens paternels cet aimable baiser de paix, qui selon les prophéties anciennes les doit réconcilier au vrai Dieu qu'elles ne connoissoient pas. Bientôt ce crucifié sera « couronné d'honneur et de gloire, à cause que par la grace de Dieu il a goûté la mort pour tous, » comme dit la divine *Epître aux Hébreux* [3] ; il verra

---

[1] *Joan.*, XIX, 20. — [2] *Joan.*, XII, 32. — [3] *Hebr.*, II, 9.

naître de son sépulcre une belle postérité ; et sera glorieusement accompli ce fameux oracle du prophète Isaïe : « S'il donne son ame pour le péché, il verra une longue suite d'enfans : » *Si posuerit pro peccato animam suam, videbit semen longævum* [1]. « Cette pierre, rejetée de la structure du bâtiment, sera faite la pierre angulaire et fondamentale qui soutiendra tout le nouvel édifice [2] ; » et ce mystérieux grain de froment, qui représente notre Sauveur, étant tombé en terre [3], se multipliera par sa propre corruption ; c'est-à-dire que le Fils de Dieu tombera de la croix dans le sépulcre, et par un merveilleux contre-coup « tous les peuples tomberont à ses pieds : » *Populi sub te cadent,* disoit notre psaume [4].

Que je triomphe d'aise quand je vois dans Tertullien que déjà de son temps le nom de Jésus, si près de la mort de notre Sauveur et du commencement de l'Eglise, déjà le nom de Jésus étoit adoré par toute la terre, et que dans toutes les provinces du monde qui pour lors étoient découvertes, le Sauveur y avoit un nombre infini de sujets ! « Nous sommes, dit hautement ce grand personnage, presque la plus grande partie de toutes les villes, » *pars penè major civitatis cujusque* [5]. Les Parthes invincibles aux Romains, les Thraces antinomes, comme les appeloient les anciens, c'est-à-dire gens impatiens de toute sorte de lois, ont subi volontairement le joug de Jésus. Les Mèdes, les Arméniens, et les Perses, et les Indiens les plus reculés ; les Maures et les Arabes, et ces vastes provinces de l'Orient ; l'Egypte et l'Ethiopie, et l'Afrique la plus sauvage ; les Scythes toujours errans, les Sarmates, les Gétuliens, et la Barbarie la plus inhumaine a été apprivoisée par la doctrine modeste du Sauveur Jésus. L'Angleterre, ah ! la perfide Angleterre, que le rempart de ses mers rendoit inaccessible aux Romains, la foi du Sauveur y est abordée : *Britannorum inaccessa Romanis loca, Christo verò subdita* [6]. Que dirai-je des peuples des Espagnes, et de la belliqueuse nation des Gaulois, l'effroi et la terreur des Romains, et des fiers Allemands, qui se vantoient de ne craindre autre chose sinon que le ciel tombât sur leurs têtes ?

---

[1] *Isa.,* LIII, 10. — [2] *Psal.* CXVII, 22. — [3] *Joan.,* XII, 24. — [4] *Psal.* XLIV, 6. — [5] *Ad Scapul.,* n. 2. — [6] Tertull., *Advers. Judæos,* n. 7.

Ils sont venus à Jésus, doux et simples comme des agneaux, demander pardon humblement, poussés d'une crainte respectueuse. Rome même, cette ville superbe qui s'étoit si longtemps enivrée du sang des martyrs de Jésus, Rome la maîtresse a baissé la tête et a porté plus d'honneur au tombeau d'un pauvre pêcheur, qu'aux temples de son Romulus : *Ostendatur mihi Romæ tanto in honore templum Romuli, in quanto ibi ostendo Memoriam Petri* [1].

Il n'y a point d'empire si vaste qui n'ait été resserré dans quelques limites. Jésus règne partout, dit le grave Tertullien ; c'est dans le livre *Contre les Juifs,* duquel j'ai tiré presque tout ce que je viens de vous dire de l'étendue du royaume de Dieu. « Jésus règne partout, dit-il, Jésus est adoré partout. Devant lui la condition des rois n'est pas meilleure que celle des moindres esclaves. Scythes ou Romains, Grecs ou Barbares, tout lui est égal, il est égal à tous, il est roi de tous, il est le Seigneur et le Dieu de tous : » *Christi regnum et nomen ubique porrigitur; ubique regnat, ubique adoratur ; non regis apud illum major gratia, non barbari alicujus inferior lætitia ; omnibus æqualis, omnibus rex, omnibus Deus et Dominus est* [2]. Et ce qui est de plus admirable, c'est que ce ne sont point les nobles et les empereurs qui lui ont amené les simples et les roturiers ; au contraire il a amené les empereurs par l'autorité des pêcheurs. Il a permis que les empereurs avec toute la puissance du monde résistassent à sa pauvre Eglise par toute sorte de cruautés, afin de faire voir qu'il ne tenoit pas son royaume de l'appui ni de la complaisance des grands. Mais quand il lui a plu d'abaisser à ses pieds la majesté de l'empire : Venez, venez à moi, ô Césars ; assez et trop longtemps vous avez persécuté mon Eglise ; entrez vous-mêmes dans mon royaume, où vous ne serez pas plus considérables que les moindres de vos sujets. A même temps Constantin, ce triomphant empereur, obéissant à la Providence, éleva l'étendard de la croix au-dessus des aigles romaines, et par toute l'étendue de l'empire la paix fut rendue aux Eglises.

Où êtes-vous, ô persécuteurs? Que sont devenus ces lions ru-

---

[1] S. August., *In Psal.* XLIV, 23. — [2] Tertull., *Advers. Judæos,* n. 7.

gissans qui vouloient dévorer le troupeau du Sauveur ? Mes frères, ils ne sont plus ; Jésus les a défaits ; « ils sont tombés à ses pieds : » *Populi sub te cadent.* Il en est arrivé comme de saint Paul. « Jésus fit mourir son persécuteur, et mit en sa place un disciple : » *Occisus est inimicus Christi, vivit discipulus Christi,* dit saint Augustin [1]. Ainsi ces peuples farouches qui frémissoient comme des lions contre les innocens agneaux de Notre-Seigneur, ils ne sont plus, ils sont morts ; «Jésus les a frappés au cœur, » *in corda inimicorum.* «C'étoit dans le cœur qu'ils s'élevoient contre lui, c'est dans le cœur qu'il les a abaissés : » *Cadunt in corde; ibi se erigebant adversùs Christum, ibi cadunt ante Christum.* « Les flèches de mon Maître ont percé le cœur de ses ennemis : » *Sagittæ Potentis acutæ in corda inimicorum regis.* Il les a blessés de son saint amour. « Les ennemis sont défaits, mon Sauveur en a fait des amis : » *Ceciderunt; ex inimicis amici facti sunt; inimici mortui sunt, amici vivunt* [2]. Et comment cela? «Par la croix : » *Domuit orbem, non ferro, sed ligno* [3]. « Le royaume qui n'étoit pas de ce monde a dompté le monde superbe, non par la fierté d'un combat, mais par l'humilité de la patience : » *Regnum quod de hoc mundo non erat, superbum mundum non atrocitate pugnandi, sed patiendi humilitate vincebat* [4].

C'est pourquoi dans ce même temps, faites avec moi cette dernière remarque ; dans ce même temps, dis-je, dans lequel la paix étant donnée à l'Eglise tout ne respiroit que Jésus, on lui élevoit des temples de tous côtés, on renversoit les idoles par toute la terre ; dans ce même temps où les vénérables évêques, qui sont les princes de son empire, s'assemblèrent de toutes parts à Nicée pour y tenir les premiers états généraux de tout le royaume de Jésus-Christ, dans lesquels toutes les provinces du monde confessèrent sa divinité ; dans ce même temps la croix précieuse à laquelle avoit été pendu le Sauveur, croix qui jusqu'alors avoit été cachée, et peut-être que la Providence divine jugeoit que la croix de Notre-Seigneur paroissoit assez en ses membres durant la persécution des fidèles : la croix donc jusqu'alors cachée, pesez

---

[1] S. August., *In Psal.* XLIV, n. 16. — [2] *Ibid.* — [3] *In Psal.* XCV, n. 2. — [4] S. August., Tract. *in Joan.*, CXVI, n. 1.

toutes ces circonstances, fut découverte en ce temps par de grands et extraordinaires miracles ; elle fut reconnue, elle fut adorée. Et ce n'est point ici une histoire douteuse ; elle doit être approuvée par tous ceux qui aiment les antiquités chrétiennes, dans lesquelles nous la voyons très-évidemment attestée. Eh ! penseriez-vous bien, chrétiens, qu'une chose si mémorable, si célèbre parmi les Pères, soit arrivée en ce temps sans quelque profond conseil de la sagesse éternelle? Cela est hors de toute apparence. Que dirons-nous donc en cette rencontre ? C'est que tout le monde est dompté, tout a fléchi sous les lois du Sauveur.

Paroissez, paroissez, il est temps, ô croix qui avez fait cet ouvrage ; c'est vous qui avez brisé les idoles, c'est vous qui avez subjugué les peuples, c'est vous qui avez donné la victoire aux valeureux soldats de Jésus qui ont tout surmonté par la patience. Vous serez gravée sur le front des rois, vous serez le principal ornement de la couronne des empereurs, ô croix qui êtes la joie et l'espérance de tous les fidèles. Concluons donc de tout ce discours que la croix est un trône magnifique, que le nom de Jésus est un nom bien digne d'un roi, et qu'un Dieu descendant sur la terre pour vivre parmi les hommes, n'y pouvoit rien faire de plus grand, rien de plus royal, rien de plus divin que de sauver tout le genre humain par une mort généreuse.

SECOND POINT.

Et plût à Dieu, chrétiens, que pour achever de vous faire voir la gloire de cette mort, il me restât assez de loisir pour vous entretenir quelque temps de la qualité de pontife que Notre-Seigneur a si bien méritée ! C'est là que suivant la doctrine toute céleste de l'incomparable *Epître aux Hébreux,* par la comparaison du sacerdoce de la loi mosaïque, je tâcherois de vous faire connoître la dignité infinie de la prêtrise de Jésus-Christ. Vous verriez Aaron portant à un autel corruptible des génisses et des taureaux, et Jésus pontife et victime présentant devant le trône de Dieu sa chair formée par le Saint-Esprit, oblation sainte et vivante pour l'expiation de nos crimes. Vous verriez Aaron dans un tabernacle mortel effaçant quelques immondices légales et certaines irrégularités de la loi par le sang des animaux égorgés, et Jésus à la droite de la majesté faisant par la vertu de son sang la vraie purification de nos ames. Vous verriez Aaron consacré par un sang étranger, comme il est écrit dans le *Lévitique* [1], et « par ce même sang étranger, » *in sanguine alieno,* dit l'Apôtre [2], entrer dans le sanctuaire bâti de main d'homme ; et Jésus consacré par son propre sang, entrer aussi par son propre sang dans le sanctuaire éternel, dont il ouvre la porte à ses serviteurs. Vous verriez, ô l'admirable spectacle pour des ames vraiment chrétiennes! vous verriez d'une part tous les hommes révoltés ouvertement contre Dieu ; et d'autre part la justice divine prête à les précipiter dans l'abîme en la compagnie des démons, desquels ils avoient suivi les conseils et imité la présomption, lorsque tout à coup ce saint, ce charitable pontife, ce pontife fidèle et compatissant à nos maux, paroît entre Dieu et les hommes. Il se présente pour porter les coups qui alloient tomber sur nos têtes, il répand son sang sur les hommes, il lève à Dieu ses mains innocentes ; et pacifiant ainsi le ciel et la terre, il arrête le cours de la vengeance divine et change une fureur implacable en une éternelle miséricorde. Vous verriez comme tous les fidèles deviennent prêtres et sacrificateurs par le sang précieux de Jésus, par lequel ils sont consacrés. Je vous les représenterois, ces nouveaux sacrificateurs, revêtus d'une étole céleste, blanchis dans les eaux du baptême et dans le sang de l'Agneau, officiant tous ensemble non sur un autel de matière terrestre, mais sur cet autel céleste qui représente le Fils de Dieu [3] ; et là charger cet autel de victimes spirituelles, c'est-à-dire de prières ferventes, de cantiques de louange et de pieuses actions de graces, qui de toutes les parties de la terre montent de dessus ce mystérieux autel devant la face de Dieu, ainsi qu'un parfum agréable et un sacrifice de bonne odeur, au nom de notre Seigneur Jésus-Christ, grand prêtre et sacrificateur éternel selon l'ordre de Melchisédech.

Et que ne dirions-nous pas de cet incomparable pontife, de ce médiateur du Nouveau Testament, par qui seul toutes les oraisons sont bien reçues, par qui les péchés sont remis, par qui toutes les

---

[1] *Levit.,* VIII. — [2] *Hebr.,* IX, 25. — [3] *Apoc.,* VIII, 3.

graces sont entérinées, qui par une nouvelle alliance a rompu le damnable traité que nous avions fait avec l'enfer et la mort, selon ce que dit Isaïe : *Delebitur fœdus vestrum cum morte, et pactum vestrum cum inferno non stabit* [1]. C'est ce que nous dirions, chrétiens. Puis joignant cette doctrine tout apostolique à ce que nous venons de prêcher de la royauté du Sauveur, nous conclurions hautement dans l'épanchement de nos cœurs que le nom de Jésus, qui enferme toutes ces merveilles, est un nom au-dessus de tout nom, comme l'Apôtre l'enseigne aux Philippiens [2] ; et « qu'il étoit bien convenable, selon le même Apôtre aux Hébreux [3], que Dieu dédiât et consacrât par sa passion le prince de notre salut. » Mais puisqu'il a plu à celui qui nous inspire dans cette chaire de vérité, de nous fournir assez de pensées pour remplir tout cet entretien de la royauté de Jésus, fidèles, demeurons-en là, en attendant que la Providence divine nous fasse tomber sur la même matière, et tirons-en quelques instructions pour l'édification de nos ames.

Donc, ô peuples de Jésus-Christ, si le Fils de Dieu est votre vrai roi, songez à lui rendre vos obéissances. Rappellerai-je ici de bien loin la mémoire des siècles passés, pour vous faire voir comme les bons princes ont été les délices de leurs sujets ? Que n'ont pas fait les peuples pour les rois qui ont sauvé leurs pays, les vrais pères de la patrie ? Ah ! il y a dans nos cœurs je ne sais quelle inclination naturelle pour les princes que Dieu nous donne, que ni les disgraces ni aucun mauvais traitement ne peut arracher aux ames bien nées. Qu'il est aisé aux rois de la terre de gagner l'affection de leurs peuples ! Un souris, un regard favorable, un visage ouvert et riant satisfait quelquefois les plus difficiles. *In hilaritate vultûs regis vita,* disoit autrefois le Sage [4] : « La vie est dans les regards du prince, quand on les a sereins et tranquilles. » Peuples, c'est une chose certaine, vous le savez ; un gouvernement doux et équitable, une puissance accompagnée de bonté et d'une humeur bienfaisante, charme les ames les plus sauvages. C'est un sentiment commun parmi les hommes d'honneur, que pour de tels princes la vie même est bien employée.

[1] *Isa.*, XXVIII, 18. — [2] *Philip.*, II, 9. — [3] *Hebr.*, II, 10. — [4] *Prov.*, XVI, 15.

Il n'y a que le roi Jésus à qui la douceur et les largesses ne servent de rien. Il a beau nous ouvrir ses bras pour nous embrasser; il a beau nous obliger, non par de vaines caresses, mais par des bienfaits effectifs; nous sommes de glace pour lui, nous aimons mieux nous repaître des frivoles apparences du monde que de l'amitié solide qu'il nous promet. Ah! pourrai-je bien vous dire avec combien de soin il a recherché notre amour? Il est notre roi par naissance, il l'est de droit naturel; il a voulu l'être par amour et par bienfaits. Il faut, dit-il, que je les délivre, ces misérables captifs. Je pourrois bien le faire autrement; mais je veux les sauver en mourant pour eux, afin de les obliger à m'aimer. J'irai au péril de ma vie, j'irai avec la perte de tout mon sang les arracher de la mort éternelle. N'importe, je le ferai volontiers; pourvu seulement qu'ils m'aiment, je ne leur demande point d'autre récompense. Je les ferai régner avec moi.

Eh! mes frères, dites-moi, je vous prie, que nous a fait Jésus, le meilleur des princes, qu'avec une telle bonté il ne peut gagner nos affections, il ne peut amollir la dureté de nos cœurs? Certes, peuple de Metz, je vous donnerai cet éloge, que vous êtes fidèle à nos rois. On ne vous a jamais vu entrer, non pas même d'affection, dans les divers partis qui se sont formés contre leur service. Votre obéissance n'est pas douteuse, ni votre fidélité chancelante. Quand on parloit ces jours passés de ces lâches qui avoient vendu aux ennemis de l'Etat les places que le roi leur a confiées, on vous a vu frémir d'une juste indignation. Vous les nommiez des traîtres, indignes de voir le jour, pour avoir ainsi lâchement trompé la confiance du prince et manqué de foi à leur roi. Fidèles aux rois de la terre, pourquoi ne sommes-nous traîtres qu'au Roi des rois? Pourquoi est-ce qu'il n'y a qu'envers lui que le nom de perfides ne nous déplaît pas, qui seroit le plus sensible reproche que l'on nous pût faire en toute autre rencontre?

Mes frères, le roi Jésus nous a confié à tous une place qui lui est de telle importance, qu'il l'a voulu acheter par son sang; cette place, c'est notre ame, qu'il a commise à notre fidélité. Nous sommes obligés de la lui garder par un serment inviolable que nous lui avons prêté au baptême. Il l'a munie de tout ce qui est nécessaire, au dedans par ses graces et son Saint-Esprit, au dehors par la protection angélique. Rien n'y manque, elle est imprenable, elle ne peut être prise que par trahison. Traîtres et perfides que nous sommes, nous la livrons à Satan, nous vendons à Satan le prix du sang de Jésus ; à Satan son ennemi capital, qui a voulu envahir son trône, qui n'ayant pas pu réussir au ciel dans son audacieuse entreprise, est venu sur la terre lui disputer son royaume et se faire adorer en sa place. O perfidie ! ô indignité ! c'est pour servir Satan que nous trahissons notre prince crucifié pour nous, notre unique libérateur.

Figurez-vous, chrétiens, qu'aujourd'hui au milieu de cette assemblée paroît tout à coup un ange de Dieu qui fait retentir à nos oreilles ce que disoit autrefois Elie aux Samaritains : « Peuples, jusqu'à quand chancellerez-vous entre deux partis ? » *Quousque claudicatis in duas partes*[1] *?* Si le Dieu d'Israël est le vrai Dieu, il faut l'adorer ; si Baal est Dieu, il faut l'adorer. Chers frères, les prédicateurs sont les anges du Dieu des armées. Je vous dis donc aujourd'hui à tous, et Dieu veuille que je me le dise à moi-même comme il faut : *Quousque claudicatis ?* « Jusqu'à quand serez-vous chancelans ? » Si Jésus est votre roi, rendez-lui vos obéissances ; si Satan est votre roi, rangez-vous du côté de Satan. Il faut prendre parti aujourd'hui. Ah ! mes frères, vous frémissez à cette horrible proposition. A Jésus, à Jésus ! dites-vous ; il n'y a pas ici lieu de délibérer. Et moi, nonobstant ce que vous me dites, je réitère encore la même demande : *Quousque claudicatis in duas partes ?* Eh ! serez-vous à jamais chancelans, sans prendre parti comme il faut ? « Si je suis votre maître, dit le Seigneur par la bouche de son prophète, où est l'honneur que vous me devez[2] ? » « Et pourquoi m'appelez-vous Seigneur, et ne faites pas ce que je vous dis, » dit Notre-Seigneur en son Evangile [3] ? Que voulez-vous que l'on croie, ou nos paroles, ou nos actions ?

Le Fils de Dieu nous ordonne que nous approchions de son Père en toute pureté et en tempérance. Et pourquoi donc tant d'infâmes désirs ? Pourquoi tant d'excessives débauches ? Il nous ordonne d'être charitables ; et, fidèles, la charité pourra-t-elle jamais

---

[1] III *Reg.*, XVIII, 21. — [2] *Malach.*, I, 6. — [3] *Matth.*, VII, 21.

s'accorder avec nos secrètes envies, avec nos médisances continuelles, avec nos inimitiés irréconciliables? Le Fils de Dieu nous ordonne de soulager les pauvres autant que nous le pourrons; et nous ne craignons pas de consumer la substance du pauvre ou par de cruelles rapines, ou par des usures plus que judaïques : *Quousque claudicatis?* Mes frères, il ne faut plus chanceler ; il faut être tout un ou tout autre. Si Jésus est notre roi, donnons-lui nos œuvres comme nous lui donnons nos paroles. Si Satan est notre roi, ô chose abominable ! mais la dureté de nos cœurs nous contraint de parler de la sorte; si Satan est notre roi, ne lui refusons pas nos paroles après lui avoir donné nos actions. Mais à Dieu ne plaise, mes frères, que jamais nous fassions un tel choix ! Et comment pourrions-nous supporter les regards de cet Agneau sans tache, meurtri pour l'amour de nous? Dans cette terrible journée, où ce roi descendra en sa majesté juger les vivans et les morts, comment soutiendrions-nous l'aspect de ses plaies qui nous reprocheroient notre ingratitude ? Où trouverions-nous des antres assez obscurs et des abîmes assez profonds, pour cacher une si noire perfidie? Et comment souffririons-nous les reproches de cette tendre amitié si indignement méprisée, et la voix effroyable du sang de l'Agneau qui a crié pour nous sur la croix pardon et miséricorde, et dans ce jour de colère criera vengeance contre notre foi mal gardée et contre nos sermens infidèles?

O Dieu éternel! combien dur, combien insupportable sera ce règne que Jésus commencera en ces jours d'exercer sur ses ennemis! Car enfin, fidèles, il est nécessaire qu'il règne sur nous. L'empire des nations lui est promis par les prophéties. S'il ne règne sur nos ames par miséricorde, il y régnera par justice; s'il n'y règne par amour et par grace, il y régnera par la sévérité de ses jugemens et par la rigueur de ses ordonnances. Et que diront les méchans, quand ils sentiront, malgré qu'ils en aient, leur roi en eux-mêmes appesantir sur eux son bras tout-puissant; lorsque Dieu frappant d'une main, soutenant de l'autre, les brisera éternellement de ses coups sans les consumer? Et ainsi toujours vivans et toujours mourans, immortels pour leur peine, trop forts pour mourir, trop foibles pour supporter, ils gémiront à jamais sur des lits de flammes, outrés de furieuses et irrémédiables douleurs; et poussant parmi des blasphèmes exécrables mille plaintes désespérées, ils confesseront par une pénitence tardive qu'il n'y avoit rien de si raisonnable que de laisser régner Jésus sur leurs ames. Dignes certes des plus horribles supplices, pour avoir préféré la tyrannie de l'usurpateur à la douce et légitime domination du prince naturel. O Dieu et Père de miséricorde, détournez ces malheurs de dessus nos têtes.

Mes frères, ne voulez-vous pas bien que je renouvelle aujourd'hui le serment de fidélité que nous devons tous à notre grand roi ? O roi Jésus, à qui nous appartenons à si juste titre, qui nous avez rachetés par un prix d'amour et de charité infinie, je vous reconnois pour mon souverain. C'est à vous seul que je me dévoue. Votre amour sera ma vie, votre loi sera la loi de mon cœur. Je chanterai vos louanges, jamais je ne cesserai de publier vos miséricordes. Je veux vous être fidèle, je veux être à vous sans réserve, je veux vous consacrer tous mes soins, je veux vivre et mourir à votre service. *Amen.*

SECOND SERMON

POUR

LA FÊTE DE LA CIRCONCISION (a).

Deus autem rex noster ante sæcula, operatus est salutem in medio terræ.

Dieu, qui est notre roi avant tous les siècles, a opéré notre salut au milieu de la terre. *Psal.* LXXIII, 12.

Quoique nous apprenions par les saintes Lettres que Dieu se considère dans tous ses ouvrages, et que ne voyant rien dans le

(a) On verra dans ce sermon quelques traductions triviales et quelques notes; mais on n'y trouvera ni division ni parties distinctes, pour ainsi dire ni commencement ni fin. C'est que la main de dom Déforis a passé par là : « Nous avons, dit-il dans une première note, supprimé de ce sermon plusieurs morceaux

monde qui ne soit infiniment au-dessous de lui, il ne voit aussi que lui-même qui mérite d'être la fin de ses actions ; toutefois il est assuré qu'il n'augmente pas pour cela ses propres richesses, parce qu'elles sont infinies. Quelques beaux ouvrages que produise sa toute-puissance, il n'en retire aucun bien que celui d'en faire aux autres, il n'y peut rien acquérir que le titre de bienfaiteur ; et l'intérêt de ses créatures se trouve si heureusement conjoint avec le sien, que comme il ne leur donne que pour l'avancement de sa gloire, aussi ne peut-il avoir de plus grande gloire que de leur donner. C'est pourquoi l'Eglise inspirée de Dieu nous apprend, dans le sacrifice, à lui rendre graces pour sa grande gloire : *Gratias agimus tibi propter magnam gloriam tuam*, afin que nous comprenions par cette prière que la grande gloire de Dieu c'est d'être libéral à sa créature. C'est pour cette raison que le Fils de Dieu prend aujourd'hui le nom de Jésus et la qualité de Sauveur. Ce n'est pas assez que l'on nous enseigne que ce petit enfant est né pour les hommes, il faut que son nom nous le fasse entendre ; et il en revient à notre nature ce grand et glorieux avantage, qu'on ne peut honorer le nom de Jésus sans célébrer aussi notre délivrance, et ainsi que le salut des mortels est devenu si considérable qu'il fait non-seulement le bonheur des hommes et le sujet des hymnes des anges, mais encore le triomphe du Fils de Dieu même.

Sainte Mère de mon Sauveur, dont le Saint-Esprit s'est servi pour lui donner un nom si aimable, obtenez-nous de Dieu cette grace, que nous en sentions les douceurs que l'ange commença de vous expliquer, après qu'il vous eut ainsi saluée : *Ave, Maria.*

---

tirés mot à mot du précédent, qui pouvoient être retranchés sans interrompre l'ordre et la suite du discours. » Pardon, tout cela est interrompu ; mais on n'a pu dans cette édition rétablir le plan de l'auteur, parce qu'on a vainement cherché le manuscrit original.

Cependant on peut dire avec la plus grande probabilité que notre sermon a été prêché à Metz vers 1656. Malgré les suppressions du premier éditeur, il renferme encore plusieurs passages qui se trouvent littéralement dans le sermon précédent, et Bossuet n'auroit pas fait dans la grande époque de sa mission apostolique des emprunts pareils à ses compositions de Metz. On y remarque aussi certaines expressions qu'il a bannies plus tard, par exemple : « Le prince Jésus, rien ne se derobe de son empire, il lui plaît établir ; ce qu'il daigne régner sur nous, c'est miséricorde, » etc.

Encore que le mystère de cette journée cachant à nos yeux la divinité, nous représente le Fils de Dieu, non-seulement dans l'infirmité de la chair, mais encore dans la bassesse de la servitude, et que les cris, les gémissemens et le sang de cet enfant circoncis semblent plutôt exciter en nous les tendresses de la pitié que les soumissions du respect : néanmoins la foi pénétrante, qui ne peut être surprise par les apparences, nous découvre dans ses foiblesses des marques illustres de sa grandeur et des témoignages certains de sa royauté. C'est, fidèles, cette vérité chrétienne que je me propose de vous faire entendre avec le secours de la grace. J'espère que vous verrez aujourd'hui dans le nom que l'on impose au Sauveur des ames et dans les prémices du sang précieux qu'il commence à verser pour l'amour des hommes, une expression évidente de la souveraineté très-auguste que son Père céleste lui a destinée. Et vous reconnoîtrez que cette doctrine nous est infiniment fructueuse, puisqu'en établissant la gloire du maître et les droits de sa royauté, elle nous apprend tout ensemble les devoirs de l'obéissance.

Entrons donc en cette matière sous la conduite des Lettres sacrées, et disons avant toutes choses que le nom de Jésus est un nom de roi, et qu'il signifie une royauté qui n'est pas moins légitime qu'elle est absolue. Pour mettre cette vérité dans son jour, je suppose premièrement que la royauté est le véritable apanage de la nature divine, à laquelle seule appartient la souveraineté et l'indépendance. Or, entre tous les divins attributs, il y en a trois principaux qui établissent le règne de Dieu sur ses créatures, la puissance, la justice, la miséricorde. Que Dieu règne par sa puissance, c'est une vérité si constante, qu'elle entre par elle-même dans tous les esprits sans qu'il soit besoin d'alléguer des preuves. En effet c'est par sa puissance qu'il dispose des créatures, ainsi qu'il lui plaît, sans que rien puisse résister à ses volontés; et par conséquent il en est le roi avec une autorité qui n'a point de bornes. C'est pourquoi l'apôtre saint Paul en parlant de Dieu : C'est, dit-il, « le bienheureux et le seul puissant; » et il ajoute aussitôt après : « Le Roi des rois et le Seigneur des seigneurs [1]; » comme ayant

[1] I *Timoth.*, vi, 15.

dessein de nous faire entendre que l'empire de Dieu doit être infini, parce que sa puissance est incomparable.

Mais je remarque ici, chrétiens, que ce règne est universel et enferme indifféremment tous les êtres qui relèvent également de la toute-puissance divine. Si bien que les hommes et les anges étant capables d'un gouvernement spécial, parce qu'ils peuvent être conduits par raison, il paroît manifestement qu'outre ce règne de toute-puissance, qui comprend généralement toutes les créatures, il faut encore reconnoître en Dieu quelque domination plus particulière pour les natures intelligentes. C'est aussi ce que nous voyons éclater dans sa bonté et par sa justice. Car comme entre les anges et les hommes, les uns sont rebelles à leur Créateur et les autres sont obéissans, les uns suivent ses volontés et les autres les contredisent, et que d'ailleurs il est impossible que rien échappe de ses mains souveraines ni se dérobe de son empire, qui ne voit qu'il est nécessaire qu'il établisse deux gouvernemens différens : l'un de justice, l'autre de bonté; l'un pour la vengeance des crimes, l'autre pour le couronnemen des vertus; l'un pour ranger les esprits rebelles par la rigueur d'un juste supplice, l'autre pour enrichir les respectueux par la profusion des bienfaits?

De là ces deux règnes divers dont il est parlé dans les saintes Lettres. L'un de rigueur et de dureté, que le Psalmiste nous représente en ces mots : « Vous les régirez, dit-il, avec un sceptre de fer, et vous les briserez tous ainsi qu'un vaisseau de terre [1]. » L'autre de douceur et de joie, que le même Psalmiste décrit : « Avancez, dit-il, ô mon Prince, combattez heureusement, et régnez par votre beauté et par votre bonne grace [2]. » Par où le Saint-Esprit nous veut faire entendre qu'il y a un règne de fer, et c'est le règne de la justice rigoureuse qui assujettit par force les esprits rebelles, en les contraignant de porter le poids d'une impitoyable vengeance; et qu'il y a un règne de paix, et c'est le règne de la bonté qui possède les cœurs souverainement par les graces de ses attraits infinis : de sorte que nous avons prouvé par les Ecritures le règne de la puissance, et de la justice, et de la miséricorde divine.

[1] *Psal.* II, 9. — [2] *Psal.* XLIV, 5.

Ces vérités étant supposées, venons maintenant à l'enfant Jésus; et puisque tant de prophéties, tant d'oracles, tant de figures du Vieux Testament lui promettent qu'il sera roi, ne craignons pas de lui demander de quelle nature est la royauté qu'il est venu chercher sur la terre. Il est certain, aimable Jésus, que ce nouveau règne ne s'établit pas sur votre pouvoir, puisque vous vous revêtez de notre foiblesse; ni sur la rigueur de votre justice, puisque vous déclarez dans votre Evangile que « vous n'êtes pas venu pour juger le monde.[1] » Que nous reste-t-il donc maintenant à dire, sinon que le règne que vous commencez est un règne de miséricorde? Aussi ne prenez-vous pas aujourd'hui le titre pompeux de Dieu des armées pour nous étonner par votre puissance, ni la qualité terrible de juste Juge pour nous effrayer par votre rigueur, mais l'aimable nom de Jésus pour nous inviter par votre clémence. Vous venez pour régner; il vous plaît de régner sur nous en qualité de Sauveur des ames; et ainsi vous accomplissez cette fameuse prophétie d'un de vos ancêtres : « Dieu, qui est notre roi devant tous les siècles, a opéré le salut au milieu du monde. »

Mais, fidèles, s'il est véritable que le nom de Jésus soit un nom royal, un nom de grandeur et de majesté, qui promet à l'enfant que nous adorons un empire si magnifique, pourquoi voyons-nous du sang répandu, et ne recherchons-nous point dans les Ecritures le secret de cette mystérieuse cérémonie? J'entends votre dessein, ô mon roi Sauveur. Ce n'est pas assez que vous soyez roi, il faut que vous soyez un roi conquérant. Comme roi, vous sauvez vos peuples; comme conquérant, vous donnez du sang et vous achetez à ce prix les peuples que vous soumettez à votre pouvoir. Et c'est, fidèles, pour cette raison que dans cette même journée où il reçoit le titre de roi dans la qualité de Sauveur, il veut que son sang commence à couler, afin de nous faire voir son règne établi sur le salut de tous ses sujets et sur l'effusion de son sang. Considérons ces deux vérités qui comprennent tout le mystère de cette journée. Prouvons par des raisons invincibles qu'il n'est point d'empire mieux affermi ni de conquête plus glorieuse;

---

[1] *Joan.*, XII, 47.

et tâchons de profiter tellement de cette doctrine tout apostolique, que nous méritions enfin d'être la conquête de notre monarque Sauveur, qui n'a conquis et ne s'assujettit ses peuples qu'en les délivrant.

Pour comprendre solidement combien grande, combien illustre, combien magnifique est la souveraineté du Sauveur des ames, il faut premièrement former en nous-mêmes la véritable idée de la royauté, où je vous demande, fidèles, que vous ne vous laissiez pas éblouir les yeux par cet éclat et par cette pompe qui remplit d'étonnement le vulgaire. Comprenons dans la royauté des rois quelque chose de plus relevé que ce que l'ignorance y admire. Certes je ne craindrai pas de le publier : ce ne sont ni les trônes, ni les palais, ni la pourpre, ni les richesses, ni les gardes qui environnent le prince, ni cette longue suite de grands seigneurs, ni la foule des courtisans qui s'empressent autour de sa personne ; et pour dire quelque chose de plus redoutable, ce ne sont ni les forteresses, ni les armées qui me montrent la véritable grandeur de la dignité royale. Je porte mes yeux jusque sur Dieu même, et de cette Majesté infinie je vois tomber sur les rois un rayon de gloire que j'appelle la royauté. Et pour dire plus clairement ma pensée, je soutiens que la royauté, à la bien entendre, qu'est-ce, fidèles, et que dirons-nous? C'est une puissance universelle de faire du bien aux peuples soumis ; tellement que le nom de roi, c'est un nom de père commun et de bienfaiteur général, et c'est là ce rayon de divinité qui éclate dans les souverains.

Expliquons toutes les parties de cette définition importante, qui sera le fondement de tout mon discours. Je dis donc que la royauté est une puissance. Je ne m'arrête point à prouver une vérité si constante ; mais passant plus outre je raisonne ainsi. Je dis que si la royauté est une puissance, il s'ensuit manifestement que c'est une puissance de faire du bien, et j'appuie cette conséquence sur ce beau principe : Tout ce qui mérite le nom de puissance naturellement tend au bien. Jugez si j'établirai cette vérité par des raisons assez convaincantes.

La puissance qui s'emploie à faire du mal aux autres, le fait ou justement ou injustement. Si elle le fait avec injustice, il est certain que c'est impuissance. Car nul ne peut opprimer les autres par violence et par injustice, qu'il ne se mette le premier dans la servitude. C'est pourquoi il est écrit dans l'*Apocalypse* que « celui qui mène les autres en captivité, va lui-même en captivité : » *Qui in captivitatem duxerit, in captivitatem vadet* [1]. Sans doute afin que nous concevions que celui qui opprime, celui qui tourmente, est le premier esclave de son injustice, selon l'expression de l'Apôtre : *Servi injustitiæ* [2]. Etant dans un si honteux esclavage, il ne peut pas être appelé puissant ; et par conséquent la puissance d'affliger les autres avec injustice, n'est pas une véritable puissance : *Nihil possumus contra veritatem, sed pro veritate* [3] *:* « Nous ne pouvons rien contre la vérité, mais nous pouvons tout pour elle ; » puissance qui se détruit elle-même.

Mais que dirons-nous maintenant de cette puissance qui punit les crimes et qui donne des armes à la justice contre les entreprises des méchans ? C'est ici qu'il faut que je vous propose une belle théologie de Tertullien ; elle donnera un grand jour à la vérité que j'ai avancée, que tout ce qui mérite le nom de puissance est naturellement bienfaisant. Ce grand homme comparant la bonté de Dieu par laquelle il fait du bien à ses créatures avec la sévérité rigoureuse par laquelle il les châtie selon leurs mérites, dit que la première lui est naturelle, c'est-à-dire la munificence ; et que l'autre est comme empruntée, c'est-à-dire la sévérité : *Illa ingenita, hæc accidens ; illa edita, hæc adhibita ; illa propria, hæc accommodata* [4]. Et il en rend cette excellente raison : Car, dit-il, la toute-puissance divine jamais n'afflige ses créatures que lorsqu'elle y est forcée par les crimes. Si donc jamais elle ne se résout à leur faire sentir du mal que par une espèce de force, il paroît qu'elle leur fait du bien par nature, et par là ma proposition demeure invinciblement établie. Car ce n'est pas une véritable puissance d'affliger les hommes avec injustice, parce qu'ainsi que nous avons dit, l'injustice est une foiblesse et un esclavage ; de sorte que la véritable puissance ne faisant jamais de mal à personne que lorsqu'elle y est contrainte et forcée, il s'ensuit que par elle-même

---

[1] *Apoc.*, XIII, 10. — [2] *Rom.*, VI, 17. — [3] II *Cor.*, XIII, 8. — [4] Lib. II *Advers. Marcion.*, n. 11.

et de sa nature elle est éternellement bienfaisante. Et c'est pour cette raison, chrétiens, que je dis que la royauté est une puissance de faire du bien, parce que telle est la nature de toutes les puissances légitimes, et que la puissance des rois est un rayon de la puissance divine si naturellement libérale.

Mais j'ajoute que cette puissance est universelle ; et c'est, fidèles, cette différence qui distingue le souverain d'avec les sujets. Les libéralités particulières sont nécessairement limitées, c'est le privilège du prince de pouvoir étendre ses bienfaits par tout son empire ; il montre l'éminence de sa dignité par l'étendue de son influence. Ainsi Dieu a mis le soleil dans une place si élevée au-dessus de nous, pour réjouir par sa vertu toute la nature. L'action du prince occupé à faire du bien à ses peuples, me montre sa grandeur et son abondance ; c'est le caractère de la royauté, c'est ce qui fait la majesté des monarques, et par là vous pouvez comprendre quelle est la royauté du Sauveur Jésus.

S'il est vrai que la royauté c'est une puissance de faire du bien ; si le salut qui mène avec lui la paix, l'abondance, la félicité, est un bien si considérable qu'il est capable de rassasier jusqu'aux désirs les plus vastes, qui ne voit qu'il n'est rien plus digne d'un roi que de s'établir en sauvant son peuple ? Et nous en lisons un très-bel exemple dans les Ecritures sacrées. Lorsque Saül entendant les glorieux éloges que tout le monde donnoit à David : « Saül en a défait mille, et David dix mille [1] ; » il a frappé le Philistin et a ôté l'opprobre d'Israël, aussitôt il s'écria tout troublé : « Après cet éloge, dit-il, il ne lui manque plus rien que le nom de roi [2]. » Comme s'il eût dit : On me dépouille de ma royauté, puisqu'on m'ôte la gloire de garder mes peuples ; on transfère l'honneur royal à David, en reconnaissant que c'est lui qui sauve, et il ne lui en manque plus que le titre. Tant il est véritable, ô fidèles, que c'est le propre des rois de sauver. C'est pourquoi le prince Jésus, en venant au monde, considérant que les prophéties lui promettent l'empire de tout l'univers, il ne demande point à son Père une maison riche et magnifique, ni des armées grandes et victorieuses, ni enfin tout ce pompeux appareil dont la majesté

---

[1] I *Reg.*, XVIII, 7. — [2] *Ibid.*, 8.

royale est environnée. Ce n'est pas ce que je demande, ô mon Père. Je demande la qualité de Sauveur et l'honneur de délivrer mes sujets de la misère, de la servitude, de la damnation éternelle. Que je sauve seulement, et je serai roi. O aimable royauté du Sauveur des ames !

Ces vérités étant supposées, venez maintenant adorer, mes frères, l'auguste monarchie du Sauveur des ames ; et parce que mes sentimens sont trop bas pour vous exprimer une telle gloire, écoutez de la bouche de saint Augustin ce qu'il en a appris dans les Ecritures : « Ne nous imaginons pas, dit ce grand docteur, que ce soit un avantage pour le Roi des anges d'être fait aussi le prince des hommes. Le règne qu'il lui plaît établir sur nous, c'est la paix, c'est la liberté, c'est la vie et le salut de ses peuples. Il n'est pas roi, poursuit-il encore, ni pour exiger des tributs, ni pour lever de grandes armées ; mais il est roi, dit ce saint évêque, parce qu'il gouverne les ames, parce qu'il nous procure les biens éternels, parce qu'il fait régner avec lui ceux que la charité soumet à ses ordres. » Et enfin il conclut ainsi : « Le règne de notre prince, c'est notre bonheur ; ce qu'il daigne régner sur nous, c'est clémence, c'est miséricorde ; ce ne lui est pas un accroissement de puissance, mais un témoignage de sa bonté : » *Dignatio est, non promotio ; miserationis indicium, non potestatis augmentum* [1].

Mais, fidèles, d'où savons-nous que tels sont les sentimens de notre monarque ? Ecoutons l'Ecriture sainte ; écoutons, et que nos cœurs s'attendrissent en contemplant la miséricorde infinie de Jésus notre souverain très-aimable. Je remarque dans son Evangile une chose très-considérable. C'est que jamais il n'a confessé qu'il fût roi que devant le tribunal de Pilate, et il le fait dans des circonstances qui sont dignes d'être observées... (a).

Qui ne vous loueroit, ô mon prince ? qui n'admireroit vos bontés ? Que le ciel et la terre chantent à jamais vos miséricordes ! Que vos fidèles célèbrent éternellement la magnificence de votre règne ! Quel empire est mieux acquis que le vôtre, puisqu'on ne voit parmi vos sujets que des captifs que vous avez délivrés, des

---

[1] Tract. LI *in Joan.*, n. 4.
(a) *Voy.* le sermon précédent (*Edit. de Déforis*).

pauvres que vous avez enrichis, des misérables que vous rendez bienheureux, des esclaves que votre bonté a changés en rois ?

Mais, fidèles, ce n'est pas assez de contempler la gloire de notre Prince : elle est si grande et si éclatante, qu'elle n'a pas besoin d'être relevée par nos paroles, mais elle veut être honorée par nos actions. Faisons donc cette réflexion chrétienne sur les vérités que j'ai annoncées. Chaque monarchie a ses droits, selon la qualité des monarques : ainsi nous devons régler nos devoirs sur le titre de notre prince. Or je vous demande, mes frères, que ne doivent pas des peuples sauvés à un roi Sauveur? Considère, ô peuple sauvé, que si l'on t'a sauvé, tu étois perdu ; et si l'on t'a sauvé tout entier, tu étois perdu tout entier ; et si tu étois perdu tout entier, tu te dois aussi tout entier à celui par qui tu subsistes. Et cependant tu oublies Jésus; ou les affaires, ou les débauches, ou les vains empressemens de la terre t'enlèvent entièrement à Jésus. Du moins ne sens-tu pas en ta conscience que tu crois faire beaucoup de te partager ? Jésus aura ce quart d'heure, etc.; mais le cœur n'est à lui qu'à demi; et n'y étant qu'à demi, il n'y est point du tout.

S'il y a quelque chose en nous dont Jésus ne soit pas Sauveur, je veux qu'il nous soit permis de le réserver. Mais si nous voulons avoir la consolation de croire qu'il a sauvé tout ce que nous sommes, pourquoi ne voulons-nous pas avoir la justice de lui donner aussi tout ce que nous sommes ? Eh ! ne voyons-nous pas qu'étant le Sauveur et ne voulant régner que comme Sauveur, nous ne lui donnons rien qu'afin qu'il le sauve ? Quelle est notre ingratitude et notre folie, si nous nous soulevons tous les jours contre ce roi de miséricorde, dont le règne est notre salut ; si au lieu de nous joindre aux pieux enfans qui présentent des palmes à notre Sauveur : « Vive, disoient-ils, le Fils de David; béni soit le roi d'Israël [1] ! » nous embrassons le parti rebelle des séditieux de la parabole, en nous écriant avec eux : « Nous ne voulons point qu'il règne sur nous [2] ! » Car oserions-nous dire qu'il règne sur nous, puisque nous foulons aux pieds tant de fois les saintes maximes de son Evangile ? Quelle illusion ! quelle moquerie ! Nous

---

[1] *Matth.*, XXI, 9. — [2] *Luc.*, XIX, 14.

disons qu'il est notre roi, et nous méprisons ses commandemens ! Nous nourrissons des inimitiés implacables, et nous nous disons les sujets du Roi pacifique ! Nous brûlons de convoitises brutales, et nous voulons être à l'Epoux des vierges ! Notre ame est enivrée des plaisirs du monde, et nous servons un roi couronné d'épines !

Retournons, retournons, fidèles, à l'empire du roi Sauveur. Refuser un prince qui sauve, c'est renoncer ouvertement au salut. Imprimons bien avant en notre pensée que nous sommes un peuple sauvé, afin qu'ayant toujours en notre mémoire les misères dont Jésus-Christ nous a délivrés, nous apprenions que nous n'avons rien que par la miséricorde du libérateur. Et puisque le prince qui nous a sauvés, non-seulement nous tire de la servitude, mais encore nous rend participans de sa royauté, rougissons de retomber dans les fers, nous que Jésus-Christ a faits rois. Ne jetons pas aux pieds de Satan la couronne que Jésus a mise sur nos têtes. Puisque la bonté du Sauveur nous a non-seulement affranchis, mais encore en quelque façon déjà couronnés, concevons qu'il est indigne de nous de servir ce divin Monarque dans la servilité de la crainte. Servons-le donc, fidèles, dans la liberté de la sainte dilection (a); servons-le d'une affection libérale, puisqu'il ne demande que notre amour pour le prix de ses travaux et de ses conquêtes. Mais afin que vous compreniez ma pensée qui ne tend qu'à l'édification de vos ames, il faut que je déduise par ordre quelques propositions importantes.

La première proposition, c'est que le Fils de Dieu surmontant le monde devoit principalement surmonter les cœurs. C'est ce qui nous est prophétisé manifestement dans le psaume où David parle de lui en ces termes : *Sagittæ Potentis acutæ*[1] : « Les flèches du Puissant sont perçantes; les peuples tomberont à ses pieds; ses coups donnent tout droit au cœur des ennemis de mon roi. » Par où vous voyez, chrétiens, que le roi dont parle cette prophétie, c'est-à-dire sans difficulté le Sauveur des ames, devoit principale-

[1] *Psal.* XLIV, 6, et CXIX, 4.

(a) On trouve sur l'enveloppe du manuscrit original ces paroles écrites de la main de Bossuet, qui ont rapport à ce qu'il dit ici : « Agir en amis, en rois, non en esclaves, par la charité. C'est elle qui nous fait agir royalement : » *Regium mandatum, regalem legem.* Jacob. II, 8 (*Edit. de Déforis*).

ment subjuguer les cœurs. Et la raison en est évidente. Car le Fils de Dieu est venu au monde pour dompter les peuples rebelles qui s'étoient révoltés contre Dieu son Père. Et quand je cherche la rébellion par laquelle nous nous soulevons contre Dieu, je trouve infailliblement qu'elle est dans le cœur. Ce ne sont pas nos bras ni nos mains qui s'élèvent insolemment contre Dieu; c'est le cœur qui s'enfle au dedans, c'est lui qui murmure, c'est lui qui résiste : *Dixit insipiens in corde suo : Non est Deus*[1] : « L'insensé a dit en son cœur : Il n'y a point de Dieu. » L'insensé combat contre Dieu; et voyant bien qu'il ne le peut détruire en effet, il tâche de le détruire du moins en son cœur. La rébellion est donc dans le cœur. Et c'est pourquoi le même prophète qui a remarqué que c'est là que se nourrit la rébellion, nous apprend aussi que c'est là que portent les coups du victorieux : *In corda inimicorum regis*. C'est ce qui fait dire à saint Augustin que les peuples que Jésus surmonte tombent dans le cœur. Qu'est-ce à dire, tomber dans le cœur ? « C'est dans le cœur qu'ils s'élevoient contre lui, c'est dans le cœur qu'il les abaisse et les fait tomber : » *Ibi se erigebant adversus Christum, ibi cadunt ante Christum*[2].

D'où passant plus outre, je dis en second lieu avec le même saint Augustin que pour abattre ses ennemis dans le cœur, il falloit qu'il les remplît de son saint amour. C'est alors que les cœurs tombent devant lui, saintement abaissés par la charité : *Populi sub te cadent*, nous dit le Psalmiste. De là vient que notre prophète arme les mains de son conquérant de flèches aiguës, qui signifient les traits perçans par lesquels la charité pénètre les cœurs : *Sagittæ Potentis acutæ*. Et c'est ici, chrétien, que tu dois apprendre que si Jésus ne te touche au cœur, si tu ne brûles pour lui par un saint amour, tu ne pourras jamais être sa conquête. Car tu ne peux être sa conquête, jusqu'à ce que tu sois blessé par ses armes. Puis donc que les armes de notre Prince sont des flèches qui percent les cœurs, tant que tu le sers seulement par crainte, tant que le cœur n'est point blessé par le saint amour, tu n'es point la conquête du Sauveur des ames. Or pour blesser les cœurs par amour, pour les gagner, pour les conquérir, il falloit que mon

---

[1] *Psal.* LII, 1. — [2] *Enarr. in Psal.* XLIV, n. 16.

Prince répandit du sang. Et c'est ce qui achève mon raisonnement et nous découvre le secret de la prophétie ; c'est là que je découvre les charmes par lesquels Jésus subjugue les cœurs.

De là vient que nous lisons dans son Evangile que pendant le cours de sa vie il a toujours eu peu de sectateurs, jusque-là que ses amis rougissoient souvent de se voir rangés sous sa discipline. Mais après qu'il a répandu son sang, tous les peuples peu à peu tombent à ses pieds, jusqu'aux terres les plus inconnues, jusqu'aux nations les plus inhumaines, que sa doctrine a civilisées. Rome, après s'être longtemps enivrée du sang de ses généreux combattans, Rome la maîtresse a baissé la tête et a rendu plus d'honneur au tombeau d'un pauvre pêcheur qu'aux temples de son Romulus. Les empereurs même les plus triomphans sont venus au temps marqué par la Providence rendre aussi leurs devoirs ; ils ont élevé l'étendard de Jésus au-dessus des aigles romaines ; ils ont donné la paix à l'Eglise par toute l'étendue de l'empire.

Où êtes-vous maintenant, ô persécuteurs ? Que sont devenus ces peuples farouches qui rugissoient comme des lions contre l'innocent troupeau de Jésus? « Ils ne sont plus, dit saint Augustin ; Jésus les a frappés dans le cœur; Jésus a défait ses ennemis et il en a fait des amis; les ennemis sont morts, ce sont des amis qui sont en leur place : » *Ceciderunt ; ex inimicis amici facti sunt ; inimici mortui sunt, amici vivunt*[1]. Le sang répandu par amour a changé la haine en amour. O victoire vraiment glorieuse, qui se rend les cœurs tributaires ! ô noble et magnifique conquête ! ô sang utilement répandu !

Mais finissons enfin ce discours par une dernière considération, par laquelle l'Apôtre nous fera comprendre combien nous sommes acquis au Sauveur des ames par le sang qu'il a versé pour l'amour de nous. Nous ne sommes pas seulement au prince Jésus comme un peuple qu'il a gagné par amour, mais comme un peuple qu'il a acheté d'un prix infini. Et remarquez « qu'il ne nous a pas achetés, comme dit saint Pierre [2], ni par or, ni par argent, ni par des richesses mortelles. » Car étant maître de l'univers, tout cela ne lui coûtoit rien ; mais parce qu'il nous vouloit beaucoup

---

[1] S. August., *ubi suprà*. — [2] I Petr., I, 18.

acheter, il a voulu qu'il lui en coûtât. Et afin que nous entendions jusqu'à quel point nous lui sommes chers, il a donné son sang d'un prix infini. Entrons profondément en cette pensée.

Tout achat consiste en échange. Vous me donnez, je vous donne, c'est un échange; et dans cet échange, fidèles, ce que je reçois remplit la place de ce que je donne. L'achat n'est point une perte. Je me dessaisis, mais je ne perds pas, parce que ce que je reçois me tient lieu de ce que je donne. Cela est dans le commerce ordinaire. Qu'a donné Jésus pour nous acheter? Il a donné sa vie, sa chair et son sang. Donc nous lui tenons lieu de sa vie; nous ne sommes pas moins à lui que son propre corps et que le sang qu'il a donné pour nous acheter; et c'est pourquoi nous sommes ses membres. Belle et admirable manière d'acquérir les hommes! Ah! mes frères, élevons nos cœurs; travaillons à nous rendre dignes de l'honneur que nous avons d'être à lui par une sorte d'union si intime. N'ôtons pas à Jésus le prix de son sang. Songeons à ce que dit l'apôtre saint Paul : « Vous n'êtes pas à vous, nous dit-il; car vous avez été payés d'un grand prix [1]. » Consacrons toute notre vie au Sauveur, puisqu'il l'a si bien achetée; et comme il ne nous achète que pour nous sauver, parce qu'il ne nous possède que comme Sauveur, ne rompons pas un marché qui nous est si avantageux.

Considère, ô peuple fidèle, que nous appartenons au Seigneur Jésus par le droit de notre naissance. Etant donc à lui à si juste titre, puisqu'il nous paie encore, puisqu'il nous achète, comprenons que c'est notre amour qu'il veut acheter, parce que notre rébellion le lui a fait perdre. Qui ne vous aimeroit, ô Jésus? qui ne vous donneroit un amour que vous exigez avec tant de force, que vous attirez avec tant de grace, et enfin que vous couronnez avec une telle libéralité? Aimons donc Jésus de toute notre ame, aimons fortement, aimons constamment; et ayons toujours en notre pensée que l'amour que nous lui rendons est un amour gagné par le sang. C'est pourquoi résolvons-nous, chrétiens, à aimer Jésus-Christ parmi les souffrances. C'est aimer trop foiblement Jésus-Christ, que de ne souffrir rien pour l'amour de lui.

[1] I *Cor.*, VI, 19, 20.

Son amour paroît par son sang; il ne reconnoît point d'amour qui ne soit marqué de sang tout comme le sien.

Mais quel sang lui donnerons-nous? Irons-nous chercher bien loin des persécuteurs qui répandent notre sang pour l'amour de lui? Non, fidèles, ce n'est pas là ma pensée. Il n'est pas nécessaire de passer les mers, ni de visiter les peuples barbares. Si nous aimons assez Jésus-Christ, la foi inventive et industrieuse nous fera trouver un martyre au milieu de la paix du christianisme. Quand il nous exerce par les souffrances, si nous l'endurons chrétiennement, notre patience tient lieu de martyre. S'il met la main dans notre sang et dans nos familles en nous ôtant des parens et des proches que nous chérissons, et que bien loin de murmurer de ses ordres nous sachions lui en rendre graces, c'est notre sang que nous lui donnons. Si nous lui offrons avec patience un cœur blessé et ensanglanté par la perte qu'il a faite de ce qu'il aimoit justement, c'est notre sang que nous lui donnons. Et puisque nous voyons dans les saintes Lettres que l'amour que nous avons des biens corruptibles est appelé tant de fois la chair et le sang, lorsque nous retranchons cet amour, qui ne peut être arraché que de vive force, de sorte que l'ame se sent comme déchirée par la violence qu'elle souffre, c'est du sang que nous donnons au Sauveur.

Quelques philosophes enseignent que c'est la même matière du sang qui fait les sueurs et les larmes. Je ne recherche pas curieusement si cette opinion est la véritable; mais je sais que devant le Seigneur Jésus et les larmes et les sueurs tiennent lieu de sang. J'entends par les sueurs, chrétiens, les travaux que nous subissons pour l'amour de lui, non avec une nonchalance molle et paresseuse, mais avec un courage ferme et une noble contention. Travaillons donc pour l'amour de Dieu. Faut-il faire quelque établissement pour le bien des pauvres; se présente-t-il quelqu'occasion d'avancer la gloire de Dieu, d'employer des soins charitables au salut des ames; faut-il résister généreusement aux entreprises de l'hérésie, afin qu'étant plus soumise elle devienne par conséquent plus docile, afin qu'étant plus humble elle devienne plus disposée à rendre les armes à la vérité: montrons de la vigueur et du zèle. Travaillons constamment pour l'amour de Dieu, et tenons pour chose assurée que les sueurs que répandra un si beau travail, c'est du sang que nous donnons au Sauveur.

Mais quel sang est plus agréable à Jésus que celui de la pénitence ; ce sang que le regret de nos crimes tire si amoureusement du cœur par les yeux, c'est-à-dire le sang des larmes amères, qui est nommé par saint Augustin [1] le sang de notre ame ; ce sang que nous versons devant Dieu, lorsque repassant nos ans écoulés dans l'amertume de notre cœur, nous pleurons sincèrement nos ingratitudes? C'est ce sang que nous devons au Sauveur. Présentons-le-lui devant ses autels, mêlons-le dans le sang de son sacrifice ; portons-le à ces tribunaux de miséricorde que l'infinie bonté du Sauveur érige dans les églises pour purger nos fautes. Mais, fidèle, si c'est un sang que tu aies consacré au Seigneur Jésus, prends garde de ne l'ôter point de ses mains. Tu lui ôtes les larmes que tu lui as données, lorsque tu retournes au péché que tu as déjà pleuré plusieurs fois ; car alors tu improuves tes premières larmes, tu condamnes tes déplaisirs, tu te repens de ta pénitence. Ah ! Jésus n'improuve pas ce qu'il a fait une fois pour toi ; au contraire il le perpétue tous les jours en quelque façon sur ses saints autels.... Serment de fidélité au roi Jésus prêté au baptême : renouvelons-le devant Dieu (a).

[1] *Serm.* CCCLI, n. 7.
(a) *Voy.* le sermon précédent (*Edit. de Déforis*).

TROISIÈME SERMON

POUR

LA FÊTE DE LA CIRCONCISION (a).

Vocabis nomen ejus Jesum : ipse enim salvum faciet populum suum à peccatis eorum.

Vous lui donnerez le nom de Jésus, c'est-à-dire Sauveur, parce que c'est lui qui sauvera son peuple de ses péchés. *Matth.*, I, 21.

Si nous avions conservé les sentimens que Dieu avoit mis d'abord dans notre nature, il ne faudroit aucun effort pour nous faire entendre que le péché est le plus grand de tous les maux, et sans le secours des prédicateurs notre conscience nous en diroit plus que tous leurs discours. Ce qui nous trompe, mes frères, ce qui fait que nous avons peine à donner au péché le nom de mal, c'est à cause qu'il est volontaire. Mais en cela notre erreur est visible, puisqu'au contraire c'est de notre faute qui est volontaire que la peine qui ne l'est pas prend sa naissance ; c'est pour venger le consentement que nous avons donné de nous-mêmes à notre perte et à notre honte que la mortalité, que les maladies, que l'enfer même et tous ses supplices viennent en foule nous accabler malgré nous. Et quiconque sera le Sauveur des hommes, il doit uni-

---

(a) On lit en tête du manuscrit : « Circoncision, chez les Jésuites, l'an 1687 ; » et l'on peut ajouter : A Paris, dans l'église Saint-Louis.

Déjà plusieurs années avant l'époque indiquée, les phrases de Bossuet deviennent plus longues, les périodes plus soutenues, et les nécessités de la ponctuation amènent plus souvent les deux points.

A la fin de notre sermon Bossuet dit, en s'adressant aux Jésuites : « Célèbre compagnie. » A quoi l'édition de Versailles a rattaché cette note : « Dom Déforis a cru important de remarquer que Bossuet avoit d'abord mis *sainte et savante*, qu'il a *effacé* pour y substituer *célèbre*. » Le fait est vrai ; mais pourquoi n'a-t-on pas cru important de remarquer aussi que Bossuet a remplacé le mot *sainte* par ceux qu'on va lire : « (Célèbre compagnie), qui ne portez pas en vain le nom de Jésus, à qui la grâce a inspiré ce grand dessein de conduire les enfans de Dieu dès leur plus bas âge jusqu'à la maturité de l'homme parfait en Jésus-Christ ; à qui Dieu a donné vers la fin des temps des docteurs, des apôtres, des évangélistes, afin de faire éclater par tout l'univers ? » etc.

quement s'attacher à ce principe volontaire et universel de tous nos maux. C'est pourquoi Dieu nous avertit que si aujourd'hui, parmi les douleurs de la circoncision, il donne à son Fils le nom de Sauveur et relève par un si grand nom son humiliation, c'est à cause qu'il doit sauver son peuple fidèle de ce grand mal du péché. D'autres ont porté ce beau nom pour avoir délivré le peuple ou d'une longue captivité, ou des périls de la guerre, ou des horreurs de la famine. Toute langue doit confesser que celui-ci est un Sauveur à meilleur titre (a), puisqu'il ne vient pas nous sauver comme les autres des peines ou de quelques suites du péché ; il vient nous sauver du péché même ; et attaquant le mal jusque dans sa source, il est le véritable Libérateur et le Sauveur par excellence. C'est, mes frères, en peu de paroles l'explication de mon texte (b), et c'est par là que le nom sacré de Jésus est au-dessus de tout nom. Je pourrois vous faire voir avec saint Paul « qu'à ce nom tout fléchit dans le ciel, dans la terre et dans les enfers[1], » et par ce moyen remplir vos esprits d'admiration et d'étonnement pour un nom si auguste et si magnifique. Mais j'aime mieux vous faire voir, par le propre sens de mon texte, qu'à ce nom le ciel et la terre sont remplis de joie, d'espérance, d'actions de graces, et que tout cœur doit être enflammé d'un saint amour : c'est à quoi je consacre tout ce discours. Et comme j'apprends de saint Paul que « nul ne peut même nommer le Seigneur Jésus que par la grace du Saint-Esprit[2], » je la demande humblement par l'intercession de la bienheureuse Vierge. *Ave.*

La rémission des péchés, le propre ouvrage du Sauveur (c), et la grace particulière de la nouvelle alliance se commence dans le baptême, se continue dans toute la vie et s'achève dans le ciel. C'est ce que saint Augustin nous explique par une excellente doctrine. En interprétant cette parole de saint Jean-Baptiste : « Voilà l'Agneau de Dieu, voilà celui qui ôte les péchés du monde[3] ; » il dit ces belles paroles : « Le Fils de Dieu ôte les péchés et parce qu'il

---

[1] *Philip.*, II, 10. — [2] I *Cor.*, XII, 3. — [3] *Joan.*, I, 29.

(a) *Var.* : Celui-ci est un Sauveur. ... — (b) Ce que veut dire mon texte. — (c) De Jésus-Christ.

remet ceux qu'on a commis, et parce qu'il nous aide à n'en plus commettre durant cette vie, et parce que par plusieurs périls et par divers exercices il nous mène enfin à la vie heureuse où nous ne pouvons plus en commettre aucun (*a*). »

Ainsi le règne du péché est entièrement détruit, et la grace de notre Sauveur remporte sur cet ennemi une pleine victoire. Car, mes frères, quand nous nous livrons au péché, il a sa tache qui nous déshonore et qui entraîne après elle la mort éternelle; et lorsque le péché est effacé dans les ames par la grace du saint baptême ou par celle de la pénitence, il y laisse encore ses appas trompeurs et ses attraits qui nous tentent; et dans la plus grande vigueur de la résistance, si nous vivons sans péché, du moins sans ces péchés qui donnent la mort, nous ne vivons pas sans périls, puisque nous avons toujours en nous-mêmes cette liberté malheureuse et cette déplorable facilité de succomber à un mal si dangereux (*b*). Pour être notre Sauveur et remplir toute l'étendue d'un titre si glorieux, il faut que le Fils de Dieu nous délivre de ces trois maux : il ôte le mal du péché par la grace qui nous le pardonne : il en réprime l'attrait par la grace qui nous soutient durant tout le cours de la vie : enfin il en arrache jusqu'à la racine et en ôte tout le péril par la grace qui nous couronne et nous récompense. Tel est l'ouvrage du Sauveur. Ah! mes frères, faisons le nôtre : à ces trois graces qu'il nous donne, doivent répondre de notre côté trois dispositions; retenez-les, chrétiens. Et si vous voulez jouir du salut qui vous est offert en Jésus-Christ, reconnoissez avant toutes choses avec amour et actions de graces le pardon qui vous a été accordé; combattez sans vous relâcher jamais

---

(*a*) *Var.* : C'est ce que saint Augustin nous explique par une excellente doctrine, en interprétant cette parole de saint Jean-Baptiste : « Voilà l'Agneau de Dieu; voilà celui qui ôte les péchés du monde. » Les paroles de saint Augustin sont trop belles et trop précises pour n'être pas rapportées au commencement de ce discours, puisqu'aussi bien elles en sont tout le fondement : *Tollit autem, et dimittendo quæ facta sunt..., et adjuvando ne fiant, et perducendo ad vitam ubi fieri omnino non possint* (Op. imperfect. *Cont. Julian.*, lib. II, n. 84). « Jésus-Christ ôte le péché, et parce qu'il nous le pardonne lorsque nous y sommes tombés : » *et dimittendo quæ facta sunt;* « et parce qu'il nous aide à n'y tomber plus : » *et adjuvando ne fiant;* « et parce qu'il nous conduit à la vie bienheureuse, où nous ne pouvons plus y tomber jamais : » *et perducendo ad vitam ubi fieri omnino non possint.* — (*b*) A un ennemi si dangereux.

l'attrait pernicieux (*a*) qui vous porte au mal, et aspirez de tout votre cœur à l'état heureux où vous n'aurez plus à craindre aucune foiblesse (*b*). Voilà toute la vie chrétienne, qui répond au nom adorable de Jésus-Christ. Et, mes frères, je serai heureux si je puis vous imprimer dans le cœur ces trois vérités.

PREMIER POINT.

Pour comprendre parfaitement ce que vous devez au Sauveur, comprenez avant toutes choses ce que c'est que le péché dont il vous délivre. Je ne veux pas ici, chrétiens, que vous regardiez dans le péché ni la foiblesse qui le produit, ni la honte qui l'environne, ni le supplice affreux qui le suit de près ; non, non, pour le détester, je ne veux que vous attendiez ni la sentence du juge, ni la sanglante exécution de ce dernier jugement, ni le soulèvement universel des créatures unies pour venger l'outrage de leur Créateur, ni l'ardeur d'un feu dévorant, ou, comme l'appelle saint Paul, son émulation, *ignis œmulatio*[1], et cette force toujours renaissante qui s'irrite de plus en plus contre les méchans. Ce n'est point tout cela que je veux que vous remarquiez ; ce que je voudrois vous faire entendre, c'est ce qui mérite tout cela : ce qui par conséquent est plus funeste, plus mauvais et plus digne de notre haine : c'est-à-dire le déréglement, l'iniquité, la laideur, la malice même du péché.

Et d'où vient cette laideur et cette malice qui le rend si digne d'exécration ? Il est aisé de l'entendre. C'est que l'homme est soumis par sa nature, et il doit être soumis par son choix à la volonté divine et à la raison éternelle qui en dirige la conduite : il s'y doit unir de tout son cœur ; car c'est ce qui le fait juste, ce qui le fait droit, ce qui le fait vertueux. Quand il pèche, il s'en détache ; il préfère sa volonté à celle de Dieu, la volonté dépendante et subordonnée à la volonté souveraine, la volonté errante et défectueuse à la volonté toujours droite, qui est sa règle elle-même ; la volonté particulière, qui se borne aussi à contenter un particulier, c'est-

---

[1] *Hebr.*, x, 27.

(*a*) *Var.* : Fallacieux. — (*b*) Au parfait repos où vous n'aurez plus à craindre le poids intérieur d'aucune foiblesse.

à-dire soi-même, à la volonté première et universelle par laquelle tout subsiste, où tout ce qui est, tout ce qui vit, tout ce qui entend trouve son ordre, sa consistance, son repos. Il n'y a rien de plus indigne ni de plus inique, et il n'est pas possible de pousser plus loin, ni la rébellion contre Dieu, ni ce qui en est une suite, la haine contre soi-même.

Voilà sans doute de tous les maux le plus pernicieux. La rébellion contre Dieu : « Contre qui vous êtes-vous soulevés (a)? Contre le Saint d'Israël [1]. » La haine contre soi-même : « Celui qui aime l'iniquité est ennemi de son ame [2]. » Oui, chrétiens, tout pécheur est ennemi de son ame, corrupteur dans sa conscience de son plus grand bien, qui est l'innocence. Nul ne pèche qu'il ne s'outrage lui-même : nul n'attente à l'intégrité d'autrui que par la perte de la sienne, nul ne se venge de son ennemi qu'il ne porte le premier coup et le plus mortel dans son propre sein; et la haine, ce venin mortel de la vie humaine, commence sa funeste opération dans le cœur où elle est conçue, puisqu'elle y éteint la charité et la grace. Parjure, qui voulois rendre le ciel complice de ta perfidie, ce dépôt de la bonne foi que Dieu avoit confié à ta garde, mais que tu te ravis à toi-même, combien valoit-il mieux que celui que tu refuses de reconnoître?

Ainsi le péché est le plus grand et le plus extrême de tous les maux : plus grand sans comparaison que tous les maux qui nous menacent par le dehors, parce que c'est le déréglement et l'entière dépravation du dedans : plus grand et plus dangereux que les maladies du corps les plus pestilentielles, parce que c'est un venin (b) fatal à la vie de l'ame : plus grand que la perte de la raison, parce que c'est la perte de la probité et de la vertu, et qu'après tout c'est perdre plus que la raison que d'en perdre le bon usage, sans quoi (c) la raison même n'est plus qu'une extravagance et un égarement criminel : mal intime qui efface en nous et qui y déracine tout ce qui nous unit à Dieu, et qui faisant entrer la malice jusque dans le fond de notre ame, l'ouvre aussi de toutes

---

[1] IV *Reg.*, XIX, 22. — [2] *Psal.* X, 6.

(a) *Var.*: Contre qui élevez-vous vos regards superbes? — (b) Poison. — (c) Sans lequel.

parts à la vengeance. Par conséquent, pour conclure, mal par-dessus tous les maux ; malheur excédant tous les malheurs, parce que nous y trouvons tout ensemble et un malheur et un crime : malheur qui nous accable, mais crime qui nous déshonore ; malheur qui nous ôte toute espérance, mais crime qui nous ôte toute excuse ; malheur qui nous fait tout perdre, mais crime qui nous rend coupables de notre perte, à qui même ne reste pas le triste droit de se plaindre, et dont la honte est plus grande que les infortunes, digne à la fois d'une haine et d'un mépris éternel.

C'en est assez, c'en est assez : je ne puis plus seulement souffrir le nom de péché. Accablé que je suis d'un si grand mal, si je ne trouve un Sauveur, je ne vis plus. Car, ô Dieu ! sans ce Sauveur miséricordieux, ô Dieu ! où trouverai-je un remède contre le mal qui me presse ? où trouverai-je un remède contre les désordres ou un asile contre les frayeurs de ma conscience, tristes avant-coureurs des rigueurs inexorables de votre justice ? Quel recours chercherai-je ? Non, mes frères, il n'y a plus que le Sauveur qui nous puisse donner le moyen de respirer un moment. Ne dites pas avec les impies dont il est parlé dans le prophète : « Le Seigneur ne nous fera ni bien ni mal : » *Non faciet benè Dominus et non faciet malè* [1]. Car aussi quel mal lui pouvons-nous faire, pour attirer ses vengeances ? Occupé autour des cieux dont il roule continuellement la grande machine, nos injures ne vont pas jusqu'à lui ; nos péchés, dont on dit qu'il est offensé, ne pénètrent pas jusqu'à lui : c'est ainsi que parle l'impie, et il se rassure sur son impuissance. Ignorant, qui ne voit pas au contraire que quiconque est le vengeur des injustices, doit par sa propre grandeur être au-dessus de ses attaques. C'est à cause que la règle est inaltérable, que le tort et l'injustice se brisent contre elle. C'est à cause que la vérité est invincible, que le mensonge et l'erreur sont confondus en sa présence. Le châtiment doit partir d'une main inaccessible aux injures ; autrement plus occupés à se défendre des crimes qu'à les punir, elle laissera triompher l'iniquité. A Dieu ne plaise ! Sous un Dieu si saint, si nos péchés pouvoient nuire à son règne, si nous pouvions affoiblir sa puissance par nos rébel-

[1] *Soph.*, I, 12.

lions ou blesser sa dignité par nos outrages, il seroit un vengeur trop peu redoutable. Mais parce que son trône est hors d'atteinte, que la justice l'environne, que son jugement procède toujours en puissance et en vérité, malheur, malheur encore une fois, et malheur jusqu'à l'infini, à quiconque pèche sous ses yeux !

Et cette vérité est si importante, qu'il falloit qu'elle parût dans le Sauveur même ; c'est pour cela que Dieu fait paroître un Sauveur chargé de nos crimes sur la croix. Qu'étoit-ce en effet que le Sauveur ? qu'étoit-ce que ce Verbe incarné, mes frères ? qu'étoit-ce autre chose, si ce n'est la vérité même manifestée dans la chair ? Ainsi toute vérité y devoit être manifestée, et autant la vérité des rigueurs de Dieu que celle de ses miséricordes. Dieu donc « a mis sur le Sauveur l'iniquité de nous tous [1], » comme disoit le prophète ; et en même temps pour concilier toutes choses et de peur qu'au milieu des miséricordes les rigueurs ne fussent oubliées, il a fait du médiateur de sa grace un exemple de sa justice. Jésus-Christ a subi ce joug pour l'amour de nous. Dès le commencement de sa vie il a reçu la circoncision, c'est-à-dire le sacrement des pécheurs et la marque de leur servitude. Quand il commencera son ministère ; quand sorti de sa retraite profonde, il commencera l'ouvrage pour lequel il est envoyé, il recevra encore un autre sacrement des pécheurs dans le baptême. Quoi ! Jésus être baptisé ! Jésus, l'innocence même, être mis au rang des pénitens ! Saint Jean à qui il s'adresse en est troublé lui-même : « Seigneur, que je vous baptise ! — Laissez-moi, répond le Sauveur : c'est ainsi que nous devons accomplir toute justice [2] ; » et prêt à porter la peine de tous les pécheurs, il est juste que j'en prenne la ressemblance. « Dieu a donc mis sur lui, dit le prophète, l'iniquité de nous tous : » il a subi ce joug volontairement. Le voilà donc en quelque façon le plus grand de tous les pécheurs, puisqu'il les représente tous dans sa personne ; et voilà en même temps, je ne m'étonne pas, la vengeance qui le poursuit à sa naissance, à sa mort, dans tout le cours de sa vie. Il y auroit succombé, s'il n'eût été Dieu.

Quel est, mes frères, ce nouveau prodige ! Le paganisme a bien

---

[1] *Isa.*, LIII, 6. — [2] *Matth.*, III, 14, 15.

pu comprendre qu'il faut être Dieu pour exercer la justice dans toute son étendue, et on en vit quelque idée dans le platonisme. Mais qu'il fallût être Dieu pour la souffrir, c'est le mystère du christianisme, mais mystère très-manifeste aux yeux épurés : car le poids de la vengeance divine sur le pécheur est si grand, que s'il faut une puissance infinie pour l'envoyer, il n'en faut pas une moindre pour le soutenir. Que Jésus-Christ prenne seulement la forme d'esclave et la ressemblance du péché, que Jésus-Christ ne soit que pécheur (entendez toujours par la représentation de tous les pécheurs et la charge qu'il s'est imposée de porter la peine de tous les crimes) : sa croix l'accablera de son poids ; il demeurera enseveli dans les ombres de la mort, et les prisons de l'enfer où il a fallu qu'il descendît le tiendront éternellement captif (a). Mais parce que ce pécheur par représentation est en effet un Dieu tout-puissant, c'est pour cela, comme dit David, qu'il a été « libre entre les morts [1] » et supérieur non-seulement à la peine du péché, mais au péché même ; il est devenu par son sang la propitiation de tous les péchés et le Sauveur de tous les hommes.

Accourez donc, ô pécheurs, quels que vous soyez, soit que votre or soit votre force, ou que vous mettiez votre force et votre confiance dans vos déguisemens (b), ou que vous vous soyez fait à vous-même une fausse divinité dans une créature aussi malheureuse et aussi aveugle que vous; soit que votre flamme naissante vous laisse encore la liberté de vous reconnoître, ou que votre joug se soit appesanti, et qu'endurci dans le mal vous sembliez avoir fait avec le péché une alliance éternelle. Par la grace de Jésus-Christ qui vous appelle, « votre pacte avec l'enfer sera rompu, et le traité que vous avez fait avec la mort ne tiendra pas [2]. » Vous recevrez gratuitement la rémission de vos péchés par les mérites du Sauveur; et vous entendrez de sa bouche : « Allez en paix [3]. » Ecoutez seulement, pécheurs, la douce loi qu'il vous impose ; c'est qu'attendris par tant de bontés vous lui donniez votre cœur. Vous lui devez donc votre amour, quand il vous donne la grace : vous en devez davantage, quand il l'a

---

[1] *Psal.* LXXXVII, 6. — [2] *Isa.*, XXVIII, 18. — [3] *Luc.*, VII, 50.
(a) *Var.:* Renfermé. — (b) Vos artifices.

donnée; et si vous voulez savoir la mesure de l'amour qu'il attend de vous, connoissez-la par vos crimes.

« Un créancier avoit deux débiteurs : l'un lui devoit cinq cents deniers, et l'autre en devoit cinquante. Comme ils n'avoient pas de quoi le payer, il leur remit à tous deux la dette entière. Lequel des deux l'aime le plus? » Vous reconnoissez, chrétiens, la parabole de l'Evangile [1]; c'est ce que demande Jésus au pharisien, vous le savez. Et que répond le pharisien, c'est-à-dire que répond la dureté même et la sécheresse même? (a) Lequel des deux aime le plus? Sans doute que c'est celui à qui on remet davantage? Le pharisien répond ainsi, et sa réponse mérite l'approbation du Sauveur. Et vous, mes frères, que répondrez-vous? Votre cœur insensible ne dira-t-il rien à votre Libérateur? Et si, selon son oracle, celui à qui on remet le plus aime davantage, après tant de péchés remis, après tant de graces reçues, où trouverez-vous assez d'amour pour les reconnoître? Mais si vous n'en avez pas; si votre amour, loin de s'enflammer, ne fait que languir et va s'éteindre ; si la grace de la pénitence tant et tant de fois méprisée, pour tout fruit n'a produit dans votre cœur ingrat qu'une confiance insensée, et dans des rechutes continuelles une insensibilité étonnante, n'entendez-vous pas déjà votre sentence? Si Jésus ne voit rien en vous de ce qui doit suivre comme naturellement la rémission des péchés, et qu'il n'aperçoive dans vos œuvres aucune étincelle d'amour, insensibles, ne craignez-vous pas qu'il ne vous ait rien remis? Non, vous n'étiez pas disposés à recevoir une telle grace. Ainsi votre pénitence n'étoit qu'une illusion. Je puis vous dire avec saint Paul : « Vous êtes encore dans vos péchés [2], » c'est-à-dire vous êtes encore dans la perdition et dans la mort. Que votre état est funeste ! Mais quand vous aurez reçu la rémission de vos péchés, si le médecin qui vous a guéris ne vous continue son secours, la rechute est inévitable. Car il est ce Sauveur miséricordieux qui non-seulement entre quand on lui ouvre, mais encore qui frappe pour se faire ouvrir [3].

[1] *Luc.*, VII, 41 et seq. — [2] I *Cor.*, XV, 17. — [3] *Apoc.*, III, 20.
(a) *Note marg.* : Ne répondez pas, mes frères, plus durement que lui.

SECOND POINT.

C'est ici qu'il nous faut entendre les foiblesses, les blessures, la captivité de notre nature vaincue par le péché. Et au dedans et au dehors tout concourt à établir son empire. Et premièrement au dehors : enivrés de notre bonne fortune, envieux de celle des autres, insensibles à leurs malheurs, troublés et abattus par nos moindres pertes, nous ne gardons ni envers nous-mêmes, ni envers nos frères, le juste milieu : tout ce qui paroît au dehors nous est une occasion de scandale. Et au dedans, quelles ténèbres ! quelle ignorance ! Les biens véritables sont les moins connus ; on ne peut nous les faire entendre. Et pour ce qui est de nos connoissances, ou la passion les obscurcit, ou l'inconsidération les rend inutiles, témoins tant de savans déréglés; ou la curiosité les rend dangereuses, témoins tant d'impiétés et tant d'hérésies. Dans toutes les rencontres de la vie, la raison nous conseille mieux, les sens nous pressent davantage; c'est pourquoi le bien nous plaît, mais cependant le mal prévaut; la beauté de la vertu nous attire, mais les passions nous emportent; et pendant que celle-là combat foiblement, celles-ci remportent une trop facile victoire, établissent leur tyrannie et se font un règne paisible. Tout ce qu'il y a de meilleur en nous se tourne en excès, le courage en fierté (*a*), l'activité en empressement, la circonspection en incertitude. Que deviendrai-je ? où me tournerai-je, homme misérable ? que ferai-je de ma volonté toujours affoiblie par la contrariété de ses désirs ? Ou la paresse l'engourdit, ou la témérité la précipite, ou l'irrésolution la suspend, ou l'opiniâtreté la tient engagée et ne lui permet plus de rien entendre. Tantôt le péril l'étonne, tantôt la sûreté la relâche, tantôt la présomption l'égare. O pauvre cœur humain ! de combien d'erreurs es-tu la proie ! de combien de vanités es-tu le jouet ! de combien de passions es-tu le théâtre ? Etrange misère de l'homme, que ses ignorances aveuglent, que ses lumières confondent, « à qui sa propre sagesse est un lacet, et sa vertu même un écueil contre lequel ses forces se brisent, » parce que son humilité y succombe (*b*) !

(*a*) *Var.*: Dédain. — (*b*) Note marg. : *Cui sua fit laqueus sapientia, cui sua virtus est scopulus* (S. Prosper., Carm. *De Ingratis*).

Dans cette foiblesse déplorable, mes frères, je me sens pressé de vous exciter à rendre au Sauveur vos reconnoissances, non tant pour les péchés qu'il vous a remis que pour ceux dont sa grace vous a préservés. C'est un beau sentiment de saint Augustin, dans le livre *de la Sainte Virginité : Omnia peccata sic habenda tanquam dimittantur, à quibus Deus custodit ne committantur* [1] *:* « Vous devez croire qu'il vous a remis tous les péchés où sa grace vous a empêché de tomber, » parce que nous les portons tous, pour ainsi parler, dans le fonds de corruption que nous avons dans le sein. Non, mes frères, il n'y a erreur si extravagante, ni passion si désordonnée dont nous n'ayons en nous le principe ; que Dieu seulement laisse aller la main pour nous livrer à nous-mêmes, comme dit saint Paul [2], qu'il lève tant soit peu la digue, notre ame sera inondée de toutes sortes de péchés. Et ne me dites pas qu'il y a des crimes pour lesquels vous vous sentez tant de répugnance, que vous les pouvez éviter sans ce secours : car qui pourroit ici vous représenter l'enchaînement de nos passions, et comment ces passions que vous chérissez introduisent l'une après l'autre, pour ainsi parler, leurs compagnes qui vous font horreur (a)? Combien éloigné de l'idolâtrie devoit être le sage Salomon, à qui Dieu s'étoit fait connoître par des apparitions si manifestes! Ses aveugles amours l'y précipitent. Quoi de plus opposé à la clémence et au cœur magnanime de David, que de répandre le sang innocent d'un de ses plus fidèles serviteurs, d'un Urie qui ne respiroit que son service? Un regard, jeté mal à propos et trop doucement arrêté, l'a engagé peu à peu contre son humeur à une action si noire et si sanguinaire. Combien étoit ennemi de l'incontinence Lot, qui s'étoit conservé sans tache avec sa famille parmi les abominations de ces villes qu'on n'ose nommer! On sait où le vin l'emporta. Nabuchodonosor n'étoit que superbe : son orgueil méprisé le fait devenir cruel. Qu'avoit besoin Balthasar, dans ses banquets dissolus, des vaisseaux du temple de Jérusalem? n'y avoit-il pas assez d'autres coupes d'or

---

[1] Lib. De Sanct. Virginit., n. 42. — [2] Rom., I, 24.

(a) *Var.* : Nous représenter l'enchaînement des péchés, et comment ceux que nous aimons introduisent ceux qui nous font horreur.

dans Babylone enrichie de la dépouille de tant de rois ? Qu'on les apporte néanmoins ; précipitez vos pas, troupe d'esclaves. Enivrons-nous, dit-il à ses femmes et à ses maîtresses, enivrons-nous dans ces coupes sacrées d'où l'on a fait tant d'effusions au Dieu des Juifs ! C'est ainsi que son intempérance le pousse (*a*) jusqu'à la profanation et au sacrilége. Tant il est vrai que la lumière de Dieu étant une fois éteinte, le principe de la droiture entamé (*b*) et la conscience affoiblie, tous les crimes l'un après l'autre se naturalisent pour ainsi parler dans notre cœur, et nous tombons d'excès en excès.

En effet l'auriez-vous cru, je vous le demande, l'auriez-vous cru, si on vous l'eût dit dans votre jeunesse, que vous eussiez dû vous durcir ce front (*c*) jusqu'à mépriser tous les bruits et tous les reproches du monde ? Et vous, l'eussiez-vous pensé, que vos lèvres accoutumées je ne sais comment à ce plaisir qu'on ne connoît pas de mentir toujours, à la fin dussent proférer gratuitement autant de mensonges ou même autant de parjures que de paroles ? Vous êtes tombés par degrés dans cet abîme ; et pour vous faire descendre dans ces profondeurs dont vous aviez tant d'horreur, il n'a fallu que vous y conduire par une pente plus douce et plus insensible. Ainsi, ô divin Sauveur, je bornerois trop ma reconnoissance envers vous, si je la renfermois seulement dans les crimes que vous m'avez pardonnés. Hélas ! « ils se sont multipliés par-dessus les cheveux de ma tête, et mon cœur m'abandonne quand j'y pense [1]. » Enfin le nombre en est infini ; et je vois paroître à mes yeux une suite qui n'a point de fin, de péchés connus et inconnus. Si mes mains en sont innocentes, je le dois à la bonté du Sauveur. O grace ! apprenons donc à connoître la société des péchés, et dans un seul que nous commettons, concevons l'infinité tout entière de notre malice.

Un respect humain vous empêche de faire une bonne action. Pendant qu'on se déchaîne contre les dévots, vous rougissez de la profession (*d*) de la piété véritable. C'est par un semblable commencement que durant la persécution tant d'ames infirmes firent

---

[1] *Psal.* XXXIX, 13.

(*a*) *Var.* : C'est ainsi qu'il est poussé par la débauche jusqu'à..... — (*b*) Violé, — diminué. — (*c*) Durcir votre front. — (*d*) Vous craignez de faire profession...

naufrage dans la foi, et que l'Eglise pleura leur apostasie. Si bientôt vous ne corrigez l'indifférence inhumaine que vous avez pour les malheureux et pour les pauvres, vous viendrez, plein de vous-même et de vos plaisirs, à l'insensibilité du mauvais riche (a). Qu'on pousse à bout cette vanité qui exige tant de complaisances, ou cet intérêt qui vous fait faire un faux pas dans le chemin de la bonne foi et de la justice, on verra naître d'un côté ces monstres d'orgueil qu'on ne pourra plus supporter, et de l'autre les trahisons et les perfidies signalées. Regardez donc dans ce premier pas où la main du Sauveur vous a soutenu, toute l'horreur de la chute. Ce que nous ne craignons pas de notre malice, craignons-le de notre foiblesse (b) : ou plutôt craignons tout de notre malice et de notre foiblesse tout ensemble, parce que de l'un à l'autre notre malice nous porte à tout, et que notre foiblesse sans défense et découverte de tous côtés, hélas! ne résiste à rien. Soyons donc toujours en garde contre nous-mêmes : nous avons à entretenir un édifice branlant ; pour en soutenir la structure qui se dément de toutes parts, il faut être toujours vigilant, toujours attentif et en action, étayer d'un côté, réparer de l'autre, affermir le fondement, appuyer cette muraille caduque qui entraînera tout le bâtiment, recouvrir le comble : c'est par là que la foiblesse succombe, c'est par là que les pluies pénètrent.

Jusqu'à ce que nous connoissions toutes ces infirmités, nous ne connoîtrons pas assez le Sauveur. Que ce nom me donne de confusion ! mais que ce nom me donne de joie et de confiance ! Qu'il me donne de confusion ! car combien me dois-je tenir pour perdu, puisque j'ai besoin d'un Sauveur à chaque moment ! Mais combien aussi d'autre part me dois-je pour ainsi dire tenir pour sauvé, puisque j'ai un Sauveur si puissant et si secourable, un Sauveur qui ne se refuse à personne, « dont le nom est un parfum répandu [1] » et dont les graces s'étendent sur tous les pécheurs, c'est-à-dire sur tous les hommes ; qui ouvre ses bras à tous, à tous ses plaies, à tous ses graces (c) !

[1] *Cant.*, 1, 2.
(a) *Var.* : C'est ce principe qui fit autrefois les apostasies. Qu'on pousse à bout cette vanité, etc. — (b) Ce que vous ne craignez pas de votre malice, craignez-le de votre foiblesse, etc. — (c) *Note marg.* : De quelque tempérament, de quelque

« Ah! je me glorifierai au Seigneur mon Dieu, et je me réjouirai en Dieu mon Sauveur : » *In Deo salutari meo*[1]. « Mon ame, bénis le Seigneur, et que tout ce qui est en moi célèbre son saint nom; mon ame, encore une fois, bénis le Seigneur, et ne laisse échapper à ton souvenir aucune de ses bontés. C'est lui qui a pardonné tous tes péchés, c'est lui qui soutient toutes tes foiblesses[2]. » Mais, pour comble de félicité, c'est lui qui te délivrera de tous tes périls et qui t'élevant à une si haute et si parfaite liberté (a), fera que tu ne pourras plus servir au péché.

C'est donc ici, chrétiens, la dernière grace, le prix, la perfection et le comble de toutes les autres. C'est ce sabbat éternel, c'est ce parfait repos qui nous est promis, où notre fidélité ne sera pas moins assurée que celle de Dieu, parce qu'alors il fixera nos désirs errans par la pleine communication du bien véritable. Encore un mot, chrétiens, sur cette dernière grace.

TROISIÈME POINT.

Cette dernière grace sera donnée au fidèle par notre Sauveur, lorsqu'après la fin de cette vie il lui adressera ces paroles : « Courage, bon serviteur; parce que vous avez été fidèle dans les petites choses, les grandes vous seront données : entrez dans la joie de votre Seigneur[3]. » Entendez-vous, chrétiens, la force de cette parole : « Entrez dans la joie de votre Seigneur? » Entendez-vous cette joie sublime, divine, incompréhensible, qui n'entre pas dans votre cœur comme dans un vaisseau plus vaste qu'elle, mais qui, plus grande que votre cœur, dit saint Augustin[4], l'inonde, le pénètre, l'enlève à lui-même? Ce n'est pas sa joie qu'il

---

[1] *Luc.*, I, 46, 47. — [2] *Psal.* CII, 3. — [3] *Matth.*, XXV, 23. — [4] *Confess.*, lib. IX, cap. X.

âge, de quelque condition que vous soyez, ne craignez pas de venir à lui, qui non-seulement entre quand on lui ouvre, mais qui de lui-même frappe toujours pour se faire ouvrir (*Apoc.*, III, 20). Cette pécheresse a trouvé à ses pieds un plus digne objet de ses tendresses, un meilleur emploi de ses parfums, un plus bel usage de ses longs cheveux (*Luc.*, VII). Les pécheurs grossiers y ont épuré leurs pensées : les publicains s'y sont enrichis du vrai trésor; un saint Paul a puisé dans sa croix une science plus éminente que celle qu'il avoit acquise aux pieds de Gamaliel (*Act.*, XXII, 3); la contemplation et l'action y goûtent d'égales délices; enfin il a des consolations pour tous les maux, des attraits pour toutes les complexions, des soutiens pour toutes les infirmités.

(a) *Var.* : Au plus haut degré de liberté.

ressent, c'est la joie de son Seigneur où il entre ; c'est la félicité de son Dieu, parce qu'il est fait (*a*), comme dit saint Paul¹, un même esprit par un amour immuable : si bien que semblable à Dieu, et Dieu en quelque façon dans cette union (*b*), tout ce qu'il y a de mortel en lui est englouti par la vie; il ne sent plus que Dieu seul et entre dans la plénitude de la joie de Dieu, *in gaudium Domini tui*. Alors non-seulement il ne pèche plus, mais encore il ne peut plus pécher. Tous ses désirs sont contens; avec la capacité de son ame, son espérance est remplie. Qu'est devenue cette liberté qui ne cessoit d'errer d'objets en objets (*c*) ? Il n'en connoît plus l'appât. Nul mouvement de son cœur, nulle partie de lui-même ne peut échapper au souverain bien qui le possède. Le commencement de notre repos, c'est de pouvoir ne plus pécher ; la fin, ne pouvoir plus pécher : voilà, mes frères, où il faut tendre, voilà ce que nous avons à désirer. « Hâtons-nous, dit saint Paul, d'entrer dans ce repos². » On ne vient pas à un si grand bien sans en avoir désiré la jouissance : il faut goûter par avance ces saintes douceurs. C'est pourquoi Dieu nous a donné dès cette vie un écoulement de la gloire dans la grace, un essai de la claire vue dans la foi, un avant-goût de la possession dans l'espérance, une étincelle de la charité consommée dans la charité commencée. Commençons donc « à goûter et à voir combien le Seigneur est doux³. »

Mais, quoi ! on ne m'entend plus. Tu m'échappes à ce coup, auditeur distrait (*d*). On nous entend quelque temps pendant que nous débitons une morale sensible ou que nous reprenons les vices communs du siècle. L'homme curieux de spectacles s'en fait un, tant il est vain ! de la peinture de ses erreurs et de ses défauts, et croit avoir satisfait à tout quand il laisse du moins censurer ce qu'il ne corrige pas. Quand nous venons à ce qui fait l'homme intérieur, c'est-à-dire à ce qui fait le chrétien, à ces désirs du règne de Dieu (*e*), à ces tendres gémissemens d'un cœur dégoûté du monde et touché des biens éternels, c'est une langue inconnue.

¹ I *Cor.*, VI, 17. — ² *Hebr.*, IV, 11. — ³ *Psal.* XXXIII, 9.
(*a*) *Var.* : En ce qu'il est fait. — (*b*) Si bien que devenu Dieu par cette union. — (*c*) Il ne connoît plus cette liberté inquiète qui n'étoit qu'un égarement et une erreur continuelle. — (*d*) Charnel. — (*e*) De la vie céleste.

Je ne m'en étonne pas : ce cantique des joies célestes que je commençois à chanter, c'est le cantique de Jérusalem. Et de qui sont environnés les prédicateurs? De qui sont composés ordinairement les grands auditoires, si ce n'est des habitans de Babylone, des mondains qui apportent leurs vanités, leur corruption, leur vie sensuelle à ces saints discours? Et bientôt ils condamneront encore, si Dieu le permet, le prédicateur, s'il ne sait pas caresser les tendres oreilles et flatter par quelque nouvel artifice, contenter ou surprendre leur goût ou raffiné ou bizarre. Et je pourrois espérer que des ames ainsi prévenues des joies de la terre entendissent les joies du ciel !

Malheur à nous, malheur à nous, non pas à cause de ce déluge de maux dont la vie humaine est accablée, ni à cause de la pauvreté et des maladies, et de la vieillesse et de la mort ! malheur à nous à cause des joies qui nous trompent, qui obscurcissent nos yeux, qui nous cachent nos devoirs et la fin malheureuse de tous nos desseins ! Malheur à une jeunesse enivrée qui se glorifie dans ses désordres, et qui a honte de donner des bornes à ses excès ! Malheur au pécheur fortuné qui dit en son cœur aveugle : « J'ai péché, et que m'est-il arrivé de mal[1] ? » Il ne songe pas que le Tout-Puissant l'attend au mauvais jour, et qu'assuré de son coup il ne précipite pas sa vengeance. Malheur à l'impie qui se délecte dans la singularité de ses sentimens ! Il craindroit de paroître foible, s'il en revenoit; et plus foible, il craint de perdre les vaines louanges de quelques amis qui, aussi peu résolus que lui sur les vérités de la vie future, sont néanmoins bien aises d'éprouver jusqu'où l'on peut pousser l'apparence de la sûreté au milieu de l'incertitude et du doute. Mais Dieu confondra bientôt leur vaine philosophie ; et malgré cette honteuse dissimulation, il trouvera dans leur cœur de quoi les convaincre. « Il n'y a point de paix pour l'impie[2], » dit le Seigneur. Malheur enfin à ceux qui vivent dans les délices, puisqu'ils sont morts tout vivans, » comme dit l'Apôtre[3] ! Jésus-Christ ne sera pas leur Sauveur; car « son royaume n'est pas de ce monde[4], » et il ne l'a pas préparé à ceux qui veulent triompher sur la terre. Au contraire c'est d'eux qu'il a prononcé

---

[1] *Eccli.*, v, 4. — [2] *Isa.*, XLVIII, 22. — [3] I *Timoth.*, v, 6. — [4] *Joan.*, XVIII, 36.

cette sentence : « Ils ont reçu leur consolation ; » et encore : « Vous avez reçu vos biens[1]. » C'est ce que Jésus-Christ a toujours prêché en public et en particulier, au peuple comme à ses disciples, dans toutes ses conversations et dans toutes ses paraboles. Quoi ! n'y aura-t-il que des excès dans son Evangile ? N'aura-t-il jamais parlé qu'en exagérant, ou faudra-t-il forcer toutes ses paroles en faveur de nos passions et pour y trouver des excuses ?

Mais sans raisonner davantage, j'appelle ici votre conscience (a) : voulez-vous achever vos jours parmi ces plaisirs et dans ce continuel empressement ? Répondez-moi, gens du monde, si vous n'avez pas encore oublié le christianisme. Je ne vous parlerai pas de ces commerces dangereux, ni de ces intrigues qui se mènent parmi les ténèbres. Je ne vous parlerai pas de ces rapines cachées, de ces concussions, ni de tout ce négoce d'iniquité. Mais voulez-vous que la mort survienne, pendant qu'appesantis par les soins du siècle (b) ou dissipés par ses divertissemens[2] ; pendant qu'incapables de vous occuper ni du siècle à venir, ni de la prière, ni des œuvres de charité, ni d'aucune pensée sérieuse, vous ne songez qu'à remplir un temps qui vous pèse, ou d'un jeu qui vous occupe (c) les jours et les nuits, ou de ces conversations dans lesquelles, pour ne point parler des médisances dont on les réveille, ce qu'il y a de plus innocent c'est après tout d'agréables inutilités, dont l'Evangile nous apprend qu'il faudra un jour rendre compte[3] ? Voulez-vous passer dans ces vanités la dernière année de votre vie, qui est peut-être celle que vous commencez aujourd'hui ? Car quel caractère particulier aura cette année fatale où vous serez comptés parmi les morts ? Egalement trompeuses, toutes les années se ressemblent ; et c'est à nous à y mettre de la différence.

— Mais je languis jusqu'à mourir, dans ces exercices de piété, dans ces oraisons, dans ces lectures. — Que vous dirai-je ? Ce dégoût, c'est un reste de la maladie : le goût vous reviendra avec la santé ; tâchez seulement de vous guérir. Le temps des

---

[1] *Luc.*, XVI, 25. — [2] *Ibid.*, XXI, 34. — [3] *Matth.*, XII, 36.

(a) *Var.* : Je ne veux plus faire parler que votre propre conscience. Répondez-moi, gens du monde, etc. — (b) Pendant que vous avez le cœur appesanti des affaires, des soucis du monde, de la bonne chère, des plaisirs. — (c) Travaille, — consume.

épreuves est long. Le monde nous le prêche assez par ses amertumes : nous n'en sommes que trop dégoûtés. Mais vous, en attendant le moment des consolations, portez votre pénitence : portez la peine de la mollesse où vous languissez depuis si longtemps, et n'espérez pas, comme un nouveau Paul, être d'abord ravi au troisième ciel. Souvenez-vous de Jésus qui, avant ses grandes douleurs et le supplice de la croix, a voulu souffrir pour votre salut des abattemens, des ennuis, des détresses extrêmes, laissez-moi dire ce mot, et une tristesse jusqu'à la mort. Prenez ce remède nécessaire, et buvez le calice de sa passion ; la joie vous reviendra avec la santé. Mais puisque les joies de la terre sont si mortelles à l'ame (a), ne cessons de réveiller sur ce sujet le genre humain endormi ; répandons dans les saints discours le baume de la piété, et au lieu de ces finesses dont le monde est las, la vive et majestueuse simplicité, les douces promesses et l'onction céleste de l'Evangile.

Et vous, célèbre compagnie, qui ne portez pas en vain le nom de Jésus, à qui la grace a inspiré ce grand dessein de conduire les enfans de Dieu dès leur plus bas âge jusqu'à la maturité de l'homme parfait en Jésus-Christ ; à qui Dieu a donné vers la fin des temps (b) des docteurs, des apôtres, des évangélistes, afin de faire éclater par tout l'univers et jusque dans les terres les plus inconnues la gloire de l'Evangile, ne cessez d'y faire servir selon votre sainte institution tous les talens de l'esprit, de l'éloquence, la politesse, la littérature ; et afin de mieux accomplir un si grand ouvrage, recevez avec toute cette assemblée, en témoignage d'une éternelle charité, la sainte bénédiction du Père, etc.

(a) *Var.:* Nous sont si mortelles. — (b) Dans ces derniers temps.

QUATRIÈME SERMON

POUR

LA FÊTE DE LA CIRCONCISION (a).

Vocabis nomen ejus Jesum : ipse enim salvum faciet populum suum à peccatis eorum.

Vous donnerez à l'enfant le nom de Jésus, c'est-à-dire Sauveur; car c'est lui qui sauvera et délivrera son peuple de ses péchés. *Matth.*, I, 21.

Celui dont il est écrit que son nom est le Seigneur et le Tout-Puissant, semble avoir quitté ces noms magnifiques, lorsqu'après avoir pris la forme d'esclave, il a encore subi aujourd'hui une loi servile et porté imprimée en son propre corps la marque de la servitude. En effet quand le Fils de Dieu « se fait circoncire, il s'oblige et s'assujettit, dit le saint Apôtre [1], à toute la loi de Moïse; » et ainsi se chargeant volontairement du joug que Dieu impose aux serviteurs, non-seulement il se dépouille en quelque façon de sa toute-puissante souveraineté, mais il semble qu'il se dégrade jusqu'à renoncer à la liberté et à la franchise. C'est dans ce temps mystérieux, c'est dans cette conjoncture surprenante que Dieu qui

[1] *Galat.*, v, 3.

(a) Prêché le 1ᵉʳ janvier 1668, à Dijon, dans la chapelle des anciens ducs de Bourgogne, en présence du prince de Condé.
C'est à ce grand capitaine que Bossuet s'adresse à la fin du discours. Il lui dit dans son allocution : « Quoique votre Altesse sérénissime aille être rejetée plus que jamais dans ce glorieux exercice, dans ces illustres fatigues, dans ce noble tumulte de la guerre, je ne crains pas, » etc. Le héros de Rocroi préparoit alors en Bourgogne, dont il étoit gouverneur, l'expédition de Franche-Comté, qui commença dans le mois de février. L'orateur reprend : « Votre Altesse a pris des pensées qui seront dignes de son rang, de sa naissance et de son courage, quand elle s'est fidèlement attachée au plus grand monarque du monde, et que cherchant son honneur dans sa soumission, elle n'a médité que de grands desseins pour sa gloire et pour son service. » Le prince de Condé s'étoit révolté contre le roi en prenant le parti de la Fronde; il fit sa soumission après la paix des Pyrénées, et fut reçu en grace en 1660. — Bossuet venoit de perdre sa mère; le deuil et des affaires de famille l'avoient amené dans sa ville natale, à Dijon.
Le premier éditeur avoit doublé ce sermon d'un autre sermon, et flanqué le tout d'un morceau détaché; si bien qu'il avoit trois péroraisons, sans compter l'allocution au prince de Condé

sait rehausser (*a*) magnifiquement les humiliations de son Fils, lui donne le nom de Jésus et la qualité de Sauveur du monde. Il lui rend par ce moyen tout ce qu'il semble avoir perdu. Pendant que le Fils de Dieu se range parmi les captifs, il en est fait le libérateur, et rentre sous un autre nom dans les droits de sa royauté et de son empire, parce qu'il devient par un nouveau titre le Seigneur de tous ceux qu'il sauve, et s'acquiert autant de sujets qu'il rachète de pécheurs et qu'il affranchit d'esclaves.

La grace du jubilé se trouve enfermée si heureusement dans le saint nom de Jésus et dans le texte de mon évangile, que je ne puis rien traiter (*b*) de plus convenable à ce concours de solennités. Mais saint Paul ayant prononcé que « nul ne peut même nommer le Seigneur Jésus sans la grace du Saint-Esprit[1], » moi, qui dois vous expliquer le mystère de ce nom aimable et en faire tout le sujet de mon discours, combien ai-je donc besoin de l'assistance divine ! Je la demande humblement par l'intercession de la sainte Vierge. *Ave.*

Combien grande, combien illustre, combien nécessaire est la grace que nous apporte le Sauveur Jésus en nous délivrant de nos péchés ! On le peut aisément comprendre par la qualité du mal dont elle nous tire. Car le péché n'étant autre chose que la dépravation de l'homme en lui-même et dans sa partie principale, il est clair que les maux qui nous attaquent dans notre fortune, ou même dans l'état de notre santé et dans notre vie, n'égalent pas celui-ci en malignité ; et que c'est le plus grand de tous les maux, puisque c'est celui qui nous fait perdre le bon usage de la raison, l'emploi légitime de la liberté, la pureté de la conscience, c'est-à-dire tout le bien et tout l'ornement de la créature raisonnable. Mais, mes frères, ce n'est pas assez, et voici ce qu'il y a de plus déplorable. Le comble de tous les malheurs, c'est que cette volontaire dépravation ne corrompt pas seulement en nous ce qu'il y a de meilleur, mais encore nous rend ennemis de Dieu, contraires à sa droiture, injurieux à sa sainteté, ingrats envers sa miséricorde,

---

[1] I *Cor.*, XII, 3.
(*a*) *Var.*: Relever. — (*b*) Dire.

odieux à sa justice, et par conséquent soumis à la loi de ses vengeances. Tellement qu'il n'y a nul doute que le plus grand mal de l'homme ne soit le péché ; et si jusqu'à présent il y a eu plusieurs Jésus et plusieurs Sauveurs, maintenant il n'est plus permis d'en connoître d'autres que celui que nous adorons, qui nous sauvant du péché comme du plus grand de tous les malheurs, mérite d'être nommé le véritable Jésus, l'unique Libérateur et le Sauveur par excellence.

La grace du jubilé qui nous a été accordée durant ces saints jours, enfermant la réception (a) des saints sacremens et les pieuses pratiques qui nous ont été ordonnées, fait en nous une entière (b) application de ce beau nom de Sauveur (c) que le Fils de Dieu reçoit aujourd'hui, et le concours de ces choses m'oblige à traiter à fond de quelle manière ce divin Sauveur nous délivre de tous nos péchés.

Or, Messieurs, pour expliquer ce mystère (d), je ne trouve rien de plus convenable que de vous proposer aussi nettement que mes forces le pourront permettre, une excellente doctrine de saint Augustin dans le second livre du second ouvrage *Contre Julien*, où ce grand homme remarque que cette délivrance de tous nos péchés a trois parties principales et essentielles. Car expliquant ces paroles de saint Jean-Baptiste : « Voici l'Agneau de Dieu, voici celui qui ôte le péché du monde [1], » il enseigne que le Fils de Dieu ôte en effet les péchés, « et parce qu'il remet ceux qu'on a commis, et parce qu'il nous aide pour n'en plus commettre, et parce que par plusieurs périls et par plusieurs exercices il nous mène enfin à la vie heureuse où nous ne pouvons plus en commettre aucun (e) : » *Tollit autem, et dimittendo quæ facta sunt..., et adjuvando ne fiant, et perducendo ad vitam ubi fieri omnino non possint* [2].

[1] Joan., I, 29. — [2] Oper. imperf. Cont. Julian., lib. II, n. 84.

(a) *Var.*: Jointe à la réception... — (b) Une totale. — (c) De Jésus. — (d) Or, dans le dessein que je me propose de vous expliquer le mystère du nom de Jésus et le salut qui nous est donné en Notre-Seigneur, je ne trouve, etc. — Or, pour expliquer à fond le mystère de ce salut qui nous est donné en Jésus-Christ, je ne trouve, etc. — Au jour de la naissance du Sauveur, j'entreprends de vous faire voir quelle est la cause de son arrivée, quel est le mal dont il nous sauve, et quel est le salut qu'il nous apporte. (On voit que, par cette dernière variante, Bossuet approprie son discours au jour de Noël.) — (e) Tomber dans ses piéges, — tomber dans sa tyrannie.

Et certes quand nous abandonnons au péché notre liberté égarée, il a sa tache qui nous déshonore et sa peine qui nous poursuit. Et quand il nous a été pardonné par la grace du saint baptême et par les clefs de l'Eglise, il a encore ses appas trompeurs et ses attraits qui nous tentent : *Unusquisque tentatur à concupiscentiâ suâ*[1]. Et dans la plus grande vigueur de la résistance, voire même dans l'honneur de la victoire, si nous vivons sans péché, nous ne vivons pas sans péril, ayant toujours en nous-mêmes cette déplorable facilité et cette liberté malheureuse de céder à notre ennemi. Ainsi le divin Jésus, pour être notre Jésus et remplir toute l'étendue d'un nom si saint et si glorieux, doit nous délivrer par sa grace, premièrement du mal du péché, secondement de l'attrait, troisièmement du péril. C'est ce qu'il fait successivement et par ordre (a). Il ôte le mal du péché par la grace qui nous pardonne; il en réprime (b) en nous l'attrait dangereux par la grace qui nous aide et qui nous soutient; il en arrache jusqu'à la racine et le guérit sans retour, dans la bienheureuse immortalité, par la grace qui nous couronne et récompense. (c) Par conséquent, chrétiens, si vous voulez saintement jouir du salut qui vous est offert et de l'indulgence générale qui vous est donnée par l'autorité de l'Eglise au nom de notre Sauveur, reconnoissez humblement et avec de continuelles actions de graces le pardon qui vous a été accordé; combattez avec foi et persévérance l'attrait tyrannique qui vous porte au mal, et aspirez de tout votre cœur au parfait repos et à la félicité consommée où vous n'aurez plus à craindre aucune foiblesse. Voilà les trois graces qui sont enfermées dans le nom et dans la qualité de Sauveur, dont j'espère vous montrer l'usage dans les trois points qui partageront ce discours (d).

[1] *Jacob.*, I, 14.

(a) *Var.* : C'est ce qu'il commence en cette vie et qu'il achève dans la vie future. — (b) Il combat. — (c) Note marg. : *Dei gratiâ regenerante impetrandum, Dei gratiâ nos juvante frenandum, Dei gratiâ remunerante sanandum* (Lib. II *Cont. Julian.*, cap. IV, n. 9). — (d) *Var.* : Et ce sont aussi les trois points qui partageront ce discours.

PREMIER POINT.

Quoique j'aie déjà tracé quelque image du mal que le péché fait en nous, l'ordre de mon discours exige de moi que j'en donne une idée plus forte et que j'établisse les choses en remontant jusqu'à la source de tout le désordre. Pour raisonner solidement, je commencerai, chrétiens, à définir le péché. Le péché est un mouvement de la volonté humaine contre les règles invariables de la volonté divine (*a*). Il a donc deux relations : il est la malheureuse production de la volonté humaine, et il s'élève avec insolence contre les ordres sacrés de la volonté divine ; il sort de l'une et résiste à l'autre ; et par là il est aisé d'établir, selon la doctrine de saint Augustin [1], en quoi le mal du péché consiste. Il dit qu'il est renfermé en une double contrariété, parce que le péché est contraire à Dieu, et qu'il est aussi contraire à l'homme. Contraire à Dieu, il est manifeste, parce qu'il répugne à ses saintes lois ; contraire à l'homme : c'est une suite, à cause que l'attachement à lui-même et à ses inclinations particulières le sépare de la première et éternelle raison à laquelle il est uni par son origine céleste (*b*). Ainsi il le tire de son ordre et le dérègle en lui-même. D'où il paroît (*c*), chrétiens, que le péché est également contraire à Dieu et à l'homme, mais avec cette différence qu'il est contraire à Dieu, parce qu'il est opposé à sa justice ; mais de plus contraire à l'homme, parce qu'il est nuisible (*d*) à son bonheur ; c'est-à-dire contraire à Dieu comme à la règle qu'il combat, et outre cela contraire à l'homme comme au sujet qu'il corrompt. Ce qui fait dire au Psalmiste que « celui qui aime l'iniquité a de l'aversion pour son ame, » à cause qu'il y corrompt avec sa droiture les principes de sa santé, de son bonheur et de sa vie : *Qui diligit iniquitatem, odit animam suam* [2]. Et certes il est nécessaire que les hommes se perdent eux-mêmes en s'élevant contre Dieu. Car que sont-ils autre chose ces hommes rebelles, que sont-ils, dit saint Augustin,

---

[1] *De Civit. Dei*, lib. XII, cap. III. — [2] *Psal.* x, 6.

(*a*) *Var.* : Je dis donc que le péché est un mouvement, etc. — (*b*) A cause que l'attachement à ses propres inclinations comme à des lois qu'il se fait lui-même, le sépare des lois primitives et de la première raison à laquelle il est lié par son origine céleste. — (*c*) Il paroît donc... — (*d*) Préjudiciable.

que des ennemis impuissans ; mais « ennemis de Dieu, poursuit-il, par la volonté de lui résister, et non par le pouvoir de lui nuire : » *Inimici Deo resistendi voluntate, non potestate lædendi* [1]. Et de là ne s'ensuit-il pas que la malice du péché ne trouvant point de prise sur Dieu qu'elle attaque, laisse nécessairement tout son venin dans le cœur de celui qui le commet? Comme la terre qui élevant des nuages contre le soleil qui l'éclaire, ne lui ôte rien de sa lumière et se couvre seulement de ténèbres : ainsi le pécheur téméraire, résistant follement à Dieu, par un juste jugement n'a de force que contre lui-même et ne peut rien que se détruire par son entreprise insensée.

C'est pour cela que le Roi-Prophète prononce cette malédiction contre les pécheurs : *Gladius eorum intret in corda ipsorum, et arcus eorum confringatur* [2] *:* « Que leur épée leur perce le cœur, et que leur arc soit brisé ! » Vous voyez deux sortes d'armes entre les mains du pécheur, un arc pour tirer de loin, une épée pour frapper de près : l'arc se rompt et est inutile; l'épée porte son coup, mais contre lui-même. Entendons : le pécheur tire de loin contre le ciel et contre Dieu ; et non-seulement les traits n'y arrivent pas, mais encore l'arc se rompt au premier effort. Impie, tu t'élèves contre Dieu, tu te moques des vérités de son Evangile, et tu fais un jeu sacrilége des mystères de sa bonté et de sa justice. Et toi, blasphémateur téméraire, impudent profanateur du saint nom de Dieu, qui non content de prendre en vain ce nom vénérable qu'on ne doit jamais prononcer sans tremblement, profères des exécrations qui font frémir toute la nature, et te piques d'être inventif en nouveaux outrages contre cette bonté suprême si féconde pour toi en nouveaux bienfaits, tu es donc assez furieux pour te prendre à Dieu de toutes les bizarreries d'un jeu excessif ; ou bien poussé par tes ennemis sur lesquels tu n'as point de prise, tu tournes contre Dieu seul ta rage impuissante, comme s'il étoit du nombre de tes ennemis, et encore le plus foible et le moins à craindre parce qu'il ne tonne pas toujours, et que meilleur et plus patient que tu n'es ingrat et injurieux, il réserve encore à la pénitence cette tête que tu dévoues par tant d'attentats à sa justice.

[1] *De Civit. Dei,* lib. XII, cap. III. — [2] *Psal.* XXXVI, 15.

Tu prends un arc en ta main, tu tires hardiment contre Dieu, et les coups ne portent pas jusqu'à lui, que sa sainteté rend inaccessible à tous les outrages des hommes. Ainsi tu ne peux rien contre lui, et ton arc se rompt entre tes mains, dit le Roi-Prophète. Mais, mes frères, il ne suffit pas que son arc se brise et que son entreprise demeure inutile; il faut que son glaive lui perce le cœur et que pour avoir tiré de loin contre Dieu, il se donne de près un coup mortel, si le Sauveur ne le guérit par miracle. C'est la commune destinée de tous les pécheurs : le péché, qui trouble tout dans le monde, met le désordre premièrement dans celui qui le commet. La vengeance, qui sort du cœur pour tout ravager, porte toujours son premier coup et le plus mortel sur ce cœur qui la produit, la nourrit. L'injustice, qui veut ravir le bien d'autrui, fait son essai sur son auteur qu'elle dépouille de son plus grand bien, qui est la droiture, avant de ravir et d'usurper celui des autres. Le médisant ne déchire dans les autres que la renommée, et déchire en lui la vertu même. L'impudicité, qui veut tout corrompre, commence son effet par sa propre source, parce que nul ne peut attenter à l'intégrité d'autrui que par la perte de la sienne.

Ainsi tout pécheur est ennemi de soi-même, corrupteur en sa propre conscience du plus grand bien de la nature raisonnable, c'est-à-dire de l'innocence. D'où il s'ensuit que le péché, je ne dis pas dans ses suites, mais le péché en lui-même est le plus grand et le plus extrême de tous les maux : plus grand sans comparaison que tous ceux qui nous menacent par le dehors, parce que c'est le déréglement et l'entière dépravation du dedans ; plus grand et plus dangereux que les maladies du corps les plus pestilentes, parce que c'est un poison fatal à la vie de l'ame ; plus grand que tous les maux qui affectent notre esprit, parce que c'est un mal qui corrompt notre conscience ; plus grand par conséquent que la perte de la raison, parce que c'est perdre plus que la raison que d'en perdre le bon usage, sans lequel la raison même n'est qu'une folle criminelle; enfin pour conclure ce raisonnement, mal par-dessus tous les maux; malheur excédant tous les malheurs, parce que nous y trouvons tout ensemble et un malheur et un crime : malheur qui nous accable, et crime qui nous déshonore ; malheur qui nous ôte toute espérance, et crime qui nous ôte toute excuse ; malheur qui nous fait tout perdre pour l'éternité, et crime qui nous rend coupables de cette perte funeste et ne nous laisse pas même sujet de nous plaindre.

Pourquoi pour l'éternité ? Car il faut encore expliquer ceci en un mot, pour entendre de quel mal Jésus-Christ nous sauve. Ici je pourrois vous dire que Dieu étant éternel, il ne faut pas s'étonner qu'il ait des pensées éternelles, et que tout l'ordre de ses conseils (a) se termine à l'éternité. Je pourrois encore ajouter qu'ayant résolu pour cette raison de se donner à la créature par une éternelle communication (b), elle se rend digne d'un mal éternel quand elle perd volontairement un bien qui le pouvoit être. Mais je veux entrer plus avant dans la nature du mal ; c'est dans cette source intime de malignité, c'est dans la secrète et profonde disposition des volontés déréglées, que je veux découvrir la cause funeste de l'éternité malheureuse qui menace les impénitens. Je demande seulement que vous m'accordiez que nul homme ne veut voir la fin de sa félicité ni de son bonheur. Il ne faut point de raison ; la nature parle : partout où l'homme établit sa félicité, qui ne sait qu'il voudroit y joindre l'éternité tout entière (c) ? Maintenant en quoi est-ce que le pécheur a mis sa félicité ? Il l'a mise dans les biens sensibles : et c'est en cela, dit saint Augustin, que consiste son déréglement, que « lui qui peut aspirer à la jouissance des biens éternels, abandonne lâchement son cœur à l'amour des biens périssables. » Que s'il y établit sa félicité, par les principes posés il s'ensuit qu'il voudroit y voir l'éternité attachée. Tous nos désirs déterminés enferment je ne sais quoi qui n'a point de bornes, et une secrète avidité d'une jouissance éternelle. (d)

(a) *Var.* : De ses desseins. — (b) De se communiquer éternellement à la créature faite à son image. — (c) Partout où l'homme établit sa félicité, il voudroit que l'éternité tout entière y fût attachée. — (d) *Note marg.* : La volonté ne veut être ni empêchée, ni interrompue, ni troublée dans son action ; si bien que tout ce qu'elle aime, elle voudroit et l'aimer toujours et le posséder éternellement, sans appréhension de le perdre. Consultez votre cœur : jamais l'homme ne veut voir la fin ni de son plaisir ni de son bonheur. C'est alors que la pensée de la mort nous est plus amère ; la loi de Dieu nous devient incommode et importune, parce qu'elle nous contrarie ; et si notre cœur en étoit cru, il aboliroit cette loi qui choque son inclination par la force d'un secret instinct qui veut lever tout obstacle à ses passions, et par conséquent les rendre immortelles.

Dans cette malheureuse attache, combien de fois avez-vous dit que vous ne vouliez jamais rompre? dans la haine : Je ne le veux jamais voir? Eloignement éternel des choses qui nous répugnent, éternelle possession de celles qui nous contentent : c'est le secret désir de notre cœur ; et si l'effet ne s'ensuit pas, ce n'est pas notre volonté, mais notre mortalité qui s'y oppose.

Et ne me dites pas, ô pécheurs, que vous prétendez vous corriger quelque jour. Car au contraire, dit excellemment le grand pape saint Grégoire, « les pécheurs font voir assez clairement qu'ils voudroient pouvoir contenter sans fin (a) leurs mauvais désirs, puisqu'ils ne cessent en effet de les contenter tant qu'ils en ont le pouvoir, et que ce n'est point leur choix, mais la mort qui finit leurs crimes (b). C'est donc, conclut ce grand pape, un juste jugement de Dieu qu'ayant nourri dans leurs cœurs une secrète avidité de pécher sans fin, ils soient punis rigoureusement par des peines interminables qui n'en ont pas, et qu'ils ne trouvent non plus de bornes dans leurs supplices qu'ils n'en ont voulu donner à leurs excès détestables : » *Non corda hominum, sed facta pensavit. Iniqui enim ideo cum fine deliquerunt, quia cum fine vixerunt. Nam voluissent utique, si potuissent, sine fine vivere, ut potuissent sine fine peccare. Ostendunt enim quia in peccato semper vivere cupiunt, qui nunquam desinunt peccare dùm vivunt. Ad magnam ergo justitiam judicantis pertinet, ut nunquam careant supplicio, qui in hâc vitâ nunquam voluerunt carere peccato* [1].

Il est temps maintenant (c), Messieurs, que nous célébrions les miséricordes de ce Sauveur qui nous est donné (d) aujourd'hui contre un si grand mal, de ce puissant Médiateur de la nouvelle alliance qui s'est mis entre Dieu et nous, afin de porter pour nous tout le poids de sa colère implacable ; qui a noyé nos péchés, non plus au fond de la mer, comme disoit le prophète [2], mais dans le

---

[1] *Dialog.*, lib. IV, cap. XLIV. — [2] *Mich.*, VII, 19.

In extremi boni dilectione turpiter volutatur, cui primis inhærere fruique concessum est (Lib. *De Verâ relig.*, cap. XLV, n. 83). — (a) *Var.* : Sans bornes. — (b) Qui met fin à leurs désordres et à leurs poursuites. — (c) Entrez donc aujourd'hui, mes frères, dans la profondeur de vos maux, et voyez de quel abîme Jésus-Christ nous tire. — (d) Offert.

bain salutaire, dans le déluge précieux de son sang ; qui nous a renouvelés par sa grace, consacrés et sanctifiés par son Saint-Esprit qu'il a répandu en nous comme un gage de vie éternelle. Accourez ici, chrétiens : *Magnificate Dominum mecum, et exaltemus nomen ejus in idipsum* [1] *:* « Glorifiez tous ensemble avec moi Notre-Seigneur, et ne cessons jamais d'exalter son nom ; » ce nom aimable, ce nom de Jésus, notre unique consolation et l'appui de notre espérance. Je m'en vais vous raconter les miséricordes qu'il a exercées dans la rémission de nos crimes.

Quand le souverain accorde une grace et une rémission, ou il relâche toute la peine, ou il la commue, et le Sauveur se sert de ces deux manières dans la rémission de nos crimes. Par la grace du saint baptême, il donne une entière abolition ; il fait des créatures nouvelles sur lesquelles il répand si abondamment sa miséricorde, qu'il ne réserve aucun droit ni aucune peine à sa justice irritée. Mais quand nous avons violé ce pacte sacré du baptême, manqué à la foi donnée, foulé aux pieds indignement le sang de la nouvelle alliance par lequel nous avons été rachetés et purifiés, c'est une doctrine constante qu'il se montre plus rigoureux et réserve quelque peine ; non que son sang ne soit suffisant pour emporter une seconde fois la coulpe et la peine, mais il en dispense l'application selon les ordres de sa sagesse et suivant qu'il nous est utile pour nous retenir dans un penchant si dangereux. Car alors il ne permet pas que nous sortions tout à fait des liens de la justice : en pardonnant aux pénitens la peine éternelle qu'elle pouvoit exiger, il lui laisse néanmoins quelque prise, afin que nous ressentions par quelque atteinte les engagemens malheureux et inévitables où nous nous étions jetés. « Et ainsi, dit saint Augustin, il accorde tellement la grace qu'il ne relâche pas tout à fait la sévérité de la discipline : » *Sic impertitur largitas misericordiæ, ut non omittatur severitas disciplinæ* [2].

C'est pourquoi deux prisons dans l'Evangile. Une prison éternelle où cent portes d'airain ferment la sortie, où un vaste chaos [3], une immense et insurmontable séparation rend le ciel pour jamais inaccessible. Et il y a une autre prison dont il est écrit qu'on en

[1] *Psal.* XXXIII, 4. — [2] S. August., *De Contin.*, n. 15. — [3] *Luc.*, XVI, 26.

sortira après avoir payé jusqu'à la dernière obole [1], et c'est cette prison temporelle que les Pères et les saints conciles et l'ancienne tradition appellent le purgatoire. Quoique cette peine soit bornée à un certain temps, il est aisé de comprendre, comme saint Augustin l'a remarqué [2], qu'elle passe de bien loin toutes celles que nous ressentons en ce corps mortel (a). « Tout est ombre, tout est figure en ce monde : » *Figura hujus mundi* [3]. En l'autre il n'en est pas ainsi : là s'exerce la justice, là se ressent la vérité sans mélange. Et c'est pourquoi le Sauveur, qui ne se lasse jamais de nous bien faire, use encore d'une seconde commutation. La première a changé la peine éternelle en des peines temporelles, mais peines du siècle futur, mais peines qui ont un poids extraordinaire ; il consent que nous subissions en échange les peines de cette vie.

De là les saintes sévérités de l'ancienne pénitence, qui soumettoient les pécheurs à de longues humiliations, à des rigueurs inouïes qui se pratiquoient sans relâche durant le cours de plusieurs années. Une profonde terreur de la justice divine leur faisoit chercher quelque proportion avec ses règles rigoureuses (b). Ainsi les cilices, les prosternemens (c), les gémissemens et le pain des larmes, le renoncement à tous les plaisirs, même aux plus innocens, étoient l'exercice des saints pénitens, qui s'estimoient trop heureux d'éviter par une si foible compensation les peines de la vie future, quoique déjà modérées, mais toujours plus insupportables que toutes celles de cette vie. Notre extrême délicatesse ne peut encore souffrir ce tempérament ; soldats lâches et efféminés, et indignes de marcher sous l'étendard de la croix, nous ne pouvons endurer la discipline de notre milice, et voici que le Sauveur se relâche encore. Il fait une troisième commutation des peines que nous avions méritées. Il change les anciennes austérités en quelques jeûnes, quelques stations, des prières et des aumônes ; et pourvu que le cœur du moins soit percé des saintes douleurs de la pénitence et rempli de ses amertumes (d), il permet à son Eglise d'user d'indulgence. C'est la grace du jubilé qui

[1] *Matth.*, v, 26. — [2] Enarr. *in Psal.* XXXVII, n. 3. — [3] I *Cor.*, VII, 31.
(a) *Var.* : Toutes les peines de cette vie. — (b) Adorables. — (c) Prostrations. — (d) Soit percé des saintes douleurs et rempli des amertumes de la pénitence véritable.

s'accorde sur la terre et qui a son effet dans le ciel, conformément à cette parole qui a été dite à saint Pierre : *Quodcumque ligaveris super terram erit ligatum in cœlis, et quodcumque solveris super terram erit solutum in cœlis*[1]. Grace singulière, grace abondante, grace qui tient lieu d'un second baptême à ceux qui sont disposés dans le degré que Dieu sait. O Jésus, vraiment Jésus et Sauveur ! ô miséricorde infinie ! « C'est moi, dit ce grand Sauveur, c'est moi (*a*) qui ai effacé tes iniquités comme un nuage qui s'évanouit ; c'est moi qui les ai dissipées sans que vous en soyez jamais recherché, comme une légère vapeur qui ne laisse plus dans l'air aucun vestige : » *Delevi ut nubem iniquitates tuas, et ut nebulam peccata tua : revertere ad me, quoniam redemi te*[2]. O Sauveur, ô Libérateur ! Par quelles actions de graces !... « O cieux, réjouissez-vous ; que votre reconnoissance soit portée (*b*) jusqu'aux extrémités de la terre ; que les montagnes tressaillent de joie avec vous ; que les déserts, les bois, les rivages et enfin toute la nature retentissent du bruit de vos louanges (*c*) : *Laudate, cœli, quoniam misericordiam fecit Dominus ; jubilate, extrema terræ ; resonate, montes, laudationem, saltus et omne lignum ejus*[3].

N'abusons pas, mes frères, d'une telle grace. Le criminel qui a reçu son abolition se regarde comme recevant une vie nouvelle, et considère le prince comme un second père qui lui rend et la lumière et la vie et la société des hommes, et qui efface de dessus son front la tache honteuse qui le condamnoit à une éternelle infamie. Regardons le divin Jésus notre roi, notre pontife, notre avocat, notre unique libérateur, comme celui seul par qui nous vivons. Commençons donc aujourd'hui une vie nouvelle ; et pour n'être point méconnoissans de la grace qui remet nos crimes, soyons fidèles à celle qui se présente pour nous aider à n'en plus commettre.

---

[1] *Matth.*, XVI, 19. — [2] *Isa.*, XLIV, 22. — [3] *Ibid.*, 23.

(*a*) *Var.* : C'est moi, c'est moi, dit ce grand Sauveur, c'est moi... — (*b*) Retentisse. — (*c*) De vos pieuses actions de graces.

SECOND POINT.

Les médecins ordinaires nous traitent assidûment durant tout le cours de la maladie; quand la fièvre nous a quittés tout à fait, ils nous quittent aussi sans crainte et nous laissent peu à peu réparer nos forces; si bien que la marque la plus certaine que le malade est guéri, c'est lorsque le médecin le laisse à lui-même et à sa propre conduite pour achever de se rétablir. Les maladies de nos ames ne se traitent pas de la sorte. Le péché, quoique guéri par la grace justifiante, laisse néanmoins de si mauvais restes et affoiblit tellement en nous le principe de la droiture, que la grace médicinale ne nous est pas moins nécessaire pour conserver persévéramment que pour recouvrer la justice; et si le médecin qui nous a traités nous abandonne un moment, la rechute est inévitable : *Et fiunt novissima hominis illius pejora prioribus* [1].

C'est ici qu'il nous faut entendre les foiblesses, les blessures, les captivités de notre nature vaincue; et nous verrons, chrétiens, que le péché nous séduit par tant d'artifices, nous gagne par tant d'attraits, nous pénètre par tant d'avenues, qu'il faut une prévoyance infinie et une puissance sans bornes, et un soutien sans relâche pour nous tirer de ses mains et nous sauver de ses embûches. Et au dedans et au dehors, tout coucourt à établir son empire. Et premièrement au dehors, tout ce qui est autour de nous nous est une occasion de péché, tant nous sommes dépravés et corrompus. Ce qui est plaisant nous captive, ce qui est choquant nous aigrit; notre bonne fortune nous rend superbes, celle des autres (a) envieux; leurs malheurs nous causent (b) un mépris injuste, les nôtres un lâche abattement et le désespoir. Pour les amis nous sommes flatteurs, pour les ennemis inexorables (c), pour les indifférens durs et dédaigneux, par conséquent injustes pour tous. Nous corrompons toutes choses, l'amitié par la complaisance et par les cabales, la société par les fraudes, les lois mêmes et les jugemens par les partialités et par l'intérêt. Autant d'objets différens qui

---

[1] *Matth.*, XII, 45.
(a) *Var.*: Celle du prochain.— (b) Ses malheurs font naître en nous...— (c) Cruels.

nous environnent, autant de pierres de scandale, autant d'occasions de déréglemens. Et pour le dedans, ô Dieu ! quel désordre ! Premièrement pour la connoissance, ou l'ignorance nous l'ôte, ou la passion l'obscurcit, ou le défaut de réflexion la rend inutile, ou la témérité ruineuse. Tout ce qu'il y a de meilleur en nous tourne et dégénère en excès. Les simples sont grossiers, les subtils sont présomptueux. Les biens réels sont les moins connus, les idées les plus véritables sont les moins touchantes; le spirituel est plus fort, le sensible est plus décevant; la raison y succombe. Après cela, chrétiens, aurons-nous peine à connoître que nous avons besoin d'un Sauveur qui nous excite à chaque moment, nous soutienne en chaque occasion (a), nous prête la main à chaque pas pour empêcher nos égaremens et nos chutes ruineuses?

Ajoutons encore à toutes ces plaies celles que nous recevons par nos habitudes vicieuses; car on ne sort pas de ce labyrinthe aussi facilement qu'on s'y engage. La volonté humaine, il est vrai, est naturellement indéterminée; mais il n'est pas moins assuré qu'elle a aussi cela de naturel, qu'elle se fixe elle-même par son propre mouvement et se donne un certain penchant dont il est presque impossible qu'elle revienne. Ainsi par sa liberté naturelle elle est maîtresse de ses objets, qu'elle peut prendre ou rejeter comme il lui plaît; mais autant qu'elle est maîtresse de ses objets, autant est-elle capable de se lier par ses actes. Elle s'enveloppe elle-même dans son propre ouvrage comme un ver à soie; et si les lacets dont elle s'entoure semblent de soie par leur agrément, ils ne laissent pas toutefois de surmonter le fer par leur dureté. Non, elle ne peut pas si facilement percer la prison qu'elle se fait, ni rompre les entraves dont elle se lie. Et ne me dites pas ici que puisque vos engagemens sont si volontaires, la même volonté qui les fait les pourra facilement dénouer. Au contraire c'est ce qui fait la difficulté, de ce que la même volonté qui s'est engagée est aussi obligée de se dégager; c'est elle qui fait les liens et qui les veut faire, et elle-même qu'il faut employer pour les dénouer, elle-même qui doit tout ensemble soutenir le choc et livrer l'assaut. Qui ne voit donc manifestement que s'il ne lui vient du

. (a) *Var.*: En chaque besoin.

dehors quelque force et quelque secours, elle combattra en vain et ne fera que s'épuiser par des efforts inutiles ? Car, comme dit saint Ambroise, « on n'est pas longtemps fort et vigoureux, quand c'est soi-même..... (a). » Va, tu périras misérablement, et ta perte sera signalée par un infâme naufrage.

Par conséquent, chrétiens, soyons sobres et vigilans, marchons avec crainte et circonspection. Méditons ces paroles de Tertullien : *Hos inter scopulos, has inter tempestates fides navigat, tuta si sollicita, secura si attonita* [1] *:* « Parmi tant d'orages, parmi tant d'écueils, la foi sera ferme si elle est craintive, et naviguera (b) sûrement si elle marche toujours tremblante et étonnée de ses périls. » Et c'est après les bienfaits, c'est après les graces et les indulgences (c) que la crainte doit être plus grande. Car la vengeance suit de près l'ingratitude, et rien n'irrite tant la bonté (d) que le mépris qu'on en fait. C'est pourquoi le Saint-Esprit ayant représenté aux Galates par la bouche de l'Apôtre les immenses bontés de Dieu, leur adresse ces paroles : *Nolite errare, Deus non irridetur* [2] *:* « Ne vous y trompez pas, on ne se moque pas de Dieu. » Non, non, ne vous trompez pas par cette fausse idée que vous concevez des miséricordes divines. Cette bonté de Dieu que vous vantez tant et que vous faites l'appui de vos crimes, n'est pas une bonté insensible et déraisonnable sous laquelle les pécheurs vivent à leur aise. C'est une bonté vigoureuse et juste. Dieu est bon, parce qu'il est ennemi du mal, et il exerce l'amour qu'il a pour le bien par la haine qu'il a pour le crime. Sa justice est lente, mais non endormie. Ne vous persuadez pas qu'il prétende flatter (e) par sa patience l'espérance de l'impunité; autrement vous vous feriez, non un Dieu vivant, mais une idole muette et insensible, un Dieu bon jusqu'au mépris et indulgent jusqu'à la foiblesse. *Nolite errare;* il n'en est pas de la sorte, on ne se moque pas de lui. Et qui sont ceux qui s'en moquent, sinon ceux qui

---

[1] *De Idololat.,* n. 24. — [2] *Galat.,* VI, 7.

(a) Il manque dans le manuscrit un feuillet renfermant deux pages. Déforis a comblé la lacune par un morceau de sa façon, que tous les éditeurs ont reproduit. Nous le supprimons. — (b) *Var.* : Marchera. — (c) C'est après les bienfaits, c'est après les indulgences, c'est après les graces que..... — (d) Et rien ne pousse tant la bonté à bout. — (e) Il ne prétend pas flatter.....

abusent de ses bontés ; qui croient qu'on leur donne le temps de pécher, parce qu'on leur en donne pour se repentir ; qui font un jeu sacrilége de ses sacremens, du ministère des clefs et des indulgences de sa sainte Eglise; qui tournent contre lui tous ses bienfaits, et font de ses miséricordieuses facilités un chemin à la rébellion et à la licence? Donc, mes frères, que ce jubilé finisse nos ingratitudes. Ne nous moquons pas de Dieu, de peur qu'il ne se moque à son tour, et que nous ne puissions soutenir cette cruelle et insupportable moquerie ; car, comme ajoute l'Apôtre, l'homme recueillera ce qu'il aura semé. (*a*) Prions le divin Sauveur qui a lavé tous nos péchés, qu'il guérisse encore toutes nos langueurs, et par là nous obtiendrons la dernière grace, qui est celle d'être à jamais impeccables. C'est ma dernière partie.

TROISIÈME POINT.

C'est donc ici, chrétiens, la dernière grace, le prix, la perfection et le comble de toutes les autres, d'être menés à la vie où nous serons impeccables, où nous jouirons éternellement avec les saints anges de cette heureuse nécessité de ne pouvoir plus être soumis au péché. (*b*) C'est là le bonheur parfait, c'est le salut accompli, c'est enfin le dernier repos qui nous est promis en Notre-Seigneur. Le commencement de notre repos, c'est de pouvoir ne plus pécher ; la fin de notre repos, c'est de ne pouvoir plus pécher. Le commencement de notre repos, c'est de pouvoir être justes ; la fin de notre repos, c'est d'avoir une assurance infaillible (*c*) de ne déchoir jamais aux siècles des siècles de la grace ni de la justice.

Pour comprendre profondément la différence de ces deux repos, dont l'un est la consolation de la vie présente et l'autre est la félicité de la vie future, il faut remarquer, Messieurs, que nous sommes très-assurés par la grace de la nouvelle alliance que Dieu ne nous délaissera pas le premier ; mais nous ne sommes point

---

(*a*) *Note marg.*: Ah! mes frères, détournons nos yeux; je veux espérer de vous de meilleures... — (*b*) C'est pour cela qu'il nous est né un Sauveur sur qui le péché ne pouvoit jamais avoir de prise, afin que, régénérés du même Esprit dont il a été conçu, nous puissions par sa grace devenir un jour heureusement incapables de succomber au péché. (Cette note a pour but d'approprier le sermon à la Nativité de Notre-Seigneur.) — (*c*) *Var.*: Certaine.

assurés que nous ne manquerons pas à la foi donnée (*a*). C'est-à-dire, si nous l'entendons, que nous sommes assurés de Dieu, mais toujours incertains de nous et de notre propre foiblesse. Nous sommes assurés de Dieu ; car il ne change pas comme un homme, et « ses dons, dit le saint Apôtre, sont sans retour et sans repentance [1]. » Jésus invite à lui tous ceux qui ont soif de la vérité et de la justice ; mais lui-même il a soif des ames, il donne plus volontiers que les autres ne reçoivent. Il ouvre ses bras à tous, à tous son sang et ses plaies, à tous sa miséricorde et sa grace ; et « si on ne l'abandonne, il n'abandonne jamais : » *Non deserit, nisi deseratur* [2]. C'est la doctrine de tous les saints, c'est la foi constante de tous les conciles : si quelqu'un ne le croit pas, qu'il soit anathème ! C'est pourquoi tous les oracles divins nous assurent que le traité qu'il fait avec nous est un traité éternel : *Feriam vobiscum pactum sempiternum* [3] ; et ailleurs : *Despondi te mihi in fide* [4] : « Je t'ai épousée en foi. » C'est-à-dire que cet Epoux, toujours fidèle à lui-même et à ses saintes promesses, ne fera jamais divorce ; mais cette ame, ingrate et perfide épouse, qui tant de fois s'est souillée d'un amour indigne et profane, l'obligera peut-être à se séparer ; et ainsi, dit le prophète Isaïe, « elle casse et annule (*b*) le pacte éternel : » *Dissipaverunt fœdus sempiternum* [5]. Comment est-il annulé, s'il est éternel et irrévocable ? « C'est à cause de nous, dit le prophète ; les hommes ont transgressé la loi ancienne et changé le droit établi : » *Transgressi sunt leges, mutaverunt jus* [6]. C'est-à-dire, si nous l'entendons, le pacte étoit éternel de la part de Dieu, mais il a été rompu de la part des hommes. Celui qui est immuable est toujours prêt à demeurer ferme ; mais l'homme qui change à tout vent (*c*), comme la face de la mer, a tout renversé en manquant à la foi donnée. Voilà donc, ames chrétiennes, quelle est notre espérance durant cette vie, voilà quel est notre repos durant cet exil. Grand et admirable repos ! car qu'y a-t-il de plus

---

[1] *Rom.*, XI, 29. — [2] S. August., *In Psal.* CXLV, n. 9. — [3] *Isa.*, LV, 3. — [4] *Ose.*, II, 20. — [5] *Isa.*, XXIV, 5. — [6] *Ibid.*

(*a*) *Var.* : Nous sommes très-assurés..... que Dieu ne manquera pas à nos besoins, mais nous ne sommes pas assurés que nous ne manquerons pas à ses graces. — (*b*) Elle casse et anéantit. — (*c*) Qui change au premier vent, — sans cesse.

grand que d'être assuré de Dieu ? Mais incertitude terrible ! car qu'y a-t-il de plus misérable que de n'être pas assurés de nous ?

Viendra donc enfin le dernier repos et l'assurance parfaite où notre fidélité ne sera pas moins inébranlable que celle de Dieu, parce qu'il fixera nos désirs errans par la pleine communication (a) du bien véritable. Cette dernière grace nous sera donnée, ainsi que toutes les autres, par Jésus-Christ notre Sauveur. Car il faut que nous participions successivement à la grace de sa mort et à celle de sa glorieuse résurrection. « Il est mort une fois pour nos péchés, et il est ressuscité pour ne mourir plus[1]. » Il se donne à nous comme mort, et il faut qu'il se donne à nous comme immortel. Nous participons à la grace de sa mort lorsque nous faisons mourir en nous le péché avec ses mauvais désirs, et nous participerons à la grace de sa glorieuse immortalité lorsque nous vivrons, pour ne mourir plus, à la sainteté et à la justice. Alors nous aurons la plénitude de la grace que Jésus-Christ nous a apportée : alors nous serons semblables aux anges ; possédant Dieu, possédés de Dieu, nous vivrons entièrement sauvés du péché, sans trouble, sans péril, sans tentation, « sans avoir jamais aucun vice, ni dont il nous faille secouer le joug, ni dont il faille effacer les restes, ni dont il faille combattre les attraits (b) trompeurs : » *Nullum habens vitium, nec sub quo jaceat, nec cui cedat, nec cum quo saltem laudabiliter dimicet*[2]. Rien ne pourra nous agréer que la vérité, rien ne pourra nous plaire ni nous attirer que la justice éternelle, parce que « nous serons pleinement entrés dans la joie de Notre-Seigneur, » selon la promesse de son Evangile : *Intra in gaudium Domini tui*[3]. Je terminerai ce discours en vous expliquant cette parole.

C'est autre chose, mes frères, que cette joie entre en nous, autre chose que nous entrions en cette joie. Notre ame est comme un vaisseau, (c) et la joie y est versée comme une liqueur. Cette liqueur a été comme répandue dans tous les objets qui nous environnent, et l'action de nos sens va l'exprimer de tous ces objets pour la faire couler dans nos cœurs ainsi qu'un suc agréable. Que de dan-

---

[1] *Rom.*, VI, 9, 10. — [2] S. August., *De Civit. Dei*, lib. XXII, cap. XXIV. — [3] *Matth.*, XXV, 21.

(a) *Var.* : Participation. — (b) Les appas. — (c) *Note marg.* : Elle a plus de capacité.

gereuses douceurs recueillent nos yeux dans les objets qui leur plaisent! Que dirai-je de ces fausses tendresses qui vont toucher dans le fond du cœur tant d'inclinations corrompues? Que dirai-je de ces railleries pernicieuses qui rendent plaisant ce qui tue, qui vont ravir l'autorité de la religion dans une ame simple, qui la soulèvent contre Dieu et contre la foi? Et ces maximes qui flattent les sens, affermissent un front qu'on trouve trop tendre et fortifient la pudeur contre la crainte du crime? Et le poison de ces médisances d'autant plus mortelles qu'elles sont délicates et ingénieuses? (a) *Salvum me fac, Deus, quoniam intraverunt aquæ usque ad animam meam; infixus sum in limo profundi, et non est substantia* [1] : « Sauvez-moi, sauvez-moi, Seigneur, de la corruption du siècle; ses eaux, ses faux plaisirs, ses fausses maximes ont pénétré le fond de mon ame; je suis enfoncé et englouti dans le limon de l'abîme, et je ne trouve ni de pied ni de consistance. »

Au milieu de ce mélange, la joie du ciel descend dans notre ame, une soudaine illumination du Saint-Esprit, un essai de la claire vue dans la foi, un avant-goût (b) de la possession dans une douce espérance, un attrait du bien éternel dans la charité. On revient un peu à soi-même. Ainsi la joie de Notre-Seigneur, l'amour de la vérité et la chaste délectation de la justice entre en nos cœurs durant cette vie; mais elle y entre, mes frères, comme dans un vaisseau corrompu et déjà rempli d'autres joies sensibles. Souvent les joies du monde peuvent s'accorder, souvent même leur variété et leur mélange fait leur plus doux assaisonnement. La joie du ciel est incompatible, le moindre mélange la corrompt; elle perd tout son goût et tout son agrément, si elle n'est goûtée toute seule, et de là vient qu'elle perd bientôt toute sa saveur dans ce mélange infini des joies de la terre. Dans la bienheureuse immor-

[1] *Psal.* LXVIII, 2, 3.

(a) *Note marg.* : Que de fausses joies le remplissent (le cœur)? Que nous ramassons par nos sens de joies corrompues! Je ne parle pas des joies dissolues. La douceur cruelle de la vengeance et ce triomphe secret quand on prend le dessus sur son ennemi. Vanité, point d'honneur. Fausse douceur qui va chatouiller notre vanité indiscrète. Ce plaisir de plaire aux autres, qui fait qu'on aime à se parer avec tant de vaines et dangereuses complaisances, pour traîner après soi les ames captives, et triompher non des hommes, mais de Jésus-Christ, en mettant sous le joug ceux qu'il a sauvés et affranchis par son sang. —
(b) *Var.* : Un commencement.

talité, la joie de Notre-Seigneur n'entrera pas tant dans notre ame que notre ame entrera tout entière dans cette joie de Notre-Seigneur comme dans un abîme de félicité. Elle en sera pénétrée, elle en sera possédée (*a*); tout ce qui est mortel sera englouti par la vie, comme dit l'apôtre saint Paul [1]; et l'ardeur des joies de la terre étant tout à fait éteinte, il ne restera dans les cœurs que l'attrait immortel de la vérité, et un amour chaste, un amour suprême, un amour immuable pour la justice : *Gaudium de veritate* [2], dit saint Augustin.

« Donc, mes frères, dit le saint Apôtre, efforçons-nous d'entrer promptement dans ce repos éternel : » *Festinemus ergo ingredi in illam requiem* [3]. Vous tous qui avez cherché dans la participation des saints sacremens, dans les œuvres de pénitence, dans la grace du jubilé, dans le calme de vos passions, le repos de vos consciences, tournez maintenant tous vos désirs à ce repos éternel où vous n'aurez plus aucune tentation à combattre (*b*) : *Festinemus :* « Hâtons-nous. » Le paresseux repose dans son crime. Il désespère de pouvoir vaincre. — Je ne puis atteindre si loin ; toujours des difficultés : *Leo est in viâ* [4]. — Non certes vous ne pourrez point faire un second pas tant que vous n'aurez pas fait le premier. Mais faites un premier effort, passez le premier degré ; vous verrez insensiblement le chemin s'aplanir et se faciliter devant vous : *Erunt prava in directa* [5]. Vous dites que la vertu est trop difficile : contez-nous donc vos travaux ; dites-nous les efforts que vous avez faits. Mais que vous ne cessiez de nous dire que l'entreprise est impossible, avant que de vous être remué (*c*) ; que vous serez accablé d'un travail que vous n'avez pas encore commencé, et fatigué d'un chemin où vous n'avez pas fait encore le premier pas, c'est une lâcheté inouïe (*d*) : *Festinemus ergo ingredi in illam requiem.*

Il faut travailler. Ceux qui s'imaginent que le temps fera tout seul leur conversion.....; folie et illusion ! Il est vrai, je le reconnois, il y a une certaine ardeur de la jeunesse et je ne sais quelle

---

[1] II *Cor.*, v, 4.— [2] *Confes.*, lib. X, cap. XXIII, n. 33.— [3] *Hebr.*, IV, 11.— [4] *Prov.*, XXVI, 13. — [5] *Luc.*, III, 5.

(*a*) *Var.* : Absorbée. — (*b*) A combattre aucune tentation. — (*c*) Avant que d'avoir fait le moindre effort. — (*d*) Sans exemple.

force trop violente de la nature que l'âge peut tempérer. Mais cette seconde nature qui se forme par l'habitude, mais cette autre nouvelle ardeur encore plus insensée qui naît de l'accoutumance, le temps ne l'affoiblit pas, mais plutôt il la fortifie. Ainsi vous vous trompez déplorablement, si vous attendez de l'âge et du temps le remède à vos passions, que la raison vous présente en vain. Les vices ne s'affoiblissent pas avec la nature, les inclinations ne se changent pas avec la couleur des cheveux; et, comme dit sagement l'*Ecclésiastique*, « la vieillesse ne trouve pas ce que la jeunesse n'a pas amassé [1]. » Je sais que le temps est un grand secours; mais, Messieurs, il en faut juger comme des occasions. Dans les affaires du monde, chacun attend les momens heureux pour les terminer; mais si vous attendez sans vous remuer, si vous ne savez pas profiter du temps, il passe vainement pour vous et ne vous apporte en passant que des années qui vous incommodent. Ainsi, dans l'affaire de la conversion, celui-là peut beaucoup espérer du temps, qui est actif et vigilant pour s'en servir et le ménager. Mais pour celui qui attend toujours et ne commence jamais, que lui apporte le temps, sinon une atteinte plus forte à sa vie, un plus grand poids à ses crimes, une violence plus tyrannique à ses habitudes? *Festinemus ergo:* « Hâtons-nous, efforçons-nous. » Il faut combattre, il faut faire effort. Ce sont ici les jours malheureux, les jours de l'ancien Adam, où il faut gagner par nos sueurs et par notre travail le pain de vie éternelle, où les vertus sont sans relâche aux mains avec les vices. Viendra le temps de poser les armes et de recevoir les couronnes, de se refaire du combat et de jouir de la victoire, de se délasser du travail et de goûter le repos : *Amodo jam dicit Spiritus ut requiescant à laboribus suis* [2].

Monseigneur, quoique votre Altesse sérénissime aille être rejetée plus que jamais dans ce glorieux exercice, dans ces illustres fatigues, dans ce noble tumulte de la guerre, je ne crains pas de me tromper ni de parler à contre-temps, en lui proposant pour objet ce grand et éternel repos. Quand je médite attentivement tout l'ordre de votre conduite et les grands événemens dont elle

---

[1] *Eccli.* XXV, 5. — [2] *Apoc.*, XIV, 13.

est suivie, j'en découvre quelque peinture dans ces paroles d'un prophète : *Princeps verò ea quæ digna sunt principe cogitabit, et ipse super duces stabit* [1] *:* « Le prince prendra des pensées qui seront dignes d'un prince, et il commandera à la tête des chefs et des capitaines. » En effet votre Altesse a pris des pensées qui seront dignes de son rang, de sa naissance et de son courage, quand elle s'est fidèlement attachée au plus grand monarque du monde, et que cherchant son honneur dans sa soumission, elle n'a médité que de grands desseins pour sa gloire et pour son service : *Princeps ea quæ digna sunt principe cogitabit, et ipse super duces stabit.*

CINQUIÈME SERMON

POUR

LA FÊTE DE LA CIRCONCISION (a).

Vocabis nomen ejus Jesum : ipse enim salvum faciet populum suum à peccatis eorum.

Vous donnerez à l'enfant le nom de Jésus, c'est-à-dire celui de Sauveur; car c'est lui qui sauvera le peuple de ses péchés. *Matth.*, I, 21.

Un nom donné par l'ordre de Dieu doit aussi être expliqué par le même ordre; jamais nous ne serons capables d'entendre les mystères admirables du nom de Jésus, si le Saint-Esprit ne nous les découvre. Il le fait aussi, chrétiens; et il nous apprend dans mon texte que la raison précise et essentielle pour laquelle ce divin nom est dû par excellence au Fils de Marie, c'est qu'il est envoyé pour sauver son peuple de la tyrannie du péché. De même

---

[1] *Isa.*, XXXII, 8.

(a) Prêché probablement en 1669.

Les premiers éditeurs avoient supprimé l'exorde, fait du premier point un morceau détaché, mêlé le troisième point avec le même point du sermon précédent et mis bout à bout les deux péroraisons, auxquelles Déforis avoit joint une autre péroraison qu'on trouvera plus loin, et l'allocution au prince de Condé.

que s'il disoit : Il y a plusieurs Jésus et plusieurs Sauveurs. Les uns ont mérité ce beau titre pour avoir délivré les peuples d'une longue captivité, les autres pour les avoir sauvés ou des périls de la guerre ou des horreurs de la famine. Celui-ci est Sauveur par un autre titre ; son caractère particulier, c'est qu'il nous sauve de tous nos péchés ; et c'est pour cela que nous délivrant du plus grand de tous les malheurs, il mérite d'être nommé et le Sauveur véritable, et l'unique libérateur, et le Jésus par excellence : *Ipse enim salvum faciet populum suum à peccatis eorum* [1]. Ainsi toute la grandeur du nom de Jésus, c'est de nous désigner personnellement celui qui est envoyé de Dieu pour ôter les péchés du monde, et c'est aussi cette délivrance que j'ai dessein de vous faire entendre pour célébrer dignement la gloire d'un nom si auguste.

Or, Messieurs, j'ai appris de saint Augustin que cette grace de délivrance de tous nos péchés a trois parties principales et essentielles. Jésus, dit-il, est l'Agneau de Dieu, et il ôte les péchés du monde en trois façons différentes, « et parce qu'il remet ceux qu'on a commis, et parce qu'il nous aide pour n'en plus commettre, et parce que par plusieurs périls et par plusieurs exercices il nous mène enfin à la vie où nous ne pouvons plus en commettre aucun : » *Et dimittendo quæ facta sunt, et adjuvando ne fiant, et perducendo ad vitam ubi fieri omnino non possint* [2].

Et en effet, chrétiens, si nous méditons attentivement comment le péché nous tient captifs, il nous sera aisé de connoître que cette misérable servitude consiste en trois choses. Lorsque nous l'avons commis, il a sa tache inhérente en nous et sa coulpe qui nous infecte. Et quand elle est effacée, il a encore ses appas trompeurs et ses tentations qui nous attirent. Et dans la plus grande rigueur de la résistance, voire même dans le sanctuaire et dans l'honneur du triomphe, encore que nous vivions sans péché, nous ne vivons pas sans péril, ayant toujours en nous-mêmes non-seulement la liberté malheureuse, mais encore la facilité tout entière, et certainement très-entière, de céder à cet ennemi. Ainsi ce divin Jésus, pour être notre Jésus et nous sauver du péché dans toute

---

[1] *Matth.*, I, 21. — [2] Oper. imperf. *Cont. Julian.*, lib. II, n. 84.

son étendue, doit nous délivrer par sa grace, premièrement de la coulpe, secondement de l'attrait, troisièmement du péril. C'est ce qu'il fait, chrétiens; et il efface la coulpe par la grace de la rémission, il nous sauve de l'attrait du crime par la grace de son soutien, il nous tire de tout péril en nous conduisant à la vie heureuse où nous n'avons plus à craindre aucune foiblesse. C'est pourquoi le même saint Augustin rapporte toujours à ces trois effets les trois opérations de la grace qui nous sauve de la tyrannie du péché; et il dit que la coulpe en est effacée par la grace qui nous régénère (a), que l'attrait et sa puissance est bridée par la grace qui nous assiste, enfin qu'il est guéri sans retour et déraciné tout à fait par la grace qui nous récompense. (b) Voilà, Messieurs, les trois graces par lesquelles le Fils de Dieu nous délivre de nos péchés et se montre notre Sauveur : par la première il nous justifie, par la seconde il nous exerce, par la troisième il nous couronne. En ces trois graces est renfermé tout le salut que nous espérons en Notre-Seigneur. Voyons donc aujourd'hui, Messieurs, combien chacun de ces trois bienfaits nous rend redevables au Sauveur des ames, et célébrons-les par ordre dans les trois points de ce discours.

PREMIER POINT.

Quand nous considérons la première idée que jette dans nos esprits le nom de Sauveur, rien ne nous paroît ni plus beau, ni plus grand, ni plus désirable. Ce nom met tous les hommes aux pieds de Jésus, lui donne autant de sujets et de créatures nouvelles qu'il délivre de captifs et qu'il affranchit d'esclaves, les attache à sa personne sacrée par les plus aimables de tous les liens, c'est-à-dire par les bienfaits, le fait les délices du genre humain et l'objet éternel de notre amour. (c) Mais certes quand on regarde à quoi

---

(a) *Var.* : Justifie. — (b) Note marg. : *Dei gratiâ regenerante impetrandum, Dei gratiâ juvante frenandum, Dei gratiâ remunerante sanandum* (Lib. II *Cont. Julian.*, cap. IV). — (c) Il naît comme un banni. Il va à la cité de David, à la source de son extraction royale; mais les siens ne l'ont pas reçu. Une étable..... *Comparatus est jumentis.* Il s'égale aux animaux par la demeure, parce que les hommes se sont ravilis jusqu'à leur condition par leurs brutales convoitises..... Il ne se sauve point à main armée, il se sauve comme un esclave par la fuite. (Cette note sert à ramener le discours à la fête de Noël.)

engage ce nom, on est saisi de frayeur et on trouve qu'il y a de quoi frémir. Car la rémission de nos péchés ne nous a pas été accordée par une simple abolition, mais par une satisfaction actuelle. Vous savez que la justice divine a voulu être payée; et comme les pécheurs devoient à Dieu tout leur sang, lorsque Jésus a entrepris de les sauver il a obligé tout le sien, et il ne peut plus s'en réserver une seule goutte (a).

C'est pourquoi, dès le même jour qu'il reçoit le nom de Sauveur, il commence à verser du sang par cette douloureuse circoncision. Mais s'il faut qu'il en donne tant pour avoir seulement le nom, à quoi se doit-il attendre quand il en faudra opérer l'effet? Sans doute il faudra un déluge entier pour noyer les péchés du monde; et nous ne devons regarder ce premier sang que verse la circoncision, que comme un léger commencement, comme un gage que Jésus-Christ donne à la justice divine qui l'oblige à la dette entière, enfin comme des prémices qui lui consacrent toute la masse et la lui dévouent. Ainsi la circoncision et la qualité de Sauveur nous mène à la croix : c'est là que la victime est immolée, c'est là que le sang se déborde par toutes les veines, c'est là que s'accomplit la rémission des péchés et l'expiation du monde. Ecoutez ici les belles paroles du philosophe martyr, je veux dire de saint Justin[1] : « Un seul est frappé, dit-il, et tous sont guéris (b); le juste est déshonoré, et les criminels sont rétablis dans leur honneur. Cet innocent subit ce qu'il ne doit pas, et il acquitte tous les pécheurs de ce qu'ils doivent (c). Car qu'est-ce qui pouvoit mieux couvrir nos péchés que sa justice (d)? Comment pouvoit être mieux expiée la rébellion des serviteurs que par l'obéissance du Fils? L'iniquité de plusieurs est cachée dans un seul juste, et

---

[1] *Epist. ad Diognet.*, n. 9, p. 238.

(a) *Note marg.* : Voyez les sacrifices anciens; comme on prodigue le sang! Il faut que tout nage dans le sang, et les victimes, et l'autel, et les prêtres, et les peuples, et le livre même; qu'on répande le sang comme l'eau. Je ne m'étonne pas qu'on prodigue celui des animaux; mais celui du Fils de Dieu ne doit-il pas être épargné?... Après que toutes ses veines seront épuisées, s'il y a encore dans le fond du cœur quelque secret réservoir, on le percera par une lance. *Sine sanguinis effusione non fit remissio* (Hebr., ix, 22).— (b) *Var.* : Délivrés.— (c) Dieu frappe son Fils innocent pour l'amour des hommes coupables, et pardonne aux hommes coupables pour l'amour de son Fils innocent. — (d) Si ce n'étoit sa justice.

la justice d'un seul fait que plusieurs sont justifiés. » C'est ce que dit saint Justin, c'est ce qu'il a appris de l'Apôtre des Gentils. Voilà, mes frères, ce grand conseil de la sagesse de Dieu; conseil profond, conseil inconnu aux plus hautes puissances du ciel, que le Père, dit ce saint martyr, n'avoit communiqué qu'à son Fils; ajoutons, et à l'Esprit éternel qui procède de l'un et de l'autre; conseil qui s'est découvert dans les derniers temps et qui a fait dire à l'Apôtre que « la sagesse de Dieu a été manifestée par l'Eglise aux célestes intelligences [1]. » Oui, les anges sont étonnés de ce secret admirable, de cet échange incompréhensible, qui fait que Dieu en même temps se venge et s'apaise, exige et remet, punit nos péchés et les oublie, frappe son Fils innocent pour l'amour des hommes coupables, et pardonne aux hommes coupables pour l'amour de son Fils innocent. Mais nous que cette grace regarde, nous ne devons pas seulement l'admirer avec les anges; plutôt nous devons penser à quoi elle nous oblige envers notre aimable Sauveur; et je vous prie, chrétiens, de vous y rendre attentifs.

Je ne puis mieux, ce me semble, vous représenter cette obligation que par l'exemple d'un criminel à qui le prince accorde sa grace. Regardez, chrétiens, ce criminel qui, enfermé dans un cachot, n'attend plus que la dernière heure, qui ne sait s'il est vivant ou mourant, et « ne croit point à sa propre vie : » *Non credes vitæ tuæ* [2], comme dit l'Ecriture sainte. Il est condamné, il est lié, il voit à ses côtés l'exécuteur armé du funeste tranchant qui doit dans un moment abattre sa tête. Ou bien s'étant échappé, il se fie à peine à soi-même; fugitif, errant, vagabond, il croit que tout ce qui luit le décèle, que tout ce qui parle l'accuse, que tout ce qui remue machine sa perte. Au milieu de cet effroi et de ces alarmes, pendant qu'il fuit tout le monde et que tout le monde le fuit, qu'il ne sait où se retirer, parce qu'il enveloppe tous ceux qui le servent dans sa honte et dans ses malheurs; quand on lui apporte son abolition, il croit sortir du tombeau et recevoir une nouvelle naissance. Il considère le prince comme un second père qui lui rend la vie, la lumière, la société des hommes, en effaçant de dessus son front la tache honteuse qui le condamnoit à une

---

[1] *Ephes.*, III, 10. — [2] *Deuter.*, XXVIII, 66.

éternelle infamie. Il entre pour ainsi dire dans une nouvelle sujétion ; il n'a plus rien à lui-même, tout est au prince qui le sauve et qui le délivre. Tels, mes frères, devons-nous être en sortant du tribunal de la pénitence, après que les clefs de l'Eglise nous ont ouvert les prisons. Nous devons regarder le divin Jésus au nom duquel nous sommes absous, comme celui par qui seul nous vivons. C'est là qu'il faut éclater en actions de graces (*a*) et dire avec le prophète Isaïe : « O cieux, louez Dieu avec nous ; que les extrémités de la terre retentissent du bruit de nos louanges ; que les montagnes tressaillent de joie ; que les déserts, les bois, les rivages et enfin toute la nature se réjouisse, parce que le Seigneur nous a fait miséricorde : » *Laudate, cœli, quoniam misericordiam fecit Dominus; jubilate, extrema terræ; resonate, montes, laudationem, saltus et omne lignum ejus, quoniam redemit Dominus Jacob, et Israel gloriabitur* [1].

Là nous devons commencer une vie nouvelle qui soit toute pour Jésus-Christ ; et lui-même nous y excite par ces paroles touchantes du même prophète : « O Jacob, souvenez-vous de ces choses ; ô Israël, ô chrétien, ô homme nouveau, n'oubliez jamais mes bontés ; vous êtes mon serviteur, et c'est moi qui vous ai formé de mes mains. Mais j'ai fait beaucoup davantage : C'est moi, dit ce grand Sauveur, qui ai effacé vos iniquités comme un nuage qui s'évanouit, et qui les ai dissipées comme une vapeur qui ne laisse plus dans l'air aucun vestige : retournez donc à moi, parce que je vous ai racheté, dit le Sauveur. » (*b*) Que si vous voulez savoir quelle doit être la mesure de l'amour qu'il attend de vous, connoissez-la par vos crimes. « Un homme avoit deux créanciers, dont l'un lui devoit cinq cents deniers et l'autre en devoit cinquante ; comme ils étoient tous deux insolvables, il leur quitta la dette entière. Lequel est-ce des deux qui l'aime le plus ? Sans

---

[1] *Isa.*, XLIV, 23.

(*a*) *Var.* : Comme le seul par lequel nous vivons. C'est là qu'il faut éclater en actions de graces et animer avec le prophète toute la nature pour prendre part à notre joie et pour la faire entrer dans les sentimens de notre éternelle reconnoissance. — (*b*) Note marg. : *Memento horum, Jacob et Israel, quoniam servus meus es tu; formavi te, servus meus es tu; Israel, ne obliviscaris mei, delevi ut nubem iniquitates tuas, et quasi nebulam peccata tua : revertere ad me, quia redemi te* (Isa., XLIV, 21 et 22).

doute que c'est celui auquel il a remis davantage : allez et faites semblablement[1]. » Où trouverez-vous assez d'amour pour le reconnoître?

Mais surtout quelle seroit votre ingratitude, si vous retombiez dans les mêmes crimes! Je laisse les raisonnemens recherchés; je veux vous représenter les obligations de cette amitié si saintement réconciliée. Souvenez-vous dans quels sentimens vous avez demandé pardon à votre Sauveur. Un pécheur pressé en sa conscience voit la main de Dieu armée contre lui (a), il voit l'enfer ouvert sous ses pieds pour l'engloutir dans ses abîmes : quel effroyable spectacle! Dans la crainte qui le saisit, pressé de ce glaive vengeur tout prêt à frapper le dernier coup, il s'approche de ce trône de miséricorde, qui jamais n'est fermé à la pénitence. Ah! il n'attend pas qu'on l'accuse, il se rend dénonciateur de ses propres crimes, et il sait bien qu'il faut avouer le crime quand on demande sa grace. Il est prêt à passer condamnation pour prévenir l'arrêt de son juge : la justice divine se lève, il prend son parti contre lui-même, il confesse qu'il mérite d'être sa victime, et toutefois il demande grace au nom du Sauveur. A ce nom qui calme les flots et les tempêtes, qui fait cesser les vents les plus orageux, qui apaise le ciel et la terre, on commence à l'écouter; on lui propose la condition de corriger sa vie déréglée, de renoncer à ses amours criminels, à cet aveugle désir de plaire, à toutes ses intelligences avec l'ennemi. Il promet, il accorde tout : — Faites la loi, j'obéis. Vous l'avez fait, mes frères, souvenez-vous-en; ou jamais vous n'avez fait pénitence, ou votre confession a été un sacrilége. Vous avez fait quelque chose de plus, vous avez donné Jésus-Christ pour caution de votre parole. Car étant le médiateur de la paix, il est aussi le dépositaire des paroles des deux parties : il est caution de celle de Dieu par laquelle il promet de vous pardonner, il est caution de la vôtre par laquelle vous promettez de corriger votre vie. Voilà le traité qui a été fait, et pour plus authentique confirmation, vous avez pris à témoin son Corps et son Sang qui a scellé

---

[1] *Luc.*, VII, 41.

(a) *Var.:* Un pécheur pressé par sa conscience, qui voit qu'il n'y a plus rien entre lui et la damnation éternelle qu'une vie qui est emportée par le premier souffle, voit la main de Dieu armée contre lui...

la réconciliation à la sainte table. Et après la grace obtenue, vous cassez un acte si solennel! Vous vous êtes repentis de vos péchés, vous vous repentez de votre pénitence. Vous aviez donné à Dieu des larmes et des regrets, gages précieux de votre foi; vous les retirez de ses mains; vous désavouez vos promesses, et Jésus-Christ qui en est garant, et son Corps et son Sang, mystère sacré et inviolable, lequel certes ne devoit pas être employé en vain : qu'y auroit-il de plus outrageux et de plus indigne? Après la grace qui remet les crimes, soyons fidèles à user de celle qui nous aide à n'en plus commettre. C'est la seconde partie.

SECOND POINT.

(*Comme au sermon précédent*).

TROISIÈME POINT.

C'est donc ici, chrétiens, la dernière grace, l'assurance, le prix, la perfection et le comble de toutes les autres (*a*), d'être menés à la vie où nous serons impeccables, où nous jouirons éternellement avec les saints anges de cette heureuse nécessité de ne pouvoir plus être soumis au péché. C'est là le bonheur parfait, c'est le salut accompli, c'est enfin le dernier repos qui nous est promis en Notre-Seigneur. Le commencement de notre repos, c'est de pouvoir ne plus pécher ; la fin de notre repos, c'est de ne pouvoir plus pécher. Le commencement de notre repos, c'est de pouvoir être justes ; la fin de notre repos, c'est d'avoir une assurance infaillible (*b*) de ne déchoir jamais aux siècles des siècles de la grace ni de la justice.

Pour entendre profondément la différence de ces deux repos, dont l'un est la consolation de la vie présente et l'autre est la félicité de la vie future, il faut remarquer, Messieurs, que par la grace du christianisme nous sommes très-assurés que notre Dieu ne nous délaissera pas, mais nous ne sommes pas assurés que nous ne délaisserons pas notre Dieu ; c'est-à-dire, si nous l'entendons, que nous sommes assurés de Dieu, mais toujours incertains de nous et de notre propre foiblesse. Nous sommes assurés

(*a*) *Var.* : Et le comble et la couronne de toutes les autres. — (*b*) Certaine.

de Dieu ; car nous sommes très-assurés « qu'il ne quitte point, si on ne le quitte : » *Non deserit, nisi deseratur* ¹. C'est la doctrine de tous les saints Pères, c'est la foi de tous les conciles, c'est l'espérance de tous les fidèles : si quelqu'un le nie, qu'il soit anathème ! La foi de Dieu nous est engagée, ainsi qu'il l'a assuré par son saint prophète : « Je vous ai épousée en foi : » *Despondi te mihi in fide* ² ; et cette parole est sacrée, cette foi est inviolable ; c'est à Jésus-Christ qu'elle est donnée, et son sang nous est le gage de sa vérité infaillible. C'est pourquoi tous les oracles divins nous assurent que le traité qu'il fait avec nous est un traité éternel : *Feriam vobiscum pactum sempiternum* ³ ; c'est-à-dire que notre grand Dieu, toujours fidèle à sa vérité et à ses saintes promesses, ne quitte jamais de lui-même ceux qu'il a une fois admis à la nouvelle alliance, à la société de son Fils et à l'unité de ses membres. Mais si nous sommes bien assurés qu'il ne rompra pas le traité, nous ne sommes pas assurés de ne le pas rompre. Il est vrai, cet Epoux toujours fidèle ne fera jamais de divorce ; (a) mais cette ame, perfide et ingrate épouse, l'obligera peut-être à se séparer ; et ainsi, dit le prophète Isaïe, « elle dissipe, elle viole le pacte éternel : » *Dissipaverunt fœdus sempiternum* ⁴. Comment est-il dissipé, s'il est éternel ? « C'est à cause, dit ce prophète, que les hommes ont transgressé la loi ancienne et qu'ils ont changé le droit établi : » *Transgressi sunt leges, mutaverunt jus* ⁵ ; c'est-à-dire, si nous l'entendons, que le pacte étoit éternel de la part de Dieu, mais qu'il a été rompu de la part des hommes. Celui qui est immuable est toujours prêt à demeurer ferme, mais celui qui est changeant a tout renversé en manquant à la foi donnée. Voilà donc, ames chrétiennes, quelle est notre assurance durant cette vie ; voilà quel est notre repos durant cet exil. Grand et admirable repos ! car qu'y a-t-il de plus grand que d'être assuré de Dieu ? Mais incertitude terrible ! car qu'y a-t-il de plus misérable que de n'être pas assurés de nous ? Viendra donc enfin le dernier repos et l'assurance parfaite, où nous serons assurés de Dieu et non moins as-

---

¹ S. August., *In Psal.* CXLV, n. 9. — ² *Ose.*, II, 20. — ³ *Isa.*, LV, 3. — ⁴ *Ibid.*, XXIV, 5. — ⁵ *Ibid.*

(a) *Note marg.* : Mais fidélité réciproque : que son amour est délicat ! que sa jalousie est scrupuleuse !

surés de nous. Nous sommes déjà certains que Dieu ne peut pas nous manquer de lui-même ; alors nous serons certains que nous ne pourrons jamais manquer à Dieu (a) ; et notre fidélité, je l'oserai dire, ne sera pas moins assurée ni moins inébranlable que la sienne propre. Tel est ce jour de repos et de sabbat éternel qui nous est promis ; voilà quels nous serons à la fin, sans fin, immuables comme Dieu même, saints comme Dieu même, impeccables comme Dieu même.

Comment, mes frères, pourra arriver à des hommes toujours changeans cet état de félicité immuable, si ce n'est que ce même Dieu, qui a fait la créature raisonnable dans la loi des changemens, ne cesse de la rappeler à la loi de son éternité ? Car qui ne sait qu'il nous a créés pour être participans de lui-même ? Il commence en nous cette grace dans ce lieu de pèlerinage, c'est pourquoi nous y pouvons être saints ; mais il ne fait encore que la commencer, c'est pourquoi nous pouvons devenir pécheurs. Alors nous serons saints sans changement et délivrés du péché sans aucun retour, lorsque nous serons élevés à la parfaite unité, à la pleine participation du bien immuable : *Plenâ participatione incommutabilis boni* [1].

Combien libre sera alors notre liberté, combien vive notre vie, combien tranquille notre paix ! « Là nous n'aurons plus aucun vice, ni dont il nous faille secouer le joug, ni dont il nous faille effacer les restes, ni dont il nous faille combattre les attraits trompeurs : » *Nullum habens vitium, nec sub quo jaceat, nec cui cedat, nec cum quo saltem laudabiliter dimicet* [2]. Rien ne pourra nous plaire que le vrai bien, rien ne pourra nous délecter que la justice. Pourquoi ? parce que, pour parler selon l'Evangile, « nous serons alors pleinement entrés dans la joie de Notre-Seigneur : » *Intra in gaudium* [3]. Quelle est cette joie du Seigneur, si ce n'est l'amour de la vérité et la chaste délectation de la justice ? Cette joie entre en nos cœurs (b) durant cette vie ; mais elle y entre, mes frères, comme dans un vaisseau corrompu et déjà rempli d'autres joies

---

[1] S. August., *Epist.* CXL *ad Honorat.*, n. 74. — [2] S. August., *De Civit. Dei*, lib. XXII, cap. XXIV. — [3] *Matth.*, XXV, 21.

(a) *Var.* : Que Dieu ne nous manquera jamais de lui-même, alors nous serons certains que nous ne manquerons jamais à Dieu. — (b) Entre en nous.

sensibles qui altèrent la pureté de cette sainte et divine joie. C'est pourquoi le cœur humain est partagé; et les entrées étant ouvertes à la joie du monde, elle ne gagne que trop souvent le dessus. Là, dans cet état bienheureux, la joie de Notre-Seigneur n'entrera pas tant dans notre ame que notre ame entrera tout entière, comme dans un abîme de félicité, dans cette joie du Seigneur. Elle en sera pénétrée, elle y sera absorbée; « là tout ce qui est mortel sera englouti par la vie [1]; » et l'ardeur des folles joies de la terre étant tout à fait éteinte, il ne restera dans les cœurs que le plaisir immortel et le chaste attrait de la vérité, et un amour suprême, un amour constant, un amour immuable pour la justice : *Gaudium de veritate,* dit saint Augustin [2].

« Donc, mes frères, dit le saint Apôtre, hâtons-nous d'entrer dans ce repos éternel : » *Festinemus ergo ingredi in illam requiem* [3]. Quel seroit votre repos, si l'on vous disoit que vos richesses sont si assurées que jamais vous n'aurez à craindre aucune indigence, votre fortune si bien établie que jamais vous ne souffrirez aucune disgrace, vos forces et votre santé si bien réparée qu'elle ne sera jamais altérée par aucune maladie : quelle seroit votre joie! quel votre repos! Combien donc serez-vous heureux, et quelle sera la tranquillité, mais quelle sera la gloire et la dignité de votre repos, lorsque vous ne pourrez plus être injustes, vous ne pourrez plus être déshonnêtes, vous ne pourrez plus être pécheurs, vous ne pourrez plus perdre Dieu, vous ne pourrez plus déchoir de votre justice, ni par conséquent de votre bonheur! O vie sainte! ô vie heureuse! ô vie désirable! Jésus a commencé de nous délivrer, parce que nous pouvons ne pécher pas; oui, mes frères, nous pouvons ne pécher pas; sa miséricorde est toujours prête, sa grace est toujours présente. Je puis ne pécher pas : que ma liberté est grande! mais, hélas! je puis encore pécher : que ma foiblesse est déplorable! Malheureuse puissance de pécher, que ne puis-je te déraciner tout à fait! que ne puis-je te retrancher de mon franc-arbitre! Mes frères, il n'est pas temps, il faut suivre tous les degrés des présens divins et tous les progrès de la grace. Usons bien de la liberté que nous possédons pour pouvoir

---

[1] II *Cor.*, v, 4. — [2] *Confess.*, lib. XXIII, n. 33. — [3] *Hebr.*, IV, 11.

pécher et ne pécher pas; c'est-à-dire ne péchons plus, et cette autre liberté nous sera donnée par laquelle nous ne pourrons jamais pécher. Celle-là qui est imparfaite nous est accordée pour notre mérite : celle-ci qui est parfaite est réservée pour la récompense. Usons donc bien de la liberté qui peut se dégager de la servitude; et la liberté nous sera donnée très-pleine, très-entière et très-puissante, par laquelle nous ne pourrons jamais être soumis à aucune servitude de nos passions, ni à aucun attrait du péché. Jésus-Christ Sauveur nous offre ses biens : *Seipsum dabit, quia seipsum dedit*[1]. Jésus-Christ mortel est à nous : la grace d'expier nos crimes... Jésus-Christ immortel est à nous; et nous pouvons arriver à sa sainteté parfaite, à son état impeccable, c'est-à-dire à sa gloire consommée. La grace personnelle de Jésus-Christ, c'est d'être impeccable; la grace de médiateur, c'est d'expier les péchés. Usons bien de cette grace pour combattre, pour éviter, pour expier les péchés; et ainsi nous arriverons à son état impeccable (a).

[1] S. August., *In Psal.* XLII, n. 2.
(a) *Note marg.* : Vid. serm. *de Annuntiatione* : Beatus venter, etc.

SECONDE PÉRORAISON

POUR

LES DEUX SERMONS PRÉCÉDENS (a).

Pour nous préparer à entrer dans cette joie abondante, accoutumons-nous à la recevoir quand elle descend du ciel dans nos cœurs. Mais, ô Dieu! à quelle joie abandonnons-nous notre cœur? Jésus-Christ est né, et avec lui, ô douleur! les profanes divertissemens vont prendre naissance. Masquer, déguiser (b), danser, courir, aller deçà et delà; dégoût, renouvellement d'ardeur, encore dégoût, mouvemens alternatifs : voilà la grande occupation de ceux qui se disent chrétiens. (c) O Dieu! pouvons-nous penser que parmi tous ces changemens et toutes les joies sensuelles, nous puissions jamais conserver en nous une seule goutte de la joie du ciel? Les autres joies se peuvent mêler; la variété et le mélange en font même le plus doux assaisonnement. Mais cette joie dont je parle est sévère, chaste, sérieuse, solitaire et incompatible; le moindre mélange la corrompt, et elle perd tout son goût si elle n'est goûtée toute seule. Ne me dites donc pas : Je ne fais rien d'illicite, etc. Vous perdez tout (d), dès là seulement

(a) C'est ici la péroraison que Déforis avoit mise à la fin des deux sermons précédens fondus en un seul. — (b) On disoit autrefois *masquer* et *déguiser* dans le sens neutre, pour, aller en masque et pour, se produire sous un déguisement. — (c) *Note marg.* : Pendant que Jésus commence le cours d'une vie pénible, nous allons non pas commencer, mais continuer avec un renouvellement d'ardeur une vie toute dissolue. Le carnaval mieux observé que le Carême va devenir la grande affaire du monde. Les forces épuisées, on n'en trouvera plus pour le saint Carême; infatigable pour les plaisirs, on commence à devenir infirme pour la pénitence. Les médecins ne suffiront pas à écrire les attestations des infirmités, ni les prélats à en donner les dispenses. Chrétiens, consultez-les donc; ne les croyez pas seulement quand il s'agit de transgresser les lois de l'Eglise; demandez-leur si vos courses, si vos veilles, ces inquiétudes, ces chagrins dans le jeu, et cette ardeur qui vous transporte hors de vous-mêmes, n'altèrent pas beaucoup plus un tempérament que le jeûne et l'abstinence. Mais je laisse ces pensées, quoiqu'elles soient assez importantes : je veux bien ne parler pas, si vous voulez, de tous ces vains divertissemens considérés en eux-mêmes. Parlons des circonstances qui les accompagnent : oserions-nous y penser dans cette chaire? — (d) *Var.* : Ainsi, quand vous ne feriez rien d'illicite, et plût à Dieu que nous n'eussions pas à nous en plaindre! Ce n'est pas une vie chrétienne; vous perdez tout, etc.

que vous vous abandonnez à la joie mondaine. Est-ce en vain que Jésus a dit : « Malheur à vous qui riez [1] ! » Et encore : « Malheur à vous, riches ! car vous avez votre consolation [2]. » Les richesses ne sont pas mauvaises ; mais n'employer les richesses que pour vivre dans les plaisirs et dans les délices, pendant que les pauvres meurent de faim et de froid, est-ce une vie chrétienne ? Que reproche Abraham au mauvais riche ? ses rapines, ses excès, ses concussions, ses impuretés, ses débauches ? *Recepisti bona* [3] : voilà son crime, voilà sa sentence. N'y a-t-il donc que des excès dans l'Evangile ? Jésus-Christ n'a-t-il parlé qu'en exagérant ? Ne faut-il rien entendre à la lettre ; ou faudra-t-il forcer toutes les paroles, faire violence à tous les préceptes en faveur de vos passions et pour leur trouver des excuses ? Non, non, l'Evangile ne le souffre pas.

Mais je ne veux plus appeler que votre propre conscience : voulez-vous passer parmi ces plaisirs la dernière année de votre vie ? (*a*) Quelle folie, quelle illusion, que penchant toujours à la mort et plutôt mourant que vivant, nous ne pouvons imprimer en nous les sentimens que la mort inspire ! Peut-être que cette année nous sera funeste. O Dieu, détournez le coup ; combien menacés ! Je veux bien ne pas craindre encore les irrégularités des saisons, les fléaux qui accablent nos voisins ; (*b*) ce n'est pas aussi ce qui me fait craindre, c'est notre vie mondaine et toute profane, etc. Je sais comment Dieu éprouve son peuple, comment

---

[1] *Luc.*, VI, 25. — [2] *Ibid.*, VI, 24. — [3] *Ibid.*, XVI, 25.

(*a*) *Note marg.* : A cette heure tant chantée et si peu attendue, quand Jésus viendra frapper à la porte, voulez-vous qu'il vous trouve ainsi occupé ? — (*b*) Je ne veux point faire de mauvais présages. Il y a dans cet auditoire des têtes trop précieuses dont nous souhaitons de prolonger les jours, et même sans hésiter aux dépens des nôtres. Je ne consulte point les astres ni leurs fabuleuses influences. Des chrétiens s'amuser à ces rêveries criminelles, et attendre leur bonne fortune d'une autre source que de la divine Providence ! Non. Loin de nous ces prédictions ! Je trouve tous les mauvais pronostics dans nos consciences, dans notre vie licencieuse et toute profane. J'ai peur que Dieu ne se lasse de supporter nos ingratitudes. Que ne vous éveillez-vous donc, et que ne pensez-vous à votre salut ? Toujours circoncire, aujourd'hui un plaisir et demain un autre, une vanité et demain une autre ; enfin vous n'aurez plus besoin que de Dieu, vous n'aurez plus soif que de la justice. Si vous pleuriez de bonne foi vos péchés, si vous pouviez vous déprendre de ces plaisirs fatigans, de ces ennuyeuses délices dont vous devriez déjà être rassasié, dont les sages espèrent toujours revenir ; mais Dieu n'en donne pas toujours le temps ou la grace.

il abat la fleur du monde et comment il circoncit les cœurs, etc. Vous trouverez dans vos consciences tous les mauvais pronostics. Donc, retirez-vous des plaisirs du monde. Par la vérité de celui dont j'annonce la parole, de ce mépris des plaisirs et des joies mondaines, naîtra un autre plaisir, plaisir sublime qui naît non du trouble de l'ame, etc. Une goutte rassasiera votre cœur, mais cette goutte croîtra toujours, et enfin elle vous fera posséder l'océan tout entier et l'abîme infini de félicités que je vous souhaite au nom du Père, du Fils et du Saint-Esprit.

SERMON

POUR

LE IIe DIMANCHE APRÈS L'ÉPIPHANIE (a).

Nuptiæ factæ sunt in Cana Galilææ, et erat mater Jesu ibi. Vocatus est autem et Jesus, et discipuli ejus. Joan., II, 1 et 2.

Jésus et sa sainte Mère avec ses disciples : chères sœurs, quelle compagnie! Ils sont invités à un festin, ô festin pieux! et à un festin nuptial, ô noces mystérieuses! Mais à ce festin le vin y manque ; le vin, que les délicats appellent l'ame des banquets. Est-ce avarice, est-ce pauvreté, est-ce négligence? ou bien n'est-ce pas plutôt quelque grand mystère que le Saint-Esprit nous

---

(a) Prêché à Metz, chez les *Nouvelles Converties*, probablement en 1657.
La maison des *Nouvelles Converties* recevoit les juives et les protestantes que Bossuet ramenoit en grand nombre à la vraie foi. L'orateur leur dit dans sa péroraison : « Voyez combien l'erreur est répandue par toute la ville. Dieu vous a *triées* deux ou trois..... Persévérez.....; n'écoutez ni les larmes ni les reproches de vos parens, » etc. Ces paroles désignent manifestement le lieu, et le mot *triées* révéleroit à lui seul l'époque de notre sermon.
Dans une brillante improvisation, chez le brave et pieux maréchal de Schonberg, l'archidiacre de Metz avoit tracé précédemment les caractères des deux alliances, montrant dans l'eau changée en vin la figure remplacée par la vérité, la lettre par l'esprit, la crainte par l'amour. Ce sont ces idées que l'auteur reproduit dans le sermon qu'on va lire.

propose pour exercer nos intelligences? Certes il est ainsi, mes très-chères sœurs. Car je vois que le Sauveur Jésus, pour suppléer à ce défaut, change l'eau en vin excellent, et ce vin se sert à la fin du repas au grand étonnement de la compagnie. O vin admirable et plein de mystères, fourni par la charité de Jésus aux prières de la sainte Vierge! Je vous demande, mes sœurs, quel intérêt prend le Maître de sobriété à ce que cette compagnie ne soit pas sans vin. Etoit-ce chose qui méritât que sa toute-puissance y fût employée? Etoit-ce en une pareille rencontre où il devoit commencer à manifester sa gloire, et un ouvrage de cette nature devoit-il être son premier miracle? Croyez-vous que ceci soit sans mystère? à Dieu ne plaise, ames chrétiennes, que nous ayons une telle opinion de notre Sauveur! Il est la Sagesse et la Parole du Père : tous ses discours et toutes ses actions sont esprit et vie; tout y est lumière, tout y est intelligence, tout y est raison. O Sagesse éternelle, éclairez par votre Esprit-Saint notre foible et impuissante raison, pour nous faire entendre la vôtre.

Dans cette histoire miraculeuse, tout me représente le Sauveur Jésus. Il y est lui-même en personne; mais si j'ose parler de la sorte, il y est encore plus en mystère. Il est invité selon la vérité de l'histoire; et si nous le savons entendre, il est lui-même l'Epoux selon la vérité du mystère. C'est une chose connue que Jésus est l'Epoux des ames fidèles. Et néanmoins si vous me le permettez, je vous déduirai sur ce point quelques vérités chrétiennes merveilleusement pieuses.

Dieu remplit le ciel et la terre, et il se trouve en tous lieux, comme l'enseigne la théologie; mais il sait encore se communiquer d'une façon toute particulière aux créatures intelligentes : *Ad ipsum veniemus, et mansionem apud eum faciemus*[1]. Certes il est incompréhensible, mes sœurs, comment la nature divine s'unit aux esprits purs par de chastes embrassemens; et bien que ce soit un secret ineffable, si est-ce toutefois que les Ecritures divines nous le représentent en diverses manières et par de différentes figures. Tantôt elles nous disent que Dieu est une fontaine de vie qui se répandant en nos ames, les lave et les nettoie, leur

[1] *Joan.*, xiv, 23.

communique une divine fraîcheur et étanche leur soif ardente par les ondes de ses vérités : *Fons aquæ salientis* ¹... *Quemadmodum desiderat cervus ad fontes aquarum* ². Tantôt elles nous le décrivent tout ainsi qu'une douce rosée qui arrosant nos esprits comme par une féconde humidité, y fait germer les semences célestes : *Rorate, cœli, desuper* ³. Quelquefois elles nous le représentent à la manière d'un feu consumant qui pénétrant toutes nos puissances, dévore toutes les affections étrangères et épure nos ames comme l'or dans une fournaise : *Ignis consumens est* ⁴. Elles nous disent ailleurs que Dieu est une nourriture admirable : car de même que toutes les parties de nos corps attirent à elles une certaine substance sans laquelle elles défaudroient, et ensuite se l'incorporent par la vertu d'une secrète chaleur que la nature leur a donnée : ainsi seroient nos ames destituées de toute vigueur, si par de fidèles désirs que le Saint-Esprit leur excite, elles n'attiroient à elles-mêmes cette vérité éternelle qui seule est capable de les sustenter. C'est ce qui nous est signifié par ce pain des anges qui est devenu le pain des hommes : « pain céleste que nous désirons par un appétit de vie éternelle, que nous prenons par l'ouïe, que nous ruminons par l'entendement, que nous digérons par la foi : » *In causam vitæ appetendus, et devorandus auditu, et ruminandus intellectu, et fide digerendus* ⁵. Telles sont à peu près les comparaisons dont se servent les Ecritures pour nous faire en quelque sorte comprendre cette sainte union de la nature divine avec les ames élues. Mais de toutes ces comparaisons, la plus douce, la plus aimable et la plus ordinaire dans les saintes Lettres est celle où notre grand Dieu est comparé à un chaste époux, qui par un sentiment de miséricorde, épris de l'amour de nos ames, après mille amoureuses caresses, après mille recherches de ses saintes inspirations, s'unit enfin à elles par des embrassemens ineffables, et les ravissant d'une certaine douceur que le monde ne peut entendre, les remplit d'un germe divin qui fructifie en bonnes œuvres pour la vie éternelle.

Trois conditions du mariage. Union : *Erunt duo in carne unâ* ⁶.

---

¹ *Joan.*, IV, 14. — ² *Psal.*, XLI, 2. — ³ *Isa.*, XLV, 8. — ⁴ *Deuter.*, IV, 24. — ⁵ Tertull., *De Resurr. carnis*, II. 37. — ⁶ *Genes.*, II, 24.

Douceur : *Faciamus adjutorium*[1]; il est seul, « donnons-lui un aide; » il est doux d'être aidé. Fécondité : *Crescite et multiplicamini*[2]. C'est ce que l'apôtre saint Paul nous enseigne, lorsqu'il dit aux chrétiens que de même que le mari et la femme ne sont qu'une même chair, ainsi « qui s'attache à Dieu est un même esprit avec lui : » *Qui adhæret Domino unus spiritus est*[3]; doctrine que le saint Apôtre a trouvée si utile à nos ames, qu'il la répète en divers endroits qu'il seroit trop long de vous rapporter.

Or d'autant que nous sommes déchus de cette première pureté qui nous égaloit aux anges dans l'innocence de notre origine, étant devenus charnels et grossiers, nous ne pourrions plus soutenir les approches de la nature divine, si elle ne s'étoit premièrement rabaissée. Et de là vient que le Fils de Dieu égal et consubstantiel à son Père, pour rappeler les ames des hommes à cet heureux mariage avec Dieu dont elles avoient violé la sainteté par l'infamie de leur adultère, est descendu du ciel en la terre; il s'est revêtu de chair, il a déposé cette majesté terrible, ou plutôt il en a tempéré l'éclat; il a pris nos foiblesses, afin d'être en quelque façon notre égal, et a voulu que par la nature humaine qu'il a daigné avoir commune avec nous, nous trouvassions un chemin assuré à la nature divine, de laquelle nous nous étions éloignés par une funeste désobéissance. C'est ce charitable Epoux de l'Eglise, c'est-à-dire des ames fidèles, que l'Apôtre nous dépeint *aux Ephésiens*, chap. v. C'est le plus beau des enfans des hommes qui a aimé son épouse laide, afin de la faire belle. Il l'est venu chercher dans la terre, afin de la conduire en triomphe dans la céleste patrie. Il a donné son ame pour elle, il l'a lavée de son sang, il l'a nettoyée en l'eau du baptême par des paroles de vie; son royaume est sa dot, ses graces sont sa parure. C'est cet Epoux, chères sœurs, qui fait aujourd'hui son premier miracle, et représente en son premier miracle ce qu'il est venu faire en ce monde. Ses disciples croient en lui en ce jour : c'est le commencement de l'Eglise. Il garde son meilleur vin pour la fin du repas : c'est l'Evangile pour le dernier âge, qui doit durer jusqu'à la consommation des siècles. Ce vin il le tire de l'eau, et il change cette eau

---

[1] *Genes.*, II, 18. — [2] *Ibid.*, I, 28. — [3] I *Cor.*, VI, 17.

en vin : c'est qu'il change la loi en l'Evangile, c'est-à-dire, comme je m'en vais l'exposer, la figure en vérité, la lettre en esprit, la terreur en amour. Disons quelque chose de ces trois changemens ; mais disons seulement les points capitaux à cause du peu de temps qui nous est donné, le reste demeurera à votre méditation.

PREMIER POINT.

C'est de lui qu'il est écrit en la *Genèse,* chap. II, « que l'homme laissera son père et sa mère afin de s'attacher à sa femme [1]. » Car à parler selon l'usage des choses humaines, c'est plutôt la femme qui quitte la maison paternelle, pour habiter avec son mari. Mais selon l'intelligence spirituelle, Jésus est cet homme par excellence qui a quitté son Père et sa Mère pour s'attacher à sa chère épouse. Il a quitté en quelque sorte son Père, lorsqu'il est descendu du ciel en la terre, suivant ce qu'il a dit en plusieurs endroits, qu'il retournoit à son Père. Il a quitté la Synagogue sa mère, qui l'avoit engendré selon la chair, afin de s'attacher à l'Eglise son unique épouse, qu'il a ramassée des nations idolâtres.

Vous saurez donc, mes sœurs, que Jésus étant la fin de tous les ouvrages de Dieu, tout ce qui s'est fait d'extraordinaire depuis l'origine du monde ne regardoit que lui seul. Lisez les Ecritures divines : vous verrez partout le Sauveur Jésus, si vous avez les yeux assez épurés. Il n'y a page où on ne le trouve. Il est dans le paradis terrestre, il est dans le déluge, il est sur la montagne, il est au passage de la mer Rouge, il est dans le désert, il est dans la Terre promise, dans les cérémonies, dans les sacrifices, dans l'arche, dans le tabernacle ; il est partout, mais il n'y est qu'en figure. Ainsi a-t-il plu à notre grand Dieu, comme dit l'Apôtre aux Galates [2], de nous élever peu à peu comme des enfans à la connoissance de ses mystères. Par une infinité d'exemples sensibles, réitérés durant plusieurs siècles, par des similitudes de choses corporelles qui faisoient impression sur nos imaginations, il nous a doucement conduits à l'intelligence de ses vérités, il nous a fait entendre les grandes choses qu'il préparoit pour notre

---

[1] *Genes.*, II, 24. — [2] *Galat.* IV, 3.

salut. Considérez, je vous prie, tout ce grand attirail de la loi mosaïque. Pourquoi charger ce peuple de tant de différentes cérémonies, qui étoient toutes fort laborieuses, et néanmoins d'elles-mêmes incapables de rendre l'homme plus agréable à Dieu? Car il est évident, mes très-chères sœurs, que ni tant de purifications corporelles, ni tous ces bains externes, ni ce nombre infini de pénibles observations, ni l'odeur de l'encens ou de la graisse brûlée, ni le sang des animaux égorgés n'étoient pas choses qui par elles-mêmes pussent plaire à notre grand Dieu, qui étant un pur esprit, veut être adoré en esprit et en vérité. Mais il ordonnoit toutes ces choses, afin que tout ce pompeux appareil et que toute cette majesté extérieure de la religion judaïque fussent des figures de son cher Fils; et c'étoit cette considération qui lui rendoit ces choses agréables pour un temps, bien qu'elles fussent indifférentes de leur nature. Donc, comme l'enseigne l'Apôtre, depuis l'origine du monde jusqu'à la résurrection du Sauveur Jésus, « tout arrivoit en figure à nos pères: » *Omnia in figuris contingebant illis*[1]. C'est pourquoi l'admirable saint Augustin dit que ni dans la loi de nature, ni dans la loi mosaïque, il n'y voit rien de doux, s'il n'y lit le Sauveur Jésus. Tout cela est sans goût; c'est une eau insipide, si elle n'est changée en ce vin céleste, en ce vin évangélique que l'on garde pour la fin du repas, ce vin que Jésus a fait et qu'il a tiré de sa vigne élue. Voulez-vous que nous rapportions quelques traits de l'histoire ancienne, et vous verrez combien elle est insipide, si nous n'y entendons le Sauveur. Nous en dirons quelques-uns des plus remarquables avec le docte saint Augustin[2]; car de raconter en détail tout ce qui nous parle de notre Sauveur, les années n'y suffiroient pas.

Voyez dans le paradis terrestre, voyez cet homme nouveau que Dieu a fait selon son plaisir. Il lui envoie un profond sommeil, pour former d'une de ses côtes la compagne qu'il lui destinoit. Dites-moi, dit saint Augustin, qu'étoit-il nécessaire de l'endormir pour lui tirer cette côte? Etoit-ce point peut-être pour lui diminuer la douleur? Ah! que cette raison seroit ridicule! Mais que cette histoire est peu agréable, que cette eau est fade, si Jésus

---

[1] *I Cor.*, X, 11. — [2] *De Genes. ad litter.*, lib. IX, cap. XIII, n. 23.

ne la change en vin ! Ajoutez-y le sens spirituel, vous verrez le Sauveur dont la mort fait naître l'Eglise; mort qui est semblable au sommeil, à cause de sa prompte résurrection et de la tranquillité avec laquelle il la subit volontairement. Sa mort fait donc naître l'Eglise. On tire une côte au premier Adam, pour former sa femme pendant un sommeil tout mystérieux; et pendant le sommeil du nouvel Adam, après qu'il a fermé les yeux avec la même paix que les hommes sont gagnés du sommeil, on lui ouvre son côté avec une lance, et incontinent sortent les sacremens par lesquels l'Eglise est régénérée. Que dirai-je ici de Noé, qui seul rétablit le monde enseveli dans les eaux du déluge, qui repeuple le genre humain avec le petit nombre d'hommes qui restoit dans sa famille. N'étoit-ce pas le Sauveur, l'unique réparateur des hommes, qui par le moyen de douze hommes qu'il envoie par toute la terre, peuple le royaume de Dieu et remplit le monde d'une race nouvelle? Que dirai-je du petit Isaac, qui porte lui-même le bois sur lequel il doit être immolé, pendant que son propre père se prépare selon les ordres de Dieu de le sacrifier sur la montagne? O spectacle d'inhumanité! mais si j'y considère le Sauveur Jésus, il devient un spectacle de miséricorde. C'est Jésus qui porte sa croix pour être immolé sur le mont de Calvaire, livré par son propre Père ès mains de ses ennemis, afin d'être une hostie vivante pour l'expiation de nos crimes. Et le chaste Joseph vendu par ses frères et emprisonné par les Egyptiens, devenu par cette disgrace le sauveur de ses frères et des Egyptiens, n'est-ce pas le Sauveur Jésus mis à mort par les Juifs ses frères et par les Egyptiens, c'est-à-dire par les idolâtres, et devenu par sa mort Sauveur des Juifs et des idolâtres? Si je passe la mer Rouge avec les Israélites, si je demeure dans le désert avec eux, combien de fois y verrai-je le Fils de Dieu, seul guide de son peuple dans le désert de ce monde, qui les retirant de l'Egypte par l'eau du baptême, les conduit à la Terre promise? Cette manne si délicieuse, qu'est-ce qu'une viande corporelle, si je n'y goûte le Sauveur? Elle est fade, elle est insipide; peu s'en faut que je ne dise avec les Juifs : « Notre cœur se soulève sur cette viande légère [1]. »

[1] *Numer.*, XXI, 5.

Mais quand j'y considère le Sauveur Jésus, vrai pain des anges, vraie nourriture des ames fidèles, dont nous nous repaissons à la sainte table, ah! qu'elle est douce, qu'elle est savoureuse! Voyez le pavé du temple; voyez les habits sacerdotaux; voyez l'autel et le sanctuaire tout trempé du sang des victimes, et le peuple israélite lavé tant de fois de ce même sang : que tout cela est froid, chères sœurs, si la foi ne m'y montre le sang de l'Agneau répandu pour la rémission de nos crimes, ce sang du Nouveau Testament que nous offrons à Dieu sur ces terribles autels, et dont nous nous rassasions pour la vie éternelle!

En un mot, dit saint Augustin[1], si nous ne regardons Jésus-Christ, toutes les Ecritures prophétiques n'ont pas de goût; elles sont apparemment pleines de folie, du moins en quelques endroits. Que nous y goûtions le Sauveur, tout y est lumière, tout y est intelligence, tout y est raison. Voyez ces deux disciples qui vont en Emmaüs. Ils s'entretenoient de la rédemption d'Israël; c'est le sujet de toute la loi ancienne, mais ils n'y entendoient pas les mystères du Rédempteur. C'étoit une eau sans force et sans goût; aussi sont-ils froids et languissans. « Nous espérions, disoient-ils, qu'il rachèteroit Israël[2]. » Nous espérions, ô la froide parole! Jésus approche d'eux; il parcourt toutes les prophéties; il les introduit au secret, au sens profond et mystérieux; il change l'eau en vin, les figures en vérité et les obscurités en lumières. Les voilà incontinent transportés : *Nonne cor nostrum ardens erat in nobis*[3]? C'est qu'ils avoient commencé à boire le vin nouveau de Jésus, c'est-à-dire la doctrine de l'Evangile. Cependant admirez, mes très-chères sœurs, les sages conseils de la Providence, qui par une telle richesse d'exemples nous enseigne une seule vérité, qui est le Verbe fait chair. Ah! si nous avions les yeux bien ouverts, combien doux seroit ce spectacle, de voir qu'il n'y a page, il n'y a parole, il n'y a pour ainsi dire ni trait ni virgule de la loi ancienne qui ne parle du Sauveur Jésus! La loi est un Evangile caché. L'Evangile est la loi expliquée. Les philosophes nous disent que le vin n'est qu'une eau colorée, qui prend en passant par la vigne une certaine impression de ses qualités, parce que cet élé-

---

[1] Tract. IX *in Joan.*, n. 3. — [2] *Luc.*, XXIV, 21. — [3] *Ibid.*, 32.

ment est susceptible de sa nature de toutes altérations étrangères. Ainsi l'eau de la loi ancienne devient le vin de la loi nouvelle. C'est cette même eau de la loi mosaïque, qui étant appropriée à Jésus-Christ, vraie vigne du Père éternel, prend une nouvelle forme et une nouvelle vigueur. Donc, mes sœurs, passons les nuits et les jours à méditer la loi du Seigneur. Cherchons Jésus partout, et il n'y aura endroit où il ne se montre à nos yeux. Et puisqu'il a plu à notre grand Dieu de nous présenter ce vin nouveau de son Evangile, mais de le présenter pur et sans mélange, débrouillé de la lie des figures et de l'eau des expressions prophétiques, n'ayons point désormais d'autre breuvage que cette sainte et immortelle liqueur; que notre esprit soit toujours à goûter la parole divine. Mais ne nous arrêtons point à la lettre; suçons l'esprit vivifiant que Jésus y a coulé par sa grace. C'est notre seconde partie, et pour une plus grande brièveté, nous y attacherons aussi la troisième dans une même suite de raisonnement.

SECOND ET TROISIÈME POINT.

Que ne puis-je vous transporter en esprit sur cette terrible montagne où paroît la majesté du Seigneur ! c'est la montagne de Sina sur laquelle Dieu donne sa loi à Moïse. Là je vois ce grand Dieu tout-puissant qui grave sur de la pierre ses saintes lois, dignes d'être écrites dans le ciel le plus élevé avec les rayons du soleil. Et après cela, par la bouche de son serviteur Moïse, il fait publier à son peuple ses ordonnances, et menace les transgresseurs de peines dont le seul récit fait horreur. Certes cette loi est très-sainte; mais ne vous persuadez pas, mes très-chères sœurs, qu'elle contienne la vie. Toutes ces paroles majestueuses et cette Ecriture du doigt de Dieu ne sont qu'un instrument de mort, si elles ne sont accompagnées de l'esprit de la grace. « C'est une lettre qui tue, » dit le grand apôtre saint Paul[1]. Combien d'ames présomptueuses ont été précipitées dans la mort éternelle par ces augustes commandemens ! Ne vous étonnez pas de cette parole : c'est la doctrine de l'apôtre saint Paul, et en voici la véri-

[1] II *Cor.*, III, 6.

table explication. La loi montroit bien ce qu'il falloit faire, mais elle ne subvenoit pas à l'impuissance de notre nature. Elle frappoit les oreilles, mais elle ne touchoit pas le cœur. Ce n'étoit pas assez que Dieu, d'une voix tonnante et impérieuse, fît annoncer au peuple ses volontés : il falloit qu'il parlât intérieurement et que par une opération toute-puissante il amollît notre dureté. Grand Dieu éternel, vous me commandez ; il est juste que vous soyez obéi ; mais ce n'est rien faire que me commander, si vous ne me donnez la grace par laquelle je puisse observer vos commandemens. Or cette grace n'est point par la loi : c'est le propre don de l'Evangile, selon ce que dit l'apôtre saint Jean [1], que « la loi a été donnée par Moïse, et la grace et la vérité a été faite par Jésus-Christ. » Qu'est-ce donc que faisoit la loi ? Elle ordonnoit, elle commandoit, elle lioit les transgresseurs d'éternelles malédictions, parce que « maudit est celui qui n'observe pas les paroles qui sont écrites en ce livre [2] ; » mais elle ne soulageoit en rien nos infirmités. C'étoit une eau foible et sans vigueur, capable de nous agiter, incapable de nous soutenir.

C'est pourquoi le Sauveur Jésus ayant compassion de notre impuissance, vient nous donner un vin d'une céleste vigueur ; c'est sa grace, c'est son Esprit-Saint dont les apôtres furent enivrés au jour de la Pentecôte. C'est ce saint et divin Esprit qui porte la loi au fond de nos cœurs et l'y grave par des caractères de flamme. Là il l'anime intérieurement et la remplit d'une force vivifiante ; il change la lettre en esprit, et c'est la nouvelle alliance que Dieu contracte avec nous par son Evangile. C'est pour cette raison que, parlant par la bouche de Jérémie : « Voici, dit-il [3], que j'établirai avec la maison de Juda un nouveau testament, non selon le testament que j'ai établi avec leurs pères ; ils ne sont point demeurés dans mon testament, et moi je les ai rejetés, dit le Seigneur. Mais voici le testament que je disposerai à la maison d'Israël, » c'est-à-dire aux vrais enfans d'Israël et au peuple de la nouvelle alliance : « J'inspirerai, dit-il, ma loi dans leurs ames ; et je l'écrirai non en des tables de pierre, mais je l'écrirai en leurs cœurs ; et ils seront mon peuple, et je serai leur Dieu. » Quelle

---

[1] *Joan.*, I, 17. — [2] *Deuter.*, XXVII, 26. — [3] *Jerem.*, XXXI, 31 et seq.

est donc cette vertu merveilleuse qui entre si profondément dans nos cœurs? D'où vient à cette loi nouvelle cette force si pénétrante? Chères sœurs, elle vient de l'Esprit de Dieu, qui est le vrai moteur de nos ames, qui tient nos cœurs en sa main, qui est le maître de nos inclinations. Mais par quelle sorte d'opérations la porte-t-il ainsi au fond de nous-mêmes? C'est par une charité très-sincère, par un puissant amour qu'il nous inspire, par une chaste délectation, par une sainte et ravissante douceur.

Dieu exerce deux sortes d'opérations sur nos ames, qui font la différence des deux lois. Premièrement il les effraie, il les remplit de la terreur de ses jugemens; et en second lieu il les attire, il les enflamme d'un saint amour. La première opération, qui est la crainte, ne peut pénétrer au fond de nos ames : elle les étonne, elle les ébranle; mais elle ne les change pas. Par exemple, que vous rencontriez des voleurs, si vous êtes le plus fort, ils ne vous abordent qu'avec une apparence de civilité feinte; ils n'en sont pas moins voleurs, ils n'en ont pas l'ame moins avide de carnage et de pillerie. La crainte étouffe les sentimens, elle semble les réprimer; mais elle n'en coupe pas la racine. Voyez cette pierre sur laquelle Dieu écrit sa loi : en est-elle changée pour avoir en soi de si saintes paroles? en est-elle moins dure? Rien moins. Ces saints commandemens ne tiennent qu'à une superficie extérieure. Ainsi en est-il de la loi de Dieu : quand elle n'entre dans nos ames que par la terreur, elle ne touche que la surface; tant qu'il n'y a que cette crainte servile, le fond ne peut être changé comme il faut. Il n'y a que l'amour qui entre au plus secret de nos cœurs; lui seul en a la clef, lui seul en modère les mouvemens. Vous avez de méchantes inclinations, vous avez des affections déréglées : jamais elles ne pourront être chassées que par des inclinations contraires, que par un saint amour, que par de chastes affections du vrai bien; ainsi l'ame sera tout autre. L'amour la dilate par une certaine ferveur; il l'ouvre jusqu'au fond pour recevoir la rosée des graces célestes. Ce n'est plus une pierre sur laquelle on écrit au dehors, c'est une cire pénétrée et fondue par une divine chaleur. C'est ainsi que le Sauveur Jésus est véritablement gravé dans toutes les facultés de nos ames. Il est dans nos volontés toutes transportées de son saint amour. Il est dans la mémoire, car on ne peut oublier ce qu'on aime. Il est dans l'entendement, car l'amour curieux et diligent n'a point d'autre satisfaction que celle de contempler les perfections du bien-aimé qui l'attire. De là il passe dans les corps par l'exercice des vertus et par de saintes opérations, qui prenant leur origine de l'amour de Jésus, en conservent les traits et les caractères.

Tel est, mes très-chères sœurs, l'esprit de la loi nouvelle. C'est pourquoi Dieu ne vient point à nous avec cette apparence terrible qu'il avoit sur le mont de Sina. Là cette montagne fumoit de la majesté du Seigneur, qui « fait distiller les montagnes comme de la cire [1]; » ici il ne rompt pas seulement un roseau à demi brisé [2], il est tout clément et tout débonnaire. Là on n'entend que le bruit d'un long et effroyable tonnerre; ici c'est une voix douce et bénigne : « Apprenez de moi, dit-il, que je suis doux et humble de cœur [3]. » Là il est défendu d'approcher sous peine de la vie : « N'approchez pas, dit-il, de peur que vous ne mouriez; et les hommes et les animaux qui approcheront de la montagne, ils mourront de mort [4]. » Ici il change bien de langage : « Venez, venez, dit-il [5], approchez, ne craignez pas, mes enfans; venez, oppressés, je vous soulagerai, je vous aiderai à porter vos fardeaux; venez, malades, je vous guérirai; pécheurs, publicains, approchez, je suis votre libérateur; ne chassez pas ces petits enfans, à de tels appartient le royaume de Dieu [6]. » D'où vient ce changement, mes très-chères sœurs? Ah! c'est qu'il se veut faire aimer. Il vient changer la terreur en amour, cette eau froide de la crainte qui resserroit le cœur par une basse et servile timidité, en un vin d'une divine ferveur qui le dilatera, qui l'encouragera, qui l'échauffera par de bienheureuses ardeurs. C'est l'esprit de la loi nouvelle. Je vous ai dit les changemens qu'a faits le Sauveur. L'eau, vous ai-je dit, est fade et insipide. Ainsi étoit la loi dans ses ombres et dans ses figures, si Jésus ne la change en la vérité de son Evangile, vin doux et savoureux qui nous remplit de délices célestes. L'eau n'a point de force pour nous émouvoir. Ainsi

---

[1] *Psal.* XCVI, 5. — [2] *Matth.*, XII, 20. — [3] *Ibid.*, XI, 29. — [4] *Exod.*, XIX, 12, 13. — [5] *Matth.*, XI, 28, et alibi. — [6] *Marc.*, X, 14.

étoit la loi par sa lettre inutile et impuissante, si elle n'est accompagnée du vin de la loi nouvelle, c'est-à-dire de l'esprit de la grace. Ces deux premiers changemens ne sont que pour le troisième. Assez et trop longtemps nous avons été abreuvés de cette froide terreur; il est temps que nos cœurs soient échauffés de l'amour de Dieu.

Mes sœurs, nous ne sommes plus sous la loi de crainte; nous sommes sous la loi d'amour, parce que nous ne sommes plus dans la servitude; nous sommes dans la liberté des enfans de Dieu. Jésus, qui est la vérité, nous a délivrés. Partant servons notre Dieu d'un amour libéral et sincère. Aimons la justice, aimons la vérité, aimons la vraie et solide raison, aimons l'unique repos. Tout cela c'est Jésus : aimons donc Jésus de toute l'affection de nos ames. Qui n'aime pas Jésus, je l'ose dire, il n'est pas chrétien. Un chrétien, c'est un homme renouvelé : nous ne pouvons être renouvelés sans l'esprit de la loi nouvelle; l'esprit de la loi nouvelle, c'est la charité : qui n'a pas la charité n'est pas chrétien. Ah! que le siècle se réjouisse dans les débauches et dans les banquets, dans les vins friands et délicieux! Nous avons un vin dont il nous est permis de nous enivrer; vin qui nous échauffe, mais d'une ardeur toute spirituelle; qui nous fait chanter, mais des cantiques d'amour divin; qui nous ôte la mémoire, mais du monde et de ses vanités; qui nous excite une grande joie, mais une joie que le monde ne comprend pas. Buvons de ce vin, mes très-chères sœurs. Jour et nuit ne respirons que Jésus. Vous particulièrement qu'il a retirées du siècle, goûtez Jésus dans la solitude; c'est là qu'il se communique aux ames fidèles.

Et vous, chères sœurs, que par sa miséricorde infinie il a miraculeusement délivrées des ténèbres de l'hérésie, c'est à vous, c'est à vous que je parle; et quelles paroles pourroient vous exprimer la tendresse que mon cœur a pour vous! Rendez-lui à jamais vos actions de graces. Voyez combien l'erreur est répandue par toute la ville. Dieu vous a triées deux ou trois qu'il a appelées à sa sainte Eglise : donc ne soyez pas ingrates à cet inestimable bienfait. Persévérez dans cette bienheureuse vocation. Voyez la pureté, voyez l'innocence et la candeur de ces saintes filles avec lesquelles vous conversez. O Dieu, quelle différence de cette véritable dévotion qu'elles vous enseignent en toute humilité et simplicité, avec le faste et l'orgueil et la piété contrefaite de l'hérésie ! Persévérez, mes très-chères sœurs : n'écoutez ni les larmes ni les reproches de vos parens. Dieu vous fasse la grace d'expérimenter combien sa sainte maison est plus douce que la maison paternelle ! Voyez ces redoutables autels : les sacremens que nous y distribuons, ce ne sont pas des ombres ni des figures : nous ne sommes plus sous la loi judaïque ; c'est la réalité, c'est la vérité, c'est la propre chair de Jésus autrefois pour nous déchirée ; c'est son sang vivifiant épanché pour l'amour de nous. Jouissez des délices de cette chair de laquelle l'hérésie s'est privée pour se repaître de la vanité d'une cène imaginaire, etc.

FRAGMENT

POUR

LE SERMON PRÉCÉDENT (a).

Je dis donc avant toutes choses que la loi n'a que des ombres et des figures, selon ce que dit l'apôtre saint Paul : « Toutes choses leur arrivoient en figure [1]. » Pour éclaircir cette vérité par la doctrine du saint Apôtre, posons premièrement ce principe : Tout ce qui agit par intelligence, se propose nécessairement une fin à laquelle elle rapporte ses actions ; et d'autant plus que la cause est parfaite, d'autant plus ce rapport est exact. Et la raison en est évidente ; car si la cause est plus excellente, il s'ensuit que l'opération est mieux ordonnée. Or il est certain que l'ordre consiste dans l'accord de la fin avec les moyens ; et c'est de ce concert que résulte cette justesse qu'on appelle l'ordre. Cette vérité étant supposée, passons outre maintenant et disons : La loi est une œuvre d'intelligence et d'une intelligence infinie, parce que c'est une

---

[1] I Cor., x, 11.
(a) Se rapportant au premier point.

œuvre de l'Esprit de Dieu. Par conséquent elle a une fin à laquelle elle est destinée ; et quand nous connoîtrons cette fin, il ne faudra nullement douter que toutes les parties de la loi n'y soient rapportées. Or l'apôtre saint Paul nous assure que « Jésus-Christ est la fin de la loi : » *Finis legis Christus* [1]. C'est pourquoi et les patriarches et les prophètes soupiroient perpétuellement après sa venue, parce qu'il étoit la fin de la loi et le sujet principal de ses prophéties. D'où il s'ensuit manifestement que toutes les cérémonies de la loi, toutes ses solennités, tous ses sacrifices regardoient uniquement le Sauveur, et qu'il n'y a page dans les Ecritures en laquelle nous ne le vissions, si nous avions les yeux assez épurés.

Et certes, puisqu'il plaisoit à notre grand Dieu de se revêtir d'une chair humaine, il étoit convenable, mes sœurs, que de même que ce mystère étant accompli, nous en célébrons la grandeur par de pieuses actions de graces, aussi ceux qui en ont précédé l'accomplissement, vécussent dans l'attente de ce bonheur qui devoit arriver à notre nature. Il est vrai que le Verbe éternel, en se faisant homme, est né dans un temps limité ; car c'est une suite de la condition humaine. L'éternité s'est alliée avec le temps, afin que ceux qui sont sujets au temps pussent aspirer à l'éternité. Mais encore que la venue du Sauveur fût arrêtée à un temps certain par les ordres de la Providence divine, toutefois il faut avouer que le mystère du Verbe fait chair devoit remplir et honorer tous les temps. C'est pourquoi il étoit à propos qu'où il n'étoit pas par la vérité de sa présence, il y fût du moins d'une autre manière, par des figures très-excellentes. Et de là vient que la loi de Moïse est pleine de merveilleuses figures qui nous représentent le Sauveur Jésus.

En effet je vous demande, mes très-chères sœurs, d'où vient tant de sang répandu dans les cérémonies anciennes, sinon pour représenter le sang de Jésus ? Pourquoi est-ce que par le sang de l'Agneau le peuple est délivré du glaive vengeur qui désola les maisons des Egyptiens ? pourquoi est-ce que l'alliance est signée et ratifiée par le sang ? pourquoi n'y a-t-il point d'entrée dans le sanctuaire, si le pontife n'a les mains teintes du sang des victimes ?

---

[1] *Rom.*, x, 4.

pourquoi les crimes sont-ils expiés, les pontifes et leurs vêtemens consacrés par le sang versé dans le sacrifice? Le sang des animaux égorgés étoit-il suffisant pour apaiser Dieu? étoit-il capable de purifier l'homme? Si ce n'est pour nous faire entendre qu'il n'y a ni délivrance, ni consécration, ni alliance, ni expiation, ni salut que par le sang de l'Agneau sans tache, « qui a été tué, dit saint Jean[1], dès l'origine du monde : » tué, dis-je, dès l'origine du monde, parce que dès l'origine du monde sa mort a été figurée par une multitude infinie de sacrifices sanglans. C'est ce qui fait dire à Tertullien : *O Christum in novis veterem*[2] *!* « O que Jésus-Christ est ancien dans la nouveauté de son Evangile! » Ce que nous honorons est nouveau, parce que Jésus-Christ l'a mis dans un nouveau jour (a); ce que nous honorons est ancien, parce que la figure s'en trouve dès les premiers temps. La loi est un Evangile caché, et l'Evangile est une loi expliquée.

Et c'est ce qu'exprime l'apôtre saint Paul en ces excellentes paroles : « La loi a l'ombre des choses futures, et non point la vive image[3]. » Que veut dire ce grand Apôtre, que la loi a l'ombre, et non point la vive image des choses? La comparaison est prise de la peinture. Le peintre dessine le portrait du roi. Vous en voyez déjà quelque ressemblance dans les premiers crayons du tableau : ce sont ses traits, c'est sa taille, c'est son air, c'est l'image du prince que vous y voyez; mais quand l'ouvrage sera accompli, c'est alors que le roi paroîtra avec sa majesté naturelle. Ainsi la loi avoit Jésus-Christ dans des ombres et dans des figures, et comme dans un crayon imparfait; mais elle n'avoit pas l'image finie. Et de même que la peinture achevée efface les linéamens imparfaits, ainsi la beauté parfaite de l'Evangile efface l'imperfection de la loi par des couleurs plus vives et plus éclatantes. C'est pourquoi Jésus-Christ change l'eau en vin, c'est-à-dire la loi de Moïse en son Evangile.

---

[1] *Apoc.*, XIII, 8. — [2] Lib. IV *Advers. Marcion.*, n. 21. — [3] *Hebr.*, X, 1.
(a) *Var.* : Dans un plus grand jour.

ABRÉGÉ D'UN SERMON

POUR

LE IIIe DIMANCHE APRÈS L'ÉPIPHANIE.

Evangile du Lépreux et du Centenier. *Matth.*, VIII, 1; *Marc.*, I, 40; *Luc.*, V, 12.

Deux sacremens. Dans la guérison du lépreux, l'expiation du péché par la pénitence. Dans le Centenier, la préparation à l'eucharistie.

Jésus en descendant de la montagne où il vient de publier (*a*) tous les préceptes de la loi évangélique, nous apprend la rémission des péchés. Après le précepte, la prévarication; et par grace, la rémission. Il ne souvient de songer aux bonnes œuvres qui sont à faire, aux péchés qui sont à expier. *Sub quotidianâ peccatorum remissione vivamus*[1]. Dénombrement des péchés. Toute notre vie, inutilité; non-seulement paroles oiseuses, mais tout oiseux : nous sommes l'oisiveté même. Je confesse vos péchés et les miens, ceux que la plupart du monde ne confesse pas. Venez donc à Jésus : *Si vis, potes me mundare. — Volo, mundare*[2]. Quand le prêtre parle, Jésus parle; c'est lui qui dit : « Je le veux, soyez guéris : » *Volo, mundare.*

Il lui défend de parler, il l'envoie aux prêtres, *in testimonium illis*[3]. Ce n'est pas qu'il veuille que le peuple ignore ses merveilles et sa mission; il veut qu'il les apprenne par la voie ordinaire établie de Dieu.

La cure du lépreux. La lèpre est une impureté; signifie le péché : *Immunditiæ condemnabitur*[4]. On ne traite pas de même tous les lépreux. La lèpre nouvelle et la lèpre invétérée. Les pécheurs ne doivent pas s'étonner, si... diversement. Médecins qui ne discernent pas. Il faut savoir discerner entre la lèpre et la lèpre.

---

[1] S. August., *Serm.* LVIII, n. 6. — [2] *Matth.*, VIII, 2 et 3. — [3] *Ibid.*, 4. — [4] *Levit.*, XIII, 8.

(*a*) *Var.* : D'annoncer.

Les clefs pour fermer et pour ouvrir. La communion avec discrétion : *Et dixit Atersatha eis, ut non comederent de Sancto sanctorum, donec surgeret sacerdos doctus atque perfectus* [1]. — *Secunda præcepta æger accepit* [2].

Celui qui a été une fois purifié, s'il devient lépreux, est condamné comme immonde [3] : *Quicumque maculatus fuerit leprâ, et separatus est ad arbitrium sacerdotis, habebit vestimenta dissuta, caput nudum, os veste contectum, contaminatum ac sordidum se clamabit : solus habitabit extra castra* [4]. Le pécheur doit être séparé de peur de la contagion : c'est pourquoi la victime pour le péché, *extra castra* [5]; et Notre-Seigneur, *extra portam* [6] : excommunication que Jésus-Christ a soufferte.

Offeres munus quod præcepit Moyses [7] : deux passereaux. On en immole l'un ; on délivre l'autre, on le lâche en liberté après avoir été trempé au sang de l'autre [8]. Jésus-Christ immolé. Toute la nature vivante. Elle est délivrée, mais il faut qu'elle soit trempée au sang de Jésus-Christ par la mortification. La vie délicieuse ne souffre pas qu'on soit trempé dans ce sang : *Vivens mortua est* [9].

Le lépreux étoit obligé de couper tous les poils, ses cheveux, sa barbe, ses sourcils. La lèpre s'attachoit principalement aux cheveux et aux poils, un superflu. *Vir de cujus capite capilli fluunt, calvus et mundus est* [10] : c'étoit une marque. Le superflu retranché ; c'est là que les péchés s'attachent. Ne demandez pas ce qu'il faut retrancher : retranchez quelque chose, la lumière vous viendra pour retrancher toujours davantage. Retranchez par l'aumône; retranchez tous les jours quelque chose à la vanité. On objecte toujours la bienséance : il faut couper même les sourcils et la barbe. Il n'importe pas, quand le visage sera un peu défiguré. Personne plus obligé aux aumônes que les lépreux purifiés, les pécheurs guéris.

Deux raisons pourquoi l'aumône ôte les péchés : 1° Le péché naturellement demande d'être puni par la privation de tout bien. Qui est ingrat et rebelle envers Dieu, mérite la soustraction de

---

[1] I *Esdr.*, II, 63. — [2] *Serm.* LXXXVIII, n. 7; *Serm.* CCLXXVII, n. 2. — [3] *Levit.*, XIII, 6, 7, 8. — [4] *Ibid.*, 44, 45, 46. — [5] *Ibid.*, IV, 21. — [6] *Hebr.*, XIII, 12. — [7] *Matth.*, VIII, 4. — [8] *Levit.*, XIV, 4, 5, 6, 7. — [9] I *Timoth.*, V, 6. — [10] *Levit.*, XIII, 40.

tous ses dons et ne doit rien avoir dans son empire : il a abusé de tout. Si l'on n'est pas effectivement privé, il faut compatir à ceux qui le sont, souffrir avec eux. *Alios per patientiam, alios per misericordiam* [1].

2° Par l'aumône on empêche les péchés des autres. Une infinité de péchés où la pauvreté engage : péchés inconnus, incestes pour n'avoir point de lits, et autres abominations. Rien de meilleur pour expier nos péchés commis, que d'empêcher que les autres n'en commettent. *Charitas operit multitudinem peccatorum* [2]. Nous avons besoin d'un remède qui en remette et en couvre plusieurs, car nous péchons sans cesse.

Aumône, excellente préparation pour la communion. Le don de l'aumône, préparation au don sacré. Donner à Jésus-Christ, préparation à l'action par laquelle il se donne à nous.

SERMON ABRÉGÉ

POUR

LE Ve DIMANCHE APRÈS L'ÉPIPHANIE.

Sinite utraque crescere usque ad messem. Matth., XIII, 30.

Tout autant que nous sommes de chrétiens, nous sommes de pauvres bannis, qui étant relégués bien loin de notre chère patrie, sommes contraints de passer cette vie mortelle dans un pèlerinage continuel, déplorant sans cesse la misère de notre péché qui nous a fait perdre la douceur et la liberté de notre air natal, seul capable de réparer nos forces perdues et de rétablir notre santé presque désespérée. Cependant, mes très-chères sœurs, ce qui adoucit les ennuis et les incommodités de notre exil, ce sont les lettres que nous recevons de notre bienheureuse patrie : vous entendez bien que c'est du ciel que je parle. Ces lettres, ce sont les Ecritures divines que notre Père céleste nous adresse par le ministère de ses

---

[1] S. Leo. — [2] I *Petr.*, IV, 8.

saints prophètes et de ses apôtres, et même par son cher Fils qu'il a envoyé sur la terre pour nous apporter ici-bas des nouvelles de notre pays et nous donner l'espérance d'un prompt et heureux retour. De sorte que si nous désirons ardemment de voir cette glorieuse cité dont nous devons être les habitans, si nous sommes vivement touchés de l'amour de notre patrie, où notre bon Père nous conserve un grand et éternel héritage, toute notre consolation doit être de lire ces lettres; nous en devons baiser mille et mille fois les sacrés caractères, et surtout nous en devons nuit et jour ruminer le sens. C'est pourquoi le prophète David chantoit à son Dieu parmi des soupirs amoureux : « O Seigneur, voyez que je suis étranger sur la terre; du moins ne me refusez pas cette unique consolation de méditer votre sainte parole : » *Incola ego sum in terrâ, non abscondas à me mandata tua*[1]. Ainsi je ne m'étonne pas, mes très-chères sœurs, si vous avez une telle avidité d'entendre la parole de Dieu. C'est un effet de ce pieux gémissement que le Saint-Esprit inspire en vos ames, les sollicitant par de saints désirs. Je m'estimerois bienheureux si je pouvois contribuer quelque chose à satisfaire ces pieux désirs. Ecoutez, écoutez, mes sœurs, les paroles du saint Evangile; et si je vous semble peu de chose, comme en effet je ne suis rien, songez que c'est la voix de votre Epoux que vous entendez par ma bouche.

« Le royaume des cieux, nous dit Jésus-Christ [2], est semblable à un homme qui avoit semé de bon grain dans son champ. Mais pendant que les hommes dormoient, son ennemi vint et sema de l'ivraie au milieu du blé, et s'en alla. L'herbe ayant donc poussé et étant montée en épi, l'ivraie commença aussi à paroître. Alors les serviteurs du Père de famille vinrent lui dire : Seigneur, n'avez-vous pas semé de bon grain dans votre champ? D'où vient donc qu'il y a de l'ivraie? Il leur répondit : C'est l'homme ennemi qui l'y a semée. Et ses serviteurs lui dirent : Voulez-vous que nous allions l'arracher? Non, leur répondit-il, de peur qu'en arrachant l'ivraie, vous ne déraciniez en même temps le bon grain. »

Le grand Père de famille, c'est Dieu qui a répandu de tous côtés

---

[1] *Psal.* CXVIII, 19. — [2] *Matth.*, XIII, 24 et seq.

sur les hommes ses vérités, comme une semence céleste qui devoit fructifier en bonnes œuvres pour la vie éternelle. Il avoit commencé à jeter cette précieuse semence dans l'esprit de l'homme, l'introduisant dans ce paradis de délices où tout ce qui se présentoit à ses yeux ne lui parloit que de son Créateur. Mais pendant qu'il s'endormoit dans la considération de ses propres dons, oubliant insensiblement son auteur, auquel seul il devoit veiller, et « déçu de la douceur de sa charmante liberté, » *suâ in œternum libertate deceptus*[1], le serpent frauduleux qui lui parloit au dehors, fit couler intérieurement dans son cœur le venin subtil et délicat de la vaine gloire. Animé de ce bon succès, il n'a cessé de jeter autant qu'il a pu les semences du vice et du désordre partout où il a vu que la munificence divine répandoit celles de ses graces. Si bien que par ses artifices le bon et le mauvais grain, c'est-à-dire les bons et les mauvais se sont trouvés mêlés ensemble dans le même champ, c'est-à-dire ou bien dans le monde, comme Notre-Seigneur l'interprète, ou dans la sainte Eglise, comme je le pourrois justifier aisément par d'autres endroits de l'Ecriture. Là-dessus quelques faux zélés se sont élevés, qui ont trouvé ce mélange insupportable : il leur a semblé que la justice divine devoit incontinent exterminer les impies, et ouvrir sous eux les plus noirs abîmes pour les engloutir. Mais notre sage Père de famille ne défère pas à leur zèle inconsidéré et superbe; il ordonne que l'on les laisse croître jusqu'à la moisson, c'est-à-dire la fin des siècles. Et alors il enverra ses saints anges pour faire cette dernière et éternelle séparation, par laquelle les méchans séparés pour jamais de la compagnie des bons, seront jetés dans la flamme, pendant que la troupe des justes toute pure et tout éclatante fera voir dans le royaume de Dieu autant de soleils que de saints. C'est l'interprétation de notre parabole. L'intention de Notre-Seigneur en deux réflexions : la première sur le mélange, la seconde sur la séparation des bons et des mauvais.

Depuis le péché du premier homme, l'iniquité a régné dans le monde. Tous s'étoient écartés de la bonne voie : « Il n'y avoit personne qui fît bien, non pas même un seul, » comme chantoit

[1] Innocent. I, *Epist.* XXIV *ad Concil. Carthag.*, Lab., tom. II, col. 1285.

autrefois le Psalmiste[1], rapporté dans l'*Epître aux Romains*[2]. C'est pourquoi saint Augustin a dit « qu'il y avoit dans le monde comme une ville d'iniquité, qu'il a appelée Babylone[3]. Babylone en langue hébraïque, c'est-à-dire confusion : il l'appelle donc Babylone, parce que l'iniquité et la confusion sont inséparables. Cette cité, mes sœurs, c'est le règne, l'assemblée et pour parler de la sorte, la république des méchans. Mais Dieu regardant d'en haut en pitié cette noire et criminelle ignorance, a envoyé son Fils au monde pour le réformer. C'est lui qui contre cette cité turbulente, qui par son audacieuse rébellion dominoit par toute la terre, a établi une cité sainte qui doit servir d'asile à tous ceux qui se voudront retirer de cette confusion générale. Cette cité, mes très-chères sœurs, c'est la sainte, la spirituelle, la mystérieuse Jérusalem, c'est-à-dire vision de paix, afin d'opposer la paix des enfans de Dieu au désordre et au tumulte des enfans du monde.

Mais où se bâtira cette ville innocente? Quelles montagnes assez hautes, quelles mers et quel océan assez vaste la pourroient assez séparer de cette autre cité criminelle? Chères sœurs, le Prince son fondateur ne l'en veut point séparer par la distance des lieux : dessein certainement incroyable ! il bâtit Jérusalem au milieu de Babylone. Durant le cours de ce siècle pervers, les bons seront mêlés avec les méchans. O Dieu éternel! quel mélange de ces deux peuples divers, je veux dire des saints et des impies! L'un est prédestiné à la vie éternelle, et l'autre réprouvé à jamais. Leurs princes sont ennemis. Le prince de Jérusalem c'est Jésus; le diable est le prince de Babylone. Ils vivent sous des lois directement opposées. L'Apôtre, comme vous savez, distingue deux sortes de lois : l'une est la loi de l'esprit, elle gouverne Jérusalem; l'autre est la loi de la chair, qui domine dans Babylone. Leurs mœurs sont toutes contraires. L'une se propose pour dernière fin une paix trompeuse, à cause qu'elle est passagère ; l'autre, parmi beaucoup d'afflictions présentes, gémit et soupire sans cesse après une paix assurée, à cause qu'elle est éternelle. Qu'est-ce à dire ceci, mes très-chères sœurs? Ces deux peuples de bons et de méchans, dont

---

[1] *Psal.* XIII, 3. — [2] *Rom.*, III, 12. — [3] *In Psal.* XXVI, n. 18.

les lois sont si fort opposées, les mœurs si contraires, les desseins si incompatibles, vivent néanmoins ensemble dans une même société; ils sont éclairés d'un même soleil; ils respirent un même air; la terre, leur mère commune, leur fournit à tous indifféremment une nourriture semblable. Bien plus, nous les voyons tous les jours se présenter aux mêmes autels; ils sont associés dans la communion de l'Eglise, ils participent aux mêmes mystères, ils sont régénérés et repus de la vertu des mêmes sacremens. Oserions-nous bien, ô Seigneur, vous demander raison d'un mélange si surprenant? « Quelle convention, je vous prie, entre Jésus-Christ et Bélial[1]? » Pourquoi voulez-vous que les corps soient si proches, et les cœurs tellement séparés? Que vous ont fait vos enfans de les punir si cruellement, les contraignant de vivre avec vos ennemis et les leurs? Quel nouveau genre de supplice de joindre ainsi le vif et le mort? Vous, Seigneur, qui avez si bien rangé chaque chose en sa place, qui avez séparé la terre et le firmament, les ténèbres et la lumière, ne séparerez-vous point les justes d'avec les impies? Certes le ciel et la terre ne sont pas si fort éloignés, les ténèbres et la lumière ne sont pas si contraires que sont la vertu et le vice : pourquoi donc les laissez-vous ensemble? N'avez-vous débrouillé la confusion du premier chaos, qu'afin de nous rejeter dans un chaos plus horrible? Eclairez-nous, Seigneur, sur cette difficulté, non point par les raisons de la philosophie humaine, mais par la considération de vos secrets jugemens et de votre providence irrépréhensible.

L'admirable saint Augustin nous donne sur ce sujet une très-belle doctrine. « Les méchans, dit ce grand personnage [2], ne sont dans le monde, » *nisi ut convertantur, vel ut per eos boni exerceantur*. O peuple choisi, ô enfans de paix, ô citoyens de la Jérusalem bien-aimée, si Dieu votre Père eût voulu que vous vécussiez en paix en ce monde, il ne vous auroit pas exposés en proie au milieu de vos ennemis; mais voulant exercer et épurer votre vertu par l'épreuve de la patience, il vous a mis parmi une nation ennemie, afin que vous souffrissiez en ce siècle leur persécution et leur violence. C'est pourquoi dans la maison de notre père

---

[1] II *Cor.*, VI, 15. — [2] *In Psal.* LIV, n. 4.

Abraham, selon que le remarque l'Apôtre (chap. IV *aux Galates*), Ismaël l'enfant de la chair et de la servante, persécutoit Isaac le fils de la promesse et de sa maîtresse. Ne voyez-vous pas que dans le ventre de Rébecca, femme du patriarche Isaac, ces deux gémeaux qu'elle porte, Esaü et Jacob, l'un figure des réprouvés, l'autre l'image des enfans de Dieu, « encore enfermés dans les mêmes entrailles commencent à se faire la guerre : » *Collidebantur in utero ejus parvuli*[1]. Que signifie ce mystère, mes sœurs? « Tu portes, ô Rébecca, dans ton ventre, dit la parole divine, deux grandes et nombreuses nations : » *Duæ gentes sunt in utero tuo*[2]. Quelles sont ces nations, chères sœurs? C'est d'une part la nation des justes, et de l'autre celle des impies, représentées dans ces deux enfans. Esaü, je l'avoue, supplantera Jacob pour un peu de temps; il sortira le premier; il emportera le droit d'aînesse. Il faut que dans le cours de ce siècle les bons et les saints, le monde prédestiné serve et gémisse pour l'ordinaire sous l'oppression et la tyrannie des méchans et des réprouvés. Mais enfin tôt ou tard la face des choses sera changée. Après qu'Esaü aura joui quelque temps de son droit d'aînesse, c'est-à-dire après que les méchans auront en apparence triomphé quelque temps dans ce monde par leur imaginaire félicité, Jacob emportera la bénédiction paternelle; il demeurera le seul et véritable supplantateur, comme son nom le lui promettoit. La prophétie divine s'accomplira, qui dit que « l'aîné servira au cadet : » *Major serviet minori*[3]; c'est-à-dire que les bons, qui paroissoient ici-bas être dans l'oppression et dans la disgrace, dans cette grande révolution qui arrivera à la fin des siècles, commenceront à prendre la première place; et les méchans étonnés d'une si grande vicissitude, gémiront à jamais dans une captivité insupportable. C'est ce qui nous est montré en figure en la *Genèse*. Mais en attendant, mes très-chères sœurs, il est nécessaire que les bons souffrent. Car de même que notre grand Dieu a jeté notre ame, qui est d'une si divine origine, dans une chair agitée de tant de convoitises brutales, afin que la vigueur de l'esprit s'évertuât tous les jours par la résistance du corps : ainsi a-t-il mêlé les bons parmi les impies, afin que ceux-là supportant la

[1] *Genes.*, XXV, 22. — [2] *Ibid.*, 23. — [3] *Ibid.*

persécution de ceux-ci, s'animassent d'autant plus à la vertu qu'ils y trouveroient plus d'obstacles.

Et c'est à vrai dire, mes sœurs, le grand miracle de la grace divine. Mener une vie innocente loin de la corruption commune, c'est l'effet d'une vertu ordinaire ; mais laisser les justes dans la compagnie des méchans et fortifier par là leur vertu, leur faire respirer le même air et les préserver de la contagion, les faire vivre parmi l'iniquité et leur faire observer la justice, c'est où paroît le triomphe de la toute-puissance divine. C'est ainsi, mes sœurs, qu'elle se plaît de faire paroître la lumière plus éclatante et plus pure parmi l'épaisseur des nuages. Ce grand Dieu tout-puissant qui a préservé les enfans dans la fournaise et Daniel parmi les lions ; qui a gardé la famille de Noé sur un bois fragile contre la fureur inévitable des eaux universellement débordées, celle de Lot de l'embrasement et des monstrueuses voluptés de Sodome ; qui a fait luire à ses enfans une merveilleuse lumière parmi les ténèbres d'Egypte ; qui a fait naître des eaux vives parmi les déserts arides de la Libye : ce Dieu a pris plaisir, pour faire voir son pouvoir, de conserver ses serviteurs innocens dans la corruption générale ; que dis-je, il les a préservés ? Leur vertu en a paru davantage.

Et certes s'il n'y avoit point eu de méchans, combien de vertus seroient étouffées ! Que deviendroit le zèle de convertir les ames, dont les saints ont été transportés ? Où seroient tant d'exhortations véhémentes ? où cette béatitude de ceux qui souffrent pour la justice ? où le triomphe du martyre ? Qui auroit mis la main sur la personne de Notre-Seigneur, s'il n'y avoit eu que des justes ? Mais quel seroit le désordre des choses humaines, si parmi cette prodigieuse multitude de méchans il n'y avoit du moins quelques justes qui, par leurs avertissemens et par leurs exemples, réprimassent la licence effrénée et retinssent du moins les choses dans quelque modération ? C'est pourquoi le Sauveur Jésus parlant au petit nombre de gens de bien qu'il avoit par sa grace assemblés près de sa personne, les appelle le sel de la terre : *Vos estis sal terræ*[1] ; voulant dire à mon avis que s'il n'eût répandu quelques personnes vertueuses deçà et delà dans le monde comme une espèce de sel

[1] *Matth.*, v, 13.

salutaire, les hommes auroient été entièrement corrompus, au lieu qu'il y reste peut-être quelque petite trace de vertu.

Cela étant de la sorte que nous autres chrétiens nous sommes envoyés pour être la lumière du monde, vivons en enfans de lumière et « ne communiquons point aux œuvres des ténèbres [1] » qui nous environnent. Méprisons cette vie, mes très-chères sœurs, où nous sommes en captivité. Regardez le siècle : de toutes parts vous y verrez régner l'impiété, le désordre, le luxe, les molles délices, l'avarice, l'ambition, et enfin toutes sortes de crimes. Quel plaisir pour nous en cette vie où les meilleurs ne sont pas mieux traités que les plus méchans? Au contraire nous verrons ordinairement les méchans dans le haut crédit et les sages dans la bassesse. Quelle estime pouvons-nous faire de cette sorte de biens que notre Père céleste, qui sait si parfaitement le prix des choses, donne en partage à ses ennemis? Considérez, mes très-chères sœurs, que dans une grande maison ce que l'on réserve aux enfans est toujours le plus précieux, et que ce que les serviteurs peuvent avoir de commun avec eux est toujours le moins important. Nous sommes les enfans de Dieu, et les méchans n'ont pas seulement l'honneur de pouvoir être nommés ses esclaves : ce sont ses ennemis et les victimes de sa fureur. Et néanmoins les plaisirs et les grands avantages après lesquels les mortels abusés ne cessent de soupirer, sont presque pour l'ordinaire en la possession des méchans. Souhaitez-vous des richesses? vous n'en aurez jamais plus que Crésus; les délices? vous n'en aurez jamais plus que Sardanapale; le pouvoir? vous n'en aurez jamais plus que Néron, Caligula, ces monstres du genre humain, et néanmoins les maîtres du monde. Où est-ce que l'éloquence, la sagesse mondaine, le crédit des beaux-arts a été plus grand que dans l'empire romain? C'étoient des idolâtres. « Demandez-vous à Dieu, dit saint Augustin, de l'argent? le voleur en a; une femme, une nombreuse famille, la santé du corps, les dignités du siècle? considérez que beaucoup de méchans possèdent ces biens. Est-ce pour cela seulement que vous servez Dieu (a)? Vos pieds chancelleront-

---

[1] *Ephes.*, v, 11.

(a) *Var.:* « Voulez-vous, dit saint Augustin, que Dieu vous donne de l'argent?

ils et croirez-vous servir Dieu en vain, lorsque vous voyez dans ceux qui ne le servent pas tous ces biens qui vous manquent? Ainsi il donne toutes ces choses aux méchans mêmes, et il se réserve lui seul pour les bons : » *Pecuniam vis à Deo ? habet et latro. Uxorem, fœcunditatem filiorum, salutem corporis, dignitatem sœculi ? attende quàm multi mali habent. Hoc est totum propter quod eum colis ? Nutabunt pedes tui, putabis te sine causâ colere, quando in eis vides ista qui eum non colunt ? Ergo ista dat omnia etiam malis, se solum servat bonis*[1]. Partant que l'ami de Jésus, s'il prétend à quelque chose de plus que les ennemis de Jésus, vive avec la grace de Dieu dans l'attente d'une plus grande félicité. O sainte paix de Sion! ô égalité des anges! ô divine Jérusalem, où il n'y a point de séditieux, point de fourbes, point de malfaiteurs; où il n'y a que des gens de bien, des amis et des frères! O heureuse égalité des anges! ô sainte compagnie, où Dieu régnera en paix, où nul ne blasphémera son saint nom, nul ne contreviendra à ses ordonnances! O sainte Sion, où toutes choses sont stables! Eh Dieu! qui nous a jetés dans ce flux et reflux de choses humaines? qui nous précipite dans cet abîme et cette mer agitée de tant de tempêtes? Quand retournerai-je à vous, ô Sion? quand verrai-je vos belles murailles, et vos fontaines d'eaux vives qui sont la félicité éternelle, et votre temple qui est Dieu même, et votre lumière qui est l'Agneau? « Alors, ô mon Dieu, vous nous vivifierez, vous nous renouvellerez, vous nous donnerez la vie de l'homme intérieur, et nous invoquerons votre nom, c'est-à-dire nous vous aimerons. Après nous avoir pardonné avec bonté tous nos péchés, vous vous donnerez vous-même pour être la récompense parfaite de ceux que vous aurez justifiés. Seigneur Dieu des vertus, convertissez-nous, montrez votre face, et nous serons sauvés : Vivificabis nos, *innovabis nos, vitam interioris hominis dabis nobis*, et nomen tuum invocabimus, *id est, te diligemus. Tu nobis dulcis eris remissor peccatorum nostrorum, tu eris totum præmium justificatorum.* Domine

---

[1] S. August., *In Psal.* LXXIX, n. 14.
les voleurs en ont; désirez-vous une femme, une nombreuse famille, la santé du corps, les dignités du siècle? considérez que beaucoup de méchans possèdent tous ces avantages. Est-ce l'unique objet pour lequel vous servez Dieu? »

Deus virtutum, converte nos, ostende faciem tuam, et salvi erimus[1]. »

Cette séparation, mes très-chères sœurs, a divers degrés. Premièrement les élus sont déjà séparés dans la prédestination éternelle, même dans la contagion du siècle, même dans cette masse de corruption où le monde semble les envelopper dans une commune confusion. Dieu les a déjà discernés, « Dieu sait ceux qui sont à lui : » *Cognovit Dominus qui sunt ejus*[2]; il les connoît par nom et par surnom : *Proprias oves vocat nominatim*[3]. Il en a un rôle dans son cabinet, ils sont écrits dans son livre. O joie ! ô bonheur incroyable ! Aimables brebis de Jésus, quelque part où vous erriez dans les chemins détournés de ce siècle, l'œil de votre pasteur est sur vous : il vous sépare des autres, non point de corps, mais de cœur ; il vous sépare par de saints désirs et par une bienheureuse espérance. Les affections, mes sœurs, ce sont comme les pas de l'ame ; c'est par elles qu'elle se remue. Ainsi les enfans de lumière, mêlés ici-bas parmi les enfans de ténèbres, en sortent par de saintes et de célestes affections. Ils sont en ce monde, mais leur amour en est détaché. Dieu, qui les a mêlés avec ses ennemis, ne cesse de les en séparer peu à peu par une opération toute-puissante. Il purifie leurs intentions, il les démêle insensiblement des embarras de la terre. Comme ils sont dans un corps mortel, et que néanmoins ils vivent en quelque sorte détachés du corps, et que Dieu rompt peu à peu leurs liens, ainsi que dit l'apôtre saint Paul, que « vivant dans la chair, nous ne vivons pas selon la chair[4] : » de même, bien qu'ils soient parmi les méchans, leur façon de vivre les discerne d'eux.

Viendra, viendra enfin cette dernière séparation. O jour terrible pour les méchans ! ô jour mille et mille fois heureux pour les bons ! Où iront les méchans séparés des enfans de Dieu ? C'est ce mélange, mes sœurs, qui empêche que Dieu ne les foudroie : il leur pardonne pour l'amour des siens ; leur présence modère sa juste fureur. C'est pourquoi, dans notre évangile, il défend « d'arracher l'ivraie, de peur d'endommager le bon grain : » *Ne forte*

---

[1] S. August., *In Psal.* LXXIX, ubi suprà. — [2] II *Timoth.*, II, 19. — [3] *Joan.*, X, 3. — [4] II *Cor.*, X, 3.

colligentes zizania, eradicetis simul cum eis et triticum[1]. Considérez, mes sœurs, que comme en ce monde les bons et les méchans sont mêlés, aussi la colère et la miséricorde divines sont en quelque façon tempérées l'une par l'autre. C'est pourquoi le Prophète a dit que « le calice qui est en la main de Dieu est mêlé. » Le vin signifie la joie, *Vinum lætificat*[2]*;* et l'eau, les tribulations : *Salvum me fac, Deus, quoniam intraverunt aquæ*[3]. Le prophète David dit que son ame est environnée d'eaux, c'est-à-dire de tribulations : *Vini meri plenus mixto*[4]. C'est ce mélange que le siècle doit boire. Sa vengeance est toujours mêlée de miséricorde, sa miséricorde de même : *Parcente manu sævit et donat*. Mais après ce siècle il ne restera plus que la lie : *Verumtamen fæx ejus non est exinanita : bibent omnes peccatores terræ*[5]. Ces pécheurs séparés des bons, ces pécheurs surpris dans leur crime, ces pécheurs qui ne seront jamais gens de bien, ils boiront toute la lie et toute l'amertume de la vengeance divine. Fuyons, fuyons, mes sœurs, fuyons de leur compagnie, n'ayons point de commerce avec eux. Votre profession vous en a déjà en quelque sorte séparées. Mais ne faites pas comme les Israélites : ne désirez point les plaisirs de l'Egypte, ne retournez pas la tête en arrière pour voir ce que vous avez quitté ; mais tenez vos yeux fichés éternellement à l'héritage qui vous est promis, aux saints qui vous attendent, à Jésus qui vous tend les bras pour vous recevoir en sa gloire.

[1] *Matth.*, XIII, 29. — [2] *Psal.* CIII, 15. — [3] *Psal.* LXVIII, 2. — [4] *Psal.* LXXIV, 9. — [5] *Ibid.*

SERMON

POUR

LE DIMANCHE DE LA SEPTUAGÉSIME (a).

Erunt novissimi primi, et primi novissimi. Matth., XX, 16.

Parcet pauperi et inopi, et animas pauperum salvas faciet.

Il pardonnera au pauvre et à l'indigent, et il sauvera les ames des pauvres. *Psal.* LXXI, 23.

Encore que ce qu'a dit le Sauveur Jésus, que les premiers seront les derniers et que les derniers seront les premiers, n'ait son entier accomplissement que dans la résurrection générale où les justes, que le monde avoit méprisés, rempliront les premières places, pendant que les méchans et les impies, qui ont eu leur règne sur la terre, seront honteusement relégués aux ténèbres extérieures ; toutefois ce renversement admirable des conditions humaines est déjà commencé (b) dès cette vie, et nous en voyons les premiers traits (c) dans l'institution de l'Eglise. Cette cité merveilleuse dont Dieu même a jeté les fondemens, a ses lois et sa police, par laquelle elle est gouvernée. Mais comme Jésus-Christ

---

(a) Prêché dans le mois de février 1659, aux *Filles de la Providence*, devant Vincent de Paul et les fondatrices de l'ordre, la princesse de Condé, les duchesses d'Orléans, d'Aiguillon, de Vendôme, mesdames de Brienne, de Séguier, etc.

Une sainte veuve, Marie de Lumague, après avoir quitté la Cour, renvoyé sa suite et vendu ses parures, recueilloit dans sa maison les filles repentantes. Quand ses ressources furent épuisées, Vincent de Paul vint à son aide ; et bientôt l'on vit s'élever près du Val-de-Grace, par les libéralités de la reine mère, de vastes bâtimens pour les pauvres orphelines.

C'est là que Bossuet, à la prière de Vincent de Paul, prononça notre sermon. La péroraison, qui commence par ces mots : « Ouvrez les yeux sur cette maison indigente, » justifie la plupart des indications précédentes ; et tout le discours réfute d'une manière éclatante l'accusation portée contre l'orateur, que « jamais la pauvreté ne lui arracha un seul cri. »

Ajoutons rapidement que l'auteur a écrit deux pages de ce sermon sur le dos de deux lettres adressées, l'une « à Monsieur l'abbé de Bossuet, à Paris ; » l'autre « à Monsieur Bossuet, grand archidiacre de la cathédrale de Metz, à Paris. »

(b) *Var.* : Ebauché. — (c) Un commencement.

on instituteur est venu au monde pour renverser l'ordre que l'orgueil y a établi, de là vient que sa politique est directement opposée à celle du siècle, et je remarque cette opposition principalement en trois choses. Premièrement, dans le monde les riches ont tout l'avantage et tiennent les premiers rangs : dans le royaume de Jésus-Christ la prééminence appartient aux pauvres, qui sont les premiers-nés de l'Eglise et ses véritables enfans. Secondement, dans le monde les pauvres sont soumis aux riches et ne semblent nés que pour les servir ; au contraire, dans la sainte Eglise, les riches n'y sont admis qu'à condition de servir les pauvres. Troisièmement, dans le monde les graces et les priviléges sont pour les puissans et les riches, les pauvres n'y ont de part que par leur appui : au lieu que dans l'Eglise de Jésus-Christ les graces et les bénédictions sont pour les pauvres, et les riches n'ont de priviléges que par leur moyen. Ainsi cette parole de l'Evangile que j'ai choisie pour mon texte, s'accomplit déjà dès la vie présente : « Les derniers sont les premiers, et les premiers sont les derniers, » puisque les pauvres qui sont les derniers dans le monde sont les premiers dans l'Eglise ; puisque les riches qui s'imaginent que tout leur est dû, et qui foulent aux pieds les pauvres, ne sont dans l'Eglise que pour les servir ; puisque les graces du Nouveau Testament appartiennent de droit aux pauvres, et que les riches ne les reçoivent que par leurs mains. Vérités certainement importantes et qui vous doivent apprendre, ô riches du siècle, ce que vous devez faire à l'égard des pauvres, c'est-à-dire honorer leur condition, soulager leurs nécessités, prendre part à leurs priviléges. C'est ce que je me propose de vous faire entendre avec le secours de la grace.

PREMIER POINT.

Le docte et éloquent saint Jean Chrysostome nous propose une belle idée pour connoître les avantages de la pauvreté sur les richesses ; il nous représente deux villes, dont l'une n'est composée que de riches, l'autre n'a que des pauvres (a) dans son enceinte,

---

(a) *Var.* : Dont l'une ne soit composée que de riches, l'autre n'ait que des pauvres.

et il examine ensuite laquelle des deux est la plus puissante. Si nous consultions la plupart des hommes sur cette proposition, je ne doute pas, chrétiens, que les riches ne l'emportassent ; mais le grand saint Chrysostome conclut pour les pauvres[1], et il se fonde sur cette raison que cette ville de riches auroit beaucoup d'éclat et de pompe, mais qu'elle seroit sans force et sans fondement assuré. L'abondance ennemie du travail, incapable de se contraindre, et par conséquent toujours emportée dans la recherche des voluptés, corromproit tous les esprits et amolliroit tous les courages par le luxe, par l'orgueil, par l'oisiveté. Ainsi les arts seroient négligés, la terre peu cultivée (*a*), les ouvrages laborieux par lesquels le genre humain se conserve entièrement délaissés ; et cette ville pompeuse, sans avoir besoin d'autres ennemis, tomberoit enfin par elle-même, ruinée par son opulence. Au contraire dans l'autre ville où il n'y auroit que des pauvres, la nécessité industrieuse, féconde en inventions et mère des arts profitables, appliqueroit les esprits par le besoin, les aiguiseroit par l'étude, leur inspireroit une vigueur mâle par l'exercice de la patience ; et n'épargnant pas les sueurs, elle achèveroit les grands ouvrages qui exigent nécessairement un grand travail. C'est à peu près ce que nous dit saint Jean Chrysostome au sujet de ces deux villes différentes. Il se sert de cette pensée pour adjuger (*b*) la préférence à la pauvreté.

Mais à parler des choses véritablement, nous savons que la distinction de ces deux villes n'est qu'une fiction agréable. Les villes, qui sont des corps politiques, demandent, aussi bien que les naturels, le tempérament et le mélange : tellement que selon la police humaine cette ville de pauvres de saint Chrysostome ne peut subsister qu'en idée. Il n'appartenoit qu'au Sauveur et à la politique du ciel de nous bâtir une ville qui fût véritablement la ville des pauvres : cette ville c'est la sainte Eglise ; et si vous me demandez, chrétiens, pourquoi je l'appelle la ville des pauvres, je vous en dirai la raison par cette proposition que j'avance, que l'Eglise dans son premier plan n'a été bâtie que pour les pauvres, et qu'ils

---

[1] Homil. XI *De Divit. et paup.*, tom. XII, p. 505, 506.
(*a*) *Var.* : La terre mal cultivée, — la terre inculte et abandonnée. — (*b*) Donner.

sont les véritables citoyens de cette bienheureuse cité que l'Ecriture a nommée la cité de Dieu. Encore que cette doctrine vous paroisse peut-être extraordinaire, elle ne laisse pas d'être véritable ; et afin de vous en convaincre, remarquez, s'il vous plaît, Messieurs, qu'il y a cette différence entre la Synagogue et l'Eglise, que Dieu a promis à la Synagogue des bénédictions temporelles, au lieu que, comme dit le divin Psalmiste, « toute la gloire de la sainte Eglise est cachée et intérieure : » *Omnis gloria ejus filiæ regis ab intus* [1]. « Dieu te donne, disoit Isaac à son fils Jacob [2], la rosée du ciel et la graisse de la terre. » C'est la bénédiction de la Synagogue. Et qui ne sait que dans les Ecritures anciennes, Dieu ne promet à ses serviteurs que de prolonger leurs jours, que d'enrichir leurs familles, que de multiplier leurs troupeaux, que de bénir leurs terres et leurs héritages ? Selon ces promesses, Messieurs, il est bien aisé de comprendre que les richesses et l'abondance étant le partage de la Synagogue, dans sa propre institution elle devoit avoir des hommes puissans et des maisons opulentes. Mais il n'en est pas ainsi de l'Eglise. Dans les promesses de l'Evangile, il ne se parle plus des biens temporels par lesquels l'on attiroit ces grossiers ou l'on amusoit ces enfans. Jésus-Christ a substitué en leur place les afflictions et les croix ; et par ce merveilleux changement, les derniers sont devenus les premiers, et les premiers sont devenus les derniers, parce que les riches qui étoient les premiers dans la Synagogue n'ont plus aucun rang dans l'Eglise, et que les pauvres et les indigens sont ses véritables citoyens.

Quoique ces différentes conduites de Dieu dans l'ancienne et dans la nouvelle alliance soient fondées sur de grandes raisons qu'il seroit trop long de rapporter, nous en pouvons dire ce mot en passant, que dans le Vieux Testament Dieu se plaisant à se faire voir avec un appareil majestueux, il étoit convenable que la Synagogue son épouse eût des marques de grandeur extérieure : et au contraire que dans le Nouveau, dans lequel Dieu a caché toute sa puissance sous une forme servile, l'Eglise son corps mystique devoit être une image de sa bassesse et porter sur elle

[1] *Psal.* XLIV, 14. — [2] *Genes.*, XXVII, 39.

la marque de son anéantissement volontaire. Et n'est-ce pas pour cela, mes frères, que ce même Dieu humilié « voulant, dit-il, remplir sa maison, » *ut impleatur domus mea*[1], ordonne à ses serviteurs de lui aller chercher tous les misérables ? Voyez comme il en fait lui-même le dénombrement : « Allez-vous-en, dit-il, dans les coins des rues, *Exi citò*, et amenez-moi promptement, qui ? les pauvres et les infirmes ; qui encore ? les aveugles et les impotens : » *Pauperes ac debiles, cæcos et claudos introduc huc*[2]. C'est de quoi il prétend remplir sa maison ; il n'y veut rien voir qui ne soit foible, parce qu'il n'y veut rien voir qui n'y porte son caractère, c'est-à-dire la croix et l'infirmité. Donc l'Eglise de Jésus-Christ est véritablement la ville des pauvres. Les riches, je ne crains point de le dire, en cette qualité de riches, car il faut parler correctement, étant de la suite du monde, étant pour ainsi dire marqués à son coin, n'y sont soufferts que par tolérance, et c'est aux pauvres et aux indigens, qui portent la marque du Fils de Dieu, qu'il appartient proprement d'y être reçus. C'est pourquoi le divin Psalmiste les appelle « les pauvres de Dieu : » *pauperes tuos*[3]. Pourquoi les pauvres de Dieu ? Il les nomme ainsi en esprit, parce que dans la nouvelle alliance il lui a plu de les adopter avec une prérogative particulière (a).

En effet, n'est-ce pas à eux qu'a été envoyé le Sauveur ? « Dieu m'a envoyé, nous dit-il, pour annoncer l'Evangile aux pauvres : » *Evangelizare pauperibus misit me*[4]. Ensuite n'est-ce pas aux pauvres qu'il adresse la parole, lorsque faisant son premier sermon sur cette montagne mystérieuse, où ne daignant parler aux riches sinon pour foudroyer leur orgueil, il porte la parole aux pauvres comme à ceux qu'il devoit évangéliser ? « O pauvres, que vous êtes heureux, parce qu'à vous appartient le royaume de Dieu[5] ! » Si donc c'est à eux qu'appartient le ciel qui est le royaume de Dieu dans l'éternité, c'est à eux aussi qu'appartient l'Eglise qui est le royaume de Dieu dans le temps. Aussi comme c'est à eux qu'elle appartenoit, ce sont eux qui y sont entrés les premiers.

[1] *Luc.*, XIV, 23. — [2] *Ibid.*, 21. — [3] *Psal.* LXXI, 2. — [4] *Luc.*, IV, 18. — [5] *Ibid.*, VI, 20.

(a) *Var.* : Parce qu'il les adopte avec une prérogative particulière.

« Voyez, disoit le divin Apôtre, qu'il n'y a pas dans l'Eglise plusieurs sages selon le monde, il n'y a pas plusieurs puissans, il n'y a pas plusieurs nobles ; mais Dieu a voulu choisir ce qu'il y avoit de plus méprisable[1] : » d'où il est aisé de conclure que l'Eglise de Jésus-Christ étoit une assemblée de pauvres. Et dans sa première fondation, si les riches y étoient reçus, dès l'entrée ils se dépouilloient de leurs biens et les jetoient aux pieds des apôtres, afin de venir à l'Eglise, qui étoit la ville des pauvres, avec le caractère de la pauvreté : tant le Saint-Esprit avoit résolu d'établir dans l'origine du christianisme la prérogative éminente des pauvres membres de Jésus-Christ.

Je pourrois encore, mes frères, établir la prééminence des pauvres sur d'autres raisons convaincantes, par lesquelles vous reconnoîtriez qu'ils sont les vrais enfans de l'Eglise et que c'est pour eux principalement que cette cité spirituelle a été bâtie. Mais il vaut mieux tirer quelque instruction et recueillir quelque fruit de cette doctrine salutaire. Elle nous doit apprendre, Messieurs, à respecter les pauvres et les indigens comme ceux qui sont nos aînés dans la famille de Jésus-Christ, et que son Père céleste a choisis pour être les citoyens de son Eglise, qui portant ses marques les plus assurées, sont aussi ses membres les plus précieux. C'est de l'apôtre saint Jacques que j'ai appris cette excellente morale. « Ecoutez, nous dit-il, mes très-chers frères : » *Audite, fratres mei dilectissimi*[2] ; sans doute il a dessein de nous proposer quelque chose de bien remarquable : quelle ame assez endurcie refusera son attention, à laquelle il est excité par l'organe d'un si grand apôtre, qui est honoré dans les saintes Lettres de la qualité glorieuse de frère de Notre-Seigneur ? Mais entendons ce qu'il veut dire ; voici ses propres paroles : « N'est-il pas vrai que Dieu a choisi les pauvres afin qu'ils fussent riches dans la foi et les héritiers du royaume qu'il a promis à ceux qui l'aiment ? Et après cela, poursuit-il, vous osez mépriser les pauvres ! » Cet apôtre, comme vous voyez, nous veut faire considérer en ce lieu l'éminente dignité des pauvres, et cette prérogative de leur vocation que j'ai tâché de vous expliquer. Dieu, dit-il, les a choisis

---

[1] *I Cor.*, I, 26, 28. — [2] *Jacob.*, II, 5.

spécialement pour être riches selon la foi et les héritiers de son royaume : n'est-ce pas, mes frères, ce que j'ai prêché, qu'ils sont appelés à l'Eglise avec l'honneur et la préférence d'un choix particulier ? Et de là que conclurons-nous, sinon ce qu'a conclu le même saint Jacques, que c'est un aveuglement déplorable de ne pas honorer les pauvres, auxquels Dieu a fait tant d'honneur par cette grace de prééminence qu'il leur donne dans son Eglise? Chrétiens, rendez-leur respect, honorez leur condition.

Saint Paul nous en donne l'exemple. Ecrivant aux Romains d'une aumône qu'il alloit porter aux fidèles de Jérusalem, il leur parle en ces termes : « Je vous conjure, mes frères, par notre Seigneur Jésus-Christ et par la charité du Saint-Esprit, que vous m'aidiez par vos prières auprès de Dieu, afin que les saints qui sont en Jérusalem agréent le présent que j'ai à leur faire : » *Obsecro vos, fratres, per Dominum nostrum Jesum Christum et per charitatem sancti Spiritûs, ut adjuvetis me in orationibus vestris pro me ad Deum, ut... obsequii mei oblatio accepta fiat in Jerusalem sanctis* [1]. Qui n'admireroit, chrétiens, comme il traite les pauvres honorablement ! Il ne dit pas l'aumône que j'ai à leur faire, ni l'assistance que j'ai à leur donner, mais le service que j'ai à leur rendre. Il fait quelque chose de plus, et je vous prie de méditer ce qu'il ajoute : « Priez Dieu, dit-il, mes chers frères, que mon service leur soit agréable. » Que veut dire le saint Apôtre, et faut-il tant de précautions pour faire agréer une aumône ? Ce qui le fait parler de la sorte, c'est la haute dignité des pauvres. On peut donner pour deux motifs : ou pour gagner l'affection, ou pour soulager la nécessité ; ou par un effet d'estime (a), ou par un sentiment de pitié : l'un est un présent, et l'autre une aumône. Dans l'aumône, on croit ordinairement que c'est assez de donner : on apporte plus de soin dans le présent, et il y a un certain art d'en relever le prix par la manière de l'offrir (b). C'est en cette dernière façon que saint Paul assiste les pauvres ; il ne les regarde pas seu-

---

[1] *Rom.*, XV, 30, 31. — A la suite du latin, vient dans le manuscrit : Ἵνα ἡ διακονία μου ἡ εἰς Ἱερουσαλήμ, εὐπρόσδεκτος γένηται τοῖς ἁγίοις.

(a) *Var.* : Ou par une marque d'estime. — (b) Et il y a un certain art innocent de relever le prix de ce que l'on donne, par la manière et les circonstances de l'offrir.

lement comme des malheureux qu'il faut assister, mais il regarde que dans leur misère ils sont les principaux membres de Jésus-Christ et les premiers-nés de l'Eglise. En cette qualité glorieuse il les considère comme des personnes auxquelles il fait la cour, si je puis parler de la sorte. C'est pourquoi il n'estime pas que ce soit assez que son présent les soulage, mais il souhaite que son service leur agrée ; et pour obtenir cette grace, il met toute l'Eglise en prières. Tant les pauvres sont considérables dans l'Eglise de Jésus-Christ, que saint Paul semble établir sa félicité dans l'honneur de les servir et dans le bonheur de leur plaire : *Ut obsequii mei oblatio accepta fiat in Jerusalem sanctis.*

Mesdames, revêtez-vous de ces sentimens apostoliques ; et dans les soins que vous prenez de cette maison, regardez avec respect les pauvres qui la composent. Méditez sérieusement en la charité de Notre-Seigneur que, si les honneurs du siècle vous mettent au-dessus d'eux, le caractère de Jésus-Christ qu'ils ont l'honneur de porter les élève au-dessus de vous ; honorez, en les servant, la mystérieuse conduite de la Providence divine, qui leur donne les premiers rangs dans l'Eglise avec une telle prérogative que les riches n'y sont reçus que pour les servir.

SECOND POINT.

C'est la seconde vérité que je me suis obligé de vous expliquer, et qui suit si évidemment de celle que j'ai déjà établie, qu'il ne sera pas nécessaire de m'étendre beaucoup sur la preuve. Et certainement, chrétiens, comme il a déjà été dit, Jésus qui ne promet dans son Evangile que des afflictions et des croix, n'a pas besoin de riches dans sa sainte Eglise ; et leur faste n'ayant rien de commun avec la profonde humiliation de ce Dieu anéanti jusqu'à la croix, il est bien aisé de juger, Messieurs, qu'il ne les recherche pas pour eux-mêmes (*a*). Car à quoi lui sont-ils bons dans son royaume, sinon pour lui ériger des temples superbes ou pour orner ses autels d'or et de pierreries ? Ne vous persuadez pas qu'il se plaise dans ces ornemens ; il les reçoit de la main des hommes comme

(*a*) *Var.:* Leur faste n'ayant rien de commun avec l'anéantissement de ce Dieu pauvre, il est bien visible, Messieurs, qu'il ne les recherche pas pour eux-mêmes.

des marques de leur piété, comme des hommages de leur religion. Mais bien loin d'exiger ces grandes dépenses, ne voyez-vous pas au contraire qu'il n'est rien de plus commun ni de plus bas prix que ce qui est nécessaire à son culte? Il demande seulement de l'eau la plus simple pour régénérer ses enfans; il ne faut qu'un peu de pain et de vin pour consacrer ses mystères, où réside la source de toutes ses graces; jamais il ne s'est tenu mieux servi que lorsqu'on lui sacrifioit dans des cachots et que l'humilité et la foi faisoient tout l'ornement de ses temples. Autrefois dans l'ancienne loi il vouloit de la pompe dans son service; mais cette simplicité qu'il affecte, si je puis parler de la sorte, dans le culte de la nouvelle alliance, c'est pour faire voir aux riches du monde qu'il n'a plus besoin d'eux ni de leurs trésors, si ce n'est pour le service de ses pauvres.

Mais pour les pauvres, Messieurs, il confesse qu'il en a besoin, et il implore leur secours : *Ecce mysterium vobis dico*[1] : « Voici un mystère admirable. » Jésus n'a besoin de rien, et Jésus a besoin de tout; Jésus n'a besoin de rien selon sa puissance; mais Jésus a besoin de tout selon sa compassion : *Ecce mysterium vobis dico :* « Voici un grand mystère que j'ai à vous dire ; » c'est le mystère du Nouveau Testament. Cette même miséricorde qui a obligé Jésus innocent à se charger de tous les crimes, oblige encore Jésus, tout heureux qu'il est, à se charger de toutes les misères. Car comme le plus innocent est celui qui a porté le plus de péchés, aussi le plus abondant est celui qui porte le plus de besoins. Ici il a faim, et là il a soif; là il gémit sous des chaînes, ici il est travaillé par des maladies : il souffre en même temps le froid et le chaud, et les extrémités opposées. Pauvre véritablement, et le plus pauvre de tous les pauvres, parce que tous les autres pauvres ne souffrent que pour eux-mêmes, et « qu'il n'y a que Jésus-Christ qui pâtisse dans toute l'universalité des misérables : » *Unus tantummodo Christus est qui in omnium pauperum universitate mendicet*[2]. Ce sont donc les besoins pressans de ses pauvres membres qui l'obligent de se relâcher en faveur des riches.

Il ne voudroit voir dans son Eglise que ceux qui portent sa

[1] I *Cor.*, xv, 51. — [2] Salvian., *Advers. Avarit.*, lib. IV, n. 4.

marque, que des pauvres, que des indigens, que des affligés, que des misérables. Mais s'il n'y a que des malheureux, qui soulagera les malheureux? que deviendront les pauvres dans lesquels il souffre et dont il ressent tous les besoins ? Il pourroit leur envoyer ses saints anges, mais il est plus juste qu'ils soient assistés par des hommes qui sont leurs semblables. Venez donc, ô riches, dans son Eglise ; la porte enfin vous en est ouverte; mais elle vous est ouverte en faveur des pauvres et à condition de les servir. C'est pour l'amour de ses enfans qu'il permet l'entrée à ces étrangers. Voyez le miracle de la pauvreté ! Oui, les riches étoient étrangers ; mais le service des pauvres les naturalise et leur sert à expier la contagion qu'ils contractent parmi leurs richesses; par conséquent, ô riches du siècle, prenez tant qu'il vous plaira des titres superbes, vous les pouvez porter dans le monde : dans l'Eglise de Jésus-Christ vous êtes seulement serviteurs des pauvres. Ne vous offensez pas de ce titre : le patriarche Abraham l'a tenu à gloire ; lui qui avoit tant de serviteurs et une si nombreuse famille, prenoit néanmoins pour son partage le soin et l'obligation de servir les nécessiteux. Aussitôt qu'ils approchent de sa maison, lui-même s'avance pour les recevoir; lui-même va choisir dans son troupeau ce qu'il y a de plus délicat et de plus tendre ; lui-même se donne la peine de servir leur table [1]. Ainsi, dit l'éloquent Pierre Chrysologue, « Abraham sentant arriver les pauvres, ne se souvient plus qu'il est maître, » et il fait toutes les fonctions d'un serviteur : *Abraham, viso peregrino, dominum se esse nescivit*[2]. Mais d'où lui vient cet empressement à servir les pauvres? C'est que ce père des croyans voyoit déjà en esprit le rang qu'ils devoient tenir dans l'Eglise; il considère déjà Jésus-Christ en eux ; il oublie sa dignité dans la vue de celle des pauvres, et il montre aux riches par son exemple l'obligation qu'ils ont de les servir.

Mais quel service leur devons-nous rendre? en quoi sommes-nous tenus de les assister ? Vous le voyez déjà, chrétiens, dans l'exemple du patriarche Abraham. Mais l'admirable saint Augustin vous va donner encore sur ce sujet-là une instruction plus particulière. « Le service que vous devez aux nécessiteux, c'est de

[1] *Genes.*, XVIII, 8. — [2] Serm. CXXI *De Divit. et Lazar.*

porter avec eux une partie du fardeau qui les accable[1]. » L'apôtre saint Paul ordonne aux fidèles de « porter les fardeaux les uns des autres : » *Alter alterius onera portate*[2]. Les pauvres ont leur fardeau, et les riches aussi ont le leur. Les pauvres ont leur fardeau; qui ne le sait pas ? Quand nous les voyons suer et gémir, pouvons-nous ne pas reconnoître que tant de misères pressantes sont un fardeau très-pesant, dont leurs épaules sont accablées ? Mais encore que les riches marchent à leur aise et semblent n'avoir rien qui leur pèse, sachez qu'ils ont aussi leur fardeau. Et quel est ce fardeau des riches? chrétiens, le pourrez-vous croire? Ce sont leurs propres richesses. Quel est le fardeau des pauvres ? C'est le besoin. Quel est le fardeau des riches ? C'est l'abondance. « Le fardeau des pauvres, dit saint Augustin, c'est de n'avoir pas ce qu'il faut ; et le fardeau des riches, c'est d'avoir plus qu'il ne faut : » *Onus paupertatis non habere, divitiarum onus plus quàm opus est habere*[3]. Quoi donc ! est-ce un fardeau incommode que d'avoir trop de biens ? Ah! que j'entends de mondains qui désirent un tel fardeau dans le secret de leurs cœurs ! Mais qu'ils arrêtent ces désirs inconsidérés. Si les injustes préjugés du siècle les empêchent de concevoir en ce monde combien l'abondance pèse, quand ils viendront en ce pays où il nuira d'être trop riches, quand ils comparoîtront à ce tribunal où il faudra rendre compte non-seulement des talens dispensés, mais encore des talens enfouis, et répondre à ce juge inexorable non-seulement de la dépense, mais encore de l'épargne et du ménage, alors, Messieurs, ils reconnoîtront que les richesses sont un grand poids, et ils se repentiront vainement de ne s'en être pas déchargés.

Mais n'attendons pas cette heure fatale, et pendant que le temps le permet, pratiquons ce conseil de saint Paul : *Alter alterius onera portate :* « Portez vos fardeaux les uns les autres. » Riche, portez le fardeau du pauvre, soulagez sa nécessité, aidez-le à soutenir les afflictions sous le poids desquelles il gémit; mais sachez qu'en le déchargeant vous travaillez à votre décharge : lorsque vous lui donnez, vous diminuez son fardeau, et il diminue le vôtre ; vous portez le besoin qui le presse, il porte l'abondance qui vous sur-

---

[1] *Serm.* CLXIV, n. 9.— [2] *Galat.*, VI, 2.— [3] Ubi suprà.

charge. Communiquez entre vous mutuellement vos fardeaux, « afin que les charges deviennent égales : » *ut fiat œqualitas,* dit saint Paul [1]. Car quelle injustice, mes frères, que les pauvres portent tout le fardeau, et que tout le poids des misères aille fondre sur leurs épaules ! S'ils s'en plaignent et s'ils en murmurent contre la Providence divine, Seigneur, permettez-moi de le dire, c'est avec quelque couleur de justice. Car étant tous pétris d'une même masse et ne pouvant pas y avoir grande différence entre de la boue et de la boue, pourquoi verrons-nous d'un côté la joie, la faveur, l'affluence; et de l'autre la tristesse, et le désespoir, et l'extrême nécessité, et encore le mépris et la servitude? Pourquoi cet homme si fortuné vivroit-il dans une telle abondance et pourroit-il contenter jusqu'aux désirs les plus inutiles d'une curiosité étudiée, pendant que ce misérable, homme toutefois aussi bien que lui, ne pourra soutenir sa pauvre famille, ni soulager la faim qui le presse? Dans cette étrange inégalité, pourroit-on justifier la Providence de mal ménager les trésors que Dieu met entre des égaux, si par un autre moyen elle n'avoit pourvu au besoin des pauvres et remis quelque égalité entre les hommes? C'est pour cela, chrétiens, qu'il a établi son Eglise, où il reçoit les riches, mais à condition de servir les pauvres; où il ordonne que l'abondance supplée au défaut, et donne des assignations aux nécessiteux sur le superflu des opulens. Entrez, mes frères, dans cette pensée : si vous ne portez le fardeau des pauvres, le vôtre vous accablera ; le poids de vos richesses mal dispensées vous fera tomber dans l'abîme : au lieu que si vous partagez avec les pauvres le poids de leur pauvreté, en prenant part à leur misère, vous mériterez tout ensemble de participer à leurs privilèges.

TROISIÈME POINT.

Sans cette participation des privilèges des pauvres il n'y a aucun salut pour les riches ; et il me sera aisé de vous en convaincre, en insistant toujours aux mêmes principes. Car s'il est vrai, comme je l'ai dit, que l'Eglise est la ville des pauvres, s'ils y tiennent les premiers rangs, si c'est pour eux principalement que

[1] II *Cor.,* VIII, 14.

cette cité bienheureuse a été bâtie, il est bien aisé de conclure que les priviléges leur appartiennent. Dans tous les royaumes, dans tous les empires, il y a des privilégiés, c'est-à-dire des personnes éminentes qui ont des droits extraordinaires ; et la source de ces priviléges, c'est qu'ils touchent de plus près ou par leur naissance ou par leurs emplois à la personne du prince. Cela est de la majesté, de l'état et de la grandeur du souverain, que l'éclat qui rejaillit de sa couronne se répande en quelque sorte sur ceux qui l'approchent. Puisque nous apprenons par les saintes Lettres que l'Eglise est un royaume si bien ordonné, ne doutez pas, mes frères, qu'elle n'ait aussi ses privilégiés. Et d'où se prendront ces priviléges, sinon de la société avec son prince, c'est-à-dire avec Jésus-Christ? Que s'il faut être uni avec le Sauveur, chrétiens, ne cherchons pas dans les riches les priviléges de la sainte Eglise. La couronne de notre monarque est une couronne d'épines : l'éclat qui en rejaillit, ce sont les afflictions et les souffrances. C'est dans les pauvres, c'est dans ceux qui souffrent, que réside la majesté de ce royaume spirituel. Jésus étant lui-même pauvre et indigent, il étoit de la bienséance qu'il liât société avec ses semblables et qu'il répandît ses faveurs sur ses compagnons de fortune.

Qu'on ne méprise plus la pauvreté et qu'on ne la traite plus de roturière. Il est vrai qu'elle étoit de la lie du peuple : mais le Roi de gloire l'ayant épousée, il l'a ennoblie par cette alliance, et ensuite il accorde aux pauvres tous les priviléges de son empire. Il promet le royaume aux pauvres, la consolation à ceux qui pleurent, la nourriture à ceux qui ont faim, la joie éternelle à ceux qui souffrent. Si tous les droits, si toutes les graces, si tous les priviléges de l'Evangile sont aux pauvres de Jésus-Christ, ô riches, que vous reste-t-il, et quelle part aurez-vous dans son royaume? Il ne parle de vous dans son Evangile que pour foudroyer votre orgueil : *Væ vobis divitibus* [1] *!* « Malheur à vous, riches ! » Qui ne trembleroit à cette sentence ? Qui ne seroit saisi de frayeur ? Contre cette terrible malédiction, voici votre unique espérance. Il est vrai, ces priviléges sont donnés aux pauvres; mais vous pouvez les obtenir d'eux et les recevoir de leurs mains :

[1] *Luc.*, VI, 24.

c'est là que le Saint-Esprit vous renvoie pour obtenir les graces du ciel. Voulez-vous que vos iniquités vous soient pardonnées? « Rachetez-les, dit-il, par aumônes : » *Peccata tua eleemosynis redime*[1]. Demandez-vous à Dieu sa miséricorde? cherchez-la dans les mains des pauvres en l'exerçant envers eux : *Beati misericordes*[2]. Enfin, voulez-vous entrer au royaume? Les portes, dit Jésus-Christ, vous seront ouvertes, pourvu que les pauvres vous introduisent : « Faites-vous, dit-il, des amis qui vous reçoivent dans les tabernacles éternels[3]. » Ainsi la grace, la miséricorde, la rémission des péchés, le royaume même est entre leurs mains; et les riches n'y peuvent entrer, si les pauvres ne les y reçoivent.

Donc, ô pauvres, que vous êtes riches! mais, ô riches, que vous êtes pauvres! Si vous vous tenez à vos propres biens, vous serez privés pour jamais des biens du Nouveau Testament; et il ne vous restera pour votre partage que ce *Væ* terrible de l'Evangile. Ah! pour détourner ce coup de foudre, pour vous mettre heureusement à couvert de cette malédiction inévitable, jetez-vous sous l'aile de la pauvreté; entrez en commerce avec les pauvres; donnez, et vous recevrez; donnez les biens temporels, et recueillez les bénédictions spirituelles; prenez part aux misères des affligés, et Dieu vous donnera part à leurs priviléges.

C'est ce que j'avois à vous dire touchant les avantages de la pauvreté et la nécessité de la secourir. Après quoi il ne me reste plus autre chose à faire, sinon de m'écrier avec le prophète : *Beatus qui intelligit super egenum et pauperem*[4] *:* « Heureux celui qui entend sur l'indigent et sur le pauvre! » Il ne suffit pas, chrétiens, d'ouvrir sur les pauvres les yeux de la chair; mais il faut les considérer par les yeux de l'intelligence : *Beatus qui intelligit.* Ceux qui les regardent des yeux corporels, ils n'y voient rien que de bas, et ils les méprisent. Ceux qui ouvrent sur eux l'œil intérieur, je veux dire l'intelligence guidée par la foi, ils remarquent en eux Jésus-Christ; ils y voient les images de sa pauvreté, les citoyens de son royaume, les héritiers de ses promesses, les distributeurs de ses graces, les enfans véritables de son Eglise, les premiers membres de son corps mystique. C'est ce

---

[1] *Dan.,* IV, 24. — [2] *Matth.,* V, 7. — [3] *Luc.,* XVI, 9. — [4] *Psal.* XL, 2.

qui les porte à les assister avec un empressement charitable. Mais encore n'est-ce pas assez de les secourir dans leurs besoins. Tel assiste le pauvre, qui n'est pas intelligent sur le pauvre. Celui qui leur distribue quelque aumône, ou contraint par leurs pressantes importunités, ou touché par quelque compassion naturelle, soulage la misère du pauvre ; mais néanmoins il est véritable qu'il n'est pas intelligent sur le pauvre. Celui-là entend véritablement le mystère de la charité, qui considère les pauvres comme les premiers enfans de l'Eglise ; qui honorant cette qualité, se croit obligé de les servir ; qui n'espère de participer aux bénédictions de l'Evangile que par le moyen de la charité et de la communication fraternelle.

Donc, mes frères, ouvrez les yeux sur cette maison indigente, et soyez intelligens sur ses pauvres. Si je demandois vos aumônes pour une seule personne, tant de grandes et importantes raisons qui vous obligent à la charité, devroient émouvoir vos cœurs. Maintenant j'élève ma voix au nom d'une maison tout entière, et encore d'une maison chargée d'une multitude nombreuse de pauvres filles entièrement délaissées. Faut-il vous représenter et le péril de ce sexe, et les suites dangereuses de sa pauvreté, l'écueil le plus ordinaire où sa pudeur fait naufrage ? Que serviront les paroles, si la chose même ne vous touche pas ? Entrez dans cette maison, prenez connoissance de ses besoins ; et si vous n'êtes pas touchés de l'extrémité où elle est réduite, je ne sais plus, mes frères, ce qui sera capable de vous attendrir. Il est vrai, des dames pieuses ont ouvert les yeux sur cette maison, elles ont entendu sur les pauvres ; parce qu'elles connoissent leur dignité, elles se tiennent honorées de les servir ; parce qu'elles sont chrétiennes, elles se croient obligées de les assister ; parce qu'elles savent le poids des richesses mal employées, elles se déchargent entre leurs mains d'une partie de leur fardeau, et en répandant les biens temporels, elles viennent recevoir en échange les graces spirituelles.

ABRÉGÉ D'UN SERMON

POUR

LE DIMANCHE DE LA SEPTUAGÉSIME (a).

Parcet pauperi et inopi, et animas pauperum salvas faciet. Psal. LXXI, 23.

Il est venu au monde pour renverser l'ordre que l'orgueil y a établi : *Novissimi primi, primi novissimi*[1]. Police de l'Eglise contraire à la politique du siècle, en trois points : 1° Dans le monde les riches sont les premiers, dans le royaume de Jésus-Christ la prééminence appartient aux pauvres, qui sont les vrais enfans et les premiers-nés de l'Eglise. 2° Dans le monde les pauvres semblent nés pour servir les riches, dans l'Eglise les riches pour servir les pauvres. 3° Dans le monde les graces et les priviléges sont pour les riches, et les pauvres n'y ont part que par leur appui; dans l'Eglise toutes les bénédictions sont pour les pauvres, et les riches n'ont de priviléges que par leur moyen. Trois vérités qui expriment aux riches comme ils doivent se conduire à l'égard des pauvres, en honorant leur condition, soulageant leur nécessité, participant à leurs priviléges.

Les pauvres sont les vrais enfans de l'Eglise. Ils y sont de droit et de la première institution, et les riches seulement par grace et par privilége. Jésus-Christ ne vient que pour eux : tout le psaume LXXI. Le roi des pauvres. Le sujet de sa mission : *Evangelizare pauperibus misit me*[2]; — *Pauperes evangelizantur*[3]. La raison : condamner l'injustice des hommes et prendre en main la protection de ce que le monde abandonne le plus; ce sont les pauvres : *Tibi derelictus est pauper*[4]. Dieu envoie au monde Jésus-Christ pour en être le Sauveur. S'il eût appelé les riches et les puissans, ils eussent cru lui faire trop d'honneur, ou ils l'auroient superbement dédaigné. Il veut des personnes qui ne

---

[1] *Matth.*, XX, 16. — [2] *Luc.*, IV, 18. — [3] *Matth.*, XI, 5. — [4] *Psal.* II. X, 14.

(a) Ces lignes n'avoient pas encore été publiées. Elles renferment pour ainsi dire le canevas du sermon précédent.

croient pas que rien leur soit dû, et qui se tiennent trop heureux qu'on les considère. Il envoie inviter à son festin des personnes riches et accommodées ; ils s'excusent tous, les riches font les dédaigneux. Jésus-Christ : *Pauperes, debiles, claudos..., compelle intrare*[1]. Ils n'osent venir, ils s'en croient indignes. — *Compelle intrare;* ce sont ceux que je veux. — En effet les apôtres, et durant les trois premiers siècles : *Non multi potentes, non multi nobiles; ea quæ non sunt;* ce sont les pauvres qu'on compte pour rien. A peine les premiers chrétiens jugeoient-ils les puissans dignes d'être reçus dans l'Eglise. Ils les trouvoient trop chargés de la pompe du siècle, trop engagés dans les intérêts du monde, qu'ils croyoient le règne de Satan. Tertullien dit que les Césars ne peuvent pas être chrétiens : *Christiani esse non possunt Cæsares et majores sæculi.* Ils sont sa pompe ; nécessaires pour nous tourmenter. Voilà donc les pauvres les premiers-nés ; ce sont ceux pour lesquels Jésus-Christ est venu. Lui-même pauvre, et Sauveur des pauvres, particulièrement des malades. C'est pourquoi il est dit : *Pauperum enim erat adjutor.* Honorez la condition des pauvres à cause du mépris que le monde fait d'eux. Puissante raison à des chrétiens.

Les riches ne sont dans l'Eglise que pour les pauvres ; il faut le prouver en considérant le véritable usage des richesses dans le royaume de Jésus-Christ. Ce n'est pas pour la pompe, pour l'ostentation, pour l'affluence, pour les voluptés. Il n'a que faire de temples somptueux. Il n'a jamais régné plus absolument que lorsque ses mystères se célébroient dans des cachots. On trouvera que tout l'usage des richesses à l'égard du royaume de Jésus-Christ, c'est la miséricorde. Tout le reste est plutôt contraire à l'Eglise et à l'esprit du christianisme. Il ne souffre donc les riches que pour assister les pauvres ; c'est à cette charge qu'il les reçoit. C'est pourquoi dans l'ancienne Eglise, tout en commun, de peur de se rendre coupables de la nécessité de quelqu'un : *Beatus qui intelligit super egenum et pauperem*[2] *!* Il y a : assister le pauvre et être intelligent sur le pauvre. Celui qui donne avec orgueil, qui reproche ses bienfaits, il assiste le pauvre ; mais pour

---

[1] *Luc.,* XIV, 21, 23. — [2] *Psal.* XL, 2.

être intelligent sur le pauvre, il faut lui donner dans la pensée que nous n'avons de biens qu'à cette condition, qu'on n'est dans l'Eglise que pour cela. Toutes les autres dispensations des richesses ne regardent pas l'Eglise ; celle-ci lui est propre et particulière : *Beatus qui intelligit....* qui se regarde comme le ministre des pauvres ! Cela l'oblige non-seulement à les assister quand ils se présentent, mais à aller au-devant comme un serviteur qui doit prévenir son maître. Il faut forcer leur pudeur par un bon accueil. Exemple d'Elie. Diverses remarques.

Les priviléges de l'Eglise appartiennent aux pauvres. Toutes les malédictions sur les riches ; toutes les bénédictions sur les pauvres. Le moyen de communiquer, c'est de s'associer avec eux par la compassion. Acheter leurs priviléges en les assistant, expier la contagion qu'on contracte par les richesses. Saint Paulin, sur sainte Mélanie.

PREMIER SERMON

POUR

LE DIMANCHE DE LA QUINQUAGÉSIME,

SUR L'UTILITÉ DES SOUFFRANCES (a).

Ipsi nihil horum intellexerunt, et erat verbum istud absconditum ab eis, et non intelligebant quæ dicebantur (b).

Les apôtres ne comprirent rien dans tout ce discours que le Fils de Dieu leur fit de sa passion; et ces choses leur étoient cachées (c), et ils n'entendirent point ce qu'il leur disoit. *Luc.,* XVIII, 34.

L'histoire sacrée de l'Evangile nous représente les saints apôtres en trois états différens depuis leur vocation. Elle nous les représente premièrement dans une grande ignorance des célestes vérités; ensuite nous les voyons dans une incrédulité manifeste; enfin ils nous sont montrés pleins de lumières et de connoissances, et tellement éclairés qu'ils éclairent eux-mêmes tout le monde. Lorsque Jésus-Christ étoit avec eux, leur entendement grossier ne pénétroit pas les mystères. Quand il se retira du monde, le scandale de la croix les troubla de sorte qu'ils en perdirent la foi (d). Enfin quand le Saint-Esprit fut descendu, leur foi fut établie immuablement, et toutes les ténèbres qui enveloppoient leurs esprits furent dissipées. Ne nous persuadons pas que ces divers change-

---

(a) Prêché vers 1659.

Portant l'empreinte de l'école, ce sermon rappelle un peu ces élucubrations dont les *præmittenda* et les *notanda* font la principale partie; moins rapide que tant de chefs-d'œuvre, il marche à travers les témoignages, et les textes, et les sentences, et même les citations grecques. Mais, d'une autre part, il a moins d'emphase et plus de force réelle, il offre plus de simplicité et moins de termes vieillis que les premiers essais de l'auteur. Placé entre ces deux considérations, on ne peut guère, ce me semble, s'éloigner de la date fixée tout à l'heure; il faut la mettre aux confins de l'époque de Metz et de l'époque de Paris.

(b) Après le latin : Καὶ αὐτοὶ οὐδὲν τούτων συνῆκαν, καὶ ἦν τὸ ῥῆμα τοῦτο κεκρυμμένον ἀπ' αὐτῶν, καὶ οὐκ ἐγίνωσκον τὰ λεγόμενα (*Luc.* XVIII, 34). — (c) *Var.:* Et le sens de cette parole leur étoit caché. — (d) Qu'ils tombèrent dans l'infidélité.

mens nous soient inutiles ; tout se fait ici pour notre salut. Les saints Pères nous ont appris que non-seulement ces hommes choisis de Dieu nous ont instruits par leur sainte et salutaire doctrine ; mais encore qu'ils nous ont appuyés par leurs doutes, qu'ils ont affermi notre foi par leur incrédulité, et je puis bien ajouter qu'ils nous ont aussi enseignés par leur ignorance. C'est pour cela, chrétiens, que la voyant si bien marquée dans les paroles de notre évangile que j'ai récitées, j'ai cru que je devois m'appliquer à vous proposer aujourd'hui les instructions admirables que le Saint-Esprit veut que nous tirions de l'ignorance où étoient nos maîtres, lorsque se laissant encore guider par leurs sens, ils entendoient si peu les secrets de la sagesse éternelle. Mais comme c'est un ouvrage divin de faire sortir la lumière du sein des ténèbres, et que c'est par un tel ouvrage que Dieu a commencé la création de l'univers : *Dixit de tenebris lumen splendescere* [1] ; avant que de nous engager dans une semblable entreprise, appelons à notre secours sa toute-puissance, et demandons-lui tous ensemble la grace de son Saint-Esprit par l'intercession de la bienheureuse Vierge, en lui disant avec l'ange : *Ave*.

Quand Jésus-Christ propose aux peuples avec des paroles sublimes (a) les impénétrables secrets qu'il a vus dans le sein de son Père ; quand il enveloppe dans des paraboles les mystères du royaume de Dieu, afin, comme il dit lui-même, que les hommes ingrats et superbes « en voyant ne voient point, et en écoutant n'entendent point [2], » on ne doit pas s'étonner beaucoup, chrétiens (b), si les apôtres ne comprennent point ces mystérieux discours. Mais qu'ils n'aient pu concevoir les choses que le Fils de Dieu leur dit aujourd'hui en termes si clairs, je vous confesse, mes frères, que j'en suis surpris. En effet écoutez, je vous prie, de quelle sorte il leur parle dans notre évangile. « Nous montons, leur dit-il, en Jérusalem, et toutes les choses que les prophètes ont écrites du Fils de l'homme seront bientôt accomplies (c). Car

---

[1] II *Cor.*, IV, 6. — [2] *Marc.*, IV, 12.

(a) *Var.*: Avec des paroles sublimes et mystérieuses. — (b) Je ne m'étonne pas, chrétiens. — (c) Lui arriveront bientôt.

il sera livré aux gentils, il sera moqué, flagellé, on lui crachera au visage ; et après l'avoir fouetté, ils le feront mourir, et il ressuscitera le troisième jour [1]. » Je vous demande, Messieurs, en quelle partie de ce discours vous trouvez de l'obscurité ; au contraire ne paroît-il pas que tout y est fort intelligible ? Il spécifie tout fort distinctement ; et il ne s'étoit pas énoncé en termes plus clairs, quand les apôtres lui dirent en un autre endroit (a) : « Maître, vous nous parlez à cette heure tout ouvertement, et vous n'usez d'aucune figure ni parabole : » *Ecce nunc palàm loqueris, et proverbium* (b) *nullum dicis* [2]. Et toutefois admirez que Jésus ayant dit ces choses sans aucune ambiguïté, saint Luc remarque aussitôt qu'ils ne comprirent rien en tout son discours ; et comme si c'étoit peu de l'avoir observé une seule fois, il continue en disant : « Cette parole leur étoit cachée ; » et enfin il ajoute encore : « Et ils n'entendoient pas ce qu'il leur disoit. »

Certainement ce n'est pas en vain que l'Evangéliste insiste si fort sur cette ignorance des apôtres ; il veut que nous entendions par ces fréquentes répétitions combien étoient épais les nuages qui enveloppoient leurs esprits, et tout ensemble il nous avertit qu'il ne faut point passer ici légèrement, mais nous arrêter avec attention et sérieusement réfléchir sur une telle ignorance. Or, mes frères, pour me conformer à l'intention de l'auteur sacré et à celle du Saint-Esprit, j'ai dessein de vous proposer les réflexions que j'ai faites. Ce que je découvre d'abord, c'est qu'il ne suffit pas (c) que le soleil luise et que les flambeaux soient allumés, si la vue est mal disposée, et que la clarté se présente en vain lorsque les yeux sont malades. Mais quel étoit cet aveuglement qui empêchoit les apôtres d'entendre des paroles si manifestes et de voir pour ainsi dire dans un si grand jour ? C'est ce qu'il nous faut rechercher, et c'est là qu'en trouvant la cause qui offusque leur intelligence, nous connoîtrons les empêchemens qui obscurcissent aussi

---

[1] *Luc.*, XVIII, 31-33. — [2] *Joan.*, XVI, 29.

(a) *Var.* : Ne paroît-il pas que tout y est fort intelligible, et qu'il ne leur parloit pas plus clairement lorsque les apôtres lui dirent en un autre endroit. — Et que jamais les apôtres n'ont eu plus de raison de dire au Sauveur ce qu'ils ont dit en un autre endroit. — (b) *Note marg.* : Παροιμίαν. — (c) Je vois avant toutes choses qu'il ne suffit pas.

si souvent la nôtre. Pour pénétrer ce secret, conférons un autre passage avec celui-ci; c'est une excellente méthode pour entendre les Ecritures; je m'en servirai en ce lieu, et saint Luc nous expliquera les sentimens de saint Luc.

Après qu'il a rapporté (*a*) dans son chapitre ix un discours du Sauveur des ames sur le sujet de sa passion et de sa mort, semblable à celui qu'il tient dans l'évangile de ce jour, il remarque pareillement que les apôtres n'y comprirent rien : « Et les disciples, dit-il, n'entendirent point cette parole, et elle étoit comme voilée devant eux, en sorte qu'ils n'en sentoient pas la force, et ils craignoient de l'interroger sur cette parole : » *At illi ignorabant verbum istud, et erat velatum ante eos, ut non sentirent illud,* (*b*) *et timebant eum interrogare de hoc verbo.* Je vois, si je ne me trompe, les deux causes de l'aveuglement. Si les apôtres n'entendent pas les paroles très-évidentes du Sauveur Jésus, c'est que non-seulement leur esprit, mais encore leur volonté est mal disposée. Premièrement ils n'entendent pas, parce qu'ils ont l'esprit occupé par d'autres pensées et obscurci par les préjugés qui naissent des sens, et voilà ce voile qui est devant eux et les empêche de voir : *Et erat velatum ante eos.* Secondement ils n'entendent pas, parce qu'ils ne veulent pas chercher l'éclaircissement, et ils ne découvrent pas la lumière à cause qu'ils détournent volontairement les yeux. « Ils craignoient, dit l'Evangéliste, de l'interroger sur cette parole : » *Et timebant eum interrogare de hoc verbo.* Voilà donc les deux grands obstacles qui nous empêchent d'entendre les paroles de Jésus-Christ : obstacle de la part de l'entendement, qui prévenu de ses pensées et couvert de ses préjugés comme d'un voile ténébreux (*c*), ne peut pénétrer à travers ce voile qui lui couvre les vérités évangéliques, ni le percer par ses regards; obstacle de la part de la volonté, qui fuit l'éclaircissement et ne veut pas être instruite. Telles sont les causes profondes de l'aveuglement des mortels sur la passion du Sauveur. L'esprit préoccupé ne peut recevoir la lumière, la volonté dépravée l'évite et la craint. O Jésus ! dans quelque évidence

(*a*) *Var.* : Raconté. — (*b*) *Note marg.* : Ἵνα μὴ αἴσθωνται αὐτό (*Luc.*, ix, 45). — (*c*) *Var.* : Et enveloppé pour ainsi dire dans ses préjugés comme dans...

que vous exposiez le mystère de vos souffrances, les homme n'entendront jamais ; et notre aveuglement (a) sera sans remède, si nous ne déracinons ces deux maux extrêmes qui nous empêchent de voir, la préoccupation dans l'esprit et une crainte secrète dans la volonté qui nous fait appréhender la lumière. C'est aussi ce que j'entreprends avec le secours de la grace, dans les deux parties de mon discours.

PREMIER POINT.

Saint Thomas voulant nous décrire ce que c'est qu'un bon entendement, et quel est l'homme bien sensé, dit que c'est celui dont l'esprit est disposé comme une glace nette et bien unie (b), « où les choses s'impriment telles qu'elles sont, sans que les couleurs s'altèrent ou que les traits se courbent et se défigurent : » *In quo objecta non distorta, sed simplici intuitu recta videntur* [1]. Qu'il y a peu d'entendemens qui soient disposés de cette sorte ! que cette glace est inégale et mal polie ! que ce miroir est souvent terni, et que rarement il arrive que les objets y paroissent en leur naturel ! Mais il n'est pas encore temps de nous plaindre de nos erreurs ; il en faut rechercher les causes, et tous les sages sont d'accord que l'une des plus générales, ce sont nos préventions, nos vains préjugés, nos opinions anticipées.

Le même saint Thomas remarque qu'il y a un certain mouvement dans nos esprits qui s'appelle précipitation, et je vous prie, Messieurs, de le bien entendre. Ce grand homme, pour nous le rendre sensible, nous l'explique par la ressemblance des mouvemens corporels [2]. Il y a beaucoup de différence entre un homme qui descend et un homme qui se précipite. Celui qui descend, dit-il, marche posément et avec ordre, et s'appuie sur tous les degrés ; mais celui qui se précipite se jette comme à l'aveugle par un mouvement rapide et impétueux, et semble vouloir atteindre les extrémités sans passer par le milieu. Appliquons ceci, avec saint Thomas, aux mouvemens de l'esprit. La raison, poursuit ce grand homme, doit s'avancer avec ordre et passer considérément d'une

---

[1] Iª Iæ, Quæst. LI, art. 3. — [2] *Ibid.*, Quæst. LIII, art. 3.
(a) *Var.* : Notre ignorance. — (b) Comme un miroir très-net et très-poli.

chose à l'autre (a) : si bien qu'elle a comme ses degrés par où il faut qu'elle passe avant que d'asseoir son jugement; mais l'esprit ne s'en donne pas toujours le loisir. Car il a je ne sais quoi de vif qui fait qu'il se hâte toujours et se précipite. Il aime mieux juger que d'examiner les raisons, parce que la décision lui plaît et que l'examen le travaille. Comme donc son mouvement est fort vif et sa vitesse incroyable, comme il n'est rien de plus malaisé que de fixer la mobilité et de contenir ce feu des esprits, il s'avance témérairement, il juge avant que de connoître ; il n'attend pas que les choses se découvrent et se représentent comme d'elles-mêmes, mais il prend des impressions qui ne naissent pas des objets, et trop subtil ouvrier il se forme lui-même de fausses images. C'est ce qui s'appelle précipitation, et c'est la source féconde de tous les faux préjugés qui obscurcissent notre intelligence.

En effet, Messieurs, ces préventions et ces opinions anticipées sont autant de nuages devant l'esprit et autant de taches sur ce beau miroir, qui empêchent que la vérité n'y soit imprimée. Vous sollicitez un juge, vous vous excusez envers un maître, vous voulez instruire un égal; vous le trouvez prévenu : ô le grand et inutile travail ! oh! que vos paroles sont foibles et que vous vous consumez par un vain effort! L'esprit est engagé et a pris sa forme. Les idées qui sont déjà au dedans repoussent tout ce qui vient du dehors. (b) La vérité se présente, on ne la voit plus, on ne l'entend plus. Ah! mes frères, donnons-nous garde de cette dangereuse précipitation. Laissons agir les raisons, laissons faire les choses; c'est-à-dire recevons les impressions que la vérité fera sur notre esprit, mais n'en prenons point de nous-mêmes. Apprenons à arrêter cette mobilité inquiète (c) ; car ensuite, pour l'ordinaire, on ne revient plus : et comme si notre entendement avoit fait son effort, il semble n'avoir plus d'activité que pour suivre l'impression qu'il s'est donnée à lui-même et s'engager dans la route qu'il a commencée. Car ces pernicieuses préoccupations

(a) *Var.* : Doit marcher avec ordre et aller considérément d'une chose à l'autre. — (b) Note marg. : *Et conversum est retrorsum judicium, et justitia longè stetit quia corruit in plateâ veritas, et æquitas non potuit ingredi* (Isa., LIX, 14). Combien de fois on ferme l'oreille aux plaintes générales des innocens! — (c) *Var.* : Impétueuse.

nous troublent tellement la vue, que « la lumière de nos yeux n'est plus avec nous : » *Lumen oculorum meorum et ipsum non est mecum*[1] ; et nous enchantent de sorte, si vous me permettez de parler ainsi, que nous ne sommes capables de voir ni les objets qui se présentent, ni même ce voile obscur qu'elles nous mettent subtilement devant les yeux.

Considérez les apôtres : vous avez ouï les paroles par lesquelles le Fils de Dieu leur explique les opprobres de sa passion et l'ignominie de sa mort prochaine ; et vous avez reconnu (a) qu'il n'y a rien ni de plus clair ni de plus formel. Toutefois, vous le voyez, ils sont tellement occupés de la fausse imagination des grandeurs mondaines, car c'est là ce qui les tient arrêtés, du règne temporel du Messie, de son trône, de ses triomphes, qu'ils se figurent semblables à ceux que le monde admire, qu'ils ne peuvent comprendre ses discours. Et remarquez, chrétiens, qu'ils avoient déjà entendu que Jésus étoit le Fils de Dieu. Saint Pierre l'avoit confessé lorsqu'il avoit rendu au nom de tous ce témoignage admirable que la chair et le sang ne lui avoient point révélé : « Vous êtes le Christ Fils du Dieu vivant[2] ; » témoignage qui changea Simon en Pierre, et le fit véritablement fils de la colombe et le fondement de l'Eglise. Mais aussitôt qu'il commence à parler des traitemens inhumains que lui feront les anciens du peuple et les scribes, et de sa croix, non-seulement ils n'entendent plus, mais encore ils le contredisent de toute leur force, jusqu'à s'en faire appeler Satan. « A Dieu ne plaise, Seigneur, disent-ils ; cela ne vous arrivera point : » *Absit à te, Domine, non erit tibi hoc*[3] *!* « Allez, Satan, dit Jésus à Pierre, vous m'êtes un scandale, parce que vos sentimens ne sont pas selon Dieu, mais selon les hommes. » Etrange effet de la prévention ! les apôtres se sont élevés au-dessus du ciel et de toute la nature, pour contempler Jésus-Christ dans le sein de son Père céleste et découvrir le secret de sa génération éternelle ; et ils ne peuvent entendre le sacré mystère de ses humiliations. Et toutefois, chrétiens, n'est-il pas bien plus difficile de croire qu'un homme soit le Fils de Dieu, que de croire

---

[1] *Psal.* XXXVII, 11. — [2] *Matth.*, XVI, 16. — [3] *Ibid.*, 22, 23.

(a) *Var.* : Confessé.

qu'un homme soit exposé aux accidens communs de l'humanité ? Le chemin n'est-il pas de beaucoup plus long et la chute bien plus étrange du ciel en la terre, du sein du Père céleste dans celui d'une créature mortelle, que de là à la mort et au sépulcre ? Et néanmoins les apôtres ont bien entendu cette première démarche, et ils ne peuvent entendre que leur maître fasse la seconde ; ils ne peuvent s'imaginer ni qu'il souffre, ni qu'il meure. J'ai même remarqué que la résurrection choque leur esprit, parce que pour ressusciter il faut mourir ; et ils ne conçoivent pas que le Sauveur se rabaisse jusque-là : tant ils s'étoient mis dans l'esprit que tout devoit être grand et magnifique dans le Fils de Dieu, tant ils s'étoient rempli l'imagination des opinions judaïques touchant le règne pompeux de leur Messie. C'est pourquoi (a), dans quelque évidence que Jésus-Christ leur puisse parler de sa croix et de ses souffrances, ils ne peuvent rien comprendre dans ses paroles ; « et leur premier préjugé est un voile qui les empêche d'en sentir la force : » *Et erat velatum ante eos, ut non sentirent illud*[1].

Que si vous me demandez d'où naissoit dans les saints apôtres une si violente préoccupation, je vous le dirai, Messieurs, en peu de paroles : c'est qu'ils vouloient juger des desseins de Dieu selon la mesure du sens humain. Je l'ai déjà dit, Messieurs, que ce qui est cause que nous jugeons mal, c'est que nous jugeons précipitamment, et que notre esprit trop prompt se laisse emporter, penche d'un côté ou d'un autre avant que de bien entendre, parce que si notre esprit évitoit cette précipitation, il aimeroit mieux s'arrêter et demeurer en suspens, que de prendre mal son parti. Mais il faut encore ajouter qu'à l'égard des choses divines, quelque soin que nous apportions à les pénétrer et avec quelque considération que nous balancions pour ainsi dire notre jugement, nous sommes toujours téméraires et précipités, lorsque nous espérons connoître ou que nous osons juger par nous-mêmes. Pour connoître les choses de Dieu, il faut que Dieu nous enseigne et forme lui-même notre jugement : *Et erunt omnes docibiles Dei...*,

[1] *Luc.*, IX, 45.
(a) *Var.* : Ainsi.

docti à Domino[1]. Car il est tellement au-dessus de nous, que tout ce que nous en pouvons penser de nous-mêmes nous est un obstacle invincible pour entendre ce qu'il est. C'est pourquoi ce sublime théologien, dont saint Denis Aréopagite ne désavoueroit jamais la doctrine ni les sentimens, dans ce traité admirable qu'il a composé *de la Théologie mystique*, dit que nous ne sommes capables d'entendre Dieu que par une entière cessation de toute notre intelligence : Πάσης τῆς γνώσεως ἀνενεργησία [2]. Il faut entendre, mes frères, que tout l'effort que nous faisons de nous-mêmes pour connoître Dieu, ce premier Etre, toute notre activité et notre pénétration naturelle ne sert qu'à obscurcir et confondre notre intelligence; nous ne faisons que tournoyer. Il ne suffit pas de nous élever au-dessus des sens avec Moïse sur la montagne dans la plus haute partie de l'esprit; il faut imposer silence à nos pensées, à nos discours et à notre raison, et entrer avec Moïse dans la nuée, c'est-à-dire dans les saintes ténèbres de la foi, pour connoître Dieu et ses vérités. Que s'il est si fort au-dessus de nous, ne s'ensuit-il pas aussi qu'il ne pense pas comme nous, qu'il ne résout pas comme nous? mais plutôt, comme il dit lui-même par son prophète Isaïe : « Mes pensées ne sont pas vos pensées, et mes voies ne sont pas vos voies; car autant que le ciel est élevé par-dessus la terre, autant sont élevés mes conseils au-dessus de vos conseils, et mes voies au-dessus de vos voies [3]. »

Et il ne faut pas distinguer ici les grossiers d'avec les subtils. Car la plus haute subtilité de l'esprit humain, qu'est-ce autre chose devant Dieu qu'une misérable ignorance? C'est pourquoi il parle ainsi dans son Ecriture : « Où sont les sages? où sont les savans? où sont les docteurs? n'est-ce pas moi qui ai confondu toute la sagesse du siècle [4]? » Et ailleurs : *Qui dat secretorum scrutatores quasi non sint, ac judices terræ velut inune fecit*[5] : « C'est lui qui anéantit ceux qui se mêlent de pénétrer les secrets, et réduit à rien les pensées de ceux qui entreprennent de juger de toutes choses. »

Et en effet écoutons ce que dit le Fils de Dieu dans notre

---

[1] *Joan.*, VI, 45; *Isa.*, LIV, 13. — [2] *De Myst. theol.*, cap. I. — [3] *Isa.*, LV, 8, 9. — [4] I *Cor.*, I, 20. — [5] *Isa.*, XL, 23.

évangile : « Nous allons à Jérusalem, et ce qui est écrit du Fils de l'homme sera accompli. » Quoi? les prophéties de son règne? Nullement. « Il sera livré entre les mains des gentils, et il sera moqué, flagellé, attaché à un bois infâme. » O Dieu! quel est ce mystère? Appelons ici pour un moment notre sens humain, et voyons si nous en pouvons espérer quelque secours. Seigneur, que nous dites-vous? Vous êtes notre Dieu, notre Rédempteur; vous êtes venu pour nous délivrer de la main de nos ennemis et régner sur nous éternellement : pourquoi donc tant d'opprobres, tant d'ignominies? O profondeur des conseils de Dieu et hauteur impénétrable de ses pensées! Jésus-Christ se fait admirer par sa doctrine céleste; on admire l'autorité avec laquelle il enseigne. Ceux qui venoient pour le prendre et se saisir de sa personne, sont pris eux-mêmes et comme arrêtés (a) intérieurement par la force de ses discours; ils s'écrient, ravis et hors d'eux-mêmes : « Jamais homme n'a parlé comme celui-là : » *Nunquam sic locutus est homo sicut hic homo*[1]. Jésus-Christ étonne le monde par ses miracles, il éclaire les aveugles-nés, il fait marcher (b) les paralytiques, il délivre les possédés, il ressuscite les morts : ce n'est pas là qu'il nous sauve. Jésus-Christ est livré à ses ennemis et se laisse écraser comme un ver de terre : c'est là qu'il devient notre Rédempteur. O Dieu! qui le pourroit croire? Il ne nous rachète pas en se montrant Dieu, il nous rachète en se rabaissant au-dessous des hommes; il ne nous rachète pas en faisant des miracles incompréhensibles, il nous rachète en souffrant des indignités inouïes. C'est pour cela que nous voyons dans son Evangile que, pendant que tout le peuple étoit étonné d'un miracle qu'il venoit de faire (c), il parle ainsi à ses disciples : « Mettez vous autres ces paroles dans vos cœurs : Le Fils de l'homme sera livré entre les mains des pécheurs : » *Ponite vos in cordibus vestris sermones istos : Filius enim hominis futurum est ut tradatur in manus peccatorum*[2]. De même que s'il eût dit : Cette nation infidèle s'attache seulement à mes miracles; mais vous qui êtes

---

[1] *Joan.*, VII, 46. — [2] *Matth.*, XXVI, 45.

(a) *Var.* : Comme liés — (b) Il redresse. — (c) Note marg. : *Omnibus mirantibus in omnibus quæ faciebat* (Luc., IX, 44).

mes disciples, je veux que vous vous attachiez à mes souffrances. Ne regardez pas tant les maux que je guéris dans les autres, que ceux que j'endurerai moi-même pour votre salut. Sachez que j'opérerai votre salut, non en guérissant dans les autres les maux corporels, mais en les souffrant moi-même : « Mettez ceci dans vos cœurs. » Voyez qu'il parle de sa passion comme d'une chose incompréhensible, à laquelle l'esprit répugne et qu'on a peine à y faire entrer quand il est préoccupé des pensées du monde.

En effet que voient les yeux de la chair dans la passion de Jésus? que voient-ils, Messieurs, autre chose que des témoins subornés, des juges corrompus, des soldats insolens, une populace irritée et un innocent accablé par le concours de ses envieux « et rangé avec les méchans ? » *Et cum iniquis reputatus est* [1]. Mais faisons taire la raison humaine, entrons dans les voies de Dieu sous la conduite de Dieu même. Ces plaies sont notre santé; cette croix c'est notre espérance (a); cette couronne d'épines nous assure la couronne de gloire; ce sang répandu est notre baptême; ce visage défiguré et ce corps déchiré inhumainement par les coups de fouet nous promettent l'immortalité. « O merveille ! s'écrie ici le philosophe martyr, je veux dire saint Justin [2]; ô échange incompréhensible et surprenant artifice de la sagesse de Dieu ! Un seul est frappé, et tous sont délivrés; le juste est déshonoré, et les coupables en même temps remis en honneur; l'innocent subit ce qu'il ne doit pas, et il acquitte tous les pécheurs de ce qu'ils doivent (b). Car qu'est-ce qui pouvoit couvrir nos péchés, si ce n'étoit sa justice? Comment peut être mieux expiée la rébellion des serviteurs que par l'obéissance du Fils? L'iniquité de plusieurs est cachée dans un seul juste, et la justice d'un seul fait que plusieurs sont justifiés. » C'est ce que dit saint Justin, c'est ce qu'il a appris de l'Apôtre. Voilà, mes frères, ce grand conseil de la sagesse de Dieu : conseil profond, conseil inconnu aux plus hautes puissances du ciel, que le Père, dit saint Justin, n'avoit

---

[1] *Isa.*, LIII, 12; *Marc.*, XV, 28. — [2] *Epist. ad Diognet.*, n. 9.

(a) *Var.*: Autel. — (b) Dieu frappe son Fils innocent pour l'amour des hommes coupables, et pardonne aux hommes coupables pour l'amour de son Fils innocent.

communiqué qu'à son Fils et à l'Esprit éternel. qui procède de l'un et de l'autre ; conseil qui s'est découvert dans les derniers temps et qui a fait, dit l'Apôtre [1], que « la sagesse de Dieu a été manifestée par l'Église aux célestes intelligences ; » conseil dont la raison ne se doutoit pas et qui ne pouvoit monter dans le cœur de l'homme, mais que ceux-là ont appris qui savent renoncer à leur propre sens.

Apportons à Dieu un esprit dompté, abaissons nos entendemens, portons avec joie le joug de la foi, aimons ses saintes ténèbres, adorons Dieu humblement dans cette vénérable obscurité ; ne recherchons pas curieusement, mais adorons avec respect les choses divines. La foi est le chemin à l'intelligence. (a) Si nous présentons à Dieu un esprit vide de ses pensées propres, Dieu le remplira de ses lumières : *Magna scientia est scienti conjungi* [2]. Ne permettons pas à nos sens de mêler ici leurs images, ni à notre esprit ses vues, ni à notre jugement ses décisions : *Quæstiones omnes una fides solvat*. S'il s'élève des doutes, écoutons les paroles de Jésus-Christ. Car, comme dit le saint martyr que je vous ai déjà tant cité [3], « Dieu a répandu dans les paroles de son Fils je ne sais quoi de terrible et de vénérable, qui a la force d'abaisser les esprits et de captiver les entendemens. » Ne combattez pas les doutes par des raisons ni par des disputes, mais combattez-les par des œuvres ; modérez vos passions ; fuyez vos plaisirs corrompus ; réprimez vos emportemens. Que prétend le malin, quand il jette dans vos esprits des doutes subtils ? arrêter le progrès de vos bonnes œuvres, vous faire marcher incertains entre Jésus-Christ et le monde. (b) Prenez une voie contraire pour réfuter tous les doutes et toutes les tentations qui combattent en vous l'Évangile : la pratique de l'Évangile. La foi à couvert par

---

[1] *Ephes.*, III, 9, 10.— [2] S. August., serm. II *in Psal.* XXXVI, n. 2.— [3] *Exposit. rect. Confess.*, int. Oper. S. Just., p. 432.

(a) *Note marg.* : « Celui-là est savant, qui ne sait pas seulement où il faut s'avancer, mais où il faut s'arrêter. » (S. Chrysost., homil. VIII *in Epist.* II *ad Tim.*) Comme dans un fleuve celui-là le connoît, qui sait où est le gué et où les abîmes sont impénétrables. *Si non intellexisti, crede; intellectus enim merces est fidei* (S. August., Tract. XXIX *in Joan.*, n. 6). *Voy.* sainte Catherine. — (b) Quand dans un corps défaillant vous avez peine à espérer l'immortalité, vous ne savez... ; vie future ; vous flottez incertains entre les sens.

les œuvres. Votre esprit refuse de franchir ce pas, semblable à un cheval indompté; poussez-le avec plus de force; ne lui permettez pas de se relâcher. L'ennemi affoiblit la créance pour que la volonté se ralentisse. Engagez si fortement la volonté, qu'elle fortifie la créance. Mais vous entendrez mieux cette vérité dans ma seconde partie.

SECOND POINT.

C'étoit la coutume des apôtres, après que le Fils de Dieu avoit enseigné quelque grand mystère ou proposé au peuple quelque parabole, de l'interroger en particulier sur les choses qu'ils n'avoient pas entendues; et ils lui disoient ordinairement : Maître, expliquez-nous ce discours. Ce n'est donc pas sans mystère que saint Luc a remarqué si expressément que Jésus leur ayant parlé de sa passion, non-seulement ils ne comprirent pas ses paroles, mais encore « ils appréhendoient de l'interroger et de lui en demander l'intelligence : » *Et timebant eum interrogare de verbo hoc*[1]. Par où vous voyez manifestement qu'une des causes de leur ignorance, c'est qu'ils fuyoient la lumière et ne vouloient entendre en aucune sorte ce que Jésus leur disoit de ses humiliations. D'où leur vient ce sentiment inusité, et pourquoi est-ce que leur curiosité languit en ce point? Les interprètes remarquent que l'amour tendre et sensible qu'ils avoient pour le Fils de Dieu, faisoit qu'entendant parler de sa croix et de ses souffrances, ils détournoient les oreilles et ne pouvoient consentir à de telles indignités. J'accorde cette vérité; mais j'ai appris des saints Pères et des Ecritures divines quelque chose de plus profond.

Je dis donc qu'ils comprenoient qu'ils auroient leur part aux travaux et à l'ignominie de leur Maître; si bien que, lorsqu'il parloit de sa passion et de sa mort, ils voyoient assez clairement à quoi il les engageoit. Il les avoit appelés pour le suivre et l'accompagner, et ils ne doutoient nullement qu'ils ne dussent participer à tous les états de sa vie. C'est pourquoi j'ai observé dans son Evangile qu'ils avoient une grande pente et beaucoup de facilité à reconnoître ses grandeurs, parce qu'ils se laissoient flatter à une

---

[1] *Luc.*, IX, 45.

douce espérance d'entrer en société de sa gloire. (*a*) Ils entendoient parler avec joie de son règne, de ses victoires, de son auguste souveraineté et même de sa divinité. Nous ne lisons pas, si je ne me trompe, qu'ils eussent peine à recevoir ces magnifiques vérités; et il leur fâchoit seulement qu'il ne déclaroit pas assez tôt sa toute-puissance. Il n'y a que les mystères de sa passion qu'ils ne veulent pas comprendre, de peur d'être enveloppés dans les disgraces de leur Maître. Aussi comme ils avoient vu en plusieurs rencontres la haine furieuse et envenimée qu'avoient contre lui les principaux de Jérusalem, quand ils virent qu'il y alloit, ils furent saisis d'étonnement, et saint Marc a observé « qu'ils le suivoient en tremblant : » *Et sequentes timebant* [1]. Et quand il se déclara sur les maux qu'il alloit souffrir, vous avez déjà vu, mes frères, combien ils appréhendoient ces paroles. En effet saint Matthieu remarque que ce fut aussitôt après qu'il eut achevé ce qu'il leur avoit dit de sa passion, que les deux enfans de Zébédée, comme pour changer de discours et dissiper ces idées funèbres, s'approchèrent pour lui demander les premières places de son royaume [2] : tant il est vrai qu'ils ne vouloient croire que les grandeurs de leur Maître, pour y avoir part avec lui, et refusoient d'entendre parler de ses peines par la crainte d'être appelés à cette société.

Mais j'ai pris garde, au contraire, en lisant les saintes paroles de Jésus-Christ notre Seigneur, que c'est dans le même temps qu'il déclare le plus ses grandeurs divines, qu'il appuie aussi le plus fortement sur ses humiliations. Quand ces deux disciples inconsidérés lui demandent les places d'honneur autour de son trône, il leur présente le calice de sa passion [3]. Au jour de sa glorieuse transfiguration, il s'entretient avec Moïse et avec Elie de la fin tragique qu'il devoit faire en Jérusalem; et vous verrez en saint Matthieu que ce fut dans le temps précis qu'ils reconnurent sa divinité, qu'il s'attacha plus que jamais à les instruire des cruautés inouïes qu'il devoit endurer à Jérusalem par la malice de ses en-

---

[1] *Marc.*, x, 32. — [2] *Matth.*, xx, 20. — [3] *Ibid.*, 22.

(*a*) *Note marg.* : Que les hommes croient facilement ce qui favorise leurs inclinations et ce qui flatte leur espérance!

vieux[1]. Tout cela se fait-il en vain? Et au contraire ne voyez-vous pas que le Sauveur veut faire entendre aux apôtres, et non-seulement à eux, mais encore à nous, à nous qui avons été baptisés en sa croix et en sa mort, qu'il n'y a point d'espérance d'avoir part à ses grandeurs, si nous n'entrons généreusement dans la société de ses souffrances?

La voilà, Messieurs, cette parole que les apôtres n'entendoient pas et qu'ils ne vouloient pas entendre : c'est qu'il faut souffrir, c'est qu'il faut mourir, c'est qu'il faut être crucifié avec Jésus-Christ. Oh! qu'ils l'ont entendue depuis, lorsqu'ils s'estimoient si heureux d'être maltraités pour son nom! Mais nous, mes frères, l'entendons-nous, cette parole fondamentale du christianisme? Chrétiens, enfans de la croix et des plaies de Jésus-Christ (a), qui n'approchez jamais de sa sainte table sans communiquer à sa mort et à ses blessures, songez-vous qu'il n'y a point de salut pour vous si vous ne souffrez avec lui? Oh! que ce discours est véritable! mais aussi qu'il est dur aux sens! Et que j'appréhende, mes frères, que vous ne craigniez de m'interroger sur cette parole! mais aussi n'attendrai-je pas que l'on m'interroge, mais je vous dirai en finissant ce que Jésus-Christ et ses apôtres nous ont enseigné sur l'étroite obligation que nous avons tous de participer à sa croix.

Il y a deux sortes de peines qui exercent les enfans de Dieu, dont les unes résultent nécessairement de l'observation de ses saints préceptes, et les autres nous sont envoyées par une occulte disposition de son éternelle providence. Pesez donc, chrétiens, avant toutes choses, que la vie chrétienne est laborieuse, parce que la voie du ciel est étroite et les préceptes de l'Evangile forts et vigoureux, qui vont à séparer l'homme de lui-même, à le faire mourir à ses sens, à lui apprendre à crucifier sa propre chair. Car si le Sauveur des ames est entré dans sa gloire par sa croix, il a donné la même loi à tous ceux qui marchent sous ses étendards. « Si quelqu'un veut venir après moi, qu'il se renonce soi-même, et qu'il porte sa croix tous les jours et me suive[2]. » A qui dit-il cette parole? Est-ce aux religieux et aux solitaires? Ouvrez

---

[1] *Luc.*, IX, 31; *Matth.*, XVI, 21. — [2] *Luc.*, IX, 23.

(a) *Var. :* De la croix et des douleurs infinies.

l'Evangile, lisez : *Dicebat autem ad omnes* [1] *:* « Et Jésus disoit à tous. » Vous le voyez, c'est à tous qu'il parle, à vous mes frères qui écoutez, aussi bien qu'à moi qui vous prêche. Il faut que nous entendions que la vie chrétienne est un travail sans relâche, parce qu'il faut à chaque moment nous arracher à ce qui nous plaît, combattre tous les jours nos mauvais désirs. Il faut craindre ce qui nous attire, pardonner ce qui nous irrite, souvent rejeter ce qui nous avance et nous opposer nous-mêmes aux accroissemens de notre fortune. Car les moyens légitimes ordinairement sont bien lents, la voie de la vertu longue et ennuyeuse; mais aussi les chemins abrégés sont infiniment dangereux.

Que les hommes aiment ici à être flattés! ils veulent que nous leur fassions un Evangile commode, qui joigne le monde avec Jésus-Christ. Ils consultent, ils font des questions sur la morale chrétienne. Tant que nous nous tenons sur les maximes générales de la régularité, ils écoutent tranquillement. Que si l'on vient au détail, si l'on commence à leur faire voir les obligations particulières, si on leur annonce en simplicité les salutaires rigueurs des voies étroites de l'Evangile; si on commence à leur faire voir que ces moyens de profiter ne sont pas permis, que ce commerce est pernicieux et que « qui aime le péril y périra [2]; » que ces grands divertissemens qui semblent innocens sont très-dangereux, parce qu'ils emportent une étrange dissipation, qui fait que l'homme s'échappe à lui-même; et qu'enfin il n'est pas permis au chrétien d'abandonner tout à fait son cœur, non-seulement aux plaisirs défendus, (a) mais même aux plaisirs licites, etc., nous éprouvons tous les jours qu'on nous arrête, qu'on nous détourne : on craint que nous n'enfoncions trop avant, on cesse d'interroger et on appréhende de voir trop clair : *Et timebant eum interrogare de verbo hoc.*

Optimus minister tuus est, qui non magis intuetur hoc à te audire quod ipse voluerit, sed potiùs hoc velle quod à te audierit [3] *:* « Celui-là est un véritable disciple de Jésus-Christ et de l'Evangile, qui s'approche de ce divin Maître, non pour entendre ce qu'il

---

[1] *Luc.,* IX, 23. — [2] *Eccli.,* III, 27. — [3] *Confess.,* lib. X, cap. XXVI.
(a) Note marg. : *Nec nominentur in vobis* (Ephes., v, 3).

veut, mais pour vouloir ce qu'il entend. » Aimons donc qu'on nous mène par les sentiers droits, laissons les voies détournées à ceux qui ne craignent pas de hasarder leur éternité. Aimons ce qui abat le règne du péché, la tyrannie de la convoitise, ce qui fait vivre l'esprit. Si cette voie est pénible, consolons-nous, chrétiens; la voie des passions ne l'est guère moins, elle l'est même beaucoup davantage : ce n'est pas seulement la raison qui les combat, elles se contrarient les unes les autres; le monde les traverse. Nul ne fait moins ce qu'il veut que celui qui veut faire tout ce qu'il veut. Car pendant que chacun s'abandonne à ses volontés, elles se heurtent mutuellement; et pendant que je lâche la bride à ma volonté, je me trouve arrêté tout court par la volonté d'autrui, qui n'est pas moins violente (a). *Tales cupiditates faciliùs resecantur in eis qui Deum diligunt, quàm in eis qui mundum diligunt aliquando satiantur* [1]. Modérons-les donc plutôt dans la source même; que ce soit plutôt la raison qui retienne nos volontés précipitées, qu'une malheureuse nécessité qui ajoute au désir d'avoir la rage de n'avoir pas. (b) Si la vertu est un fardeau, celui que le monde impose est beaucoup plus dur; et le joug de Jésus-Christ n'est pas seulement le plus honnête, mais encore le plus doux et le plus léger : *Onus meum leve* [2].

Mais pendant que vous vous ferez à vous-mêmes une sainte violence pour mortifier en vous les mauvais désirs et dompter vos passions déréglées, ne croyez pas, ô enfans de Dieu, que ce bon Père vous laisse en repos de son côté. Autrefois, durant la loi de Moïse, il promettoit les fruits de la terre à ceux qui marchoient dans ses commandemens (c). Il n'en est pas de la sorte sous celui qui a dit dans son Evangile que « son royaume n'est pas de ce monde [3]. » Au contraire, depuis qu'il s'est livré lui-même à la mort, et à la mort de la croix comme une victime volontaire, il veut que nous croyions malgré tous nos sens que les souffrances

---

[1] S. August., *Epist.* CCXX *ad Bonif.*, n. 6. — [2] *Matth.*, XI, 30. — [3] *Joan.*, XVIII, 36.

(a) *Var.* : Pendant que notre volonté surmonte les empêchemens que la raison formoit au dedans, elle se trouve empêchée par la volonté des autres. — (b) *Note marg.* : Quiconque ne résiste pas à ses volontés, il est injuste au prochain, incommode au monde, outrageux à Dieu, pénible à lui-même. — (c) *Var.* : Qui gardoient ses commandemens.

sont une grace, et les persécutions une récompense. « Personne, dit le Fils de Dieu, ne quittera les avantages du monde pour moi et pour l'Evangile, qu'il ne reçoive le centuple dès le temps présent, avec des persécutions, et dans le siècle à venir la vie éternelle : » *Qui non accipiet centies tantùm, nunc in tempore hoc..., cum persecutionibus, et in futuro sæculo vitam æternam* [1]. Pour la peine d'avoir tout quitté, vous recevrez d'autres peines. Tous n'entendent pas cette parole; mais qui a des oreilles pour écouter, qu'il écoute; qui a le cœur ouvert à l'Evangile, qu'il entende ces vérités et qu'il adore leur salutaire (*a*) rigueur. Oui, je le dis encore une fois, les grandes prospérités ordinairement sont des supplices, et les châtimens sont des graces. « Car qui est le fils, dit l'Apôtre [2], que son père ne corrige pas? car le Seigneur châtie miséricordieusement les enfans qu'il aime. Ainsi persévérez (*b*) sous sa discipline. Que s'il néglige de vous corriger, poursuit le grand Paul, c'est donc qu'il ne vous tient pas pour des enfans légitimes, mais pour des enfans d'adultère : » *Ergo adulteri, et non filii estis*. S'il vous épargne la verge et la correction, craignez qu'il ne vous réserve au supplice.

Il n'est pas à propos que tout nous succède : il est juste que la terre refuse ses fruits à qui a voulu goûter le fruit défendu. Après avoir été chassés du paradis, il faut que nous travaillions avec Adam, et que ce soit par nos fatigues et par nos sueurs que nous achetions (*c*) le pain de vie. Quand tout nous rit dans le monde, nous nous y attachons trop facilement; le charme est trop puissant et l'enchantement est trop fort. Ainsi, mes frères, si Dieu nous aime, croyez qu'il ne permet pas que nous dormions à notre aise dans ce lieu d'exil. Il nous trouve dans nos vains divertissemens, il interrompt le cours de nos imaginaires félicités, de peur que nous ne nous laissions entraîner aux fleuves de Babylone, c'est-à-dire au courant des plaisirs qui passent. Croyez donc très-certainement, ô enfans de la nouvelle alliance, que lorsque Dieu vous envoie des afflictions, c'est qu'il veut briser les liens (*d*) qui

---

[1] *Marc.*, x, 29, 30. — [2] *Hebr.*, XII, 6, 7, 8.

(*a*) *Var.* : Sainte. — (*b*) Demeurez donc. — (*c*) Que nous mangions. — (*d*) Lorsqu'il vous arrive des afflictions, c'est que Dieu veut briser les liens, etc.

vous tenoient attachés au monde, et vous rappeler à votre patrie. Ce soldat est trop lâche qui veut toujours être à l'ombre, et c'est être trop délicat que de vouloir vivre à son aise et en ce monde et en l'autre. Il est écrit : « Malheur à vous qui riez, car vous pleurerez un jour [1]. » Ne t'étonne donc pas, chrétien, si Jésus-Christ te donne part à ses souffrances, afin de t'en donner à sa gloire; et si de tant d'épines qui percent sa tête, il t'en fait sentir quelques-unes (a). Est-ce être maltraité que d'être traité comme Jésus-Christ? Est-ce être maltraité que d'être inquiété où le plus grand malheur c'est d'être en repos?

Par conséquent, chrétiens, montons avec Jésus-Christ en Jérusalem : prenons part à ses opprobres et à ses souffrances, buvons avec lui le calice de sa passion. La matière ne manquera pas à la patience. La nature a assez d'infirmités, le monde assez d'injustices, ses affaires assez d'épines, ses faveurs assez d'inconstances, ses rebuts assez d'amertumes, ses engagemens les plus agréables assez de captivités. Il y a assez de bizarreries dans le jugement des hommes et assez de contrariétés dans leurs humeurs. Ainsi de quelque côté et par quelque main que la croix de Jésus-Christ nous soit présentée, embrassons-la avec joie, et portons-la du moins avec patience. « Regardez, dit le saint Apôtre, Jésus-Christ qui nous a donné et qui couronne notre foi. Songez que la joie lui étant offerte, il a préféré la croix, il a choisi la confusion; et maintenant il est assis glorieux à la droite de son Père. Pensez donc sérieusement à celui qui a souffert une si horrible persécution par la malice des pécheurs, afin que votre courage ne défaille pas et que votre espérance demeure ferme : » *Ut ne fatigemini animis vestris deficientes* [2].

Quels vices avons-nous corrigés? quelles passions avons-nous domptées? quel usage avons-nous fait des biens et des maux de la vie? *Et populus ejus non est reversus ad percutientem se, et Dominum exercituum non exquisierunt* [3]. Quand Dieu a diminué nos biens, avons-nous songé en même temps à modérer nos excès? Quand la fortune nous a trompés, avons-nous tourné notre

---

[1] *Luc.*, VI, 25. — [2] *Hebr.*, XII, 3. — [3] *Isa.*, IX, 13.

(a) *Var.* : Et s'il te fait sentir les piqûres des épines qui percent sa tête.

cœur aux biens qui ne sont point de son ressort ni de son empire ? Au contraire n'avons-nous pas été de ceux dont il est écrit : *Dissipati sunt, nec compuncti*[1] *:* « Ils ont été affligés sans être touchés de componction ? » Serviteurs opiniâtres et incorrigibles, qui se révoltent même sous la verge, frappés et non corrigés, abattus et non humiliés, châtiés et non convertis. Pharaon endurcit son cœur sous les coups redoublés de la justice : la mer l'engloutit dans ses abîmes.

O Dieu, que nous recevons mal les afflictions ! Nous sentons la peine du péché, et nous n'en fuyons pas (*a*) la malice. Notre foiblesse gémit sous les fléaux de Dieu, et notre cœur endurci ne se change pas. «Quand il appuie sa main, nous promettons de nous convertir; s'il retire son glaive, nos promesses s'évanouissent; s'il frappe, nous crions qu'il nous pardonne; s'il pardonne, nous le contraignons de redoubler ses coups : » *Si feriat, clamamus ut parcat; si parcit, iterum provocamus ut feriat*[2]. L'impatience nous emporte, s'il tarde à nous secourir; nous redevenons insolens, s'il est prompt et facile à se relâcher; sous les coups nous reconnoissons la justice qui nous châtie, et après nous oublions la bonté qui nous épargne. Quand nous sommes pressés par la maladie, nous demandons du temps pour nous convertir; si Dieu nous rend la santé, nous nous moquons, nous abusons de la patience qui nous attend. Prenez garde seulement; n'irritez pas Dieu par vos murmures et n'aigrissez pas vos maux par l'impatience.

Vous qui n'avez que Dieu pour témoin, vous qui êtes à la croix avec Jésus-Christ, non comme le voleur qui blasphème, mais comme le pénitent qui se convertit, *hodie mecum eris in paradiso*[3] *: hodie*, aujourd'hui, quelle promptitude ! *mecum*, avec moi, quelle compagnie ! *in paradiso*, dans le paradis, quel repos !

[1] *Psal.* XXXIV, 16. — [2] *Ex Miss. Gallic.*, tom. II *Annal. Eccl. Franc.*, p. 505. — [3] *Luc.*, XXIII, 43.

(*a*) *Var.* : Nous n'en évitons pas.

SECOND SERMON

POUR

LE DIMANCHE DE LA QUINQUAGÉSIME (a).

Cogitavi vias meas, et converti pedes meos in testimonia tua. Psal. CXVIII, 59.

Puisque la licence effrénée tient maintenant ses grands jours; puisqu'en haine de la pénitence que nous allons bientôt commencer, le diable s'efforce de noircir ces jours par l'infamie de tant d'excessives débauches, c'est une institution sainte et salutaire de les sanctifier autant que nous le pourrons par des prières publiques et par la parole divine. Mais comme durant ce temps les hommes ensevelis dans le vin, la bonne chère, les délices brutales, semblent avoir oublié qu'ils sont faits à l'image de Dieu (b), puisqu'ils égalent leur félicité à celle des bêtes brutes, j'ai cru que je ferois une chose fort profitable à votre salut, si je vous représentois aujourd'hui avec le prophète David les vrais devoirs de la vie humaine. C'est pourquoi j'ai choisi ce verset du psaume CXVIII, où ce grand roi et ce grand prophète, après avoir considéré ce qu'il a à faire en ce monde, nous déclare tout ouvertement qu'il n'a point trouvé de meilleures voies que celles de la loi de Dieu : « J'ai étudié mes

---

(*a*) Ce sermon, ou du moins le fond de ce sermon a été prêché deux fois; car il a deux exordes, dont l'un porte dans l'appellation, *mes frères*, et l'autre, *mes sœurs*.

Les critiques pensent qu'il a été prêché la seconde fois dans le Carême de 1661, aux Carmélites de la rue Saint-Jacques. La noblesse du style et l'élévation des idées révèlent manifestement la grande époque de l'orateur; mais quelques expressions surannées ne permettent pas de revenir dans cette époque en deçà de la date indiquée. Nous lisons, par exemple : « Si est-ce toutefois. — Durant ces trois jours (de carnaval) des hommes de terre et de boue mènent... une vie plus brutale que les bêtes brutes... Ils me font parade de leur bonne chère, ils se vantent de leurs bons morceaux. — L'utilité de cette médecine (la pénitence) nous en fera digérer l'amertume. »

Disons maintenant que le commencement du manuscrit porte ces mots : « Pour les jours du carnaval, prêché avant le Carême. » Notre sermon a donc été prononcé, la première fois, dans les jours du carnaval qui précéda le Carême de 1661.

Enfin les éditeurs avoient mêlé plusieurs phrases et plusieurs passages du second exorde dans le premier.

(*b*) *Var.* : De leur Créateur.

voies. » Fidèles, rendez-vous attentifs à une délibération de cette importance. Cet excellent serviteur de Dieu, qui nous a laissé les paroles que je vous ai rapportées, dès sa tendre jeunesse a eu à se défendre de puissantes inimitiés; il s'est trouvé souvent impliqué dans les dangereux intérêts des princes et des potentats ; il a eu à gouverner un puissant État, où il avoit à s'établir contre les restes de la famille de Saül son prédécesseur; enfin durant un règne fort long, jusqu'à ses dernières années il lui a fallu soutenir l'embarras, non-seulement d'une Cour factieuse et de sa propre maison toujours agitée de cabales, mais encore de cruelles guerres et civiles et étrangères. Toutefois si vous lui demandez sa pensée touchant ce qu'il nous propose dans ce sage et admirable verset que je vous ai allégué pour mon texte, il ne craindra pas de vous dire que jamais il n'a eu une affaire plus importante. Puis donc qu'étant impuissans de nous-mêmes, d'autant plus que les choses sont de conséquence, d'autant plus nous avons besoin de l'assistance divine : adressons-nous, mes frères, avec une ferveur extraordinaire au Père de toute lumière, afin qu'il lui plaise par sa bonté nous remplir de son Esprit-Saint aux prières de la sainte Vierge. *Ave*.

Dans cette importante délibération (a), chrétiens, je me représente que venu tout nouvellement d'une terre inconnue et déserte, séparée de bien loin du commerce et de la société des hommes, ignorant des choses humaines, je suis élevé tout à coup au sommet d'une haute montagne, d'où par un effet de la puissance divine je découvre la terre et les mers, et tout ce qui se fait dans le monde. C'est avec un pareil artifice que le bienheureux martyr Cyprien fait considérer les vanités du siècle à son fidèle ami Donatus [1]. Elevé donc sur cette montagne, je vois du premier aspect cette multitude infinie de peuples et de nations avec leurs mœurs différentes et leurs humeurs incompatibles, les unes barbares et sauvages, les autres polies et civilisées. Et comment pourrois-je vous rapporter une telle variété de coutumes et d'inclinations? certes,

---

[1] *Epist.* 1 *ad Donat.*, p. 3.
(a) *Var.:* Consultation.

c'est une chose impossible. Après, descendant plus exactement au détail de la vie humaine, je contemple les divers emplois dans lesquels les hommes s'occupent. O Dieu éternel, quel tracas! quel mélange de choses! quelle étrange confusion! Je jette les yeux sur les villes, et je ne sais où arrêter la vue, tant j'y vois de diversité. Celui-ci s'échauffe dans un barreau; cet autre songe aux affaires publiques; les autres dans leurs boutiques débitent plus de mensonges que de marchandises. Je ne puis considérer sans étonnement tant d'arts et tant de métiers avec leurs ouvrages divers, et cette quantité innombrable de machines et d'instrumens que l'on emploie en tant de manières. Cette diversité confond mon esprit. Si l'expérience ne me la faisoit voir, il me seroit impossible de m'imaginer que l'invention humaine fût si abondante (a).

D'autre part je regarde que la campagne n'est pas moins occupée. Personne n'y est de loisir, chacun y est en action et en exercice, qui à bâtir, qui à faire remuer la terre, qui à l'agriculture, qui dans les jardins; celui-ci y travaille pour l'ornement et pour les délices, celui-là pour la nécessité ou pour le ménage. Et qu'est-il nécessaire que je vous fasse une longue énumération de toutes les occupations de la vie rustique? La mer même que la nature sembloit n'avoir destinée que pour être l'empire des vents et la demeure des poissons, la mer est habitée par les hommes; la terre lui envoie dans des villes flottantes comme des colonies de peuples errans qui, sans autre rempart que d'un bois fragile, osent se commettre à la fureur des tempêtes sur le plus perfide des élémens. Et là que ne vois-je pas? que de divers spectacles? que de durs exercices? que de différentes observations? Il n'y a point de lieu où paroisse davantage l'audace tout ensemble et l'industrie de l'esprit humain.

Vous raconterai-je, fidèles, les diverses inclinations des hommes? Les uns d'une nature plus remuante ou plus généreuse, se plaisent dans les emplois violens : tout leur contentement est dans le tumulte des armes; et si quelque considération les oblige à demeurer dans quelque repos, ils prendront leur divertissement

(a) *Var.*: Il me seroit impossible de concevoir que l'imagination humaine fût si abondante.

à la chasse, qui est une image de la guerre. D'autres d'un naturel plus paisible, aiment mieux la douceur de la vie; ils s'attachent plus volontiers à cette commune conversation, ou à l'étude des bonnes lettres, ou à diverses sortes de curiosités, chacun selon son humeur. J'en vois qui sont sans cesse à étudier de bons mots pour avoir l'applaudissement du beau monde. Tel aura tout son plaisir dans le jeu : ce qui ne devroit être qu'un relâchement de l'esprit, ce lui est une affaire de conséquence à laquelle il occupe dans un grand sérieux la meilleure partie de son temps; il donne tous les jours de nouveaux rendez-vous, il se passionne, il s'impatiente. Et d'autres qui passent toute leur vie dans une intrigue continuelle : ils veulent être de tous les secrets, ils s'empressent, ils se mêlent partout, ils ne songent qu'à faire toujours de nouvelles connoissances et de nouvelles amitiés. Celui-ci est possédé de folles amours, celui-là de haines cruelles et d'inimitiés implacables, et cet autre de jalousies furieuses. L'un amasse, et l'autre dépense. Quelques-uns sont ambitieux et recherchent avec ardeur les emplois publics; les autres plus retenus se plaisent dans le repos et la douce oisiveté d'une vie privée. Chacun a la manie de ses inclinations différentes : les mœurs sont plus dissemblables que les visages; chacun veut être fol à sa fantaisie : la mer n'a pas plus de vagues, quand elle est agitée par les vents, qu'il ne naît de diverses pensées de cet abîme sans fond et de ce secret impénétrable du cœur de l'homme. C'est à peu près, mes frères, ce qui se présente à mes yeux, quand je considère attentivement les affaires et les actions qui exercent la vie humaine.

A cette étonnante diversité, je demeure confus et comme hors de moi; je me regarde, je me considère; que ferai-je? où me tournerai-je? *Cogitavi vias meas.* Certes, dis-je incontinent en moi-même, les autres animaux semblent ou se conduire ou être conduits d'une manière plus réglée et plus uniforme. D'où vient dans les choses humaines une telle inégalité et une telle bizarrerie? Est-ce là ce divin animal dont on raconte de si grandes merveilles? Cette ame d'une vigueur immortelle n'est-elle pas capable de quelque opération plus sublime et qui ressente mieux le lieu d'où elle est sortie? Toutes les occupations que je vois me semblent ou serviles, ou vaines, ou folles, ou criminelles; j'y vois du mouvement et de l'action pour agiter l'ame; je n'y vois ni règle, ni véritable conduite pour la composer. « Tout y est vanité et affliction d'esprit [1], » disait le plus sage des hommes. Ne paroîtra-t-il rien à ma vue qui soit digne d'une créature faite à l'image de Dieu? *Cogitavi vias meas :* je cherche, je médite, j'étudie mes voies; et pendant que je suis dans ce doute, je découvre un nouveau genre d'hommes que Dieu a dispersés deçà et delà dans le monde, qui mettent tous leurs soins à former leur vie sur l'équité de la loi divine, et ce sont les justes et les gens de bien; leur conduite me paroît plus égale, et leur contenance plus sage, et leurs mœurs bien mieux ordonnées; mais le nombre en est si petit, qu'à peine paroissent-ils sur la terre. Davantage, pour l'ordinaire je ne les vois pas dans le grand crédit; il semble que leur partage soit le mépris et la pauvreté. Ceux qui les maltraitent et qui les oppriment vont dans le monde la tête levée, au milieu des applaudissemens de toutes les conditions et de tous les âges; et c'est ce qui me jette dans de nouvelles perplexités. Suivrai-je le grand ou le petit nombre? les sages ou les heureux? ceux qui ont la faveur publique ou ceux qui sont satisfaits du témoignage de leur conscience? *Cogitavi vias meas.* Mais enfin après plusieurs doutes, voici la réflexion que je fais : Je suis né dans une profonde ignorance, j'ai été comme exposé en ce monde sans savoir ce qu'il y faut faire; et ce que je puis en apprendre est mêlé de tant de sortes d'erreurs, que mon ame demeureroit suspendue dans une incertitude continuelle, si elle n'avoit que ses propres lumières; et nonobstant cette incertitude, je suis engagé à un long et périlleux voyage : c'est le voyage de cette vie, où il faut nécessairement que je marche par mille sentiers détournés, environné de toutes parts de précipices (a) fameux par la chute de tant de personnes. Aveugle que je suis, que ferai-je si quelque bonne fortune ne me fait trouver un guide fidèle qui régisse mes pas errans et conduise mon ame mal assurée; c'est la première chose qui m'est nécessaire.

Mais je n'ai pas seulement l'esprit obscurci d'ignorance; ma

---

[1] *Eccle.*, I, 14.

(a) Au milieu de précipices.

volonté est extrêmement déréglée. Il s'y élève sans cesse des désirs injustes ou superflus. Je suis presque toujours en désordre par la véhémence de mes passions et par la violente précipitation de mes mouvemens. Il faut que je cherche une règle certaine qui compose mes mœurs selon la droite raison et réduise mes actions à la juste médiocrité; c'est la seconde chose dont j'ai besoin. Et enfin voici la troisième. Mon entendement et ma volonté, qui sont les deux parties principales qui gouvernent toutes mes actions, étant ainsi blessées, l'une par l'ignorance et l'autre par le déréglement, toute mon ame en est agitée et tombe dans un autre malheur, qui est une inquiétude et une inconstance éternelle. J'erre de désirs en désirs, sans trouver quoi que ce soit qui me satisfasse; je prends tous les jours de nouveaux desseins, espérant que les derniers réussiront mieux; et partout mon espérance est frustrée, parce que je ne trouve rien qui me satisfasse. De là l'inégalité de ma vie, qui n'ayant point de conduite arrêtée, est un mélange d'aventures diverses et de diverses prétentions, qui toutes ont trompé mes désirs. Je les ai manquées, ou elles m'ont manqué : je les ai manquées, lorsque je ne suis pas parvenu au but que je m'étois proposé; elles m'ont manqué, lorsqu'ayant obtenu ce que je voulois, je n'y ai pas rencontré ce que je cherchois. De sorte que je vivrai désormais sans espérance de terminer mes longues inquiétudes, si je ne trouve à la fin un objet solide qui donne quelque consistance à mes mouvemens par une véritable tranquillité, une lumière pour mes erreurs, une règle pour mes désordres, un repos assuré pour mes inconstances. Ce sont les trois choses qui me sont nécessaires. O Dieu, où les trouverai-je? *Cogitavi vias meas*. La prudence humaine est toujours chancelante; les règles des hommes sont défectueuses, les biens du monde n'ont rien de ferme; il faut que je porte mon esprit plus haut. Je vois, je vois dans la loi de Dieu une conduite infaillible, et une règle certaine, et une paix immuable. J'entends le Sauveur Jésus, qui avec sa charité ordinaire : « Je suis, dit-il, la voie, la vérité et la vie [1]. » Je suis la voie assurée qui vous conduit sans incertitude; je suis la vérité infaillible, invariable, sans aucun défaut, qui vous

---

[1] *Joan.*, XIV, 6.

règle ; je suis la vraie vie de vos ames, qui leur donne un repos sans trouble. Pourquoi délibérer davantage ? Loin de moi, doutes et inquiétudes ! loin de moi, fâcheuses irrésolutions ! « J'ai étudié mes voies, et enfin j'ai tourné mes pas, ô Seigneur, du côté de vos témoignages : » *Cogitavi vias meas, et converti pedes meos in testimonia tua.* C'est le sujet de cet entretien qui embrasse, comme vous voyez, tous les devoirs de la vie humaine. Fidèles, je n'en doute pas, vous avez souvent entendu de plus doctes prédications et où les choses ont été mieux déduites que je ne suis capable de le faire ; mais je ne craindrai pas de vous assurer que ni dans les cabinets, ni dans les conseils, ni dans les chaires, ni dans les livres, jamais il ne s'est traité une affaire plus importante.

PREMIER POINT.

« Qu'est-ce que l'homme, ô grand Dieu, que vous en faites état et que vous en avez souvenance, » dit le prophète David ? (a) Notre vie, qu'est-ce autre chose qu'un égarement continuel ? nos opinions sont autant d'erreurs, et nos voies ne sont qu'ignorance. Et certes quand je parle de nos ignorances, je ne me plains pas, chrétiens, de ce que nous ne connoissons pas quelle est la structure du monde, ni les influences des corps célestes, ni quelle vertu tient la terre suspendue au milieu des airs, ni de ce que tous les ouvrages de la nature nous sont des énigmes insolubles. Bien que ces connoissances soient très-admirables et très-dignes d'être recherchées, ce n'est pas ce que je déplore aujourd'hui ; la cause de ma douleur nous touche de bien plus près. Je plains notre malheur de ce que nous ne savons pas ce qui nous est propre, de ce que nous ne connoissons pas le bien et le mal, de ce que nous n'avons pas la véritable conduite qui doit gouverner notre vie.

Le sage Salomon étant un jour entré profondément en cette pensée : « Qu'est-il nécessaire, dit-il, que l'homme s'étudie à des choses qui surpassent sa capacité, puisqu'il ne sait pas même ce qui lui est convenable durant le pèlerinage de cette vie ? » *Quid necesse est homini majora se quærere, cum ignoret quid conducat sibi in vitâ suâ numero dierum peregrinationis suæ, et tempore*

(a) Note marg. : *Quid est homo, quòd memor es ejus?* etc. Psal. VIII, 5.

quod velut umbra præterit [1]*?* Mortels misérables et audacieux, nous mesurons le cours des astres, nous assignons la place aux élémens, nous allons chercher au fond des abîmes les choses que la nature y avoit cachées, nous pénétrons un océan immense pour trouver des terres nouvelles que les siècles précédens n'ont jamais connues, et à quoi ne nous portent pas les désirs vagues et téméraires d'une curiosité infinie? Et après tant de recherches laborieuses, nous sommes étrangers chez nous-mêmes; nous ne connoissons ni le chemin que nous devons tenir, ni quelle est la vraie fin de nos mouvemens. Et toutefois il est manifeste que la première chose que doit faire une personne avisée, c'est de considérer ses voies et de peser par une véritable prudence comment il doit composer ses mœurs. C'est ce que nous enseigne l'*Ecclésiaste* en ces deux petits mots si sensés : « Les yeux du sage sont en sa tête : » *Sapientis oculi in capite ejus* [2]. Quelle étrange façon de parler : les yeux du sage sont en sa tête ! Mais il a voulu nous faire entendre que de même que la nature a mis la vue comme un guide fidèle dans la place la plus éminente du corps, afin de veiller à notre conduite et de découvrir de loin les obstacles qui la pourroient traverser : ainsi la Providence divine a établi la raison dans la suprême partie de notre ame pour adresser nos pas à la bonne voie, et considérer aux environs les empêchemens qui nous en détournent (a).

Et bien que tout le monde confesse qu'il n'y a rien de si nécessaire que ce précepte du sage, si est-ce toutefois, chrétiens, que si nous l'observons en quelque façon dans les affaires de peu d'importance, nous le négligeons tout à fait dans le point capital de la vie. Etrange aveuglement de l'homme ! personne parmi nous ne se plaint de manquer de raisonnement; nous nous piquons d'employer la raison et dans nos affaires et dans nos discours; il faut même qu'il y ait de l'esprit et du raisonnement dans nos jeux; il y a de l'étude et de l'art jusque dans nos gestes et dans nos démarches : il n'y a que sur le point de nos mœurs où nous ne nous mettons point en peine de suivre ni de consulter la raison ; nous

---

[1] *Eccle.*, vii, 1. — [2] *Ibid.*, ii, 14.
(a) *Var.:* Ce qui peut nous en détourner.

les abandonnons au hasard et à l'ignorance. Et afin que vous ne croyiez pas, chrétiens, que ce soit ici une invective inutile, considérez, je vous prie, à quoi se passe la vie humaine. Chaque âge n'a-t-il pas ses erreurs et sa folie ? Qu'y a-t-il de plus insensé que la jeunesse bouillante, téméraire et mal avisée, toujours précipitée dans ses entreprises, à qui la violence de ses passions empêche de connoître ce qu'elle fait ? La force de l'âge se consume en mille soins et mille travaux inutiles. Le désir d'établir son crédit et sa fortune, l'ambition et les vengeances et les jalousies, quelles tempêtes ne causent-elles pas à cet âge ? Et la vieillesse paresseuse et impuissante, avec quelle pesanteur s'emploie-t-elle aux actions vertueuses! combien est-elle froide et languissante! combien trouble-t-elle le présent par la vue d'un avenir qui lui est funeste!

Jetons un peu la vue sur nos ans qui se sont écoulés ; nous désapprouverons presque tous nos desseins, si nous sommes juges un peu équitables, et je n'en exempte pas les emplois les plus éclatans. Car pour être les plus illustres, ils n'en sont pas pour cela les plus accompagnés de raison (*a*). La plupart des choses que nous avons faites, les avons-nous choisies par une mûre délibération ? N'y avons-nous pas plutôt été engagés par une certaine chaleur inconsidérée, qui donne le mouvement à tous nos desseins ? Et dans les choses mêmes dans lesquelles nous croyons avoir apporté le plus de prudence, qu'avons-nous jugé par les vrais principes ? Avons-nous jamais songé à faire les choses par leurs motifs essentiels et par leurs véritables raisons ? Quand avons-nous cherché la bonne constitution de notre ame ? Quand nous sommes-nous donné le loisir de considérer quel devoit être notre intérieur et pourquoi nous étions en ce monde ? Nos amis, nos prétentions, nos charges et nos emplois, nos divers intérêts que nous n'avons jamais entendus, nous ont toujours entraînés, et jamais nous ne sommes poussés que par des considérations étrangères. Ainsi se passe la vie parmi une infinité de vains projets et de folles imaginations ; si bien que les plus sages, après que cette première ardeur qui donne l'agrément aux choses du monde est un peu tempérée (*b*) par le temps, s'étonnent le plus souvent de s'être si fort travaillés pour

(*a*) *Var.* : Les plus raisonnables. — (*b*) Modérée, — ralentie.

rien. Et d'où vient cela, chrétiens? N'est-ce pas manque d'avoir bien compris les solides devoirs de l'homme et le vrai but où nous devons tendre?

Il est vrai, et il le faut avouer, que ce n'est pas une entreprise facile ni un travail médiocre : tous les sages du monde s'y sont appliqués, tous les sages du monde s'y sont trompés. Tu me cries de loin, ô philosophie, que j'ai à marcher en ce monde dans un chemin glissant et plein de périls. Je l'avoue, je le reconnois, je le sens même par expérience. Tu me présentes la main pour me soutenir et pour me conduire; mais je veux savoir auparavant si ta conduite est bien assurée : « Si un aveugle conduit un aveugle, ils tomberont tous deux dans le précipice [1]. » Et comment puis-je me fier à toi, ô pauvre philosophie? Que vois-je dans tes écoles, que des contentions inutiles qui ne seront jamais terminées? On y forme des doutes, mais on n'y prononce point de décisions. Remarquez, s'il vous plaît, chrétiens, que depuis qu'on se mêle de philosopher dans le monde, la principale des questions a été des devoirs essentiels de l'homme et quelle étoit la fin de la vie humaine. Ce que les uns ont posé pour certain, les autres l'ont rejeté comme faux. Dans une telle variété d'opinions, que l'on me mette au milieu d'une assemblée de philosophes un homme ignorant de ce qu'il auroit à faire en ce monde; qu'on ramasse, s'il se peut, en un même lieu tous ceux qui ont jamais eu la réputation de sagesse, quand est-ce que ce pauvre homme se résoudra, s'il attend que de leurs conférences (a) il en résulte enfin quelque conclusion arrêtée? Plutôt on verra le froid et le chaud cesser de se faire la guerre, que les philosophes convenir entre eux de la vérité de leurs dogmes : *Nobis invicem videmur insanire :* « Nous nous semblons insensés les uns aux autres, » disoit autrefois saint Jérôme [2]. Non je ne le puis, chrétiens, je ne puis jamais me fier à la seule raison humaine. Elle est si variable et si chancelante, elle est tant de fois tombée dans l'erreur, que c'est se commettre à un péril manifeste que de n'avoir point d'autre guide qu'elle. Quand je regarde quelquefois en moi-même cette mer si vaste et si

---

[1] *Matth.*, xv, 14. — [2] *Epist.* xxviii *ad Asell.*
(a) *Var.* : De leurs disputes.

agitée, si j'ose parler de la sorte, des raisons et opinions humaines, je ne puis découvrir dans une si vaste étendue, ni aucun lieu si calme, ni aucune retraite si assurée, qui ne soit illustre par le naufrage de quelque personnage célèbre. Si bien que le prophète Job, déplorant dans la véhémence de ses douleurs les diverses calamités qui affligent la vie humaine, a eu juste sujet de se plaindre de notre ignorance à peu près en cette manière : O vous qui naviguez sur les mers, vous qui trafiquez dans les terres lointaines et qui nous en rapportez des marchandises si précieuses, dites-nous : N'avez-vous point reconnu dans vos longs et pénibles voyages, « n'avez-vous point reconnu où réside l'intelligence et dans quelles bienheureuses provinces la sagesse s'est retirée? » *Unde sapientia venit, et quis est locus intelligentiæ?* Certes « elle s'est cachée des yeux de tous les vivans; les oiseaux mêmes du ciel, c'est-à-dire les esprits élevés, n'ont pu découvrir ses vestiges : » *Abscondita est ab oculis omnium viventium, volucres quoque cœli latet* [1]. La mort et la corruption, c'est-à-dire l'âge caduc et la décrépite vieillesse, qui courbée par les ans semble déjà regarder sa fosse, « la mort donc et la corruption nous ont dit : » Enfin après de longues enquêtes et plusieurs rudes expériences, « nous en avons ouï quelque bruit confus, » mais nous ne pouvons vous en rapporter de nouvelles bien assurées : *Perditio et mors dixerunt : Auribus nostris audivimus famam ejus* [2].

Donc, ô Sagesse incompréhensible, agité de cette tempête de diverses opinions pleines d'ignorance et d'incertitude, je ne vois de refuge que vous; vous serez le port assuré où se termineront mes erreurs. Grace à votre miséricorde, comme vous allumiez autrefois durant l'obscurité de la nuit cette mystérieuse colonne de flammes qui conduisoit Israël votre peuple dans une telle étendue de terres tout incultes et inhabitées : ainsi m'avez-vous proposé comme un céleste flambeau votre loi et vos ordonnances; elles rassureront mon esprit flottant, elles dirigeront mes pas incertains : *Lucerna pedibus meis verbum tuum, et lumen semitis meis* [3].

« Je m'étois résolu, dit le Sage, de me retirer entièrement des

---

[1] *Job*, XXVIII, 20, 21. — [2] *Ibid.*, 22. — [3] *Psal.* CXVIII, 105.

plaisirs, afin de m'adonner sérieusement à l'étude de la sagesse, jusqu'au temps que je visse avec évidence ce qui est utile aux enfans des hommes. Mais, poursuit ce sage prince, j'ai reconnu que pour cette recherche notre vie n'est pas assez longue[1]. » Et certes la prudence humaine est si lente dans ses progrès et la vie si précipitée dans sa course, qu'à peine avons-nous pris les premières teintures des connoissances que nous recherchons, que la mort inopinément tranche le cours de nos études par une fatale et irrévocable sentence, au lieu que dans l'étude de la loi de Dieu on y est savant dès le premier jour. Craignez Dieu, je vous ai tout dit, c'est un abrégé de doctrine qui « donne de l'entendement à l'enfance la plus impuissante (a) : » *Intellectum dat parvulis*[2]. C'est pourquoi le prophète David : J'ai eu, dit-il, de grands démêlés durant mes jeunes années avec de puissans ennemis, avec de vieux et rusés courtisans; mais j'ai été plus avisé qu'eux, je me suis ri des raffinemens de ces vieillards expérimentés, sans y entendre d'autre finesse que de rechercher simplement les commandemens de mon Dieu : *Super senes intellexi, quia mandata tua quæsivi*[3].

En effet considérez, chrétiens, ces grands et puissans génies; ils ne savent tous ce qu'ils font. Ne voyons-nous pas tous les jours manquer quelque ressort à leurs grands et vastes desseins, et que cela ruine toute l'entreprise ? L'événement des choses est ordinairement si extravagant et revient si peu aux moyens que l'on y avoit employés, qu'il faudroit être aveugle pour ne voir pas qu'il y a une puissance occulte et terrible qui se plaît de renverser les desseins des hommes, qui se joue de ces grands esprits qui s'imaginent remuer tout le monde, et qui ne s'aperçoivent pas qu'il y a une raison supérieure qui se sert et se moque d'eux, comme ils se servent et se moquent des autres.

En effet, il le faut avouer, dans la confusion des choses humaines, l'unique sûreté, mes chers frères, la seule et véritable science est de s'attacher constamment à cette raison dominante. Ah ! quelle consolation à une ame de suivre la raison souveraine avec laquelle

---

[1] *Eccle.*, II, 3. — [2] *Psal.* CXVIII, 130. — [3] *Ibid.*, 100.
(a) *Var.*: Imbécile.

on ne peut errer! Sans cela nos affaires iroient au hasard et à l'aventure. Car ce seroit une folle persuasion de croire que nous puissions prendre si justement nos mesures, que nous fassions tomber les événemens au point précis que nous souhaitons ; les rencontres des choses humaines sont trop irrégulières et trop bizarres. Il sert beaucoup d'observer le temps pour ensemencer la terre et pour moissonner : et néanmoins, dit le Sage, que je ne me lasse point de vous alléguer cette matière : « Qui prendroit garde au vent de si près, jamais il ne sèmeroit ; et qui considéreroit les nues, attendant toujours que le temps lui vînt entièrement à souhait, jamais il ne recueilleroit ses moissons : » *Qui observat ventum non seminat, et qui considerat nubes nunquam metet* [1]. Il veut dire, par cet exemple, que les affaires du monde sont de telle nature, que souvent elles se gâtent par trop de précautions ; que c'est un abus de croire que toutes choses cadrent au juste et concourent à nos desseins. Telle est la loi des entreprises humaines, qu'il y manque toujours quelque pièce ; et ainsi la plus haute prudence est contrainte de commettre au hasard le principal de l'événement.

N'en usez pas de la sorte, ô justes et enfans de Dieu. Vous qui faites profession d'une sagesse plus qu'humaine, croyez qu'il seroit indigne de personnes bien avisées d'abandonner vos desseins au hasard et à la fortune ; et puisque votre raison n'est ni assez ferme ni assez puissante pour diriger les vues des affaires selon une conduite certaine, laissez-vous gouverner à cette divine Sagesse qui régit si bien toutes choses, et ne me dites pas qu'elle passe votre portée. Ne voyez-vous pas que par une extrême bonté elle s'est rendue sensible et familière : elle est pour ainsi dire coulée dans les Ecritures divines, d'où les prédicateurs la tirent pour vous la prêcher ; et là cette Sagesse profonde qui donne une nourriture solide aux parfaits, a daigné se tourner en lait pour sustenter les petits enfans. Mais que pouvons-nous désirer davantage, après que cette Sagesse éternelle s'est revêtue d'une chair humaine, afin de se familiariser avec nous ? Nous ne pouvions trouver la voie assurée, à cause de nos erreurs ; « la voie même est venue

[1] *Eccle.*, XI, 4.

à nous : » *Ipsa via ad te venit*, dit saint Augustin [1]. Car le Sauveur Jésus est la voie.

C'est cet excellent Précepteur que nous promettoit Isaïe : « Tes oreilles entendront, dit-il, la voix de celui qui marchant derrière toi, t'avertira de tes voies, et tes yeux verront ton Précepteur : » *Erunt oculi tui videntes Præceptorem tuum* [2]. O ineffable miséricorde! Fidèles, réjouissons-nous : nous sommes des enfans ignorans de toutes choses; mais puisque nous avons un tel Maître, nous avons juste sujet de nous glorifier de notre ignorance, qui a porté notre Père céleste à nous mettre sous la conduite d'un si excellent Précepteur. Ce bon Précepteur, il est Dieu et homme. O souveraine autorité! ô incomparable douceur! Un maître a tout gagné quand il peut si bien tempérer les choses qu'on l'aime et qu'on le respecte. Je respecte mon Maître, parce qu'il est Dieu; et afin que mon amour pour lui fût plus familier et plus libre, il a bien voulu se faire homme. Je me défierois d'une prudence et je secouerois aisément le joug d'une autorité purement humaine : « Celle-là est trop sujette à l'erreur; celle-ci trop exposée au mépris (a) : » *Tam illa falli facilis, quàm ista contemni*, dit Tertullien [3]. Mais je ploie et je me captive sous les paroles magistrales du Sauveur Jésus : dans celles que j'entends, j'y vois des instructions admirables; dans celles que je n'entends pas, j'y adore une autorité infaillible. Si je ne mérite pas de les comprendre, elles méritent que je les croie; et j'ai cet avantage dans son école, qu'une humble soumission me conduit à l'intelligence plutôt qu'une recherche laborieuse. Venez donc, ô sages du siècle, venez à cet excellent Précepteur qui a des paroles de vie éternelle : laissez votre Platon avec sa divine éloquence, laissez votre Aristote avec cette subtilité de raisonnemens, laissez votre Sénèque avec ses superbes opinions; la simplicité de Jésus est plus majestueuse et plus forte que leur gravité affectée. Ce philosophe insultoit aux misères du genre humain par une raillerie arrogante; cet autre les déploroit par une compassion inutile. Jésus, le débonnaire Jésus, il plaint nos misères, mais il les soulage. Ceux qu'il instruit, il les porte :

---

[1] *Serm.* CXLI, n. 4. — [2] *Isa.*, XXX, 20, 21. — [3] *Apolog.*, n. 45.
(a) *Var.* : Semble trop méprisable.

ah! il va au péril de sa vie chercher sa brebis égarée; mais il la rapporte sur ses épaules, parce que « errant deçà et delà, elle s'étoit extrêmement travaillée : » *Multùm enim errando laboraverat*, dit Tertullien[1]. Pouvons-nous hésiter ayant un tel Maître ?

Au reste il n'est point de ces maîtres (a) délicats qui louent la pauvreté parmi les richesses, ou qui prêchent la patience dans la mollesse et la volupté. Et lui et tous ses disciples, ils ont scellé de leur sang les vérités qu'ils ont avancées. Ses saints enseignemens n'étoient qu'un tableau de sa vie. Il prouvoit beaucoup plus par ses actions que par ses paroles. Il a beaucoup plus fait qu'il n'a dit, parce qu'il accommodoit ses instructions à notre foiblesse; mais il falloit qu'il vécût en ce monde comme un exemplaire achevé d'une inimitable perfection. Que craignez-vous donc, hommes sans courage? Cet excellent Maître, et par ses paroles et par ses exemples, a déterminé toutes choses sur le point de nos mœurs; il ne nous a point laissé de questions indécises. Je vous vois perdus et étonnés sur le chemin de la piété chrétienne; vous n'osez y entrer, parce que vous n'y voyez au premier aspect qu'embarras et que difficultés; vous ne savez si dans ce fleuve (b) il y a un gué par où vous puissiez échapper. Considérez le Sauveur Jésus; afin de vous tirer hors de doute, il y est passé devant vous. Regardez-le triomphant à l'autre rivage, qui vous appelle, qui vous tend les bras, qui vous assure qu'il n'y a rien à craindre. Voyez, voyez l'endroit qu'il a honoré par son passage : il l'a marqué d'un trait de lumière, et n'est-ce pas une honte à des chrétiens d'avoir horreur d'aller où ils voient les vestiges de Jésus-Christ? Certes, on ne le peut nier, mes chers frères, nous serions entièrement insensés, si ayant cette conduite certaine, nous nous laissions encore emporter aux mensonges et aux vanités de la prudence du monde. J'ai étudié mes voies; dans les erreurs diverses de notre vie, j'ai considéré attentivement où je pourrois rencontrer de la certitude; j'ai trouvé, ô Sauveur Jésus, que c'étoit une manifeste folie de la chercher ailleurs que dans vos témoignages irrépréhensibles. Et ainsi par votre assistance j'ai résolu

---

[1] *De Pœnit.*, n. 8.
(a) *Var.:* Docteurs. — (b) Torrent.

de tourner mes pas du côté de vos témoignages : *Cogitavi vias meas*, d'autant plus que je n'y vois pas seulement la lumière qui éclaire mes ignorances, mais j'y reconnois encore la seule règle infaillible qui peut composer mes désordres. C'est la seconde partie.

SECOND POINT.

Il étoit impossible que l'ignorance profonde qui règne dans les choses humaines, ne précipitât nos affections dans un étrange déréglement. Car de même que le pilote à qui les tempêtes et l'obscurité ont ôté (a) le jugement tout ensemble avec les étoiles qui le conduisoient, abandonne le gouvernail et laisse voguer le vaisseau au gré des vents et des ondes (b) ; ainsi les hommes par leurs erreurs ayant perdu les véritables principes par lesquels ils se dévoient gouverner, ils se sont laissé emporter à leurs fantaisies ; chacun s'est fait des idoles de ses désirs, et par là les règles des mœurs ont été entièrement perverties. Combien voyons-nous de personnes qui voudroient que l'on nous laissât vivre chacun comme nous l'entendrions, que l'on nous eût défaits de tant de lois incommodes ! C'est ainsi qu'ils appellent les saintes institutions de la loi divine ; et si nous n'osons pas peut-être en parler si ouvertement, au moins ne vivons-nous pas d'autre sorte que si nous étions imbus de cette créance. Notre règle, quoi que nous puissions dire, est de suivre nos passions ; ou si nous les réprimons quelquefois, c'est par d'autres plus violentes, et en cela même moins raisonnables. Nous ne mettons pas la prudence à faire le choix de bonnes et vertueuses inclinations ; ce n'est pas là l'air du monde, ce n'est pas notre style ni notre méthode. Mais après que nos inclinations premières et dominantes sont nées en nous, je ne sais comment, par des mouvemens indélibérés et par une espèce d'instinct aveugle, chose certainement qui n'est que trop véritable, quand nous savons faire le choix des moyens les plus propres pour les acheminer à leur fin, nous croyons avoir bien pris nos mesures ; c'est ce que nous appelons une conduite réglée, tant l'usage véritable des choses est corrompu parmi nous. Ou bien, comme dans une telle diversité de désirs aveugles et téméraires

(a) *Var.* : Fait perdre. — (b) Laisse voguer le navire au gré des eaux.

il y en a beaucoup qui se contrarient, les faire céder au temps et aux occurrences présentes, par exemple quitter pour un temps les plaisirs pour établir sa fortune, c'est aller adroitement à ses fins, c'est avoir la science du monde et savoir ce que c'est que de vivre ; mais de remonter à la source du mal et de couper une bonne fois la racine des mauvaises inclinations, c'est à quoi personne ne pense. O pauvres mortels abusés ! Eh Dieu ! qui nous a jetés dans de si fausses persuasions ? Et comment ne voyons-nous pas « qu'étant d'une race divine, » comme dit l'apôtre saint Paul[1], il faut prendre de bien plus haut la règle de nos affaires ? Car s'il est vrai ce que nos pères ont dit contre les sectateurs d'Epicure et l'école des libertins, que de même que cet univers est régi par une Providence éternelle, ainsi les actions humaines, quelque extravagance qui nous y paroisse, sont conduites et gouvernées par une sagesse infinie, n'est-il pas absolument nécessaire qu'elles aient une règle certaine sur laquelle elles soient composées ? Et si nous ne sommes pas capables de ces grandes et importantes raisons, l'expérience du moins ne devroit-elle pas nous avoir appris qu'ayant plusieurs désirs qui nous sont pernicieux à nous-mêmes, la véritable sagesse n'est pas de les savoir contenter, mais de les savoir modérer ? Eh Dieu ! que seroit-ce des choses humaines, si chacun suivoit ses désirs ? D'où vient que les Néron, les Caligula et ces autres monstres du genre humain se sont laissés aller à des actions si brutales et si furieuses ? N'est-ce pas par la licence effrénée de faire tout ce qu'ils ont voulu, pour nous faire voir, chrétiens, qu'il n'y a point d'animal plus farouche ni plus indomptable que l'homme, quand il se laisse dominer à ses passions ? Par conséquent il est nécessaire de donner quelques bornes à nos désirs par des règles fixes et invariables ; et d'autant que nous avons tous la même raison et qu'étant d'une même nature, il est entièrement impossible que nous ne soyons destinés à la même fin, il s'ensuit de là par nécessité que ces règles que nous poserons doivent être communes à tous les hommes. Or vous allez voir, chrétiens, par un raisonnement invincible, qu'il n'y en peut avoir d'autres que la loi de Dieu.

[1] *Act.*, XVII, 28.

Où notre désordre paroît plus visible, c'est que nous sommes toujours hors de nous; je veux dire que nos occupations et nos exercices, nos conversations et nos divertissemens nous attachent aux choses externes. J'en ai déjà dit quelque chose au commencement de ce discours, et je le répète à présent pour en tirer d'autres conséquences; mais ne m'obligez pas, chrétiens, de rentrer encore une fois dans le particulier de nos actions pour vous faire voir cette vérité trop constante. Que chacun s'examine soi-même, et il reconnoîtra manifestement qu'il n'agit que par des motifs tirés purement de dehors; et toutefois la première chose que la règle doit faire en nos ames, c'est de nous ramener en nous-mêmes. Vous avez fait, dites-vous, une grande affaire, vous avez trouvé le moyen d'amasser beaucoup de richesses, vous êtes entré dans les bonnes graces d'une personne considérable qui vous peut rendre de grands services; et je veux encore supposer, si vous le voulez, que vous vous soyez rendu maître de tout le monde, votre ame n'en est pas en meilleure assiette; vos mœurs n'en sont pas pour cela ni plus innocentes ni mieux ordonnées. « Je ne suis point dans l'intrigue, dit le grave Tertullien dans le docte livre *de Pallio,* on ne me voit pas m'empresser près la personne des grands, je n'assiége ni leurs portes ni leurs passages, je ne me romps point l'estomac à crier au milieu d'un barreau, je ne vas ni aux marchés ni aux places publiques; j'ai assez à travailler en moi-même; c'est là ma grande et ma seule affaire : » *In me unicum negotium mihi est*[1]. C'est qu'il pensoit bien sérieusement à régler son intérieur; et le premier effet, comme je disois, de cette résolution, c'est de nous rappeler en nous-mêmes.

Mais s'il ne faut autre chose, l'orgueil toujours empressé se présentera aussitôt à nos yeux. Voyez cet orgueilleux : comme il se contemple, avec quelle complaisance il se considère de toutes parts, l'orgueil le fait rentrer en soi-même. Et n'est-ce pas l'orgueil, chrétiens, qui a retiré tant de philosophes du milieu de la multitude? Nous voulons, disoient-ils, vaquer à nous-mêmes; et certes ils disoient vrai : c'étoit en eux-mêmes qu'ils vouloient s'occuper à contempler leurs belles idées, à se contenter de leurs

---

[1] *De Pallio,* n. 5.

beaux et agréables raisonnemens, à se former à leur fantaisie une image de vertu de laquelle ils faisoient leur idole. Ils ne reconnoissoient pas comme il faut ce grand Dieu, duquel toutes leurs lumières étoient découlées : superbes et arrogans qu'ils étoient, ils ne songeoient qu'à se plaire à eux-mêmes dans leurs subtiles inventions. C'est là tout le désordre, c'est la vraie source du déréglement. Qui donc nous ramènera utilement en nous-mêmes, nous retirant de tant d'objets inutiles dans lesquels notre ame s'est elle-même si longtemps dissipée? Ce sera sans doute la loi de Dieu par l'humilité chrétienne. C'est l'humilité chrétienne qui nous rappelle véritablement en nous-mêmes, parce qu'elle nous fait rentrer dans la considération de notre néant, elle nous fait entendre que nous tenons tout de la miséricorde divine ; et ainsi elle nous abaisse sous la loi de Dieu, elle nous assujettit à sa volonté qui est la règle souveraine de notre vie.

« Dieu a fait l'homme droit, » dit l'*Ecclésiaste*[1], et voici en quoi le docte saint Augustin reconnoît cette rectitude. La rectitude et la juste règle et l'ordre sont inséparables : or chaque chose est bien ordonnée quand elle est soumise aux causes supérieures qui doivent dominer sur elle par leur naturelle condition. C'est en cela que l'ordre consiste, quand chacun se range aux volontés de ceux à qui il doit être soumis. Dieu donc, dit saint Augustin, a donné ce précepte à l'homme, de « régir ses inférieurs et d'être lui-même régi par la Puissance suprême : » *Regi à superiore, regere inferiorem*[2]. De même donc que la règle des mouvemens inférieurs, c'est la juste et saine raison ; ainsi la règle de la raison, c'est Dieu même. Et lorsque la raison humaine compose ses mouvemens selon la volonté de son Dieu, de là résulte cet ordre admirable, de là ce juste tempérament, de là cette médiocrité raisonnable qui fait toute la beauté de nos ames. Pour pénétrer au fond de cette doctrine excellente de saint Augustin, élevons un peu nos esprits, et considérons attentivement que la volonté de Dieu est la règle suprême selon laquelle toutes les autres règles doivent être nécessairement mesurées. Elles n'ont de justice ni de vérité qu'autant qu'elles se trouvent conformes à cette règle

---

[1] *Eccle.*, VII, 30. — [2] *In Psal.* CXLV, n. 5.

première et originale qui n'emprunte rien de dehors, mais qui est sa loi elle-même. C'est pourquoi le prophète David dit que « les jugemens de Dieu sont vrais et justifiés par eux-mêmes : » vrais et justifiés par eux-mêmes, comme s'il disoit : Les jugemens des hommes peuvent bien quelquefois être véritables, mais ils ne peuvent pas être justifiés par eux-mêmes. Toutes les vérités créées doivent être nécessairement conférées à la vérité divine, de laquelle elles tirent toute leur certitude. Mais pour les jugemens de Dieu, dit le saint prophète, « ils sont vrais d'une vérité propre et essentielle, et c'est pour cette raison qu'ils sont justifiés par eux-mêmes : » *Vera, justificata in semetipsa*[1]. De sorte que la volonté divine qui préside à cet univers, étant elle-même sa règle, elle est par conséquent la règle infaillible de toutes les choses du monde et la loi immuable par laquelle elles sont gouvernées.

Sur quoi je fais une observation dans le prophète David, qui peut-être édifiera les ames pieuses. Cet homme toujours transporté d'une sainte admiration de la Providence divine, après avoir célébré la sagesse de ses conseils dans ses grands et magnifiques ouvrages, passe de là insensiblement à la considération de ses lois. Ainsi au psaume XVIII : « Les cieux, dit ce grand personnage, racontent la gloire de Dieu[2]. » Puis ayant employé la moitié du psaume à glorifier Dieu dans ses œuvres, il donne tout le reste à chanter l'équité de ses ordonnances. « La loi de Dieu, dit-il, est immaculée, les témoignages de Dieu sont fidèles[3] ; » et il achève cet admirable cantique dans de semblables méditations. Et au psaume CXVIII : « Votre vérité, dit-il, ô Seigneur, est établie éternellement dans les cieux ; votre main a fondé la terre, et elle demeure toujours immobile ; c'est en suivant votre ordre que les jours se succèdent les uns aux autres avec des révolutions si constantes, et toutes choses, Seigneur, servent à vos décrets éternels. » Et puis il ajoute aussitôt : « N'étoit que votre loi a occupé toute ma pensée, cent fois j'aurois manqué de courage parmi tant de diverses afflictions dont ma vie a été tourmentée[4]. » Fidèles, que veut-il dire ? Quelle liaison trouve ce chantre céleste

[1] *Psal.* XVIII, 10. — [2] *Ibid.*, 2. — [3] *Ibid.*, 8. — [4] *Psal.* CXVIII, 89-92.

entre les ouvrages de Dieu et sa loi ? Est-ce par une rencontre fortuite que cet ordre se remarque en plusieurs endroits de ses psaumes ? Ou bien ne vous semble-t-il pas qu'il nous dit à tous au fond de nos consciences : Elevez vos yeux, ô enfans d'Adam, hommes faits à l'image de Dieu ; contemplez cette belle structure du monde, voyez cet accord et cette harmonie : y a-t-il rien de plus beau ni de mieux entendu que ce grand et superbe édifice ? C'est parce que la volonté divine y a été fidèlement observée, c'est parce que ses desseins ont été suivis et que tout se régit par ses mouvemens. Car cette volonté étant sa règle elle-même, toujours juste, toujours égale, toujours uniforme, tout ce qui la suit ne peut aller que dans un bel ordre. De là ce concert et cette cadence si juste et si mesurée. Que si les créatures même corporelles reçoivent tant d'ornemens à cause qu'elles obéissent aux décrets de Dieu, combien grande sera la beauté des natures intelligentes lorsqu'elles seront réglées par ses ordonnances ! Consultez toutes les créatures du monde ; si elles avoient de la voix, elles publieroient hautement qu'elles se trouvent très-bien d'observer les lois de cette Providence incompréhensible, et que c'est de là qu'elles tirent toute leur perfection et tout leur éclat ; et n'ayant point de langage, elles ne laissent pas de nous le prêcher par cette constante uniformité avec laquelle elles s'y attachent. Vous, hommes, enfans de Dieu, que votre Père céleste a illuminés d'un rayon de son intelligence infinie, quelle sera votre ingratitude, si plus stupides et plus insensibles que les créatures inanimées, vous méprisez de suivre les lois que Dieu même vous a données depuis le commencement du monde par le ministère de ses saints prophètes, et enfin dans la plénitude des temps par la bouche de son cher Fils ! C'est ainsi, ce me semble, que nous parle le prophète David.

O Dieu éternel ! chrétiens, quand il faudra paroître devant ce tribunal redoutable, quelle sera notre confusion lorsqu'on nous reprochera devant les saints anges que Dieu nous ayant donné une ame d'une nature immortelle, afin que nous employassions tous nos soins à régler ses actions et ses mouvemens selon leur véritable modèle, nous avons fait si peu d'état de ce riche et incomparable présent que, plutôt que de travailler en cette ame ornée de l'image de Dieu, nous avons appliqué notre esprit à des occupations toujours superflues et le plus souvent criminelles ; de sorte qu'au grand mépris de la munificence divine, parmi tant de sortes d'affaires qui nous ont vainement travaillés, la chose du monde la plus précieuse a été la plus négligée ? O folie ! ô indignité ! ô juste et inévitable reproche ! ah ! grand Dieu, je le veux prévenir. Assez et trop longtemps mon ame s'est égarée parmi tant d'objets étrangers, dans le jeu, dans les compagnies, dans l'avarice, dans la débauche. Je rentrerai en moi du moins à ce Carême qui nous touche de près, j'étudierai mes voies, je chercherai la règle sur laquelle je me dois former ; et comme il ne peut y en avoir d'autre que vos saints et justes commandemens, je tournerai mes pas du côté de vos témoignages. C'est ma dernière et irrévocable résolution, que vous confirmerez, s'il vous plaît, par votre grace toute-puissante : c'est elle qui me fera trouver le repos où je viens de rencontrer le bon ordre et où je trouvois tout à l'heure la vérité et la certitude ; et pour vous en convaincre, fidèles, c'est par où je m'en vais finir ce discours.

TROISIÈME POINT.

Je ne pense pas, chrétiens, après les belles maximes que nous avons, ce me semble, si bien établies par les Ecritures divines, qu'il soit nécessaire de recommencer une longue suite de raisonnemens pour vous faire voir que notre repos est dans l'observance exacte de la loi de Dieu. Contentons-nous d'appliquer ici (*a*), par une méthode facile et intelligible, la doctrine que par la miséricorde de Dieu nous avons aujourd'hui expliquée ; et faisons, pour l'édification de cette audience, paroître cette vérité dans son évidence.

Chaque chose commence à goûter son repos, quand elle est dans sa bonne et naturelle constitution. Vous avez été tourmenté d'une longue et dangereuse maladie ; peu à peu vos forces se rétablissent, et les choses reviennent au juste tempérament ; cela vous promet un prochain repos. Et comment donc notre ame ne

(*a*) *Var.*: Appliquons seulement ici.

jouiroit-elle pas d'une grande tranquillité après que la loi de Dieu a guéri toutes ses maladies ? La loi de Dieu établit l'esprit dans une certitude infaillible ; si bien que les doutes étant levés et les erreurs dissipées, non par l'évidence de la raison, mais par une autorité souveraine, plus inébranlable et plus ferme que nos plus solides raisonnemens, il faut que l'entendement acquiesce. Et de même la volonté ayant trouvé sa règle immuable, qui coupe et qui retranche ce qu'il y a de trop en ses mouvemens, ne doit-elle pas rencontrer une consistance tranquille et une sainte et divine paix ? C'est pourquoi le Psalmiste disoit : « Les justices de Dieu sont droites et réjouissent le cœur [1]. » Elles réjouissent le cœur, parce qu'elles sont droites, parce qu'elles règlent ses affections, parce qu'elles le mettent dans la disposition qui lui est convenable et dans le véritable point où consiste sa perfection.

Quelle inquiétude dans les choses humaines ! on ne sait si on fait bien ou mal : on fait bien pour établir sa fortune, on fait mal pour conserver sa santé ; on fait bien pour son plaisir, mais on ne contente pas ses amis ; et de même des autres choses. Dans la soumission à la loi de Dieu on fait absolument bien, on fait bien sans limitation, parce que quand on fait ce bien, tout le reste est de peu d'importance ; en un mot on fait bien, parce qu'on suit le souverain bien. Et comment est-il possible, fidèles, de n'être pas en repos en suivant le souverain bien ? quelle douceur et quelle tranquillité à une ame ! Il vous appartient, ô grand Dieu, en qualité de souverain bien, de faire le partage des biens à vos créatures ; mais heureuses mille et mille fois les créatures dont vous êtes le seul héritage ! c'est là le partage de vos enfans, que par votre bonté ineffable vous assemblez près de vous dans le ciel. Mais nous, misérables bannis, bien que nous soyons éloignés de notre céleste patrie, nous ne sommes pas privés tout à fait de vous ; nous vous avons dans votre loi sainte, nous vous avons dans votre divine parole. Oh ! que cette loi est désirable ! oh ! que cette parole est douce ! « Elle est plus douce que le miel à ma bouche, disoit le prophète David ; elle est plus désirable que tous les trésors [2]. » Et considérez en effet, chrétiens, que cette loi

[1] *Psal.* XVIII, 9. — [2] *Psal.* CXVIII, 103; *Psal.* XVIII, 11.

admirable est un éclat de la vérité divine et un écoulement de cette souveraine bonté. Ne doutez pas que cette fontaine n'ait retenu quelque chose des qualités de sa source. « Votre serviteur, ô mon Dieu, observe vos commandemens, chante amoureusement le Psalmiste ; il y a une grande récompense à les observer : » *In custodiendis illis retributio multa*[1]. « Ce n'est pas en autre chose, dit saint Augustin[2], mais en cela même que l'on les observe : la rétribution y est grande, parce que la douceur y est sans égale. »

Mes frères, je vous en prie, considérons un homme de bien dans la simplicité de sa vie : il ne gouverne point les Etats, il ne manie point les affaires publiques, il n'est point dans les grands emplois de la terre, comme sont les grands et les politiques ; vous diriez qu'il ne fasse rien en ce monde. Il ne sait pas les secrets de la nature, il ne parle pas du mouvement des astres, ces hauts et sublimes raisonnemens peut-être passeront sa portée. Sa conduite nous paroît vulgaire ; et cependant, si nous avons entendu les choses que nous avons dites, il est régi par une raison éternelle, il est gouverné par des principes divins, sa conduite appuyée sur la parole de Dieu est plus ferme que le ciel et la terre ; et plutôt tout le monde sera renversé, qu'il soit confondu dans ses espérances. Dans les affaires du monde, chacun recherche divers conseils qui nous embarrassent souvent dans de nouvelles perplexités : il chante sincèrement avec le Psalmiste : « Mon conseil, ce sont vos témoignages : » *Consilium meum justificationes tuæ*[3] ; ou bien, comme lit saint Jérôme : *Amici mei justificationes tuæ :* « Vos témoignages, ce sont mes amis. » Ceux que nous croyons nos meilleurs amis nous trompent très-souvent, ou par infidélité, ou par ignorance : l'homme de bien dans ses doutes consulte ses amis fidèles, qui sont les témoignages de Dieu ; ces amis sincères et véritables lui enseignent ce qu'il faut faire et le conseillent pour la vie éternelle. Heureux mille et mille fois d'avoir trouvé de si bons amis ! par là il se rira de la perfidie qui règne dans les choses humaines. Et c'est encore par cette raison que je le publie bienheureux.

[1] *Psal.* XVIII, 12. — [2] *Enarr.* I *in Psal.* XVIII, n. 2. — [3] *Psal.* CXVIII, 24.

Souffrez que je vous interroge en vérité et en conscience : Avez-vous tout ce que vous demandez? N'avez-vous aucune prétention en ce monde? Il n'y a peut-être personne en la compagnie qui puisse répondre qu'il n'en a pas. « Le laboureur, dit l'apôtre saint Jacques [1], attend le fruit de la terre : » sa vie est une espérance continuelle, il laboure dans l'espérance de recueillir, il recueille dans l'espérance de vendre, et toujours il recommence de même. Il en est ainsi de toutes les autres professions. En effet nous manquons de tant de choses, que nous serions toujours dans l'affliction si Dieu ne nous avoit donné l'espérance comme pour charmer nos maux (a) et tempérer par quelque douceur l'amertume de cette vie. Cette vie, que nous ne possédons jamais que par diverses parcelles qui nous échappent sans cesse, se nourrit et s'entretient d'espérance. L'avenir, qui sera peut-être une notable partie de notre âge, nous ne le tenons que par espérance; et jusqu'au dernier soupir, c'est l'espérance qui nous fait vivre. Et puisque nous espérons toujours, c'est un signe très-manifeste que nous ne sommes pas dans le lieu où nous puissions posséder les choses que nous souhaitons. Partant dans ce bas monde où personne ne jouit de rien, où on ne vit que d'espérance, celui-là sera le plus heureux qui aura l'espérance la plus belle et la plus assurée. Heureux donc mille et mille fois les justes et les gens de bien! Grace à la miséricorde divine, on leur a bien débattu la jouissance de la vie présente, mais personne ne leur a encore contesté l'avantage de l'espérance.

Comparons à cela, je vous prie, les folles espérances du monde. Dites-moi en vérité, chrétiens, avez-vous jamais rien trouvé qui satisfît pleinement votre esprit? Nous prenons tous les jours de nouveaux desseins, espérant que les derniers réussiront mieux, et partout notre espérance est frustrée. De là l'inégalité de notre vie, qui ne trouve rien de fixe ni de solide, et par conséquent ne pouvant avoir aucune conduite arrêtée, devient un mélange d'aventures diverses et de diverses prétentions, qui toutes nous ont trompés : ou nous les manquons, ou elles nous manquent; si bien

---

[1] *Jacob.*, v, 7.
(a) *Var. :* Nos inquiétudes.

que les plus sages, après que cette première ardeur qui donne l'agrément aux choses du monde, est un peu ralentie par le temps, s'étonnent le plus souvent de s'être si fort travaillés pour rien.

Et par conséquent, chrétiens, que pouvons-nous faire de mieux que de nous reposer en Dieu seul, que de vouloir ce que Dieu ordonne, et attendre ce qu'il prépare? Pourquoi donc ne cherchons-nous pas cet immobile repos? Pourquoi sommes-nous si aveugles que de mettre ailleurs notre béatitude? Ah! voici, mes frères, ce qui nous trompe (je vous demande, s'il vous plaît, encore un moment d'audience), c'est que nous nous sommes figuré une fausse idée de bonheur; et ainsi notre imagination étant abusée, nous semblons jouir pour un temps d'une ombre de félicité. Nous nous contentons des biens de la terre, non pas tant parce qu'ils sont de vrais biens, que parce que nous les croyons tels : semblables à ces pauvres hypocondriaques dont la fantaisie blessée se repaît du simulacre et du songe d'un vain et chimérique plaisir. Ici vous me direz peut-être : Ah! ne m'ôtez point cette erreur agréable; elle m'abuse, mais elle me contente. C'est une tromperie, mais elle me plaît. Certes je vous y laisserois volontiers, si je ne voyois que par ce moyen, quoique vous vous imaginiez d'être heureux, vous êtes dans une condition déplorable.

Beatum faciunt... duæ res, bene velle et posse quod velis[1] : « Deux choses nous rendent heureux, bien vouloir et pouvoir ce qu'on veut... » Enfans robustes, ils ont la force des hommes et l'inconsidération des enfans. Les enfans veulent violemment ce qu'ils veulent. S'ils sont en colère, aussitôt tout le visage est en feu et tout le corps en action. Le feu sur le visage, l'impatience dans le cri. Ils ne regardent pas s'il est à autrui, c'est assez qu'il leur plaise pour le désirer, ils s'imaginent que tout est à eux; ils ne considèrent pas s'il leur est nuisible, ils ne songent qu'à se satisfaire; il n'importe que cet acier coupe, c'est assez qu'il brille à leurs yeux. C'est ainsi que les méchans veulent posséder tout ce qui leur plaît, sans autre titre que leur avarice. Enfans incon-

[1] S. August., *De Trinit.*, lib. XIII, n. 17.

sidérés, avec cette différence qu'ils ont de la force. La nature donne des bornes ; aux enfans la foiblesse, aux hommes la raison. La foiblesse empêche ceux-là d'avoir tout l'effet de leurs désirs ardens ; ceux-ci ont la force, mais la raison sert de frein à la volonté. A mesure qu'on est raisonnable, on apprend de plus en plus à se modérer, parce qu'on ne veut que ce qu'il convient de vouloir pour être heureux : *Posse quod velis..., velle quod oportet* [1] *:* « Pouvoir ce qu'on veut..., vouloir ce qu'il faut ; » l'un dépend du hasard, l'autre est un effet de la raison. Pouvoir ce qu'on veut peut convenir aux plus méchans ; vouloir ce qu'il faut c'est le privilége inséparable des gens de bien. L'un dépend des conjonctures tirées du dehors ; l'autre fait la bonne constitution du dedans. Or jamais, comme nous disions tout à l'heure, il ne peut y avoir de bonheur que lorsque les choses sont établies dans leur naturelle constitution et dans leur perfection véritable, et il est impossible qu'elles y soient mises par l'erreur et par l'ignorance. C'est pourquoi, dit l'admirable saint Augustin, « le premier degré de misère, c'est d'aimer les choses mauvaises, et le comble de malheur, c'est de les avoir : » *Amando enim res noxias miseri, habendo sunt miseriores* [2]. Ce pauvre malade tourmenté d'une fièvre ardente, il avale du vin à longs traits ; il pense prendre du rafraîchissement, et il boit la peste et la mort. Ne vous semble-t-il pas d'autant plus à plaindre, qu'il y ressent plus de délices ?

Quoi ! je verrai durant ces trois jours des hommes tout de terre et de boue, mener à la vue de tout le monde une vie plus brutale que les bêtes brutes ; et vous voulez que je dise qu'ils sont véritablement heureux, parce qu'ils me font parade de leur bonne chère, parce qu'ils se vantent de leurs bons morceaux, parce qu'ils font retentir tout le voisinage et de leurs cris confus et de leur joie dissolue ? Eh ! cependant quelle indignité que si près des jours de retraite, la dissolution paroisse si triomphante ! L'Eglise notre bonne mère voit que nous donnons toute l'année à des divertissemens mondains : elle fait ce qu'elle peut pour dérober six semaines à nos déréglemens ; elle nous veut donner

[1] S. August., *De Trinit.*, lib. XIII, n. 17. — [2] *In Psal.* XXVI, n. 7.

quelque goût de la pénitence ; elle nous en présente un essai pendant le Carême, estimant que l'utilité que nous recevrons d'une médecine si salutaire nous en fera digérer l'amertume et 'continuer l'usage. Mais, ô vie humaine incapable de bons conseils ! ô charité maternelle indignement traitée par de perfides enfans ! nous prenons de ses salutaires préceptes une occasion de nouveaux désordres. Pour honorer l'intempérance, nous lui faisons publiquement précéder le jeûne ; et comme si nous avions entrepris de joindre Jésus-Christ avec Bélial, nous mettons les bacchanales à la tête du saint Carême. O jours vraiment infâmes, et qui méritoient d'être ôtés du rôle des autres jours ! jours qui ne seront jamais assez expiés par une pénitence de toute la vie, bien moins par quarante jours de jeûne mal observés ! Mes frères, ne diroit-on pas que la licence et la volupté ont entrepris de nous fermer les chemins de la pénitence, et qu'ils en occupent l'entrée pour faire de la débauche un chemin à la piété ? C'est pourquoi je ne m'étonne pas si nous n'en avons que la montre et quelques froides grimaces. Car c'est une chose certaine : la chute de la pénitence au libertinage est bien aisée ; mais de remonter du libertinage à la pénitence ; mais sitôt après s'être rassasié des fausses douceurs de l'un, goûter l'amertume de l'autre, c'est ce que la corruption de notre nature ne sauroit souffrir.

Vous donc, ames chrétiennes, vous à qui notre Sauveur Jésus a donné quelque amour pour sa sainte doctrine, demeurez toujours dans sa crainte ; qu'il n'y ait aucun jour qui puisse diminuer quelque chose de votre modestie ni de votre retenue. Etudiez vos voies avec le prophète : tournez avec lui vos pas aux témoignages de Dieu ; sans doute vous y trouverez et la certitude, et la règle, et l'immobile repos qui se commencera sur la terre pour être consommé dans le ciel. *Amen.*

SECOND EXORDE

POUR

LE SERMON PRÉCÉDENT.

Cogitavi vias meas, et converti pedes meos in testimonia tua.

J'ai étudié mes voies, et enfin j'ai tourné mes pas du côté de vos témoignages. *Psal.* cxviii, 19.

Si nos actions sont mal composées, s'il nous arrive presque tous les jours ou de nous tromper dans nos jugemens, ou de nous égarer dans notre conduite, l'expérience nous fait connoître que la cause de ce malheur, c'est que nous ne délibérons pas assez posément de ce que nous avons à faire, c'est que nous nous laissons emporter aux objets qui se présentent. Une ardeur inconsidérée nous jette bien avant dans l'action, avant que nous en ayons assez remarqué et les suites et les circonstances; si bien qu'un conseil peu rassis produisant des résolutions trop précipitées, il arrive (a) ordinairement que nous errons deçà et delà, plutôt que de marcher dans la droite voie. Ce grand et victorieux monarque dont j'ai aujourd'hui emprunté mon texte, s'est bien éloigné de ces deux défauts, et il est aisé de le remarquer par les paroles que j'ai rapportées : « Il a, dit-il, étudié ses voies; » il a délivré son esprit de toutes préoccupations étrangères, il a médité sérieusement où il devoit porter ses inclinations : *Cogitavi vias meas.* Voilà une délibération bien posée; après quoi je ne m'étonne pas s'il a pris le meilleur parti et s'il nous dit que le résultat de cette importante consultation a été de « tourner ses pas du côté de la loi de Dieu : » *Et converti pedes meos in testimonia tua.* Si tous les hommes délibéroient aussi soigneusement que David sur cette matière si nécessaire, je me persuade, mes sœurs, qu'ils prendroient fort facilement une résolution semblable ; et étant convaincu de ce sentiment, j'ai cru que cet entretien particulier que vous avez désiré de moi contenteroit vos pieux désirs, si je

---

(a) *Var.* : Il se voit.

recherchois les raisons sur lesquelles David a pu appuyer cette résolution si bien digérée.

Dans cette consultation importante où il s'agit de déterminer du point capital de la vie et de se résoudre pour jamais sur les devoirs essentiels de l'homme chrétien, je me représente que venu tout nouvellement d'une terre inconnue et déserte, ignorant des choses humaines, je découvre d'une même vue tous les emplois, tous les exercices, toutes les occupations différentes qui partagent en tant de soins les enfans d'Adam dans ce laborieux pèlerinage. O Dieu éternel, quel tracas! quel mélange de choses! quelle étrange confusion! et qui pourroit ne s'étonner pas d'une diversité si prodigieuse! La guerre, le cabinet, le gouvernement, la judicature et les lettres, le trafic et l'agriculture, en combien d'ouvrages divers ont-ils divisé les esprits? Mais si je descends au détail, si je regarde de près les secrets ressorts qui font mouvoir les inclinations, c'est là qu'il se présente à mes yeux une variété (a) bien plus étonnante. Celui-là est possédé de folles amours, celui-ci de haines cruelles et d'inimitiés implacables, et cet autre de jalousies furieuses. L'un amasse, et l'autre dépense. Quelques-uns sont ambitieux et recherchent avec ardeur les emplois publics, et les autres plus retenus se plaisent dans le repos de la vie privée; l'un aime les exercices durs et violens, l'autre les secrètes intrigues; et quand aurois-je fini ce discours, si j'entreprenois de vous raconter toutes ces mœurs différentes et ces humeurs incompatibles? Chacun veut être fou à sa fantaisie; les inclinations sont plus dissemblables que les visages; et la mer n'a pas plus de vagues, quand elle est agitée par les vents, qu'il ne naît de pensées différentes de cet abîme sans fond et de ce secret impénétrable du cœur de l'homme.

Dans cette infinie multiplicité de désirs et d'occupations, je reste interdit et confus, je me regarde, je me considère : que ferai-je? où me tournerai-je? *Cogitavi vias meas.* Certes, dis-je incontinent en moi-même, les autres animaux semblent ou se conduire ou être conduits d'une manière plus réglée et plus uniforme. D'où vient dans les choses humaines une telle inégalité,

---

(a) *Var.* : Diversité, — multiplicité.

ou plutôt une telle bizarrerie? Est-ce là ce divin animal dont on dit de si grandes choses? Cette ame d'une vigueur immortelle n'est-elle pas capable de quelque opération plus sublime et qui ressente mieux le lieu d'où elle est sortie? Toutes les occupations que je vois me semblent ou serviles, ou vaines, ou folles, ou criminelles : « Tout y est vanité et affliction d'esprit [1], » disoit le plus sage des hommes. Ne paroîtra-t-il rien à ma vue qui soit digne d'une créature faite à l'image de Dieu? *Cogitavi vias meas:* je cherche, je médite, j'étudie mes voies; et pendant que je suis dans le doute, Dieu me montre sa loi et ses témoignages, il m'invite à prendre parti dans le nombre de ses serviteurs. En effet leur conduite me paroît plus égale, et leur contenance plus sage, et leurs mœurs bien mieux ordonnées; mais le nombre en est si petit, qu'à peine paroissent-ils dans le monde. Davantage (a), pour l'ordinaire je ne les vois pas dans les grandes places; souvent même ceux qui les oppriment vont dans le monde la tête levée au milieu des applaudissemens de toutes les conditions et de tous les âges, et c'est ce qui me jette dans de nouvelles perplexités. Suivrai-je le grand ou le petit nombre? les sages ou les heureux? ceux qui ont la faveur publique ou ceux qui sont satisfaits du témoignage de leur conscience? *Cogitavi vias meas.* Mais enfin après plusieurs doutes, voici ce qui décide en dernier ressort et tranche la difficulté jusqu'au fond : je suis né dans une profonde ignorance, j'ai été comme exposé en ce monde sans savoir ce qu'il y faut faire; et nonobstant cette incertitude, je suis engagé nécessairement à un long et pénible voyage; c'est le voyage de cette vie, dont presque toutes les routes me sont inconnues. Aveugle que je suis, que ferai-je, si quelque bonne fortune ne me fait trouver un guide fidèle qui régisse mes pas errans et conduise mon ame mal assurée? C'est la première chose qui m'est nécessaire (b).

[1] *Eccle.,* I, 14.

(a) Pour : De plus. — (b) Mais je n'ai pas seulement..... (La fin comme au sermon précédent, pag. 467 et suiv.)

SERMON

POUR

LE TEMPS DU JUBILÉ,

SUR LA PÉNITENCE (*a*).

Qui enim mortui sumus peccato, quomodo adhuc vivemus in illo?

Nous qui sommes morts au péché, comment pourrons-nous désormais y vivre? *Rom.*, VI, 2.

Je ne puis vous exprimer, chrétiens, combien est grande aujourd'hui la joie de l'Eglise. Cette grace du jubilé que vous avez si ardemment embrassée, cette piété exemplaire, ce zèle que vous avez témoigné dans la fréquentation des saints sacremens, satisfait infiniment cette bonne mère; et si le père de ce prodigue voulut que toute sa maison fût en joie pour le retour d'un de ses enfans, quels sont les sentimens de l'Eglise voyant un si grand nombre des siens ressuscités par la pénitence? Mais cette joie divine et spirituelle ne s'arrête pas sur la terre, elle passe jusqu'au ciel; et nous apprenons du Sauveur des ames que la conversion des hommes pécheurs fait la solennité des esprits célestes, nos gémissemens font leur joie, et nos douleurs font leurs actions

---

(*a*) Prêché à Metz, en 1655.

Des indications certaines fixent l'origine de notre sermon dans l'époque de Metz. D'abord les interrogations sans la particule *ne*, comme celles-ci : « Aurions-nous pas bien mérité ? — Craignons-nous pas ? » Ensuite ces sortes d'expressions : « Amitié refleurie ; — L'amertume de la pénitence a quelque chose de plus doux pour eux (les anges) que le miel de la dévotion ; elle dit : Je nettoie et je fortifie ; — remède qui purge, » etc. Enfin le manuscrit ne permet pas le moindre doute.

D'une autre part, notre sermon a été prêché pendant un jubilé ; on le voit par ces paroles de la péroraison : « C'est pour cela que Dieu nous envoie cette grace extraordinaire du jubilé. » Or Alexandre VII accorda lors de son avénement, en 1655, un jubilé pour conjurer Dieu d'accorder la paix au monde désolé par la guerre.

Ce sermon a été mis à la place qu'il occupe, disent les éditeurs, parce qu'il n'appartient précisément à aucune partie de l'année liturgique, et qu'il convient mieux au temps du Carême qu'à tout autre.

de graces. Donc les larmes des pénitens sont si précieuses qu'elles sont recueillies en terre pour être portées jusque dans le ciel, et leur vertu est si grande qu'elle s'étend même jusque sur les anges ; et ce qui est bien plus merveilleux, c'est qu'encore que l'innocence ait ses larmes, les anges estiment de plus grand prix celles que les péchés font répandre, et l'amertume de la pénitence a quelque chose de plus doux pour eux que le miel de la dévotion. Que reste-t-il donc maintenant à faire, sinon de vous dire avec l'Apôtre : « Nous qui sommes morts au péché, pourrons-nous bien désormais y vivre? » Nous qui avons réjoui le ciel, pourrons-nous après cela réjouir l'enfer et rendre inutile une pénitence qui a déjà pu porter ses fruits jusque dans la Jérusalem bienheureuse? Comprenez, pécheurs convertis, que vos larmes pénètrent le ciel, puisqu'elles y vont réjouir les anges; voyez combien les pleurs de la pénitence sont fructueux à ceux qui les versent, puisqu'ils le sont même aux intelligences célestes. Entendons dans notre évangile quelle abondante satisfaction produira un jour en nous-mêmes l'affliction d'un cœur repentant, puisqu'elle en produit déjà dans les anges, auxquels le Fils de Dieu nous promet que sa grace nous fera semblables. Et puisque ces sublimes esprits prennent tant de part à notre bonheur et qu'ils veulent bien se joindre avec nous (a) par une société si étroite, joignons-nous aussi avec eux, et disons tous ensemble avec Gabriel, l'un de leurs bienheureux compagnons : *Ave, Maria*.

Après que la grace du saint baptême nous ayant heureusement délivrés de la damnation du premier Adam, avoit si abondamment répandu sur nous (b) les bénédictions du nouveau; après que cette seconde naissance qui nous a ressuscités en Notre-Seigneur avoit consacré pour toujours nos corps et nos ames à une sainte nouveauté de vie, il falloit certainement, chrétiens, que les hommes régénérés par une si grande bonté de leur Créateur, honorassent la miséricorde divine en conservant soigneusement ses bienfaits, et gardassent éternellement l'innocence que le Saint-

---

(a) *Var.* : S'allier à nous. — (b) Avoit répandu sur nous si abondamment.

Esprit leur avoit rendue. Car puisque nous apprenons de l'Apôtre que cette eau salutaire et vivifiante qui nous a lavés au baptême, a détruit en nous le corps du péché, « pour nous exempter à jamais de sa servitude, » *ut ultrà non serviamus peccato* [1], y avoit-il rien de plus nécessaire que de nous maintenir dans la liberté que le sang de Jésus-Christ nous avoit acquise ? Et nous étant rengagés volontairement dans un si honteux esclavage après la sainteté du baptême, aurions-nous pas bien justement mérité que Dieu punît notre ingratitude par une entière soustraction de ses graces?

Oui, sans doute, nous méritions, ayant violé le baptême, qu'on ne nous laissât plus aucune ressource ; mais cette bonté qui n'a point de bornes a traité plus favorablement la foiblesse humaine ; elle a regardé d'un œil de pitié l'extrême fragilité de notre nature ; et voyant que notre vie n'étoit autre chose qu'une continuelle tentation, elle a ouvert la porte de la pénitence comme un second asile aux pécheurs et une nouvelle espérance après le naufrage. Et encore que Dieu ait prévu que les hommes toujours ingrats abuseroient de la pénitence comme ils avoient fait du baptême, sa miséricorde ne s'est pas lassée. Jésus-Christ, qui a voulu que la pénitence nous tînt lieu en quelque sorte d'un second baptême, a mis entre ces deux sacremens cette différence notable, que le premier nous étant donné comme la nativité du fidèle, ne peut être reçu qu'une fois, parce qu'il n'y a qu'une naissance en esprit comme il n'y en a qu'une en la chair; et qu'au contraire le sacrement de la pénitence est mis entre les mains de l'Eglise comme une clef salutaire par laquelle elle peut ouvrir le ciel aux pécheurs autant de fois qu'ils se convertissent : Je n'excepte rien, dit notre Sauveur : tout ce que vous pardonnerez sur la terre, leur sera remis devant Dieu [2], pour nous faire voir par cette parole que son Père n'est jamais si inexorable qu'il ne puisse être apaisé par la pénitence. Voilà comme la miséricorde divine ne cesse jamais de bien faire aux hommes ; mais comme si notre malice avoit entrepris d'abuser de tous ses bienfaits, nous tournons à notre ruine tout ce qu'on nous présente pour notre salut.

[1] *Rom.*, VI, 6. — [2] *Matth.*, XVIII, 18 ; *Joan.*, XX, 23.

En effet qui ne voit par expérience que c'est la facilité du pardon qui nous endurcit dans le crime? Le remède de la pénitence, qui devoit l'arracher jusqu'à la racine, ne sert qu'à le rendre plus audacieux par l'espérance de l'impunité; les rebelles enfans d'Adam ont cru qu'on leur prolongeoit le temps de pécher, parce qu'on leur en donnoit pour se repentir; et par une insolence inouïe nous sommes devenus plus méchans, parce que Dieu s'est montré meilleur. Et afin que vous voyiez, chrétiens, combien ce désordre est universel, permettez-moi d'appeler ici le témoignage de vos consciences. Je veux croire qu'il n'y a personne en cette assemblée que la grace du jubilé, que l'exemple de la dévotion publique et la sainteté de ces derniers jours n'ait invité à la pénitence; et je vous considère aujourd'hui comme des hommes renouvelés par le Saint-Esprit. Dans cet heureux état où vous êtes, si quelqu'un vous disoit de la part de Dieu avec une autorité infaillible que, si vous perdez une fois la grace en retombant dans les mêmes crimes que vous avez lavés par vos larmes, il n'y a plus pour vous aucune espérance, que le ciel vous sera fermé pour toujours, et que la miséricorde divine sera éternellement sourde à vos prières, seriez-vous si ennemis de vous-mêmes que de vous précipiter volontairement dans une damnation assurée? les plus déterminés ne trembleroient-ils pas, voyant leur perte si inévitable? Si donc nous retournons aux péchés que nous avons expiés par la pénitence, et qui n'y retournera pas? c'est que l'espérance du pardon nous aura flattés, et que nous aurons présumé comme des enfans libertins de l'indulgence de notre Père que nous avons tant de fois expérimentée. De sorte qu'il n'est rien de plus véritable que la cause la plus générale de tous nos péchés, c'est que nous n'avons jamais bien compris ce que je me propose aujourd'hui de vous faire entendre, que rien au monde n'est tant à craindre que de ne point profiter de la pénitence et de déchoir par de nouveaux crimes de la grace qu'elle nous avoit obtenue.

Pour prouver solidement cette vérité, je remarque trois qualités dans la pénitence : c'est une réconciliation de l'homme avec Dieu, c'est un remède, c'est un sacrement. La pénitence nous réconcilie; de là vient que l'Apôtre dit : « Je vous conjure au nom de Jésus, réconciliez-vous avec Dieu [1]. » La pénitence est un remède pour nos maladies ; c'est ce qui fait dire au Sauveur des ames : « Je vous ai rendu la santé, allez maintenant et ne péchez plus [2]. » La pénitence est un sacrement, et Jésus-Christ nous l'enseigne assez (a) lorsqu'il parle ainsi aux apôtres : « Recevez le Saint-Esprit, leur dit-il ; ceux dont vous remettrez les péchés, ils leur seront remis [3]. » Par où nous voyons clairement que l'Esprit qui purge les péchés des hommes doit être communiqué aux fidèles par le ministère des saints apôtres ; et c'est ce que nous appelons sacrement, quand un ministère visible opère intérieurement le salut des ames.

Mais pour mieux comprendre ces trois qualités et la connexion qu'elles ont entre elles, concevez premièrement trois désordres que le péché produit dans les hommes. Le premier de tous les désordres et qui est la source de tous les autres, c'est de les séparer de leur Créateur et de rompre le nœud sacré de la société bienheureuse que Dieu avoit voulu lier (b) avec nous. « Ce sont, nous dit-il, vos péchés qui ont mis la division entre vous et moi [4]. » Et de là naît un second malheur : c'est que l'ame étant séparée de Dieu et ne buvant plus à cette fontaine de vie qui seule est capable de la soutenir, aussitôt ses forces défaillent, elle est accablée de langueurs mortelles ; et c'est ce que ressentoit le divin Psalmiste, lorsqu'il crioit à Dieu du fond de son cœur : « Mes forces, ô mon Dieu, m'ont abandonné, la lumière de mes yeux n'est plus avec moi [5] ; guérissez-moi bientôt, ô Seigneur, parce que j'ai péché contre vous [6]. » Mais le péché n'est pas seulement une maladie, c'est encore une profanation de nos ames ; et la raison en est évidente : car comme l'union avec Dieu les sanctifioit par une espèce de consécration, le péché au contraire les rend profanées. C'est une lèpre spirituelle, qui non-seulement affoiblit les hommes par la maladie, mais les met au rang des choses immondes ; et ce sont les trois maux que fait le péché. Il sépare premièrement l'ame d'avec Dieu, et par cette funeste séparation, de saine elle devient languissante, et de sainte elle devient profanée.

---

[1] II *Cor.*, v, 20. — [2] *Joan.*, v, 14. — [3] *Ibid.*, xx, 22, 23. — [4] *Isa.*, LIX, 2. — [5] *Psal.* XXXVII, 11. — [6] *Psal.* XL, 5.

(a) *Var.* : Le fait bien voir. — (b) Avoir.

C'est pourquoi il a fallu que la pénitence eût les trois qualités que je vous ai dites. Le péché nous séparant d'avec Dieu, il falloit que la pénitence nous y réunît, et c'est la première de ses qualités, c'est une réconciliation. Mais le péché en nous séparant, nous a faits malades; par conséquent il ne suffit pas que la pénitence nous réconcilie, il faut encore qu'elle nous guérisse : et de là vient qu'elle est un remède. Et enfin comme le péché ajoute la profanation et l'impureté aux infirmités qu'il apporte, une maladie de cette nature ne peut être déracinée que par un remède sacré qui ait la force de sanctifier comme de guérir : c'est pourquoi la pénitence est un sacrement. Vous voyez, fidèles, ces trois qualités, d'où je tire trois raisons solides pour montrer qu'il n'est rien de plus dangereux que d'abuser de la pénitence en la rendant inutile et infructueuse. Car s'il est vrai que la pénitence soit la réconciliation de l'homme avec Dieu, si c'est un remède qui nous rétablisse et un sacrement qui nous sanctifie, on ne peut sans un insigne mépris rompre une amitié si saintement réconciliée, ni rejeter sans un grand péril un remède si efficace, ni violer sans irrévérence un sacrement si saint et si salutaire. Ce sont les trois points; et de là nous conclurons avec l'Apôtre que, puisque nous sommes morts au péché, nous ne pouvons plus désormais y vivre. C'est ce que j'espère vous rendre sensible avec le secours de la grace.

PREMIER POINT.

Pour entrer d'abord en matière, posons pour fondement de tout ce discours que s'il y a quelque chose parmi les hommes qui demande une fidélité éternelle, c'est une amitié réconciliée. Je sais que le nom de l'amitié est saint par lui-même, et que ses droits sont inviolables dans tous les sujets où elle se trouve; néanmoins il faut confesser qu'il y a (a) entre les amis réconciliés je ne sais quel engagement plus étroit, et que l'amitié y reçoit de nouvelles forces. La raison, chrétiens, en est évidente. Ce que l'homme fait avec contention, il le fait aussi avec efficace; et les effets sont d'autant plus grands, que l'ame est plus puissamment appliquée;

(a) *Var.* : Mais il ne laisse pas d'être véritable qu'il y a, etc.

de sorte qu'une amitié qui a pu se reprendre malgré les obstacles, qui a pu oublier toutes les injures, qui a pu revivre même après sa mort, a sans doute quelque chose de plus vigoureux que celle qui n'a jamais fait de pareils efforts. Cette amitié autrefois éteinte, maintenant refleurie et ressuscitée, se souvenant du premier malheur, jette de plus profondes racines, de crainte qu'elle ne puisse être encore une fois abattue. Les cœurs se font eux-mêmes des nœuds plus serrés; et comme les os se rendent plus fermes dans les endroits des ruptures, à cause du secours extraordinaire que la nature donne aux parties blessées; de même les amis qui se réunissent envoient pour ainsi dire tant d'affection pour renouer l'amitié rompue, qu'elle en demeure à jamais mieux consolidée. Mais si l'affection y est plus ardente, la fidélité d'autre part se lie davantage. La réconciliation des amis a quelque chose de ces contrats qui interviennent sur les procès; et nous apprenons des jurisconsultes que ce sont les plus assurés, parce que la bonne foi y est engagée dans des circonstances plus fortes; d'où il est aisé de conclure qu'en tout sens il n'est rien plus inviolable que l'amitié réconciliée.

Cette vérité étant établie, je m'adresse maintenant à vous, chrétiens réconciliés par la pénitence, pour vous dire que Dieu vous demande une fidélité plus exacte et une affection plus sincère : pour quelle raison? Parce que vous êtes réconciliés, il veut que vous l'aimiez davantage; et ce n'est pas moi qui le dis, c'est lui qui vous le déclare dans son Evangile, lorsque parlant à Simon le pharisien au sujet de la Madeleine, il dit : « Celui à qui on remet moins aime moins, celui à qui on remet plus aime plus [1]. » Peut-on parler plus expressément? Il vous a remis vos péchés; mais après cela il attend de vous que vous l'aimerez avec plus d'ardeur, parce qu'ainsi que nous avons dit, c'est la loi nécessaire et indispensable de l'amitié réconciliée; et lui-même, quoiqu'il soit au-dessus des lois, il ne laisse pas d'en donner l'exemple. Considérez ce que je veux dire : il n'y a page de l'Evangile où nous ne voyions que Jésus a une certaine tendresse pour les pécheurs réconciliés, plus que pour les justes qui persévèrent. Qui ne sait que Made-

[1] *Luc.*, VII, 47.

leine la pénitente a été sa fidèle et sa bien-aimée; que Pierre, après l'avoir renié, est choisi pour confirmer la foi de ses frères; qu'il laisse tout le troupeau dans les bois pour courir après sa brebis perdue; et que celui de tous ses enfans qui émeut le plus sensiblement ses entrailles, c'est le dissipateur qui retourne, afin que nous entendions, chrétiens, qu'encore que l'innocence ait ses larmes, il estime plus précieuses celles que les péchés font répandre dans les saints gémissemens de la pénitence, et que la justice recouvrée a quelque chose de plus agréable à ses yeux que la justice toujours conservée. Et d'où vient cela? C'est que s'étant réconcilié avec les pécheurs, il veut soigneusement observer les lois de l'amitié réunie; et si Dieu les observe si exactement, nous fidèles, les voulons-nous mépriser? Quelle seroit notre perfidie? Dans la réconciliation de l'homme avec Dieu, ce n'est pas l'homme qui se relâche; Dieu n'a pas rompu le premier, au contraire il nous combloit de ses biens; c'est l'homme qui a été l'agresseur, quelle insolence! mais c'est Dieu qui remet, c'est Dieu qui oublie. Que si celui qui pardonne et qui se relâche se soumet volontairement aux lois de l'amitié réconciliée, s'il consent d'aimer davantage, que ne doit pas faire celui qui reçoit la grace, à qui l'on quitte toutes ses dettes et duquel on oublie toutes les injures? C'est donc une vérité très-indubitable, que le pécheur réconcilié doit à Dieu une amitié plus ardente que le juste qui persévère. Tu le dois certainement, chrétien, tu le dois, et Jésus-Christ s'y attend, et il te l'a dit dans son Evangile; mais que son attente est frustrée! O Sauveur, votre bonté nous fait tort, et les hommes abusent de votre indulgence, parce que votre miséricorde se rend trop facile. Cette facilité, je l'avoue, devroit exciter nos affections; mais notre ame basse et servile n'est pas capable de se gouverner par des considérations si honnêtes, il nous faut de la crainte comme à des esclaves. Eveillons-nous donc du moins, chrétiens, au bruit de la vengeance qui nous menace, si nous manquons à une amitié qui a été si saintement réparée (a). Tenons-nous en garde contre la facilité que nous nous imaginons à recouvrer la grace : on ne la recouvre pas avec cette facilité que nous

a) *Var.* : Rétablie, — réunie.

nous étions figurée. Je vous prie, renouvelez vos attentions.

Nous apprenons dans les saintes Lettres que dans la première intention de Dieu la grace sanctifiante (a) ne devoit être donnée qu'une seule fois, et que si les hommes venoient à la perdre, jamais elle ne pourroit leur être rendue. Cela paroît d'abord bien étrange, cependant il n'est rien de plus véritable, et c'est le fondement du christianisme. Mais d'où vient donc, direz-vous, que les hommes sont justifiés? Eh! fidèles, ne savez-vous pas? c'est que Jésus-Christ est intervenu. Entendez ce que c'est que notre justice : la justice du christianisme n'est pas un bien qui nous appartienne; ce n'est pas à nous qu'on le restitue, c'est un don que le Père a fait à son Fils, et ce Fils miséricordieux nous le cède; il veut que nous jouissions de son droit; nous l'avons de lui par transport, ou plutôt nous ne l'avons qu'en lui seul, parce que le Saint-Esprit nous a faits ses membres. C'est l'espérance du chrétien. Donc la grace de la justice, dans la première intention de Dieu, ne devoit point être rendue à ceux qui la perdent; et si Dieu s'est laissé fléchir en notre faveur à la considération de son Fils, il ne s'ensuit pas pour cela qu'il ait tout à fait oublié son premier dessein, ni qu'il se soit entièrement relâché de sa première rigueur. Il a fallu trouver un milieu, afin de nous retenir toujours dans la crainte : de sorte qu'il a posé cette loi éternellement immuable, qu'autant de fois que nous perdrions la justice, s'il se résolvoit à nous pardonner, il se rendroit de plus en plus difficile. Par exemple, nous l'avons reçue au baptême; avec quelle facilité, chrétiens! nous le voyons tous les jours par expérience, nous n'y avons rien contribué du nôtre, et nous n'avons pas même senti la grace que l'on nous a faite. Si nous péchons après le baptême, nous ne trouvons plus cette première facilité; il faut nécessairement recourir aux larmes et aux travaux de la pénitence, qui est appelée par l'antiquité un baptême laborieux. Ecoutez le concile de Trente [1] : On ne répare point la justice par le sacrement de la pénitence sans de grandes peines et de grands travaux. Le premier baptême n'est point pénible; le second est laborieux. D'où vient

---

[1] Sess. xiv *De Pœnit.*, cap. ii.

(a) *Var.:* La sainteté, — la justice.

cette nouvelle difficulté, sinon de la raison que nous avons dite? Vous avez perdu la justice; ou vous n'y reviendrez jamais, ou ce sera toujours avec plus de peine; et si nous violons les promesses non-seulement du sacré baptême, mais encore de la pénitence, par la même suite de raisonnement la difficulté se fera plus grande, Dieu se rendra toujours plus inexorable.

Et pour rechercher cette vérité jusque dans sa source, je remarque avec le docte Tertullien, au second livre *Contre Marcion*, que « tout l'usage de la justice sert à la bonté : » *Omne justitiæ opus, procuratio bonitatis est* [1], parce que sa fonction principale c'est de soutenir la miséricorde, en la faisant craindre à ceux qui seront assez aveugles pour ne l'aimer pas. Et c'est pourquoi si la malice des hommes méprise la miséricorde divine, en manquant à la foi donnée dans le sacrement et violant les promesses de la pénitence, ou la justice divine devient entièrement inflexible, ou s'il lui plaît de se relâcher, elle se rend de plus en plus rigoureuse; autrement, si je l'ose dire, elle trahiroit la bonté en l'abandonnant au mépris. En effet (a) se peut-il voir un pareil mépris, que de manquer à une amitié tant de fois réconciliée? Un pécheur pressé en sa conscience regarde (b) la main de Dieu armée contre lui; il voit déjà l'enfer ouvert sous ses pieds : quel spectacle! Dans cette crainte, dans cette frayeur, il s'approche de ce trône de miséricorde (c) qui jamais n'est fermé à la pénitence. Eh! il n'attend pas qu'on l'accuse, il se rend dénonciateur de ses propres crimes; il est prêt à passer condamnation, pour prévenir l'arrêt de son juge. La justice divine se met contre lui; il se joint à elle pour la fléchir; il avoue qu'il mérite d'être sa victime; et toutefois il demande grace au nom du médiateur Jésus-Christ. On lui propose la condition de corriger sa vie déréglée (d); il promet : c'est, fidèles, ce que nous avons fait dans l'action de la pénitence. Mais bien plus, nous avons donné Jésus-Christ pour caution de notre parole; car étant le médiateur, il est le dépositaire et la caution des paroles des deux parties. Il est caution de celle de Dieu, par laquelle il nous promet de nous par-

---

[1] Tertull., *Advers. Marcion.*, n. 13.

(a) *Var. :* Et certes. — (b) Considère. — (c) Il recourt au trône de miséricorde. — (d) Ses mœurs déréglées.

donner; et il l'est aussi de la nôtre, par laquelle nous promettons de nous corriger. Nous avons pris à témoin son corps et son sang qui a scellé la réconciliation à la sainte table; et après la grace obtenue, nous cassons un acte si solennel, nous nous repentons de notre pénitence, nous retirons de la main de Dieu les larmes que nous lui avions consacrées, nous désavouons nos promesses, et c'est Jésus-Christ même qui en est garant (a); nous nous étions réconciliés avec Dieu, son amitié nous est importune (b); et pour comble d'indignité, nous renouons avec le diable le traité que nous avions rompu par la pénitence (c)! Vous en frémissez; mais c'est néanmoins ce que nous faisons toutes les fois que nous perdons par de nouveaux crimes la justice réparée par la pénitence. Voilà les sentimens que nous avons de Dieu; si notre bouche ne le dit pas, nos œuvres le crient; et c'est le langage que Dieu entend.

Après des profanations si étranges, croyons-nous que la miséricorde divine nous sera toujours également accessible? Elle ne veut point être méprisée : ah! « ne vous y trompez pas, dit l'Apôtre; on ne se moque pas ainsi de Dieu[1]. » Et s'il est vrai ce que nous disons, que les difficultés s'augmentent toujours, que Dieu devient toujours plus inexorable, lorsque nous manquons à la foi donnée, mon Sauveur, où en sommes-nous après tant de réconciliations inutiles? Craignons-nous pas que le temps approche qu'il nous rejettera de devant sa face et que le ciel deviendra de fer sur nos têtes? Malheureux! ne sentons-nous pas que la miséricorde se lasse et que nous commençons à lui être à charge? Ah! nous la méprisons trop souvent. C'est un beau mot de Tertullien dans le livre *de la Pénitence* [2], que les pécheurs réconciliés qui retournent à leurs premiers crimes, sont à charge à la miséricorde divine; et il importe que vous entendiez sa pensée. Un pauvre homme accablé de misère vous demande votre assistance; vous soulagez sa nécessité, mais vous ne pouvez pas l'en tirer; il revient à vous avec crainte, à peine ose-t-il vous parler; mais sa pauvreté, sa misère, et plus encore sa retenue parlent assez pour

---

[1] *Galat.*, VI, 7. — [2] Tertull., *De Pœnit*, n. 5.

(a) *Var.*: Et Jésus-Christ en est garant. — (b) Nous nous lassons de son amitié. — (c) Le traité que la pénitence avoit annulé.

lui; il ne vous est pas à charge. Mais un autre vient à vous, qui vous presse, qui vous importune : vous vous excusez; il ne vous prie pas, il semble exiger, comme si votre libéralité étoit une dette; c'est celui-là qui vous est à charge, vous cherchez tous les moyens de vous en défaire. Un chrétien a succombé à quelque tentation violente; quelque temps après il revient : Qu'ai-je fait, et où me suis-je engagé? La larme à l'œil, le regret dans l'ame, la confusion sur la face, il demande qu'on lui pardonne; et ensuite il en devient plus soigneux. Je l'ose dire, il n'est point à charge à la miséricorde divine; mais c'est toi, pécheur endurci, tant de fois réconcilié et aussi souvent infidèle, qui prétends faire un circuit éternel de la grace au crime, du crime à la grace, et qui crois la pouvoir toujours perdre et recevoir quand tu le voudras, comme si c'étoit un bien qui te fût acquis : si tu lui es à charge, elle ne te fait du bien qu'à regret, et bientôt elle cessera de t'en faire. Tu es à charge à la miséricorde divine; tu es de ceux dont il est écrit que « Dieu a les oblations en horreur : » *Laboravi sustinens*[1] : « Ils me sont à charge. » Il déteste tes pénitences stériles et tes réconciliations si souvent trompeuses. Et comment pourroit-il aimer un arbre qui ne lui produit jamais aucun fruit? Ah! réveillons-nous, il est temps; il est temps plus que jamais que nous commencions à faire des fruits dignes de la pénitence. Après cette réunion solennelle de Dieu avec nous, et ce grand renouvellement que le jubilé a fait en nos ames, commençons à vivre (a), fidèles, avec notre Dieu comme des pécheurs réconciliés, comme des rebelles reçus en grace; respectons la miséricorde qui nous a sauvés et la foi que nous lui avons engagée. Car si nous continuons à lui être à charge, à la fin elle se défera tout à fait de nous; et retirant les remèdes dont nous abusons, elle nous laissera languir dans nos maladies. C'est la seconde considération que je vous propose pour vous obliger, chrétiens, à être fidèles à la pénitence, parce que ce remède est si nécessaire qu'on se jette dans un grand péril, quand on se le rend inutile.

[1] *Isa.*, I, 14.
(a) *Var.*: Vivons.

SECOND POINT.

Une des qualités de l'Eglise qui est le plus (a) célébrée dans les Ecritures, c'est sa perpétuelle jeunesse et sa nouveauté qui dure toujours. Et si peut-être vous vous étonnez qu'au lieu que la nouveauté passe en un moment, je vous parle d'une nouveauté qui ne finit point, il m'est aisé, fidèles, de vous satisfaire. L'Eglise chrétienne est toujours nouvelle, parce que l'esprit qui l'anime est toujours nouveau, selon ce que dit l'apôtre saint Paul : « Ne vivons plus en l'antiquité de la lettre, mais en la nouveauté de l'esprit [1]; » et parce que cet esprit est toujours nouveau, il renouvelle de jour en jour les fidèles. Et pour pénétrer encore plus loin, comme dit le même saint Paul, « il est renouvelé de jour en jour : » *Renovatur de die in diem* [2]; d'où résulte cet effet merveilleux, qu'au lieu que selon la vie animale plus nous avançons dans l'âge plus nous vieillissons, l'homme spirituel au contraire, plus il s'avance plus il rajeunit.

Pour comprendre cette vérité, considérons trois états divers par lesquels doivent passer les enfans de Dieu. Il y a celui de la vie présente; après, la félicité dans le ciel; et enfin la résurrection générale; et ces trois états différens sont en quelque sorte trois différens âges par lesquels les enfans de Dieu croissent à la perfection consommée de la plénitude de Jésus-Christ, comme parle l'apôtre saint Paul [3]. La vie présente est comme l'enfance, la force de l'âge suivra dans le ciel, et enfin la maturité dans la dernière résurrection. Dans ce premier âge, fidèles, c'est-à-dire dans le cours de la vie présente, nous apprenons du divin Apôtre que l'homme intérieur, au lieu de vieillir, se renouvelle de jour en jour; et comment? Parce qu'il détruit en lui-même de plus en plus ce qu'il a hérité du premier Adam, c'est-à-dire le péché et la convoitise; c'est ce qui s'appelle vieillesse. De là il entrera dans le second âge, c'est-à-dire dans la vie céleste dont jouissent les saints avec Jésus-Christ. Vous voyez qu'il avance en âge; en est-il plus vieux? Nullement; au contraire il est plus nouveau, il est plus

---

[1] *Rom.*, VII, 6. — [2] II *Cor.*, IV, 16. — [3] *Ephes.*, IV, 13.

(a) *Var.* : Autant.

jeune qu'en son enfance, parce qu'il a moins de la vieillesse d'Adam. Enfin le dernier âge des enfans de Dieu, c'est la résurrection générale ; et parce que c'est leur dernier âge, c'est aussi la jeunesse la plus florissante, où l'homme est renouvelé en corps et en ame, où toute la vieillesse d'Adam est anéantie : *Renovabitur ut aquilæ juventus tua* [1]. Tellement que l'Eglise, au lieu de vieillir, se renouvelle de jour en jour dans ses membres vivans et spirituels, et la raison de cette conduite est très-évidente ; c'est que l'homme animal vieillit toujours, parce qu'il tend continuellement à la mort; au contraire (a) l'homme spirituel rajeunit toujours, parce qu'il tend continuellement à la vie, et à une vie immortelle.

Et c'est par là que nous entendons la nature de la pénitence. Ne nous imaginons pas (b), chrétiens, que ce soit une action qui passe, parce que c'est un renouvellement; et le renouvellement du fidèle doit être une action continuée durant tout le cours de la vie. C'est cette fausse imagination qui rend ordinairement nos confessions inutiles ; nous croyons avoir assez fait, quand nous avons pourvu au passé : Je me suis confessé, disent les pécheurs, j'ai mis ma conscience en repos ; pour l'avenir, on n'y pense pas. C'est là tout le fruit de la pénitence. Vous croyez avoir beaucoup fait, et moi je vous dis avec Origène : Détrompez-vous, désabusez-vous; la principale partie reste encore à faire. « Ne croyez pas que ce soit assez de vous être renouvelés une fois ; il faut renouveler la nouveauté même : » *Neque enim putes quòd innovatio vitæ, quæ dicitur semel facta, sufficiat : ipsa etiam novitas innovanda est* [2].

C'est pourquoi il a fallu, chrétiens, que le remède de la pénitence fût institué avec une double vertu : il falloit qu'il guérît le mal passé, il falloit qu'il prévînt le mal à venir ; et c'est le devoir de la pénitence de se partager également entre ces deux soins, et en voici la raison solide. Le péché a une double malignité : il a de la malignité en lui-même, il en a aussi dans ses suites : il a de la malignité en lui-même, parce qu'il nous fait perdre le don de justice, cela est bien clair; il a de la malignité dans ses suites, parce

---

[1] *Psal.* CII, 5. — [2] Origen., lib. V *in Epist. ad Rom.*, n. 8.
(a) *Var.* : Par contrariété de raison. — (b) Il ne faut pas se persuader.

qu'il abat les forces de l'ame ; c'est ce qui mérite un peu plus d'explication. Je dis donc qu'il nous affoiblit parce qu'il nous divise, et tout ce qui divise les forces les affoiblit. De là vient que le Sauveur dit : « Un royaume divisé tombera bientôt[1]. » Et qu'est-ce qui fait gémir l'apôtre saint Paul[2], sinon cette division qu'il sent en lui-même entre l'esprit qui se plaît au bien et la convoitise qui l'attire au mal ? De là naissent toutes nos foiblesses, parce que la volonté languissante entre l'amour du bien et du mal se partage et se déchire elle-même. Or le péché laisse toujours dans notre ame une nouvelle impression qui nous porte au mal, et il joint le poids de la mauvaise habitude à celui de la convoitise ; de sorte qu'il fortifie la rébellion, et ensuite il abat d'autant plus nos forces. Et, fidèles, ce qui est terrible, c'est que lorsqu'on éteint le péché, lorsqu'on l'efface par la pénitence, l'habitude ne laisse pas que de vivre. Ah! l'expérience nous l'apprend assez. Et cette pernicieuse habitude, c'est une pépinière de nouveaux péchés; c'est un germe que le péché laisse, par lequel il espère revivre bientôt; c'est un reste de racine qui fera bientôt repousser cette mauvaise herbe. Il paroît donc manifestement que le péché a une double malignité ; qu'il a de la malignité en lui-même, et qu'il en a aussi dans ses suites. Contre cette double malignité, ne falloit-il pas aussi, chrétiens, que le remède de la pénitence reçût une double vertu ? Il falloit qu'elle effaçât le péché, il falloit qu'elle s'opposât à ses suites, qu'elle fût un remède pour le passé et une précaution pour l'avenir. Si nous sommes morts au péché, c'est pour n'y plus vivre : si l'on détruit en nous le corps du péché, c'est afin que nous ne retombions plus dans la servitude. Ainsi la pénitence doit guérir le mal, mais elle le doit aussi prévenir.

Telle est la nature de ce remède, telles sont ses deux qualités, toutes deux également saintes, toutes deux également nécessaires. Il ne te sert de rien de le recevoir dans la première de ses qualités, si tu le violes dans la seconde. En effet que penses-tu faire ? tu es soigneux de laver tes péchés passés, et après tu te relâches et tu te reposes, tu négliges de prévenir les maux à venir. La pénitence se plaint de toi : J'ai, dit-elle, deux qualités : je gué-

---

[1] *Matth.*, XII, 25. — [2] *Rom.*, VII, 18 et seq.

ris et je préserve, je nettoie et je fortifie ; je suis également établie et pour ôter les péchés que tu as commis, et pour empêcher ceux qui pourroient naître. Tu m'honores en qualité de remède, tu me méprises en qualité de préservatif; ces deux fonctions sont inséparables : pour quelle raison me divises-tu? Ou prends-moi toute, ou laisse-moi toute. Que répondrez-vous, chrétiens? d'où vient que vous vous préparez à vous confesser? d'où vient que vous examinez votre conscience? d'où vient que vous faites effort pour vous exciter à la contrition? Ah! dites-vous, je ne veux point faire un sacrilége en empêchant l'effet de la pénitence. C'est une fort bonne pensée ; mais songez-vous que la pénitence a deux qualités? Vous croyez faire un sacrilége, si vous empêchez son effet dans la vertu qu'elle a d'effacer les crimes ; pensez-vous que l'irrévérence soit moindre, de l'empêcher dans celle qu'elle a de les prévenir?

C'est là tout le fruit du remède : si c'étoit tout l'effet de la pénitence d'obtenir seulement pardon aux pécheurs et qu'elle ne les aidât pas à se corriger, vous voyez qu'elle ne feroit que flatter le vice, au lieu que Dieu l'a établie pour en arracher jusqu'aux plus profondes racines. Mais pour mettre ce raisonnement dans sa force, joignons à la qualité de remède celle que nous avons réservée pour le dernier point, je veux dire la qualité de sacrement, et considérons, chrétiens, quel sacrement c'est que la pénitence.

TROISIÈME POINT.

Toute l'antiquité chrétienne nous répond que c'est un second baptême. Apprenons donc du divin Apôtre quel doit être l'effet du baptême : C'est, dit-il, de nous faire mourir au péché et de nous ensevelir avec Jésus-Christ [1]. Il en est de même de la pénitence, d'autant plus que c'est un baptême de larmes, un baptême pénible et laborieux. « Et si nous sommes morts au péché, comment pourrons-nous désormais y vivre [2]? » Mais si la pénitence doit être une mort, comprenons qu'on ne demande pas de nous un changement médiocre, ni une réformation extérieure et superfi-

---

[1] *Rom.*, VI, 3, 4. — [2] *Ibid.*, 2.

cielle. C'est-à-dire qu'il faut couper jusqu'au vif, c'est-à-dire qu'il faut porter le couteau jusqu'aux inclinations les plus chères, c'est-à-dire qu'il faut arracher du fond de nos cœurs tous ces objets qui leur plaisent trop, quand ils nous seroient plus doux que nos yeux, plus nécessaires que notre main droite, plus aimables même que notre vie; coupons, tranchons : *Abscide illam*[1]. Ce n'est pas sans raison que l'Apôtre ne nous prêche que mort : entrons en cette pieuse méditation, et considérons encore quelle est cette mort. C'est une mort spirituelle et mystérieuse, par laquelle nous appliquons sur nous-mêmes la mort effective du Sauveur des ames par une sainte imitation. Et c'est, fidèles, ce que nous faisons lorsque nos cœurs sont de glace pour les vains plaisirs, nos mains immobiles pour les rapines, nos yeux fermés pour les vanités, et nos bouches pour les blasphèmes et les médisances. C'est alors que nous sommes morts avec Jésus-Christ. Et comme il n'y a sur son corps aucune partie qui n'ait éprouvé la rigueur de quelque supplice, nous devons crucifier en nous le vieil homme dans tout ce qu'il a de mauvais désirs, et pour cela les rechercher jusqu'à la racine. La pénitence nous dévoue à l'imitation de la mort de Jésus-Christ : c'est à quoi nous nous obligeons par la pénitence.

Telle est la vertu de ce sacrement. Tu te trompes donc, chrétien, si tu crois qu'il soit temps de te reposer après avoir reçu l'absolution; ce n'est que le commencement du travail. Ce remède sacré de la pénitence n'a fait que la moitié de son opération; n'empêche pas l'autre par ta négligence; autrement nous sommes coupables de la profanation de ce sacrement, le violant dans sa partie la plus nécessaire, c'est-à-dire dans le secours qu'il nous donne pour nous corriger. Quand ce ne seroit qu'un simple remède, ce seroit toujours beaucoup de le rejeter de la main de ce médecin charitable; mais c'est un remède sacré, il y a de la profanation et du sacrilége ; et comme Dieu ne venge rien tant que la profanation de ses saints mystères, sa colère s'élèvera enfin contre nous, et il ne nous permettra pas de nous jouer ainsi de ses dons.

[1] *Marc.*, IX, 42.

C'est une parole bien remarquable du sacré concile d'Elvire :
« Ceux, dit-il, qui retomberont dans leurs premiers crimes après
le remède de la pénitence, il nous a plu qu'on ne leur permît pas
de se jouer encore une fois de la communion : » *Placuit eos non
ludere ulteriùs de communione pacis* [1]. Voilà une terrible parole.
Vous voyez que cette assemblée vénérable estime qu'on se joue
des sacrés mystères, lorsqu'après les avoir reçus on retourne à
ses premières ordures ; et cela quand ce ne seroit qu'une fois. Si
nous avions à rendre compte de nos actions en présence de ces
saints évêques, quelles exclamations feroient-ils ? Nous prendroient-ils pour des chrétiens, nous qui faisons comme un jeu
d'enfant de la grace de la pénitence ? Cent fois la quitter, cent fois
la reprendre ; cent fois promettre, cent fois manquer ; n'est-ce pas
se jouer des saints sacremens ? Mais, ô jeu funeste pour nous,
qu'une créature impuissante ose ainsi se jouer à Dieu, et ce qui
est bien plus horrible, se jouer de Dieu ! C'est se jouer de Dieu
que de se jouer de ses dons. Ah ! il est temps enfin que ce jeu
finisse ; il y a déjà trop longtemps qu'il dure, il y a déjà trop
longtemps que nous abusons de la pénitence.

Et ne me dites pas que sa miséricorde est infinie. Il est vrai
qu'elle est infinie, mais ses effets ont leurs limites que sa sagesse
leur a marquées. Elle qui a compté les étoiles, qui a borné l'étendue du ciel dans une rondeur finie, qui a prescrit des bornes aux
flots de la mer, a marqué aussi la hauteur jusqu'où elle a résolu
de laisser croître nos iniquités. Dieu a dit que ses miséricordes
n'ont point de mesure ; mais il a dit aussi dans son Evangile :
« Remplissez la mesure de vos pères [2]. » Il a dit qu'il recevroit tous
les pénitens ; mais il a dit aussi à certains pécheurs : « Vous mourrez dans votre péché [3]. » Il a pardonné à l'un des larrons ; mais
l'autre a été condamné dans le trône même de miséricorde, à la
croix. Il a reçu Madeleine et Pierre ; mais il a fermé les oreilles
aux prières d'Antiochus ; il a endurci Pharaon ; il a puni d'une
mort soudaine le premier péché d'Ananias et de Sapphira. Ne
croyez pas qu'il nous laisse pécher des siècles entiers. Il faut mettre
fin à tous ces désordres ; et il n'y a que ces deux moyens d'arrêter

[1] Cap. XLVIII. Labb., tom. I, col. 975.— [2] *Matth.*, XXIII, 32.— [3] *Joan.*, VIII, 24.

le cours de nos crimes, ou le supplice, ou la pénitence : si nous ne l'arrêtons une fois par une pénitence fidèle, Dieu sera contraint de l'arrêter par une vengeance implacable. Tu disputes contre Dieu depuis si longtemps à qui emportera le dessus, toi à pécher, lui à pardonner; ta malice conteste contre sa bonté; enfin elle te laissera la victoire. Ah! victoire funeste et terrible, par laquelle ayant mis à bout sa miséricorde, nous tomberons inévitablement dans les mains de sa rigoureuse justice.

Prévenons, fidèles, un si grand malheur. C'est pour cela que Dieu nous envoie cette grace extraordinaire du saint jubilé, afin que nous rentrions en nous-mêmes. Si nous ajoutons le mépris d'une telle grace à celui de tous ses autres bienfaits, Dieu s'irritera d'autant plus que la libéralité méprisée aura été plus considérable; sa haine s'allumera avec plus d'aigreur, si nous rompons le sacré lien de cette réconciliation solennelle; nos mauvaises inclinations reprendront de nouvelles forces, après qu'elles auront résisté à un remède si efficace; nos cœurs s'endurciront davantage, si cette grace extraordinaire ne les amollit; et il vengera d'autant plus rigoureusement la sainteté de ses sacremens profanés, après qu'il aura voulu les accompagner d'une rémission si universelle.

Corrigeons donc enfin notre vie passée; recevons le remède de la pénitence dans l'une et dans l'autre de ses qualités; qu'elle efface les fautes passées, qu'elle prévienne les maux à venir. Recevons-la comme un remède qui purge et comme un préservatif qui prévient. La disposition pour la recevoir comme remède des péchés passés, c'est une véritable douleur de les avoir commis; la disposition pour la recevoir en qualité de précaution, c'est une crainte filiale d'y retourner, et une fuite des occasions dans lesquelles nous savons par expérience que notre intégrité a déjà tant de fois fait naufrage. Renouvelons-nous si bien dans la vie présente, que nous allions jouir avec Dieu de ce grand et éternel renouvellement qu'il a prédestiné à ses serviteurs pour la gloire de la grace de Jésus-Christ son Fils bien-aimé, qui avec lui et le Saint-Esprit vit et règne aux siècles des siècles. *Amen.*

SERMON

POUR

LE VENDREDI APRÈS LES CENDRES (a).

Diligite inimicos vestros, benefacite his qui oderunt vos, et orate pro persequentibus et calumniantibus vos.

Aimez vos ennemis, faites du bien à ceux qui vous haïssent, priez pour ceux qui vous persécutent et vous calomnient. *Matth.*, v, 44.

L'homme est celui des animaux qui est le plus né pour la concorde, et l'homme est celui des animaux où l'inimitié et la haine font de plus sanglantes tragédies. Nous ne pouvons vivre sans société, et nous ne pouvons aussi y durer longtemps : *Nihil est*

(a) *Exorde.* — La charité, une dette. Quelle nature de dette ?
Premier point. — C'est-à-dire qu'on doit l'amour pour ses frères, non pas aux hommes. Par conséquent la dette est indispensable. La colère se change en haine ; elle s'aigrit comme une liqueur. La charité ne s'épuise jamais. Elle se fortifie dans les rebuts. *O generatio incredula et perversa.....; afferte huc illum ad me* (Matth., xvii, 16).
Second point. — Lorsque l'ennemi est à nos pieds, alors c'est le temps de lui bien faire ; exemple, David. *Noli vinci à malo, ut sit bonus contra malum, non ut sint duo mali* (S. August., serm. ii *in Psal.* xxxiv, n. 1).
Troisième point. — *Ipsa est sincera et plena justitiæ et misericordiæ vindicta martyrum, ut everlatur regnum peccati* (S. August., *De Serm. Domin. in monte*, lib. I, n. 77). Elle fait deux choses : 1° Elle les venge de leurs ennemis. Saint Paul et saint Etienne. 2° Elle fait que leurs ennemis les vengent. *Nonne tibi videtur in seipso Stephanum martyrem vindicare* (S. August., *Serm.* cccv, n. 7) ? — *Qui accipit gladium, gladio peribit* (Matth., xxvi, 52).

Prêché le vendredi 20 février 1660, à Paris, dans la maison des *Nouvelles Catholiques*.
Etablie pour recevoir les juives et les protestantes qui rentroient dans le sein de l'Eglise, cette institution se trouvoit rue Sainte-Avoye, près du Temple. Dans la péroraison de son discours, Bossuet sollicita la charité de ses auditeurs avec son zèle et son éloquence ordinaire : « Ces pauvres filles, dit-il, sont venues à l'Eglise et n'y peuvent trouver du pain, elles ont couru à nous et notre lâcheté les abandonne ! » En même temps qu'il alloit ainsi plaider la cause des pauvres dans les églises de Paris, il prêchoit le Carême aux Minimes : on le voit dans la liste des prédicateurs qui se firent entendre pendant cette station. — Ajoutons en passant qu'il annonça la sainte parole aux *Nouveaux Catholiques* le jour suivant.

homini amicum sine homine amico [1]. La douceur de la conversation et la nécessité du commerce nous font désirer d'être ensemble, et nous n'y pouvons demeurer en paix ; nous nous cherchons, nous nous déchirons ; et dans une telle contrariété de nos désirs, nous sommes contraints de reconnoître avec le grand saint Augustin qu'il n'est rien de plus sociable ni de plus discordant que l'homme (a) : le premier par la condition de notre nature, le second par le déréglement de nos convoitises : *Nihil est quàm hoc genus tam discordiosum vitio, tam sociale naturâ* [2]. Le Fils de Dieu voulant s'opposer à cette humeur discordante et ramener les hommes à cette unité que la nature leur demande, vient aujourd'hui lier les esprits par les nœuds d'une charité indissoluble ; et il ordonne que l'alliance par laquelle il nous unit en lui-même soit si sainte, si ferme, si inviolable, qu'elle ne puisse être ébranlée par aucune injure. « Aimez, dit-il, vos ennemis, faites du bien à ceux qui vous haïssent, priez pour ceux qui vous persécutent et vous calomnient. » Une vérité si importante mérite bien, Messieurs, d'être méditée ; invoquons l'Esprit de paix par l'intercession de Marie, qui a porté en ses entrailles celui qui a terminé toutes les querelles et tué toutes les inimitiés en sa personne [3]. *Ave.*

La charité fraternelle est une dette par laquelle (b) nous nous sommes redevables les uns aux autres ; et non-seulement c'est une dette, mais je ne crains point de vous assurer que c'est la seule dette des chrétiens, selon ce que dit l'apôtre saint Paul : *Nemini quidquam debeatis, nisi ut invicem diligatis* [4] *:* « Ne devez rien à personne, sinon de vous aimer mutuellement. » Comme l'évangile que je dois traiter m'oblige à vous parler de cette dette, pour ne point perdre le temps inutilement dans une matière si importante, je remarquerai d'abord trois conditions admirables de cette dette sacrée, que je trouve distinctement dans les paroles de mon texte et qui feront le partage de ce discours. Premièrement,

---

[1] S. August., *Epist. ad Prob.*, n. 4. — [2] S. August., *De Civit. Dei*, lib. XII, cap. XXVII, n. 1. — [3] *Ephes.*, II, 14, 15, 16. — [4] *Rom.*, XIII, 8.

(a) *Var.:* Que nous sommes, de tous les animaux, et les plus sociables et les plus farouches. — (b) Dont.

Messieurs, cette dette a cela de propre, que quelque soin que nous prenions de la bien payer, nous ne pouvons jamais en être quittes. Et cette obligation va si loin, que celui-là même à qui nous devons ne peut pas nous en décharger, tant elle est privilégiée et indispensable. Secondement, Messieurs, ce n'est pas assez de payer fidèlement cette dette aux autres; mais il y a encore obligation d'en exiger autant d'eux (*a*). Vous devez la charité, et on vous la doit; et telle est la nature de cette dette, que vous devez non-seulement la recevoir quand on vous la paie, mais encore l'exiger quand on la refuse, et c'est la seconde condition de cette dette mystérieuse. Enfin la troisième et la dernière, c'est qu'il ne suffit pas de l'exiger simplement; si l'on ne veut pas la donner de bonne grace, il faut en quelque sorte l'extorquer par force, et pour cela demander main forte à la puissance supérieure. Retenez s'il vous plaît, Messieurs, les trois obligations de cette dette de charité, et remarquez-les clairement dans les paroles de mon texte.

Je vous ai dit avant toutes choses que nous ne pouvons jamais en être quittes, quand même ceux à qui nous devons voudroient bien nous la remettre (*b*). Voyez-le dans notre évangile. Ah! vos ennemis vous en quittent; ils n'ont que faire, disent-ils, de votre amitié : et néanmoins, dit le Fils de Dieu, je veux que vous les aimiez : *Diligite inimicos vestros :* « Aimez vos ennemis. » Secondement, j'ai dit que non content de payer toujours cette dette, vous la deviez encore exiger des autres, et qu'il y a obligation de le faire. Ah! vos ennemis vous la refusent, exigez-la par vos bienfaits, vos services, vos bons offices; pressez-les en les obligeant (*c*) : *Benefacite his qui oderunt vos :* « Faites du bien à ceux qui vous haïssent. » Enfin j'ai dit en troisième lieu, Messieurs, que s'ils persistent toujours dans cet injuste refus, il faut pour ainsi dire les y contraindre par les formes, c'est-à-dire avoir recours à la puissance supérieure. Ah! vos ennemis opiniâtres sont insensibles à vos bienfaits, ils résistent à toutes ces douces contraintes que vous tâchez d'exercer sur eux pour les obliger à vous aimer : allez à la puissance suprême, donnez votre requête à celui qui seul est ca-

---

(*a*) *Var. :* De l'exiger d'eux. — (*b*) Nous en décharger. — (*c*) En leur faisant du bien.

pable de fléchir les cœurs, qu'il vous fasse faire justice : *Orate pro persequentibus vos :* « Priez pour ceux qui vous persécutent. » Voilà les trois obligations de la charité fraternelle, que je me propose de vous expliquer avec le secours de la grace.

PREMIER POINT.

Dans l'obligation de payer cette dette mystérieuse de la charité fraternelle, je trouve deux erreurs très-considérables, qu'il est nécessaire que nous combattions par la doctrine de l'Evangile. La première est celle des Juifs qui vouloient bien avouer qu'ils devoient de l'amour à leurs prochains, mais qui ne pouvoient demeurer d'accord qu'ils dussent rien à leurs ennemis, au contraire qui se croyoient bien autorisés à leur rendre le mal pour le mal et la haine pour la haine : *Dictum est : Diliges proximum tuum, et odio habebis inimicum tuum*[1] *:* « Il a été dit : Vous aimerez votre prochain, et vous haïrez votre ennemi. » La seconde est celle de quelques chrétiens, qui ayant appris de l'Evangile l'obligation indispensable d'avoir de l'amour pour leurs ennemis, croient s'être acquittés de ce devoir quand ils leur ont donné une fois ou deux quelques marques de charité, et se lassent après de continuer ce devoir si saint et si généreux et nécessaire de la fraternité chrétienne. Contre ces deux erreurs différentes j'entreprends de prouver en premier lieu, Messieurs, que nous devons de l'amour à nos ennemis, encore qu'ils en manquent pour nous ; secondement, que ce n'est pas assez de leur en donner une fois, mais que nous sommes obligés, dans toutes les occasions qui se rencontrent, de leur réitérer des marques d'une dilection persévérante.

Pour ce qui regarde l'obligation de la charité fraternelle, je dis, ou plutôt c'est Jésus-Christ, Messieurs, c'est l'Evangile qui le dit, qu'aucun des chrétiens n'en est excepté, non pas même nos ennemis, parce qu'ils sont tous nos prochains. Et pour établir solidement cette vérité évangélique, proposons en peu de paroles les raisons que l'on y pourroit opposer. Voici donc ce que pensent les hommes charnels qui se flattent dans leurs passions et dans leurs haines injustes. Nous confessons, disent-ils, que nous de-

[1] *Matth.,* v, 43.

vons de l'amour à nos prochains qui en usent bien avec nous ; mais moi, que je doive mon affection à cet homme qui la rejette, à cet homme qui a rompu le premier tous les liens qui nous unissoient, c'est ce qu'il m'est impossible d'entendre ; ni que la charité lui soit due, puisqu'il en méprise toutes les lois. Vous ne pouvez pas le comprendre ? Et moi je vous dis qu'il le faut croire, et que la charité lui est due par une obligation (*a*) si étroite qu'il n'y a aucun homme vivant qui puisse jamais vous en dispenser, parce que cette dette est fondée sur un titre qui ne dépend pas de la puissance des hommes. Quel est ce titre ? Le voici, Messieurs, écrit de la main de l'Apôtre en la divine *Epître aux Romains : Multi unum corpus sumus in Christo, singuli autem alter alterius membra*[1] *:* « Quoique nous soyons plusieurs, nous sommes tous un même corps en Jésus-Christ, et nous sommes en particulier les membres les uns des autres. » De ce titre si bien écrit, je tire, Messieurs, cette conséquence. La liaison qui est entre nous vient de Jésus et de son Esprit ; ce principe de notre union est divin et surnaturel : donc toute la nature jointe ensemble ne doit pas être capable de la dissoudre. Si votre ennemi la rompt le premier, il entreprend contre Jésus-Christ ; vous ne devez pas suivre ce mauvais exemple. Quoiqu'il rejette votre affection, vous ne laissez pas de la lui devoir, parce que cette dette n'est pas pour lui seul et dépend d'un plus haut principe. — Mais il m'a fait déclarer qu'il m'en tenoit quitte. — Mais il n'est pas en son pouvoir d'y renoncer, parce que vous lui devez cette affection cordiale, sincère et inébranlable, comme membre de Jésus-Christ. Or il ne peut pas renoncer à ce qui lui convient comme membre, parce que cette qualité regarde l'honneur de Jésus-Christ même. Il est dans l'usage des choses humaines que je ne puis renoncer à un droit au préjudice d'un tiers. Jésus, comme chef, est intéressé à cette sincère charité que nous devons à ses membres. Il ne nous est pas permis d'y renoncer, parce que l'injure en retomberoit sur tout le corps, elle retourneroit même contre le chef. (*b*) Si

[1] *Rom.*, XII, 5.

(*a*) *Var.:* Par cette obligation. — (*b*) *Note marg.:* C'est donc au chef à nous en exempter, et il ne nous en exempte qu'en les retranchant du corps et les envoyant aux ténèbres extérieures.

la dette de la charité étoit simplement des hommes à l'égard des hommes, quand nos frères manqueroient à leur devoir, nous serions quittes envers eux. Mais cette dette regarde Dieu parce qu'ils sont ses images, et Jésus-Christ parce qu'ils sont ses membres. Il n'y a que Satan et les damnés qu'il nous soit permis de haïr, parce qu'ils ne sont plus du corps de l'Eglise dont Jésus les a retranchés éternellement. Exercez votre haine tant qu'il vous plaira contre ces ennemis irréconciliables. Mais si nous sommes à Jésus-Christ, nous sommes toujours obligés d'aimer tout ce qui est ou peut être à lui.

Chrétiens, ne disputons pas une vérité si constante, prononcée si souvent par le Fils de Dieu, écrite si clairement dans son Evangile. Que si vous voulez savoir combien cette dette est nécessaire (a), jugez-en par ces paroles de notre Sauveur : *Si offers munus tuum..., vade priùs reconciliari fratri tuo*[1]. Il semble qu'il n'y a point de devoir plus saint que celui de rendre à Dieu ses hommages. Toutefois j'apprends de Jésus-Christ même qu'il y a une obligation plus pressante : Va-t'en te réconcilier avec ton frère : *Vade priùs*. O devoir de la charité ! « Dieu méprise son propre honneur, dit saint Chrysostome, pour établir l'amour envers le prochain : » *Honorem suum despicit, dùm in proximo charitatem requirit ;* il ordonne que « son culte soit interrompu, afin que la charité soit rétablie; et il nous fait entendre par là que l'offrande qui lui plaît le plus, c'est un cœur paisible et sans fiel et une ame saintement réconciliée : » *Interrumpatur, inquit, cultus meus, ut vestra charitas integretur : sacrificium mihi est fratrum reconciliatio*[2]. Reconnoissons donc, chrétiens, que l'obligation de la charité est bien établie, puisque Dieu même ne veut être payé du culte que nous lui devons qu'après que nous nous serons acquittés de l'amour qu'il nous ordonne d'avoir pour nos frères. Nous aurions trop mauvaise grace de contester une dette si bien avérée, et il vaut mieux que nous recherchions le terme qui nous est donné pour payer.

Saint Paul : *Sol non occidat super iracundiam vestrum*[3] *:* « Que

---

[1] *Matth.*, v, 24, 25. — [2] S. Chrysost., homil. XVI *in Matth.* — [3] *Ephes.*, IV, 26.
(a) *Var.:* Combien cette obligation est pressante.

le soleil ne se couche pas sur votre colère. » Ah ! mes frères, que ce terme est court ! mais c'est que cette obligation est bien pressante. Il ne veut pas que la colère demeure longtemps dans votre cœur, de peur que s'aigrissant insensiblement comme une liqueur dans un vaisseau, elle ne se tourne en haine implacable. La colère a un mouvement soudain et précipité. La charité ordinairement n'en est pas beaucoup altérée ; mais en croupissant elle s'aigrit, parce qu'elle passe dans le cœur et change sa disposition. C'est ce que craint le divin Apôtre. Ah ! quelque grande que soit votre colère, « que le soleil, dit-il, ne se couche pas qu'elle ne soit entièrement apaisée. » La nuit est le temps du repos, elle est destinée pour le sommeil. Saint Paul ne peut pas comprendre qu'un chrétien, enfant de paix et de charité, puisse faire un sommeil tranquille ni goûter quelque repos, ayant le cœur ulcéré contre son frère. Il appréhende les ténèbres de la nuit. Durant le jour, dit saint Chrysostome[1], l'esprit diverti ailleurs ne s'occupe pas si fortement de la pensée de cette injure ; mais la nuit, l'obscurité, le secret et la solitude le laissant tout seul, rappellent toutes les images fâcheuses : — Il l'a dite, cette injure, il l'a dite d'un ton aigre et méprisant.— Les ondes de la colère s'élèvent plus fort, et l'inflammation se met dans la plaie. Ainsi tandis que le soleil luit, calmez ces mouvemens impétueux, et ne goûtez point le sommeil que vous n'ayez donné la paix à votre ame. Voilà une dette bien établie ; mais montrons encore qu'il ne suffit pas de la payer une fois, et qu'elle ne peut être acquittée que par une affection constante.

Saint Augustin, Messieurs, vous l'expliquera par des paroles qui ne sont pas moins belles que solides. « Nous devons toujours la charité, et c'est, dit-il, la seule chose de laquelle, encore que nous la rendions, nous ne laissons pas d'être redevables : » *Semper debeo charitatem, quæ sola, etiam reddita, semper detinet debitorem.* « Car on la rend, poursuit-il, lorsqu'on aime son prochain ; et en la rendant on la doit toujours, parce qu'on ne doit jamais cesser de l'aimer : » *Redditur enim cùm impenditur ; debetur autem etiamsi reddita fuerit, quia nullum est tempus quando impendenda jam non sit*[2]. Reconnoissez donc, chrétiens,

[1] Homil. XVI *in Matth.* — [2] S. August., *Epist.* CXCII, n. 1.

qu'un fidèle n'est jamais quitte du devoir de la charité ; toujours prêt à le recevoir, et toujours prêt à le rendre ; si on le prévient, il doit suivre ; si on l'attend, il doit prévenir et dire avec le même saint Augustin dans cette abondance d'un cœur chrétien : « Je reçois de vous avec joie, et je vous rends volontiers la charité mutuelle : » *Mutuam tibi charitatem libens reddo, gaudensque recipio* [1]. Mais je ne me contente pas de ce foible commencement, « je demande encore celle que je reçois ; et je dois encore celle que je rends : » *Quam recipio adhuc repeto, quam reddo adhuc debeo*. Ainsi que je n'entende plus ces froides paroles : Je lui devois la charité ; eh bien, je l'ai rendue, je suis quitte ; je l'ai salué en telle rencontre, et il a détourné la tête. J'ai fait telles avances qu'il a méprisées ; il n'y a plus de retour. O vous qui parlez de la sorte, que vous êtes peu chrétien ! vous ne l'êtes point du tout. Que vous ignorez la force, que vous savez peu la nature de la charité toujours féconde ! C'est une source vive qui ne s'épuise pas, mais qui s'étend par son cours ; c'est une flamme toujours agissante qui ne se perd pas, mais qui se multiplie par son action, parce qu'elle vient de Dieu au dedans de nous : *Deus charitas est* [2]. Ah ! qu'il est aisé de juger que tout ce que vous vous vantez d'avoir fait n'étoit qu'une froide grimace ! Si c'étoit la charité, elle ne s'arrêteroit pas ; la charité ne sait pas se donner de bornes, parce qu'elle vient d'un esprit qui n'en a pas : *Charitas Dei diffusa est in cordibus nostris per Spiritum sanctum qui datus est nobis* [3]. Cent fois rejetée, cent fois elle revient à la charge. Elle s'échauffe par la résistance que l'on lui fait ; plus elle voit un cœur ulcéré, plus elle tâche de le gagner par son affection. Comme elle sait l'importance de cette dette mutuelle des chrétiens, elle la rend volontiers et elle plaint celui qui la refuse, elle l'exige de lui pour son bien ; et ce qu'on ne lui donne pas de bonne grace, elle s'efforce de le mériter par ses bienfaits : *Benefacite his qui oderunt vos*. C'est ma seconde partie.

---

[1] S. August., *Epist.* CXCII, n. 2. — [2] I *Joan.*, IV, 16. — [3] *Rom.*, V, 5.

SECOND POINT.

Jésus-Christ aux Juifs : *O generatio incredula et perversa, quousque ero vobiscum? usquequo patiar vos? Afferte huc illum ad me* [1]. Il ne pouvoit plus souffrir les Juifs ; il ne pouvoit s'empêcher de leur bien faire, de leur donner des marques de son affection. Race infidèle et maudite, amenez ici votre fils. O Dieu, que ces paroles semblent mal suivies! Là paroît une juste indignation, et ici une tendresse incomparable. Là l'ingratitude des Juifs, qui contraint la patience même à se plaindre; ici la charité, qui ne peut être vaincue ni arrêtée par aucune injure. C'est ainsi qu'agit la charité. Il ne suffit pas, chrétiens, de payer fidèlement à nos frères, je dis même à nos frères qui nous haïssent, la charité que nous leur devons; il faut encore l'exiger d'eux. (*a*) « Aimez vos ennemis, dit le Fils de Dieu : » *Diligite;* mais tâchez de les contraindre à vous aimer, et forcez-les-y par vos bienfaits : *Benefacite.* C'est ce qui a fait dire à saint Augustin, que j'ai suivi dans tout ce discours, qu'il y a cette différence entre les dettes ordinaires et celle de la charité fraternelle, que « lorsqu'on vous doit de l'argent, c'est faire grace que de le quitter, c'est témoigner de l'affection; au contraire, dit-il, pour la charité : jamais vous ne la donnez sincèrement, si vous n'êtes aussi soigneux de l'exiger que vous avez été fidèle à la rendre : » *Pecuniam cui dederimus, tunc ei benevolentiores erimus, si recipere non quœramus : non autem potest esse verus charitatis impensor, nisi fuerit benignus exactor* [2]. Et il en rend cette raison admirable, digne certainement de son grand génie, mais digne de Jésus-Christ et prise du fond même de son Évangile; c'est que l'argent que vous donnez « profite à celui qui le reçoit et périt pour celui qui le donne : » *Accedit*

---

[1] *Matth.*, XVII, 16. — [2] S. August., *Epist.* CXCII, n. 2.

(*a*) *Note marg.* : Ceux qui se contentent d'aimer leurs ennemis, ne se veulent pas mettre en peine de gagner leur amitié. La nature de cette dette est telle, qu'il y a obligation à la demander et qu'on perd la charité si on ne l'exige. Trésor divin de la communication des fidèles! société fraternelle qu'il faut exiger! Combien il est beau et utile de recevoir la charité de ses frères! C'est Jésus-Christ qui aime et qui est aimé. On s'échauffe mutuellement, et on lie plus étroitement les membres entre eux par cette sincère correspondance. Or la perfection est dans l'unité.

cui datur, recedit à quo datur; au lieu que la charité enrichit celui qui la rend plutôt que celui qui la reçoit. Ainsi c'est faire du bien à nos frères, que d'exiger d'eux cette dette dont le paiement les sanctifie. Si vous les aimez, faites qu'ils vous aiment; vous ne pouvez pas les aimer que vous ne désiriez qu'ils soient bons, et ils ne le seront pas s'ils n'arrachent de leurs cœurs le mal de l'inimitié. Vous voyez donc manifestement que l'amour charitable que vous leur devez, vous doit faire désirer les occasions qui peuvent les forcer à vous en rendre; et cela ne se pouvant faire qu'en les servant dans leur besoin, reconnoissez que la loi de la charité vous oblige justement de leur bien faire : *Benefacite his qui oderunt vos.*

Pour mettre en pratique ce commandement et tirer quelque utilité de cette doctrine, s'il arrive jamais que Dieu permette que vos ennemis aient besoin de votre secours, n'écoutez pas, mes frères, les sentimens de vengeance; mais croyez que cette occasion vous est donnée pour vaincre leur dureté, leur obstination. — Enfin il a fallu passer par mes mains : voici le temps de lui rendre ce qu'il m'a prêté. — Non, ne parlez pas de la sorte : songez que s'il tombe entre vos mains, c'est par la permission divine; et Dieu ne l'ayant permis que pour vous donner le moyen de le gagner, vous offensez sa bonté si vous laissez passer cette occasion et si vous vous prévalez de cette rencontre pour exercer votre vengeance. Je ne puis lire sans être touché la générosité de David au premier livre des *Rois*. Saül le cherchoit pour le faire mourir : il avoit mis pour cela toute son armée en campagne : « Allez partout, disoit-il, soyez plus vigilans que jamais, » *curiosiùs agite;* « remarquez tous ses pas, pénétrez toutes ses retraites, » *considerate locum ubi sit pes ejus....., videte omnia latibula ejus :* « fût-il dans les entrailles de la terre, je l'y trouverai, » dit Saül, cet ennemi de ma couronne! *quod si etiam in terram se abstruserit, perscrutabor eum in cunctis millibus Juda*[1]. Que la fureur des hommes est impuissante contre ceux que Dieu protége! David fugitif et abandonné est délivré des mains de Saül, et Saül avec toute sa puissance tombe deux fois coup sur coup entre les mains de ce fugitif. Il le

---

[1] 1 *Reg.*, XXIII, 22, 23.

rencontre seul dans une caverne; il entre une autre fois dans sa tente pendant que tous ses gardes dormoient; le voilà maître de la vie de son ennemi, ses gens l'excitent à s'en défaire : « Voici, voici le jour, disent-ils, que le Seigneur vous a promis, disant : Je livrerai ton ennemi dans tes mains : » *Ecce dies de quâ locutus est Dominus ad te : Ego tradam tibi inimicum tuum :* servez-vous de cette occasion. « Dieu me garde de le faire, » dit David : *Propitius sit mihi Dominus, ne faciam hanc rem* [1]. Le Seigneur, dites-vous, me l'a livré, et c'est pour cela même que je veux le conserver soigneusement. « Le meurtre d'un homme n'est pas un don de Dieu : » *Hominis interemptio Domini donum non est;* il ne met pas nos ennemis dans nos mains afin qu'on les massacre, mais plutôt afin qu'on les sauve. C'est pourquoi « je veux répondre aux bienfaits de Dieu par des sentimens de douceur : » *Beneficio Dei meâ lenitate respondebo;* « et au lieu d'une victime humaine, j'offrirai à sa bonté qui me protége un sacrifice de miséricorde, » qui sera une hostie plus agréable : *Pro humanâ victimâ clementiam offeram.* « Je ne veux pas que la bonté de mon Dieu coûte du sang à mon ennemi : » *Gratiam sanguine non cruentabo.* C'est saint Basile de Séleucie [2] qui paraphrase ainsi les paroles de David. Non-seulement il ne veut pas le tuer, mais il retient la main de ses gens. Si vous ne voulez pas le tuer vous-même, laissez-nous faire, lui disoient-ils; c'est moi-même, dit Abisaï, qui vous en veux délivrer et vous mettre la couronne sur la tête par la mort de cet ennemi : « je m'en vais le percer de ma lance [3]. » Non, non, dit David, je vous le défends; vive le Seigneur Dieu! il est le maître de sa vie, il en disposera à sa volonté; mais je ne souffrirai pas qu'on mette la main sur lui. Non content de retenir ses soldats, il reproche à ceux de Saül le peu de soin qu'ils ont eu de le garder. Est-ce ainsi, leur dit-il, que vous gardez le roi votre maître? « Vive Dieu! vous êtes tous des enfans de mort, qui dormez auprès de sa personne, et qui avez si peu de soin de l'Oint du Seigneur : » *Vivit Dominus, quoniam filii mortis estis vos, qui non custodistis dominum vestrum, Christum Domini* [4].

[1] I *Reg.*, XXIV, 5, 7. — [2] Orat. XVI *in David.* — [3] I *Reg.*, XXVI, 8, 9. — [4] *Ibid.*, 15, 16.

Voilà un véritable enfant de la paix, qui rend le bien pour le mal, qui garde celui qui le persécute, qui défend celui qui le veut tuer; si tendre et si délicat sur ce point, qu'ayant coupé un bout de sa robe pour lui montrer qu'il pouvoit le faire mourir, craint d'en avoir trop fait : *Percussit cor suum David, eò quòd abscidisset oram chlamydis Saül*[1] *:* confus en sa conscience d'avoir mis seulement la main et de s'être servi de l'épée contre la robe de son ennemi. Suivez, mes frères, un si grand exemple : lorsque votre ennemi a besoin de vous, lorsqu'il semble que Dieu le met à vos pieds par la nécessité où il est d'implorer votre secours, n'écoutez pas les conseils de vengeance. Ah! voici le temps de lui rendre ce qu'il m'a prêté. Non, ne parlez pas de la sorte, croyez qu'il n'est en cet état que par la permission divine, que pour vous donner le moyen de le gagner.

C'est, Messieurs, en cette manière que Dieu nous permet de combattre nos ennemis. Nouveau genre de combat, où nous voyons aux mains, non point la fureur contre la fureur, ni la haine contre la haine (c'est un combat de bêtes farouches); mais le vrai combat qui nous est permis, c'est de combattre la haine par la douceur, les injures par les bienfaits, l'injustice par la charité. Voilà le combat que Dieu aime à voir : « un bon combattant contre un mauvais pour le gagner; et non pas deux mauvais qui se déchirent l'un l'autre : » *Ut sit bonus contra malum, non ut sint duo mali*[2]. C'est ainsi, dit saint Paul, qu'il vous faut combattre *Noli vinci à malo :* « Ne vous laissez point abattre par le mauvais, mais surmontez le mauvais par le bien : » *sed vince in bono malum*[3]. Vous vous laissez abattre lorsque vous vous abandonnez à la colère, lorsque vous vous tourmentez par le ressentiment d'une injure : *Fructus lædentis in dolore læsi est*[4] *:* c'est ce que prétend votre ennemi ; il croit n'avoir rien fait jusqu'à ce que vous témoigniez du ressentiment : — Enfin il sent le mal que je lui ai fait.— Il rit de votre douleur, et votre douleur fait sa joie : *Noli vinci à malo* ne lui donnez pas la victoire. Dites plutôt avec David : *Exaltabo te Domine, quoniam suscepisti me, nec delectasti inimicos meos*

---

[1] I *Reg.*, XXIV, 6. — [2] S. August., serm. II *in Psal.* XXXVI, n. 1. — [3] *Rom.* XII, 21. — [4] Tertull., *De Patient.*, n. 8.

super me ¹ *:* « Vous n'avez pas donné lieu à mes ennemis de se réjouir de mes peines. » *Noli vinci à malo.* Mais ce n'est pas assez : remportez la victoire sur votre ennemi en le comblant de bienfaits. Peut-on voir une plus illustre supériorité ?

Que prétends-tu, vengeance? Me mettre au-dessus de mon ennemi? Sans doute, c'est là son dessein : *Ultionis libido, negotium curans..... gloriæ..... superiorem se in exequendâ ultione constituit* ². Mais si je le surmonte par mes bienfaits, puis-je me mettre au-dessus de lui d'une manière plus glorieuse? C'est ainsi que David surmonte Saül, c'est ainsi qu'il le met à bout, si je puis parler de la sorte. Saül tout malin qu'il est, tout plein d'envie et de fiel qu'il est, ne pouvant résister à tant de douceur, est contraint enfin d'avouer sa faute : « J'ai péché, j'ai péché : retourne à moi, mon fils David : » *Peccavi; revertere, fili mi David* ³. Enfin la bonté est victorieuse, enfin l'iniquité rend les armes. C'est à cette victoire, mes frères, que Jésus-Christ nous ordonne de prétendre. Faites du bien, dit-il, à vos ennemis. C'est jeter des charbons de feu sur leur tête pour fondre la glace qui serre leur cœur, et les attendrir enfin par la charité.

Et ne me dites pas : Il est trop dur. Savez-vous les conseils de Dieu, et désespérez-vous de sa grace? Vous murmurez, votre cœur résiste : mais faites-vous cette violence. Voyez, mes frères, qu'on entr'ouvre un arbre pour enter dessus une autre plante ; ce rameau étranger ne tient au commencement que par l'écorce ; mais l'arbre qui a souffert cette violence, en le recevant en son sein, en lui faisant part de sa nourriture, se l'unit enfin et se l'incorpore; la séparation ne paroît plus, il n'y reste que la cicatrice; et le tronc, qui l'a porté contre sa propre inclination, se réjouit, si je le puis dire, de voir naître de ce rameau et des feuilles et des fruits qui lui font honneur. Faites-vous violence, mes frères; ouvrez votre cœur à vos ennemis; attirez-les par vos bienfaits; Dieu permettra peut-être que l'union se rétablira; et ainsi les ayant gagnés à la charité, les fruits de leur conversion feront votre gloire. C'est ce qui arrivera plus facilement si vous joignez la prière aux bienfaits; et c'est la troisième obligation de la charité fraternelle.

---

¹ *Psal.* XXIX, 2. — ² Tertull., *De Patient.*, n. 9. — ³ I *Reg.*, XXVI, 21.

TROISIÈME POINT.

Priez pour ceux qui vous persécutent : si leur orgueil ne peut être vaincu par votre douceur, ni leur dureté fléchie par vos bienfaits, il est temps d'employer la force; ayez recours à l'autorité suprême, plaignez-vous au tribunal de Dieu qu'on vous refuse la charité qui vous est due ; demandez-lui qu'il vous fasse faire justice et qu'il vous venge enfin de vos ennemis. Est-il donc permis, chrétiens, de demander à Dieu la vengeance? Oui, n'en doutez pas, chrétiens. Voici une vengeance qui vous est permise et qui vous est même commandée ; et afin de la bien entendre, apprenez de saint Augustin qu'il faut se venger, non point des hommes, mais du règne du péché qui est en eux et qui est la cause de la haine injuste qu'ils ont contre vous. Il y a donc, mes frères, un certain règne du péché qui s'oppose en nous au règne de Dieu et à sa justice. C'est ce règne dont parle l'apôtre saint Paul : *Non regnet peccatum in mortali vestro corpore*[1]. Quand le péché règne en nous, il lâche la bride à nos passions : c'est ainsi qu'il règne en nous-mêmes. Non content de régner en nous-mêmes, il veut nous faire régner sur les autres; il nous rend injustes et violens, il nous fait opprimer les foibles et persécuter les innocens. Dieu le permet, mes frères, pour éprouver ses serviteurs; il laisse triompher le péché et régner l'iniquité pour un temps. Durant ce règne, Messieurs, que les justes ont à souffrir! que les serviteurs de Dieu sont tourmentés! On abuse de leur patience pour les affliger, de leur simplicité pour les surprendre, de leur humilité pour leur faire insulte. Voyez ce pécheur superbe dont parle David : « Il a oublié les jugemens de Dieu; » voilà le péché qui règne en lui : « Il domine tyranniquement sur tous ses ennemis; » voilà qu'il le veut faire régner sur les autres : *Auferuntur judicia tua à facie ejus, omnium inimicorum suorum dominabitur*. « Il se cache avec les puissans dans des embûches, pour faire mourir l'innocent : » *sedet in insidiis ;* « ses yeux regardent le pauvre comme sa proie, il est comme un lion rugissant qui dévore la substance du pauvre[2]. » Dieu se tait cependant, il laisse régner

---
[1] *Rom.*, VI, 12. — [2] *Psal.* H. x, 5, 8, 9.

l'iniquité, et ses pauvres serviteurs gémissent accablés sous la violence ou la calomnie. Mais se vengeront-ils contre les hommes? A Dieu ne plaise, mes frères ! les hommes sont l'ouvrage du Dieu qu'ils adorent; ils sont ses images; ils sont nos frères et nos semblables : il faut aux enfans de Dieu une vengeance plus juste. Allons à la source du mal et à la source de l'injure que j'ai reçue : si cet ennemi me hait et me persécute, c'est le règne du péché qui en est la cause; si ce frénétique me frappe et me mord, c'est « la fièvre qui l'agite et qui le remue : » *Febris animæ illius odit te,* dit saint Augustin [1]. Ce n'est pas lui, dit-il, c'est sa fièvre, c'est sa maladie qui me persécute; c'est sur cette fièvre de l'ame que je veux exercer ma vengeance; c'est ce règne du péché que je veux détruire; c'est une telle vengeance que demandent à Dieu les martyrs : « Seigneur, disent-ils, vengez notre sang : » *Vindica sanguinem nostrum* [2]. Sur quoi saint Augustin a dit ces beaux mots : *Ipsa est sincera et plena justitiæ et misericordiæ vindicta martyrum, ut avertatur regnum peccati :* « Cette vengeance des martyrs est pleine de miséricorde et de justice. Car ils ne la demandent pas contre les hommes, mais contre le règne du péché sous lequel ils ont tant souffert : » *Non enim contra ipsos homines, sed contra regnum peccati.... petierunt, quo regnante tanta perpessi sunt* [3]. Cette vengeance n'est ni cruelle, ni violente; au contraire, dit saint Augustin, « elle est pleine de miséricorde et de justice : » *Plena justitiæ et misericordiæ :* pleine de justice, parce qu'il n'est rien de plus juste que l'iniquité soit abattue; pleine de miséricorde, parce que c'est sauver l'homme que de détruire en lui le péché.

Priez donc pour ceux qui vous persécutent, et demandez à Dieu une vengeance qui leur est si salutaire. Seigneur, vengez-moi de mon ennemi; vengez-moi du péché qui me persécute, de cette dureté de cœur qui s'oppose à la charité fraternelle. Renversez ce superbe, mais que ce soit par la pénitence; rompez le cœur de cet endurci, mais que ce soit par la contrition; abaissez la tête de ce rebelle, mais que ce soit par l'humilité. O noble et

---

[1] Tract. VIII *in Epist. Joan.*, n. 11. — [2] *Apoc.*, VI, 10. — [3] S. August., *De Serm. Domin. in monte,* lib. I, n. 77.

glorieuse vengeance! plût à Dieu que nous fussions tous vengés de la sorte! Saul avoit persécuté saint Etienne; il l'avoit lapidé, dit saint Augustin[1], par les mains de tous ses bourreaux ; le sang de ce martyr n'avoit fait que l'exciter au carnage, il alloit rugissant et frémissant contre l'innocent troupeau du Fils de Dieu. Vive Dieu! dit le Seigneur : je vengerai mes serviteurs, et une telle violence ne demeurera pas impunie. Il arrête Saul dans son voyage ; il le met à ses pieds tremblant et confus. Ne vous semble-t-il pas, chrétiens, que saint Etienne est bien vengé de cet ennemi (a)? Il est vengé comme il le vouloit : *Domine, ne statuas illis hoc peccatum*[2]. C'est contre le péché qu'il veut se venger, et voilà le péché détruit et son règne renversé par terre. Saul devenu Paul ne songe plus qu'à achever cette vengeance, tous les jours il travaille à détruire en lui le péché et ses convoitises ; c'est pour cela qu'il châtie son corps et le réduit dans la servitude, et il venge par ce moyen, c'est saint Augustin qui le dit, et saint Etienne et les chrétiens qu'il avoit injustement persécutés : *Nonne tibi videtur in seipso Stephanum martyrem vindicare?* Il les venge, et de quelle sorte ? C'est qu'il combat, c'est qu'il affoiblit, c'est qu'il surmonte en lui-même ce péché régnant, cette tyrannie de ses convoitises qui l'avoit porté à ses violences : *Nam hoc in se utique prosternebat, et debilitabat, et victum ordinabat, unde Stephanum cæterosque christianos fuerat persecutus*[3].

Chrétiens, prions persévéramment pour obtenir de Dieu cette vengeance qui sera le salut de nos ennemis. Si nous faisons bien cette prière, jamais nous ne pourrons vouloir du mal à ceux à qui nous désirons un si grand bien. Car le règne du péché ne pouvant être détruit en eux que le règne de Dieu ne leur advienne, pouvons-nous avoir de l'inimitié, si nous demandons pour eux un tel bonheur ? Quoi ! leur envierons-nous les biens de la terre en leur souhaitant ceux du ciel ? Si nous ne voulons pas être avec eux, nous leur souhaitons plus de bonheur qu'à nous-mêmes ; et si nous souhaitons d'en jouir en leur compagnie, pouvons-nous

---

[1] *Serm.* CCCXV, n. 7. — [2] *Act.*, VII, 59. — [3] S. August., *De Serm. Domin. in monte*, lib. I, n. 77.

(b) *Var.:* Non-seulement Dieu le venge, mais il fait que son ennemi devient son vengeur.

avoir de la haine contre ceux que nous désirons avoir éternellement pour amis? Vous ne pouvez donc pas prier pour eux sans les aimer sincèrement; et cependant Dieu vous oblige à prier pour eux. On ne considère pas jusqu'où va cette obligation. Quand vous dites : « Notre Père, délivrez-nous du mal, » vous demandez à Dieu qu'il détruise en nous ce règne du péché : vous ne parlez pas pour vous seul. Quoi! excluez-vous votre ennemi? Voulez-vous qu'il soit damné? Loin de la douceur chrétienne une vengeance si enragée et digne d'un démon et non pas d'un homme! Si vous l'y comprenez, le demandez-vous sincèrement? C'est devant Dieu que vous parlez : donc en demandant que Dieu le délivre d'un si grand mal, pouvez-vous lui désirer aucun mal? Il n'y a que la charité qui prie : si vous n'avez la charité, votre intention dément vos paroles; et quand la bouche les nomme, le cœur les exclut.

Qu'il n'en soit pas ainsi, chrétiens; répandons devant notre Dieu des vœux sincères pour nos ennemis, et qu'il n'y ait personne en qui nous ne souhaitions que le règne du péché se détruise (a) : comprenons-y tous nos ennemis et tous les ennemis de l'Eglise. Si le péché n'eût régné en eux, ils ne se seroient pas séparés de notre unité. L'ambition, l'amour de soi-même et de ses propres opinions, c'est ce qui a causé ce schisme, c'est ce qui a fait naître cette division scandaleuse. Seigneur, vengez-nous de ces ennemis, et vengez votre Eglise à qui ils ont arraché tant de ses enfans. Dieu l'a déjà fait, chrétiens; ils se sont divisés, et il les divise : « Ils ont pris le glaive de division, » et ils ont déchiré l'Eglise de Dieu : *Ipsi habent gladium divisionis.* « Mais parce que le Fils de Dieu a dit véritablement que celui qui frapperoit par le glaive mourroit par le glaive, voyez ceux qui se sont retranchés de l'unité, en combien de morceaux ils sont partagés : » *Sed quia verum dixerat Dominus : Qui gladio percutit, gladio morietur, videte illos, fratres mei, qui se ab unitate præciderunt, in quot frusta præcisi sunt* [1]. Luthériens, calvinistes, anabaptistes, sociniens, arminiens et tant d'autres; autant d'opinions que de

---

[1] *De Agon. Christ.,* n. 31.
(a) *Var.:* Soit anéanti.

têtes en Angleterre. Dieu a vengé son Eglise ; ils n'ont pas voulu l'unité, ils seront divisés même parmi eux. Seigneur, ce n'est pas là toute la vengeance : détruisez le règne du péché en eux, ramenez-les au règne de la charité : c'est ce que l'Eglise demande, c'est pourquoi elle gémit et elle soupire.

Vous voyez des fruits de ses prières en ces nouveaux enfans, qui sont venus chercher en son sein la vie qui ne se peut trouver dans une autre source. Mes frères, je les recommande à vos charités. Vous êtes las peut-être de les entendre si souvent recommander aux prédicateurs; et nous pouvons vous avouer devant ces autels que nous sommes las de le faire : non pas que nous nous lassions de demander du secours pour des misérables, car à quoi peuvent être mieux employées nos voix? Nous ne rougissons pas de quêter pour elles, nous ne nous lassons pas de parler pour elles : mais nous rougissons pour vous-mêmes de ce qu'il faut encore vous le demander; de ce qu'après qu'on a crié depuis tant d'années au secours pour ces pauvres filles qui sont venues à l'Eglise et qui n'y peuvent trouver du pain, qui ont couru à nous et que notre lâcheté abandonne, on crie et l'on crie vainement; tant de prédicateurs vous l'ont dit, et le zèle ne s'échauffe pas, etc.

SERMON

POUR

LE SAMEDI APRÈS LES CENDRES,

SUR L'ÉGLISE (a).

Erat navis in medio mari.
Le navire étoit au milieu de la mer. *Marc.*, VI, 47.

Le mystère de l'Evangile, c'est l'infirmité et la force unies, la grandeur et la bassesse assemblées. Ce grand mystère (b), Messieurs, a paru premièrement en notre Sauveur, où la puissance divine et la foiblesse humaine, s'étant alliées, composent ensemble ce tout admirable que nous appelons Jésus-Christ; mais ce qui paroît en sa personne, il a voulu aussi le faire éclater dans l'Eglise qui est son corps, « où une partie triomphe par les miracles, l'autre succombe sous les outrages qu'elle reçoit : » *Unum*

(a) *Premier point.* — Dans l'homme, un esprit de contrariété à l'Evangile.
Eglise victorieuse dans les persécutions. *Sæpe expugnaverunt me* (Psal. CVIII, 3).
Second point. — Curiosité. Ses tempêtes. *Ascendunt usque ad cœlos* (Psal. CVI, 26).
Ses bornes comme à la mer.
Autorité, infaillibilité de l'Eglise.
Troisième point. — Eglise diminuée en sa foi par la multiplication de ses enfans. Salvien. *Multiplicati sunt super numerum* (Psal. XXXIX, 6).
Pourquoi les bons parmi les méchans ?
Nulle impatience de ce mélange.

Ce sermon a été prêché le 21 février 1660, dans la maison des *Nouveaux Catholiques*.
La maison des *Nouveaux Catholiques* rendoit aux hommes qui embrassoient la foi, les mêmes services que la maison des *Nouvelles Catholiques* rendoit aux femmes dans la même circonstance. Ces deux établissemens avoient été dotés par le marquis de Morangis, et le premier se trouvoit rue de Seine-Saint-Victor. La liste des prédicateurs qui devoient prêcher le Carême de 1660, après avoir nommé Bossuet pour l'église des Minimes, ajoute : « Aux filles *Nouvelles Catholiques*, le premier vendredi de Carême, M. Bossuet; aux hommes *Nouveaux Catholiques*, le premier samedi, M. Bossuet. » Voir la note du sermon précédent.
(b) *Var.*: Ce mystère admirable.

horum coruscat miraculis, aliud succumbit injuriis [1]. C'est pourquoi nous voyons dans son Ecriture [2] que tantôt cette Eglise est représentée comme une maison bâtie sur une pierre immobile, et tantôt comme un navire qui flotte au milieu des ondes au gré des vents et des tempêtes; si bien qu'il paroît, chrétiens, qu'il n'est rien de plus foible que cette Eglise, puisqu'elle est ainsi agitée; et qu'il n'est rien aussi de plus fort, puisqu'on ne la peut jamais renverser et qu'elle demeure toujours immuable malgré les efforts de l'enfer. L'évangile de cette journée nous la représente « parmi les flots : » *Erat navis in medio mari*, « portée deçà et delà par un vent contraire : » *Erat enim ventus contrarius* [3]. Et ce qui est de plus surprenant, c'est que Jésus, qui est son appui, semble l'abandonner à la tempête; il s'approche « et il veut passer, » comme si son péril ne le touchoit pas : *Et volebat præterire eos* [4]. Toutefois ne croyez pas qu'il l'oublie; il permettra bien que les flots l'agitent, mais non pas qu'ils la submergent ni qu'ils l'engloutissent. Il commande aux vents, et « ils s'apaisent; il entre dans le navire, et il arrive sûrement au port : » *Ascendit in navim, et cessavit ventus et applicuerunt* [5], afin, Messieurs, que nous entendions qu'il n'y a rien à craindre pour l'Eglise, parce que le Fils de Dieu la protége. J'entreprends aujourd'hui de vous faire voir cette vérité importante; et afin que vous en soyez convaincus plus facilement, je laisse les raisonnemens recherchés pour l'établir solidement par expérience.

Considérez en effet, Messieurs, les trois furieuses tempêtes qui ont troublé l'état de l'Eglise. Aussitôt qu'elle a paru sur la terre, l'infidélité s'est élevée, et elle a excité les persécutions; après, la curiosité s'est émue, et elle a fait naître les hérésies; enfin la corruption des mœurs a suivi, qui a si étrangement soulevé les flots, « que la nacelle y a paru (a) presque enveloppée : » *Ita ut navicula operiretur fluctibus* [6]. Voilà, mes frères, les trois tempêtes qui ont successivement tourmenté l'Eglise (b). Les infidèles se sont assemblés pour la détruire par les fondemens; les hérétiques en sont

---

[1] S. Leo, serm. III *De Pass. Domin.*, cap. II. — [2] *Luc.*, VI, 48. — [3] *Marc.*, VI, 48. — [4] *Ibid.* — [5] *Ibid.*, 51, 53. — [6] *Matth.*, VIII, 24.

(a) *Var.* : Y a été. — (b) Dont l'Eglise a été tourmentée.

sortis pour lui arracher ses enfans et lui déchirer les entrailles ; et si enfin les mauvais chrétiens sont demeurés dans son sein, ce n'est que pour lui porter le venin jusque dans le cœur (a). Il faut donc bien, mes frères, que cette Eglise soit bien appuyée et bien fortement établie, puisqu'au milieu de tant de traverses, malgré l'effort des persécutions, elle s'est soutenue par sa fermeté ; malgré les attaques de l'hérésie, elle a été la colonne de la vérité ; malgré la licence des mœurs dépravées, elle demeure le centre de la charité. Voilà le sujet de cet entretien et les trois points de cette méditation.

PREMIER POINT.

Comme l'Eglise n'a plus à souffrir la tempête des persécutions, je passerai légèrement sur cette matière ; et néanmoins je ne laisserai pas, si Dieu le permet, de toucher des vérités assez importantes. La première sera, chrétiens, qu'il ne faut pas s'étonner si l'Eglise a eu à souffrir quand elle a paru sur la terre, ni si le monde l'a combattue de toute sa force. Il étoit impossible qu'il ne fût ainsi ; et vous en serez convaincus, si vous savez connoître ce que c'est que l'homme. Je dis donc que nous avons tous dans le fond du cœur un principe d'opposition et de répugnance à toutes les vérités divines ; en telle sorte que l'homme laissé à lui-même, non-seulement ne peut les entendre, mais qu'ensuite il ne les peut souffrir ; et qu'en étant choqué au dernier point, il est comme forcé de les combattre. Ce principe de répugnance s'appelle dans l'Ecriture « infidélité [1], » ailleurs « esprit de défiance [2], » ailleurs « esprit d'incrédulité [3]. » Il est dans tous les hommes ; et s'il ne produit pas en nous tous ses effets, c'est la grace de Dieu qui l'empêche.

Si vous remontez jusqu'à l'origine, vous trouverez, Messieurs, que deux choses produisent en nous cette répugnance : la première, c'est l'aveuglement ; la seconde, la présomption. L'aveuglement, Messieurs, nous est représenté dans les Ecritures par une façon de parler admirable. Elles disent que « les pécheurs ont

---

[1] *Luc.*, IX, 41, etc. — [2] *Ephes.*, II, 2. — [3] *Coloss.*, III, 6.

(a) *Var.* : Et enfin les mauvais chrétiens ne sont demeurés dans son sein qu'afin de porter le venin jusque dans son cœur.

oublié Dieu :» *Omnes gentes quæ obliviscuntur Deum:— Obliti sunt verba tua inimici mei:— Intelligite hæc, qui obliviscimini Deum*[1]. Que veut dire cet oubli, mes frères? Il est bien aisé de le comprendre : c'est que Dieu, à la vérité, avoit éclairé l'homme de sa connoissance, mais l'homme a fermé les yeux à cette lumière ; il s'est laissé mener par ses sens, peu à peu il n'a plus pensé à ce qu'il ne voyoit pas, il a oublié aisément ce à quoi il ne pensoit pas. Voilà Dieu dans l'oubli, voilà ses vérités effacées; ne lui en parlez pas, c'est un langage qu'il ne connoît plus : *Obliti sunt verba tua inimici mei*. C'est pourquoi la même Ecriture voulant aussi nous représenter de quelle sorte les hommes retournent à Dieu: *Reminiscentur :* « Ils se souviendront; » et ensuite qu'arrivera-t-il? *Et convertentur ad Dominum*[2] *:* « Ah! ils se convertiront au Seigneur. » Quoi! ils l'avoient donc oublié, leur Dieu, leur Créateur, leur Epoux, leur Père? Oui, mes frères, il est ainsi ; ils en ont perdu le souvenir. Cela va bien loin, si vous l'entendez ; toute la connoissance de Dieu, toutes les idées de ses vérités, l'oubli comme une éponge a passé dessus et les a entièrement effacées; ou s'il en reste encore quelques traces, elles sont si obscures qu'on n'y connoît rien. Voyez durant le règne de l'idolâtrie, durant qu'elle régnoit sur toute la terre.

Ce seroit peu que ce long oubli pour nous exciter à la résistance, si l'orgueil ne s'y étoit joint ; mais il est arrivé pour notre malheur que, quoique l'homme soit aveugle à l'extrémité, il est encore plus présomptueux. En quittant la sagesse de Dieu, il s'est fait une sagesse à sa mode; il ne sait rien, et croit tout entendre : si bien que tout ce qu'on lui dit qu'il ne conçoit pas, il le prend pour un reproche de son ignorance, il ne le peut souffrir, il s'irrite ; si la raison lui manque, il emploie la force, il emprunte les armes de la fureur pour se maintenir en possession de sa profonde et superbe ignorance. Jugez où les vérités évangéliques, si hautes, si majestueuses, si impénétrables, si contraires au sens humain et à la raison préoccupée, ont dû pousser cet aveugle présomptueux, je veux dire l'homme, et quelle résistance il falloit attendre d'une indocilité si opiniâtre. Voyez-la par expérience en la personne

[1] *Psal.* IX, 18; CXVIII, 139; XLIX, 22. — [2] *Psal.* XXI, 28.

de notre Sauveur. Qu'aviez-vous fait, ô divin Jésus, pour exciter contre vous ce scandale horrible? Pourquoi les peuples se troublent-ils[1]? pourquoi frémissent-ils contre vous avec une rage si désespérée? Chrétiens, voici le crime du Sauveur Jésus. Il a enseigné les vérités de son Père[2]; ce qu'il a vu dans le sein de Dieu, il est venu l'annoncer aux hommes[3]. Ces aveugles ne l'ont pas compris, et ils n'ont pas pu le comprendre : *Animalis homo non potest intelligere*[4]. Écoutez comme il leur reproche : « Pourquoi ne connoissez-vous pas mon langage ? Parce que vous ne pouvez pas prêter l'oreille à mon discours : » *Quare loquelam meam non cognoscitis ? Quia non potestis audire sermonem meum*[5].

Mais peut-être ne l'entendant pas, ils se contenteront de le mépriser. Non, mes frères; ce sont des superbes; tout ce qu'ils n'entendent pas ils le combattent, « tout ce qu'ils ignorent ils le blasphèment[6]. » C'est pourquoi Jésus-Christ leur dit : Vous me voulez tuer, méchans que vous êtes, parce que mon discours ne prend point en vous : » *Quæritis me interficere, quia sermo meus non capit in vobis*[7]. Quelle fureur, mes frères, d'entreprendre de tuer un homme, parce qu'on n'entend pas son discours! Mais il n'y a pas sujet de s'en étonner : il parloit des vérités de son Père à des ignorans opiniâtres. Comme ils n'entendoient pas ce divin langage, car il n'y a que les humbles qui l'entendent, ils ne pouvoient qu'être étourdis de la voix de Dieu; et c'est ce qui les excitoit à la résistance. Plus les vérités étoient hautes, et plus leur raison superbe étoit étourdie, et plus leur folle résistance étoit enflammée. Il ne faut donc pas trouver étrange si Jésus leur prêchant, comme il dit lui-même, « ce qu'il avoit appris au sein de son Père[8], » ils se portent à la dernière fureur et se résolvent de le mettre à mort par un infâme supplice : *Quia sermo meus non capit in vobis*.

Après cela pouvez-vous douter de ce principe d'opposition, qu'une ignorance altière et présomptueuse a gravé dans le cœur des hommes contre Dieu et ses vérités? Jésus-Christ l'a éprouvé le premier; son Église paroissant au monde pour soutenir la

---

[1] *Psal.* II, 1. — [2] *Joan.*, VIII, 28. — [3] *Ibid.*, I, 18. — [4] I *Cor.*, II, 14. — [5] *Joan.*, VIII, 43. — [6] *Jud.*, 10. — [7] *Joan.*, VIII, 37. — [8] *Ibid.*, 38.

même doctrine par laquelle ce divin Maître avoit scandalisé les superbes, pouvoit-elle manquer d'ennemis? Non, mes frères, il n'est pas possible; puisque la foi qu'elle professe vient étonner le monde par sa nouveauté, troubler les esprits par sa hauteur, effrayer les sens par sa sévérité, qu'elle se prépare à souffrir. Il faut qu'elle soit en haine à tout le monde; et vous le savez, chrétiens, c'est une chose incompréhensible, ce qu'a souffert l'Eglise de Dieu durant près de quatre cents ans sous les empereurs infidèles. Il seroit infini de le raconter; concevez seulement ceci, qu'elle étoit tellement chargée et de la haine publique et des imprécations de toute la terre, qu'on l'accusoit hautement de tous les désordres du monde. Si la pluie manquoit aux biens de la terre, si les Barbares faisoient quelques courses et ravageoient, si le Tibre se débordoit, les chrétiens en étoient la cause; et tout le monde disoit qu'il n'y avoit point de meilleure victime pour apaiser la colère des dieux, que de leur immoler les chrétiens « par tout ce que la rage et le désespoir pouvoient inventer de plus cruel : » *Per atrociora ingenia pœnarum* [1]. Qu'aviez-vous fait, Eglise, pour être traitée de la sorte? J'en pourrois rapporter plusieurs causes; mais celle-ci est la principale : elle faisoit profession de la vérité, et de la vérité divine; de là ces cris de la haine, de là ces injustes persécutions. Si l'Eglise en a été agitée, elle n'en a pas été surprise. Elle sait bien connoître la main qui l'appuie, et elle se sent à l'épreuve de toutes sortes d'attaques.

Et à ce propos, chrétiens, saint Augustin se représente que les fidèles, étonnés de voir durer si longtemps la persécution, s'adressent à l'Eglise leur mère et lui en demandent la cause. Il y a longtemps, ô Eglise, que l'on frappe sur vos pasteurs, et les troupeaux sont dispersés. Dieu vous a-t-il oubliée? (*a*) Les vents grondent, les flots se soulèvent; vous flottez deçà et delà battue des ondes et de la tempête; ne craignez-vous pas d'être abîmée? La réponse de l'Eglise est dans le psaume CXXVIII. — Mes enfans, je ne m'étonne pas de tant de traverses; j'y suis accoutumée dès mon enfance : *Sæpe expugnaverunt me à juventute meâ* [2] : « Ces

---

[1] Tertull., *De Resurr. carn.*, n. 8. — [2] *Psal.* CXXVIII, 1.

(*a*) *Note marg.* : Si ce n'eût été qu'en passant..... Tant de siècles.....

mêmes ennemis qui m'attaquent m'ont déjà persécutée dès ma jeunesse. » L'Eglise a toujours été sur la terre ; dès sa plus tendre enfance elle étoit représentée en Abel, et il a été tué par Caïn son frère. Elle a été représentée en Enoch, et il a fallu le tirer du milieu des impies : *Translatus est ab iniquis*[1], sans doute parce qu'ils ne pouvoient souffrir son innocence. La famille de Noé, il a fallu la délivrer du déluge. Abraham, que n'a-t-il pas souffert des impies, son fils Isaac d'Ismaël, Jacob d'Esaü ? Celui qui étoit selon la chair, n'a-t-il pas persécuté celui qui étoit selon l'esprit[2] ? Moïse, Elie, les prophètes, Jésus-Christ et les apôtres ? Par conséquent, mon fils, dit l'Eglise, ne t'étonne pas de ces violences : *Sæpe expugnaverunt me à juventute meâ : numquid ideo non perveni ad senectutem*[3] *?* Regarde mon antiquité, considère mes cheveux gris ; « ces cruelles persécutions dont on a tourmenté mon enfance, m'ont-elles empêchée de parvenir à cette vénérable vieillesse ? » Si c'étoit la première fois, j'en serois peut-être troublée ; maintenant la longue habitude fait que mon cœur ne s'en émeut pas. Je laisse faire aux pécheurs : *Supra dorsum meum fabricaverunt peccatores*[4] *:* je ne tourne pas ma face contre eux, pour m'opposer à leur violence ; je ne fais que tendre le dos ; ils frappent cruellement, et je souffre sans murmurer. C'est pourquoi ils ne donnent point de bornes à leur furie : *Prolongaverunt iniquitatem suam.* Ma patience sert de jouet à leur injustice ; mais je ne me lasse point de souffrir, et je me souviens de celui qui a abandonné ses joues aux soufflets et n'a pas détourné sa face des crachats : » *Faciem meam non averti ab increpantibus et conspuentibus in me*[5]. Quoique je semble toujours flottante, ne t'étonne pas ; la main toute-puissante qui me sert d'appui saura bien m'empêcher d'être submergée. — Que si Dieu la soutient avec tant de force contre la violence, pourrez-vous croire, Messieurs, qu'il la laisse accabler par les hérésies ? Non, Messieurs ; ne le croyez pas : c'est ma seconde partie.

[1] *Hebr.*, XI, 5. — [2] *Galat.*, IV, 29. — [3] *In Psal.* CXXVIII, n. 2, 3.— [4] *Psal.* CXXVIII, 3. — [5] *Isa.*, L, 6.

SECOND POINT.

La seconde tempête de l'Eglise, c'est la curiosité qui l'excite : curiosité, chrétiens, qui est la peste des esprits, la ruine de la piété et la mère des hérésies. Pour bien entendre cette vérité, il faut remarquer avant toutes choses que la sagesse divine a donné des bornes à nos connoissances. Car comme cette Providence infinie voyant que les eaux de la mer se répandroient par toute la terre et en couvriroient toute la surface, lui a prescrit un terme qu'il ne lui permet pas de passer : ainsi sachant que l'intempérance des esprits s'étendroit jusqu'à l'infini par une curiosité démesurée, il lui a marqué des limites auxquelles il lui ordonne d'arrêter son cours. « Tu iras, dit-il, jusque-là, et tu ne passeras pas plus outre : » *Usque huc gradieris, et non procedes ampliùs, et hic confringes tumentes fluctus tuos* [1]. C'est pourquoi Tertullien a dit sagement que le chrétien ne veut savoir que fort peu de choses, parce que, poursuit ce grand homme, les choses certaines sont en petit nombre : *Christiano paucis ad scientiam veritatis opus est, nam et certa semper in paucis* [2]. Il ne se veut pas égarer dans les questions infinies qui sont défendues par l'Apôtre : *Infinitas quæstiones devita* [3]; il se resserre humblement dans les points que Dieu a révélés à son Eglise; et ce qu'il n'a pas révélé, il trouve de la sûreté à ne le savoir pas; il déteste la vaine science que l'esprit humain usurpe, et il aime la docte ignorance que la loi divine prescrit : « C'est tout savoir, dit-il, que de n'en pas savoir davantage : » *Nihil ultrà scire, omnia scire est* [4].

Quiconque se tient dans ces bornes et sait régler sa foi par ce qu'il apprend de Dieu par l'Eglise, ne doit pas appréhender la tempête; mais la curiosité des esprits superbes ne peut souffrir cette modestie : « Ses flots s'élèvent, dit l'Ecriture, ils montent jusqu'aux cieux, ils descendent jusqu'aux abîmes : » *Exaltati sunt fluctus ejus, ascendunt usque ad cœlos et descendunt usque ad abyssos* [5]. Voilà une agitation bien violente; c'est une vive image des esprits curieux. Leurs pensées vagues et agitées se poussent

---

[1] *Job*, XXXVIII, 11. — [2] *De Animâ*, n. 2. — [3] *Tit.*, III, 9. — [4] Tertull., *De Præscr. advers. Hæres.*, n. 14. — [5] *Psal.* CVI, 25, 26.

comme des flots les unes les autres; elles s'enflent, elles s'élèvent démesurément : il n'y a rien de si élevé dans le ciel, ni rien de si caché dans les profondeurs de l'enfer où ils ne s'imaginent de pouvoir atteindre : *Ascendunt usque ad cœlos ;* et les conseils de sa Providence, et les causes de ses miracles, et la suite impénétrable de ses mystères, ils veulent tout soumettre à leur jugement : *Ascendunt.* Malheureux, qui s'agitant de la sorte, ne voient pas qu'il leur arrive comme à ceux qui sont tourmentés par la tempête : *Turbati sunt, et moti sunt sicut ebrius :* « Ils sont troublés comme des ivrognes; » la tête leur tourne dans ce mouvement : *Et omnis sapientia eorum devorata est* [1] *:* « Là toute leur sagesse se dissipe; » et ayant malheureusement perdu la route, ils se heurtent contre des écueils, ils se jettent dans les abîmes, ils s'égarent dans des hérésies. Arius, Nestorius, votre curiosité vous a perdus. Voilà la tempête élevée par la curiosité des hérétiques : c'est par là qu'ils séduisent les simples, parce que, dit saint Augustin [2], « toute ame ignorante est curieuse : » *Omnis anima indocta curiosa est :* — Cela est nouveau, écoutons. — Arius, Nestorius, etc., pourquoi cherchez-vous ce qui ne se peut pas trouver? *Ampliùs quærere non licet, quàm quod inveniri licet* [3].

Pour empêcher les égaremens de cette curiosité pernicieuse, le seul remède, mes frères, c'est d'écouter la voix de l'Eglise et de soumettre son jugement à ses décisions infaillibles. Je parle à vous, enfans nouveaux nés que l'Eglise a engendrés : c'est sur la fermeté de cette Eglise qu'il faut appuyer vos esprits, qui seroient flottans sans ce soutien. Etes-vous curieux de la vérité? voulez-vous voir? voulez-vous entendre? Voyez et écoutez dans l'Eglise : *Sicut audivimus, sic vidimus :* « Nous avons ouï et nous avons vu, » dit David; et où? *In civitate Domini virtutum* [4] *:* « En la cité de notre Dieu, » c'est-à-dire en sa sainte Eglise. « Celui qui est hors de l'Eglise, dit saint Augustin, quelque curieux qu'il soit, de quelque science qu'il se vante, il ne voit ni n'entend; quiconque est dans l'Eglise, il n'est ni sourd ni aveugle : » *Extra illam qui est, nec audit nec videt; in illâ qui est, nec surdus nec cæcus est* [5].

---

[1] *Psal.* CVI, 27. — [2] *De Agon. Christ.*, n. 4. — [3] Tertull., *De Animâ*, n. 2. — [4] *Psal.* XLVII, 9. — [5] *In Psal.* XLVII, n. 7.

Donc s'il est ainsi, chrétiens, que notre curiosité n'aille pas plus loin. L'Eglise a parlé, c'est assez : cet homme est sorti de l'Eglise; il prêche, il dogmatise, il enseigne : — Que dit-il? que prêche-t-il? quelle est sa doctrine? — O homme vainement curieux! je ne m'informe pas de sa doctrine; il est impossible qu'il enseigne bien, puisqu'il n'enseigne pas dans l'Eglise. Un martyr illustre, un docteur très-éclairé, saint Cyprien... Antonianus, un de ses collègues, lui avoit écrit au sujet de Novatien, schismatique, pour savoir de lui par quelle hérésie il avoit mérité la censure; le saint docteur lui fait cette belle réponse : *Desiderasti ut rescriberem tibi quam hæresim Novatianus introduxisset..... Quisque ille fuerit, multùm de se licet jactans et sibi plurimùm vindicans, profanus est, alienus est, foris est* [1] : « Pour ce qui regarde Novatien, duquel vous désirez que je vous écrive quelle hérésie il a introduite, sachez premièrement que nous ne devons pas même être curieux de ce qu'il enseigne, puisqu'il enseigne hors de l'Eglise; quel qu'il soit et de quoi qu'il se vante, il n'est pas chrétien, n'étant pas en l'Eglise de Jésus-Christ. »

L'orgueil des hérétiques s'élève : Quoi! je croirai sur la foi d'autrui! Je veux voir, je veux entendre moi-même. — Langage superbe! Reconnoissez-le, mes chers frères; c'est celui que vous parliez autrefois. L'Eglise l'a dit : n'est-ce pas assez? — Mais elle se peut tromper? — Enfant qui déshonores ta mère, en quelle Ecriture as-tu lu que l'Eglise puisse tromper ses enfans? Tu reconnois qu'elle est mère; elle seule peut engendrer les enfans de Dieu; si elle peut les engendrer, qui doute qu'elle puisse les nourrir? Certes la terre, qui produit les plantes, leur donne aussi leur nourriture; la nature ne fait jamais une mère, qu'elle ne fasse en même temps une nourrice. L'Eglise sera-t-elle seule qui engendrera des enfans et n'aura point de lait à leur donner? Ce lait des fidèles, c'est la vérité, c'est la parole de vie. Enfans dénaturés, si j'ai des entrailles qui vous ont portés, j'ai des mamelles pour vous allaiter (a) : voyez, voyez le lait qui en coule, la parole de vérité qui en distille; approchez-vous, sucez et vivez, et ne portez pas

---

[1] Cypr., *Epist.* LII *ad Anton.*, p. 66, 68.

(a) *Var.* : Qui sortez des entrailles et rejetez les mamelles, voyez...

votre bouche à des sources empoisonnées. — Mais il faut connoître quelle est cette Eglise.—Ah! qu'il est bien aisé d'exclure la vôtre dressée de nouveau, ô Eglise bâtie sur le sable! Vous croyez, ô divin Jésus, avoir bâti sur la pierre; c'est sur un sable mouvant : c'est la confession de foi. Donc votre édifice est tombé par terre, il a fallu que Luther et Calvin vinssent le dresser de nouveau. Mes enfans, respectez mes cheveux gris; voyez cette antiquité vénérable : je ne vieillis pas, parce que je ne meurs jamais; mais je suis ancienne. Pourquoi vous vantez-vous de m'avoir rétablie? Quoi! vous avez fait votre mère! Mais si vous l'avez faite, d'où êtes-vous nés? Et vous dites que je suis tombée! Je suis sortie de tant de périls.

Laissons-les errer, mes frères; Dieu n'a perdu pour cela pas un des siens. Ils étoient de la paille, et non du bon grain : le vent a soufflé, et la paille s'en est allée; « ils s'en sont allés en leur lieu [1] : ils étoient parmi nous, mais ils n'étoient point des nôtres [2]. » Pour nous, enfans de l'Eglise, et vous que l'on avoit exposés dehors comme des avortons, et qui êtes enfin rentrés dans son sein, apprenez à n'être curieux qu'avec l'Eglise, à ne chercher la vérité qu'avec l'Eglise, et retenez cette doctrine. Dieu auroit pu sans doute, car que peut-on dénier à sa puissance? il auroit pu nous conduire à la vérité par nos connoissances particulières; mais il a établi une autre conduite; il a voulu que chaque particulier fît discernement de la vérité, non point seul, mais avec tout le corps et toute la communion catholique, à laquelle son jugement doit être soumis. Cette excellente police est née de l'ordre de la charité, qui est la vraie loi de l'Eglise. Car si quelqu'un cherchoit en particulier, et si les sentimens se divisoient, les cœurs pourroient enfin être partagés. Mais pour nous unir tous ensemble par le lien d'une charité indissoluble, pour nous faire chérir davantage la communion et la paix, il a établi cette loi. Voulez-vous entendre la vérité, allez au sein de l'unité, au centre de la charité; c'est l'unité catholique qui sera la chaste mamelle d'où coulera sur vous le lait (a) de la doctrine évangélique, tellement que l'amour de la

[1] *Act.*, I, 25. — [2] I *Joan.*, II, 19.

(a) *Var. :* D'où vous prendrez le lait.

vérité est un nœud qui nous lie à l'unité et à la société fraternelle. Nous sommes membres d'un même corps : cherchons tous ensemble, laissons faire les fonctions à chaque membre, laissons voir les yeux, laissons parler la bouche. Il y a des pasteurs à qui le Saint-Esprit même a appris à dire sur toutes les contestations qui sont nées : « Il a plu au Saint-Esprit et à nous [1]. » Arrêtons-nous là, chrétiens, et « ne soyons pas plus sages qu'il ne faut; mais soyons sages avec retenue [2] » et selon la mesure qui nous est donnée.

TROISIÈME POINT.

Jusqu'ici, mes frères, tout ce que j'ai dit est glorieux à l'Eglise : j'ai publié sa constance dans les tourmens, sa victoire sur les hérésies; tout cela est grand et auguste; mais que ne puis-je maintenant vous cacher sa honte, je veux dire les mœurs dépravées de ceux qu'elle porte en son sein? Mais puisqu'à ma grande douleur cette corruption est si visible et que je suis contraint d'en parler, je commencerai à la déplorer par les éloquentes paroles d'un saint et illustre écrivain. C'est Salvien, prêtre de Marseille, qui dans le premier livre qu'il a adressé à la sainte Eglise catholique, lui parle en ces termes : « Je ne sais, dit-il, ô Eglise, de quelle sorte il est arrivé que ta propre félicité combattant contre toi-même, tu as presque autant amassé de vices que tu as conquis de nouveaux peuples : » *Nescio quomodo pugnante contra temetipsam tuâ felicitate, quantùm tibi auctum est populorum, tantùm penè vitiorum* [3]. « La prospérité a attiré les pertes ; la grandeur est venue, et la discipline s'est relâchée. Pendant que le nombre des fidèles s'est augmenté, l'ardeur de la foi s'est ralentie; et l'on t'a vue, ô Eglise, affoiblie par ta fécondité, diminuée par ton accroissement et presque abattue par tes propres forces : » *Quantùm tibi copiæ accessit, tantùm disciplinæ recessit... Multiplicatis fidei populis, fides imminuta est...., factaque es, Ecclesia, profectu tuæ fœcunditatis infirmior atque accessu relabens, et quasi viribus minùs valida* [4]. Voilà une plainte bien éloquente ; mais, mes frères, à notre honte elle n'est que trop véritable. L'Eglise

---

[1] *Act.*, xv, 28. — [2] *Rom.*, xii, 3. — [3] *Advers. Avarit.*, lib. I, n. 1. — [4] *Ibid*

n'est faite que pour les saints : il est vrai, les enfans de Dieu y sont appelés de toutes parts, tous ceux qui sont du nombre y sont entrés ; mais plusieurs y sont entrés par-dessus le nombre : » *Multiplicati sunt super numerum* [1]. L'ivraie est crue avec le bon grain ; et la charité s'étant refroidie, le scandale s'est élevé jusque dans la maison de Dieu. Voilà ce qui scandalise les foibles, voilà la tentation des infirmes. Quand vous verrez, mes frères, l'iniquité qui lève la tête au milieu même du temple de Dieu, Satan vous dira : Est-ce là l'Eglise ? sont-ce là les successeurs des apôtres ? et il tâchera de vous ébranler, imposant à la simplicité de votre foi.

Il faudroit peut-être un plus long discours pour vous fortifier contre ces pensées ; mais étant pressé par le temps, je dirai seulement ce petit mot, plein de consolation et de vérité. Ne croyez pas, mes frères, que l'homme ennemi qui va semer la nuit dans le champ [2], puisse empêcher de croître le bon grain du père de famille, ni lui ôter sa moisson. Il peut bien la mêler, remarquez ceci, il peut bien semer par-dessus ; mais il ne peut pas ni arracher le froment, ni corrompre la bonne semence. Il y en a qui profanent les sacremens ; mais il y en a toujours qu'ils sanctifient. Il y a des terres sèches et pierreuses où la parole tombe inutilement ; mais il y a des champs fertiles où elle fructifie au centuple. Il y a des gens de bien, il y a des saints : le bras de Jésus-Christ n'est pas affoibli ; l'Eglise n'est pas devenue stérile ; le sang de Jésus-Christ n'est pas inutile ; la parole de son Evangile n'est pas infructueuse à l'égard de tous. Déplorez donc, quand il vous plaira, la prodigieuse corruption de mœurs qui se voit même dans l'Eglise ; je me joindrai à vous dans cette plainte ; je confesserai, avec saint Bernard [3], « qu'une maladie puante infecte quasi tout son corps. » Non, non, le temple de Dieu n'en est pas exempt : Jésus-Christ en enrichit qui le déshonorent ; Jésus-Christ en élève qui servent à l'Antechrist ; l'iniquité est entrée comme un torrent ; on ne peut plus noter les impies, on ne peut plus les fuir, on ne peut plus les retrancher ; tant ils sont forts, tant ils sont puissans, tant le nombre en est infini ; la maison de Dieu n'en est pas exempte. Mais au milieu de tous ces désordres, sachez

---

[1] *Psal.* XXXIX, 6. — [2] *Matth.*, XIII, 24 et seq. — [3] Serm. XXXIII *in Cant.*, n. 15.

que « Dieu connoît ceux qui sont à lui[1]. » Jetez les yeux dans ces séminaires ; combien de prêtres très-charitables! dans les cloîtres, combien de saints pénitens! dans le monde, combien de magistrats !..... combien qui « possèdent comme ne possédant pas, qui usent du monde comme n'en usant pas, sachant bien que la figure de ce monde passe[2] ! » Les uns paroissent, les autres sont cachés, selon qu'il plaît au Père céleste ou de les sanctifier par l'obscurité, ou de les produire par le bon exemple.

— Mais il y a aussi des méchans, le nombre en est infini, je ne puis vivre en leur compagnie.— Mon frère, où irez-vous? Vous en trouverez par toute la terre; ils sont partout mêlés avec les bons. Ils seront séparés un jour, mais l'heure n'en est pas encore arrivée. Que faut-il faire en attendant? Se séparer de cœur, les reprendre avec liberté afin qu'ils se corrigent; et s'ils ne le font, les supporter en charité afin de les confondre. Mes frères, nous ne savons pas les conseils de Dieu. Il y a des méchans qui s'amenderont, et il les faut attendre en patience; il y en a qui persévéreront dans leur malice, et puisque Dieu les supporte, ne devons-nous pas les supporter? Il y en a qui sont destinés pour exercer la vertu des uns, venger le crime des autres; on les ôtera du milieu quand ils auront accompli leur ouvrage : laissez accoucher cette criminelle avant que de la faire mourir. Dieu sait le jour de tous; il a marqué dans ses décrets éternels le jour de la conversion des uns, le jour de la damnation des autres; ne précipitez pas le discernement. « Aimez vos frères, dit saint Jean[3], et vous ne souffrirez point de scandale ; » pourquoi? Parce que, dit saint Augustin[4], « celui qui aime son frère, il souffre tout pour l'unité : » *Qui diligit fratrem, tolerat omnia propter unitatem.*

Aimons donc, mes frères, cette unité sainte; aimons la fraternité chrétienne, et croyons qu'il n'y a aucune raison pour laquelle elle puisse être violée. Que les scandales s'élèvent, que l'impiété règne dans l'Eglise, qu'elle paroisse, si vous voulez, jusque sur l'autel; c'est là le triomphe de la charité, d'aimer l'unité catholique malgré les troubles, malgré les scandales, malgré les déré-

---

[1] II *Timoth.*, II, 19. — [2] I *Cor.*, VII, 30, 31. — [3] I *Joan.*, II, 10. — [4] Tract. I *in Epist. Joan.*, n. 12.

glemens de la discipline. Gémissons-en devant Dieu; reprenons-les devant les hommes, si notre vocation le permet; mais si nous avons un bon zèle, ne crions pas vainement contre les abus, mettons la main à l'œuvre sérieusement et commençons chacun par nous-mêmes la réformation de l'Eglise. Mes enfans, nous dit-elle, regardez l'état où je suis; voyez mes plaies, voyez mes ruines. Ne croyez pas que je veuille me plaindre des anciennes persécutions que j'ai souffertes, ni de celle dont je suis menacée à la fin des siècles : je jouis maintenant d'une pleine paix sous la protection de vos princes, qui sont devenus mes enfans, aussi bien que vous. Mais c'est cette paix qui m'a désolée : *Ecce, ecce in pace amaritudo mea amarissima* [1]. Il m'étoit certainement bien amer, lorsque je voyois mes enfans si cruellement massacrés; il me l'a été beaucoup davantage, lorsque les hérétiques se sont élevés et ont arraché avec eux, en se retirant avec violence, une grande partie de mes entrailles : mais les blessures des uns m'ont honorée, et quoique touchée au dernier point de la retraite des autres, enfin ils sont sortis de mon sein comme des humeurs qui me surchargeoient. Maintenant, « maintenant mon amertume très-amère est dans la paix : » *Ecce in pace amaritudo mea amarissima.* C'est vous, enfans de ma paix, c'est vous, mes enfans et mes domestiques, qui me donnez les blessures les plus sensibles par vos mœurs dépravées; c'est vous qui ternissez ma gloire, qui me portez le venin au cœur, qui couvrez de honte ce front auguste sur lequel il ne devoit paroître ni tache, ni ride [2]. Guérissez-moi, etc.

Que reste-t-il après cela, sinon qu'elle vous parle des intérêts de ces nouveaux frères que sa charité vous a donnés? elle vous les recommande. Le schisme lui a enlevé tout l'Orient; l'hérésie a gâté tout le Nord. O France, qui étois autrefois exempte de monstres, elle t'a cruellement partagée! Parmi des ruines si épouvantables, l'Eglise, qui est toujours mère, tâche d'élever un petit asile pour recueillir les restes d'un si grand naufrage, et ses enfans dénaturés l'abandonnent dans ce besoin. Le jeu engloutit tout; ils jettent dans ce gouffre des sommes immenses; pour cette

[1] *Isa.,* XXXVIII, 17. — [2] *Ephes.,* V, 27.

œuvre de piété si nécessaire, il ne se trouve rien dans la bourse. Les prédicateurs élèvent leur voix avec toute l'autorité que leur donne leur ministère, avec toute la charité que leur inspire la compassion de ces misérables; et ils ne peuvent arracher un demi-écu, et il faut les aller presser les uns après les autres, et ils donnent quelque aumône chétive, foible et inutile secours, et encore ils s'estiment heureux d'échapper, au lieu qu'ils devroient courir d'eux-mêmes pour apporter du moins quelque petit soulagement à une nécessité si pressante. O dureté des cœurs! ô inhumanité sans exemple! mes chers frères, Dieu vous en préserve! Ah! si vous aimez cette Eglise dont je vous ai dit de si grandes choses, laissez aujourd'hui, en ce lieu où elle rappelle ses enfans dévoyés, quelque charité considérable. Ainsi soit-il.

FIN DU HUITIÈME VOLUME.

(PREMIER DES SERMONS.)

TABLE

DES MATIÈRES CONTENUES DANS LE HUITIÈME VOLUME.

(PREMIER DES SERMONS.)

REMARQUES HISTORIQUES 1

PREMIER SERMON POUR LA FÊTE DE TOUS LES SAINTS (première rédaction). — Les élus sont le dernier accomplissement de l'œuvre de Dieu, et la dernière fin de l'œuvre de Jésus-Christ. 1

PREMIER SERMON POUR LA FÊTE DE TOUS LES SAINTS (seconde rédaction). — Les élus sont le dernier accomplissement de l'œuvre de Dieu, et la dernière fin de l'œuvre de Jésus-Christ. 18

SECOND SERMON POUR LA FÊTE DE TOUS LES SAINTS. — La félicité du ciel est sans erreur, sans souffrance et sans crainte, parce que les bienheureux voient Dieu, jouissent de Dieu et se reposent en Dieu. 32

TROISIÈME SERMON POUR LA FÊTE DE TOUS LES SAINTS. — Le bonheur seulement dans le ciel, non sur la terre. 52

ESQUISSE D'UN SERMON POUR LA FÊTE DE TOUS LES SAINTS. — La miséricorde reçue et la miséricorde exercée. 61

EXORDE D'UN SERMON SUR LA CHARITÉ ENVERS LES PAUVRES. 70

SERMON POUR LE JOUR DES MORTS. — Sur la Résurrection, dont les trois principes sont la parole de Jésus-Christ, le corps de Jésus-Christ et l'esprit de Jésus-Christ. 71

SECOND EXORDE DU SERMON POUR LE JOUR DES MORTS. 87

FRAGMENT D'UN SERMON POUR LE JOUR DES MORTS. — La sainteté confirmée par la mort. 89

PREMIER SERMON POUR LE PREMIER DIMANCHE DE L'AVENT. — Il faut s'éveiller de ses péchés et travailler sans délai à son salut. 92

ABRÉGÉ D'UN SERMON POUR LA PREMIÈRE SEMAINE DE L'AVENT. 114

SECOND SERMON POUR LE PREMIER DIMANCHE DE L'AVENT. — Sur le Jugement dernier : là ceux qui se sont cachés seront découverts, là ceux qui se sont excusés seront convaincus, là ceux qui étoient si fiers et si insolens dans leurs crimes seront abattus et atterrés. 117

EXORDE D'UN SERMON POUR LE PREMIER DIMANCHE DE L'AVENT. 131

TROISIÈME SERMON POUR LE PREMIER DIMANCHE DE L'AVENT. — Sur les Fondemens de la justice divine : les pécheurs seront accablés par les coups de la toute-puissance, par les rigueurs infinies de la bonté méprisée et par une effroyable tyrannie. 132

PREMIER SERMON POUR LE IIᵉ DIMANCHE DE L'AVENT. — Jésus-Christ, autre que les Juifs ne se représentoient le Messie, guérit les malades par sa puissance, instruit les pauvres dans sa bonté miséricordieuse, et scandalise les infidèles par sa doctrine et par sa vie. 148

SECOND EXORDE DU SERMON POUR LE IIᵉ DIMANCHE DE L'AVENT. 175

SECOND SERMON POUR LE IIᵉ DIMANCHE DE L'AVENT. — Sur la Vérité de la religion : Jésus-Christ a prouvé sa divinité par la vérité toute-puissante de sa doctrine, par la droiture infaillible de ses préceptes et par son infinie bonté dans la rémission des péchés. 177

SERMON POUR LE IIIᵉ DIMANCHE DE L'AVENT. — Sur la Nécessité de la pénitence : le pécheur s'est fait à lui-même une profonde blessure, et Dieu est tout prêt à lui porter le dernier coup. 196

FRAGMENS D'UN SERMON POUR LE IIIᵉ DIMANCHE DE L'AVENT.. — Même sujet que le sermon précédent. 211

ABRÉGÉ D'UN SERMON POUR LE IIIᵉ DIMANCHE DE L'AVENT. 222

SERMON POUR LE IVᵉ DIMANCHE DE L'AVENT. — Sur la Véritable pénitence : la conversion exige la retraite et la solitude, une préparation sérieuse et la droiture produite par la charité. 227

PREMIER SERMON POUR LE JOUR DE NOEL. — Sur le Mystère de la Nativité : le Fils de Dieu a pris notre nature pour la relever, nos infirmités pour les guérir, les misères du monde pour les surmonter. 241

SECOND SERMON POUR LE JOUR DE NOEL. — Le même sujet que celui du sermon précédent. 263

TROISIÈME SERMON POUR LE JOUR DE NOEL. — Sur la Nativité de Notre-Seigneur : le Verbe incarné est en contradiction aux uns, en ruine aux autres et en résurrection à plusieurs dans les trois principaux endroits par lesquels il s'est déclaré notre Sauveur : dans l'état de sa personne, dans la prédication de sa doctrine et dans l'institution de ses sacremens. . . . 279

EXORDE D'UN SERMON POUR LA SEMAINE DE NOEL 289

PENSÉES DÉTACHÉES POUR LA SEMAINE DE NOEL. 290

EXORDE ET FRAGMENT POUR LE DIMANCHE DANS L'OCTAVE DE NOEL.— Le Dieu enfant a été découvert au monde, il a été caché au monde, il a été persécuté par le monde. 294

PREMIER SERMON POUR LA FÊTE DE LA CIRCONCISION. — Sur le Nom de

Jésus : le Fils de Dieu est roi et pontife tout à la fois, parce qu'il est sauveur... 298

SECOND SERMON POUR LA FÊTE DE LA CIRCONCISION. — Jésus-Christ exerce sa royauté par l'effusion de son sang et par les bienfaits de sa miséricorde... 327

TROISIÈME SERMON POUR LA FÊTE DE LA CIRCONCISION. — Sur le Nom de Jésus : le Sauveur ôte le mal du péché par la grace qui nous le pardonne, il en réprime l'attrait par la grace qui nous soutient durant tout le cours de la vie, enfin il en arrache jusqu'à la racine et en ôte le péril par la grace qui nous couronne et nous récompense............. 343

QUATRIÈME SERMON POUR LA FÊTE DE LA CIRCONCISION. — Sur le Nom de Jésus : le divin Sauveur ôte le mal du péché par la grace qui nous le pardonne, il en réprime en nous l'attrait dangereux par la grace qui nous aide et nous soutient, il en arrache jusqu'à la racine et le guérit sans retour dans la bienheureuse immortalité par la grace qui nous couronne...................................... 361

CINQUIÈME SERMON POUR LA FÊTE DE LA CIRCONCISION. — Sur le Nom de Jésus : le divin Sauveur nous délivre de la coulpe du péché par la grace de la rémission, il nous sauve de l'attrait du crime par la grace de son soutien, il nous tire de tout péril en nous conduisant à la vie bienheureuse où nous n'avons plus à craindre aucune foiblesse......... 382

SECONDE PÉRORAISON POUR LES DEUX SERMONS PRÉCÉDENS........... 394

SERMON POUR LE IIᵉ DIMANCHE APRÈS L'EPIPHANIE. — Sur les Caractères des deux alliances : Jésus-Christ change l'eau en vin ; c'est-à-dire il change la figure en vérité, la lettre en esprit, la terreur en amour. Les deux derniers points sont réunis en un seul.................. 396

FRAGMENT POUR LE SERMON PRÉCÉDENT........................... 409

ABRÉGÉ D'UN SERMON POUR LE IIIᵉ DIMANCHE APRÈS L'EPIPHANIE..... 412

SERMON ABRÉGÉ POUR LE Vᵉ DIMANCHE APRÈS L'EPIPHANIE. — Deux Réflexions : la première sur le mélange, la seconde sur la séparation des bons et des méchans.................................. 414

SERMON POUR LE DIMANCHE DE LA SEPTUAGÉSIME. — Sur l'Eminente dignité des pauvres dans l'Eglise : dans le monde les riches sont les premiers ; dans le royaume de Jésus-Christ la prééminence appartient aux pauvres, qui sont les vrais enfans et les premiers-nés de l'Eglise........... 425

ABRÉGÉ D'UN SERMON POUR LE DIMANCHE DE LA SEPTUAGÉSIME. — Même sujet que ci-dessus................................... 440

PREMIER SERMON POUR LE DIMANCHE DE LA QUINQUAGÉSIME. — Sur la Nécessité des souffrances : les hommes ne comprennent pas les souffrances de Jésus-Christ, parce que leur esprit préoccupé ne peut recevoir la lumière, et que leur volonté dépravée l'évite et la craint........ 443

SECOND SERMON POUR LE DIMANCHE DE LA QUINQUAGÉSIME. — Sur la Loi de Dieu : cette loi nous donne une lumière pour nos erreurs, une règle pour nos désordres, un repos assuré pour nos inconstances. 463

SECOND EXORDE POUR LE SERMON PRÉCÉDENT. 491

SERMON POUR LE TEMPS DU JUBILÉ. — Sur la Pénitence : elle est la voie qui nous réconcilie avec Dieu, un remède qui nous guérit et un sacrement qui nous sanctifie. 494

SERMON POUR LE VENDREDI APRÈS LES CENDRES. — Sur la Charité fraternelle : elle est une dette que nous devons payer toujours, exiger des autres et forcer le prochain par la prière de s'en acquitter envers nous. 513

SERMON POUR LE SAMEDI APRÈS LES CENDRES. — L'Eglise a successivement essuyé trois tempêtes : les infidèles se sont assemblés pour la détruire par les fondemens ; les hérétiques en sont sortis pour lui arracher ses enfans et lui déchirer les entrailles ; et si enfin les mauvais chrétiens sont demeurés dans son sein, ce n'est que pour lui porter le venin jusque dans le cœur. 531

FIN DE LA TABLE DU HUITIÈME VOLUME.

(PREMIER DES SERMONS.)

BESANÇON. — IMPRIMERIE D'OUTHENIN-CHALANDRE FILS.

ERRATA.

Page VI, ligne 13, au lieu de 1679, *lisez :* 1659.
— *id.*, — 16, — Jeannon, *lisez :* Jannon.
— XXXV, — 25, — l'évêque de Meaux, *lisez :* l'évêque de Troyes.
— XXXVI, — 2 et 9, — Chassot, *lisez :* Chasot.
— *Ibid.* — 10, — dans le faubourg Saint-Antoine, *lisez :* au Marais.
— LXVII, — 7, — Œuvres immortels, *lisez :* Œuvres immortelles.

HISTOIRE GÉNÉRALE

DES

AUTEURS SACRÉS

ET ECCLÉSIASTIQUES

QUI CONTIENT

LEUR VIE, LE CATALOGUE, LA CRITIQUE, LE JUGEMENT, LA CHRONOLOGIE, L'ANALYSE
ET LE DÉNOMBREMENT DE DIFFÉRENTES ÉDITIONS DE LEURS OUVRAGES;

CE QU'ILS RENFERMENT DE PLUS INTÉRESSANT

sur le dogme, sur la morale et sur la discipline de l'Eglise, l'histoire des conciles
tant généraux que particuliers, et les actes choisis des Martyrs,

PAR LE R. P. DOM REMY CEILLIER.

NOUVELLE ÉDITION

soigneusement revue, corrigée et augmentée par un Directeur de Séminaire,
avec la collaboration de deux savants professeurs de St.-Sulpice.

15 vol. in-4°. — Prix : 150 francs.

Dix volumes sont en vente. Le paiement devra s'effectuer après livraison du dernier volume.

L'idée de renfermer en un seul corps d'ouvrage l'ensemble de la tradition catholique, à partir des Ecrivains sacrés jusqu'au dernier Concile général de Trente, qui couronne si magnifiquement l'œuvre des siècles et résume dans une formule immuable la Révélation divine, est une des plus grandes conceptions du siècle de Louis XIV. On sait avec quelle joie Bossuet accueillit le programme d'une pareille œuvre, et avec quelle douleur il vit plus tard s'évanouir ses espérances, quand le trop fameux docteur de Sorbonne, Ellies Dupin, qui avait entrepris cet immense travail, sembla vouloir empoisonner les sources même de la tradition, et faire de sa *Bibliothèque des auteurs ecclésiastiques* en 58 vol. in-8o, l'arsenal de toutes les hérésies et de toutes les erreurs. L'Evêque de Meaux n'hésita point; il adressa au chancelier de France, à Mgr. de Harlai, archevêque de Paris, un de ces mémoires où l'érudition le dispute à l'éloquence, et où la doctrine de l'Eglise apparaît dans son radieux éclat, dégagée des perfides insinuations et des critiques calomnieuses de Dupin. Le parlement de Paris s'émut à cette voix solennelle, que la France et l'Europe admiraient. La *Bibliothèque des auteurs ecclésiastiques* fut supprimée par un arrêt solennel. Son auteur était convaincu d'avoir cherché « à affaiblir la piété des fidèles, en diminuant de la vénération due à la sainte Vierge; de favoriser le nestorianisme, *d'ôter aux preuves de la primauté du Saint-Siège* » *une partie de leur force;* d'attribuer aux saints Pères des erreurs sur l'immortalité de l'âme, et de parler d'eux » avec trop peu de respect, » etc. Ce sont les termes mêmes de l'arrêt du Parlement de Paris. — Ellies Dupin mourut en 1719, laissant une mémoire flétrie, et une œuvre dont les ennemis de l'Eglise purent seuls se réjouir. Dix ans plus tard, l'idée qu'il avait si malheureusement travestie fut reprise par le savant bénédictin Dom Remy Ceillier, prieur de Flavigny; et en 1729 le premier volume de l'*Histoire générale des auteurs sacrés et ecclésiastiques* fut publié aux applaudissements du monde catholique. Les 22 suivants parurent sans interruption jusqu'en 1763, date de la mort de Dom Ceillier. Cette longue période du XVIII° siècle remplie par les succès éphémères du philosophisme et le retentissement de tant de voix hostiles à l'Eglise, s'écoula pour l'illustre Bénédictin dans l'étude de la science ecclésiastique; et son livre, véritable monument, survécut au triomphe de l'incrédulité, pour attester à notre âge la grandeur, la majesté, la divinité de l'Eglise. L'*Histoire générale des auteurs sacrés et ecclésiastiques* est pour le clergé ce qu'est pour les littérateurs l'*Histoire littéraire de la France*. Tout ce qui, de près ou de loin, intéresse le dogme, la morale, la liturgie, l'histoire, le droit canonique, se trouve dans cette œuvre d'érudition immense et de gigantesque labeur. Pas un traité des Pères de l'Eglise qui ne soit analysé avec une telle exactitude et une telle sûreté de doctrine, qu'on a pu dire que « les analyses de Dom Ceillier peuvent en quelque sorte suppléer à la lecture des ouvrages eux-mêmes. » Pas un des livres canoniques de l'ancien et du nouveau Testament dont l'intégrité, l'authenticité, l'inspiration divine ne soient victorieusement démontrées. Tous les livres apocryphes sont analysés avec le même soin, étudiés dans leurs tendances générales, et rapprochés par le savant Bénédictin des époques et des auteurs auxquels ils doivent être attribués. La réputation de Dom Ceillier grandira sans doute à mesure que son magnifique ouvrage sera plus généralement connu; cependant il n'eut point, durant sa vie, à regretter les suffrages de la postérité. Ceux qui lui furent adressés venaient de trop haut pour qu'ils pussent jamais être dépassés; et quand, dans sa modeste cellule, le Prieur de Flavigny reçut de Benoît XIV, ce Pontife d'immortelle mémoire, deux brefs de félicitation pour son *Histoire des auteurs sacrés*, il dut entendre, dans cette haute approbation, celle de tous les siècles à venir. Il dut prévoir l'immense succès réservé à son ouvrage qui, sans la tourmente révolutionnaire, aurait déjà été réimprimé plusieurs fois et serait maintenant dans toutes les bibliothèques ecclésiastiques.

De nos jours, où l'on revient à l'étude des saints Pères, l'*Histoire générale des auteurs sacrés* est devenue nécessaire, indispensable au Clergé. Nous avons donc répondu à un véritable besoin de notre époque en donnant une nouvelle édition de l'ouvrage de Dom Ceillier, augmenté de tout ce que la science moderne et les récentes découvertes du cardinal Maï ont ajouté à la collection des Pères et des auteurs ecclésiastiques.

BESANÇON. — IMPRIMERIE D'OUTHENIN CHALANDRE FILS.

www.ingramcontent.com/pod-product-compliance
Lightning Source LLC
Chambersburg PA
CBHW051329230426
43668CB00010B/1206